最新判例にみる
インターネット上の
名誉毀損の理論と実務
［第2版］

松尾剛行・山田悠一郎［著］
Takayuki Matsuo, Yuichiro Yamada

勁草書房

第 2 版はしがき

　インターネット上の名誉毀損に関する実体法に関する研究、特に裁判例分析に基づく研究が少なかった 2016 年当時の状況を踏まえ、主に平成 20 年代の最新裁判例の分析を元に、裁判所の具体的判断基準とその理論的根拠を明らかにし、理論と実務に貢献しようと 2016 年 2 月に松尾が出版した本書初版(以下「初版」という。)は、望外のご好評を頂いた。初版は多くの実務家にご利用頂き、比較的早期に増刷することもできた。その後約 3 年を経て、大きく 3 つの状況が変わったように感じられる。

　まずは裁判例と実務であり、松尾が初版出版後も引き続き代理人等として様々な類型の事件に、かつ、表現者側・対象者側・プロバイダ側という様々な立場で関与させて頂く中で、東京地裁民事 9 部を含む実務の変化を肌で感じた[1]。この約 3 年の期間には、その実務を反映した大量の裁判例も公表されている。例えばハンドルネームと同定についての #281018(177 頁)、掲示板への投稿と共同不法行為に関する #281216E(188 頁)等、(その先例的意義については議論があるとしても)興味深い新たな裁判例が積み重なっており、このような裁判例の展開を速やかにフォローしなければ、本書はあっという間にアウトオブデートになってしまう。

　次に、関連の研究や出版が続き、名著『名誉毀損の法律実務』が改訂された[2]他、関連する多数の良書が出版されている[3]。

　更に、松尾にとっては、初版出版を契機に勉強会等に参加させて頂くことが増え、その中で様々な意見に触れたり、相互に知見のやり取りをさせて頂くこ

---

1) 当然ながら、別々の案件において、という意味である。
2) 佃克彦『名誉毀損の法律実務』(弘文堂、第 3 版、2017)。
3) 例えば、田中辰雄・山口真一『ネット炎上の研究』(勁草書房、2016)、プロバイダ責任制限法実務研究会編『最新 プロバイダ責任制限法判例集』(LABO、2016)、電子商取引問題研究会『発信者情報開示請求の手引』(民事法研究会、2016)、関原秀行『基本講義 プロバイダ責任制限法』(日本加除出版、2016)、岡田理樹他『発信者情報開示・削除請求の実務』(商事法務、2016)、中澤佑一『インターネットにおける誹謗中傷法的対策マニュアル』(中央経済社、第 2 版、2016)、清水陽平著『サイト別 ネット中傷・炎上対応マニュアル』(弘文堂、第 2 版、2016)、清水陽平・神田知宏・中澤祐一『ケース・スタディ ネット権利侵害対応の実務』(新日本法規、2017)、清水陽平『企業を守るネット炎上対応の実務』(学陽書房、2017)、総務省総合通信基盤局消費者行政第二課『プロバイダ責任制限法』(第一法規、改訂増補第 2 版、2018)、関述之・小川直人『インターネット関係仮処分の実務』(きんざい、2018)他。

i

とで、大変勉強になると共に、初版の記述の修正の必要性を感じた。

　今回の改訂では、初版の構成を基本的に維持しながらも最新の裁判例や実務に対応し、また、最新の研究成果や書籍の内容を可能な限り取り込むとともに、これらの勉強会の一つでご一緒させて頂いている山田悠一郎弁護士（職務経験中判事補）に、中立的な観点から事例へのアプローチについてご執筆頂いた（詳細は「おわりに」参照）。初版で取り上げた分野の新たな裁判例を取り込む他、ルーメン（197頁）晒し、(168頁)、サジェスト汚染（92頁）等の新たな問題を検討している。本書が、初版と同様、実務家のために少しでもお役に立てれば幸甚である。[4]

　2019年2月

　　　　　　　　　　　　　　　　共著者を代表して　松　尾　剛　行

---

[4]　本書は、2018年12月24日時点のWestlaw、第一法規、TKC、判例秘書（50音順）に掲載されている名誉毀損に関する裁判例のうち、インターネット上の名誉毀損実務において参考になると考えたものを厳選して掲載している。なお、一部その後に報道ベースで知得した裁判例や情報提供を受けた裁判例を追加で紹介している。

初版はしがき*

　情報通信技術の発展、とりわけインターネットの普及によって、法理論はどのように変容したのだろうか。そしてもし変容したのであれば、その理論の変容に、実務はどのように対応すべきなのだろうか。

　著者は1984年生まれである。小学生の頃からパソコン、インターネットを日常的に使ってきた。その中で自然と情報法に対して興味をもった。

　1990年代以降のインターネットの普及により多くの法分野における理論と実務が変容を迫られているように思われる。例えば、名誉毀損法、プライバシー法、肖像権法、知的財産権等々である。

　その中でも、インターネット上の名誉毀損の問題は特筆に値する。インターネットの普及した現在、SNSやブログ等を通じてすべての人が「表現者」となり、その表現が名誉毀損となり得る。同時に、すべての人が、「第三者が自分について（批判的ないしは中傷的）表現をする可能性がある」という意味での「（表現の）対象者」ともなり得る時代が到来した。[1] インターネットの普及に伴い、単純な表現者の表現の自由の保護でもなく、単純な対象者の名誉権の保護でもない、バランスの取れた名誉毀損法の解釈論を探ることの重要性は、ますます高まっている。

　このように重要な名誉毀損法に関しては、既に多くの研究及び著作が積み重ねられているが、これらの文献は、基本的には2種類に分類できるだろう。まず1つ目は、主にインターネット以外の名誉毀損に重点を置いた文献である。[2][3] 次に2つ目は、インターネット上の名誉毀損が発生した場合において、従来型の名誉毀損と手続法が大きく異なることから、その手続に重点を置いた文献である。[4] 確かに、従来型の名誉毀損の議論はインターネット上の名誉毀損においても参考になる。また、インターネット上の名誉毀損においては、固有の手続

＊　2019年2月注記：なお、本「初版はしがき」は2016年1月時点のものそのままであり、例えば佃著は3版、清水著は2版が出ているものの、原文どおりとしていることに留意されたい。

1)　「加害者」「被害者」との文言が用いられることもあるが、本書は表現者の表現の自由にも配慮し、中立性を高めるため、あえて「表現者」「対象者」という用語を用いる。

2)　本書では、「インターネット以外における名誉毀損は、「従来型（の）名誉毀損」という表現を用いることとする。

3)　例えば、佃克彦『名誉毀損の法律実務』（弘文堂、第2版、2008）。その他、岡村久道・坂本団編『Q&A 名誉毀損の法律実務――実社会とインターネット』（民事法研究会、初版、2014）

が問題となることも多い。そこで、上記の2類型の文献はいずれも価値が高い。

しかし、インターネット上の名誉毀損法には、固有の実体法解釈論上の問題はないのだろうか。インターネット上の表現には、誰がどのように判断しても名誉毀損となるものも少なくはない。しかし、口コミサイトやレビューブログ、SNS[5]の発達により、批判的なレビュー、被害を告発する投稿等を簡単に発信・拡散できるようになったところ、その名誉毀損法上の扱いは容易でない。このような事案においては、対象者側はこれを「名誉毀損」等として削除等の措置を強く求める一方、表現者側は「表現の自由」を主張するという激しい対立が生じ得る。このような場合において、どこまでが「セーフ」で、どこからが「アウト」なのかという線引きは難しい問題であり、理論的に興味深いだけではなく、実務上の悩みの種でもある。その意味で、名誉毀損実体法の解釈論、特にこのような限界ラインの線引きに関する法理論を研究し、そこから得られる実務的な示唆をまとめることには大きな意味があるだろう。

著者は、弁護士（2007年登録）・情報セキュリティスペシャリストとして、インターネット上の名誉毀損を含む多くの情報法関係の案件に携わるとともに、留学中に「インターネット上の名誉毀損の日中比較研究」という修士論文を著した。その執筆過程でインターネット上の名誉毀損に関する裁判例を大量に収集・分類した。

本書では、このような実務経験及び研究成果を踏まえ、従来型の名誉毀損法に関する理論の蓄積という「巨人の肩」に乗りながら、インターネット上の名誉毀損のうち、実務で問題となりやすい事例とそれらに関する最新の裁判所の見解を解明するとともに、そこから実務上のメルクマール（分岐点）を読み解き、これを実務家と研究者の皆様に提供することを目的としている。

まず、総論として、インターネット上の名誉毀損問題を考える前提となる基礎知識を要約した（第1編）。次に、主に2008年以降（平成20年代）の大量かつ最新の裁判例の蓄積を踏まえ[6]、各論点について裁判所の考えを解明し、その理論的位置づけと、実務上の留意点について説明した（第2編）。

---

4) 例えば、清水陽平『サイト別 ネット中傷・炎上対応マニュアル』（弘文堂、初版、2015）。なお、手続に関する文献ではないが、一般向けの新書としては、鳥飼重和・神田芳明・香西駿一郎・前田恵美・深澤諭史『その「つぶやき」は犯罪です』（文藝春秋社、初版、2013）が、インターネット上の名誉毀損についても分かりやすく説明している。

5) ソーシャルネットワーキングサービス。Facebook、LINE、Twitter等のオンラインにおける交流サービス。

加えて、インターネット上の名誉毀損案件を受任したり、今後担当することを考えている弁護士（及びインターネット企業の法務担当者）にとって本書が特に有益なものとなるよう、実務で問題となりそうな 10 の仮想事例を作成した。その上で、依頼者が表現者の場合と対象者の場合とで場合分けを行い、どのようなアドバイスが考えられるかを説明している（第 3 編）。

　本書が皆様のお役に立てれば幸いである。

2016 年 1 月

松 尾 剛 行

---

6) 本書で引用していないものや、従来型の名誉毀損に関する裁判例を含め、計 1000 件以上の裁判例を収集した。2015 年 12 月 24 日に westlaw、第一法規及び判例秘書データベース上に登載された裁判例の最終確認を行った。本文では、基本的には最高裁判例→インターネット上の名誉毀損に関する裁判例→2008 年以降の従来型の名誉毀損に関する裁判例→それ以前の従来型の名誉毀損に関する裁判例という優先順位を付けて裁判所の考えを説明した。なお、本書が 2008 年を重要なメルクマールにしているのは、佃・前掲書が #200411 以外はすべて平成 10 年代以前の判決を引用しているところ、平成 20 年代に #220315、#220408、#220413、#240323 等のインターネット上の名誉毀損に関する重要な最高裁判例が相次いで下されたことを踏まえている。

目 次

はじめに……………………………………………………………………………1

 1　インターネット時代の名誉毀損法……………………………………1
 2　インターネットの特徴毎の留意点……………………………………5
  (1)　はじめに………………………………………………………………5
  (2)　一般人による公衆への発信（双方向性）と読者数（層）の激変可能性……………………………………………………………………5
  (3)　匿名性…………………………………………………………………7
  (4)　リンク・転載の容易性………………………………………………7
  (5)　時間・空間の超越……………………………………………………8
  (6)　インフラ化（多様化）………………………………………………8
 3　本書の構成………………………………………………………………10

第1編　総論

序章　はじめに……………………………………………………………13

第1章　インターネット上の名誉毀損の見取り図……………14

 1　相談事例…………………………………………………………………14
 2　問題点……………………………………………………………………14

第2章　名誉毀損法の法構造……………………………………………17

 1　はじめに…………………………………………………………………17
 2　3種類の「名誉」………………………………………………………18
  (1)　はじめに………………………………………………………………18
  (2)　外部的名誉……………………………………………………………18
  (3)　名誉感情………………………………………………………………18
  (4)　内部的名誉……………………………………………………………18

(5) 判例 …………………………………………………………18
　3　刑事名誉毀損の法構造（図2）……………………………19
　　(1) 名誉毀損罪の構成要件 …………………………………19
　　(2) 違法性・責任阻却 ………………………………………20
　　(3) 告訴 ………………………………………………………21
　　(4) 侮辱罪 ……………………………………………………21
　4　民事名誉毀損の法構造（図3）……………………………22
　　(1) 主要条文 …………………………………………………22
　　(2) 名誉毀損を理由とした損害賠償請求の要件 …………23
　　(3) 民事名誉毀損の効果 ……………………………………24
　　(4) 名誉感情侵害 ……………………………………………25
　5　民事名誉毀損と刑事名誉毀損の相違 ……………………25
　　(1) はじめに …………………………………………………25
　　(2) 意見論評による名誉毀損 ………………………………25
　　(3) 過失による名誉毀損 ……………………………………25
　　(4) 公然性 ……………………………………………………26
　　(5) まとめ ……………………………………………………26

第3章　サービス毎の特徴 …………………………………27

　1　はじめに ……………………………………………………27
　2　ウェブサイト ………………………………………………27
　　(1) 検索サイト ………………………………………………27
　　(2) 個人のウェブサイト ……………………………………28
　　(3) 会社・組織のウェブサイト ……………………………28
　　(4) 行政機関のウェブサイト ………………………………28
　　(5) 会員制サイト ……………………………………………29
　3　ブログ ………………………………………………………29
　4　User Generated Contents（UGC）………………………29
　　(1) 総論 ………………………………………………………29
　　(2) 口コミ・レビュー ………………………………………30
　　(3) 口コミサイトからの削除に関する問題 ………………30
　　(4) ランキングサイト ………………………………………30

(5)　投稿サイトの性質 …………………………………31
　　(6)　動画共有・配信サイト ……………………………31
　　(7)　wiki ……………………………………………………32
　　(8)　掲示板 …………………………………………………32
　　(9)　チャット ………………………………………………32
　　(10)　ファイル交換ソフト ………………………………32
5　メール ……………………………………………………………33
　　(1)　はじめに ………………………………………………33
　　(2)　公然性 …………………………………………………33
　　(3)　誰が送信者か …………………………………………33
　　(4)　メールマガジン・メーリングリスト ……………33
　　(5)　改ざん …………………………………………………33
6　SNS ………………………………………………………………33
　　(1)　はじめに ………………………………………………33
　　(2)　「いいね！」やリツイート ………………………34
　　(3)　公開範囲 ………………………………………………34
　　(4)　まとめサイトと転載 …………………………………34
　　(5)　字数制限 ………………………………………………34
7　リンク・転載 ……………………………………………………34
8　インフラ化 ………………………………………………………35

第4章　インターネット上の名誉毀損に関する手続法概観 ……………………………………………37

1　はじめに …………………………………………………………37
　　(1)　従来型の名誉毀損との共通点 ………………………37
　　(2)　インターネット上の名誉毀損の特殊性 …………37
2　プロ責法 …………………………………………………………38
3　削除請求（表1） ………………………………………………40
4　開示請求・ログ保存請求（図4） ……………………………41
5　損害賠償請求・名誉回復請求 …………………………………42
6　プロバイダの責任 ………………………………………………42
7　刑事告訴 …………………………………………………………43

第5章　関連する諸権利・諸法令 …………………………… 44

 1　はじめに ………………………………………………………… 44
 2　プライバシー …………………………………………………… 44
 3　肖像権 …………………………………………………………… 45
 4　その他の人格権・人格的利益 ………………………………… 46
 5　不正競争防止法 ………………………………………………… 46
 6　リベンジポルノ ………………………………………………… 47
 7　ストーカー規制法 ……………………………………………… 47
 8　刑法犯 …………………………………………………………… 47
 9　営業権侵害・業務妨害 ………………………………………… 48
 10　知的財産権侵害 ………………………………………………… 48
 11　その他 …………………………………………………………… 49
 12　労働等 …………………………………………………………… 49
 13　その他のインターネット上の行為 …………………………… 50
 14　名誉毀損が成立しない場合の不法行為の成否 ……………… 50
 15　債権的名誉毀損 ………………………………………………… 51

第6章　国際名誉毀損 ……………………………………………… 53

 1　はじめに ………………………………………………………… 53
 2　裁判管轄 ………………………………………………………… 53
 3　準拠法 …………………………………………………………… 55
 4　国際SLAPP訴訟への対応 …………………………………… 56
 5　刑事関係 ………………………………………………………… 56

第2編　理論編

序章　はじめに ……………………………………………………… 59

PART 1　事実摘示による名誉毀損の積極要件

第1章　摘示内容の特定 …………………………………………61

1　はじめに ………………………………………………………61
2　一般読者基準 …………………………………………………63
(1)　はじめに ……………………………………………………63
(2)　一般読者基準 ………………………………………………63
(3)　「一般」読者は誰か ………………………………………65
(4)　表現者の「意図する」読者層か …………………………65
(5)　インターネット上の名誉毀損における「一般読者」とは …………65
(6)　反応からの一般読者の読み方の推認 ……………………67
3　具体的な問題 …………………………………………………68
(1)　はじめに ……………………………………………………68
(2)　疑惑・可能性・方針 ………………………………………68
(3)　疑問・質問 …………………………………………………70
(4)　逮捕等 ………………………………………………………71
(5)　風評や噂 ……………………………………………………72
(6)　伝聞 …………………………………………………………73
(7)　一方的な主張 ………………………………………………74
(8)　願望 …………………………………………………………75
(9)　比喩・暗示 …………………………………………………75
(10)　抽象的表現 …………………………………………………76
(11)　文脈による意味の変化 ……………………………………76
(12)　方言 …………………………………………………………78
(13)　インターネット上に特有の表現 …………………………78
　　　(a)　ネットスラング　78／(b)　縦読み　80／(c)　もじり　80／(d)　伏せ字　80／
　　　(e)　誤記　81／(f)　(ハッシュ)タグ　81
(14)　意味が確定できない場合 …………………………………81
(15)　その他 ………………………………………………………82
4　複数の文章の関係 ……………………………………………82
(1)　はじめに ……………………………………………………82
(2)　新聞・週刊誌の見出し ……………………………………83
(3)　広告と記事本文 ……………………………………………85

目　次

　　(4) 複数の報道 …………………………………………………………85
　　　　(a) はじめに　85／(b) 時系列　85／(c) 他誌の報道を考慮すべきか　86／(d) 同一の新聞・雑誌の複数の報道の関係　86／(e) 報道のインターネット上の名誉毀損に及ぼす影響　87
　　(5) 掲示板 ………………………………………………………………87
　　　　(a) はじめに　87／(b) 掲示板のタイトル　88／(c) 他の投稿との関係　88／(d) 他のスレッドとの関係　90
　　(6) ウェブサイト・ブログ ……………………………………………91
　　(7) SNS …………………………………………………………………92
　　(8) 口コミサイト ………………………………………………………93
　　(9) サジェスト汚染 ……………………………………………………93
　5　1文、1フレーズを取り出すべき場合 ……………………………94

第2章　摘示内容が社会的評価を低下させるか……………96

　1　はじめに ………………………………………………………………96
　　(1) 一般読者基準説 ……………………………………………………96
　　(2) 最近の最高裁判決 …………………………………………………96
　　(3) 一般読者基準の適用の難しさ ……………………………………97
　2　社会的評価の低下の程度 ……………………………………………98
　3　社会的評価を低下させたとの認定が比較的容易な場合 …………100
　　(1) はじめに ……………………………………………………………100
　　(2) 犯罪 …………………………………………………………………100
　　(3) 反社会的勢力との関係 ……………………………………………100
　　(4) 不倫 …………………………………………………………………101
　　(5) セクシャルハラスメント等 ………………………………………102
　　(6) 情報漏洩 ……………………………………………………………102
　　(7) 職業人としての信頼を根本的に揺るがす事項 …………………103
　　(8) その他 ………………………………………………………………103
　4　人格的価値に関する社会的評価の低下に限られるか ……………104
　5　媒体の信頼性と社会的評価の低下の判断 …………………………105
　　(1) はじめに ……………………………………………………………105
　　(2) スポーツ新聞（東スポの抗弁） …………………………………105

(3) 広告 ……………………………………………………………106
　6　インターネット上の表現の信頼性と社会的評価の低下の判断 …107
　　(1) はじめに ……………………………………………………………107
　　(2) 判断要素 ……………………………………………………………110
　　　(a) はじめに　110／(b) サービスの性質　110／(c) 投稿の主体　111／(d) 反応　111／(e) 反復継続　111／(f) 投稿内容　112
　7　類型別の検討 ……………………………………………………………112
　　(1) はじめに ……………………………………………………………112
　　(2) 具体性・抽象性ないしは「理由づけ」の影響 ……………………112
　　　(a) はじめに　112／(b) 辞任・解任・退任　114／(c) 取引上のトラブル　114／(d) 無罪　115／(e) お金を持っていて羽振りが良いこと、お金が好きであること等　116／(f) 多義語　117
　　(3) 表現方法 ……………………………………………………………118
　　　(a) はじめに　118／(b) 疑惑・仮定　118／(c) 伝聞　119／(d) 一方的主張　120／(e) 名誉毀損を避ける配慮　121／(f) 固有名詞化・呼称　123／(g) アスキーアート　123
　　(4) 表現の対象事項 ……………………………………………………124
　　　(a) はじめに　124／(b) プライベートな事柄　124／(c) 性的事項　125／(d) 労働・職業　126／(e) 権利行使　130／(f) 社会生活上あり得る事柄（ミス、不手際、商売の方法等）　130／(g) ネット上の行動　132／(h) 荒唐無稽　134
　　(5) 前提知識 ……………………………………………………………135
　　(6) その他 ………………………………………………………………135
　　　(a) 対象者の社会的評価が高いこと　135／(b) 過去の事実　136／(c) ポジティブな記載　137／(d) その他　137

第3章　公然性

　1　はじめに ……………………………………………………………139
　2　民事名誉毀損において公然性が必要か ……………………………140
　　(1) はじめに ……………………………………………………………140
　　(2) 公然性を不要とする大審院判決 ……………………………………140
　　(3) 実務－公然性必要説 ………………………………………………140
　3　対象者のみへの伝達 …………………………………………………141

目 次

 4　伝播性の理論とその広範な応用 …………………………………142
  (1) 伝播性の理論とは …………………………………………142
  (2) 抽象的閲覧／受信の可能性から公然性を認める見解 ………142
  (3) 伝播性の理論への批判（伝播「結果」を要求する見解）………143
  (4) 伝播性の有無の具体的判断 ………………………………144
 5　不特定・多数 ……………………………………………………145
  (1) はじめに ……………………………………………………145
  (2) 多数 …………………………………………………………145
   (a) はじめに　145／(b) 比較的大人数での肯定例　146／(c) 少人数での否定例　146／(d) 比較的大人数での否定例　146／(e) 比較的少人数での肯定例　146／(f) まとめ　146
  (3) 不特定 ………………………………………………………147
   (a) 不特定の意義　147／(b) 伝播性がなく特定範囲にとどまっていること　147
 6　インターネットと公然性 ………………………………………148
  (1) 原則 …………………………………………………………148
  (2) 公開範囲の限定 ……………………………………………149
  (3) 会員制サイトその他 ………………………………………150
  (4) メール ………………………………………………………150
  (5) チャット ……………………………………………………151

第 4 章　「対象者の」名誉が毀損されること ……………152

 1　はじめに …………………………………………………………152
 2　漠然と何らかの集団全般を対象とする表現 …………………152
  (1) はじめに ……………………………………………………152
  (2) 否定例 ………………………………………………………152
  (3) 肯定例 ………………………………………………………153
  (4) 検討 …………………………………………………………154
 3　組織関係 …………………………………………………………155
  (1) はじめに ……………………………………………………155
  (2) 法人に対する名誉毀損 ……………………………………155
  (3) 組織への名誉毀損が個人への名誉毀損になるか ………156
  (4) 個人への名誉毀損が組織への名誉毀損になるか ………157

(5)　グループ会社 …………………………………………………160
　　(6)　取引の相手方 …………………………………………………161
　　(7)　国・地方公共団体 ……………………………………………161
　4　対象者本人に言及しているにもかかわらず対象者に対する
　　　名誉毀損が否定される場合 ……………………………………162
　5　本人そのものに直接言及しない場合 ………………………………163
　　(1)　はじめに ………………………………………………………163
　　(2)　対象者に関係の深い物への言及が対象者の名誉を毀損する場合…163
　　(3)　ある者に対する言及が、別の者の名誉を毀損する場合（他人への言及）
　　　　 ………………………………………………………………………164
　6　なりすまし ……………………………………………………………165
　7　死者に対する名誉毀損 ………………………………………………166
　　(1)　名誉毀損後の死亡 ……………………………………………166
　　(2)　死後の名誉毀損 ………………………………………………166
　　(3)　遺族自身の名誉毀損 …………………………………………167
　　(4)　敬愛追慕の情 …………………………………………………167
　　(5)　法人の解散 ……………………………………………………168
　8　晒し ……………………………………………………………………168

第5章　匿名・仮名による言及と対象者の特定 …………………169

　1　はじめに ………………………………………………………………169
　2　伝播性の理論の匿名・仮名表現への応用 …………………………169
　3　本人を示唆する情報から本人のことだと推測できる場合 ………172
　　(1)　文脈や本人を示唆する情報による特定 ……………………172
　　(2)　特定の程度 ……………………………………………………173
　　(3)　対象者の実名が分かる必要はあるか？ ……………………174
　4　社会生活との関連性がある仮名 ……………………………………175
　5　インターネット上の人格の社会的評価が毀損されたにすぎない
　　　場合 ………………………………………………………………176
　6　フィクションによる名誉毀損 ………………………………………178
　　(1)　はじめに ………………………………………………………178
　　(2)　フィクションと特定 …………………………………………178

(3) フィクションと社会的評価の低下 …………………………………179
　　(4) フィクションと抗弁 …………………………………………………180
　　(5) フィクションだとの主張 ……………………………………………181
　7　基準時 ……………………………………………………………………181
　8　その他 ……………………………………………………………………182
　　(1) 写真による特定 ………………………………………………………182
　　(2) 社会生活上の地位と結びつかない実名 ……………………………182
　　(3) 検索・調査 ……………………………………………………………183

第6章　「表現者が」名誉を毀損したこと …………………………184

　1　はじめに …………………………………………………………………184
　2　表現者の特定 ……………………………………………………………184
　　(1) はじめに ………………………………………………………………184
　　(2) プロ責法では特定できない部分 ……………………………………184
　　(3) 証拠による表現者の認定 ……………………………………………186
　3　共同不法行為 ……………………………………………………………186
　4　表現者が組織の場合 ……………………………………………………190
　　(1) 組織の責任 ……………………………………………………………190
　　　(a) はじめに　190／(b) 従業員の行為―使用者責任　190／(c) 代表者の行為　190／(d) 権利能力なき社団　191／(e) 国又は地方自治体の責任　191
　　(2) 個人の責任 ……………………………………………………………191
　　　(a) 原則　191／(b) 部下の免責　192
　　(3) 役員の責任 ……………………………………………………………193
　5　情報提供者の責任 ………………………………………………………195
　　(1) はじめに ………………………………………………………………195
　　(2) マスメディアへの情報提供 …………………………………………195
　　(3) インターネット上の名誉毀損の場合 ………………………………196
　　(4) ブログへのコメント …………………………………………………197
　6　ルーメン …………………………………………………………………198

PART 2　真実性・相当性の法理

　1　はじめに …………………………………………………………………199

2　刑法230条の2 ·· 199
　　3　真実性・相当性の抗弁 ·· 202
　　4　留意点 ·· 202
　　5　本PARTの構成 ·· 203

第7章　公共性（公共の利害に関する事実） ································ 204

　　1　はじめに ··· 204
　　2　プライバシー・私生活上の行状 ··· 205
　　　（1）はじめに ·· 205
　　　（2）例外的に公共性が認められる場合 ·································· 206
　　　（3）「社会的活動の性質及びこれを通じて社会に及ぼす影響力の程度」··· 206
　　　　　（a）最高裁の判断　206／（b）政治家　207／（c）社会的影響力のある団体の幹部
　　　　　等　208／（d）芸能人等　208／（e）被疑者・被告人　209／（f）その他　209
　　3　対象者の類型と公共性 ·· 210
　　　（1）はじめに ·· 210
　　　（2）公職者・公的団体とその関係者 ····································· 210
　　　（3）芸能人 ··· 211
　　　（4）私企業・私的団体 ·· 211
　　4　表現の対象事項の類型と公共性 ··· 212
　　　（1）はじめに ·· 212
　　　（2）犯罪行為等 ··· 212
　　　（3）組織内部・部分社会内部に関する事項 ··························· 213
　　　（4）裁判 ·· 214
　　5　その他 ·· 215

第8章　公益性（専ら公益を図る目的に出た場合） ························ 216

　　1　はじめに ··· 216
　　2　公共性のある事項に関する表現であること ························· 216
　　3　公益以外の目的の具体的内容 ·· 217
　　　（1）嫌がらせ・復讐・攻撃 ·· 217
　　　（2）権利行使目的 ·· 218
　　　（3）営利目的 ·· 218

(4) 拡散希望 ··219
　　(5) 説得指導 ··220
　4　表現方法その他の客観的な事情 ···220
　　(1) はじめに ··220
　　(2) 誹謗・中傷・揶揄 ···220
　　(3) 中立性・客観性 ···222
　　(4) 具体性・抽象性 ···223
　　(5) 投稿先等 ··223
　　(6) 社会的責務 ···224
　　(7) 必要性等 ··224
　　(8) 虚偽性 ···225
　　(9) 限られた社会 ··226
　5　その他 ···226

第9章　真実性（真実であることの証明があったとき）

··227

　1　はじめに ··227
　2　個別の記載と「印象」の違い ··227
　3　一般読者基準 ··228
　4　重要部分の真実性 ··228
　　(1) はじめに ··228
　　(2) 重要部分の判断基準 ··229
　　(3) 社会的評価の低下との関係 ···230
　　(4) 具体的な判断 ··232
　　　(a) 数量　232／(b) 厳密な意味としては相違する表現　233／(c)「業界では有名」　233／(d) その他　234
　5　摘示事実類型毎の特徴 ···235
　　(1) はじめに ··235
　　(2) 実質的同一性・実質的経営者 ······································235
　　(3) 不良品 ···236
　　(4) 反社 ··237
　　(5) その他 ···237

6　真実性の証明の程度 ··238
　7　真実性の判断基準時 ··239
　8　証拠・立証に関する類型別の分析 ································241
　　(1) はじめに ··241
　　(2) 判決 ···241
　　(3) インターネット上の情報 ·····································242
　　(4) 噂 ···242
　　(5) アンケート ···243
　　(6) 情報源 ··243
　　(7) 証拠能力 ··243
　　(8) 証明力・証拠の方法 ··243
　　(9) その他 ··244
　9　発信者情報開示の構造 ··244

第10章　相当性（その事実を真実と信ずるについて相当の理由があるとき） ················247

　1　はじめに ···247
　2　相当性判断の基準時 ··249
　3　相当性の判断要素 ···250
　　(1) はじめに ··250
　　(2) 最高裁判例からみる判断要素 ································250
　　(3) 判決 ···251
　　(4) 捜査機関からの情報提供 ·····································252
　　(5) 他の報道機関の報道 ··253
　　(6) 取材 ···254
　　　(a) はじめに　254／(b) 疑義の確認　255／(c) 伝聞　255／(d) 信頼のできる情報源　256／(e) 対象者への取材　256
　　(7) インターネット上の情報 ·····································257
　　(8) その他 ··258

第11章　真実性・相当性の法理を乗り越える試み ·········259

　1　はじめに ···259

xix

2　真実性・相当性の法理への批判 ……………………………………259
　3　真実性の法理・相当性の法理を乗り越える試み ………………261
　　(1)　立証責任の転換 ………………………………………………261
　　(2)　非マスメディア型事件 ………………………………………261
　　(3)　現実の悪意 ……………………………………………………262
　4　国又は地方公共団体による名誉毀損 ……………………………262
　　(1)　はじめに ………………………………………………………262
　　(2)　公表の行政法上の位置付け …………………………………263
　　(3)　国家賠償法 ……………………………………………………264
　　(4)　過去の先例 ……………………………………………………265
　　(5)　近時の裁判例 …………………………………………………266
　　(6)　最高裁判決 ……………………………………………………268
　　(7)　最近の高裁判決 ………………………………………………268
　　(8)　検討 ……………………………………………………………269
　　　(a) はじめに　269／(b) 想定外の者の不利益　269／(c) 行政目的との均衡　269／(d) 法的根拠　270／(e) 時の裁量　270／(f) 実名を公表すべきか　270
　　(9)　行政機関による公表に対する削除請求 ……………………271
　　(10)　議会について …………………………………………………272
　　(11)　取材・情報提供 ………………………………………………273
　5　SLAPP ………………………………………………………………274
　　(1)　はじめに ………………………………………………………274
　　(2)　訴訟提起が不法行為となる場合 ……………………………274
　　　(a) 最高裁　274／(b) 損害賠償が認容された事案　275／(c) 否定例　276
　　(3)　訴権の濫用 ……………………………………………………277
　　(4)　立法的解決？ …………………………………………………277

PART 3　意見・論評による名誉毀損

第12章　意見・論評による名誉毀損総論 ……………………279

　1　はじめに ……………………………………………………………279
　2　事実言明と論評の区別の意味 ……………………………………279
　3　表現が「意見」か「事実」か ……………………………………280

4　意見と事実の判断に関する具体的問題 …………………………281
　　　(1)　一般読者基準による判断 …………………………………281
　　　(2)　黙示の事実表明の具体例 …………………………………282
　　　(3)　法的見解の表明 ……………………………………………282
　　5　インターネット上の名誉毀損において頻繁に問題となる類型……284
　　　(1)　感想 …………………………………………………………284
　　　(2)　推測 …………………………………………………………285
　　　(3)　評価 …………………………………………………………285
　　　(4)　その他 ………………………………………………………285

第13章　意見・論評が社会的評価を低下させるか …………287

　1　はじめに …………………………………………………………287
　2　個人の感想・愚痴 ………………………………………………287
　　　(1)　はじめに ……………………………………………………287
　　　(2)　客観的判断基準がないこと ………………………………288
　　　(3)　一般人の投稿に関する留意点 ……………………………289
　　　(4)　単なる感想に関する裁判例 ………………………………290
　　　(5)　感想が具体的根拠をもつ場合 ……………………………292
　　　(6)　感想の中でも表現が強い場合 ……………………………295
　　　(7)　推測 …………………………………………………………295
　3　反対意見・批判と名誉毀損 ……………………………………296
　4　一方的主張 ………………………………………………………297
　5　問題提起等 ………………………………………………………298
　6　定型的な評価 ……………………………………………………299
　7　誹謗中傷 …………………………………………………………300

第14章　公正な論評の法理 ……………………………………302

　1　法理の内容 ………………………………………………………302
　2　法理への疑問 ……………………………………………………304
　3　前提事実が存在しない場合（裸の意見表明）………………304
　4　前提事実の一部に真実性・相当性がない場合 ………………305
　5　人身攻撃に及ぶ等意見ないし論評としての域を逸脱したもので

ないこと ··306
　　　(1) 意義 ···306
　　　(2) 判断要素 ··307
　　　(3) 執拗性、揶揄・愚弄・嘲笑・蔑視 ··············307
　　　(4) 対象者側の事情 ··309
　　　　(a) 対象者が誰であるか　309／(b) 対象者の行為　310
　　　(5) 論評の対象の内容などとの相関関係 ·········312
　　　(6) 配慮 ···313
　　　(7) 具体例 ··313
　6　感想・口コミとの関係 ···314

PART 4　その他の諸問題

第15章　正当防衛・対抗言論 ································316

　1　はじめに ···316
　2　先行する対象者の言動がある場合 ····················316
　　　(1) 正当防衛 ··316
　　　(2) 昭和38年判決 ···317
　　　(3) 最近の裁判例 ··318
　　　(4) 応酬的言論（やりとりの応酬） ·················321
　3　（対象者による事後的な）対抗言論 ···················322
　　　(1) はじめに ··322
　　　(2) 平成22年決定 ···323
　　　(3) （対象者の事後的な）対抗言論の機会 ········324
　　　　(a) 対抗言論に否定的な裁判例　324／(b) 対抗言論を重視した裁判例　325／(c) 対抗言論の機会がないとされた場合　326
　　　(4) 対象者が現実に対抗言論を行ったこと ·······326

第16章　正当な言論 ··328

　1　はじめに ···328
　2　解雇等事実の公表 ···328
　3　オークションの評価欄 ·······································330

4　その他 ……………………………………………………………331
(1)　団体の内部手続 ………………………………………331
(2)　業務上の行為 …………………………………………332
(3)　行政への説明 …………………………………………333
(4)　弁護士業務……………………………………………333
(5)　その他 …………………………………………………333

第17章　その他の抗弁事由 …………………………………334

1　はじめに …………………………………………………334
2　名誉毀損後の事由 ………………………………………334
(1)　はじめに ………………………………………………334
(2)　犯人視報道後の有罪判決 ……………………………334
(3)　訂正記事・削除・謝罪等 ……………………………335
(4)　宥恕 ……………………………………………………336
3　配信サービスの抗弁 ……………………………………337
4　訴訟行為 …………………………………………………338
5　故意・過失の欠缺 ………………………………………341
6　その他 ……………………………………………………342

第18章　転載・リンクに関する諸問題 …………………343

1　はじめに …………………………………………………343
2　摘示内容の特定 …………………………………………344
(1)　転載・引用……………………………………………344
(2)　リンク等 ………………………………………………346
　　　(a) リンク　346／(b) リンクと特定　348
(3)　いいね！ ………………………………………………349
(4)　リツイート ……………………………………………349
3　既に社会的評価が低下していることの影響 …………350
(1)　はじめに ………………………………………………350
(2)　転載と損害……………………………………………352
4　対象者自身による情報公開の影響 ……………………353
(1)　はじめに ………………………………………………353

(2)　一般論 …………………………………………………………………353

　(3)　同意・承諾 ……………………………………………………………355

　(4)　まとめサイト …………………………………………………………356

　(5)　真実性・相当性の抗弁の適否 ………………………………………357

第19章　救済 …………………………………………………………………358

1　はじめに …………………………………………………………………358

　(1)　対象者にとっての救済手段 …………………………………………358

　(2)　「不法行為」を前提とするものとしないもの ……………………358

　(3)　救済手段相互の関係 …………………………………………………359

2　損害賠償 …………………………………………………………………359

　(1)　慰謝料 …………………………………………………………………359

　　(a) はじめに　359／(b) 慰謝料算定の考慮要素　360／(c) 慰謝料高額化・定型化の提言　361／(d) インターネット上の名誉毀損であることは加減いずれの要素か　363／(e) 実損害（具体的損害）　367

　(2)　対応費用（弁護士費用・調査費用等） ……………………………369

　　(a) はじめに　369／(b) 認定される弁護士費用の少なさ　370／(c) 調査費用等　371

　(3)　反論費用 ………………………………………………………………374

　(4)　過失相殺 ………………………………………………………………375

　(5)　表現者以外の責任 ……………………………………………………376

　(6)　その他 …………………………………………………………………376

3　謝罪広告 …………………………………………………………………376

　(1)　はじめに ………………………………………………………………376

　(2)　「適当」な場合 ………………………………………………………377

　　(a) 「適当」性の一般論　377／(b) 従来型名誉毀損　378／(c) インターネット上の名誉毀損　379／(d) 真実による名誉毀損　379／(e) 匿名による名誉毀損　380

　(3)　謝罪広告の内容 ………………………………………………………380

　(4)　謝罪広告の条件 ………………………………………………………381

　(5)　謝罪文の交付請求 ……………………………………………………382

　(6)　国又は公共団体と謝罪広告 …………………………………………383

　(7)　その他 …………………………………………………………………384

4　削除請求 384
　（1）総論 384
　（2）対象者に対する本訴手続における削除請求 384
　　　（a）人格権　384／（b）民法723条　385／（c）削除請求の範囲　385
　（3）第三者への削除請求 387
　　　（a）削除権限　387／（b）コンテンツプロバイダに対する削除請求　387／（c）検索エンジンへの削除請求　387
　（4）削除済みとの主張 388
5　事前差止 388
　（1）はじめに 388
　（2）仮処分 389
　（3）本訴 390
　（4）アカウント削除 392
6　時効 392
　（1）はじめに 392
　（2）損害を知った時 392
　（3）「加害者を知った」 394
　（4）中断 394
　（5）民法改正 394
7　強制執行 395
8　遅延損害金 395
9　その他 396
　（1）擬制自白 396
　（2）訴訟費用 396
　（3）弁済の充当 396

第20章　名誉感情侵害（侮辱） 397

1　はじめに 397
　（1）名誉感情とは 397
　（2）名誉感情の侵害方法 398
　　　（a）はじめに　398／（b）侮辱　398／（c）写真・図画による名誉感情侵害　398／（d）動作による名誉感情侵害　399／（e）その他　399

(3) 名誉感情を侵害が不法行為となる要件 ………………………………400
　　　　　(a) はじめに　400／(b) 社会通念上許される限度　400／(c) 故意・過失　401／
　　　　　(d) 因果関係ある損害　401
　2　名誉感情侵害と名誉毀損の違い ……………………………………………401
　　　(1) 両者が異なる対象に対する侵害を内容とすること　………………401
　　　(2) 公然性は不要 ………………………………………………………………402
　　　(3) 法人 ……………………………………………………………………………402
　　　(4) 名誉感情侵害と謝罪広告 …………………………………………………402
　　　(5) 民事訴訟法上の問題 ………………………………………………………402
　3　刑事と民事 ………………………………………………………………………403
　　　(1) 侮辱罪 …………………………………………………………………………403
　　　(2) 民法と刑法の違い …………………………………………………………403
　　　(3) 侮辱罪と混同する裁判例 …………………………………………………404
　4　対象者本人と「一般読者」…………………………………………………404
　　　(1) 対象者本人の重要性 ………………………………………………………404
　　　(2) 公然性は不要 ………………………………………………………………405
　　　(3) 一般読者基準・同定 ………………………………………………………405
　　　　　(a) 意味内容の特定　405／(b) 同定　406
　5　社会通念上許容される限度 …………………………………………………406
　　　(1) はじめに ……………………………………………………………………406
　　　(2) その他の表現 ………………………………………………………………408
　　　　　(a) はじめに　408／(b) 受忍限度　408／(c) 業務の適正な範囲・指導としての
　　　　　範ちゅう　408／(d) その他　409／(e) まとめ　409
　　　(3) 判断方法 ……………………………………………………………………409
　　　　　(a) 客観的判断　409／(b) 判断要素総論　410
　　　(4) 判断要素各論 ………………………………………………………………411
　　　　　(a)　はじめに　411
　　　　　(b)　表現内容　411
　　　　　　　(i) はじめに　411／(ii) 用いられる文言そのものの侮蔑性　411／(iii) 具体
　　　　　　　性・根拠　412／(iv) 回数　413／(v) 意味の不明確性　414／(vi) 摘示される
　　　　　　　事実が社会的評価を低下させるか否か　414
　　　　　(c)　周囲の状況　415

　　　　(i) はじめに　415／(ii) 表現の場における状況　415／(iii) 場所の特質　415／
　　　　(iv) テーマにまつわる状況　415
　　(d) 当事者の客観的属性・行為等　416
　　　　(i) はじめに　416／(ii) 対象者の属性　416／(iii) 対象者側の行為　417／(iv)
　　　　対象者側と表現者側の従前の関係　418／(v) 当事者の客観的なコミュニケーシ
　　　　ョンのシチュエーション　418／(vi) 対抗言論・反論可能性　418
　　(e) 当事者の主観的意図・目的等　419
　　　　(i) はじめに　419／(ii) 具体的な判断　419
　(5) 具体的な判断 …………………………………………………………………421
　　(a) はじめに　421
　　(b) 表現の内容に関する事案　421
　　　　(i) はじめに　421／(ii) 容姿・外見等に関する事案　421／(iii) 年齢に関する
　　　　事案　423／(iv) 性的事案　424／(v) 能力・判断力等に関する事案　425／(vi)
　　　　性格に関する事案　426／(vii) 状況・行為に関する事案　427／(viii) 脅迫的事
　　　　案　428／(ix) 他の否定的表現　428／(x) その他　430
　　(c) シチュエーションに関する事案　431
　　　　(i) はじめに　431／(ii) ストーキング　431／(iii) ハラスメント　431／(iv)
　　　　顧客対応　432／(v) 叱責　433／(vi) 退職勧奨　433
　　(d) 限界事例　433
6　抗弁 ……………………………………………………………………………………433
　(1) はじめに ………………………………………………………………………433
　(2) 正当業務行為 …………………………………………………………………434
　(3) 合理的指導 ……………………………………………………………………434
　(4) 必要性・相当性 ………………………………………………………………435
　(5) 訴訟行為 ………………………………………………………………………435
　(6) 真実性・相当性 ………………………………………………………………435
　(7) その他 …………………………………………………………………………436
7　救済 ……………………………………………………………………………………436
　(1) はじめに ………………………………………………………………………436
　(2) 慰謝料 …………………………………………………………………………436
　　(a) 概観　436／(b) 考慮要素　437
　(3) 慰謝料以外の賠償 ……………………………………………………………438

（4）削除等 …………………………………………………………438
　　（5）謝罪広告 ………………………………………………………438
　　（6）その他 …………………………………………………………438

第3編　実務編

はじめに

  1　基本的な対処方法 ……………………………………………………441
　　（1）はじめに …………………………………………………………441
　　（2）対象者にとっての基本的な対応方法 …………………………441
　　（3）表現者にとっての基本的な対応方法 …………………………443
　　（4）名誉毀損成否の可能性の重要性 ………………………………445
  2　本編の構成 ……………………………………………………………445

ケース1　公然性事案

  1　問題の所在 ……………………………………………………………449
  2　実務上の判断のポイント ……………………………………………449
　　（1）摘示内容の特定（第2編第1章）………………………………449
　　（2）事実摘示による社会的評価の低下（第2編第2章）…………450
　　　（a）一般論　450／（b）インターネット上の表現の信頼性　450
　　（3）公然性（第2編第3章）…………………………………………451
　　（4）真実性・相当性（第2編第7章～11章）………………………451
　　（5）名誉感情侵害（第2編第20章）…………………………………452
　　（6）その他 …………………………………………………………452
  3　表現者（A）に対するアドバイス …………………………………453
  4　対象者（B）に対するアドバイス …………………………………453
  5　中立的立場から ………………………………………………………453

ケース2　仮名・匿名事案

  1　問題の所在 ……………………………………………………………455
  2　実務上の判断のポイント ……………………………………………456

(1) 摘示内容の特定（第2編第1章）……………………………456
　　(2) 事実摘示による社会的評価の低下（第2編第2章）…………456
　　　　(a) 一般論　456／(b) インターネット上の表現の信頼性　456
　　(3) 匿名・仮名（第2編第5章）…………………………………457
　　(4) 真実性・相当性（第2編第7章〜11章）……………………458
　3　対象者（B）に対するアドバイス …………………………………459
　4　表現者（A）に対するアドバイス …………………………………460
　5　中立的立場から ………………………………………………………460

ケース3　会社事案

　1　問題の所在 ……………………………………………………………463
　2　実務上の判断のポイント ……………………………………………463
　　(1) 摘示内容の特定（第2編第1章）……………………………463
　　(2) 事実摘示による社会的評価の低下（第2編第2章）…………464
　　　　(a) 一般論　464／(b) インターネット上の表現の信頼性　464
　　(3) 「表現者が」名誉を毀損したこと（第2編第6章）…………465
　　(4) 真実性・相当性（第2編第7章〜11章）……………………465
　　(5) 正当な言論（第2編第16章）…………………………………467
　3　表現者（A1〜A3）に対するアドバイス …………………………468
　4　対象者（B）に対するアドバイス …………………………………469
　5　中立的立場から ………………………………………………………470

ケース4　口コミ事案

　1　問題の所在 ……………………………………………………………472
　2　実務上の判断のポイント ……………………………………………473
　　(1) 摘示内容の特定（第2編第1章）……………………………473
　　(2) 事実摘示か意見・論評か（第2編第12章）…………………474
　　(3) 事実摘示による社会的評価の低下（第2編第2章）…………474
　　　　(a) 一般論　474／(b) インターネット上の表現の信頼性　474
　　(4) 意見・論評による社会的評価の低下（第2編第13章）……475
　　(5) 真実性・相当性（第2編第7章〜11章）……………………476
　　(6) 公正な論評の法理（第2編第14章）…………………………478

3　表現者（A）に対するアドバイス ……………………………………478
　　4　対象者（B）に対するアドバイス ……………………………………479
　　5　中立的立場から ………………………………………………………479

ケース5　論争事案

　　1　問題の所在 ……………………………………………………………482
　　2　実務上の判断のポイント ……………………………………………482
　　　（1）摘示内容の特定（第2編第1章）………………………………482
　　　（2）事実摘示か意見・論評か（第2編第12章）…………………483
　　　（3）事実摘示による社会的評価の低下（第2編第2章）…………483
　　　　　（a）一般論　483／（b）インターネット上の表現の信頼性　484
　　　（4）意見・論評による社会的評価の低下（第2編第13章）………484
　　　（5）真実性・相当性（第2編第7章～11章）……………………485
　　　（6）公正な論評の法理（第2編第14章）…………………………486
　　　（7）正当防衛・対抗言論（第2編第15章）………………………486
　　3　表現者（A）に対するアドバイス ……………………………………487
　　4　対象者（B）に対するアドバイス ……………………………………489
　　5　中立的立場から ………………………………………………………489

ケース6　転載事案

　　1　問題の所在 ……………………………………………………………492
　　2　実務上の判断のポイント ……………………………………………492
　　　（1）摘示内容の特定（第2編第1章・第18章）…………………492
　　　（2）事実摘示か意見・論評か（第2編第12章）…………………493
　　　（3）事実摘示による社会的評価の低下（第2編第2章）…………493
　　　　　（a）一般論　493／（b）インターネット上の表現の信頼性　494
　　　（4）既に類似の報道がされていることの影響（第2編第18章）……494
　　　（5）意見・論評による社会的評価の低下（第2編第13章）………495
　　　（6）真実性・相当性（第2編第7章～11章）……………………495
　　　（7）公正な論評の法理（第2編第14章）…………………………497
　　　（8）A2による表現か（第2編第18章）……………………………497
　　　　　（a）「いいね！」の評価　497／（b）リツイートの評価　498

(9) 転載行為における相当性 ･･･498
　3　表現者（A1及びA2）に対するアドバイス ･････････････････499
　4　対象者（B）に対するアドバイス ････････････････････････････500
　5　中立的立場から ･･500

ケース7　総合事案1

　1　問題の所在 ･･503
　2　実務上の判断のポイント ･･･････････････････････････････････503
　　(1) 摘示内容の特定（第2編第1章）･････････････････････････503
　　(2)「対象者の」名誉が毀損されること（第2編第4章）･･･････504
　　(3) 事実摘示か意見・論評か（第2編第12章）･････････････････505
　　(4) 事実摘示による社会的評価の低下（第2編第2章）･････････506
　　　(a) 一般論　506／(b) インターネット上の表現の信頼性　506
　　(5) 意見・論評による社会的評価の低下（第2編第13章）･･････507
　　(6) 真実性・相当性（第2編第7章〜11章）････････････････････507
　　(7) 名誉感情侵害（第2編第20章）･･････････････････････････509
　　(8) 情報提供者の責任（第2編第6章）･･････････････････････509
　3　対象者（B1及びB2）に対するアドバイス ････････････････510
　4　表現者（A1及びA2）に対するアドバイス ････････････････511
　5　中立的立場から ･･511

ケース8　総合事案2

　1　問題の所在 ･･513
　2　実務上の判断のポイント ･･･････････････････････････････････514
　　(1) 摘示内容の特定（第2編第1章）･････････････････････････514
　　(2) 事実摘示による社会的評価の低下（第2編第2章）･････････514
　　　(a) 一般論　514／(b) インターネット上の表現の信頼性　514
　　(3) 匿名・仮名（第2編第5章）････････････････････････････515
　　(4) 真実性・相当性（第2編第7章〜11章）････････････････････515
　　(5) その他 ･･516
　3　表現者（A）に対するアドバイス ･････････････････････････517
　4　対象者（B）に対するアドバイス ････････････････････････････517

目次

　　　5　中立的立場から …………………………………………………518

ケース9　総合事案3
　　1　問題の所在……………………………………………………………519
　　2　実務上の判断のポイント　……………………………………………520
　　　(1)　摘示内容の特定（第2編第1章）………………………………520
　　　(2)　転載・リンクに関する諸問題（第2編第18章）………………520
　　　(3)　事実摘示か意見・論評か（第2編第12章）……………………521
　　　(4)　事実摘示による社会的評価の低下（第2編第2章）……………521
　　　　(a)　一般論　521／(b)　インターネット上の表現の信頼性　521
　　　(5)　意見・論評による社会的評価の低下（第2編第13章）…………522
　　　(6)　真実性・相当性（第2編第7章～11章）………………………523
　　　(7)　公正な論評の法理（第2編第14章）……………………………523
　　3　B（対象者）に対するアドバイス ……………………………………524
　　4　A（表現者）に対するアドバイス ……………………………………524
　　5　中立的立場から ………………………………………………………525

ケース10　総合事案4
　　1　問題の所在……………………………………………………………527
　　2　実務上の判断のポイント　……………………………………………528
　　　(1)　摘示内容の特定（第2編第1章）………………………………528
　　　(2)　転載・リンクに関する諸問題（第2編第18章）………………529
　　　(3)　事実摘示か意見・論評か（第2編第12章）……………………529
　　　(4)　事実摘示による社会的評価の低下（第2編第2章）……………530
　　　　(a)　一般論　530／(b)　インターネット上の表現の信頼性　530
　　　(5)　意見・論評による社会的評価の低下（第2編第13章）…………531
　　　(6)　真実性・相当性（第2編第7章～11章）………………………531
　　　(7)　その他の抗弁事由（第2編第17章）……………………………533
　　　(8)　その他の問題 ……………………………………………………534
　　3　表現者（A）に対するアドバイス ……………………………………534
　　4　対象者（B1）に対するアドバイス ……………………………………535
　　5　中立的立場から ………………………………………………………536

判例索引	539
事項索引	605
おわりに	611

凡例

(1) 法令

民訴法	民事訴訟法
刑訴法	刑事訴訟法
国賠法	国家賠償法
プロ責法	特定電気通信役務提供者の損害賠償責任の制限及び発信者情報の開示に関する法律
通則法	法の適用に関する通則法

(2) 判例

#270326　＝　最決平成27年3月26日・D1-Law 28231563

<u>※詳しくは、判例索引を参照。</u>

(3) 判例集・雑誌

民録	大審院民事判決録
民集	大審院民事判例集、最高裁判所民事判例集
刑録	大審院刑事判決録
刑集	大審院刑事判例集、最高裁判所刑事判例集
下民集	下級裁判所民事裁判例集
東高時報（刑事）	東京高等裁判所判決時報（刑事）
訟月	訟務月報
最判解民事	最高裁判所判例解説（民事篇）
判時	判例時報
判タ	判例タイムズ
民商	民商法雑誌
判地自	判例地方自治
労判	労働判例
労経速	労働経済判例速報

(4) 文献

<u>※名誉毀損に関するもののみ以下に収録し、それ以外の文献は本文中で引用する。</u>

伊藤正己	伊藤正己編『現代損害賠償法講座2』（日本評論社、初版、1972）
平川	平川宗信『名誉毀損罪と表現の自由』（有斐閣、復刻版、2000）
東弁研修運営委平成16年講座	東京弁護士会弁護士研修センター運営委員会編『平成16年秋期弁護士研修講座』（商事法務、初版、2005）
情報ネットワーク法学会他	情報ネットワーク法学会・社団法人テレコムサービス協会編『インターネット上の誹謗中傷と責任』（商事法務、初版、2005）
小原他	小原健他『名誉・信用毀損プライバシー侵害紛争事例解説集』（新日本法規出版、初版、2006）
佃	佃克彦『名誉毀損の法律実務』（弘文堂、第3版、2017）
堀部	堀部政男監修『プロバイダ責任制限法　実務と理論』（別冊NBL141号、商事法務、初版、2012）
松井名誉毀損	松井茂記『表現の自由と名誉毀損』（有斐閣、初版、2013）
千葉県弁護士会	千葉県弁護士会編『慰謝料算定の実務』（ぎょうせい、第2版、2013）
岡村坂本	岡村久道・坂本団編『名誉毀損の法律実務―実世界とインターネット』（民事法研究会、初版、2014）
総務省総合通信基盤局消費者行政課	総務省総合通信基盤局消費者行政第二課『プロバイダ責任制限法』（第一法規出版、改訂増補第2版、2018）
東弁研修運営委インターネット	東京弁護士会弁護士研修センター運営委員会編『インターネットの法律実務』（ぎょうせい、初版、2014）
松井インターネット	松井茂記『インターネットの憲法学』（有斐閣、新版、2014）

凡例

清水	清水陽平『サイト別 ネット中傷・炎上対応マニュアル』(弘文堂、第2版、2016)
八木他	八木一洋・関述之編著『民事保全の実務（上）（下）』（きんざい、第3版増補版、2015）
西口他	西口元・小賀野晶一・眞田範行編著『名誉毀損の慰謝料算定—名誉・信用・プライバシー・肖像・パブリシティ侵害の慰謝料算定実務』（学陽書房、初版、2015）
森泉	森泉章「法人の名誉毀損について」民商54巻1号3頁
山口いつ子	山口いつ子「パソコン通信における名誉毀損」法時69巻9号92頁
高橋	高橋和之「パソコン通信と名誉毀損」ジュリ1120号80頁
升田	升田純「名誉と信用の値段に関する一考察（上）（中）（下）」NBL627号40頁、628号41頁、634号48頁
加藤	加藤新太郎「パソコン通信における名誉毀損」判タ965号68頁
町村	町村泰貴「サイバースペースにおける匿名性とプライバシー（一）」亜細亜法学34巻2号71頁
塩崎	塩崎勤「名誉毀損の損害額の算定について」判タ1055号4頁
司法研修所	司法研修所「損害賠償請求訴訟における損害額の算定」判タ1070号8頁
井上	井上繁規「損害賠償請求訴訟における損害額の算定」判タ1070号14頁
鬼頭	鬼頭季郎「名誉毀損事件の損害額の審理と認容額について」判タ1070号28頁
眞田	眞田範行「名誉毀損訴訟の要件事実的整理」判タ1071号46頁

和田	和田真一「インターネット上の名誉毀損における当事者の匿名性をめぐる問題」立命館法学 292 号 490 頁
和久他	和久一彦他「名誉毀損関係訴訟について」判タ 1223 号 50 頁
柄澤	梓澤和幸「名誉毀損訴訟と弁護士の役割」山梨学院ロー・ジャーナル 3 号 75 頁
金崎	金崎剛志「被害者が一方的に暴行を受け死亡したにもかかわらず喧嘩による死亡との誤った警察発表により精神的苦痛を被ったという被害者遺族の国家賠償請求が認められた事例」自治研究 87 巻 8 号 142 頁
宍戸	宍戸常寿「デジタル時代の事件報道に関する法的問題」東京大学法科大学院ローレビュー 6 号 209 頁
西田昌	西田昌吾「『訴権の濫用』をめぐる裁判例と問題点」判例タイムズ 1350 号 12 頁
西田	西田典之著・橋爪隆補訂『刑法各論』(弘文堂、第 7 版、2018)
東京地方裁判所プラクティス委員会第一小委員会	東京地方裁判所プラクティス委員会第一小委員会「名誉毀損訴訟解説・発信者情報開示請求訴訟解説」判タ 1360 号 4 頁
松尾	松尾剛行「最新判例にみるインターネット上の名誉毀損の理論と実務」The Lawyers2016 年 3 月号
山本	山本敬三「意見広告と反論文の掲載請求」メディア判例百選 147 頁
山口成樹	山口成樹「パソコン通信上の名誉毀損と対抗言論の法理」メディア判例百選 226 頁
平成 14 年調査官解説	最高裁判所判例解説(民事)平成 14 年度(上) 102 頁
平成 15 年調査官解説	最高裁判所判例解説(民事)平成 15 年度(上)

凡例

	156 頁
平成 22 年調査官解説	最高裁判所判例解説（刑事）平成 22 年度 1 頁
平成 23 年調査官解説（上）	最高裁判所判例解説（民事）平成 23 年度（上）417 頁
平成 23 年調査官解説（下）	最高裁判所判例解説（民事）平成 23 年度（下）568 頁
総務省調査	総務省情報通信政策研究所「ブログ・SNS の経済効果に関する調査研究《報告書》」（平成 21 年 9 月）〈http://www.soumu.go.jp/iicp/chousakenkyu/data/research/survey/telecom/2009/2009-I-13.pdf〉
清水神田中澤	清水陽平・神田知宏・中澤祐一『ケース・スタディ ネット権利侵害対応の実務——発信者情報開示請求と削除請求』（新日本法規出版、第 2 版、2017）
関小川	関述之・小川直人『インターネット関係仮処分の実務』（きんざい、2018）

はじめに

1　インターネット時代の名誉毀損法

　インターネットは既に社会に不可欠のインフラとなっているが、インターネット上で行われる多種多様なコミュニケーションの中には、他人の権利を侵害するものが存在する。そのうち、名誉権が侵害される、いわゆる「インターネット上の名誉毀損」も数多くみられる。

　インターネット技術の急速な発展と変化に伴い、人々のオンライン上のコミュニケーション方式も急速に変化している。そのようなコミュニケーション方式の変化に伴い、インターネット上の名誉毀損もまた変化している。

　かつては、パソコン通信上の名誉毀損が問題となっていた[1]。

　その後、5ちゃんねるのような匿名掲示板における名誉毀損が重大な社会問題となり、2001年にはプロ責法も制定された。近年ではその比重が相対的に落ちているものの、掲示板上の投稿をまとめたいわゆる「まとめサイト」等による名誉毀損や、まとめサイトへの転載による被害拡大も問題となっている[2][3][4]。

　また、ブログ時代の到来につれ、ウェブサイト上の名誉毀損から、ブログ[5]上の名誉毀損へと問題の焦点が移るという歴史的展開が存在した。

　さらに、近年のSNS[6]の隆盛により、SNSにおける名誉毀損が重要な焦点と

---

[1]　ニフティサーブ等の特定のネットワーク内でユーザー同士が会議室、掲示板、チャットルーム等で交流する通信サービス。パソコン通信は厳密な意味での「インターネット」とはやや異なるが、本書では、パソコン通信上の名誉毀損についてもインターネット上の名誉毀損として扱う。

[2]　インターネット上で誰でも匿名で投稿ができる掲示板であり、個別のテーマ毎にスレッドといわれる個別の掲示板が作成される。なお、本書初版時代は「2ch」であったが、「5ch」になった（当該掲示板は途中で複数に分かれており、2019年2月時点でも「2ch」も残っている）。

[3]　本書で「掲示板」というのはインターネット上の（匿名）掲示板のことを指す。

[4]　他のウェブサイト等のインターネット上の情報を編集しまとめたウェブサイト。掲示板だけではなく、最近ではSNS上の投稿をまとめたまとめサイト等も出現している（後述 #300628（#301211で上告不受理）等参照）。

[5]　日記作成機能をもったオンラインサービスのうち、SNSを除くもの（総務省調査15頁）。

[6]　人と人とのつながりを推進サポートする機能をもち、ユーザー間のコミュニケーションがサービスの価値の源泉となっている会員専用のウェブサービス（総務省調査16頁）。

なっている。SNSにおいては、自分の友人と会話をするつもりで気軽に投稿するユーザーも少なくないことから、不注意で他人の名誉等を傷つける事例がより多くみられるだけではなく、特に、気軽に情報を転載・共有できることから、(少数の)「友達(Facebookの場合)」や「フォロワー(Twitterの場合)」等と会話し、ないしは愚痴を述べただけのつもりが、瞬く間に「祭り」「炎上」という形で多くの人の目に触れることになり、対象者の名誉を大きく傷つけることになる可能性がある[7]。そこで、近年では少なからぬ企業がSNS規程等を作成したり、従業員に対して研修を行う等によって、(勤務時間外についても)従業員がSNSを利用する際に注意すべきことを明確化し、企業の信頼を失墜する事態を回避しようとしている[8]。

　本書は、このようなインターネットの急速な変化に伴い、急速に変化を遂げつつあるインターネット上の名誉毀損の実情を踏まえ、インターネット上の名誉毀損に関する法理論と法実務がどのように変化したのかを考察する。

　特に、インターネットの発達により、これまで発信手段をもたなかった一般私人が発信の機会を得たことは重要である。もちろん、発信の機会があるといっても個別の投稿が多くの人に「読まれる」とは限らない。しかし、多種多様な事実や意見が公開され、それが公的な討論の対象になり得るということの意義は決して小さくないだろう。インターネット時代には、マスメディアによって濾過された後の意見のみが公開されていた時代よりも、「質の低い」[9]情報の数が必然的に増えることにはなるものの、(上記のような、意図せず「炎上する」事案とは異なり)無名の一般私人の調査結果や意見が、その内容のよさからスポットライトを浴び、多くの人の意思決定に影響を与えることも場合によってはあり得るという意味で、一種の「思想の自由市場」が出現したことの意義は否定できないだろう[10]。

　このような背景を踏まえ、インターネット上の名誉毀損においては特に表現

---

[7] そればかりではなく、炎上の結果として、表現者自身やその所属先が大きな批判を浴びる可能性もある。

[8] 松尾剛行『AI・HRテック対応　人事労務情報管理の法律実務』(弘文堂、初版、2018) 333頁も参照。

[9] そもそも何をもって質が高いかという問題があるが、結果的に名誉毀損・名誉感情侵害と判断される違法な投稿は少なくとも「質の低い」といってもよかろう。

[10] もっとも、筆者(松尾)が関与した案件では、一般私人である表現者が、SNS上で何万ものフォロワーを獲得して、誹謗中傷を大量に拡散する事例もあり、問題はその「使い方」であって、必ずしも伝達・拡散の可能性の広がりそのものをもって諸手を挙げて賞賛すべきとは限らない。

の自由の保障と名誉権の保障との間の微妙なバランスをいかにとるかが特に重要な問題となってくるであろう。そのバランスのとり方によっては、極端な場合には、インターネットが誹謗中傷も野放しの「無法地帯」になるかもしれないし、逆に、名誉毀損と指弾されることによる萎縮効果のため、思っていることを自由に表現できなくなり、「思想の自由市場」が消滅するかもしれない。その意味で、双方のバランスを探る営為は非常に重要である。

　本書は、このような問題意識を踏まえ、インターネット上の名誉毀損における諸問題について、従前の理論と実務の蓄積を踏まえながら、この理論と実務[11]がどのように変わったか、変わるべきかを裁判例分析の手法を中心に検討する。

　ここで、法実務という意味では、手続法（37頁）は確かに重要である。インターネットの匿名性により簡単に表現者を特定できず、また投稿が原則としてそのままインターネット上に残ることから、プロバイダ[12]に対し表現者の情報の開示を請求したり、表現の削除（送信防止措置）を請求するといった手続が新たに必要となった。実務においては、プロ責法や関係ガイドライン（38頁）に基づき従来型の名誉毀損とは異なる、固有の手続が運用されている。そこで、このような手続に関する情報は、インターネット上の名誉毀損に関する法実務を考察する上で一定の重要性があることは否定できない。

　もっとも、このような手続については、既に類書が出ている（例えば関小川、清水及び清水神田中澤）ばかりではなく、ウェブサイト毎に実務が異なり、同じウェブサイトでも比較的短期間に実務が変わるばかりか、被害が多発する重要なウェブサイト・サービスも比較的短期間のうちに新規に登場する、書籍という媒体で情報を提供する場合には相当高頻度での改訂が必要で[13]、さもなければ急速に情報が陳腐化しかねないという問題が指摘できる[14]。

　そこで、本書においては、インターネット上の名誉毀損の問題に関する実体

---

[11] 特に実務を踏まえた論点の頭出しとそれに関する従来型名誉毀損に関する判例の分析という意味では佃の貢献が大きいと考えており、本書でも必然的に同書を引用することが多くなっている。

[12] インターネットに関するサービスを提供する業者（40頁）。

[13] 今回は、勁草書房様のご厚意で、初版から3年後という比較的早期の改訂が可能となったが、この間にも、例えば、ログイン情報問題（関小川163頁）等手続については様々な変遷が極めて速いスピードで発生しており、これらにリアルタイムでキャッチアップをすることは容易ではない。

[14] その意味では、例えば電子書籍やウェブサイト等の迅速な更新が可能な媒体で情報提供するのが望ましいかもしれない。

はじめに

法の解釈及びその適用に焦点を当てて検討したい。実体法というのは、民事でいえば主に、ある表現が名誉毀損として不法行為（民法709条）や人格権侵害が成立するのかという問題である。刑事でいえば主に、それが名誉毀損罪（刑法230条）の構成要件に該当する違法で有責な行為であり、公共の利害に関する場合の特例（刑法230条の2）にも該当しないものであるかという問題である。

なお、インターネットのインフラ化（35頁）に伴い、マスメディアもインターネットを活用するようになっている。例えば、ニュースサイトや大手新聞社や雑誌社のウェブサイトには、新聞記事や雑誌記事等が掲載されている。そこで、新聞記事や雑誌記事による名誉毀損という従来型の名誉毀損が中心的な問題となっているものの、それと同時に当該記事がインターネット上にアップロードされていることから、インターネット上でも名誉が毀損されるという事例がままみられる（#280428A（#281109Bで上告不受理）等多数）。

このような事例では、実体法上の論点が従来型の名誉毀損とほとんど変わらないことも多い。そのような事例を含めてしまえば、従来型の名誉毀損固有の問題も含めすべての論点を検討しなければならなくなってしまう。

本書の趣旨は、「インターネットによって、従前の法理論はどのように変容したのだろうか」という問題意識からの、インターネット上の名誉毀損法の研究である。そこで、本書は、従来型名誉毀損における議論はあくまでも、インターネット上の名誉毀損を検討する上で必要な限りで参照することとした。その結果、従来手厚く検討されていた論点のうち、メディアスクラムの問題等[15]についてはあえて記載していない。もちろん、表現内容の特定、社会的評価低下の有無、真実性・相当性の法理、公正な論評の法理等、従来型でもインターネット上の名誉毀損でも共通して重要な論点については、従来型の名誉毀損に関する理論と実務について触れている。ただし、同様のことを述べる裁判例が複数存在する場合には、最高裁判例がある場合を除き、2008年以降の比較的新しい裁判例を中心に引用した。もちろん、従来型名誉毀損においては必ずしも重要な論点ではなかったものの、インターネット上の名誉毀損で頻繁に問題となる対抗言論の法理、転載・リンクに関する問題等についてはこれを厚く論じることとしている。

---

15) 例えば、佃は本文633頁のうち、メディアスクラムを中心とする名誉毀損の報道に関する諸問題について27頁を費やしている。

2 インターネットの特徴毎の留意点

(1) はじめに

　上記のような目的をもってインターネット上の名誉毀損法を検討する上では、インターネットの特徴と、その特徴毎の名誉毀損法に関する論点を最初に頭出ししておくことは有益であろう。

　ここで、インターネットの特徴及びインターネット上の名誉毀損の特徴というものについては、それぞれの論者毎に異なる議論がされている。例えば、佃170～171頁は双方向性、匿名性、損害拡大の容易性、表現者と管理者の分離を挙げる。堀部9頁は、プロ責任法の文脈で、個人の情報発信、匿名性、コピーの容易性、国際性、複数のプロバイダを渡り歩くことの容易性等を指摘する。松井名誉毀損373頁は、相当性の理論のインターネット上の名誉毀損への適用という文脈であるが、信頼性が確かとはいえないこと、ジャーナリスト以外による発信、反論の可能性、言論市場の個人への開放等を指摘している。[16]

　これらの多様な見解のうちの、どれかが正しく、どれかが間違っているということではなく、まとめ方や説明の問題という点が大きいと思われるので、説明の便宜上、一般私人による公衆への発信と読者数（層）の激変可能性、匿名性、リンク・転載の容易性、時間・空間の超越、そしてインフラ化（多様化）という切り口で、インターネットの特徴がそれぞれ名誉毀損法のどの論点と関連するのかについて、主に実体法の観点から、簡単に触れたい。

　なお、名誉毀損の要件については、59頁以下で詳述するが、結論からいえば、民事でも刑事でも、公然と対象者の社会的評価を低下させた場合（ただし刑事では事実の摘示によるものに限る）に原則として名誉毀損が成立するが、表現の自由との調和のための重要な例外があり、対象者の社会的評価が低下した場合でも、事実を摘示することによる名誉毀損については真実性・相当性といわれる法理により、意見・論評による名誉毀損（ただし民事に限る）については公正な論評の法理といわれる法理により、表現者を救済している。

(2) 一般人による公衆への発信（双方向性）と読者数（層）の激変可能性

　事実上マスメディアのみが公衆に対して発信できたにすぎない時代と異なり、

---

16) その他、岡村坂本117頁、関小川4～5頁等も参照。

はじめに

インターネットの発達によって、一般私人が公衆に向けて発信することができるようになった。

しかし、「公開の場」での発信であっても、一般私人が行う大量の「発信」のうち、多くの読者に受信されるものは極一部であり、大多数は、友人等の限定的な範囲の人に読んでもらえるにすぎない。特にSNS時代においては、SNSでつながっている友人(・知人)が主な読者であることを念頭に置いて[17]、投稿がされることも少なくない。従来、少数人しかいない密室で行われる「居酒屋談義」において類似の表現がなされた場合には、公然性がない等として名誉毀損の問題にされることはほとんどなかった。インターネットで公開された表現について公然性を否定するのは容易ではない(139頁)ものの、一般私人による投稿の場合、「公開」されているとはいえ、通常は読者数は少ない。しかし一旦「炎上」して「祭り」となると、多数の人がそれを読み、拡散していくことから、それまでとは全く異なる桁の人数、全く異なる層の人がその投稿を読むことになる[18]。

これを名誉毀損の文脈でいえば、まずは、公然性(139頁)の有無が問題となる。例えばSNSでは公開範囲を制限できるが、友人限定や友人の友人に限定して公開した情報が名誉毀損となるのかが問題となり得る。

次に、友人等の自分の意図が通じる人を読者として念頭に置いている表現が少なくないため、その表現の趣旨が明らかではないことも多い。そこで、その意味をどのように理解すべきか、例えば、どのような事実を摘示したものか(61頁)、どのような意見を表明したものか(279頁)等が問題となり得る。

さらに、このように一般人の投稿であり、事前に慎重な調査や検討が必ずしもなされていないことや、あくまでも「一個人の感想・意見」というレベルの内容にすぎないことも少なくないことから、当該摘示された事実(96頁)や意見(287頁)が社会的評価を低下させ、名誉毀損として不法行為や犯罪が成立するというべきかが問題となる。

そして、仮に当該表現が対象者の社会的評価を低下させるものであった場合

---

17) 場合によっては、世界中の誰でもが「見ようと思えば」見ることができることを完全に忘れて投稿がなされることもある。

18) なお、匿名掲示板とSNSとの間では、大きく分けて、テーマ・トピックへの関心でつながるという特徴のある匿名掲示板と、表現者への関心でつながるという特徴のあるSNSという違いがあり、炎上した場合の予想外の人への拡散の問題は、特にSNSにおいてあてはまりやすいと思われる。

には、いわゆる真実性・相当性の法理（199頁）や公正な論評の法理（302頁）といった抗弁事由（違法・責任阻却事由）が問題となるが、これまでのマスメディアによる名誉毀損について採用されてきた、内容が公共の利害に関するか、表現の目的が公益を図るためか、取材を十分に行っていたかといった判断基準をそのまま用いることが果たして合理的かも問題となり得る。

　さらに、一般私人が発信できるということは、表現者だけではなく対象者も発信、反論ができるということである。そこで、対象者の不当な投稿に誘発されて表現者が投稿を行った場合や、対象者が事後的な対抗言論によりその社会的評価を回復できる可能性をどのように考えるか等が問題となる（316頁）。

(3)　匿名性

　次に、インターネット上においては、匿名・仮名でも投稿することができ、ハンドルネーム等を使ってインターネット上で活動する人も少なくない。

　表現者の匿名性という点を捉えれば、対象者が自分の名誉を毀損されたとして権利を行使する場合に、誰が表現者か分からないことから、その権利行使が容易ではないという点が挙げられる。この問題の解決のために、プロ責法に基づく開示請求等、表現者を明らかにする方法の検討が必要となる（37頁）。

　また、対象者の匿名性という点では、果たして当該表現により「対象者」の名誉が侵害されたのかという問題が生じる。従来型の名誉毀損においても、いわゆる匿名報道等の場合にはこの問題が生じていたが、インターネット上の名誉毀損においては、例えば、ハンドルネームを用いてインターネット上で活動する対象者について、そのハンドルネームを摘示して名誉を毀損する表現がなされた場合の問題も生じ得る（169頁）。

(4)　リンク・転載の容易性

　インターネット上では、リンク・転載が容易である。表現者が、例えば第三者の作成したウェブサイトにリンクを貼って、それに対するコメントを記載したり、場合によっては第三者の投稿のURLだけを発信することもある。また、第三者の作成した情報を転載することもでき、SNS時代には、「いいね！」やリツイート等の形で非常に簡単に転載することができる。もちろん、新聞記事や雑誌記事を転載するといったこともあり得るため、従来型名誉毀損でも転載の問題はあったものの、その容易性は大きく異なる。

　表現者のリンク転載行為が名誉毀損とされるか否かを判断する際には、表現者の表現内容の特定（344頁）や、その表現が対象者の社会的評価を低下させ

るかに関して、リンク先の内容がどのように影響するかが問題となる（348頁）。

また、このような既に公表されている内容へのリンク・転載が対象者の名誉を独自に毀損するか検討が必要だろう（351頁）。

加えて、転載等が繰り返されると、情報の削除が困難となり、また、被害が甚大なものになりかねない。この点は損害の算定で考慮されるだろう[19]（359頁）。

なお、「第三者」が表現にリンクを貼り、ないしはこれを転載してしまい、「祭り」ないし「炎上」する可能性があるという点は既に述べた。

(5) 時間・空間の超越

インターネットは時間と空間を超越する。インターネット上の表現は日本国内だけではなく、世界中から閲覧することができる[20]。また、表現者の投稿後、いつでも閲覧することができることも多い。

空間の超越という面は、国際名誉毀損と関係する（53頁）。日本国内であれば最終的には不法行為の成否や名誉毀損罪で有罪となるか否かは日本の裁判所で日本法に基づき判断されるということになる。しかし、例えば外国企業が日本企業の名誉を毀損するプレスリリースを出した場合には[21]、これがどこの国（地域）の裁判所で争われるべきかという国際裁判管轄（53頁）や、どの国（地域）の法律に従い争われるかという準拠法（55頁）の問題が生じ得る[22]。

時間の超越により削除されるまでは名誉毀損結果が継続するので削除請求（40頁）を必要とする。また、時効の起算点（392頁）や損害算定の際の考慮事由にもなる（359頁）。逆に、アーカイブの問題も生じる（239頁）。

(6) インフラ化（多様化）

最後に、インターネット上の名誉毀損法の理論と実務を考える上で意外と重要なのが、インターネットがインフラ化したということである。

---

19) 情報がインターネット上に流出すると、その伝播性・波及性から全世界に情報が広がる可能性があり、情報を完全に削除することは困難とした #260115（#270414 が引用。また #241015 等も同旨）やインターネット上の電子掲示板に投稿された情報が容易に転載等により伝播し得るもので、現に、記事が少なくとも 600 ものサイト（いわゆるミラーサイト）に転載されたことが認められるとした #260424B 等参照。

20) もちろん言語の問題があるので現実的には日本語の記事は日本で読まれることがほとんどであろう。

21) #280310A、道垣内正人・古田啓昌編『実務に効く国際ビジネス判例精選』（ジュリ増刊、有斐閣、初版、2015）148頁〔内藤順也・松尾剛行〕。

22) 筆者（松尾）も、シンガポール法が適用されるかそれとも日本法が適用されるかといった点が問題となったインターネット上の国際名誉毀損事件を取り扱った経験があるが、外国弁護士との協力が必要である等、固有の問題が多いと感じている。

はじめに

　「インフラ化」というのは、インターネットが私的にも公的にも、あらゆる場所におけるコミュニケーションの不可欠なインフラとして活用されるということである（清水1頁）。

　インターネットが一部の人だけが使うものであった時代には、インターネットが利用されるシチュエーションは限定されており、そのような限定された場合に関する「インターネットの名誉毀損の特徴」を考えればそれがほぼすべての場合にあてはまるといっても差支えなかった。しかし、既に、インターネットの利用形態が多様化した。従来型の名誉毀損法において、マスメディアにも新聞・雑誌・テレビ・ラジオ等多種多様なものがあることから、それぞれの特色を検討する必要があるように（例えば、佃145頁以下）、インターネット上の名誉毀損法においても、インターネット上の各サービス（媒体）やそれが用いられるシチュエーション（紛争類型）毎に検討しなければならない。

　例えば、公然性（139頁）に関する、インターネットは世界に公開されているから、インターネット上の言論には原則として公然性があるという議論は、[23]ウェブサイト等では基本的に首肯し得る議論である。しかし、1人の相手にメールを送る場面や、SNSのメッセージ機能を使って2人で相互にメッセージを送りあう場面等、従来型の名誉毀損における電話や手紙のアナロジーで公然性を否定すべき場合も少なくない。さらに、公開範囲を友人に限定して行われたSNSの投稿等の場面では、単純な従来型の名誉毀損におけるアナロジーを適用しにくい。

　このように、インターネットの各サービスの多様性を考慮せず、一律に「インターネットだから○○すべきだ」という理論は説得力を欠くだろう。例えばインターネット上の名誉毀損に関する有名な最高裁決定である#220315は、個人利用者がインターネット上に掲載したものであるからといって、おしなべて、閲覧者において信頼性の低い情報として受け取るとは限らないのであって、相当の理由の存否を判断するに際し、これを一律に、個人が他の表現手段を利用した場合と区別して考えるべき根拠はないと判示しているが、これは、このことを示唆している[24]。インターネット上の名誉毀損の成否を検討する際に、各サービスの多様性に鑑みて判断することは、最高裁の考え方とも整合的である。

---

[23] 不特定多数人が容易に閲読することのできるインターネット上でなされたものであるから、公然性のある表現行為であることは明らかであるとした上記#220315の原々審である#200229等も参照。

はじめに

このような各サービス、シチュエーション（紛争類型）毎の検討については、第1編総論において「サービス毎の特徴」（27頁）として、裁判例で取り上げられている各サービスに関する特徴の抽出を行った上で、第3編実務編において、最近のインターネットの実情に鑑み実務で発生することが多そうなシチュエーションの具体的事例について検討することとしている。

3　本書の構成

以上のような特徴に鑑み、インターネット上の名誉毀損を理解する上では、
- サービス毎の特徴
- 法律上の要件
- シチュエーション（紛争類型）毎の相違

等を理解することが必要である。また、いくら実体法を重点的に検討するといっても、インターネット上の名誉毀損を理解する上で最低限触れておくべき手続法の問題も存在する。

以上のような点に鑑み、本書の構成は、3編構成とすることとした。

第1編では総論として、各サービスの特徴や、手続法の基礎的な内容を含む前提となる事項を説明する。

第2編では名誉毀損の法律要件及び効果に関して問題となる各論点について、従来型の名誉毀損に関する議論の蓄積を簡単に紹介した上で、インターネット上の名誉毀損に関してその法理論は変容したのか、どのように変容したのか、そのような変容でよいのかを検討する。

第3編は実務編として、第1編と第2編での検討結果を踏まえ、インターネット上でよくみられる名誉毀損のシチュエーションを紛争類型毎に分類し、具体的な相談事例において弁護士が表現者・対象者にそれぞれどのようなアドバイスをするべきかを説明することとする。その上で、山田が、中立的立場からのコメントを付している。

24）　また、同決定の調査官解説も（対抗言論の成否の文脈において）「インターネットには、無数の掲示板、ホームページ、メーリングリスト等、分散した多種多様な表現手段がある」るとしている（平成22年度調査官解説）。

第1編

総論

序章　はじめに

　本編は、第2編理論編と第3編実務編の前提として理解しておくことが望ましい総論的な情報をできるだけコンパクトに整理したものである。

　まず、第1章において、「インターネット上の名誉毀損の見取り図」と題してインターネット上の名誉毀損に関する仮想事例を元に、インターネット上の名誉毀損でよく問題となる論点や要検討事項を概観する。ここでは、あくまでも問題の所在と該当箇所へのリンクを示すにとどまり、詳論には入らない。

　次に、第2章において、「名誉毀損法の法構造」として、本書におけるインターネット上の名誉毀損法の検討の前提となる基本的な法構造を概説する。

　その後、第3章において「サービス毎の特徴」として、ブログ、掲示板、SNS、メール等のサービスの特徴のうち、特に名誉毀損法に与える影響が大きいものについて、その名誉毀損法との関係を簡単に説明する。ただし、法律論については、問題の所在を示すにとどまり、詳論には入らない。

　さらに、第4章では、「インターネット上の名誉毀損に関する手続法概観」として、インターネット上の名誉毀損に関する手続法を概観し、その際に簡単にプロ責法についても触れる。

　第5章では、「関連する諸権利・諸法令」としてインターネット上の名誉毀損事件に関連して問題となり得る名誉毀損以外の他の権利侵害、法令違反についても概説する。

　最後に、第6章において、「国際名誉毀損」として、国境を越えるインターネット上の名誉毀損事件について概観する。

第1章　インターネット上の名誉毀損の見取り図

1　相談事例

　相談者B1は大学受験予備校のB2（B1とB2を以下「Bら」と総称する）を経営し、自らも講師業を行っているが、インターネット上の大学受験に関する掲示板において、
① 「裏口入学ができると言って親から金をだまし取っている。これは、詐欺罪だ」
② 「不倫をしている」
③ 「馬鹿野郎」
④ 「授業がわかりにくく、質が値段に見合っていない」
といった投稿がされるようになった。最初は無視していたが、どんどんエスカレートして、まとめサイトにも転載されるようになり、生徒や保護者からも「こういう噂があるが本当か？」等と聞かれて仕事にも支障を来すようになってきた。

2　問題点

　この相談事例は、インターネット上の名誉毀損事件でよくみられる論点を念頭に置いて創作した仮想事例である。このような事案において、Bらから相談を受けた弁護士は、どのようにアドバイスするべきであろうか。特に、従来型の名誉毀損と比較してどのような違いがあるのだろうか。なお、本章では、あくまでも、インターネット上の名誉毀損にあまり詳しくない読者のために、問題の所在を示すにとどまり、詳論には入らない。
　まず、Bらとしては、これらの投稿を削除させたいと考えるだろう。また、表現者を特定して損害を賠償させ、また、名誉回復のための措置をとらせたいと考えるかもしれない。もっとも、このようなBらの希望を実現する上では、様々な問題を解決しなければならず、そのうちの多くは、インターネット上の

名誉毀損に特有の問題である。

　インターネット上の名誉毀損においては、表現者と対象者だけではなく、プロバイダという第三の当事者が存在する。プロバイダというのは、携帯電話業者や光ファイバー・ADSL業者等のネット接続サービスを提供する業者（経由プロバイダ）と、掲示板、ブログサービスやSNSサービス等を運営する業者（コンテンツプロバイダ）の双方を総称したものである（39頁）。このような三面関係にあることから、誰（表現者及び／又はプロバイダ）に何を求めるのかが問題となる。

　そして、インターネット上の名誉毀損において、表現者が匿名であることが少なくない。Facebook等の実名の表現も存在するが、SNSや口コミサイトは総じて仮名・匿名の口コミが多く、特に5ちゃんねるのようないわゆる匿名掲示板ではほぼすべての投稿が匿名（仮名を含む）でなされている。このような状況の下、対象者が真に権利を侵害されている場合には、プロ責法、ガイドライン（38頁参照）及びそれを背景としたプロバイダ自身の苦情処理メカニズム等に基づき、プロバイダに対して削除や表現者の情報（発信者情報）の開示等を請求することができ、任意にプロバイダがこれに応じない場合には訴訟を提起して裁判所の判断を求めることができる。表現者に対する損害賠償・名誉回復のための謝罪広告等を求める場合には、このような手続で発信者情報の開示を受けた後に、表現者と訴訟外で交渉する、又は表現者に対して訴訟を起こすことになる（なお、以上の民事的請求とは別建ての手続として、刑事告訴という方法もある）（43頁）。

　次に、摘示内容の特定が問題となる（61頁）。相談事例では、表現内容は比較的分かりやすいが、インターネット上にはその意味が明らかでない投稿も少なくない。また、掲示板等では、明確に「B1」や「B2」という表現を使わず、Bらをあだ名等で呼んでいることもあるだろう。そのような表現により本当に対象者であるBらの権利が侵害されたのかが問題となる（96頁）。さらに、B1又はB2のみの名誉を毀損するのか、それともBら双方の名誉を毀損するのかも問題となる（152頁）。その際は、名誉毀損的な表現のみを捉えるべきか、掲示板における一連の投稿全体を考慮するかも問題となることがある（87頁）。

　加えて、各表現がBらに関する言動であるということが確定できたという前提の下、①のような言動があれば、一応社会的評価が害されるとはいえるであろうけれども、このような事実は公共の利害にかかわる事実であるから、公

益目的の投稿で、内容が真実であったり、真実であると信じたことに相当の理由があれば不法行為にはならない。なお、①の言動の中には、事実だけではなく、意見論評の部分もあると思われるので、その区別や、意見論評固有の論点が問題となり得る（279頁）。

②のような言動については、私事であって公共の利害にかかわらないという場合が多いと思われる（204頁）。

③の場合には、事実は何も記載されておらず、名誉毀損というよりも、侮辱（名誉感情侵害）の問題となる可能性が高い（397頁）。

④のような感想的な投稿は、特に口コミやレビューサイト等でよくみられるが、正当な表現と名誉毀損の境界線が問題となる（287頁）。

加えてこれらの投稿は、「まとめサイト」へ転載されていることから、転載・リンク等に関する問題が生じる（343頁）。

第2章　名誉毀損法の法構造

1　はじめに

　名誉毀損には、民事名誉毀損と刑事名誉毀損の双方がある。民事名誉毀損は、主に不法行為の一種として扱われる（民法709条、710条、723条参照）。刑事名誉毀損は名誉毀損罪（刑法230条）として扱われることが多い。

　裁判例の件数でいうと、民事事件が圧倒的多数であり、刑事事件として扱われ、判決にまで至るケースは少ない。例えば、検察統計によれば2017年に検察庁が処理した名誉毀損刑事事件計897件（一部未済を含む）のうち、公判請求（正式裁判の請求）をしたのは55件にとどまる（その他144件は略式命令請求）。過半数以上を占めるのは不起訴等となっている（図1）。

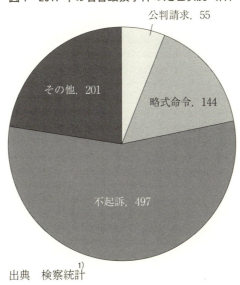

図1　2017年の名誉毀損事件の処理状況（件）

出典　検察統計[1)]

---

1)　https://www.e-stat.go.jp/stat-search/files?page=1&layout=datalist&toukei=00250003&tstat=000001012929&cycle=7&year=20170&month=0

その結果、本書で取り上げる裁判例の大部分は民事名誉毀損に関するものである。

しかし、後記のとおり、刑事名誉毀損と民事名誉毀損の要件がかなりの部分で重なり合っている。特に、真実性・相当性といわれる重要な抗弁事由は、刑事名誉毀損に関する刑法230条の2の規定と解釈に大きな影響を受けている。また、実務上、対象者から相談を受けた弁護士等は、民事手続の対応のみならず、刑事手続の対応も検討する必要がある。[2] その意味では、インターネット上の名誉毀損法理論と実務において刑事名誉毀損は決して無視できるものではない。

そこで、以下では、類似しているものの若干異なる民事名誉毀損と刑事名誉毀損の法構造を概観し、これを比較したい。[3]

2 3種類の「名誉」

(1) はじめに

本書のテーマは「名誉」であるが、名誉に関し、様々な概念が存在する。代表的なものは以下の3種類である（佃2頁）。

(2) 外部的名誉

外部的名誉とは、人に対して社会が与える評価のことである。

(3) 名誉感情

名誉感情とは、自己が自身の価値について有している意識や感情である。

(4) 内部的名誉

内部的名誉とは、他人や本人の評価を離れた、客観的に本人に備わっている価値である。

(5) 判例

裁判所は、民事刑事双方において、保護される「名誉」について外部的名誉説を取る。そこで、名誉とは、「人の品性、徳行、名声、信用等の人格的価値について社会から受ける客観的評価」（#610611）ということになる。

なお、ここで「信用」とあるように（経済的信用を含む）「信用」の毀損も、広い意味での名誉毀損に該当する。[4]

---

2) ただし、ハードルは高い。東弁研修運営委インターネット17頁等。
3) 本項全体につき、松井名誉毀損2頁。

ここで、いわゆる「虚名」は保護されるのか。例えば、本当は犯罪を犯しているのにもかかわらずその事実が社会に知られていないことから、社会的には犯罪を犯していないと評価されている場合、「犯罪を犯していない人」という社会からの評価を保護する必要があるかという問題である。[5]

日本法は、現実に社会がその人に対して与える評価を保護するので、<u>虚名も原則として保護される</u>。もっとも、後記のとおり、一定の範囲で真実に基づく言論は正当化される。[6] このように、虚名をも保護する法制度に対しては異論があるが、この点については259頁以下で論じる。

3 刑事名誉毀損の法構造（図2）

図2 刑事名誉毀損

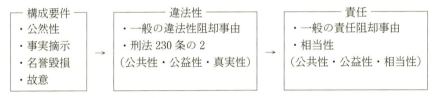

（1） 名誉毀損罪の構成要件

刑法230条1項は「公然と事実を摘示し、人の名誉を毀損した者は、その事実の有無にかかわらず、3年以下の懲役若しくは禁錮又は50万円以下の罰金に処する。」として、名誉毀損罪の構成要件を規定する。

名誉毀損罪の構成要件は、①公然と、②事実の摘示をして、③人の名誉を毀損することである。

①公然性とは、不特定又は多数人が認識し得る状態となることである（#361013等参照）。特定かつ少数人に対して対象者の名誉を毀損する表現をしても、原則として名誉毀損罪の構成要件に該当しない。ただし、裁判所は、い

---

4) 西口他66頁。#240711等名誉毀損の一環として信用毀損を問題とする裁判例もあるが、一部には特に名誉の語を用いず信用が毀損されたことだけを問題とするものもあるところ、裁判所は信用毀損のみが問題となる場合でも、名誉毀損と同様の判断枠組みを用いることが多い（#300525A等）。なお、後記の不競法では信用毀損が直接的に問題となる（45頁）。

5) この問題は「内部的名誉（＝犯罪者）」と「外部的名誉（＝清廉潔白）」の乖離の問題である（佃2頁）。

6) つまり、例えば「Aは犯罪者だ」という表現は、Aが犯罪を犯したかにかかわらず、原則として名誉毀損になり得るが、例外的に名誉毀損にならない場合がある。

わゆる伝播性の理論を採用している。つまり、特定かつ少数人に対しての表現であっても、それが不特定又は多数人に伝播し得る形態であれば、公然性が満たされると解されている。ただし、伝播性の理論に対しては、学説からの批判が強い（西田 124 頁）。

②事実の摘示とは、人の社会的価値を低下させるに足る具体的な事実の摘示である（西田 124 頁）。具体的事実の摘示がない場合、刑事に関する限り侮辱罪（刑法 231 条）の問題となるにすぎない。

③刑事でも、「名誉」の毀損という場合の名誉は社会的評価であると理解されている。通常社会的評価を害するに足りる行為さえなされればこの要件を充足し、現実に社会的評価が害されることまでは必要ではない（西田 125 頁）。

名誉毀損罪は故意犯を罰するので、表現者に故意がなければ（過失があっても）無罪である。とはいえ、名誉毀損罪の構成要件に該当する客観的行為（公然と、事実を摘示し人の名誉を毀損する行為）は故意をもってなされることが多いであろう。

最近の典型的なインターネット上の刑事名誉毀損としてはネット上の掲示板に被害者の氏名を記載し「ヤリマン BBA」[7]と掲載し、不特定多数の者が閲覧可能な状態にさせた事案（#300328A）や女性である被害者になりすまして複数の男性と交際していることを装う内容のメールを送付した事案（#280408C）、いわゆるユーチューバーが配信動画の視聴者を増やそうと美顔器に陰毛が入っていたと偽った事案（#291222A）等がある。[8]

(2) 違法性・責任阻却

このように上記 3 要件を満たせば、名誉毀損の構成要件には一応該当する。しかし、この 3 要件を形式的にあてはめれば、例えば、政治家の収賄を暴くような正当な行為が刑事罰によって禁圧されてしまいかねない。これでは、表現の自由の保障にもとる。そこで、名誉の保護と表現の自由の保障の調和を図る（#440625 参照）ため、上記の 3 要件を満たす行為であっても、（ア）名誉毀損行為が公共の利害に関する事実に係り、（イ）その目的が専ら公益を図ることにあり、（ウ）真実であることの証明があったときには、これを罰しないとさ

---

7) なお、ヤリマンの意味については 79 頁、BBA の意味については 412 頁参照。
8) その他、最近の刑事判決として郵送の方法を使って「AV 出演証拠写真」と記載したビラを入れた封書を送付した #280627 や、性器の画像を添付した電子メールを女性に送信した事実を容易に想起させる内容の紙を貼り付けた #280210A がある。事案の詳細は不明だが、最高裁のものとして #280525A も参照。

れている（刑法230条の2）。この真実性は、摘示事実の仔細にわたるすべてについて証明される必要はなく、その主要又は重要な部分についてなされれば足りるとされている（#221224B等参照）。

なお、刑法230条の2の法文は「真実」であることの証明があったことを要件とするものの、結果的に摘示した事実が真実ではない場合であっても、常に名誉毀損罪として処罰されるわけではない。すなわち、真実であると誤信し、その誤信したことについて確実な資料、根拠に照らし相当の理由があるときは、犯罪の故意がないとして不可罰とされる（#440625等参照）。

公訴が提起されるに至っていない人の犯罪行為に関する事実や、公務員又は公選による公務員の候補者に関する事実に関して真実を摘示する場合には、より簡単に免責される[9]。

なお、刑法一般に適用される違法性阻却事由である正当防衛（刑法35条）等や、責任阻却事由である責任年齢（刑法38条）等は名誉毀損罪についても少なくとも理論上は適用される。

(3) 告訴

名誉毀損罪は親告罪（刑法232条1項[10]）であるから、対象者の告訴があってはじめて公訴を提起できる。なお、インターネット上の名誉毀損では、告訴期間（刑法235条1項柱書[12]）の計算方法に特色がある（#160422等参照）。

(4) 侮辱罪

刑法231条は「事実を摘示しなくても、公然と人を侮辱した者は、拘留又は科料に処する。」として侮辱罪を規定する。

侮辱罪の構成要件は、公然性及び侮辱行為である。

ここで、侮辱罪の保護法益は、名誉毀損罪と同様、外部的名誉と解されている。そこで、侮辱行為とは、事実を摘示せずに社会的評価を低下させる行為である[13]。

---

9) 刑法230条の2第2項「前項の規定の適用については、公訴が提起されるに至っていない人の犯罪行為に関する事実は、公共の利害に関する事実とみなす。」、3項「前条第一項の行為が公務員又は公選による公務員の候補者に関する事実に係る場合には、事実の真否を判断し、真実であることの証明があったときは、これを罰しない。」

10) 「この章の罪は、告訴がなければ公訴を提起することができない。」

11) なお、告訴権者の問題がある。刑訴法230条～240条参照。

12) 「親告罪の告訴は、犯人を知った日から六箇月を経過したときは、これをすることができない。ただし、次に掲げる告訴については、この限りでない。」

13) 大塚仁他編『大コンメンタール刑法（第12巻）』（青林書院、第2版、2003）65頁参照。

4 民事名誉毀損の法構造（図3）

図3 民事名誉毀損（不法行為による損害賠償請求）

	主な要件		主な論点
①	原告の権利（又は法律上保護される利益）の侵害	⇨	社会的評価低下の有無、対象者の特定
②	違法性	⇨	真実性、公正な言論の法理等
③	被告の故意・過失	⇨	相当性等
④	損害	⇨	慰謝料その他の損害
⑤	因果関係	⇨	情報提供者

（1） 主要条文

民法709条は「故意又は過失によって他人の権利又は法律上保護される利益を侵害した者は、これによって生じた損害を賠償する責任を負う。」とする。民法709条は不法行為による損害賠償責任を定めているところ、名誉毀損もこの不法行為の一種として問題となることが多い。[14]

加えて、名誉毀損に関しては以下の2つの条文も重要である。

民法710条は「他人の身体、自由若しくは名誉を侵害した場合又は他人の財産権を侵害した場合のいずれであるかを問わず、前条の規定により損害賠償の責任を負う者は、財産以外の損害に対しても、その賠償をしなければならない。」と規定しており、名誉毀損の不法行為により損害を被った対象者は、表現者に対して慰謝料を請求することができる。

民法723条は「他人の名誉を毀損した者に対しては、裁判所は、被害者の請求により、損害賠償に代えて、又は損害賠償とともに、名誉を回復するのに適当な処分を命ずることができる。」と規定しており、名誉毀損の不法行為により損害を被った対象者は、表現者に対して「名誉を回復するのに適当な処分」として典型的には謝罪広告の掲載を請求することができる。裁判所は、この民法723条の「名誉毀損」を、外部的名誉、つまり他人の社会的評価を違法に侵害することと理解している（#451218参照、佃4頁）。

なお、名誉感情も一定程度保護されるのであり、例えば、侮辱等の方法で他人の名誉感情を社会通念上許容される限度を超えて侵害する行為は、（名誉毀

14） なお、人格権としての名誉の毀損についての妨害排除請求権としての削除請求等も存在する。

損ではないが）名誉感情侵害として名誉毀損とは別個に不法行為となり得る。
(2) 名誉毀損を理由とした損害賠償請求の要件

　不法行為に基づく損害賠償請求の要件は、①原告の権利又は法律上保護される利益の侵害、②違法性、③被告の故意・過失、④損害、⑤因果関係である。名誉毀損も不法行為の一種であることから、不法行為一般と共通する問題が多いものの、名誉毀損独自の問題も存在する[15]。

　まず、①原告（対象者）の権利又は法律上保護される利益の侵害については、名誉権は「権利」であるから[16]、被告（表現者）の行為が原告の名誉権を侵害するものであれば、この要件を充たすことになる。その判断基準は一般読者を基準とする[17]（#310720等参照）。侵害方法は、「AはBを殺した」というように、事実を摘示するだけではなく、「Aの行為は強制執行妨害罪に該当する」等と意見を表明することで相手の社会評価を低下させることも可能である[18]。ただし、実際には、ある表現が対象者の社会的評価を低下させるものか否かの判断はあまり容易ではなく、本書においてもこの検討に多くの紙幅を費やすことになる。なお、上記のとおり、刑事名誉毀損では、公然と行われる名誉毀損のみが名誉毀損罪になるところ、民事名誉毀損においては、公然性の要件の要否について、議論があるところである（140頁）。なお、ここで原告の権利、すなわち原告の名誉権が侵害されなければならないということは、インターネット上の名誉毀損においては、対象者の特定という問題として頻繁に問題となる（169頁）。

　次に、②違法性については、不法行為一般で論じられる、正当行為や被害者の承諾等の他、判例法によって、真実性の法理といわれる独自の違法性阻却事由が認められている。これは、上記の刑事名誉毀損における刑法230条の2を参考としたものであり、判例は、（ア）名誉毀損行為が公共の利害に関する事実に係り、（イ）その目的が専ら公益を図ることにあり、（ウ）摘示した事実が真実であるか、又は、真実と信じるについて相当の理由がある場合の抗弁が認められるとしている（#410623等参照、佃444頁）。なお、意見・論評によって名誉を毀損する場合については、この真実性の法理を直接適用することはでき

---

15) 要件事実論に基づく整理については、眞田等も参照。
16) 憲法13条の幸福追求権として保護される。例えば、平川6頁。
17) その態様はインターネット上の名誉毀損であれば、通常は投稿等の表現である（なお、それ以外の方法による名誉毀損につき61頁参照）。
18) ただし、同じ文言が文脈により意見になったり事実の摘示になったりすることは後述（280頁）のとおりである。

ないものの、公正な論評の法理といわれる類似の抗弁事由が適用される。

　また、③被告の故意・過失については、名誉を毀損すれば、それが故意をもってなされたか、少なくとも過失によってなされたといえる場合が多いことから、この点が独立に問題となることはあまり多くない。もっとも、いわゆる相当性の法理（199頁）については、過失を否定するとされることが多い。また、例えば、意に反する流出事例等においては、過失態様による名誉毀損があり得る（#270414等参照）[19]。

　④損害及び⑤因果関係については、名誉毀損が認められれば、通常は相当額の慰謝料（精神的損害）が因果関係のある損害として認められる[20]（民法710条）。しかし、事案によっては、例えば反論費用や逸失利益等の具体的損害が主張されることもあり、それが相当因果関係の範囲内の損害かが問題となる（372頁）。インターネット上の名誉毀損では、匿名の表現者を突き止めるための調査等の対応費用が損害として主張されることもある（371頁）。

　なお、⑤因果関係については、情報提供者の責任について、そもそも情報提供者が取材に応じたことと名誉毀損記事の掲載の間に因果関係がなく、不法行為そのものが成立しないのではないかが問題となる（184頁）。

(3)　民事名誉毀損の効果

　上記の要件が充たされ、不法行為が成立すると、対象者は表現者に対して損害賠償請求権を有することとなる。なお、名誉毀損の場合、裁判所は、損害賠償の支払を命じることに加え、謝罪広告等の「名誉を回復するのに適当な処分」を命ずることができる（民法723条）（376頁）。

　加えて、インターネット上の名誉毀損に関しては、後述のプロ責法（38頁）が、発信者情報開示請求や削除（送信防止措置）請求を認めているところ、その要件として「他人の権利が不当に侵害されていると信じるに足りる相当の理由」（下線筆者）（プロ責法3条2項1号）、「権利が侵害されたことが明らかであるとき」（下線筆者）（プロ責法4条1項1号）が定められているところ、この「権利」には、名誉権が含まれていることから、インターネット上の表現により名誉が毀損されれば、それがプロ責法上の侵害情報に該当し、発信者情報開示や削除という効果につながる（ただし、「相当の理由」「明らか」等という要件を満たさなければならないという意味で、不法行為とは異なるところがある。39頁）。

---

19)　佃107～108頁の議論も参照のこと。
20)　なお、その金額はまた別途問題となり得る（359頁）。

(4) 名誉感情侵害

　なお、上記のとおり、名誉毀損とは、社会的評価を低下させる行為であるところ、単に「馬鹿」「アホ」と言うだけであれば、通常は対象者の社会的評価は低下せず、名誉毀損には至らないことが多い。もっとも、そのような名誉毀損にならない中傷行為であってもそれによって、対象者に強い精神的ダメージが生じることも少なくない。このような、名誉感情を侵害する行為（侮辱行為等）も不法行為（民法709条）となり得る（例えば、最高裁が名誉感情侵害を含む不法行為を認めた原審を是認した#140924等参照）が、あくまでも社会通念上受忍すべき限度を超えた名誉感情侵害のみが不法行為となる。なお、謝罪広告等（民法723条）はあくまでも「名誉毀損」の場合に認められ、名誉感情侵害に対して適用されないのは上記のとおりである。

5　民事名誉毀損と刑事名誉毀損の相違

(1)　はじめに

　ここまでみてきたとおり、民事名誉毀損と刑事名誉毀損の間には、社会的評価の低下を核心とするところや、真実性・相当性による抗弁が認められるところ等、多くの共通点が存在する。そしてこのような共通部分については、本書第2編理論編の議論は原則として民事刑事双方に共通する。もっとも、以下のとおり若干の違いがあることから、例えば、意見論評に関する第2編のPART3については、刑事名誉毀損には基本的に適用されないことに留意が必要である。

(2)　意見論評による名誉毀損

　まず、名誉毀損罪は事実を摘示した場合のみ成立するが、事実を摘示した場合ももちろん意見ないし論評であっても不法行為が成立し得る[21]。

(3)　過失による名誉毀損

　また、刑事名誉毀損においては故意による名誉毀損のみが罰せられるが[22]、民事では過失による名誉毀損も不法行為になる（ただし、佃62〜65頁の論評も参照）。

---

21) #090909A等参照。なお、事実言明と論評の区別基準は、証拠によりその存否の判断ができるものが事実言明であり、それができないものが論評とされる（#100130等参照）。
22) ただし、佃186〜189頁はこの考えに疑問を呈している。

(4) 公然性

なお、公然性の要否については、刑事名誉毀損においては上記のとおり明文上公然性が構成要件であるが、民事名誉毀損については若干議論があるところである（139頁）。

(5) まとめ

以上に加え、侮辱に関する相違点（これは第2編第20章（397頁）で説明する）をまとめると、以下のようになる。

まず、事実の摘示により社会的評価を低下させる（外部的名誉の侵害）類型は、民事刑事双方ともに名誉毀損として処理される。

これに対し、事実の摘示以外（例えば、意見・論評）により社会的評価を低下させる類型は、民事では「名誉毀損」の範疇に含まれるのに対し、刑事では基本的には、名誉毀損にはならない（ただし侮辱罪の問題は残る）。

さらに、名誉感情を侵害する形態は、民事では名誉感情侵害の不法行為となり得る。ここで、単に名誉感情のみが侵害され、全く社会的評価が低下しないならば、理論的にいえば刑事上は名誉毀損罪も侮辱罪も成立しない。しかし、（公然と行われる）名誉感情侵害行為が同時に対象者の社会的評価をも低下させるならば、刑法の問題（具体的事実の摘示がされて名誉毀損罪が問題となる場合よりも、侮辱罪が問題になる場合が多いと思われる）が生じ得る。[23]

最後に、刑事名誉毀損・侮辱罪はいずれも故意犯であるが、民事の場合は過失による名誉毀損（名誉感情侵害）も不法行為となる。

---

23) 同じ行為が同時に名誉毀損にも侮辱にも該当することはあり得る。

第3章　サービス毎の特徴

1　はじめに

　インターネットは今や日常的に用いられるインフラであり、多種多様なサービス（メディア媒体）を包含する。また、時代の流れによって、日夜新しいサービスが登場するとともに、古いサービスが終了する。

　例えば、パソコン通信（#130905A 等参照）は既に歴史的なものとなっているといえる[24]。ウェブサイト、ブログ、掲示板、メールは、他のメディアの勃興によって影響力が減少傾向にあるものの、いまだに広く使われ、これらに関連するインターネット上の名誉毀損事案はいまだに多く発生している。近年では、SNS（無料電話アプリも含む）、wiki、動画共有・配信サイト等に関連するインターネット上の名誉毀損事案も増えている。

　なお、インターネットのインフラ化により、グループウェア等の組織内で用いられるアプリケーションを通じた名誉毀損の問題も生じている[25]。

2　ウェブサイト

(1)　検索サイト

　Google、Yahoo! 等の検索サイトは、あくまでもユーザーが求めていると思われる内容を特定のプログラム（アルゴリズム）に基づいて機械的に表示するにすぎない。しかし、例えば、自分の名前を検索すると逮捕や有罪判決等の不名誉な内容がスニペット[26]表示されたり、不名誉な単語が検索語として提案され

---

[24]　ただし、確かに、パソコン通信の代名詞的存在であったニフティサーブは 2006 年に終了したが、いわゆる草の根 BBS は 2019 年 1 月時点でも存在する

[25]　例えばスラックのような社内 SNS 上の名誉毀損の事案として #281228C。技術的な話をすると、これらは、インターネットではなく、「イントラネット（組織内ネットワーク）」の問題である場合もあるが、現在はクラウド化が進んでおり、インターネットの問題となることもある（松尾剛行『クラウド情報管理の法律実務』（弘文堂、初版、2016）も参照）。

[26]　検索結果として列挙されたウェブサイトについて当該ウェブサイトの記述のうちの、検索語と一致する部分の前後が抜き出された断片。

る（サジェスト機能）といった場合には、検索サイトによる名誉毀損が問題となる（387頁参照）。

(2) 個人のウェブサイト

個人が作成するウェブサイトは多種多様であって、それぞれに特徴があるが、インターネット上の論争（482頁）や、裁判経過のアップロード（339頁）等が問題となることがある。

(3) 会社・組織のウェブサイト

そもそも、会社・組織のウェブサイトといっても、中小企業においては、実質的には代表者ないしはその幹部個人が運営するものであり、個人のウェブサイトと類似する問題が存在することも少なくない。

もっとも、会社・組織が表現者である場合には、責任を負うのが組織なのか個人なのか（その両方なのか）という問題が生じることが多い。例えば、上司に命じられて名誉を毀損するメールを送った従業員が免責された事案（#260717A等参照）等がある（192頁）。

さらに、組織の場合には、内部的に退職者を通知したり、外部に対して役員等の交代をプレスリリースすることがある。そして退職等をした役職員が、それが名誉毀損だと主張することがある。

さらに、組織で不祥事が起こると、謝罪や説明をしなければならない。[27]

上場企業であれば、上場規則等に基づく適時開示義務があるので、その内容がたとえ対象者の名誉を毀損するものであっても、一定事項が発生した以上はこれを開示しなければならない（#240704、#240913等参照）。

このような事情から、社会的評価の低下の有無の問題（120頁、297頁）や、正当な言論ではないか（328頁）等の場面で特殊な考慮が必要である。

(4) 行政機関のウェブサイト

最近では、行政機関がウェブサイト上に様々な情報を提供するようになった。その中には有益な内容も少なくない。しかし、場合によっては、対象者の社会的評価を低下させることもある。その場合、民法709条の不法行為ではなく、国家賠償法1条が適用されることや、行政機関は表現の自由を享有しないこと

---

[27] 例えば、個人情報の流失に関し、個人情報を扱う企業としては、情報流出の事実及び原因を公表して説明すべき社会的責務を有しているとされた事例（#211225B）や、研究者が発表した研究論文等に実験データの改ざんなどの不正行為がなされた可能性があることが判明した場合事案を解明するのに必要かつ十分な調査を尽くした上で、速やかにその調査結果を社会一般に公表することが求められているとされた事例（#201209B）参照。

から、特殊な考慮が必要である（262頁）。

(5) 会員制サイト

　会員制サイトについては、当該表現の内容の特定（61頁）や、公然性（148頁）等において、会員制であることが考慮された判断がなされ得る。

3　ブログ

　ブログは、個人のウェブサイトと共通する問題が多いものの、専門知識がなくとも日記感覚で記事を公開できることから、比較的敷居が低いところが特徴といえる。

　ブログ等を通じて一般人もインターネット上で活動し、評価を集め、ある意味で「有名人」となることができる。これは利点もあるものの、逆にいえば、いわゆるインターネット上の有名人が名誉毀損の対象者となった場合において対象者が論評の対象になることを受け入れざるを得ないのではないか等の問題も生じる（353頁以下）。

　なお、ブログにもコメント欄があることが少なくない。コメントによる名誉毀損の問題や（111頁）、反論による名誉回復の可能性等が問題となる。[28]

4　User Generated Contents（UGC）

(1) 総論

　ユーザーが作成するコンテンツ（User Generated Contents: UGC）を活用したウェブサイトもまた、広義のウェブサイトではあるものの、通常とは異なる問題が存在する。

　UGCとは一般には掲示板やブログ、プロフィールサイト（#270223A等参照）、wiki、SNS、ソーシャルブックマーク、動画投稿サイト、写真共有サイト、イラスト投稿サイト、質問応答サイトなどに投稿されたコンテンツの総称であるが、ここでは、掲示板、ブログ、SNS等他の項目で取り上げているものは除外する。

　いずれの場合でも、原則として個別の投稿者（ユーザー）が表現者として当

28）松井名誉毀損375頁。相当性の適用については同376頁。

該投稿について一次的責任を負うが、コンテンツプロバイダの責任が問題となることもある（42頁）。

その他、レビュー、口コミ、ランキング、動画共有等サイトの種類に応じて個別の問題が存在する。

(2) 口コミ・レビュー

食べログ等、レビューや口コミを集約するサイトは人気が高く、ユーザーにとっても利便性が高い。その反面、そこにおける人気の有無が売上げに直結するとあって、対象者である飲食店等にとっては、どのような口コミが投稿されるかに高い関心を持たざるを得ない面もある。

まず、レビューにおけるおいしい、おいしくないといった程度の表現は、対象者へのネガティブな評価の表明ではあっても、名誉毀損として不法行為が成立するほどに社会的評価を低下させるかという問題がある（287頁）。

仮に口コミが社会的評価を低下させる場合でも、真実性・相当性の法理（199頁）や、公正な論評の法理（302頁）問題となる。

口コミに関する具体的な検討については471頁以下を参照。

(3) 口コミサイトからの削除に関する問題

なお、口コミサイト[29]に関しては、飲食店等がその個別の口コミの内容を問わず、無断で自社・自店をサイトに掲載することをやめるよう求めることがある。特に「隠れ家」的な運営をしている店舗が露出を嫌がることは理解できなくもない。この問題は、第2編では論じないため、以下で簡単に説明する。

まず、隠れ家「的」経営戦略を採用したとしても、自ら店名や住所を公開しているならば、口コミサイトがそのような公開情報を掲載し、削除請求を拒否したとしてもただちに名誉毀損やプライバシー侵害とは言い難い（#270223B等参照）。また、現実に名誉毀損に該当する個別の投稿がされていれば別論、そうではない場合には、一般公衆を対象として飲食店を経営しているならば、公衆の評判ないしは口コミの対象となるのはやむを得ず、甘受すべき部分がある（#270623等参照）。これに対し、一般向けの営業をせず、完全に会員限定等の運営がされている場合には、別個の考察が必要である。

(4) ランキングサイト

口コミサイト等では、単にユーザーからレビューを集めるだけではなく、そ

---

29) 松井インターネット236頁も参照。

の評価を総合してランキングづけをすることがある。

　もっとも、根拠がないランキングであれば、特に下位に位置づけられた対象者に対する名誉毀損が成立する可能性がある（#260904、#221214 等参照）。

(5) 投稿サイトの性質

　なお、投稿サイトの性質によっては、誹謗中傷自体を（主）目的としていると評価されることがあり、そのようなサイトに投稿すると、そこに投稿したことを理由に、誹謗中傷の目的しかないとして公益目的が否定され、真実性・相当性の法理が使えなくなる可能性があることに留意が必要である（222頁）。

(6) 動画共有・配信サイト

　YouTube やニコニコ動画といった動画共有サイトでは、気軽に動画を投稿し共有することができるが、この中で、映像や音声といった文字以外による名誉毀損の問題が生じることがある。

　例えば、クリエーターである表現者が女優である対象者とのトラブルになって、「男あさりの every night」「最悪女」等という歌を演奏する様子を動画投稿サイトに投稿したことが違法とされた（#280125A。なお、控訴審の #290222A は不服がないので審理していない）。

　なお、炎上中のテーマにつき、いわゆる「電凸」と言われる、電話をして突撃取材をする人がいるが、電凸の様子を生放送した行為が名誉毀損とされた事案がある（#300426A）。

　なお、インターネット上の動画共有サイトでは、テレビと異なり、動画を見返すことができることが通常であるが、通常の視聴者は必ずしも見返さないとされており、その結果、判断基準はテレビのものと類似している（#270601。佃 171〜172 頁）。

　また、動画共有サイトでは、単に共有するだけではなく、動画の視聴者がコメントをすることがあり、そのコメントの名誉毀損の問題も生じる。

　画像や動画による名誉毀損においては、対象者のわいせつ写真（刑法上のわいせつ物陳列罪に該当するかどうかは問わず）を公表するという表現手法がままみられる。[30]一般読者の基準からみて、これが対象者の写真であると判断される場合には、それによって対象者の名誉が毀損され得る（165頁）。

　ただし、それが対象者と特定できても、イラストやアニメ等による場合はそ

---

[30] #270525 等参照。

の内容に応じて別個の考察が必要である（178頁）。

　なお、わいせつ物陳列罪が成立し得る他、近年では、私的性的画像記録の提供等による被害の防止に関する法律（リベンジポルノ禁止法）が施行されたことから、同法違反の可能性もある（47頁）。

(7)　wiki

　なお、wikiという複数のユーザーが簡単に共同で編集することができるウェブサイトの形式もあり、この技術を活用した百科事典としてwikipediaがある。このようなwikiでも、その内容が名誉毀損であるかが問題となる事例がみられる（#250717等参照）。

(8)　掲示板

　ユーザーの投稿と名誉毀損としては、伝統的には5ちゃんねるのような掲示板における名誉毀損が大きな問題となっていた。近年では、インターネット上の名誉毀損が全体に占める割合は減少傾向にあるが、掲示板に関する議論には、それ以外においても適用可能なものが少なくない。

　まず、掲示板に掲載される情報の信用性が低いことから、名誉毀損の成立の判断において、従来型の名誉毀損と基準を変えるべきではないかという点がよく議論される（107頁）。

　また、掲示板については、その掲示板の個別の投稿を見るのか、そのスレッド全体を見るのか、そのカテゴリー全体を見るのかという問題がある（87頁）。

　さらに、掲示板に特殊なリンクとして「アンカー」といわれる、従前の投稿を参照する記載（例えば、「>>334」のようなもの）の解釈も問題となる（346頁）。

　加えて、掲示板における発言については、同じ掲示板で反論することによる名誉回復の可能性が指摘されている（松井名誉毀損374頁）。

(9)　チャット

　チャットには、公開で行うものと非公開で行うものがある。このうち公開で行うチャットであれば公然性が認められることが多いと解される。問題は非公開であるが、このような場合でも、通常の少人数間の会話と異なり、ログが残ってそれを簡単に転送できること等から公然性が認められるのではないかが問題となる（149頁）。

(10)　ファイル交換ソフト

　Winnyのようなファイル交換ソフトによって資料が流出すれば、それによって名誉毀損等が生じることがある（#260115、#201112等参照）。

5 メール

(1) はじめに
　メールは、手紙による名誉毀損等と同様に公然性の問題がある一方、例えば、送信者の特定の問題や改ざんの容易性（244頁）等はデジタル特有といえる。
　SNSのメッセージ等も機能が同じなので、同様の問題が生じる。

(2) 公然性
　メールにおける一番の問題は公然性である。例えば、1人の受信者に対して対象者の名誉を毀損するメールを送付しても、公然性がなく名誉毀損は成立しないのではないかという問題である（150頁）。

(3) 誰が送信者か
　また、メールの場合、送信者が誰かという問題が生じることも少なくない。ヘッダ情報を利用する等特定のための手続が必要となる。

(4) メールマガジン・メーリングリスト
　メールではあるものの購読者（場合によっては有料購読者）に対して定期的又は不定期に一斉にメールが配信されるメールマガジンや、メンバーに対して一斉にメールが配信されるメーリングリストの場合には、公然性が肯定されることが多いだろう（150頁）。

(5) 改ざん
　なお、メールについては改ざんが容易（#210126等参照）であることから、本当にそのようなメールが送信されたかが問題となることがある（244頁）。

6 SNS

(1) はじめに
　日本においてもLINE、Facebook、Twitter等のソーシャルネットワーキングサービス（SNS）[31]の人気が高まり、人々のコミュニケーションのインフラとしての地位を築きつつある。そこでは、特殊な名誉毀損の問題も生じている。なお、本書においては、Skype等の無料電話アプリも同時に考察の対象とす

---

[31] 初版ではGoogle+を挙げていたが、同社はGoogle+の閉鎖を発表した。

る。

(2) 「いいね！」やリツイート

SNSにおいては、「いいね！」や「リツイート」をすることで、簡単に自分とつながっている人にこれを伝えることができる。その際の感覚としては、あくまでも、第三者のコンテンツを紹介しているにすぎないという感覚の場合も少なくないのではないか。しかし、そのような行為によって、例えば本来は少数の人にしか伝わらなかったはずの名誉毀損表現が大量の人に伝わるということもある（5頁）ので、表現者と対象者の間のバランスが問われる（2頁参照）。

(3) 公開範囲

SNSにおいては、自分の発言の公開範囲を設定できる。Facebookでは公開範囲の限定、Twitterでは鍵アカウント等である。このような場合においては、特定少数の人に対してしか情報を発信していないことから、公然性が否定されるのではないかが問題となる（149頁）。

(4) まとめサイトと転載

なお、掲示板やSNSでの発言をまとめる「まとめサイト」によって、名誉毀損的表現が拡散したり、対象者の発言をまとめて揶揄することによる名誉毀損等も問題となっている（#260912や#300628（#301211で上告不受理）等参照）。

(5) 字数制限

なお、字数制限のあるTwitter（1投稿につき140字まで）のようなSNSについては特に複数の投稿間の関係等が問題となる（92頁）。

7　リンク・転載

サービスの種類を問わず発生するインターネット上の名誉毀損に特徴的な問題として、リンク・転載の問題がある。すなわち、インターネット上では、リンクを貼ることで、容易に他の場所にある情報を参照することができるし、コピー＆ペーストが簡単なので、転載も容易である。

名誉毀損法との関係では、そもそもリンクを貼った者が、元サイトの表現を

---

32) 本書では、Facebookの「いいね！」やmixiの「イイネ！」等を念頭に置いており、「お気に入り」といわれていたTwitterの「いいね」を含まない。ただし、Twitterの「いいね」がフォロワーのタイムライン上に表示されることがあることに鑑みれば、Facebookの「いいね！」と同様に考えるべき場合があると思われる。

自己のものとして表現したといえるかという問題や、リンクを含む表現を解釈する際においてリンク先の内容をどこまで考慮するべきか、元サイトの表現により既に社会的評価が低下していることを評価するのか等が生じる。

これらについては第2編第18章（343頁以下）で総合的に検討する。

8　インフラ化

インターネットがインフラ化したので、オンラインとオフラインの垣根がなくなりつつある。

例えば、これまでオフラインで公開されていた新聞や雑誌の記事が、インターネット上で公開されたりするようになった。

他にも官報はネットで公開されており[33]、破産手続開始申立てに伴う保全管理命令の申立てが認容されると、その情報がインターネット上に公開される（#291226A）、教育委員会の議事録がインターネット上に公開される（#291025D）[34]等、思わぬところでインターネット上の名誉毀損の問題が生じる。

この結果、名誉毀損の判断基準たる「一般読者」（63頁）が誰であるかが変わる可能性がある。

#270217Aは、研究不正に関する告発文につき、インターネット上で公開されていることから研究者に限定されない一般人の読み方を基準にするとした。この事案では、大学の総長である研究者（対象者）について、同一分野の研究者である表現者が、対象者が過去に発表した論文にねつ造ないし改ざんがある等と告発したものであるところ、もし、当該大学や論文の掲載誌に対して告発文を提出したのであれば、研究者の読み方を基準とするという考え方も十分あり得たであろう。しかし、インターネット上に公開したことで、「一般読者」は研究者に限定されないと解されている。

なお、インターネットのインフラ化との関係では、チャットアプリやグループウェア等の組織内で用いられるアプリケーションや組織内掲示板等を利用した名誉毀損が問題となることがある（#281228C、#210113、#250514等参照）。

さらに、インターネット上のトラブルを原因とした従来型の名誉毀損が問題となることもある（#230329等参照）し、名誉毀損以外の不法行為についてイ

33）　https://kanpou.npb.go.jp
34）　ただしこの事案では、結論において名誉毀損を理由とする損害賠償請求は棄却されている。

ンターネットで炎上したことによる損害増額の可否が問題となることもある[35]（#300214参照）。

---

35) 交通事故後のインターネット上の名誉感情を侵害する投稿が慰謝料増額事由となるかについて #280526A 参照。

第4章　インターネット上の名誉毀損に関する手続法概観[36]

1　はじめに

(1)　従来型の名誉毀損との共通点

　インターネット上の名誉毀損においても、従来型の名誉毀損と同様、例えば、対象者が特定済みの表現者に対して訴訟を提起して損害賠償や謝罪広告等を求めることがある。この限りでは、手続においてインターネット上の名誉毀損か従来型の名誉毀損かによる大きな相違はない。

(2)　インターネット上の名誉毀損の特殊性

　もっとも、インターネットの匿名性の結果、インターネット上の名誉毀損においては、表現者であることの立証が困難である。そこで、表現者の情報を有するプロバイダに対して情報の開示請求（及びその前提としてのログ保存請求）をすることが必要である。[37]

　また、従来型の名誉毀損では、一度名誉毀損がされれば、その名誉毀損行為自体は継続しない（例えば、新聞に名誉毀損記事が掲載された場合）ことが多いが、インターネット上の名誉毀損では、インターネット上に掲載されている限り名誉毀損状態が継続する。そこで、インターネット上の表現の削除を請求する必要がある。

　ここで、上記のとおり、インターネット上の名誉毀損においては、表現者と対象者の他に、プロバイダという第三の当事者が生じ、そのプロバイダへの請求が、インターネット上の名誉毀損の特徴ともいえるところ、プロバイダにとって「削除や情報開示に応じると、表現者との関係で契約違反や不法行為にならないか」という問題と「削除や情報開示に応じないと、対象者との関係で不法行為等にならないか」という問題が生じ、プロバイダが「進退両難」の状態に陥りかねないという懸念があった。インターネット草創期から、様々な裁判

---

[36]　詳細は関小川、清水神田中澤、清水参照。
[37]　もちろん、それ以外の方法もある（中村行宏・横田翔『事例から学ぶ情報セキュリティ』（技術評論社、初版、2015）303～305頁も参照）。

例がプロバイダの責任について論じていたが、2001年にプロ責法が、プロバイダの責任を一定の範囲に限定し、プロバイダがどのような条件下でどのような行為をなすべきかを明確にしている。また、一般社団法人テレコムサービス協会がプロ責法関係のガイドラインを作成しており、これに基づき、ないしはこれを参考に、一定の場合にはプロバイダが自主的に削除等に応じている。

そこで、本章では、プロ責法について概観した上で、各種の請求毎にインターネット上の名誉毀損に関連する手続問題を概観する。

なお、繰り返しになるが本書の趣旨は、今まであまり正面から論じられてこなかったインターネット上の名誉毀損の実体法を検討するというものであり、手続法の検討はあくまでも副次的なテーマにすぎない。そこで、本書は、あえて手続の詳細には入らない。なお、手続法上の論点については、例えばプロ責法に関するいわゆるログイン型情報に関する問題（関小川163頁参照）や、発信者情報開示においていわゆる相当性の抗弁を検討すべきか等の興味深い解釈論上の論点があるが、本書の趣旨との関係から、これらについては詳論しない（なお、42頁参照）。実体法上の名誉毀損となることが明らかで、単に手続だけが問題となる事案については、関小川、清水及び清水神田中澤等を参照されたい。

2　プロ責法

プロ責法は、プロバイダの負う損害賠償責任の制限及び発信者情報開示請求について定めた法律である（プロ責法1条参照）。

プロ責法の用語は分かりにくいので、簡単に概観すると、「特定電気通信」とは「不特定の者によって受信されることを目的とする電気通信」のうち「公衆によって直接受信されることを目的とする電気通信の送信」を除いたものである（プロ責法2条1号）。要するに、ウェブサイトやブログ、SNSや掲示板等、不特定の人が読むことができるインターネット上の表現を行うための通信は原則としてこれに該当するものの、例えばメールマガジン等の「公衆によっ

---

38) #130905A、#130827、#110924、#140626、#150717 等参照。
39) 総務省総合通信基盤局消費者行政課及び http://www.telesa.or.jp/guideline 参照。
40) その他 http://www.courts.go.jp/tokyo/vcms_lf/iinkai-giji-No.34.pdf も参照のこと。
41) 会員制口コミサイトやパスワード付きブログが具体的な状況から「不特定の者によって受信」に該当するとされた事案である #250424A、#270317B 等参照。

第1編 総論

て直接受信されることを目的とする電気通信の送信」は除かれる。そして、このような通信のための設備（ウェブサーバー等）を特定電気通信設備（プロ責法2条2号）、そのような設備を提供する者を特定電気通信役務提供者（プロ責法2条3号）という。特定電気通信役務提供者は通常「プロバイダ」と呼ばれる。このプロバイダには、コンテンツプロバイダといわれる直接コンテンツを公衆に提供するサービスを提供するプロバイダと、経由プロバイダといわれる、表現者に対してインターネット接続サービスを提供するプロバイダに分かれる。コンテンツプロバイダは表現者の住所氏名等の情報を有していないことが多いが、経由プロバイダはこれを有していることが多い。ここで、一昔前は経由プロバイダについて果たして開示請求が認められるべきかとの論争があったが（佃136〜138頁）、最高裁（#220408）は開示を認めた。[42]

　なお、本書における「表現者」は、プロ責法では「発信者」と呼ばれる（プロ責法2条4号）。

　上記の「進退両難」問題については、プロバイダは、対象者との関係では、プロ責法3条1項により、名誉毀損発言が投稿された場合のプロバイダの責任について、他人の権利が侵害されていることを知っていたときか、又は投稿の存在を認識しかつ「他人の権利が侵害されていることを知ることができたと認めるに足りる相当の理由があるとき」でなければ損害賠償責任を負わない。[43]

　プロバイダは、表現者との関係では、プロ責法3条2項1号により、「他人の権利が不当に侵害されていると信じるに足りる相当の理由があったとき」又は以下で説明する削除請求に関する照会手続において表現者から不同意の意思が一定期間内に表明されなかった場合には情報を削除しても表現者から責任を問われない。[44]

　プロバイダは、対象者から開示請求を受けた場合、情報の流通によって、「権利が侵害されたことが明らか」でかつ「開示を受けるべき正当な理由」があるときには開示をしなければならない（プロ責法4条1項）。その際には、原則として対象者の意見を聴かなければならない（プロ責法4条2項）。ここで、

---

[42] 平成22年調査官解説282頁。
[43] この要件を満たしていなければ絶対に責任を負うことがないことを定めるにすぎず、責任が肯定されるかは一般不法行為法の問題であると指摘されている（佃226〜227頁や総務省総合通信基盤局消費者行政課35頁参照）。
[44] なお、プロ責法3条2項の要件を満たしているかを問わず削除が表現者に対する債務不履行等でなければ、責任を負うものではない（#230308等参照）。

39

プロ責法にいう、「情報の流通によって」自己の権利を侵害された場合とは、当該情報を「不特定の者が受信し得る状態に置いたことによって」権利が侵害された場合とされ、東京高裁（#280624）はナイフを刺したり爆破をするという脅迫により、対象者の生命身体等に対する安全感ないし私生活上の利益の平穏が害されたことは、「情報の流通によって」権利を侵害した場合ではないとした（これに対し、営業権又は営業活動の自由の侵害につき肯定した）。後述のとおり名誉感情侵害は、対象者の主観的名誉が侵害されたかが問題で、不特定多数が当該情報を受領したかは問題ではない（397頁）。実務は名誉感情侵害に基づく発信者情報開示を肯定する（関小川78頁参照）が、この点も理論的には問題となり得る。

さらに、プロ責法に関するガイドラインにより、一定の場合には自主的に削除がなされているし、一部のプロバイダは、ウェブ上のメールフォーム等で削除請求を受け付ける等独自の苦情処理対応をしている。ただし、こうした対応は各社で異なり、かつ短期間に変容し得ることに留意が必要である。[45]

3　削除請求（表1）

削除請求（送信防止措置）については、大きく分けて、メールフォーム等による任意の削除請求、ガイドラインに基づく請求、裁判上の請求（仮処分・通常訴訟）がある。その選択は、基本的には、①削除の可能性が高いか否か、②削除までの時間・手間の程度、③削除依頼に伴うリスク等を考慮して行う。

一部のウェブサイトにおいては、メールフォーム等から任意に削除を請求すると、（権利侵害が明白な場合において）削除に応じるところがあり、そのようなサイトについては、任意の削除依頼が有効な場合があり、特に、他の方法よりも相対的にスピードが速いことが多いといえる。ただし、権利侵害が明白ではない場合には断られることもあるし、削除依頼が公開されて新たな被害が生じるといった状況もあり得ることから、慎重な対応が必要である。[46]

ガイドラインに基づく請求は、原則として書面によって行われ、また、受領後プロバイダは表現者に対して、投稿の削除の可否を尋ねる連絡をし、その後

---

45)　2016年10月時点の情報については清水が詳しい。
46)　例えば、削除依頼の中傷をエスカレートさせる性質に配慮した#270311や、削除依頼スレッドに対象者が誤って名誉毀損表現を転載した#201016A等参照。

7日間以内に異議がない（又は不合理な反論しかできない）場合には削除されるという対応になる。

　裁判上の請求では、仮処分が用いられることが多く、被保全権利として、名誉が毀損されていること、保全の必要性としてすぐに削除されなければ回復不能な損害が出ることを疎明すると、裁判例は削除を仮に命じる。この命令が出れば、プロバイダは削除に応じなければならない。なお、その裁判では、原告側（対象者側）が、名誉毀損の抗弁事由（真実性等）がないことも疎明しなければならないとされている。

　なお、あくまでも、個別の投稿を基準として名誉毀損を判断し、削除するものであって、スレッド全体の削除が認められることは稀である（385頁以下参照）。

表1　削除請求

	メリット	デメリット
プロバイダ独自の苦情処理メカニズム（メールフォーム等）による削除請求	うまくいけば迅速な対応を受けることができる	意図と異なる対応がされる可能性がある
ガイドラインに基づく請求	訴訟よりも速い	表現者から拒否された場合等削除されない可能性がある
裁判上の請求	強制力がある	時間と費用がかかる

4　開示請求・ログ保存請求（図4）

　開示請求においても、ガイドライン等に基づく裁判外の開示と、裁判上の開示の双方が存在する（清水85〜90頁）。[47]

　具体的に請求できる情報としては、コンテンツプロバイダに対してIPアドレスとタイムスタンプの情報（プロ責法省令4号、5号）の開示を求めたり、経由プロバイダに対して、コンテンツプロバイダから獲得したIPアドレスとタイムスタンプの情報を使用して、当該発信の時点で当該IPアドレスの割当を受けていた者の氏名と住所の情報の開示を求めたり（プロ責法省令1号、2号）するような場合が典型である。[48]

47）　割合としてはあまり多くはないが、発信者がプロバイダからの連絡を無視した場合等には、メールやウェブフォームから求めた発信者情報の開示を受けることができたこともある。

仮処分については、コンテンツプロバイダと経由プロバイダで異なっており、コンテンツプロバイダは仮処分でも開示を求めることができるが、経由プロバイダに対しては通常訴訟が必要である（清水88頁、八木他360〜361頁）。この裁判においても、原告側（対象者側）が、名誉毀損の抗弁事由がないことも疎明しなければならないとされている。[49]

開示を受けた情報は権利行使のために用いるべきであり、不当に表現者の名誉又は生活の平穏を害する行為をしてはならない（これに反した事例として#270318等参照）。

図4　開示請求

```
┌─ コンテンツプロバイダ ─┐          ┌─── 経由プロバイダ ───┐
│ ・裁判外の請求         │          │ ・裁判外の請求           │
│ ・裁判上の請求         │    →     │ ・裁判上の請求           │
│ （多くの場合仮処分）   │          │ （多くの場合通常訴訟）   │
│                        │          │ （開示請求の前提とし     │
│                        │          │ てのログ保存請求も）     │
└────────────────────────┘          └──────────────────────────┘
```

5　損害賠償請求・名誉回復請求

このような手続を経て、表現者の情報の開示を受ければ、特定された表現者に対して損害賠償や名誉回復を裁判上又は裁判外で請求することになる。

6　プロバイダの責任

プロバイダの賠償責任については、上記の通りプロ責法で制限される他、学説上も一見明白性がない限り不法行為法上の削除義務を負わない（佃217頁）等、これを限定する見解が主張されている。責任否定例として#290426A、#290227、#270121等参照。

---

48) ログの保存がされていないと、開示命令が確定しても、現実には開示を受けられない。そこで、開示請求の前提としてログ保存請求（発信者情報消去禁止請求）を行うことが必要な場合もある（#270428等参照）。

49) 相当性がないことまで証明が必要かについて争いがあり、相当性がないことを求めていると解される最近の裁判例に#281125、#290208A、#290426A、#300118A、#300130A等がある。

7　刑事告訴

　名誉毀損に対する対応としては、刑事告訴という対応も考えられる。例えば損害賠償を求めても賠償資力がないといった状況下であれば表現者がたとえ民事訴訟で敗訴しても十分に反省せず、再度類似の名誉毀損行為を行うという可能性もあるからである。

　名誉毀損は親告罪（刑法232条）なので、犯人を知った日から6か月以内に告訴を行う（刑訴法235条）。インターネット上の「時間を超える」特質から、名誉毀損的表現は削除をされず、名誉毀損状態が継続している限り、この6か月の告訴期間は起算されない（#160422等参照）。

第 5 章　関連する諸権利・諸法令

1　はじめに

　インターネット上の名誉毀損においては、同一事案の中で社会的評価の低下による名誉毀損以外の権利侵害・他の法令違反が問題となることが多い。なお、最も典型的な関連権利である名誉感情については第 2 編第 20 章（397 頁以下）で論じる。

2　プライバシー

　頻繁に問題となるのはプライバシーその他の人格権・人格的利益である。詳しくは、松尾剛行『最新判例にみるインターネット上の個人情報保護・プライバシーの理論と実務』（勁草書房、初版、2017）を参照されたいが、以下ポイントのみを簡単に説明する。
　実務上、プライバシーと名誉毀損が同時に問題となることは多い。例えば、対象者が有罪判決を受けたという事実を摘示することは対象者の名誉の毀損にもなり得る一方、前科というのは重要なプライバシー情報（#560414、#060208 等参照）であることから、プライバシー侵害も問題となる（最近の認容例に #290905A、#290901D 等、否定例に #290215B 等）。[50]
　プライバシー権は、いわゆる宴のあと事件において「私生活をみだりに公開されない法的保障ないし権利」として定義され（#390928）た後、情報化社会の中では、「自己に関する情報をコントロールする権利（自己情報コントロール権）」と捉えられるようになった（#150912 等参照）。[51]
　プライバシー権の侵害の有無については、ある事実を公表されない法的利益とこれを公表する理由とを比較衡量し、前者が後者に優越する場合に不法行為が成立するとされている（#060208、#150314 等参照）。

---

50)　ただし別件における和解が関係している。
51)　以上につき芦部信喜（高橋和之補訂）『憲法』（岩波書店、第 6 版、2015）122〜127 頁。

インターネット上の名誉毀損との関係で重要なのは、インターネット上において匿名で活動する者の実名等を公開することはプライバシー侵害になることである[52]。対象者を特定して名誉を毀損することが名誉毀損の成立要件であるところ（169頁）、匿名で活動する対象者を特定してその名誉を毀損した場合には、同時にプライバシー侵害となることが多い。

なお、インターネットでは一度アップロードされた情報が残存することから、忘れられる権利が問題となり、真実であっても、一定以上昔の事柄の削除を求められるのではないか、とりわけ、当該事項を記載するサイトへのリンクを検索エンジンから削除するよう求める権利があるのではないかという問題が、ヨーロッパの議論に触発されて、日本でも問題となっており、最高裁はそのリーディングケース（#290131F）において、一定の場合においては、削除が認められることがあり得るとしたものの、その事案における削除を結論として否定した[53]（その後の下級審レベルの否定例として例えば#290331A）。

なお、2015年に成立した改正個人情報保護法では、違反の一部についてこれを犯罪（直罰）とした（同法83条参照）ことから、（広義の）プライバシー侵害の一態様である個人情報法にも留意が必要である。

3　肖像権

肖像権は、人がみだりに他人から写真をとられたり、とられた写真がみだりに世間に公表、利用されることがないよう対世的に主張し得る権利である[54]。

#280930A は自分の孫である「C」が、表現者が反対したし、「C」も泣いて帰りたがっていたのに、「C」の母親（表現者の「嫁」）がデモに連れて行ったため、熱中症で死亡したというツイッター上のデマ投稿に乳児の肖像が使われ

---

52) #270122 及び #240727 等参照。ただし既に実名が公開に準じた状況にある場合に否定した #261224A や、ペンネームを公開しただけの場合に否定した #291220B 等も参照。

53) 「当該事実の性質及び内容、当該 URL 等情報が提供されることによってその者のプライバシーに属する事実が伝達される範囲とその者が被る具体的被害の程度、その者の社会的地位や影響力、上記記事等の目的や意義、上記記事等が掲載された時の社会的状況とその後の変化、上記記事等において当該事実を記載する必要性など、当該事実を公表されない法的利益と当該 URL 等情報を検索結果として提供する理由に関する諸事情を比較衡量して判断すべきもので、その結果、当該事実を公表されない法的利益が優越することが明らかな場合には、検索事業者に対し、当該 URL 等情報を検索結果から削除することを求めることができる」とした。

54) 佃克彦『プライバシー権・肖像権の法律実務』（弘文堂、第2版、2010）240頁。

たことを当該乳児の肖像権を侵害するとした。

　写真、イラスト等を用いて名誉毀損をする場合には、同時に肖像権侵害も問題となることがある（なお、イラストの場合には写真と異なりイラストの特徴を踏まえた判断をすべきとしたものとして #171110 等参照）。

4　その他の人格権・人格的利益

　その他の人格権・人格的利益には、例えば氏名権[55]（最近の肯定例に #300709）、平穏な生活を営む権利[56]（最近の肯定例に #280229A）、出自・国籍を第三者に正しく認識してもらう人格的利益（#300709）、思想信条を理由に差別を受けない人格的利益（#300518）[57]、アイデンティティ権（#280208D や #290830B）[58]、宗教的人格権（#300620）等がある。

5　不正競争防止法

　特に競業相手に対する名誉・信用毀損においては、不正競争防止法違反（2条1項15号[59]）が主張されることも多い[60]。

---

55)　五十嵐清『人格権法概説』（有斐閣、初版、2003）148頁。
56)　五十嵐・前掲244頁。
57)　#300518（#301220で上告不受理）は、思想信条を理由とした俳句不掲載につき、人格的利益が侵害されたことによる慰謝料5000円を認めたが、このことをもって社会的評価は低下しないとして名誉毀損を否定した。なお、同判決は公立図書館において、その著作物が閲覧に供されている著作者が有する著作者が著作物によってその思想、意見等を公衆に伝達する人格的利益を肯定した（#170714）を参照している。
58)　#280208Dは、「なりすまし行為によって本人以外の別人格が構築され、そのような別人格の言動が本人の言動であると他者に受け止められるほどに通用性を持つことにより、なりすまされた者が平穏な日常生活や社会生活を送ることが困難となるほどに精神的苦痛を受けたような場合には、名誉やプライバシー権とは別に、「他者との関係において人格的同一性を保持する利益」という意味でのアイデンティティ権の侵害が問題となりうる」としたが、結論において当該事案では損害賠償の対象となり得るような個人の人格的同一性を侵害するなりすまし行為が行われたと認めることはできないとした。なお、清水神田中澤32頁や初の肯定例とされる #310117 も参照。
59)　2018年改正が施行されると21号になる。
60)　ただし、同条が「競争関係にある他人の営業上の信用を害する虚偽の事実を告知し、又は流布する行為」としているとおり、虚偽であることが要件であり、必ずしも虚偽性を必要としない名誉毀損とは異なっている（最近の例として #280224A や #300328B 参照）。

6　リベンジポルノ

　いわゆるリベンジポルノの問題に対応して、リベンジポルノ禁止法（私事性的画像記録の提供等による被害の防止に関する法律）が適用される。同法3条1項[61]は、撮影対象者の特定が可能な方法で公衆への提供への同意がなく撮影された性行為等の画像・動画等を提供することを禁止しており、画像・動画による名誉毀損事案ではこれが問題となることもある（#290322G、#270715等参照）。

7　ストーカー規制法

　ストーカー行為等の規制等に関する法律（ストーカー規制法）2条1項7号は「その名誉を害する事項を告げ、又はその知り得る状態に置くこと」をストーカー行為（「つきまとい等」）の1つとして列挙していることから、名誉毀損罪に該当する行為が同時にストーカー規制法違反となる場合がある（#280805Bや#210417等参照）。[62]

8　刑法犯

　その他、具体的な態様により、それぞれ刑法犯に該当することがある。例えば、名誉毀損を内容とする情報を公開し、要求に応じなければさらに社会的評価を低下させる情報を公開すると脅す行為は、脅迫（刑法222条）[63]・強要（刑法223条）・恐喝（刑法249条）等に該当する可能性がある。[64]
　また、対象者が犯罪を犯したとして、表現者が警察等に被害申告ないしは告訴した場合、そのような行為が、虚偽告訴罪（刑法172条）に問われることが

---

61) 「第三者が撮影対象者を特定することができる方法で、電気通信回線を通じて私事性的画像記録を不特定又は多数の者に提供した者は、3年以下の懲役又は50万円以下の罰金に処する。」
62) なお、深町晋也他「インターネットにおけるハラスメント規制の現状と課題」（情報ネットワーク・ローレビュー講演録編16、2016）1〜23頁参照。
63) 脅迫と発信者情報開示につき40頁参照。
64) 民事訴訟だが、名誉毀損と恐喝の成立要件の違いを示唆する事例がある。#261113は、料理店で売上金がなくなり、経営者が占いの結果に従い、従業員をいわば泥棒扱いした事例である。裁判所は、名誉毀損の責任を認めたが、恐喝については、窃盗の疑いのある従業員に対して、盗ったとされる金員の返金を迫ったものであり、恐喝の故意はないとした。

ある。[65]

さらに、名誉毀損的言動が業務妨害罪（刑法 233 条 1 項）となることもある。

9　営業権侵害・業務妨害

刑法上の「業務妨害罪」の構成要件該当性はともかく、会社や団体等の信用を害する表現により、取引先の減少等の営業権侵害、業務妨害が主張されることもある。[66]平穏に業務を遂行する権利は差止を基礎づける（特殊な例であるが #280615B も参照）。

ただし、名誉権侵害と業務妨害の不法行為の成立要件は異なるのであるから、どちらか一方のみ成立して、どちらか一方のみ成立しないといった場合もあり得る。[67]

インターネット上の投稿による営業権侵害が認められた事例として、#280218B や #280225B がある。

10　知的財産権侵害

訴訟等における書面をアップロードすることが名誉毀損の問題を生じさせる（肯定例として #270611 参照）ばかりではなく、相手方の書面に関する著作権侵害の問題も生じ得る。[68]当該文書に創作性がない等として著作権侵害を否定したものが多い（#171025―謄写許可申請の意見書、#210916―催告書）が、これを肯定した事案もある（#250628B―答弁書）。[69]

著作者人格権、例えば、名誉又は声望を害する方法による利用かも問題となる（#300425A 及び #300615 参照）。[70]

発明者名誉権について最近の認容事例に #300122 がある。

---

[65]　特殊な事案であるが、要件を満たさないにもかかわらず DV 防止法の支援措置を利用することで、配偶者の社会的評価の低下等の影響も生じさせることからすると不法行為に当たるとされたものに #300425B（ただし #310131 で破棄）がある。

[66]　在日朝鮮人を排斥する団体らが朝鮮学校で示威活動を行う行為が名誉毀損及び業務妨害にあたるとした原判決（#260708）を是認した #261209A 参照。

[67]　#221220B は、営業妨害を肯定（ただし損害の立証なし）し、名誉毀損を否定した。#210330A は、名誉毀損を肯定し、業務妨害ないし営業権侵害を否定した。

[68]　自己の書面であれば問題がないし、判決書には著作権は認められない（著作権法 13 条 1 項）。

[69]　ただし、催告書については否定している。

なお、商標権侵害の偽造品を名指ししてインターネット上で公然と摘示する行為について対象者である偽造品業者の社会的評価を低下させるとしたものの真実性の抗弁を認めたものに #300817 がある。

11 その他

刑事事件においては、捜査機関が入手した証拠の一部が被告人側に開示されるが、開示証拠には、名誉毀損的な内容を含んでいることがあり、それは訴訟手続のためのみに使うことができ（刑訴法281条の5）、それ以外の目的では利用してはならない。実際に、開示証拠をインターネット上にアップロードしたとして刑事訴訟法違反に問われた事例がある（#261212 等参照）。

12 労働等[71]

就業規則には懲戒事由として「会社の名誉信用を害した場合」等と規定されることがあるところ、#300702 は、不法行為が成立しない場合に懲戒事由と解すべきではないとした上で、具体的な労働者の表現に公共性・公益性・真実性があることから懲戒事由としての「会社の名誉を損なった」にも該当しないとした。

#290324D は使用者による労働組合支部長である個人及び同労働組合に対する名誉毀損的貼り紙の掲示が支配介入という不当労働行為とされた。

#290309A（#290912C で上告不受理）は、労組による貼り紙は会社の信用を傷つけるとはいえず、貼り紙の撤去が支配介入という不当労働行為とされた。

無効な解雇について判決で無効と認められ、未払賃金等が塡補される場合に追加で慰謝料が認められるかは争いがあるが、具体的事案において、著しく相当性を欠く態様の解雇であり、単なる賃金や退職金の不払にとどまらず、従業[72]

---

70) 同判決は、同一性保持権侵害を肯定し、名誉声望保持権は侵害していないとした。なお、同判決はリツイートと著作権侵害に関する重要裁判例である。谷川和幸「Twitter に投稿された画像の同一性保持権侵害等が認められた事例──Twitter リツイート事件控訴審（知財高判平成30年4月25日裁判所HP（平成28年（ネ）第10101号））」（福岡大学法学論叢、63（2）、2018）523～574頁を参照。

71) 前掲・松尾『AI・HR テック対応　人事労務情報管理の法律実務』も参照。

72) 東京弁護士会労働法制特別委員会編著『労働事件における慰謝料』（産労総合研究所、初版、2015）202頁以下。

員の名誉や社会的信用、再就職にも多大な悪影響を与え、その経済的生活も危うくするものであったから、不法行為法上の違法性も備えるとして慰謝料が追加で認められるとしたものに #280219B がある。[73]

13　その他のインターネット上の行為

その他、インターネット上の表現に関して不法行為が問題となる場合は多岐にわたるが、#290824 は、インターネットにおいてどの範囲の者に自ら作成した記事等を公開するかを決定することができるといえるからブロックはただちに違法行為にならないとしており、興味深い。[74]

14　名誉毀損が成立しない場合の不法行為の成否

少なくとも名誉毀損の成否が争いとなる典型的な事案においては、対象者が、表現者の行為について名誉毀損（及び侮辱）を主張すると同時に、予備的に、仮に名誉毀損（及び侮辱）の不法行為に該当しなくとも、それ以外の何かの権利ないし法律上保護される利益を侵害した不法行為に該当すると主張することがあるが、裁判所は概ね否定的である。

#260512B は、名誉毀損該当性を否定した上で、「報道の正確性の問題は、基本的には、これによる名誉毀損等の成否という観点から検討されるべき」として、取材上又は編集上の過失による不法行為の主張を否定した（#261224A、#201105B 等も参照）。

名誉毀損に関するものではないが、最高裁（#231208）は、著作権法に関し、著作物の保護範囲が、独占的な権利と国民の文化的生活の自由との調和を図る趣旨で限定されたことから、当該要件に「該当しない著作物の利用行為は、同法が規律の対象とする著作物の利用による利益とは異なる法的に保護された利益を侵害するなどの特段の事情がない限り、不法行為を構成するものではな

---

73) アカデミックハラスメントの一環として名誉毀損がなされた事案に #291127B がある。その他 #271210（#280512 で上告不受理）、#280622D、#281006A 等参照。

74) ただし、2018年5月23日に米国で下されたトランプ大統領のブロックを違法とする判断（https://knightcolumbia.org/sites/default/files/content/Cases/Wikimedia/2018.05.23%20Order%20on%20motions%20for%20summary%20judgment.pdf）等に鑑みれば、首相、大臣その他の者についてもそう言えるか、さらに検討が必要だろう。

い」とした。

　名誉毀損に関する要件もまた、表現の自由と名誉権の調和の趣旨で限定されていることから、上記裁判例のように、名誉毀損が成立しない場合の不法行為の成否については原則として否定的に解することが相当だろう。

　実際、テレビ番組における懲戒請求の呼びかけについて、名誉毀損とあわせて受忍限度を超える人格権侵害が主張された事案につき、最高裁（#230715）は、結論において名誉毀損と別個の不法行為としての人格権の侵害を否定している。[75]

　また、#280128Bでは、口頭の発言の違法性が問題となったところ、高松高裁は、各言動が対象者の名誉を侵害したり、社会的評価を低下させるようなものではない以上、その意見の内容や表現方法の態様に照らし、ことさら反対意見を封殺すべく攻撃的言動に及んだりするなど社会通念上許容される範囲を逸脱した表現である場合に限り、対象者に対する違法な行為となる余地があるというべきとした。

15　債権的名誉毀損

　やや特殊だが、契約上の「名誉毀損」が争われることもある。

　#250409は、モデルの写真の使用許諾契約上「ポルノ又は名誉毀損となる」利用を禁止したところ、ポルノに該当する書籍の中央に当該モデルの写真を掲載したことを「名誉毀損」とした。[76]

　インターネット上の名誉毀損の文脈では、プロバイダが規約上、名誉毀損ないし誹謗中傷を削除やアカウント停止できる等と定め、表現者の表現を削除した後、表現者との間で、果たして規約上の名誉毀損ないし誹謗中傷に該当するかが争われることがある（#281220E（誹謗中傷該当性を肯定）、#231216A等参照）。

　原則としては、契約書ないし規約の文言をその趣旨に照らして解釈し、その意味における「名誉毀損」があったかを判断することになるが、プロバイダに一定の判断裁量の余地（ないしは第一次判断権）を認めることも合理的である

---

75)　調査官解説も、表現行為が名誉毀損にまで至らない場合には、表現行為に萎縮効果を生じさせることのないように慎重に検討することが求められるとしている（平成23年調査官解説（下）579頁）。

76)　事案は大分異なるが、契約上の名誉毀損該当性を肯定したものとして、#280829Aも参照。

第 5 章　関連する諸権利・諸法令

こと、及び消費者契約の場合には、消費者契約法 10 条[77]等による制約があることに留意すべきであろう[78]。

---

77)　「民法、商法（明治 32 年法律第 48 号）その他の法律の公の秩序に関しない規定の適用による場合に比し、消費者の権利を制限し、又は消費者の義務を加重する消費者契約の条項であって、民法第 1 条第 2 項に規定する基本原則に反して消費者の利益を一方的に害するものは、無効とする。」

78)　その他 #280729B（和解との関係）等も参照。

第6章　国際名誉毀損

1　はじめに

　インターネット時代、情報は国境を越える。ある意味では、非常に便利になった。しかし、名誉毀損の観点からすると、国際的な名誉毀損が容易に行われるようになったともいえる。

　例えば、日本のエンターテイメント関連企業（対象者）が、カジノ等を運営する米国企業（表現者）に出資していたところ、表現者が、対象者が違法行為を繰り返していたという調査結果をプレスリリースとしてインターネット上に公開する事例が生じている（#280310A 等参照）[79]。このプレスリリースはアメリカでも閲覧されたが、全世界、特に日本でも閲覧され、対象者の株価の下落を招いたと主張された。

　このような場合、裁判管轄や準拠法を検討する必要がある[80]。

2　裁判管轄

　まず、対象者側は、日本で訴訟を提起できるのか、それともアメリカで訴訟をしなければならないのか、裁判管轄が問題となる。

　実務上は、日本人が利用することの多い掲示板やブログサービス等が海外企業の運営となっていることから、日本で訴訟ができるか等が問題となる（#250206 等参照）。

　（大まかな方向性はあるものの）各国が国際裁判管轄に関するルールを定めているので[81]、それぞれのルールに従って当該国の裁判所において審理・判断することが可能かを判断することとなる。

---

[79]　同事案の原々審につき前掲・道垣内・古田『実務に効く国際ビジネス判例精選』148頁〔内藤・松尾〕。

[80]　なお、外国判決の承認執行（民訴法118条）の問題については、#270320A 参照。その他 #271125A（#280420B で上告不受理）も参照。

[81]　正確には各「法域」であり、アメリカは各州と連邦という法域が存在する。

日本においては、2011年改正後の民訴法3条の3以下が国際裁判管轄について定めているところ[82]、（名誉毀損による不法行為を含む）不法行為に関する訴えについて、不法行為地が日本国内にあれば原則として日本で訴訟を提起することができる（民訴法3条の3第8号）[83]。

　上記のプレスリリース事案では、民訴法3条の3第8号における不法行為地が、（プレスリリースがアップロードされた）アメリカだけなのか、（プレスリリースが閲覧され、対象者の社会的評価が低下した）日本も含むのかが重要な問題となる。

　この点につき、不法行為地には加害行為地（アメリカ）だけではなく、結果発生地（日本）も含むと解されている（伊藤眞『民事訴訟法』（有斐閣、第6版、2018）53頁）[84]。

　このように「不法行為があった地」が広範に解釈されていることから、外国において加害行為を行った者（表現者等）が、日本における加害結果を予想していなかった場合に、日本に管轄が認められることで被る不利益を考慮するため、「外国で行われた加害行為の結果が日本国内で発生した場合において、日本国内におけるその結果の発生が通常予見することのできないものであったとき」には管轄が認められないという例外要件が定められている（民訴法3条の3第8号括弧書き）。

　なお、各国が日本と同様に結果発生地と加害行為地の双方に管轄を認めると複数の法域で裁判を行うことができることになり、実質的に同一の紛争が国内の裁判所と外国の裁判所で同時に係属している状態が生じることがある。これが国際訴訟競合である[85]。民訴法3条の9は[86]、日本の裁判所が国際裁判管轄を有する場合でも、一定の場合に訴えを却下できる旨を規定しているところ、最高

---

82) 改正前の事件として #270325A、#260905、#200702A 等参照。
83) 「不法行為に関する訴え　不法行為があった地が日本国内にあるとき（外国で行われた加害行為の結果が日本国内で発生した場合において、日本国内におけるその結果の発生が通常予見することのできないものであったときを除く。）。」
84) 差止に関して拡張的解釈を行った #260424C 等も参照。
85) 古田啓昌『国際訴訟競合』（信山社、初版、1997）1頁。
86) 「裁判所は、訴えについて日本の裁判所が管轄権を有することとなる場合（日本の裁判所にのみ訴えを提起することができる旨の合意に基づき訴えが提起された場合を除く。）においても、事案の性質、応訴による被告の負担の程度、証拠の所在地その他の事情を考慮して、日本の裁判所が審理及び裁判をすることが当事者間の衡平を害し、又は適正かつ迅速な審理の実現を妨げることとなる特別の事情があると認めるときは、その訴えの全部又は一部を却下することができる。」

裁（#280310A）は、上記の米国企業（表現者）によるプレスリリースが問題となった事案で、既に当事者間には別件の米国訴訟が存在し、本件は当該別件から派生した紛争であって事実関係や法律上の争点も関連することが多く、本件の証拠方法は主に米国に所在すること、そして、対象者も表現者の経営に関して生ずる紛争については米国で交渉、提訴等がされることを想定していたといえること、さらに対象者は別件米国訴訟において応訴するのみならず反訴も提起しているので、本件のために改めて米国において訴訟を提起するとしても、対象者にとって過大な負担を課することになるとはいえないこと、反面、上記の証拠の所在等に照らせば、これを日本の裁判所において取り調べることは表現者に過大な負担を課することになるといえるとして、民法3条の9の定める場合に該当するとし、日本での裁判を否定した。

3　準拠法

次に、裁判管轄を有する裁判所における裁判手続において、どの国の法を適用するかという準拠法の問題が生じる。例えば、プレスリリース事案であれば、アメリカ法に基づき判断するのか、それとも、日本法に基づき判断するのかという問題である。

原則として、裁判管轄を有する裁判所が、法廷地の国際私法（抵触法）に基づき、どの国の実体法を適用するかを決める。日本の裁判であれば日本の国際私法（抵触法）である通則法に基づき、どの国の実体法が適用されるかが決まる。

通則法19条[87]により、「被害者の常居所地法（被害者が法人その他の社団又は財団である場合にあっては、その主たる事業者の所在地の法）」が原則となる（#281130A、#290830A）が、通則法20条[88]は明らかにより密接な関係がある地が

---

[87] 「第17条の規定にかかわらず、他人の名誉又は信用を毀損する不法行為によって生ずる債権の成立及び効力は、被害者の常居所地法（被害者が法人その他の社団又は財団である場合にあっては、その主たる事業所の所在地の法）による」。なお、同法の施行日である平成19年1月1日前に発生した不法行為については通則法の附則3条4項により、旧法である法例が適用されることに留意が必要である。

[88] 「前3条の規定にかかわらず、不法行為によって生ずる債権の成立及び効力は、不法行為の当時において当事者が法を同じくする地に常居所を有していたこと、当事者間の契約に基づく義務に違反して不法行為が行われたことその他の事情に照らして、明らかに前3条の規定により適用すべき法の属する地よりも密接な関係がある他の地があるときは、当該他の地の法による。」

あるときに関する例外を規定する（#270325A、#260905等参照[89]）。

そこで、対象者（被害者）の常居住地が日本国内である事案が、日本の裁判所において審理される場合には、原則的に日本法が適用されると考えてよい。

4 国際SLAPP訴訟への対応

SLAPP訴訟一般については274頁以下で述べるが、ここで、国際SLAPP訴訟への対応について一言述べたい。

民訴法75条1項は「原告が日本国内に住所、事務所及び営業所を有しないときは、裁判所は、被告の申立てにより、決定で、訴訟費用の担保を立てるべきことを原告に命じなければならない。その担保に不足を生じたときも、同様とする。」と規定する。

例えば請求額1億円等の莫大な請求が、（日本に営業所等を有しない）外国企業から日本の裁判所においてなされた場合、被告側は、この規定により原告に担保を積ませることができる可能性がある。

この条文についての実務解説は少なく[90]、例えば、裁判所書記官すらこの条文の存在を知らなかった、というエピソードがある。しかし、筆者（松尾）は、訴額約1億円の事件で150万円の担保を積ませたことがある[91]。

5 刑事関係

なお、刑事関係では犯人引渡し、司法共助、国外犯の処罰の可否等[92]が問題となるが、ここでは詳述しない。

---

[89] なお、上記#281130Aは、内容が日本に関するもので対象者が日本に居住することから、明らかにより密接な関係がある地はないとし、#290830Aは通則法20条が適用されるべき事情は見当たらないとした。

[90] 例として前掲・松尾『インターネット上のプライバシーと個人情報保護の理論と実務』69頁参照。

[91] ただし、民事訴訟条約との関係や、申立ての時期等の実務上の留意点が存在することから、専門家に依頼することが望ましいだろう。なお、守秘義務の関係で当該事案の詳細の説明は控えさせていただく。

[92] 例えば、刑法3条12号は、日本国外で名誉毀損罪を犯した日本人についても、日本の刑法が適用されるとする。

第2編

理論編

序章　はじめに

　第2編は、理論編として、インターネット上の名誉毀損の理論、具体的には要件・効果論について検討する。第2編は4 PART 計20章で構成される。
　PART 1 は、「事実摘示による名誉毀損の積極要件」と題して事実摘示による名誉毀損に関し、第1編で言及したインターネット上の名誉毀損の特徴、特にインターネットのサービス毎の特徴を踏まえ、その積極要件について論じる。
　PART 2 は、「真実性・相当性の法理」と題し、最も重要な抗弁事由（違法性・責任阻却事由）である真実性・相当性の法理について論じる。
　PART 3 は、「意見・論評による名誉毀損」と題し、意見・論評による名誉毀損とその成立要件、抗弁事由について検討する。
　PART 4 は、「その他の諸問題」である。PART 1 から PART 3 の検討により、インターネット上の名誉毀損の要件に関する重要な諸問題が明らかになった。しかし、それ以外にも、特に抗弁事由に関してはいくつかの無視できない問題が残っており、また、インターネット上の名誉毀損に特徴的な転載やリンクの問題の検討も必要である。さらに、効果、すなわち、名誉毀損に対しどのような救済が与えられるのかという問題も検討する。加えて、名誉毀損と関係が深い名誉感情侵害についても検討する。

PART 1　事実摘示による名誉毀損の積極要件

　PART 1 は、「事実摘示による名誉毀損の積極要件」と題して事実摘示による名誉毀損に関し、第1編で言及したインターネット上の名誉毀損の特徴、特にサービス毎の特徴を踏まえ、その法律要件及び効果について論じる。このうち、第1章は、「摘示内容の特定」として、すべての問題に関連する、ある投稿において摘示された内容が何かの特定の問題を論じる。第2章では、「摘示内容が社会的評価を低下させるか」と題して、第1章で特定された摘示内容が社会的評価を低下させるものであるかについて論じる。第3章では、「公然性」と見通して、インターネット上の名誉毀損で頻繁に問題となる公然性の問題について論じる。第4章では「『対象者の』名誉が毀損されること」と題して、単に一般的に他人の社会的評価を低下させ得るだけではなく、特定の「対象者」の社会的評価を低下させるものかについて論じる。第5章は、「匿名、仮名による言及と対象者の特定」と題して「摘示内容の特定」や「『対象者の』名誉が毀損されること」と関係が深く、また、インターネット上でよく問題となる匿名性、ないしは対象者の同定・特定の問題を特に取り上げて論じる。第6章では「『表現者が』名誉を毀損したこと」と題して、仮に当該表現の摘示内容が当該対象者の社会的評価を低下させるものであったとしても、対象者が有責であると主張するその「表現者」にその責任を負わせられるかという問題について論じる。

第 1 章　摘示内容の特定

1　はじめに

> （事例 1）　表現者 A が、掲示板に「それをやったのは対象者 B だ」と投稿した。
> （事例 2）　表現者 A が、掲示板に「甲の死亡原因については様々な風評があり、病死、自殺、事故死等様々な議論が百出しており、中には対象者 B が殺したとの噂さえある」と投稿した。
> （事例 3）　表現者 A が、掲示板に「乙が『対象者 B が甲を殺した』と言っていた」と投稿した。
> （事例 4）　表現者 A が、掲示板に「対象者 B が甲を殺した疑いがある」と投稿した。
> （事例 5）　表現者 A が、掲示板に「対象者 B が甲に対する殺人の嫌疑で逮捕された」と投稿した。
> （事例 6）　表現者 A が、掲示板に「8̇ が甲を殺した」と投稿した。
> （事例 7）　表現者 A が、掲示板に「対象者 B が甲を殺したのですか？」と投稿した。

　名誉毀損には様々な形があるが本書では、インターネット上の投稿による名誉毀損を主に扱う。名誉毀損の要件論を検討するにあたって、まず最初に、「表現者が表現した内容は何か」という問題を検討したい。換言すれば、「摘示内容の特定」の問題である。

1）「表現」の存在は、名誉毀損の要件ではなく、被告の行為（不作為を含む）が原告の社会的評価低下を招けば、名誉毀損の積極要件は満たされる。例えば、仮差押えによる名誉毀損を認めたものに #291120C、その他、破産手続開始申立てに伴う保全管理命令の申立て（#291226A）、要件を満たさないのに DV 防止法の支援措置を利用すること（#300425B。ただし、報道によれば #310131 により破棄されたとのことである。）、諮問や措置（#281215A で上告不受理の #280322A）等、表現以外の態様の名誉毀損が問題となった事案は多数存在する。そこで、アカウント凍結等の行為も名誉毀損の可能性がある（400 頁参照）。

第1章 摘示内容の特定

　ある特定の投稿（例えば事例1～7の各投稿）の存在が（スクリーンショット等から）証明されても、さらに投稿内容の特定が問題となるのはなぜか。

　まず最初に、当該表現が対象者の社会的評価を低下させるか否かを判断する際に、どのような事実が摘示されたかが問題となる。例えば事例1において、「それをやった」というのは「甲を殺した」という意味かもしれないし、「偉業を成し遂げた」という意味かもしれない。どのような事実が摘示されたかを判断しないことには、名誉毀損の成否は判断できない。

　次に、真実性の立証の場面である。例えば、事例2のような「噂」の存在を摘示した場合、真実性を立証すべき対象は噂の存在であろうか、噂の対象となった内容（対象者Bが甲を殺したこと）であろうか、事例3のような「他人の発言」を摘示した場合、真実性立証の対象は他人が発言したことであろうか、他人の発言内容（対象者Bが甲を殺したこと）であろうか、事例4のような「疑い」を摘示した場合、真実性立証の対象は疑いの存在であろうか、疑惑の対象となった内容（対象者Bが甲を殺したこと）であろうか（事例7も参照）。これに関連して、逮捕・勾留・送検・起訴等を摘示した場合（事例5）、真実性を立証すべき対象は逮捕等されたことそのものであろうか、それとも、犯罪を犯したことであろうか。真実性の立証の対象は、摘示した事実とされていることから、ここでも、「どのような事実を摘示したのか」が問題となる。

　さらに、対象者の特定の場面である。特にインターネット上の名誉毀損では、対象者を仮名等で呼ぶことが多い。事例6はよく見ると「B」ではなく「8」と記載されているが、これは「Bが甲を殺した」という事実の摘示だと解釈できるだろうか。この点は、対象者が同定（特定）できなければ、名誉毀損にならないとされていることから問題となる。

　このような問題のうち、特に真実性（199頁）や対象者の特定（278頁）、そしてリンクや転載（343頁）に固有の問題は、別途章を立てて論じるものの、

---

2) ここで、従来型の名誉毀損、例えば口頭による名誉毀損であれば、そもそもどのような発言をしたのかが不明なことも多い（例えば#290307、#281028A、#291201A）し、行為や発言の存在が否定されることもある（#290216B、#290809C、#290519C、#281028D、#280712E）。しかし、インターネット上の名誉毀損の場合には、掲示板のスクリーンショット等の形で表現内容そのものは証明できることが多い（例外として#300117B）。よって、以下では特定の投稿をしたことが証明されていることを前提とする。

3) 事例2～4は、真実性・相当性の抗弁が重要であるが、様々な可能性があることを示しただけ／他人の発言を紹介しただけ／疑いの存在を示しただけであれば、場合によってはBの社会的評価は低下されたとはいえないのではないかという、社会的評価の低下に関する問題もある。

一般論としての摘示された事実の認定についてここで述べたい。

　なお、ある表現が事実の摘示なのか、それとも意見・論評なのかの区別の前提として、何が摘示されたのかを特定することも必要になる。しかし、PART 1 は、事実の摘示に関するものであることから、意見・論評と事実摘示の区別については、PART 2 で別途論じることとする（199 頁）。

2　一般読者基準

(1)　はじめに

　確かに、言葉の意味を探る際に、辞書的な意味は重要である。#280129B は、「山師」という表現について『広辞苑』の記載を引用して摘示内容を認定した（#280205C も同様に、『広辞苑』を引用している[4]）。

　しかし、言葉の意味は、文脈によって確定される。例えば、「絶対ブラックだ」という言葉は、ある文脈の下では、自分がブラックコーヒーが好きであることを（やや誇張的に）表現したものであるかもしれないし、別の文脈の下では、特定の企業を「ブラック企業」だと指弾するものかもしれない。そこで、摘示された事実が何かを判断する場合、文脈が重要となる。

　ここで、表現者と読者の間では、必ずしも同一の文脈を共有しているとは限らない。例えば、掲示板サービスのあるスレッドに表現者が投稿した場合には、その 1 つの投稿を取り出して独立のものとしてみることもできるし、そのスレッド全体をまとめてみることもできる。表現者が考えている「文脈」と、読者が読む際に現実に手がかりとする「文脈」は異なり得る。もっとも、ある表現が名誉を毀損するか否かは基本的にはオールオアナッシングの判断である[5]。裁判所は何らかの判断基準に基づき、ある表現が「どのような事実を摘示したのか」を判断しなければならない。そこで、その判断基準が問題となる。

(2)　一般読者基準

　このような背景の下、裁判所は、「一般読者基準」を用いることとした。

---

4)　なお、一般的な用語を組み合わせた用語の意味の認定につき、#290908 は「掛け飛び」とは、付けで飲食をした客が代金を支払わないまま行方をくらませることを意味するものであり、そのことは、一般の読者においても、「掛け」及び「飛び」の各語が持つ一般的な意味から十分に理解し得るものと解されるとした（#290530C も同旨）。

5)　ただし、プロ責法（38 頁）では「権利が侵害されたことが『明らか』」（プロ責法 4 条 1 項 1 号）か等が問題になっていることに留意が必要である。

第1章　摘示内容の特定

　最高裁[6]は、「名誉を毀損するとは、人の社会的評価を傷つけることに外ならない。それ故、所論新聞記事がたとえ精読すれば別個の意味に解されないことはないとしても、<u>いやしくも一般読者の普通の注意と読み方を基準として解釈した意味内容に従う場合、その記事が事実に反し名誉を毀損するものと認められる以上、これをもって名誉毀損の記事と目すべきことは当然</u>である。」（下線及び強調筆者）（#310720）とした。

　この判示の趣旨は、

- 表現の意味内容を解釈するにあたり、「一般読者の普通の注意と読み方」を基準に判断し、
- このようにして確定された意味内容につき、それが社会的評価を低下させるものかについても「一般読者の普通の注意と読み方」を基準に判断する。

ということである（佃110頁）。本章との関係では、前者、つまり、表現の意味内容を解釈するにあたり、「一般読者の普通の注意と読み方」を基準に判断する部分が重要である。

　判例の外部的名誉説によれば（18頁）、名誉毀損は「社会的」評価の問題であって、「社会的」評価を変動させるのは一般的な大多数の読者の受け止め方である。一部の読者が、例外的な読み方・解釈をしても「社会的」評価への影響は少ない。だからこそ一般読者基準が用いられている。

　なお、「読者」とあるが、テレビについて、最高裁は、「一般の視聴者」基準という表現が用いられる（動画サイトにつき #151016、#281215C（#290629A で上告不受理[7]）や、#270601 参照）。これは、要するに、「一般的な受け手（読者・視聴者等）」の「普通の注意と受け取り方」を基準に当該表現の意味内容を解釈するということになる（以下、本書ではこのような広い意味で、「一般読者基準」という言葉を用いる[8]）。

---

[6]　ここで、#301017（岡口事件・最高裁大法廷決定）について一言言及しておきたい。同決定は、対象者の起こした訴訟に関する表現者の投稿について、一般の閲覧者の普通の注意と閲覧の仕方とを基準とすれば、そのような訴訟を提起すること自体が不当であると表現者が考えていることを示すものと受け止めざるを得ない等として一般の閲覧者基準を示しているが、これはあくまでも懲戒事由の有無に関する判断であり、一般のインターネット上の名誉毀損に関する先例として利用することはあまり適切ではないだろう。

[7]　インターネット上で生中継された記者会見の事案。

[8]　なお、「特定人に向けて送付された文書の記載内容が第三者の社会的評価を低下させるか否かについては、当該読み手の理解力と注意力を基準として判断するのが相当である」とした #281129B について、さらに検討が必要である。

(3) 「一般」読者は誰か

では、一般読者基準における「一般読者」とは誰のことか。「一般」とは「一般国民・平均的な日本人」といった意味なのか、それとも当該表現が掲載される媒体の、一般的な読者層・視聴者層という意味なのかが問題となる。

この点については、裁判例は後者、すなわち当該表現が掲載される媒体の種類を考慮した判断をしている。[9]

#210303 は、在日韓国人を対象とした新聞記事につき、在日韓国人及び在日韓国人社会を前提として判断した。[10]

#200617 は、女優の不倫を示唆する女性週刊誌につき、その読者の多くは女性と考えられるとして、主に女性の読者を前提として判断されるべきとした。[11]

そこで、単純な一般国民というよりも、当該表現が掲載される媒体の「読者」層を「一般」の読者と理解するのが裁判所の傾向といえる。

(4) 表現者の「意図する」読者層か

ここで表現者の「意図する」読者（層）は必ずしも一般読者とは限らず、むしろ現実にどのような人に読まれているかが重要である。

#211009 は、年間定期購読の形態で販売されている会員制の雑誌の記事の名誉毀損の有無が争われ、表現者が、当該雑誌がインテリ層をターゲットにしており、インテリ層の読み方を基準に判断すべきであると主張したところ、会員資格に限定がないことを理由に、特定の読者層のみを念頭に置いて評価すべきではないとした。

「会員制」をとり、表現者側で一定層を読者とすることを意図していても、入会資格に何ら制限がなく、「あらゆる人」が希望すれば会員となって当該表現を読むことができるのであれば、そのような幅広い人たちを「一般」の読者としてその表現の意味内容を解釈すべきことになる。

(5) インターネット上の名誉毀損における「一般読者」とは

インターネット上の名誉毀損においても、「一般読者」を基準に摘示内容を特定することになる。

---

9) 以下の2つの裁判例は、いずれも社会的評価の低下に関する判断であるが、最高裁の一般読者基準は、意味内容及び社会的評価の低下の有無の双方に共通するものである。
10) （通訳付きの）外国語による会見と一般読者基準について上記の #281215C（#290629A で上告不受理）参照。
11) なお、同判決は、一般的に、女性は、男性よりも家庭問題に対する興味や関心が深く、とりわけ芸能人の結婚問題や離婚問題などにも強い関心があるといわれているとしている。

第1章　摘示内容の特定

最高裁（#240323）は、（社会的評価の低下の判断基準という文脈であるが）ウェブサイトに掲載された記事の名誉毀損に関して「ある記事の意味内容が他人の社会的評価を低下させるものであるかどうかは、<u>一般の読者の普通の注意と読み方を基準として判断すべきものである</u>」（下線筆者）として、インターネット上の名誉毀損においても一般読者基準をとることを明らかにした。[12]

では、インターネット上の表現に関する「一般読者」とは誰か。

通常、インターネット上の表現は当該サービスの性質等に対応した読者が一般読者と理解される。

例えば、#201027 は、中野区のまちづくりのための掲示板上における投稿につき、中野区政に関心を有する者の読み方を前提に判断をした。

掲示板の場合には、掲示板（当該スレッド）のテーマに関心を持っている人、SNSであれば表現者に関心をもつ人が読者となることが多いところ、通常はこのような当該サービスの性質等に対応した読者が一般読者だろう。

#291031A も掲示板については当該掲示板のテーマにある程度の知識ないし興味を有し、またインターネット上の掲示板の利用についてもある程度の知識を有する者を想定するのが相当とした。

その結果として、特定の背景や専門知識がある場合とそれがない場合で意味が異なる投稿については、上記の意味での「一般読者」の有する背景や知識に基づき判断される。

例えば、#280308A では、対象者が「通勤手当でつかまえて」との書籍を著したであるとか、「私は通勤手当の女」といった投稿があった。これについて対象者は自分が過去に通勤手当を不正に受給しているとの虚偽の通報をされ、勤務先から調査を受けたことから、当該投稿はこれを示唆するもので、対象者の社会的評価を低下させると主張した。しかし、裁判所は、対象者が「通勤手当でつかまえて」との書籍を著したである等と摘示されているだけで、それ自体が社会的評価を低下させないとした上で、上記の勤務先からの調査の件は公にされていないので、そのことは判断に影響しないとした。[13]

その結果、一方では、（専門家等）一部の人の読み方ではなく、（素人等）一

---

12)　歴史的には、下級審裁判例ではあるものの、#130827 が既にパソコン通信に関し、パソコン通信に参加している一般の読者を基準に判断するとしている。

13)　最近の裁判例における一般読者基準の具体的適用について参考になりそうなものとして、#300712A、#280914B や #290315B（#290927E で上告不受理）、#290316D（#290927D で上告不受理）、#281215C（#290629A で上告不受理）、#280422A 等も参照。

般人の読み方が用いられることもある。

　#270217Aは、研究不正に関する告発文につき、インターネット上で公開されていることから研究者に限定されない一般人の読み方を基準にするとした。

　#281108Aも弁護士の訴訟活動に対する批判について、一般人が通常民事訴訟法について有する知識を前提に判断した。

　なお、#281027Dは、（いわゆる「妊活」のための）卵子提供サービスに関するブログ上の投稿について、「ブログが広く不特定多数の者に閲覧可能である以上、本件で想定すべき一般通常人は、卵子提供サービスに強い関心を有している者には限られない」とした。

　しかし、逆に、当該投稿の読者の特性から、（専門家等）一部の人の読み方が用いられることもある。

　#281108Bは、「AUS希望者が流産してても患者に伝えず私費がっぽり」として「AUS」という専門用語が使われた掲示板の投稿について、閲覧者には人工妊娠中絶手術や流産の掻把手術のためにクリニックへの受診を検討する者、既に受診している患者及びクリニックへの就職を検討する者など、人工妊娠中絶手術に関心を有する者が多いと推認されるから、人工妊娠中絶手術を希望する患者に対して流産の事実を伝えずに私費で手術代を支払わせ、クリニックがその代金を得て儲けているとの事実を摘示していると理解できるとした。

　また、#210205Bは、「悪マニ」（悪徳商法に関する特定のウェブサイト）とか「ダウンの人々」（マルチ商法における下位勧誘者）といった、一般人にとってはかなり耳慣れないと思われる表現について、このような表現が当該表現が投稿された掲示板において気軽に用いられていることを理由に、「一般読者」はこれを理解できると判断した。

　当該投稿はどのような背景知識や専門性等を有している人が読むことが一般的かという個別的な判断がなされたと理解すべきである。

(6)　反応からの一般読者の読み方の推認

　なお、特定の投稿について2つの読み方が可能な場合について、当該投稿に対するコメント等の内容から一般読者の読み方を推測する余地がある。特殊な事案だが、後記の#290608B等がこのようなアプローチを取っている（なお、反応からの社会的評価の有無の判断につき111頁参照）。

---

14)　ドイツ語（Auskratzung／Ausräumung）の分離動詞の前綴りで、人工妊娠中絶手術のこと。

3 具体的な問題

(1) はじめに

例えば表現者Aが、掲示板に「対象者Bが甲を殺した」と記載した場合のように、摘示の趣旨が明確な場合も少なくない。その場合には、あえて一般読者基準等を持ち出して摘示内容を特定する必要はない。（ただし、「殺」したという表現が比喩的な意味で用いられる場合等もある。）

しかし、本章1（61頁）に挙げた各事例のように、インターネット上の名誉毀損的投稿はその趣旨が一義的には明確ではない場合が多い。そこで、上記の一般読者基準を利用してその内容を確定し、その上で社会的評価の低下の有無、対象者の同定の有無、真実性の立証の対象等を判断することとなる。

(2) 疑惑・可能性・方針

例えば、上記事例1のように、疑惑や、可能性に言及する場合については、Bが殺人を行ったという疑惑があることを摘示したのか、それとも、Bが殺人を行ったことを摘示したのか。

基本的には、一般読者基準に基づき、一般読者が疑惑があることを摘示したと理解するのか、それとも、殺人を行ったと理解するかによるだろう。

これをあくまでも疑惑の存在を摘示したと判断したものが一定数ある。

例えば、#280309A（#280913Aで上告不受理）では、対象者の逮捕を報じる新聞記事において、対象者がその被疑事実を否認しているとの事実を摘示していることも考慮の上で、その限度での<u>嫌疑があるとの事実</u>を摘示するものにすぎないとした。

#200926は、談合を理由とした監査請求に関する記者会見のテレビ放送について、その摘示内容は、談合に対象者が関与していたという<u>疑惑の存在</u>、及びそれを主張して住民監査請求が行われたことだとした。

#200327Bは、パソコン詐欺の疑惑の存在を摘示したのか、詐欺があったと決めつけたのかが問題となり、対象者の反論を掲載していること等を考慮して全体としてみれば、パソコン詐欺<u>疑惑の指摘</u>にとどまるとした。

#201226Aは、論文ねつ造に関する記者会見におけるマウスが当初から存在しなかった可能性が生じているとの発言はあくまで、<u>可能性の指摘</u>にとどまっており、断定的な判断を発表しているわけではないとした。

捜査状況の報道についてもいくつかの判断が存在する。

#281117は、米国当局による調査・捜査の行方について断定的判断を避けて、飽くまでも調査・捜査が行われているという事実を報じる形を採ったこと等を理由として、疑いの存在のみを摘示したものとした。

#280330Dも具体的事案において「シンガポールで逮捕状が出」たという表現は、対象者がシンガポールにおいて犯罪の嫌疑をかけられているとの事実を摘示するもので、対象者を犯罪者であると断定したとまではいえないとした。
（その他、#200527、#291127A等参照）

例えば、反対意見や反論の紹介等（上記#200327B等参照）を通じて、当該表現全体として一般読者が疑惑はあるが、真実かは分からないという印象を持つような構成・表現になっていれば、疑惑の存在を摘示したと理解すべきであろう。

しかし、たとえ形式的には「疑惑」という文言を用いても、当該記載が一般読者にそのような内容が真実であるとの印象を与えるものである限り、当該内容が真実であると摘示したと解さざるを得ない。

#210714は、ブログや書籍等で、「外国人特派員の中にもCIAのスパイがいる？」等との見出しを利用した記事等を掲載したところ、確かに見出しでは断定的表現を避けているが、本文における書きぶり等から、全体としては対象者がCIAのスパイであるとほぼ断定しているものと評価できるとした。

#210130Cは、会社の元代表者（対象者）について、新代表者が犯罪行為の可能性が高いと発言し、対象者を解任処分にすることを決定したと発表したことが、対象者が着服行為をしたと断定したことと同視できるとした。

#260120は、対象者にフィリピンでの贈賄に関する重大な疑惑があるとの記載についてFBIが調査に入った等の具体的事実が摘示されていることを踏まえ、対象者が賄賂を供与した事実を摘示したものと認めるのが相当とした。
（その他、#220223、#280126B（#280728C、#280728Dで上告不受理）等参照）

上記#210714のように見出しで疑問形を使っていても本文で断定している場合や、上記#210130Cのように可能性が「高い」と述べ解任処分を発表した場合や、上記#260120のような疑惑の根拠となる具体的事実が書かれているような場合には、一般読者基準に基づくと、やや婉曲的な表現を用いているものの、結局は当該疑惑の対象事実が真実であると摘示したと理解されることが多いだろう。

なお、証券取引委員会が課徴金を勧告する方針を固めたという表現につき、第一審（#270225）がこれを監視委が間違いなく勧告を行うという意味であるとして真実性を否定したが、控訴審（#270820A）は部内の方針として事実上決定したが時期はなお流動的というものと解した上で真実性を認めて損害賠償請求を棄却した事案がある（#280623A で上告不受理）。[15]

(3) 疑問・質問

「対象者Ｂが甲を殺したのですか？」（事例7）等と疑問形や疑問符を付した場合の摘示内容の特定も問題となる。

確かに、単にクエスチョンマークを末尾につけただけで、常に当該内容を摘示していないと言い逃れできるものではない（#280913C）。[16]

例えば、#280607A では、「何人セフレ居るんだ？」や「何人彼女居るんだ？」といった投稿については、いずれも疑問形による質問の形式であり、断定して記載しているわけではないが、これらの投稿は恋愛関係にある異性が少なくとも複数人存在することを前提としてその旨を指摘したものといえる上、質問の形式での投稿が繰り返されていること等を踏まえれば、一般閲覧者に対し、対象者が不特定多数の女性と性交を含む交際しているかのような印象を与えるものといえるとした（#280622B も参照）。

しかし、文脈に応じて一般読者は単に質問、問いかけをしているに留まると理解することがあり、そうであれば、当該内容（例えばＢが甲を殺したこと）を摘示したことにはならない。

#290327A は対象者である介護施設につき「ALS のことわかってる　スタッフ、どんだけいるんだ？」との掲示板の投稿は、問いかけをするものであって、ALS 患者の受け入れ態勢が不十分との印象を与えるとは認められないとした。

#280928A も、掲示板において対象者の労働環境が芳しくないという趣旨の先行投稿があったところ、表現者は「対象者ってブラックですか？」と投稿した。裁判所は、素朴な質問を投稿したにとどまるものと理解されるとして、対象者がブラック企業（労働法規等を遵守せず過重な労働を強いる企業）であるとの事実摘示を行うものであるとは認められないとした。

---

15) なお、マンションの亀裂の原因が対象者の工事ではないかと考えているという管理組合議事録の記載は調査の端緒を記載したにすぎず、事実を摘示したものではないという #300109 は、その表現ぶりはともかく、これらの一連の流れに含めることができるだろう。

16) なお、「目される」という字句を差し挟むことによって事実摘示の責任を回避することができるものではないとした #280712C も参照。

このような判断が具体的事情に基づく個別具体的なものであることを示す例として、#290530D がある。#290530D は医師と看護婦の不倫が話題となった掲示板について、投稿によって異なる判断をしている。ある投稿は、前の投稿を踏まえ、文末に疑問符が付されていることなどからすると具体的な情報を尋ねるものにすぎないとした。ところが、別の投稿については、前の投稿内容を踏まえた内容となっておらず、唐突に同趣旨の内容を繰り返し、むしろ文末に「wwwww」と記載しているとして、不倫を摘示しているとした。

あくまでも一例ではあるものの、前の投稿との関係や投稿の文言を踏まえた認定が行われている[17]。

(4) 逮捕等

疑惑・可能性に関する表現の一種として「逮捕」等を報じることがある。その記載が実質的に犯人視をしていれば、当該対象者が犯人だという事実を摘示したとみるべきである。これに対し、単純に逮捕の事実を摘示しただけの場合もある。この区別は、一般読者を基準とする、ケース・バイ・ケースの判断になる。

当該対象者が犯人だという事実を摘示したと認定された事案もある。

#201028A は、中学校教諭が女子中学生との性行為で逮捕されたとのニュース番組について、アナウンサーの「あきれた。しかもよりによって」との発言や、教育課長の、教師が卑劣な行為を行って逮捕されたことを遺憾に思う等とのコメント等を踏まえ、女子中学生に対しみだらな性行為をするという条例違反の罪を犯したとの印象を受ける事実を摘示したと認定した（原審の #200304B の認定を引用）。

アナウンサーや教育課長のコメント等からは、対象者を犯人視しているといえ、一般読者を基準とすれば、当該対象者が犯人であるという事実を摘示したと認定したことは相当であろう。

これに対し、単なる逮捕報道にすぎないとしたものも少なくない。

#200115 は、詐欺罪で逮捕された被疑者（対象者）の姉へのインタビューが引用されている記事において、「実弟が犯した不祥事」、「尻ぬぐい」などとい

---

[17] なお、中間的な判断として、掲示板における、対象者と交際相手は「本当に付き合ってたの？」という投稿について、疑問形であることから交際していたという噂があるという程度の印象を抱かせるにすぎないとした #281102B や、「リストラは沖縄だけ？」を事実摘示でも意見表明でもないとした #290322E、その他 #291219C、#281207A（#290425 で上告不受理）、#280601B（#290207A で上告不受理）及び #280418A 等がある。

う表現が用いられているが、その前に「詐欺をやらかしたのであれば」等と仮定の表現が使われていることにも鑑み、犯人視するものではないとした。

#260807 は、週刊誌記事が、里子に対する傷害致死罪で逮捕された対象者について、それが事実であると仮定した場合のその理由や動機を推測することを主題とするもので、対象者が逮捕されたということ以上に、対象者がその犯人であるとの事実までも摘示するものではないと認めるのが相当とした。

（その他、#260409、#240920、#210128 等参照）

#200115 や #260807 では、あくまでも犯人と仮定しただけであることが分かる表現が使われていることから、一般読者を基準として単なる逮捕報道の域を出ないと判断されたものであろう。

(5) 風評や噂

第1節における事例2のような「噂」や「風評」について、それが噂・風評の「存在」を摘示したものなのか、それとも、Bが殺人を行ったという噂・風評の「内容」たる事実を摘示したものなのかが問題となる。

最高裁（#430118）は、「人の噂であるから真偽は別として」という表現について、当該事案の文脈から風評の内容たる事実の真否を証明すべきとしており、当該事案の具体的事実関係の下において噂・風評の「内容」たる事実（事例2でいえばBが殺人を行ったこと）を摘示したものと解釈している。

最近の下級審でも #280825B は、掲示板における対象者が預り金を持ち逃げしているという噂があるとの投稿につき、「噂があるという形式をとりながら、預り金の持ち逃げの事実を摘示するものと解するのが相当」とした。[18]

もっとも、これらはあくまでも、当該事案に応じた判断であり、噂・風評の存在を摘示したものと解釈するものもある。[19]

#241212C は、容疑が濃厚になった課長が結局立件されなかったことにつき流れた風聞の1つとして、対象者ら県トップから圧力がかかったことが挙げられている記事につき、それ以外の風聞も挙げられていることから、対象者らからの圧力という摘示は、流れた様々な風聞の1つとして摘示されているにすぎず、対象者の社会的な評価を低下させるものではないとした（なお、#260220

---

[18] その他、噂や風評の内容たる事実を摘示したとしたものとして、#201218、#240927B、#250117B、#251226 等参照。

[19] #200926 は、#430118 を風評や伝聞という形式をとりつつそれを事実として報道した場合に関する判断であると解しているようである。

等も参照）。

　結局、個別具体的な噂や風評の摘示の仕方を元に、一般読者を基準に、それが噂・風評の「存在」を摘示したものと捉えられるのか、それとも、噂・風評の「内容」たる事実を摘示したものと捉えられるのかで判断されることになる。

　インターネット上の名誉毀損につき、#241108A は、ウェブサイト上で、「外部情報」によればオークションにさくらが存在する「もよう」と記載したところ、伝聞ないし風評を示す表現が用いられているものの、「○○オークションサイト詐欺の手口」等との記載とあわせれば、さくらが存在するとの事実を摘示したと認めた。

　本判決も一般読者を基準に、その具体的表現が噂・風評の「内容」たる事実を摘示したものと捉えられることから、内容を摘示したと判断したと解される。

(6)　伝聞

　具体的な情報源を明記せず、「〜そうだ」等と伝聞形を使うだけであれば、これは上記の風聞や噂と同様に解される。これに対し、情報源が存在することを明記し、その人から聞いた話という形で事実が摘示された場合には、情報源が<u>そのような話をしたこと</u>を摘示したのか、それとも発言の<u>内容そのものたる事実</u>を摘示したのかという問題がある。

　この点も、一般読者基準に基づき判断がなされる。

　#210929B は、経営コンサルタントである対象者が非科学的な占いに基づきクライアントにアドバイスをしているという記事の中で会社幹部等の発言という形で対象者に関する事実を摘示したところ、第三者の発言を紹介する形式をとっているが、会社幹部の社内の事情についての発言であることからすると、会社幹部等がそのような内容の発言をしたことではなく、発言の内容たる事実を摘示するものであるというべきであるとした。

　会社幹部が社内事情について話したのであればそれが真実だと受け取ることが多いという点が、一般読者基準に基づく判断において重要な考慮要素となったと解される。

　特に事情通と思われる者の発言を紹介した場合や、口調・語調として断定的[20]に紹介した場合[21]には、発言の内容そのものを摘示したと解されることが多い。（その他、#211109、#210826A 等参照）

---

20)　#240927B、#210730 等参照。

21)　#210730 等参照。

もっとも、#250527 は、新聞記事が、医師法違反で逮捕された被疑者の「（薬剤を）大量に処方して利益を上げたかった」等という供述を括弧付きで引用したところ、そのような供述をしていることが摘示されているとした。

#211126 は、大学の人権委員会の報告書において、「被申立人によると」として、人権委員会への申立人である対象者に関する被申立人の弁明を引用したところ、単に被申立人が述べている事実を記載しているにすぎないとした。

#201106 は、やや特殊な事案であるが、対象者のインタビューを元に、対象者の意図とは異なる記事が作られた事案において、（かぎ括弧でくくるなどして）対象者が語ったとする内容は、執筆者の論評部分を含む「地の文」とは截然と区別されており、記事全体を通読した平均的な読者が、対象者自身がそのように語ったり評価をしていると受け取る可能性はほとんどないとした。
（その他、#221025 等も参照）

　一般読者基準に基づき、あくまでも発言等の存在そのものに注意が向けられるといえるものについては、発言等の存在を摘示したにすぎないと解すべきであろう。その際に括弧書きは一つの考慮要素にはなるだろう。

　インターネット上の名誉毀損においても、発言者とされている人がどのような人かや、その発言の断定度合い、括弧書きの有無等を総合して一般読者基準で判断されることになるだろう。

(7)　一方的な主張

　伝聞と似たものとして、表現者の（一方的な）主張に関する表現がある。

　#240913 は、「当社の主張（概要）」として訴訟における一方当事者の主張内容であることを明記して投資家向けに公表した IR（インベスター・リレーションズ）情報について、このような主張を訴訟で行ったことが摘示されたとした。

　#200926 は、記者会見につき、あくまでも、対象者の関連企業による談合が想起される等として<u>監査請求を行った事実</u>を摘示したにとどまり、対象者が<u>談合に関与した事実</u>までを摘示するものではないとした。

　#220301 は、学会の職員に関するいじめ等の有無が問題となって特別委員会が設置され、表現者が対象者の主張に反論する文書を委員に渡した事案において、双方の言い分は相当相違しており、委員らは双方に対立関係が生じていることを十分認識して、当該文書を対象者の主張に対する反論、説明のためのものとして受領しており、対立関係にある一方当事者が相手方の主張や意見を反駁するためのものとして読むのが通常とした。

#290927A（#300301Aで上告不受理）では訴訟における一方当事者の主張を取り上げた雑誌記事の摘示内容が問題となった。裁判所は、民事訴訟における当事者の主張の真偽は訴訟手続を通じて解明されるものであって、訴えを提起した者の主張が必ずしも真実とは限らないことは、一般の読者の常識だとした上で、当該記事の表現が一方に肩入れすることなく中立的であることも踏まえて、一方当事者の主張内容が紹介されているにとどまるとした。

　一方当事者の主張であることが明記されている（#240913等参照）等、一般読者にとってそれが一方的な主張であることが理解できれば、そのような主張がされたことや表現者らがそのような立場をとっていることが摘示事実となるが、一方的主張であることが分かりにくければ一般読者は主張の内容どおりの事実を摘示されたと理解することもあるだろう。

(8) 願望

　類似するものとして願望がある。

　#290131Dは、「（対象者が）パクられればいいのに」つまり逮捕されればいいのにという記載は表現者の願望を述べているだけで、対象者が犯罪を行った事実を摘示しているとみることはできないとした。

(9) 比喩・暗示

　暗示的で明確に示されていなくとも、一般読者がある事実を摘示していると判断できる場合には、その事実が摘示されたものと評価される。

　#300118Aは、「女性社員は休日も出勤させられており、社長（既婚者）と噂になっていました」という掲示板の投稿について、対象者代表者（社長）について消極的評価を加える前提として記載されていることに照らし、同人が既婚者であるにもかかわらず、女性の従業員と不倫関係にあったことを黙示に摘示するものとした。

　#280217Bは、会社代表者が従業員を「食っちゃてる」という掲示板上の投稿について、同人が社内において自身が優位な立場にあることに乗じて、従業員と性的な関係を持っているという事実を摘示するとした。

　#200617は、女優である対象者に関する「離婚」「悩んでいる」「ある男性と会っていた」「元カレ」「彼の腰にギュッと抱きついて」等のいかにも不倫や男女問題をうかがわせるような言葉や文章が数多く随所に散りばめられている女性誌の記事につき、明示的に対象者が不倫をしているという記載はないものの、一般の女性読者が普通に読めば、「夫と別居して離婚問題に悩んでいる原告

（対象者）が元カレと縒りを戻してスープの冷めない距離に住んでいる」などと理解してしまうような記事に仕上げられているとした。

#280825C は、掲示板と思われる投稿において対象者が中国の行政当局者に対し「黄金色のもなか渡してる」との記載があった。裁判所は、当該表現が贈賄の比喩であり、対象者により贈賄行為という犯罪が行われているとの事実が摘示されているとした。

#210126 は、会社社長に関する「X デー」という週刊誌の広告や見出しについて、「水面下で捜査が進む」等との修飾が付されていること等を理由に、一般の読者が「X デー」という表現のことを、近い将来における対象者の逮捕の日を指すものと受け取るであろうことは明らかとした。

#291226B は「売り上げは　ごまかさず　きちんと税金納めろ！」というのは単なる命令ではなく、対象者が店舗の売上げを過少計上するなどして脱税行為をしていることを摘示しているとした。

なお、#280330D は、対象者の周辺がキナ臭いという表現について、当該文脈において対象者の周辺が何となく怪しい、胡散臭い旨を述べたものにすぎず、反社会勢力と交際しているといった意味ではないとした。

暗示的表現については、一般読者が持っているであろう背景知識や、感性、付された修飾語等から、摘示内容が判断される[22]。

（10）抽象的表現

その他、抽象的な表現についていくつか例を挙げたい。

#291020 は、「セクハラ X」について、X がセクハラ被害にあったなら「セクハラ被害者の X」となるので、X がセクシャルハラスメント行為に該当する言動をしたという意味だとした。

#281129E は対象者を「グル」だと推測する投稿につき、「グル」を一般に違法ないし不当なことについて共謀する関係にあることを指すと解されることからすれば、違法ないし不当なことに関わっているという事実を示すものと認められるとした。

（11）文脈による意味の変化

暗示や抽象的表現の場合だけではなく、各表現の文言は、その文脈において、一般読者を基準として解釈される。そこで、ある文脈である意味をもつ言葉が

22）　その他、#261204、#210610、#210731 等参照。

別の文脈では異なる意味となり得る。

　例えば、政治家である表現者が、インターネットテレビで中継されたタウンミーティングにおいて、政敵である対象者が町内会に現金100万円を領収書なく配っている等と演説した。これは対象者が票集めのために現金を配るという公職選挙法等の法律違反行為を行ったという趣旨とも理解され得る。しかし、#290131Bは、表現者の演説の主題が、従前対象者が市長をしていた頃の市政の問題を指摘して表現者の政治的構想への支持を呼びかけることにあり、聴衆もそれを理解し得る状況にあったという状況下、対象者が市長だった時代に適用されていた町内会への交付金制度は無駄遣いであって、表現者がこれを廃止したことを摘示したにすぎないと認定した。

　#210929Bは、経営コンサルタントである対象者を批判する記事の見出しでの、対象者がクライアントである会社の経営者と親密な関係にあり、「異様な蜜月」の状況にあった等との表現は、それ自体として不倫関係にあるという事実を摘示するものではなく、記事本文とあわせ読めば、コンサルタントとしての能力に疑問があるにもかかわらず対象者と経営者が親密な関係にあったという事実を摘示するものであり、不倫関係の摘示ではないとした。

　#270326Dは、宗教団体の総裁である対象者の離婚の経緯に関し、対象者が女性秘書を執務室等に自由に出入りさせ、女性秘書と赤ちゃん言葉で親しく話し、女性秘書をお世話係としてホテルの部屋に入れた等との週刊誌記事につき、女性秘書と性的関係があることを記事中であえて否定し、むしろ愛人と誤読されないよう配慮していることが認められる等として、女性秘書らが対象者の愛人であったとまで摘示するものとはいえないとした。

　#260130は、転職口コミサイトの「育児休業などはありません。女性社長ですがそのあたりの配慮はなされていません」との投稿の趣旨は、育休制度そのものが存在しないことではなく、育休取得に配慮されていないことであるとした。

　#210223は、掲示板上の「人事部の無い会社」とは人事部という名称の部門がないという意味ではなく、人事部がないか、又はあったとしても機能していないという意味とした[23]。

　文脈によっては一般読者の受け止め方が異なるところ、表現者の表現上の工

---

23) なお、この事案においては、対象者には人事部という名称ではないがそれに相当する部が存在していたことが認められるとして真実性が否定された。

夫ないし配慮によってこの受け止め方が変わり得ることに留意が必要である。

インターネット上の名誉毀損との関係では「ステマ」について興味深い判断が存在する。#260512C は、投稿の文脈から「ステマ」[24]の趣旨を、いわゆるステルスマーケティングではなく、対象者の商品の愛好者が（その商品や対象者に）好意的な投稿をすることを揶揄したにすぎないと解した。

これらの判断はあくまでもこれらの文脈における判断であり、当然文脈が異なれば異なる判断になる可能性が十分にあり得ることに留意が必要である。

実際、ステマの趣旨を上記 #260512C と異なり、ステルスマーケティングの意味と理解する裁判例がある（#260604、#270728 等参照）。

（12）方言

最近は地域限定掲示板の投稿が問題となることがある。当該掲示板では、当該地域の方言は、むしろ「一般読者」の理解するところとされる。

「C 沖縄版　D 村雑談」というカテゴリー上の掲示板において、沖縄方言により「そのイナグに遊ばれてるだけ（笑）」との投稿がされた事案において#280525B は「『イナグ』は、女性を指す」として沖縄方言の意味内容通りの意味内容であると認定している。

侮辱の事案ではあるが #280914C も、地域の話題を共有することが主な利用形態とされている掲示板における、前の投稿における問いかけへの返信としての「じゃっど」という投稿について、「じゃっど」は鹿児島弁で「そうである」という意味であるとして前の投稿を肯定したものだと認定された。

（13）インターネット上に特有の表現

（a）ネットスラング

インターネット上では、いわゆるネットスラング[25]等の特殊な言葉が用いられることが少なくない。ネットスラングは、確かに一般には耳慣れないものも少なくない。しかし、上記のインターネットの特徴に鑑み、<u>当該投稿についての一般読者</u>（65 頁）であればその意味を理解できる場合が少なくないことから、相当特殊なものではない限り、意味不明とはならないことが多い（#210226 等参照）。

以下、裁判例で問題となったいくつかの事例を挙げる。

24）　例えば、会社やその依頼を受けた業者が、口コミサイトやブログ上で、一般ユーザーを装って当該会社の商品やサービスを褒める内容を投稿する等、広告であることを隠した広告手法。

25）　インターネット上で使われる特殊な用語、用法。

- 「低脳」とは知的水準が低いとの趣旨である（#291225A）。
- 「放射脳」とは、原発問題や放射能問題において、事実や情報を曲解誇張して過剰に放射能の脅威を主張する人々を揶揄するネットスラングである（#260912）。
- 「ナマポ」はインターネットスラングで、「生活保護」を省略した語として用いられている（#261224B）。
- 「基地外」は同様に「きちがい」と読み「気違い」（著しく常軌を逸した人間）の意味で用いられている（#261224B。#211127等も参照）[26]。
- 「氏ね」は「死ね」を意味する（#230111）。
- 「粒れろ」は「つぶれろ（倒産しろ）」を意味する（#230111）。
- 「ネガキャン」ネガティブキャンペーンの略称であり、競業他社をおとしめるような宣伝行為をすることを意味する（#251227A）。
- 「ステマ」はステルスマーケティングの略称であり、消費者に宣伝と気づかれないように宣伝行為をすることを意味する（#251227A）[27]。
- 「釣りアカ」とは女性の写真を添付するなどして閲覧者の興味を引く架空のアカウントを指す（#270416）。
- 「ヤリマン」に軽はずみに不特定多数の男性と性交したり、多数の男性と積極的に性的関係を持つような女性（#281118A）等とされる[28]。
- 「メンヘラ」という表現は、その意味内容が精神異常者を表す（#280914C）。
- 「w」は「笑う」を表す（#281121）[29]。
- 「w(°°)w」という顔文字は驚きを表現する（#280205B）[30]。

---

[26] （意見・論評であるが）#280509Aでは「(風俗)基地外」は「気違い」、つまり対象者が性風俗業に従事することと関連づけてその言動ないし精神状態が正常でないとの意見を表明するものとされた。なお#291109Bはこれを気違いの「誤記」としたが、単なる誤記ではないと思われる。

[27] ただし、文脈によっては異なる意味として理解されることにつき76頁参照。

[28] 「安易に性交渉に応じる女性であるとの事実」（#280322B）、「性行為に積極的で、相手を次々と変えて性行為を行う女性を指すものとして用いられる、侮辱的ないし否定的な意味の言葉」（#280712A）、軽はずみに多くの男性と性交を行う女性であるとか、不特定多数の男性と積極的に性行為の関係を持つ女性であることを意味する表現（#280330C）、軽はずみに、不特定多数の男性と積極的に性行為の関係を持つ女性（#290130B）等、各裁判例により表現が若干揺れているが、核心は同様である。

[29] なお、上記#281121は、対象者が、表現者の投稿において「笑う」を表す「w」という単語が付加されていることから、対象者を嘲笑しているなどと主張しているが、「w」が笑うという意味を有するとしても、一般的な閲覧者の普通の注意と読み方を基準とすると、「笑う」は、「炎上してた」ことに向けられているというべきであり、対象者を嘲笑するものとは認められないとしている。

第1章　摘示内容の特定

その他、(「ネット」スラングではないが)#281110A は「チンピラが好き」、「しゃぶしゃぶしたい」といった文言は一般通常人に、対象者の暴力団員との交際や覚せい剤への親和性を想起させるに十分とした。

(b)　縦読み

縦読み、つまり、横書きの文章の最初の文字や最後の文字等を縦に読むと出てくる意味についても、文脈に基づいて解釈される。

#291226D はブログ記事の本文の各行の一文字目を縦に読むと「Xのふりんよめにあばく」となるところ、本文を横に読み進めた場合には、全体としてその意味を理解することは困難な内容となっていることも加味して、「一般の読者が本文の各行の一文字目を縦に読むことはないなどということはできない」等とし、対象者が不倫をしていたことを摘示するとした。[31]

(c)　もじり

ネットでは、もじりがされることもある。

例えば、#280915A は、インターネットの電子掲示板においては、関係者の個人名等は極力明示せず、個人に関する投稿をする際は、個人の呼称をもじるなどして表記することによって当該個人を暗示するという手法が一般的にとられているとして、もじりで特定を認めた。

#280929E は、娘がいる対象者について、その娘の名前に「ばか」を付けてもじったあだなを付して対象者を特定しうる情報を暴露するものであり、特定が認められるとした。

なお、固有名詞化・呼称についての123頁以下も参照。

(d)　伏せ字

類似した問題として「伏せ字」も文脈に応じて解釈される。

#291226C は、「レ●プ、セク●ラ」と一部伏せ字にしているものの、これが「レイプ、セクシャルハラスメントの略語であるセクハラ」を意味していることは文面上も明白とした。

#210205B は、「○欺」が、詐欺の伏せ字表現と読まれるとした。

#251211C は、「○害予告」をされたとの投稿につき、もしも表現者の主張す

---

30) その他具体的文脈の下で、#291128C は JC が青年会議所を表す、#290914D は「URAGU」との記載が裏口入学を意味する、#281021B は「貝社」は「会社」の意味、#281220B は「●●システムヅ」は「●●システムズ」とした。

31) 逆にいうと、本文を横に読み進めれば普通に意味が通る場合、そのことを加味した結果、縦読みと分からないのが「一般読者」の読み方と判断されることがあり得る。

るような「妨害予告」の意味であれば、これを伏せ字にする必要はないから、通常のネットユーザーは「殺害予告」を伏せ字にしたものと受け取るとした（#250716B を引用）。
（#290628A、#291116B、#291025A も参照）

あくまでも個別の文脈における解釈だが、伏せ字にしても元の意味が「一般読者」に分かるのであれば通常は元の意味を摘示したと判断されるだろう。

(e) 誤記

誤記も、その程度が一定範囲であれば、一般読者からは正確な記載に基づき判断される。

#280927B は掲示板で自殺に「おいつみめた」という趣旨の投稿は「おいつめた」、すなわち「追い詰めた」の誤記であると認められるとした。[32]

(f) （ハッシュ）タグ

タグとは、分類のためのラベルであるところ、ハッシュタグとは「#（ハッシュマーク）」がついてタグ状になったキーワードである。ハッシュタグをクリックすることで、同じハッシュタグがついている投稿を閲覧することができる。

#251108 は、ネット通販サイト上で書籍の著者である対象者の書籍について「ペテン師」、「詐欺師」等のタグをつけたことが名誉毀損とした。また、「#X社」という勤務先のハッシュタグ等を総合し同定を認めた例もある（#291226D）。なお、ハッシュタグから、拡散の意図を推認できる場合もある。

(14) 意味が確定できない場合

なお、このような一般読者基準に基づく検討の結果、意味が確定できない、ないしは、複数の読み方があり、対象者の主張するような読み方とは確定できないということがあり得る。その場合、社会的評価を低下させる表現がなされたことについての立証責任（挙証責任）が対象者側（刑事事件では検察官）にあることから、基本的には、対象者（検察官）が主張するような対象者の社会的評価を低下させる表現がなされたとはいえず、不法行為が認められない（又は名誉毀損罪の構成要件該当行為が認定できない）として、表現者が勝訴する。

#260918 では、大学教師のブログには、学園内に「人知れず住み着いている『怪人』が」いて表現者がその「犠牲者」であり「せめて犯罪者でないことを

---

32) なお、誤記の結果、本人の意図とは異なり、客観的には対象者の名誉を毀損すると解される投稿がされた場合には故意・過失が問題となるが、名誉毀損の不法行為は過失でも成立する。

祈らざるを得ない」等という表現があったが、裁判所は、表現者が何を書いているのか、何を訴えようとしているのか摑みかね、趣旨不明と受け止めるのが通常であり、ただちに社会的評価を低下させるものではないとした。

　#240801 は、対象者が旅館を「食った」という事実を摘示し、そのために「腹の中まで真っ黒」であるという意見ないし論評をした投稿において、旅館を「食った」という表現は、当該旅館の倒産等の経緯に鑑みると、対象者関係者がいったん倒産した旅館を別会社を設立して経営していることを指すものとみられるが、掲示板の一般的な読者にとって当該投稿がそのような意味で「食った」を用いていることを理解可能であったとは認められないとした。

　#201015 は、ブログ上の投稿が、対象者に愛人がいて、愛人にベンツを贈与したとも読めるし、そうではなく、対象者が自動車の愛好家であってベンツを愛人のように愛好しているという趣旨とも読めるため対象者の社会的評価を低下させるものと認められないとした。

　ケース・バイ・ケースの判断ではあるが、特殊な前提事実を知らない限り趣旨が理解できない表現や、高度な暗喩を用いた表現については、免責の余地が比較的大きいといえる（なお、#280913C や #280602B も参照）。

(15)　その他

　具体的な文脈上の判断だが、#290329C は掲示板で、有名ないじめ自殺の被害者をいじめていたのは対象者の娘ではないかという議論がされていたところ、対象者はどこに勤めているのかという疑問が出され、これに対し、某中学校の美術教師だという回答がなされた。かかる回答に対して「まーーーじーーーでーーーーー」と投稿された。表現者は「マジです。」と投稿した。裁判所は、当該投稿は、対象者がいじめ加害者の親だという内容を含まず、単に美術教師だという内容を摘示するだけとした。

　なお、#290313B は「被害者の会」との投稿について対象者から被害を受けたと主張する者が複数おり、対象者に悪感情を抱く者が被害者の会を結成しているとの事実をうかがわせるとした。

4　複数の文章の関係

(1)　はじめに

　1つの文章だけからは名誉毀損のようにみえるが、複数の文章をあわせてみ

ると名誉毀損ではない場合や、逆に1つの文章では意味が分からず名誉毀損かどうかを判断できないが、複数の文章をあわせてみると名誉毀損である場合にはどのように考えるべきであろうか。伝統的には、新聞等の見出しと本文の関係や、広告と記事本文の関係が問題となっていた。そして、一般には、一般読者基準を元に、当該媒体について、一体として読むのが一般的といえるかを個別に判断することになるとされていた（佃121頁）。

　インターネット上の名誉毀損においては、複数の投稿の関係性等が問題となるところ、従来型と同様になお、基本的には、投稿がどのように読めるのかについて一般読者基準で判断することになる。³³⁾また、インターネット上の名誉毀損に特有の問題として、転載やリンクが問題となるが、転載やリンクの問題は摘示内容の特定に限られないので、第18章で論じ、以下では、掲示板、ブログ、SNS等における複数の投稿の関係を検討する。

(2)　新聞・週刊誌の見出し

　例えば、見出しの表現が誇張的であるため、それだけを読むと、読者が「誤解」して社会的評価を低下させるものの、本文を読むとそういう意味ではないことが分かるといった場合に名誉毀損が成立するのだろうか。³⁴⁾

　この問題も、基本的には、一般読者基準を元に、当該媒体について、見出しと本文を一体として読むのが一般的といえるかを個別に判断することになる（佃121頁）が、結論としては、見出しと本文を一体として読むと解されることが多い。³⁵⁾以下、駆け足で裁判例の傾向を紹介する。

　まず、週刊誌については、見出しと本文を一体として読むのが一般的と解されることが多い。

　#210415及び#240130は、週刊誌記事につき、読者は見出しと本文を一体のものとして読むのが通常とした。

---

33)　ただし、#300123Bは近接した時間に投稿され、IPアドレスも共通であることから、同一人による一連一体の投稿とみることができるとした。もし、一般読者がIPアドレスの同一性を読み取れないにもかかわらず、コンテンツプロバイダに対する仮処分（41頁）で開示されたIPアドレスがたまたま同一だったことから、その点を加味して判断したのであれば疑問がある判断である。

34)　逆に、見出しの記載だけでは十分な社会的評価の低下はないが、本文とあわせると、十分に社会的評価が低下するという場合もあるだろう。

35)　つまり、見出しが誇張的な表現だが本文を読むとそうではないという場合には、社会的評価は低下しないと判断されるし、見出しと本文とあわせると十分に社会的評価が低下する場合には、社会的評価が低下すると判断される。

（その他、#231216B、#201001A、#271216A（#280628A で上告不受理）等参照）

　週刊誌の見出しはあくまでも補助的なものであり、一般読者が通常はそれだけで対象者について何かの特別な印象を形成することはなく、本文とあわせてはじめて一定の印象を形成することが通常と解されている（記事冒頭のリード部分も同様である。#201106 参照）。その内容が記事本文の内容から著しく逸脱している等それ自体別個独立の記事であるとみざるを得ないような場合に例外の余地を認める #210116、#201126 もあるが、いずれも結論において一体と判断をしており、その例外はあまり広くないだろう。[36]

　なお、写真週刊誌の写真については、佃 122 頁を参照のこと。

　次に、書籍についても、多くの場合には、見出しや目次等と文章をあわせて判断している。

　#201218 は、書籍の読者は、書籍の目次、章や項に付された見出しを読むだけでなく、当該見出しの下に記載された本文をあわせて読むものと考えられるとした（#200909A も同旨）。

　関連して、インターネット記事の見出しについて、控訴審（#290608B）で原審（#281128A）と異なる判断をした事案がある。ここでは、「『C』は G のような職場でした──ある新卒社員が半年で鬱病を発症、退職後 1 年半で公務員として社会復帰するまで」として、見出しだけを見ると予備校である対象者グループ（C グループ）全体の労働環境が悪いと摘示していると思われるが、本文を見ると対象者グループに属する特定の予備校の労働環境が悪いと摘示していることがわかる事案であった。このように、見出しがやや誤導的な場合にどの程度の誤導が許されるかが問題となった。

　東京高裁は、インターネット記事において、検索サイト等で見出しだけを見る人もいる以上、原則として見出しは本文と独立して判断すべきであるものの、「見出しにおいて、言葉の省略（簡潔表現）や誇張（強調）的表現が用いられ、その結果、その文言が多義的にとらえ得るものとなることは、閲覧者においてもこれを了解の上で閲覧するのが通常であるから、その限度では、仮に見出しの表現が言葉の省略等によって他人の社会的評価を低下させるものと認められる場合であっても、それが社会通念上相当と認められる範囲においては適法なものとして許容されることがある」とした。そして、上記の通りこの見出しが

36）　なお、見出しを個別に判断した #201106 は以上の裁判例の流れからはやや逸脱しているように思われる。

特定の元社員の体験(つまり、対象者グループ全体ではなく当該元社員が勤務していた予備校の状況)であることを認識する契機が閲覧者に与えられていること等も踏まえ、社会通念上許容される省略表現の範囲を逸脱したものということはできないとした。

(3) 広告と記事本文

週刊誌等は、新聞広告や中吊り広告を打っている。近年では、インターネット上にも広告が配信されている。そこで、その広告の表現のみを元に判断すべきか、それとも、記事本文と一体として判断すべきかは、インターネット上の名誉毀損でも問題となる。

この場合、裁判例は、広告を記事本文と独立して別個に判断する傾向にある。

#211009 は、雑誌記事の広告と記事本文の名誉毀損が争われたところ、裁判所は、記事本文と広告について別個に名誉毀損該当性を判断した。

その理由は、広告を読んだ者すべてが本件週刊誌を購入して本件記事を読むとは限らない(#201001A、#210126、#210415 等参照)からだろう。

(インターネット上の)広告については、「記事本文を読んでもらえれば分かる」という反論があてはまりにくいことから、記事本文と同様に慎重な文言の選択が必要である(ただし、広告に誇張が多いことが社会的評価低下の有無において考慮され得ることは、106 頁)。

(4) 複数の報道

(a) はじめに

ある事件が起こると、同一のメディアでも異なる紙面、異なる時期に複数の報道をすることがあるし、異なるメディアが同じ事件について報道をすることもある。報道が複数ある場合に、他の報道とあわせて考察すべきか。

この問題はこれから検討するインターネット上の複数の投稿の問題を検討する上でも参考になるので、やや踏み込んで検討する。

(b) 時系列

まず、原則として、時系列が重要である。例えば A 社の先行報道が行われた後、B 社の報道が行われ、A 社の先行報道と B 社の報道を総合すれば対象者の名誉を毀損するという場合においては、原則として A 社の先行報道については B 社の報道を一緒に考慮できないだろう。

例えば、匿名報道の後に実名報道があり、その結果として事後的に匿名報道の対象者が特定された場合、匿名報道については名誉毀損の責任を負わない

(#060412、#221019 等参照)。

　もっとも、例えば、新聞が2日に渡って前編と後編という形である記事を掲載した場合、それは1つの記事を2つに分割しただけであり、一緒に考察すべきとされる場合はあり得る（#210625 等参照。メールにつき、送信行為時点における対象者の特定可能性を問題とした#270209 等も参照）。

　（c）　他誌の報道を考慮すべきか

　では、後行報道の名誉毀損の有無の判断において先行する報道を考慮すべきであろうか。例えば、A誌の報道がなされた後に、B誌が報道を行った場合のB誌の報道の名誉毀損の有無の判断の場合に、A誌の報道を考慮できるか。

　基本的には、この問題は、A誌の報道を見た人とB誌の報道を見た人の読者層が重なっているかで判断されるだろう。

　新聞について、かつて、複数紙を読む人はいないことから、異なる新聞の報道を考慮することにつき基本的には否定すべきとされていた（佃244頁）。

　雑誌について、やや特殊であるが、同一出版社の発行する月刊誌と週刊誌を別個に扱った裁判例がある。

　#220929（#210713 を引用）は、週刊○○と月刊○○は、出版社が同一であるものの、別個の雑誌であり、掲載されている記事の内容等に照らして、読者層も異なるものと認められるとして、これらを一連の連載記事として評価することは相当でないとした。

　媒体を問わず、読者層の同一性が重要な判断要素である。

　興味深いことは、インターネット時代にはポータルサイト／ニュースサイトにおいて同じテーマを扱った複数紙のニュースを比較できることである。その意味では、インターネット上の名誉毀損の場合には、従来よりも他誌の報道を考慮すべき場合が増えるのではないか。

　（d）　同一の新聞・雑誌の複数の報道の関係

　同一の新聞・雑誌の報道の場合、複数の報道を一緒に考慮すべき場合は、他誌の報道よりも増えるだろう。

　まず、1号の新聞・雑誌の中の複数の記事についてはこれをあわせて考慮すべき場合が多いだろう。

　#201212 は、新聞の1面と15面の記事の関係が問題となったが、双方とも同じテーマを扱っており、かつ、1面記事は文中に「＝関連⑮面」と記載されていることを前提に、一般読者は、両記事が関連性のある記事であると認識し、

両記事の情報を一体のものと捉えるとした（#201209A 等も参照）。

次に、連載記事については連載記事全体をあわせて判断する傾向にある（佃113頁[37]）。

#220929（#210713 を引用）は、複数号に渡って掲載された週刊誌記事につき、毎週又は 2 週間の比較的短い間隔で掲載されており、掲載号によって読者層が異なるという事情はうかがえないことや主なテーマが同じで執筆者も同一であり、本文中で以前の記事に言及していることから、同一の執筆者による同一テーマの連載記事と解するのが一般読者の普通の注意及び読み方に照らして相当とした（#220223 等も参照）。

もっとも、上記 #220929（#210713 を引用）は、月刊誌の複数の記事につき、同一の執筆者による同一テーマの記事が掲載されているものの、間隔が約 1 年 2 か月あいている等として、それぞれを独立した別個の記事であると解した。

結局、記事の掲載間隔等の諸事情に鑑み、読者層の同一性等を判断して、複数記事間の関係を考慮することになるだろう。なお、インターネット上の記事では、関連記事へのリンク（やタグ）があるか等も考慮されるであろう。

(e)　報道のインターネット上の名誉毀損に及ぼす影響

なお、以上とはやや異なるが、（複数の）報道により形成された一般読者の認識が、インターネット上の名誉毀損に影響を及ぼす場合がある。

#201015 は、会社経営者である対象者が、○○○○社（倒産した英会話学校経営会社）の社長の比じゃない私物化をしているとの掲示板の投稿の趣旨につき、「○○○○社の社長」とされる人物について、高級酒の並ぶバーカウンターや寝室等が付属した豪華な社長室を作っていたことを問題視するマスコミ報道がなされていたことが認められるとして、当該投稿を、対象者が会社のものを私的に独占して利用している趣旨と読んだ。

（複数の）報道により当該事実が有名になっていれば、インターネット上の名誉毀損においても当該事実は「一般読者」の認識として考慮され得るだろう。

(5)　掲示板

(a)　はじめに

掲示板に関する様々な問題のうち、ここでは、掲示板の複数の文章の関係について検討する。なお、掲示板におけるリンクやアンカーの問題は第 18 章で述

---

[37]　佃 113 頁は、その回しか読んでいない読者もおり、通読している人が少ない媒体もあることから、少なくとも損害は減るだろうとする。

第1章　摘示内容の特定

　（b）　掲示板のタイトル

　多くの掲示板は、何らかのタイトルがついている。裁判例では、このタイトルを踏まえて個別の投稿を読み込むことが多い。

　#290914B はスレッドのタイトルが「ブラック企業」であることからすれば、投稿は労働法規違反の事実摘示がされていると想起されるとした。

　#280225A は、「B市ヤリマン」[38]というタイトルのスレッドに対象者の氏名が書き込まれたところ、当該投稿はスレッドのタイトルを間接的に引用しているといえ、一般閲覧者の注意と読み方によれば、対象者が不特定多数の男性と積極的に性的関係を結ぶ女性であるとの印象を与えるものとした。

　#290313B は、スレッド名に対象者の名前が記載されていた事案で、個別投稿には対象者の名前が記載されていなくても、一般の読者は、当該投稿記事とそのすぐ上のスレッド名を関連付けて読むのが普通として特定を認めた。

　事案にもよるが、タイトルは重要な判断要素となる[39]。

　（c）　他の投稿との関係

　1つの投稿だけでは趣旨が不明な場合に、それ以前の投稿と総合して意味を確定すべきかという問題につき、裁判所は、これを肯定する傾向にある。

　最高裁（#220413）は、傍論（侮辱の成否そのものは上告を受理していない）ながら、「気違い」という表現が名誉感情侵害の不法行為となるかについてはスレッドの他の投稿の内容、投稿がされた経緯等を考慮しなければ判断できないとしたところ[40]、これは、投稿を削除しなかったプロバイダの免責の可否についての判断ではあるものの、名誉毀損や名誉感情侵害の判断において他の投稿を考慮する余地を認める趣旨と理解される。

　#290119A は「借りた金でゲーセン三昧だった。」「また誰かひっかかるのかなあ。」という掲示板上の投稿の意味が問題となった。投稿のみでは意味が十分には特定できないが、当該スレッドに対象者が借金する際に嘘をついていた旨の投稿がなされていることや、「ひっかかる」との文言には「だまされる」との意味内容があることから、対象者が他人をだまして借金をしているとの事実を摘示するものであると認めた[41]。

---

38)　この語の意義については 79 頁参照。
39)　#291030D、#280908A、#290413D、#291025B、#291020 も参照。
40)　平成 22 年調査官解説 301〜302 頁参照。

(その他、#220902、#200714、#241130B、#260425等参照)

　掲示板の読者には、当該スレッド及びそのテーマに強い興味を持っている者から、単に暇つぶしのため掲示板を読み流すだけの人、さらには外部からのリンク、検索等によってたまたま個別の投稿を閲覧しただけの人まで様々な人がいることから、「一般読者」が誰かを確定することはそう容易ではない。例えば、999番の投稿の意味を確定するために、わざわざ時間と労力をかけて15番の投稿まで遡ることが一般的か等は議論があり得るところである。ただ、少なくとも少し前（少し上）に掲載されている投稿であれば、一緒にあわせて読むことが多いとはいえるだろう。[42]

　なお、上記のように時系列（85頁）を重視する判断が存在することには十分に留意すべきである。

　#290922Aは、後の投稿を加味すると、投稿者のコントロールできない事後的な事情によって、同定可能性が決まることになり、投稿者において自らの投稿が違法行為に当たるのかについての予見可能性を奪うことになるとして、投稿における対象者の同定可能性を考えるに際しては、その後の投稿を併せて考えることはできないというべきであるとした（同旨#230111）。

　例えば、#280118Aでは、水商売をしてる女性である対象者について「鬼枕」という最初の投稿の後に「身体張」る等という投稿がされ、その後にまた「鬼枕」という投稿がされた。裁判所は、最初の「鬼枕」は対象者が枕営業をしていることを指すとは認められないが、次の「鬼枕」は中間の投稿を踏まえ、対象者が枕営業をしていることを指すとした。

　#291227Bは、掲示板で「本人登場」として、対象者を特定する内容を含む投稿をしたところ、その後に権利侵害が疑われる投稿がされているが、「本人登場」という投稿の権利侵害性の判断（ただし主に侮辱についてのもの）の際に、その後の各投稿でされた表現を読み込むべきではないとした。

　一定程度後の投稿を加味する裁判例も存在するものの[43]、上記の時系列の問題

---

41) #201027は、掲示板上の投稿の読み方につき、あえて掲示板を見ようと思って、これを開く以上、文章の意味を理解しようとして読むのが普通であり、特定人を匿名表記して批判、非難する文章であることを理解しつつ、その文章をあえて読もうとする者は、普通、それが誰かを知ろうとして、前後の文章を拾い読みするとした。

42) ただし、#260611は、検索等によって掲示板の個別の投稿を目にした読者の通常の注意と読み方は、あくまでも当該投稿自体の記載から読み取ることができる内容を把握するというものとしている。なお、#281025も参照。

43) #291031A、#280422D、#280929H等。

を考えれば、その後の投稿を誘発したり、主観的客観的共同関係がある共同不法行為の場合以外に、後の投稿を加味することはそう容易ではないように思われる（#290426Bも参照）。

なお、複数の投稿を一体として読み込むべきかの判断の際に、これらの投稿の時間的間隔についても議論がされている。

#280516は、掲示板の44番の投稿の意味の確定の際に6、13、28番の投稿を併せて読むべきかが問題となり、直前ではないが、一般の閲覧者は、その程度の隔たりがあるものは併せ読むものと考えられるとされた。

#291219Bは、ある投稿を読む際に3週間前の投稿であるNo.2を参考にすべきかについて、No.2はスレッドの冒頭付近で登場人物を説明するものであり、読者の多くは、No.2も併せ読むことがうかがわれ、投稿の時期的な隔たりは、かかる認定を覆すに足りるものではないとした。

(d) 他のスレッドとの関係

では、同じスレッドではなく別のスレッドはどうであろうか。

一部の裁判例は、複数のスレッド（の投稿）を合わせ読むとする。

#280729Cは、本件のような掲示板を閲覧する者は、掲示板の表題を見た上で、同表題に関連する事項として個別のスレッドの内容を順に閲覧していくのが通常の読み方とした。

#291226Bは対象者の特定の文脈だが、「不愉快なローカルCMについて」等とタイトルが同じであることや投稿の内容等から、複数のスレッドが密接に関連しており一貫して対象者についての投稿が掲載され続けているとして複数スレッドの投稿を合わせ読むべきとしている。[44]

これに対し、複数のスレッドの投稿を合わせ読まないとする裁判例もある。

例えば、#280127Bにおいては2つのスレッドが問題となった。1つ目のスレッド（スレッドA）においては、タイトルに対象者の名称と「未公開株詐欺」とあり、対象者について詐欺行為や投資詐欺についての投稿がされているところ、スレッドAにおける「悪徳マルチ」という記載は対象者が詐欺行為の一環として違法なマルチ商法を行った事実を示しているとされた。ところが、もう1つのスレッド（スレッドB）においては、対象者の未公開株詐欺に関する投稿が多数されているとはいえなかった。そこで、スレッドBにおける

---

44) その他 #260424A、#201016A、#280428D等を参照。

「悪徳マルチ」との記載について、一般閲覧者の普通の注意と読み方からしても、それを詐欺行為の一環として違法なマルチ商法を行っていると解することは困難であるとされた。

#280914Cも主に侮辱の文脈で2つのスレッドの一連の投稿を一体として判断すべきかにつき、一方のスレッドの投稿を読む者が、必ずしも、他方のスレッドの投稿を読んでいるとはいえないから、同じスレッドの他の投稿の内容、当該投稿がされた経緯等を考慮して判断すべきとした。

もちろん、当該話題に強い関心をもち、他のスレッドを閲覧したり、さらに情報を得るために検索等をする人もいるだろう。ただ、それがどこまで「一般読者」の行為とまでいえるかを慎重に検討すべきである。

例えば、「前スレが盛り上がる中、好評のpart×です。a予備校に通わせている親御さん、通っている生徒諸君、内部をご存じな講師の方々、お話しましょう！part×の続きはこちらで！」と投稿され、別スレッドのアドレスが記載されていることを重要な理由として連続性を認めた#290116Aのように、何らかのリンクを求めるべき場合もあるように思われる（#280720Dも同旨）。[45]

ただし、各スレッドは比較的短期間のうちに削除されることが多い。

#260714は削除済みのスレッドについてこれとあわせて判断することはできないとしている。

削除済みのスレッドも、有償で閲覧する、アーカイブサイトを探す等の方法はあり得るが、特段の事情がない限り「一般読者」はそこまでのことはしないということからは、基本的に支持できるだろう。

(6) ウェブサイト・ブログ

ウェブサイトやブログについては、#280125Bと#280914Bの対比が興味深い。

まず、#280125Bでは「□□ゴルフ会員権被害者の会」というタイトルのブログが問題となった。裁判所は、ブログの閲覧者として想定される一般読者とは、当該ゴルフ場の会員権を巡るトラブルについて関心がある者と解されるとした上で、ブログには投稿が4つしか掲載されておらず「最近の記事」として、

---

45) ただし、part「2」の中にpart「1」へのリンクがある等、リンクされたスレッドの数が少なければ一般読者はいずれのスレッドも見ていると言いやすいが、例えばpart「100」に99個のすべての前スレッドのリンクがあればすべて取り込まれるかというと、99個すべて読む人はむしろ少ないと考える。

第1章　摘示内容の特定

タイトルが示されているところ、内容が相互に関連し、当該ゴルフ場の会員権を巡るトラブルについて関心がある者の興味を引くものであることから、一般読者は各投稿に一通り目を通す蓋然性が高いとして、すべての投稿を一体として考慮できるとした。

これに対し、#280914B では、労組である表現者が会社である対象者を批判するウェブサイト上に投稿を行った事案について、ウェブサイトにおいて公開された膨大な量の情報のすべてに接するはずはないとして、投稿ごとに全体として評価すべきであるとされた。

ブログやウェブサイトの具体的状況に鑑みればすべての投稿（ないし複数の投稿）を一体として考慮できる場合もあるが、大量の投稿がされている場合にはすべてを目を皿のようにして読む「一般読者」は存在しないといった観点から、投稿の分量や、分かりやすいリンクの有無等を考慮して判断がされたと言える。

#300130A はブログ中の同じカテゴリの投稿を参照して対象者についての投稿だと特定した。

例えば、1つのブログ上に1000個の投稿があればすべてを読む人は通常いないが、特定のカテゴリに属する投稿が数個だけであれば、それらを合わせ読むべきとされる可能性が高まる。

その他、#210513C は、ブログの投稿タイトルの連続性を理由に、対象者の名前を記載している投稿だけではなく、名前を記載していないほうの投稿についても対象者の特定を認めた（その他、ブログ内の他の投稿とあわせた一連の流れを考慮した #270409 等も参照）。

最後はケース・バイ・ケースの判断ではあるものの、概ねの傾向としては、一般読者にとって容易に関連投稿と分かるような投稿であれば一緒に考慮できるだろう。

(7)　SNS

SNS、Twitter 等の特に字数制限のある SNS おいて、複数の投稿の関係や、投稿とプロフィールとの間の関係が問題となる。

#270730（#270223C を引用）は、字数制限のある Twitter という表現方法の制約上分断された形となっている3つのツイートの関係について、時系列的に直後ないし10分後に投稿され、その間に別の投稿がないこと、文脈、そして指示語等からこれらを一体的な表現と解した。

同判決のいうように、表現内容、時間的接着性、その間の別の投稿の有無等を総合して判断することになるだろう。

なお、具体的な投稿とプロフィールとの関係について、#281116B はユーザーのプロフィールにある本件記載及び本件アカウントによる他のツイートを容易に閲覧することができ、これらを併せて閲覧することも通常想定されるとしてこの範囲を斟酌した。

(8) 口コミサイト

口コミ投稿については、その一部だけで判断するのではなく、投稿全体を考慮すべきである。

#300201B は、転職口コミサイトの表現のうち、①研修を受講させられたこと、②ほとんどが自習形式であったこと、③有償であったことはそれぞれ単独で取り出せば名誉毀損ではないが、④入社後5年以内に退職した場合は応分の費用負担を求められることの説明が書面に細かく小さな字で記載されており、十分理解できないまま承諾のサインをさせられたこと合わせ読むと、対象者（会社）が、従業員をだますようにして不必要な金銭的負担をさせることにより、従業員の退職を防止し、技術者等の流出を防ごうとしているとの印象を与えるとしており、このような口コミ全体の総合考慮をすべきことを示唆している。

では、複数の口コミをどのように考慮すべきか。

#291011 は特定の文脈で、不動産情報サイト上の不動産業者についての口コミについて、最初に対象者を特定する記載があり、数分以内の近接した時間に当該投稿に続いて順次投稿された投稿については、当初投稿とつながりのある一連の投稿として対象者についての投稿とした。

どの範囲の口コミを総合考慮すべきかは事案にもよるが、これらの裁判例の方向性を参照すべきだろう。

(9) サジェスト汚染[46]

対象者の氏名に「懲戒処分」「共犯」「依頼者に暴行」「犯罪者」「弁護士失格」「逮捕」「死刑」「脱獄」「懲戒免職」「もみ消し」「恐怖」「危険」「買収」「児童ポルノ」という言葉が併記されているだけの投稿（#290130A）はどのような事実を摘示していると理解すべきだろうか。

---

46) 原田伸一朗「「サジェスト汚染」と「検索の自由」――Google サジェスト名誉毀損訴訟の射程」（情報ネットワーク・ローレビュー14巻、2016）37～51頁参照。

第1章　摘示内容の特定

　検索エンジン等において、あるキーワードを入力すると、それに関連した検索候補が自動的に出てくる機能をサジェスト機能というところ、あるキーワードに対して否定的なイメージの用語が併記した検索候補を表示させることをサジェスト汚染という（上記#290130A参照）。

　上記#290130Aの事案では、対象者の氏名に否定的なイメージの強い言葉又は事実を併記することで、検索エンジンで対象者の氏名を検索すると「懲戒処分」等と表示されるようになることを意図しているとされた。

　サジェスト汚染の概念を知らないと、その投稿の趣旨を理解することは困難な場合も少なくないが、上記#290130Aは、このサジェスト汚染を目的としたものであることは明らかで、現に対象者についての検索結果は、否定的なイメージの用語が併記されたものが多数表示された結果となっているとして、投稿が対象者の社会的評価を低下させたとした。

　なお、#280727Aでは、掲示板の投稿における「性犯罪　児童ポルノ　前科者　悪質転売屋　ぼったくり　脱税　詐欺　偽名」との記載は対象者がこれらの犯罪行為に関与したとの事実を摘示したものということができるとしており、単語の羅列だから必ずしも意味不明とはいえず、文脈次第と言える。

　要するに、そもそも文脈によっては意味不明ではなく、サジェスト汚染を検討するまでもなく社会的評価を低下したといえるだろう。それに対しそのままでは意味不明となり得る投稿でも、サジェスト汚染の概念を加味すれば、社会的評価低下を肯定できる場合がある。

5　1文、1フレーズを取り出すべき場合

　なお、長文の記事の中の1文や1つのフレーズが社会的評価を低下させると主張された場合、それだけを取り出して社会的評価の低下の有無を判断すべきか、それとも、文章全体をみるべきかという問題がある[49]。

---

47)　検索関係では、スニペット、すなわち検索結果の一覧を表示する際、当該ウェブサイトの一部抜粋などをした要約文（#280425A、#281021A）の摘示内容につき#280714A（#290112Bで引用、#290719Aで不受理）が参考になる。

48)　#280908D（「X　詐欺　詐欺師　バチカン　イタリア　ワイン　B法王　C　オペラの権利等について　お問い合わせください。詳しくご説明いたします」）は否定したがサジェスト汚染を検討すべきである。

49)　掲示板等の短い表現ではこの点が問題となることはあまり多くないが、ウェブサイトやブログの長文の投稿等においてはこれが問題となり得る。

#100727 は、名誉毀損の判断は、記述の断片的な文言だけからではなく、当該記述の配置や本文全体の中での構成、前後の文脈、見出文の有無、活字の大きさ、当該記事の趣旨・目的等の諸般の事情を総合的に斟酌すべきとした上で、対象者である衆議員議員が「特別な筋との関係を捜査当局によってマークされ」たとの記載のある月刊誌の記事につき、記事全体としては、○○党執行部の面々がそれぞれ力量不足で弱体化していることを論評する一環としてこのような記載がされたものの、当該部分が記事の主題に対する印象を離れて<u>独自に本誌の読者に印象を与えること</u>は相当に難しいとして、名誉毀損による不法行為は成立しないとした。

　#200728 も、結論として当該事案では個別の記載をみるべきとしているが、問題とされた表現中の事実が、全体の印象の中に埋没し、独自の印象をとどめないものということはできないとしており、基本的に同旨と解される。

　全体の文脈から綜合して判断されるべきであるが、その際に検討すべきは、（一定以上読者の目を引き、独自の印象を与える）それぞれのフレーズや文だということだろう。

第2章　摘示内容が社会的評価を低下させるか

1　はじめに

(1)　一般読者基準説

　名誉毀損は、対象者の社会的評価を低下させてはじめて成立する。逆にいうと、社会的評価を下げなければ虚偽の事実を摘示しても名誉毀損にはならないし、社会的評価を下げるものであれば真実を告げても名誉毀損として後は真実性相当性等の抗弁事由が成立するかの問題となることがある。[50]

　前章のとおり、一般読者基準に基づき、特定された摘示内容をふまえ、当該摘示内容が果たして対象者の社会的評価を低下させるかを検討する。

　そして、摘示内容の特定（61頁）だけではなく、社会的評価を低下させるか否かについても、一般読者を基準に判断することになる（新聞につき #310720、テレビにつき #151016）。そのことは、インターネット上の表現についても同様である。

　最高裁（#240323）は、フリージャーナリストが自らのウェブサイトに掲載した、記事が名誉を毀損するか否かについて、#310720 を引いて「ある記事の意味内容が他人の社会的評価を低下させるものであるかどうかは、<u>一般の読者の普通の注意と読み方</u>を基準として判断すべきものである」と判示し、インターネット上の名誉毀損でも一般読者基準を用いた。

(2)　最近の最高裁判決

　テレビ放送について、最高裁は、#280121A で、高裁判決（#251128）を破棄した。台湾の少数民族であるパイワン族であるXの父親Yは、日本領時代に博覧会出展のため、ロンドンに赴いて暮らしぶりを展示した。番組は、これを植民地に対する差別意識を反映した「人間動物園」である等と評した。XはXを含むパイワン族の人たちの多くがYがパイワン族の誇りを持って自発的

---

[50]　単に真実に反するだけ（#280509B、#291214C、#280129D、#300326B）、不適切な発言（#291027B、#291010B、#290124A）、不快感（#280711B、#280324B）では名誉毀損にはならないとした各裁判例参照。

にロンドンに行ったと考えていたのに、番組中でYが博覧会に連れて行かれ、「人間動物園」、すなわち「見せ物」として扱われ、展示されたと放送したことで、Xの名誉を傷つけたと主張した。

原判決（#251128）は、この番組がXがパイワン族の中で受けていた〈パイワン族を代表してイギリスに行った人の娘である〉という社会的評価を傷つけたことは明らかであるから、その名誉を侵害したものであり、不法行為を構成するものというべきであるとした。

これに対し、最高裁判決（#280121A）は前述の一般読者（視聴者）基準を確認した上で、一般の視聴者においては、日本がパイワン族に対する差別的な取扱いをしたという事実を摘示するものと理解するのが通常であるといえ、Xの社会的評価が低下するとはいえないとした。

原判決がXがパイワン族の中で受けていた評価を重視して判断したのに対し、最高裁は一般の視聴者の受ける印象を重視して判断したことが判断を分けたポイントといえるだろう。一般読者（視聴者）基準からは、あくまでも、当該放送を見た一般の視聴者の受ける印象を基準に判断すべきであり、原判決（#251128）が特殊な判断をしたのを最高裁が軌道修正したと評することができる。

(3) 一般読者基準の適用の難しさ

このように、最高裁のものを含む様々な先例から、ある程度の「あたり」をつけることができるとしても、佃は、コミュニティが分化し、情報が複雑に交錯し、かつ価値観も多様化している現代社会において、「社会的評価」は一定とはいえず、このような社会において一定の「社会的評価」の存在を指定し、その低下の有無を論じることは多分に困難を伴うものであり、今後この判断は、いっそう微妙かつ困難なものとなっていくと指摘している（佃9頁）。

例えば、佃は、2005年に「Aが離婚した」という事実は、昔は社会的評価を低下させるものであったが、今後は社会的評価を低下させるものではなくなっていく可能性があると論じた。[51]

その後、#251224Bは離婚に関する事実は、離婚する夫婦が少なくない昨今の事情等をも踏まえると、ただちにその原因のいかんにかかわらず当該両当事者の社会的評価を低下させ得るものとまでは認め難いとして、夫の名誉を毀損

---

51) 佃克彦『名誉毀損の法律実務』（弘文堂、初版、2005）5～6頁。

していないとした。[52]

　このように、ある事実が社会的評価を低下させるか否かは、社会の変化に応じて変容し得る。しかも、その社会が「一枚岩」として一律に一つの方向へと変わりつつあるのではなく、多元的な社会へと変化しつつある以上、そのような社会において何が「社会」的評価を低下させる言論として禁圧されるべきかについての共通理解を得ることはますます難しくなり、何らかの明確な基準で社会的評価の低下の有無を判断することは不可能である。インターネット上の名誉毀損における「摘示内容が社会的評価を低下させるか」の判断は非常に難しいものとなるが、本章では従来の理論の蓄積と最近の裁判例を元に、その基準を少しでも明確化することに努めたい。

2　社会的評価の低下の程度

　まず、留意すべきは、「社会的評価を低下させる」ことの意味である。社会の評価は目に見えない。そこで、対象者の社会的評価が真に低下したかを直接判断することはできない。[53] そこで、社会的評価が低下する危険がある表現がなされたことをもって社会的評価が低下したと判断するしかない。

　ここで、ある対象者についてマイナスの情報が流れれば、抽象的には、常に社会的評価が低下する可能性がある。しかし、表現の自由との調和を考えれば、そのようなわずかな社会的評価の低下の抽象的可能性をもって不法行為や犯罪を成立させるのは躊躇されるところである。

　そこで、社会的評価が少しでも低下すればただちに名誉毀損の不法行為になるのではなく、低下の「程度」として一定程度のものが必要であると考えられており、この点を指摘した裁判例は、相当数存在する。

　#230719A は、大手電機メーカーである表現者が元社長の辞任に関し、対象者であるファンドに反社会的勢力との関係が疑われたことから、表現者として、元社長が対象者と親密な関係を継続することは望ましくないと考えたとウェブ

---

[52]　佃9頁注12。控訴審の #261020B で訴訟棄却。ただし夫は控訴していない。また、女優・タレントである妻につき「いい奥さん」としての特殊な社会評価に鑑み、名誉毀損を肯定した。その他、離婚につき #280330D 及び #200617 等参照。

[53]　なお、#280223A で表現者は公表前後の株価動向を主張して、社会的評価の低下がないと主張したが、株価は様々な要素によって変動するものであり、その変動が社会的評価の主たる基準になるものではないとした。

サイト等で公表したことについて、社会的評価を低下させることのないよう慎重かつ相応の配慮がされた上で行われたものであり、相当と認められる限度を超えない等とされた（#260919 等も参照）。

　#201105B は、ブログ、雑誌等における料理評論家に対する意見論評が、ただちに対象者の社会的評価を損害賠償による慰謝を要する程度にまで低下させるものと認めることはできないとした（#201224A 等も参照）。

　これらの裁判例の事案において社会的評価の低下の程度は「損害賠償等による慰謝を要する程度」「相当と認められる限度を超えない」等として、名誉毀損の成立要件という意味での「社会的評価の低下」があったとは認められないとしたのである。[54]

　そこで、本書（特に本章）において、ある表現について社会的評価の低下が「認められない」という意味は、社会的評価が一切低下しないという意味ではなく、仮に一定程度社会的評価が低下したとしても、その程度が上記の程度を超えないため、不法行為（ないしは名誉毀損罪）に該当するほどの社会評価の低下とはいえないという意味であることに留意が必要である。

---

[54]　その他、最近の判断として #280608C（その表現ぶり、ポイントの置き方によって、不快感を与えるものであったとしても、対象者の名誉、信用を毀損するものと評価することはできないし、これによって信頼を失ったとしても、それは、主観的な感情の悪化の域を超えるものではない）、#290314（不法行為を構成するような違法性を有していたとまではいえない）、#290224C（損害賠償責任を認めるに足るほどの違法性があるとは認められない）、#281130D（名誉権その他の権利ないし法律上の利益が侵害され、金銭的評価が可能な無形の損害が生じたということもできない）、#221025（社会的評価が法的保護に値する程度に低下したとまではにわかに認め難い）、#210615B（ただちに対象者の名誉を毀損するほどに対象者の社会的評価が低下するとは認められない）、#211225A（社会通念に照らして相当性を欠き受忍限度を超えて対象者の名誉権を侵害する。不法行為法上違法と評価されるものであったとまでは、到底いうことができない）、#230511（仮に社会的評価の低下が認められるとしても、その程度は不法行為の成立を認めるに足りない）、#210617（対象者に損害賠償請求権が発生するほどに、対象者に対する社会的評価を低下させるものであるということはできない）、#270518（損害賠償を必要とするほどの社会的評価の低下が発生したとまでは認められない）、#280509A（社会的評価を低下させるものとはいえないか、低下させるとしても不法行為とは評価できないほどに微小な程度にとどまるものといわざるを得ない）、#280420A（名誉毀損の主張について対象者に慰謝料の支払を相当とするだけの精神的損害が生じたとまでは認めるに足りず、いずれにしても対象者の名誉毀損による慰謝料等の請求についても理由がないというべきである）、#280329E（社会通念上許容される範囲内にあるというべき）、#291026D（社会的に相当な限度を超えているとはいえない）、#290324A（名誉を毀損されたとして損害賠償（無形損害の支払）を求めることができる程の違法性を有するものとは認められない）、#291122B（慰謝を要するほどの社会的評価の低下をもたらすものとはいえない）等参照。なお、#300118B は受忍限度論をとっているようである。

3 社会的評価を低下させたとの認定が比較的容易な場合

(1) はじめに

上記のとおり、社会的評価の低下の有無の判断は一般的には困難になりつつあるが、以下で述べる、犯罪、反社会的勢力との関係等一定の類型の事案については、社会的評価が低下したとの認定が比較的容易である。

なお、これはあくまでも一般論であって、具体的事実関係いかんによっては結論が変わり得ることは留意が必要である。

(2) 犯罪

まず、対象者が犯罪行為を行ったとの事実摘示は通常対象者の名誉を毀損する。特に軽微な犯罪でなければ、名誉毀損を構成する程度の社会的評価の低下があったと考えて差し支えないだろう。

最高裁（#240323）は、対象者が折り込みチラシを持ち去ったことが窃盗に該当し、刑事告訴の対象になる等という記載について、社会的評価の低下を否定した原判決を破棄し、社会的評価を低下させることが明らかとした。

犯罪を名誉毀損としたものは多い。[55]

関連する問題として、犯罪の嫌疑・疑惑や逮捕の摘示が問題となるが、犯罪に関する相当程度以上の疑惑が摘示されていれば社会的評価の低下は認められるであろう。[56]

#240615 は、対象者が清掃工場をめぐる談合に関与していた疑いが極めて濃厚であるとの事実の摘示が対象者の社会的評価を低下させるとした。

#260807 は、殺人の被疑事実により逮捕されたということ以上に、その犯人であるとの事実までも摘示するものではないという認定の下、当該事実摘示が対象者の社会的評価を低下させるとした。

(3) 反社会的勢力との関係

少なくとも暴力団員による不当な行為の防止等に関する法律（暴対法）が制定・強化され、全都道府県に暴力団排除条例が整備された現代においては、反

---

55) #291026E、#290926B、#281124E、#290929C、#281006B、#280120B、#290427A、#290322D 等。

56) なお、上記（68頁）における検討の結果、あくまでも疑惑や逮捕の摘示にとどまると解されたことが前提である。

社会的勢力に対する社会の否定的評価が強いといえる。

　#280630B はヤクザの情報を集めるスレッドにおいて、対象者の名を投稿することで、暴力団関係者・企業であるという事実を摘示し、社会的評価を低下させるものであると認められるとした。

　#280428A（#281109B で上告不受理）は、公的地位にある者や企業が反社会的勢力である暴力団関係者と交際することは社会的に強く非難されるものであり、このような事実の摘示は社会的評価を低下させるとした。[57]

　対象者自身が暴力団員であることはもちろん、対象者が反社会的勢力と一定以上の関係があること自体が一般に社会的評価を低下させる。

　ただし、反社会的勢力と何らかの関係があっても、「一定以上の関係」まで読み取ることができない場合もある。

　#280719A は対象者が「ヤクザ」に憧れを持つ一般人であるという事実を摘示しているにとどまり、対象者が反社会的存在であるという印象を与えることはないから、投稿が、対象者の社会的評価を低下させるということはできないとした。

　#280719A は「ヤクザ系」という対象者が暴力団に関係があることを示唆するような表現を用いているものの、語尾には疑問符が付されており、対象者が暴力団関係者又は暴力団関連企業であると断定するものではないから、対象者の社会的評価を低下させるということはできないとした。

　#300131C は、雑誌記事の一部の記述について、一般読者が、対象者と暴力団が何らかの関係を有するという抽象的な印象を超えて、その関係が反社会的なものであるなどの具体的事情を読み取るのは容易ではないとして社会的評価低下を否定した（他の記述について名誉毀損を肯定）。[58]

(4)　不倫

　姦通罪が廃止された現在、不倫は犯罪ではないが、不貞行為として配偶者に対する不法行為を構成する。[59]

　対象者が不倫をしたという趣旨の事実摘示は、一般読者を基準とすれば、対象者の社会的評価を低下させるものとなるであろう（佃 65〜66 頁参照）。

　上記の #200617 は、女優である対象者の不倫を報じる週刊誌記事を名誉毀

57）　#270129A、#240927B、#290926B、#290516、#261204、#281027D 等も同旨。
58）　特殊な例として #280720H も参照。
59）　中里和伸『判例による不貞慰謝料請求の実務』（LABO、初版、2015）参照。

損としているが、これは多くの裁判例と軌を一にしている[60]。

なお、（自分が不倫することではなく）不倫相手となることについて、#240808 は、保育士である対象者が年配男性と愛人関係にあるとの摘示事実はそれ自体、対象者の社会的評価をただちに低下させるものではないとされた[61]。

(5) セクシャルハラスメント等

いわゆるセクシャルハラスメント（セクハラ）、パワーハラスメント（パワハラ）、アカデミックハラスメント（アカハラ）、モラルハラスメント（モラハラ）等の行為は、これらをなくすため、例えばセクハラについては「事業主が職場における性的な言動に起因する問題に関して雇用管理上講ずべき措置についての指針[62]」を出す等の措置を講じている[63]。

このような社会背景の下、少なくとも対象者がセクハラ等に該当する具体的な行為をしたという事実摘示は対象者の社会的評価を低下させることが多いだろう[64]。

#240612B は、官房長官である対象者が、新聞社政治部の女性記者にセクハラをしたという雑誌記事につき、対象者の社会的評価を低下させるとした。

#201029A は、対象者である大学助教授が、セクハラ行為ないしストーカー行為をしたとの印象を与える週刊誌記事が、社会的評価を低下させるものであることは明らかとした。

#280615A は、社長が独裁者的でモラルハラスメントもありそれを理由に退職者もいるとの摘示が、一般の閲覧者の普通の注意と読み方を基準としても、対象者たる企業の名声、信用といった人格的価値について社会から受ける客観的評価を低下させるものであることは明らかであるとした[65]。

(6) 情報漏洩

プライバシーや個人情報に対する意識の高まりにつれ、情報漏洩等も社会的評価低下が肯定されやすい。

---

60) #300130F、#291025C、#280324D、#280826、#291121、#201209C、#220329A、#210312（#220408 で上告棄却）、#200617、#251129、#230803 等も同旨。
61) その他「お手付き」についての #281024A も参照。
62) 平成18年厚生労働省告示第615号〈https://www.mhlw.go.jp/file/06-Seisakujouhou-11900000-Koyoukintoujidoukateikyoku/0000133451.pdf〉。
63) なお、セクハラに関して #270226B が参考になる。
64) なお、パワハラだけで具体的事実が記載されていない投稿に関する否定例として #241130B 等参照。
65) その他、#291020、#260715B、#230328A 等参照。

#291011 は、不動産業者がストーカーに賃借人の情報を漏洩したとの摘示による社会的評価の低下を肯定した。

#290316B も、会社である対象者の保有する 5000 件の個人情報を表現者が流出させることができるという投稿を名誉毀損とした[66]。

(7) 職業人としての信頼を根本的に揺るがす事項

その他、職業人としての信頼を根本的に揺るがす事項については、名誉毀損が成立し得る。

#201218 は、占術を業とする有名な占い師が自分で占術を行っていないとの事実摘示が名誉毀損とした。

#220317 や #210713 等は、元横綱らが八百長をした等の記事が対象者の社会的評価を毀損するとした。

#281013 は、学校において教師が体罰と同視できるような暴言を生徒に向かって発するという事実等は当該学校を設置・運営する対象者の社会的評価を低下させるものであることは明らかであるとした。

古い裁判例だが、漫画家が自分では漫画を描いておらず、影武者が描いているという事実摘示を名誉毀損とした裁判例もある（#071117）ところ、これらはいずれも、職業人（占い師、力士、漫画家等）としての信頼を根本的に揺るがしており（佃 10～11 頁も参照）、社会的評価を低下させるといえるだろう[67]。

(8) その他

それ以外の、比較的社会的評価低下の認定が容易と思われる例をいくつか挙げたい。

カルトにつき、#281227A は、ブログ記事において対象者が新興宗教の教祖のように崇められており、会員などをマインドコントロールしているといった事実及び意見を摘示するものであり、対象者が会員を盲信させ、自らの都合の良いように使っているという印象を抱かせる内容であり、対象者の社会的評価を低下させるものであるとした。

#291107C や #291220C は、対象者が経歴詐称をしたと摘示することにより社会的評価が低下するとした（#280705A も同旨）。

---

66) #291030D 及び #290131C も参照。
67) その他 #290920A、#280706B、#280518、#281215D も参照。

4 人格的価値に関する社会的評価の低下に限られるか

　名誉毀損とは、表現行為その他の方法により社会的評価を低下させることであるところ、社会的評価にはその人の人格的価値と関係のある評価と、人格的価値に無関係な評価がある。

　前述（100頁）の犯罪、暴力団との関係等々は、基本的に対象者自身が選択した行為といえ、それが社会に知られることにより対象者が「犯罪者」「暴力団関係者」等と認識され、その能力や資質について否定的評価がなされることを通じて、対象者の人格的価値に関する社会的評価が低下する。

　これに対し、いわゆる「部落出身者」「精神病者」「同性愛者」等は、対象者本人が意図的に選択したものではなく、対象者の人格的価値に関係ない事項である。そこで、むしろこれらに否定的評価を与えるという日本社会の風潮自体[68]が不当な「差別」であって、このような事項を摘示したからといって、対象者の社会的評価が低下したというべきではないという発想もあるところである[69]。

　理論的には、人格的価値に関連しないものの個人の私事にかかわる内容をすべてプライバシーで処理し、名誉毀損になるのは人格的価値に関係するものだけ（つまり、部落出身者であること、精神病であること、同性愛者であること等を摘示しても名誉毀損にならない）という考え方もあり得る（佃7頁参照）。

　もっとも、伝統的な見解は、社会に偏見・差別が存在する以上、そのような事実を摘示されれば社会的評価が現実に低下するのであるから、なお名誉毀損に当たるとしており（佃7頁参照）、裁判例もそのような傾向である。

　例えば、#210925Bは、（男性である）対象者が男性と性行為に及んだという事実摘示が対象者の名誉を毀損するとした。

　#290915Cも、表現者は対象者のアナルセックス行為の摘示を名誉毀損とするのは性的少数者に対する許されない差別であると主張したが、裁判所は、問

---

68) 同性愛者について、南和行『同性婚』（祥伝社新書、初版、2015）参照。
69) この問題は、「対象者」の属するセグメントが不当に否定的評価を受けている（差別を受けている）ところ、対象者が当該セグメントに属することを摘示することを名誉毀損とすべきかという問題である。対象者が人種差別をしているという言説が名誉毀損に該当するかという問題はこれとは別の問題である。（例えば#280218Bは、派遣する従業員が韓国人であることを集客手段とするいわゆる韓国系デリバリーヘルスを営む対象者の経営者が日本人顧客を蔑視するような意見を開陳している旨の投稿内容は、対象者の社会的評価を著しく低下させるものであるとした。）

題は、アナルセックスをすることの当否ではなく、これに対する社会一般の受け止め方であるとして、なお社会的評価を低下させるとした。

なお、部落出身であることについて、社会的評価の低下を否定した #040330（佃 7 頁参照）[70]と、具体的状況下で肯定したとも読める #231216A 及び #271005[71]がある。

加えて、精神病（統合失調症、アルツハイマー）ないし精神異常者であるという事実摘示が対象者の名誉を毀損するとした一連の裁判例が存在する[72]。なお、性病や HIV だとの摘示が対象者の名誉を毀損するとしたものに #280322B がある[73]。

5　媒体の信頼性と社会的評価の低下の判断

(1)　はじめに

媒体の信頼性が低いことは、社会的評価の低下の判断に影響するだろうか。

具体的には、スポーツ新聞の問題と、広告の問題等が議論されてきた。

(2)　スポーツ新聞（東スポの抗弁）

信頼性の低い媒体における名誉毀損との関係では、スポーツ新聞が有名である。一部のスポーツ新聞は例えば UFO やオカルト等のおもしろおかしい記事を書いている。すると、社会的評価を低下させる記事が掲載されても、読者はいわば眉につばをつけて読む以上、社会的評価を低下させないのではないか。このような主張をスポーツ新聞の側が自ら展開したため、「東スポの抗弁」等と呼ばれ、一部で話題になった。

#040924 は、スポーツ新聞における芸能レポーターの連載欄は、社会的事象を専ら読者の世俗的関心を引くようにおもしろおかしく書き立てるリポート記事を掲載する欄であるとの世人の評価が定着しているものであって、読者はその記事を真実であるかどうかなどには関心がなく、専ら通俗的な興味をそそる

---

70) ただし、削除の違法性の文脈で、プロバイダの合理的な裁量を認めている。
71) ただし、政治家が同和地区に居住したことがあり、同和団体に物が言えないという文脈である。
72) #300125A、#201115、#200218、#281227A、#291114 等。ただし、事実摘示が精神病ないし精神異常者であるという事実摘示であるか、それとも単なる罵詈雑言かには注意が必要である。
73) なお、#250327A（外国人差別につき名誉毀損を肯定）及び #201113（政治家が朝鮮半島出身である等の記事につき名誉毀損を肯定）等も参照。

娯楽記事として一読しているのが衆人の認めるところであるとして、名誉毀損を否定した[74]。しかし、この事案では、控訴審でスポーツ新聞が逆転敗訴した（#050831（控訴審で確定））。

最高裁（#090527A）[75]は、類似の事例につき、当該新聞が報道媒体としての性格を有している以上、当該記事に幾分かの真実も含まれているものと考えるのが通常であるから当該新聞の編集方針、その主な読者の構成及びこれらに基づく当該新聞の性質についての社会の一般的な評価は、不法行為責任の成否を左右するものではないとした[76]。

確かに、スポーツ新聞にはオカルト等を扱った「やわらかい」記事も存在するが、社会の木鐸たる「新聞社」、つまり「事実を報道をするメディア」として自己を定義してしまっている。そこで、このような抗弁に対し裁判所が厳しい姿勢をとったことは十分理解できる[77]。

ただし、一般読者からそのように認識されていない表現者の行う表現であれば、判例の射程外とする余地もあるのではないか[78]。

(3) 広告

次に問題となるものに広告、特に週刊誌の広告がある（意味の特定につき85頁も参照）。広告は、誇張的かつ短い言葉によって説明する傾向にある。このような広告の誇張的な性質は読者も知っているのだから、通常の場合よりも、名誉毀損になりにくいのではないか。

#210715 は、広告においてある程度言葉を省略することや、刺激的あるいは

---

[74] その他、#030114（見出しにつき名誉毀損を肯定したが、夕刊紙の性格を考慮してコメントにつき名誉毀損を否定）や、#050223（夕刊紙の性格を考慮して名誉毀損を否定した #041026 を引用）等があるが、後者は後記の #090527A にて破棄された。

[75] 同判決の調査官解説は、表現媒体の性格が名誉毀損による不法行為の成否に影響を与えることがあるのは、「当該媒体の性格上、これに掲載された表現が一般の読者においてその表現どおりの意味に受け取られることは一切あり得ず、記事の対象とされた者がその記事内容に従って評価を受ける危険性はおよそ生じないといった場合に限られる」とした（最判解民事平成9年度633頁）。

[76] なお、#281108C はこれを雑誌に拡張した判示をしている。

[77] 特にスポーツ新聞については、普段から事実無根の記事を書けば書くほど免責の余地が広ることになっておかしい（佃146頁）との指摘が当たる。

[78] インターネット上には「嘘ニュース」を掲載するジョークサイトがあるところ、まるで本当のニュースかのように騙してデマやフェイクニュースを拡散させるメディアについては、#090527A と同様に、やはり社会的評価は低下すると考えるべきであるが、そうではなく、一般読者にとってジョークサイトであることが明らかであれば、通常は社会的評価を低下させないと考えていいだろう。

誇張的表現を用いることなどは許容されるものというべきであるし、雑誌の表紙やその広告の見出しを見る者は、その性質を了解して見るのが通常であると考えられるとした上で、省略や刺激的、誇張的表現も社会通念上相当な範囲内においてされる場合に限り適法となるのであって、これを逸脱する場合には名誉毀損行為等として違法性を帯びるとした。

#210116も、記事の内容に関する読者の理解を誤導しない範囲内である程度の省略や誇張表現があることはその性質上やむを得ないとしている。

これらの裁判例は、一定程度は誇張することも許容されるが、それが社会的に相当な範囲を超えれば違法になるという方向性を示している。

その結果、上記#210715や#210116はいずれも結論において、社会的評価の低下を否定した。

もっとも、広告等であることによって常に社会的評価の低下が否定されるわけではない。

#201218は、書籍の表紙や帯の記述について、性質上誇張的な表現が行われるのもやむを得ない面があることは否定できないとしながらも、対象者である占い師が占術方法を盗作した等の記載は、許される範囲を逸脱するとした。

結局は一般読者基準による判断であり、広告について一般読者が予想ないし了解する「誇張的表現」の範囲内であれば社会的評価は低下しないが、それを逸脱すれば社会的評価は低下すると判断されてもやむを得ないだろう。

6 インターネット上の表現の信頼性と社会的評価の低下の判断

(1) はじめに

インターネット上の名誉毀損でも一般読者基準が適用されるが（#240323）、インターネット上の表現には、信頼性が高いと受け止められるものと、信頼性が低いとして受け止められるものの双方があるはずである。

最高裁（#240323）は、フリージャーナリストが自らのウェブサイトに掲載した記事がそれ自体として、一般の閲覧者がおよそ信用性を有しないと認識し、評価するようなものであるとはいえないとした。

フリージャーナリストが、その取材の結果等を記事にしたという触れ込みの投稿であれば、インターネット上の表現であっても、マスメディアの記事に準じるような高い信用性をもつ場合があり、その場合に対象者の社会的評価が低

下し得ることは否定できない。

　しかし、掲示板等、信用度が相当程度低い表現が存在するサービスもあることは否定できない。そして、上記の広告の事例等から理解されるように、誇張的である等との一般読者の受け取り方がされている場合については、裁判例において、それを踏まえた社会的評価低下の有無の判断がされているのであるから、インターネット上の名誉毀損においても、その違いを解釈に反映させるべきではなかろうか。

　これまでの裁判例を見ると、インターネット上の名誉毀損事案において、発言状況の一環として用いられたサービスの性質を参考にする裁判例は少なくない。その中には、当該性質をふまえて社会的評価の低下を否定するものもある。

　例えば、#290823B は、就職情報サイトは、その性質上、会社の内部にいる者及び内部にいた者が、在籍中に知り得た情報を匿名で投稿することが予定されているところ、会社に対して批判的又は不利益な内容の投稿がされた場合であっても、その投稿の内容は、<u>投稿者自身の限られた経験を元に限られた一面について記載されたものにすぎず、また、匿名で投稿をする者の中には、対象会社に対して様々な思惑や感情を抱いている者が含まれている</u>ところ、上記のような投稿の特性を理解した上で就職先の情報を収集するために就職情報サイトを利用している者を基準に社会的評価の低下の有無を判断すべきとした。その上で、社長一人ですべてを決めるため、社長以外はなんの発言権がない、ぺこぺこしすぎて言いたいことも言えない状況、意味のない会議で終電を逃がすこともしばしば、実現性のない企画に何度も資料を作らされたり、なかなか変わった会社ですという投稿等について、結論として、社会的評価の低下を否定した。[79]

　また、#280329A は、いわゆる水商売に従事する女性である対象者がウェブサイト上で「24 歳」というプロフィールを公表しているところ、「34 歳」だ等と指摘する掲示板の投稿につき、性風俗店や水商売に係る投稿掲示板であることからすれば、<u>当該サイトにされる投稿が虚実ない交ぜであることは予め想定されるところ</u>であって、一般の読者の注意と読み方を基準として記載内容をそ

---

79) ただし、上記のような一般読者は表現者が在籍していたときには、主観的に「意味の無い会議」や「実現性のない企画」があったと感じる場面が複数回あったとの表現者の意見や感想を記載したものとの印象を与えるに過ぎないという判断が前提となっているところ、意見や感想については、289 頁を参照。

のまま事実と受け止めるとは考えられないということを考慮して否定した[80]。

#290322E は、掲示板における「嘘つき」という投稿について、具体的事実を示すことなく、嘘つきであると記載するにとどまるものであって、対象者の社会的評価を低下させるものであると認めることはできないとした[81]。

結論として名誉毀損を肯定する場合でも、当該サービスの性質を考慮した上で判断をしていると思われる例が見られる。

#280826 は、匿名掲示板に対象者が不倫しているという趣旨の投稿が繰り返されたところ、匿名で誰でも投稿できる電子掲示板にあっても、このような記載があれば、<u>これをただちに信用するものではないにしろ</u>、反復継続して記載されることによって、対象者の社会的評価が確実に低下するとした。

#250828 は、<u>一般読者が半信半疑で臨む</u>としても、会社の内部者しか通常知り得ない様々な事項を具体的に述べながら、経営者である対象者が反社会的勢力とつながっている等と摘示すれば、特に信用性が高いと理解するのが通常として、一部の投稿が社会的評価を低下させると認めた。

#200909B は、ブログのコメントに関し、すぐ下に本当なら私も心配です等とのコメントをした者がいること等とあわせて、当該コメントは、閲覧者に対し、対象者の化粧品の安全性について不安感を与え、人体に有害な物質を含むかのような印象を与えるとして社会的評価の低下を認めた[82]。

インターネット上の名誉毀損という一事をもって、一律に信用性がないとか、一律に社会的評価を低下させないという議論をすべきではない。傍論であるが最高裁（#220315）もこのことを示唆していると解される（247頁参照）。インターネット上における個別のサービスの特性は社会的評価の低下の有無の判断においても考慮される。例えば匿名掲示板等、信用性が相対的に低いサービスを利用した場合でも、反復継続したり（上記 #280826）や、内部者しか知り得ない情報を具体的に指摘（上記 #250828）したり、読者がそれを実際に真に受

---

80) なお、当該店舗の業態から、その利用者としては、店舗のホームページ上のプロフィールを事実として受け止めるか否かに関係なく、顔写真を含めプロフィール欄の記載内容を総合的に判断してどの女性を指名するかを決めるにすぎないと解されると判断されたことも重要な理由と理解される。

81) その他、#291026A、#250828、#210911B、#210617、#251220、#250624 や、倒産予測という意見論評に関するものではあるが #270526、個人への言及が会社の社会的評価を低下させるかも重要な問題となっているが #300419 等も参照。

82) その他、性質について触れたものに、#281228B、#280926A、#300131F、#280927B、#290914D、#200822B、#211105、#240717 等参照。

ける（上記 #200909B）ような状況下においては十分に社会的評価の低下が認められるだろう。

（2）判断要素

　（a）はじめに

　では、インターネット上の名誉毀損においてどのような要素を元に、社会的評価の低下の有無を判断していくべきだろうか。

　（b）サービスの性質

　まず、上記のとおり、サービスがどのような性質を有するものかを検討する必要がある。その際には、一般読者を基準とすることから、例えば本当は政府の公式サイトではなくても、一般読者がそのように見える偽サイトであれば、一般読者を基準に判断すべきであろう。

・政府の公式サイト
・マスメディアのウェブサイト、有力なニュースサイト[83]
・ジャーナリスト等の定評のあるブログ、個人サイト等

は、比較的社会的評価を低下させやすい。

　これに対し、

・匿名掲示板
・（匿名掲示板の記事を面白おかしくまとめた）まとめサイト

の場合には、社会的評価の低下の有無を慎重に検討すべきであろう（ただし、慎重な検討の結果、社会的評価を低下させるという結論になることも十分あり得る）。

　中間的なものとしては、

・SNS
・（無名の人 or 匿名の）ブログ
・動画サイト

等があり、例えばSNSであれば、（次の（c）投稿の主体ともかかわるものの）実名でかつプロフィールつきで発信されているのか、それとも匿名で発信されているか等の要素に応じて慎重さの度合いを変えて検討すべきだろう。

　なお、口コミサイトについては、意見・感想という側面が大きいので、社会

---

[83] 最近、有力なニュースサイトがデマを煽っていたのではないのか、といった報道がされており、有力だから正しい情報が掲載されているわけではないものの、一般読者基準で正しい情報が掲載されていると認識されているサイトであれば、やはり社会的評価の低下の度合いは著しいだろう。

的評価低下の有無は慎重に検討が必要であろう（289頁）。
　(c)　投稿の主体
　社会的評価低下の判断において、誰が・どういう人が投稿しているのかは重要である。これは、プロフィールや肩書きだけではなく、内容面として、インサイダーすなわち、詳しく性格な情報を知っている人が投稿したように（一般読者基準から）読める内容であれば、そのような人の投稿として社会的評価を低下させやすいだろう。
　上記 #250828 以外にも、#291031B は、スレッドには対象者に関する具体的な事実が記載されていたのであるから一般読者基準により具体的な事情を知っている者が自分の知見に基づき投稿しているとの印象を与えるとして、多数の男性と性関係を有するという投稿が社会的評価を低下させると認めた（類似のものに #281028C、#290111B）。
　(d)　反応
　インターネット上では、掲示板以外にも SNS や動画サイト・ブログ（コメント欄）等、フィードバックができるサービスは多い。すると、どのような反応があったかは、社会的評価低下の判断における一事情となる。
　上記 #200909B 以外にも、#300419 は、匿名掲示板上の投稿について、投稿されたスレッドにおいて全く反応がなかったこと等を、対象者の社会的評価が低下したと認めることはできないと判断する上での一事情とすることが不当であるとはいえないとした。[84]
　なお、反応からの摘示内容の確定の判断につき 181 頁参照。
　(e)　反復継続
　例えばマスメディアであれば、一度記事が掲載されただけで、当該対象者の社会的評価が低下することは多い。インターネットでも、記事の内容によっては、一度だけの投稿で社会的評価が低下するとされることもある。これに対し、上記の各要素から、社会的評価が低下したか微妙な場合においても、同様の投稿が反復継続されることで、社会的評価が低下されると認定できることがある。[85]
　なお、投稿自体の反復継続性と、対象者の行動の反復継続性の双方が社会的

---

84)　#280629B は、テレビによる名誉毀損が問題となり、放映後、インターネット上に「ダークサイドに導いた X」などという投稿記事が書き込まれたことからしても、放送の内容によって対象者の社会的評価が新たに低下したとした。
85)　上記 #280826 のほか、前の投稿を周知強調するとした #291003 も参照。

評価が低下に寄与するだろう。#290519Aは、対象者が迷惑をかけるとの趣旨について「いかにも」対象者らしい等と記載したところ、これまでにも何度も周囲に迷惑をかけるような言動をしてきたことを想起させ、事業者として問題があるかのような印象を一般の読者に与えるものということができるとして、社会的評価低下を肯定した。

　(f) 投稿内容

　当然のことながら、上記の各要素は、投稿内容、すなわち、具体的にどのような社会的評価に関する事項についてどのような表現で投稿されているという部分の検討を含んでいない。仮に新聞社の公式サイトのニュースであっても、投稿内容が単に不快感を与えるにとどまる内容であれば社会的評価の低下とは判断されない。そこで、以下では、投稿内容について、類型別に検討し、その上で、さらに、具体例に基づいて検討していきたい。

7　類型別の検討

(1)　はじめに

　上記のとおり、社会的評価の有無の判断においては、投稿内容、すなわち、具体的にどのような社会的評価に関する事項についてどのような表現で投稿されているという部分が重要な要素となる。当該摘示事実が一般的に社会的評価を強く低下させるものであれば、その表現がやや抽象的であっても社会的評価は低下したとされやすく、そこまでいかなくとも、具体的な事実を詳細に記載していれば、この程度を超えることが多くなるだろう。これに対し、当該事実が一般的に社会的評価を低下させないか、低下させるとしてもその程度が低ければ、それでもなお名誉毀損の不法行為や名誉毀損罪という犯罪を成立させるに値するような程度まで社会的評価を低下させたといえるだけの例外的事情が存在するかが問われるであろう。

　このように概括できるとしても、これではかなり抽象的であることから、本節では、主要な類型別に広い意味での摘示内容（摘示方法、摘示対象事実等）が社会的評価を低下に及ぼす影響について検討する。

(2)　具体性・抽象性ないしは「理由づけ」の影響

　(a)　はじめに

　裁判例においては、一定程度社会的評価が低下すると思われるにもかかわら

ず結論として社会的評価の低下が否定される事例もみられるが、その理由として、その表現内における「結論」に至った「理由づけ」ないし表現が「具体的事実に基づくかどうか（具体性）」の影響がうかがわれる一連の裁判例がある。つまり、抽象的に結論めいた摘示がされているだけで、でなぜそのような摘示がされているかという背景となる具体的事情が不明である場合には、社会的評価の低下が否定されることがあり得る（逆に言うと、一般に名誉を毀損しない事実の摘示でも、その理由づけによっては、名誉毀損となり得る。）。

例えば、特定のアーティストについてCDの廃盤処置という事実はアーティストの社会的評価を低下させるか。廃盤の理由には、最近では、当該アーティストが不祥事になって、作品が「お蔵入り」になり、廃盤となるという事態もあり得るので、具体的な理由づけによっては社会的評価を低下させ得る。[86]しかし #280216C [87]の事案では、廃盤の理由が示されておらず、裁判所は、CDの廃盤には様々な場合があることがうかがわれるのであって、廃盤処置がただちに対象者の名誉権又はその他の人格権を侵害するとは到底認めることができないとした。

#280210B は対象者が、正々堂々と戦ってないし不正だ、「ホスラブ依存症」[88]である、対象者がホストと思われる特定の人物を叩く犯人であるといった投稿が抽象的として名誉毀損が否定されている。

#281222B は、「あそこは、話しにならんよー（笑）」「糞なのは社長＆その身内（笑）」「モチロン他にも糞は居てる」「ってかーほとんど糞やでー（笑）」「あそこで、長居したら　よい人でも糞になる（笑）」などの投稿自体は、何ら具体的事実を摘示するものではないことからしても、これのみで対象者の社会的評価を低下させるとは認められないとした。

その他、「腹黒い」（#291005）、「ドM」（#281222F）、「黒幕」（#290116B）等を、抽象的等として社会的評価を低下させないとしたものがある（その他抽象性について #281215B、#281222D、#280602B も参照）。[89]

以下、類型別に具体性・抽象性や理由づけ等が問題となった事案を見ていこ

---

86) なお、個人に問題があるからといって作品を封印すべきか疑問があるが、特に性犯罪の場合類似被害者のPTSD症状を悪化させない意味があるとも聞いている。

87) #281102A では関係当事者の不控訴によって確定していたため、審理されなかった。

88) ホストクラブではなく、ホスト・風俗・キャバクラ等に関する掲示板である「ホスラブ」というサイトのことを指しているものと解される。

89) なお抽象的だが社会的評価の低下を肯定したものに #290915A。

う。

(b) 辞任・解任・退任

辞任・解任・退任も廃盤と同様に様々な背景から生じる。そこで、例えば、理事等の役職員が辞任・解任・退任したことについては、その結論を単純に述べただけであれば、必ずしも名誉毀損にはならないとされることが多い。

理事を辞任したこと（#201105A）、代表取締役が解任されたこと（#200725）、理事が解職されたこと（#210318）[90]等につき、社会的評価が低下しないとされた事例がある[91]。

これに対し、理由を付して辞任・解任・退任したことを摘示すれば、（その理由にもよるが）社会的評価が低下したとされる可能性が高まる。

#240704は、会社の元代表者である対象者が会社の事業再建を委ねられたにもかかわらず、業績を悪化させてしまったことがその解任の理由であったという印象を抱かせることから、対象者の社会的評価を低下させるとした。

何ら理由が付されない、辞任・解任・退任だけの抽象的な記載だけであれば、そのマイナスの程度は名誉毀損となるほどではないことも多いだろう。それに対し、具体的理由が明示・黙示に示されていれば、その理由にもよるが名誉毀損になり得るということだろう。

(c) 取引上のトラブル

類似の問題として取引上のトラブル等の問題がある。

#220720は、取引上のトラブルがあったとの記載は、具体的なトラブルの内容に触れるものでもなく、それ自体として対象者の名誉を毀損したり、名誉感情を害するものと認めることはできないとした[92]。

#210625は、対象者が作った雑誌の広告主が、社内の事情で突然スポンサーから降りたとの記述部分は、広告主の社内事情が理由となってスポンサーを降りたとの事実を摘示するものにすぎず、対象者の社会的評価を何ら低下させるものではないとした。

#300130Cは繰り返し請求したにもかかわらず（設計に関する注文主である）対象者から設計料の支払を受けていないとの事実を単純に記載して関係者に口

---

90) 対象者らに何らかの処分の理由があったとの印象を読者が抱くことは想定できるものの、こうした抽象的な印象により対象者らの社会的評価が低下するものとは解されないとした。

91) その他、#270331、#210917B、#220226 等参照。

92) ただし準備書面の記載に関するものであることには留意が必要である。

添えを求めた手紙により対象者の名誉が毀損されたと認めることはできないとした。

これに対し、肯定するものもある。

#280122Aは、経営者のクリニックにおいて過去にトラブルがあったために診療費を安くしているとの噂があるという事実を摘示するものであるところ、対象者が、過去の不祥事を原因として、診療費を安くせざるを得なくなったという印象を与えるものであり対象者の社会的評価を低下させるものというべきであるとした。

#280914Cは、対象者が風俗店の取り立てで、相手方の会社に乗り込んで法外な料金を請求したという投稿は、相手の立場をなくさせるような卑怯な方法で、法外な請求をする人物であるとの印象を与え、その社会的評価を低下させるものというべきであるとした。

#280427Bは対象者が不当に表現者に対して支払いをしていないとの摘示が、社会的評価を低下させ得るとした。

取引に多少のトラブルはつきものであり、抽象的に取引上のトラブルや、契約打ち切りの存在を指摘するだけでただちに名誉毀損となるのではなく、トラブルの内容や打切りの理由が問題となる。この類型は、理由づけの重要性を示唆する。

(d) 無罪

一般には、無罪主張をしたり、無罪判決が下されても、それによって名誉毀損にならないことが多い。

#280720B（#281201Aで引用）は、被告人である対象者が無罪主張をしていることや真犯人の存在を指摘するとともに、そう考えた理由として主張している内容を報道することも、対象者の社会的評価を低下させるものとはいえないとされた。

しかし、その理由付けによっては、名誉毀損になり得る。

#211030は、医師である対象者が診療行為と装って患者に対してわいせつ行為を行ったが、高等学校の同窓会の圧力で無罪判決を受けたとの事実を摘示した行為につき、社会的評価の低下を認めた。

#201009は、医師である対象者が医療過誤を理由に業務上過失致死罪で起訴されて無罪となり、テレビ局が無罪判決を報道した際に、対象者が未熟であるから過失責任を問えないという趣旨と理解される報道をしたことが対象者の社

会的評価を低下させたとした。

　同じ無罪判決も、圧力をかけて無罪を取っただけであるとか、医師としての技術があまりに未熟なので無罪になったといったことを摘示すれば、それによって別途社会的評価が低下するのであり、「理由付け」が重要と言えるだろう。

　（e）　お金を持っていて羽振りが良いこと、お金が好きであること等
　例えば、羽振りが良く、派手な生活を送っていることを摘示しても、それだけで対象者の社会的評価を低下させない。
　#200219 は、クルーザー及び複数の自動車を所有し、毎晩焼き肉を食べるなど派手な生活を行っていたことを摘示しても社会的評価を低下させるとはいえないとした。
　#210119 は、ハイクラスのベンツを乗り回していたり、有名人が多いことで知られる高級マンションに居住し、年収は約1億円であるとの事実は、対象者の社会的評価を低下させるとはいえないとした。
　#281130A は、大きな資産を有していることが、対象者の社会的評価を低下させるとはいえないとした。
（その他、#211026B、#210625 等参照）

　もっとも、#210713 は、子供の同級生の誕生日に、子供らを貸し切りのクルーザーに招待し、ディナーパーティを催すなど、華美な生活をしていたことの摘示につき、他の記載とあわせて、私利私欲のために手段を選ばない行動をとる一方、自らは<u>不相応に</u>華美な生活をして逼迫した経済状態に陥っているとの印象を一般読者に与え、社会評価を低下させるとした。
　結局これも理由づけいかんであり、単にお金持ちで派手な生活をしているだけではなく、不相応に華美な生活をしている等の理由づけいかんによっては、社会的評価の低下があり得る。

　では、お金に細かい、お金が好きであるといった事実はどうだろうか。
　#291107B は、掲示板上の、対象者が「女にラブホ代の折半をお願いした」や「ガス代払わせた」との事実の摘示が、対象者の社会的評価を低下させるものといえるか必ずしも明らかではないとした。
　しかし、#280325C は「セックスとお金が大好き」という掲示板上の投稿についてところ、記載の態様も考え合わせれば、対象者が、程度を超えて性的な行為や金銭に対する欲求をあらわにしているという印象を与えるとした上で、名誉毀損を認めた。

#291128E も、対象者が、お金とセックスを好んでいるとの事実を指摘するもので、対象者が性的に奔放な人物であり、また、金銭に対する強い欲求があるとの印象を与えるものであるから、対象者の社会的評価を低下させ、対象者の名誉を毀損するとした。

要するに、お金に対して「程度を超え」（上記#280325C）るような「強い欲求」（上記#291128E）を有していることを示す場合には、社会的評価を低下させ得るということである。

なお、#290912B は、対象者が多額の借入れがあることは、否定的評価につながるものといえ、対象者の社会的評価を低下させるものであるとした。

(f) 多義語

多義語の場合には、その言葉がどのような文脈で使われているかによる。しかし、理由づけがなく、その意味がマイナスの意味で使われていることが示唆されないことは、社会的評価の低下が否定される方向で考慮される。

#281215E は、「ラスボス」を一般に悪意を込めた用語とまでは言えないとして動画配信者の（講演における）「ラスボス」の登場という発言は単に講演の「見せ場」と解する余地もあるとし、社会的評価の低下を否定した。

他にも「怪しい人脈」の具体的内容は不明確として社会的評価の低下を否定した #201015 や「乗っ取り」という言葉は適法な企業買収行為をも含むとして社会的評価の低下を否定した #200218 等を参照。

これらは、多義語が抽象的に使われたにすぎないことが判断において重要な要素となっていると思われる。ただし、文脈、特に理由づけによっては、「怪しい人脈」が反社会的勢力とのつながりという意味に、「乗っ取り」が違法に支配を剝奪するという意味に解され、社会的評価を低下させると解される場合があるだろう（なお「乗っ取り」については #250705 等も参照）。

実際に、一見中立的とも思われる語について、その記載方法から社会的評価の低下を認めた事案がある。

#261107 は、「行政処分」に関し、その処分の内容が明示されていないが、「行政処分を受けるような会社」とか「行政処分を受けなければいけない事をしていた」という記載方法から、社会的評価の低下を認定した。[93]

「行政処分」ないし「処分」という用語は、行政法上は中立的である。もっ[94]

---

93) なお、意見論評事案だが「カルト」に関する #250809 も参照。
94) 行訴法3条2項2号、行政手続法2条1項2号、行政不服審査法2条参照。

とも、上記のような文脈ないし記載方法に鑑み、違法・不当な行為の結果行政から不利益処分を受けたという趣旨と理解され、社会的評価の低下が認められた。

同様に#281220Cは、掲示板における、消費者庁が対象者の景品表示法違反（有利誤認表示）の公益通報を正式に受理したとの投稿は、消費者庁の手続について必ずしも理解しているとはいえない一般閲覧者の普通の注意と読み方を基準にすると、（単なる通報の受付けがされただけではなく）通報が理由あるものとして認められたと理解され得るとして社会的評価低下を肯定した。

なお、「フェチ」という言葉には、（価値中立的な）「特定のものに異常な愛着を示すこと」との意味と（否定的な）「性的倒錯の一種。異性の衣類・装身具などに対して、異常に愛着を示すこと（フェティシズムの略語）」の意味の2つがあるところ、#290330Bは対象者が女性の姿を想像しながらサドルの匂いを嗅いでいるイラストや、対象者が女性の残り香目当てでサドルを盗んだとの記載、対象者がサドルを「嗅いだり、なめたりしていた」と供述したとの記載を踏まえ、後者であると認定し、社会的評価の低下を認めた。

(3) 表現方法

(a) はじめに

表現方法は、社会的評価の低下の有無の判断要素となる。

(b) 疑惑・仮定

上記（68頁）のとおり、そもそも疑惑等と書かれていても、それが内容を摘示したとされることがある。以下では、この点の検討の結果、当該摘示があくまでも疑惑等摘示の意味であると判断されたことを前提に、そのような疑惑等の摘示が社会的評価を低下させるかについて検討する。

上記のとおり、#240615は、対象者が談合に関与していた疑いが極めて濃厚であるとの事実を摘示したことが対象者の社会的評価を低下させるとした。

#200926は、相当の視聴者が対象者である町長が談合に関与した可能性がある等との印象をもつ発言について、町長にとって談合への関与等がおよそ許されざる行為であることにも照らせば、社会的評価を低下させるとした。

#201226Aは、論文ねつ造に関する記者会見において、マウスが当初から存在しなかった可能性を述べる発言は、筆頭著者の嘘の程度が重大である可能性を示唆するものであり、社会的評価を低下させるものとした。

疑惑であっても、その疑惑の内容や疑いの程度の高さ等によっては、十分に

社会的評価を低下させる。

しかし、社会的評価を低下させないと判断したものもある。

上記の #230719A は、対象者であるファンドと反社会的勢力との関係が疑われるとの発表が、相当と認められる限度を超えないとして、社会的評価を低下させないとした。

#200822A は、やや特殊な事例だが、上司である表現者が、不正アクセスをして機密情報を入手した犯人は（部下である）対象者である疑いが強いと述べたことにつき、対象者を犯人と断定するものではないとして社会的評価が低下しないとした。

断定をせず「疑い」にとどめたほうが社会的評価の低下の程度が少なくなるのは当然であり、その結果として名誉毀損と認められる程度を下回っていれば社会的評価は低下しないと判断されるし、なお上回っていれば社会的評価は低下したと判断される（#291206 も参照）。

類似の問題として、仮定の話についての社会的評価の低下の有無が問題となることがある。

#271120 は、投稿の「もしリアル暴力やっつてたら」（ママ）は、一般閲覧者の普通の注意と読み方からすれば、対象者が現実に暴力を振るった事実があった場合の仮定を示すものと理解されるとして社会的評価低下を否定した。

#200829 は、仮に一部でも無断複製があったとすれば、対象者の書籍は海賊版となるとの発言をしたことは対象者の名誉を毀損するものではないとした。

#250624 は、掲示板への投稿につき、既に存在する対象者が倒産したとの投稿に基づき、そのような事実を仮定した上で、そうであるとすれば、計画倒産ではないかという憶測ないし意見を付け加えたにすぎないとして名誉毀損を否定した。

#281118B は仮定による、対象者（とされる者）が「嫌がらせの手段として裁判を利用しているのだとしたら」などの表現は、（仮定であって）現に対象者（とされる者）が嫌がらせの手段として裁判を利用しているとの事実を摘示していると理解できないとした。

この場合にも、「疑惑」と同様に、「仮定」の話とした結果として名誉毀損と認められる程度を下回るか否かが問題となるだろう（#200822B も参照）。

(c) 伝聞

疑惑・仮定と類似した問題が、伝聞や引用である。

裁判例では、伝聞や引用でも、名誉毀損が成立するとしたものがある。

#250527 は、新聞記事の、医師法違反で逮捕された被疑者の「(薬剤を)大量に処方して利益を上げたかった」等という供述の引用部分につき、社会的評価の低下を認めた。

これに対し、名誉毀損を否定したものもある。

#211126 は、大学の人権委員会の報告書において、「被申立人によると、申立人(筆者注：対象者)に対して説明責任を果たさなかった理由は『△△相談員(筆者注：対象者)が守秘義務違反を起こしたことからトラブルになったため、雇止め問題がそうした問題と関連させて拡大解釈されることを極力避けたかったから』であ」ると記載されたところ、単に、被申立人が述べた事実を記載しているにすぎないことを前提に、社会的評価の低下を否定した。

単にそのようなことを言っている人がいるという程度では名誉毀損となる程度の社会的評価の低下までは認められないこともあり得る。

(d) 一方的主張

双方が対立している際において、一方的な主張として事実を摘示するにすぎないことが社会的評価低下の有無の判断において考慮されることがある(なお、意見・論評については 297 頁参照)。

#220301 は、特別委員会に提出された、一方当事者が相手方の主張や意見を反駁するための文書について、これをただちに真実又は相当程度確からしい情報と理解して対象者への評価を形成するとは考え難いとした。

#240913 は、訴訟における一方当事者の主張内容であることを明記して公表されたプレスリリースにつき、断定的な事実として公表されたものではないから、ただちに対象者の社会的評価を低下させるものということはできないとした。

#281025 は、対象者が同業者から訴訟を提起されたという事実を摘示するものであるところ、提起された訴訟の具体的内容や対象者会社の勝敗に立ち入るものではなく、対象者の社会的評価を低下させるものに当たらないとされた。[95]

他方で、名誉毀損を肯定する裁判例もある。

#200926 は、対象者の関連企業による談合が想起される等として監査請求を行った事実を摘示した記者会見について、当該主張が真実かどうかは最終的に

---

[95] その他、#210123, #201205, #260528, #250830, #200422 等参照。

は監査委員の判断を待つ必要があると理解しつつも、対象者が談合に関与した可能性があるとの印象をもつ者が相当数いる等として社会的評価の低下を認めた。

また、上記の#220301は、特別委員会ではなく、対象者の勤務先である大学の学生に配布した文書につき、文書の受領者は、表現者と対象者が対立関係に至った事情等を十分認識していたとは認め難いとして、記載内容を真実又は相当程度確かな情報として理解し、対象者に対する評価を形成する可能性は否定できないとして、社会的評価の低下を認めた。

#281017Bは、対象者が単に訴訟を提起したという事実を摘示するにとどまるものではなく、対象者が不貞行為を行ったこと、少なくとも不貞行為を行ったことを相当に高度な確度をもって疑われ訴訟提起されるに至った人物であるとの印象を与えるものであり、対象者の社会的評価を低下させ、その名誉を毀損するものであることは明らかであるとした[96]。

表現者と対象者間が対立状況にあり、相手にも相手なりの言い分があるだろうと読者が知っていることは、社会的評価の低下の程度を緩和する事情であり、これを理由に名誉毀損が否定される事案もある（上記#220301、#240913等参照）。しかし、表現の内容によっては、一方的主張であることだけでは十分な緩和効果がないこともあるし（上記#200926等参照）、読者が当事者間の対立を十分に認識していなければ、これをいわば鵜呑みにしてしまって、社会的評価を低下させることは十分にあり得るだろう（上記#220301等参照）。

訴訟提起も、単なる一方的主張の場合（上記#281025）と、相当に高度な確度をもって不祥事を疑われたことを示唆する場合（上記#281017B）で判断が異なる。

(e) 名誉毀損を避ける配慮

類似の問題として、断言を避け、対象者の反論を併記する等の、名誉毀損を避けるための配慮が社会的評価の低下の有無の判断に影響することがある。

上記の#230719Aは、対象者であるファンドと反社会的勢力との関係が疑われると公表する際、対象者の社会的評価を低下させることのないよう慎重かつ相応の配慮がされた上で行われたとして、社会的評価を低下させないとした[97]。

---

96) その他、#240927A等参照。
97) 具体的にはマスメディアに、報道に関して、特定の企業や個人に風評被害を及ぼすことのないよう協力を求めること等が認定されている。

#201209A は、裏金疑惑を報じる記事につき、裏金という認識はなかった旨の対象者の言い分を掲載し、それを否定する旨の記述は一切ないことを前提に、対象者が当該資金の原資が裏金であるという認識なくして、客観的に裏金であった資金を提供したとの事実が摘示され、これを対象者が認めたとの事実が摘示されたとしても、これらにより対象者の社会的評価が低下するとはいえないとした（#300823C も参照）。

#281012A（#290530A で上告不受理）は、一般読者基準によれば、（政治家である）対象者がネオナチの代表者とされる人物と一緒に写真に写ったことが報じられ、実際に、ネオナチといわれる団体の代表者が対象者に近づいてきた可能性は否定できないものの、対象者の弁解の併記等の結果、あくまでも対象者は、相手の素性や思想は知らなかった旨弁明しているという事実を摘示するにとどまるものと解されるとし、社会的評価を低下させないとした。

#280720H は金銭貸借に関する表現者の言い分を記載するとともに、対象者がこれと異なる説明をしていることを記載したものと理解すべきものであって、一方的に表現者の発言が真実であるという印象を与えるとは解し難いとして対象者の社会的評価を低下させ、名誉を毀損するものとは認められないとした。

#290530B はマンション内の紛争に関連して、対象者のピアノの音について理事会で議論した議事録について実際の事実関係が簡潔にまとめられた内容・表現となっており、その内容・表現に対象者の品性、名声又は信用を殊更低下させる部分があるものとも認められないとした。

もっとも、反論併記等をしても社会的評価の低下を認めた裁判例もある。

#201028A は、断定的な表現を避け、また対象者が被疑事実を否認していることも報道していることなどを考慮しても、使用された映像、音声及びテロップの表示等とあいまって、対象者の社会的評価を低下させるものとした（#200304B の認定を引用）。

#210925A は、対象者が保険金殺人を全面的に否認し、無罪の獲得に自信をもっていた旨の記載がある等の記載があるが、対象者と他の被疑者との関係、対象者と被害者との関係及び被害者殺害の具体的方法など保険金殺人事件の内容を報じている記載が大半を占めており、対象者が犯行を否認しているなどの記載はわずかにとどまる以上、対象者が保険金殺人事件の犯人であるとの印象を左右しないとした。

（その他、#201226B 等参照）。

反論併記や、断定を避ける記述等は、社会的評価低下の程度を減らす要素であるが、元々の摘示する事実いかんによってはその減殺効果が十分ではないとして、なお社会的評価を低下させたと判断されることはあり得るだろう。

なお、複数の当事者の意見が対立する場合、一方当事者の反論を併記したことそのものが相手方当事者に対する名誉毀損だと主張されることがあるが、それは否定的に解されている（#230531 等参照）。

(f) 固有名詞化・呼称

インターネット上では、対象者が揶揄的な呼称で呼ばれることが見られる。

#281221B はゲーム制作者である対象者を「パクミン」と呼んだ事について、対象者は（有名なゲームである）「ピクミン」をまねし、オリジナル性のないパクリのゲームを制作した事実や、ひいては対象者が他社のゲームをまねしたゲームしか制作することができないゲーム作成の能力に欠ける者であるとの事実を間接的に又は叙述の前提として黙示的に摘示するものであると主張したが、「パクミン」は対象者の呼称として広くインターネット上で流通しているからせいぜい侮辱的な行為にとどまるものというべきであるとした。

#281118B は、名誉感情侵害ながら「ゲスい」との言葉は、下種（下衆、下司）を形容詞のように変換した言葉であると考えられ、下種とは心のいやしいことやその者を指す言葉であり、ごく最近芸能情報等で話題に上るようになった<u>ほとんど固有名詞化したような用法はともかくとして</u>、一般的には、通常の社会生活において投げかけられることは滅多にないような強い侮辱表現であるとしており、これも固有名詞化が社会的評価低下に関係することを示唆する。

特定の呼称で対象者が一般に利用される場合に、表現者が当該対象者について論及する方法として、そのような一般的呼称を用いることはあり得るのであり、その呼称が単に揶揄的な領域に留まる限り、対象者にとっては不快であっても、ただちに当該呼称のみをもって社会的評価低下を認めるべきではない。

ただし、当該揶揄的呼称とあわせて、対象者に関する具体的事実を摘示した場合に、当該揶揄的呼称の存在が社会的評価の低下の度合いを高める可能性はある。また、対象者を例えば「殺人鬼」と呼ぶような場合、それがいくら固有名詞化しても、社会的評価の低下を否定できないこともあるだろう。

（なお、もじりについての 80 頁以下も参照。）

(g) アスキーアート

アスキーアートはコンピュータ上で文字や記号などを組み合わせて作った

絵のことであり、この利用については、表現内容の特定（顔文字につき、79頁）、公益性（216頁）、侮辱（397頁）等の様々なところで問題となる。

#290914Dは、アスキーアートを用いて対象者が、その代表者が気に入らない従業員をすぐに解雇するような会社であると摘示した投稿につき、結論として社会的評価を低下させるとした。

とはいえ、アスキーアートには様々なものがあり、アスキーアートがあれば一律に社会的評価を低下させやすいということではなく、具体的なそのアスキーアートの内容を踏まえて判断すべきであろう。[98]

(4) 表現の対象事項

（a）はじめに

表現の対象事項についても、一定の傾向を見いだすことができるので、類型毎に以下検討する。

（b）プライベートな事柄

対象者の私的な領域に関わる事実を公然と摘示することは、対象者のプライバシー（44頁参照）を侵害し得る。プライバシー侵害と名誉毀損は要件が異なっており、プライベートな事柄を摘示した場合、プライバシー侵害になるかどうかは別論、ただちに名誉毀損になるわけではない。

例えば、「ダイエット」（#201029B（#210513Aがこれを引用））、「合コン」（#200219）[99]、（歌手の）「追っかけ」（#210406）、「美容整形や歯の矯正」（#251112）、（ホストの）婚姻（#290529A）等の事実について、これを摘示しても対象者の社会的評価を低下させないとした裁判例がある。

もっとも、プライベートな事柄であっても、内容によってはその摘示が対象者の名誉を毀損することがある。

#291017Bは対象者の容姿のせいで、対象者の夫がキャバクラに行って遊んでいるとの印象を与え、対象者の社会的評価を低下させるとした。

#201219は、会社において上司らが、30代の女性従業員である対象者に対し、悪臭がする等と指摘したことで対象者の社会的評価が低下したとした。[100]

#240808は、対象者が整形したとの事実を摘示するものであり、読者に対し、

---

[98] 例えば、「8888」は拍手を表すだけのアスキーアートであり、その場合にはその意味を踏まえて判断すべきだろう。

[99] ただし、#231228等も参照。

[100] ただし、現実に業務に支障があると感じるほどの悪臭が存在したとして違法性が否定された。

暗に、対象者は顔を整形したことがないかのように装っているが、実は整形したことがあるとの印象を与え得るから、対象者の社会的評価を低下させ得るとした（ただし抗弁の存在を否定できないとして発信者開示請求を否定）[101]。

当該摘示事実が一般読者にどのように受け止められているかを元にケース・バイ・ケースで判断することになるだろう。

(c) 性的事項

性的事項もプライベートな事柄の一つであり、単なる性的な行為を行ったという事項の摘示だけで社会的評価をただちに低下させるとはいい難い[102]。

#250625 は、対象者が成人向けの漫画本を購読し、その購読後の漫画本を中古品として廉価で販売するという事実自体、ただちに対象者の社会的評価を低下させるものとみることは困難とした。

もっとも、その内容いかんによっては社会的評価を低下させ得る。

比較的多く見られるのが性的に奔放ないし不道徳なことを摘示した場合に社会的評価低下を認めるものである。

#280712A は「ヤリマン」（79頁参照）との隠語は性行為に積極的で、相手を次々と変えて性行為を行う女性を指すものとして用いられる、侮辱的ないし否定的な意味の言葉で、対象者が、性行為に積極的で、相手を次々と変えて性行為を行う女性であるとの印象を読み手に与えるものとなっているから、対象者の社会的評価を低下させることは明らかとした。

#291205A は、掲示板上の（女性である）対象者は「男ならだれでも寝る」との摘示を名誉毀損とした。

#280908C は「女性を使い捨てることを繰り返す」との記載は、対象者は女性との関係を単なる性的欲求の解消手段とし、その目的を達すると一方的に関係を解消して新たな女性を求めることを繰り返しているとの事実を摘示するものであるといえ対象者が女性の人格を尊重せず、また、性的道徳心に乏しい人物であるとの印象を与えるものであるから、対象者の社会的評価を下げるものであるといえ、名誉毀損になるとした（#290323C も参照）。

また、異常性癖も、社会的評価を低下させるとされることが多い。

#280330D は対象者がスワッピングパーティーの常連であり、スワッピング専門の会員制クラブに入会し、性交渉の場面を撮影されていたとの事実を摘示

---

101) #290912B、#290920B、#281208、#280209A、#210305。
102) 性風俗業への従事につきプライバシー侵害を認めた #270618 等参照。

は、対象者が異常な性癖の持ち主であるかのような印象を与え、その社会的評価を低下させるものであるとした。

#250719 は、動画サイト等で対象者の SM 趣味やロリータ趣味等について具体的な事実を摘示したことが対象者の名誉を毀損するとした。

さらに、性的な営業手法についても社会的評価低下が認められることがある。

#280118A は対象者が枕営業を行っていたとの事実を摘示する掲示板上の投稿が対象者の社会的評価を低下させるものと認められるとした。

#280310B は対象者が、上司及び男性顧客等に対して色目を使って契約をとっているという具体的事実を記載したものであるところ、そのような事実の記載は、対象者の社会的評価を低下させるものであるということができるとした。

これらとは異なる問題として、職業に関し、性的な業務に従事しているということが社会的評価を低下させるかも問題となる。

#100710 は、対象者が経営する会社がアダルトビデオの制作にかかわっていたという事実が対象者の社会的評価を低下させるとした（佃 111 頁）。

#290926B は対象者がアダルトビデオに出演しているとの事実は対象者の社会的評価を低下させる内容のものと認められるとした。

#290316A は風俗嬢であるとの摘示につき名誉毀損を認めた

#200219 は、対象者が「エロサイト」を運営したという事実の摘示が対象者の社会的評価を低下させたとした。

その他、刑事の名誉毀損罪に関するものとして、#140314 は、特殊な例であるが、対象者の顔が見える形で温泉に入浴する姿を盗撮したビデオが販売されたところ、撮影されている女性が、不特定多数の者に販売されるビデオテープに録画されることを承知の上、自ら進んで裸体をさらしているのではないかという印象を与えかねないものになっている等として名誉毀損罪の成立を認めた。

現代社会における一般人（一般の読者）の認識を前提とすれば、自己がそのような業務に従事していると公言しているような者を除けば、このような事実の摘示が社会的評価を低下させると判断されることもやむを得ないところがあるだろう。[103]

(d) 労働・職業

労働関係では、いわゆるブラック企業に関する投稿がよく問題となる。

---

103) その他、#260630、#201027、#250327C、#280209B、#280329C、#280908C、#290912B、#290130B 等参照。

#280928Aは、特定の企業の評判(特に就職対象としての評判)がテーマとなっているインターネット上のやり取りにおいて、「ブラック」という用語が、労働法規等を遵守せず過重な労働を強いる企業であるとの評価を示すものとして定着していることは当裁判所に顕著とした。

　この判決が示唆するように、「ブラック企業」という表現は、インターネット上で比較的よくみかけるところである。[104]

　確かに、近年は、労働法違反が常態化する悪質な企業といった意味で「ブラック企業」が用いられることも多く、特に転職等を考える人にとって、転職先が「ブラック企業」か「ホワイト企業」かは重要な参考情報であり、文脈によっては対象者の社会的評価に相当程度影響があることは否定できないだろう。

　ただし、「ブラック」との摘示があれば、必ず社会的評価が低下するとは限らない。

　#260714は、「キングブラック」等の投稿を意味不明とした。

　#270317Aは、「ブラック専門学校」というツイートによって対象者の社会的評価が低下するとはいえないとした。

　#290210Cは「会社、社員もブラック」のみでは抽象的すぎて社会的評価を低下させないとした(同様のものとして、#270630)。

　やはり、具体的文脈及び理由づけ等もあわせて社会的評価の低下の有無が判断されるというべきであろう。

　その他、労働環境については、いくつかの社会的評価低下の肯定例がある。

　#280713は従業員の入社後に研修や引継ぎがなく、退職率が非常に高いため、担当者が次々に変わって業務の効率化が全く行われていないことを内容としており、一般の閲覧者の普通の注意と読み方を基準とすれば、対象者が職場として働きにくく、その業務の遂行も不合理な会社であることを示しているということができ、対象者の社会的評価を低下させることが明らかとした。

　#280902Cは「残業地獄」「パワハラ当たり前」と指摘しており、一般読者の普通の注意と読み方を基準にすると、「地獄」と思えるほどの残業時間を従業員に強いる、違法な残業時間が相当程度ある事実、及び、対象者においてパワハラが常態化している事実が読み取れることから、対象者の社会的評価を低下

---

[104]　#260909、#260805、#290131D、#290209A、#281222B、#291208B、#220902、#260613、#260515、#240831A、#241130A、#231124、#230708B等参照。ただし#291204は社会的評価を低下させる意見論評とする。

させることは明らかとした。[105]

これに対し、否定例もある。

#291128Dは従業員がサービス残業を自発的に行うこともあるから、サービス残業との表現が雇用主によって強制されている旨の文脈で用いられたかのか、そうでないかを、一般読者の普通の注意と読み方を基準として判断することになるとし、社会的評価低下を否定した。

なお、#290131Dは会社たる対象者が、「有り得ない仕事量させて絶対終わらせろよ言って結局は強制残業、休日出勤させる」つまり強制的に残業や休日出勤をさせている会社であるとの事実を摘示し、「手当の事言うと、みなし残業代出てる、休日は勝手に会社来てる」、つまり休日割増賃金を支払っていないとの事実を摘示しているとはいえるものの、一般の閲覧者に対象者の労働環境が劣悪であるとの印象を与えるとまではいえないから、対象者の社会的評価を低下させているとまではいえないとした。微妙な判断である。

職業についても一連の裁判例がある。

単に対象者の職業を摘示することについては、原則として社会的評価が低下するとはいい難いだろう。

#210414は、ゴミ回収中の対象者が意に反してテレビに映され、子どもが友人らから、「お前の父ちゃん、ごみ屋さんなんだって？」等と言われた等と主張したところ、廃棄物の収集という職業が社会的に何かの問題のある職業というわけではなく、何ら恥ずべき職業でもないことは明らか等と指摘した上で、結論において、名誉毀損を否定した。

#211222Bは、C氏がテキ屋だとか、向こうで水商売をしていたDさんと出会って再婚した等という記述が、単にCやDの過去の職業を摘示するものにすぎず、CやDの社会的評価を低下させるものというのは困難とした。

職業差別が厳しかった過去であれば別論、現代であれば、職業の摘示だけで社会的評価が低下することはそう多くないだろう（#240130も同旨）。

ただし、#240406は、「売春女」を、#260424Aは「援助交際ないし売春行為」を社会的評価を低下させ、その名誉を毀損するとしており、上記の性的事

---

105) なお、#290224Aは一般的にはボーナス支給制度のないことは、当該会社の社会的評価を低下させる事実であるということができるとする。確かに、この事案では、ボーナスの支給がないのにあるような募集をしているといういわば詐欺的態様が摘示された事案なので、結論に問題はないが、この理由づけの部分は疑問である。

項に関する社会意識(及び売春防止法の存在等)から、ここまでいけば名誉毀損とされるのだろう。

これに対し、社会的評価の低下が広く認められる業種があり、やや違和感を覚えるところである。

#210226 は、マルチ商法では、事実と異なる宣伝や強引な購買勧誘を伴って高額商品の販売がされ、多数の消費者が損失を受ける傾向があることから特定商取引法が異例ともいうべき厳しい規制を行っており、多くの人は、マルチ商法に対し「いかがわしい商売の方法」という印象を抱いているとして、対象者がマルチ商法を行っているという摘示は、社会的評価を低下させるとした。

#260910 は、情報商材の販売を摘示する投稿につき、情報商材を利用した悪徳商法の事例が報告されて社会問題となっていることから、対象者の社会的評価を低下させるものであると認められるとした。

もちろん、対象者が消費者保護法令等に違反する悪徳業者であると指摘したのであれば、社会的評価が低下するだろう。ただ、一般論として、対象者自身が公然と連鎖販売を行ったり、情報商材の販売を行っているといった場合についてまで、それを単に指摘することが社会的評価が低下するとまでいうのであれば、少し行きすぎではないか。

実際、#280311A は、「ロト6等のギャンブル商材やツール等」との記載のみではその内容の具体性がなく、これがただちに詐欺的なものであることを意味するとまで読み取ることはできないとした。[106]

では、対象者が無職だという摘示はどうか。

#280129C は、対象者が無職であるとの事実につき、無職であることの理由は多様であって、無職であること自体がただちに当該人物の能力又は資質の低さに結び付くものではないが、一般閲覧者の普通の注意と読み方からすると、無職であるとの事実が摘示されれば、当該人物の労働意欲又は労働能力が乏しいかのような印象を与え、当該人物の社会的評価を低下させることは否定し難いとして対象者の社会的評価を低下させるものと認められるとした。[107]

---

106) なお、#280721B は情報商材については、問題のあるものがあることは認められるが、すべてが問題のあるものとまではいえないとした。

107) その他労働関係につき #281212A、#280708A、#280425C、#280421C、#270630、#281222C 参照。

(e) 権利行使

対象者が権利を行使したと摘示することが社会的評価を低下させるかが問題となることがある。

#211009 は、ショッピングセンターを経営する対象者が、大型店の出店規制をする自治体に対し通知書を送って反対の意思を表明したとの事実自体は、必ずしも対象者の社会的評価を低下させることにはならないとした。

#241120 は、逮捕された対象者が調書には一切署名しなかったとの指摘について、刑訴法上の権利（刑訴法198条5項参照）であり、対象者の社会的評価に影響を及ぼさないとした。

#300530（#300313 を是認）も、対象者が、名誉毀損を理由とした発信者情報開示請求をするという事実を摘示しても社会的評価を低下させないとした。

確かに、権利行使そのものは、正当な行為であり、ただちには社会的評価を低下させないだろう。

しかし、#210828A は、元交際相手に対して多額な慰謝料の支払を求め、その支払を受けてもこれに飽き足らず、再度慰謝料の支払を求めたという摘示や関連する論評は、その額の大きさ等から反道徳的行動に出た非常識な人物であるとの印象を与えるものといえ、対象者の社会的評価を低下させるものと認められるとした。

結局、権利行使の態様いかんによっては、それが反道徳的とか非常識として社会的評価を低下させることがあり得るのであり、あくまでもどのような権利についてどのような態様で行使したかが問われるだろう。

(f) 社会生活上あり得る事柄（ミス、不手際、商売の方法等）

いわゆるミスや不手際でも、社会生活上あり得る事項であれば、それをもってただちに社会的評価を低下するとはいえない。

例えば、消費者関係では、トラブルがあったという事実の摘示が社会的評価を低下するとはいえないとされた事案がある。

#241212A は、宿泊サイトにおける、天然プラネタリウムを名乗って星空の美しさを宣伝しているのに明かりがついている、部屋にクーラーがついていない、本来より高い代金を一度は請求した等の口コミについて、社会的評価の低下を否定した[108]。例えば、チェックアウト時に、宿からシーズン料金として高い

---

108) ただし、念のため、抗弁事由を検討している。

料金を請求されたが、結局、過大請求されることはなかったとの事実については、宿泊施設がチェックアウト時に間違った金額を請求することはあり得るから、たとえ誤った請求があったとしても、その場で間違いが是正されて精算が終了したのであれば、対象者の社会的評価を低下させるとはいえないとした。

#240809B は、対象者である会社がアンケートに答えた表現者に対し 3 週間たっても約束のクオカードを送ってこないとの事実を摘示した投稿につき、一般の閲覧者の普通の注意と読み方を基準にすると、表現者がそのような体験をしたとの印象を与えるにとどまるとして、対象者の社会的評価を低下させ、またはその危険を発生させるものとは認められないとした。

#300516 は結婚相談所で毎月 2 人しか紹介を受けられないという摘示について、紹介人数がどの程度となるかは会員により異なり得るものであるし、結婚相談所のサービスに対する評価は、紹介人数だけで決せられるものではなく、これをもって対象者の社会的評価を低下させるものではないとした[109]。

#220507 は、投資の勧誘をした対象者の口車に乗せられ、消費者金融でお金を借りさせられた等の投稿について、対象者の説明がいわゆるセールストークの域を出ないようなものであったところ、これを真に受け、金融商品を借入金で購入したが損失が出たことに対する不満を表す意味と理解するとして、ただちに対象者の社会的評価を低下させるとは認められないとした。

#260228A は、路上で弁当の販売をする際に、歩行者の後を追いかけ、あるいは、停止している自動車の前方又は側方から運転者に声をかけたり、窓をたたいたりすることが正常な範囲を逸脱したものとはいえず、そのような事実を摘示したからといって、これを閲覧する者に対して対象者による弁当の販売方法がやや強引であるとの印象を与えることにはなっても、ただちに対象者の社会的評価を低下させるとはいえないとした[110]。

これに対し、対象者の社会的評価を低下させるとしたものもある。

#291128B は消費者に解約条件を誤解させるという悪質な販売方法を採用しているとの印象を与えるものであるから、対象者の社会的評価を低下させ、その名誉を毀損するものといえるとした。

---

[109] なお、同判決は退会の意思を示した会員に「何度もしつこく」メールで勧誘したこともただちに社会的に相当な範囲を超えるものであるとの印象を与えるとまでは言い難いとして対象者の社会的評価を低下させるものではないとした。

[110] その他、否定例として #290830A や #290322F も参照。

これに対し、#291026C は、結婚相談所が紹介する結婚相手の年齢層が高く、世間一般以上の容姿の者が少ないこと、また、入会やイベントの参加の際に高額の費用がかかることの摘示は社会的評価を低下させるとした（ただし公正な論評の法理を適用した）。[111]

例えば、結婚相談所についていえば、結論だけみれば上記 #300516 と上記 #291026C が対立するが、紹介人数のみの指摘であれば、人数が少なくてもマッチ率が高い人を紹介する方が、あわない人を多数紹介するよりも良い場合もあり、社会通念上あり得る範囲であろう。しかし、一般読者基準から適切な結婚相手が紹介されないという趣旨に読める投稿であれば、社会生活上あり得る範囲を超え、社会的評価を低下させるのだろう。

企業の事案では「補助金目当て」について判断が分かれている。

#281025 は、対象者が過去に土地を購入したのは補助金の受給を目的とするものであったという事実を摘示するが、企業が事業を行うかどうか、これをどの地域で行うかなどを決定するに際し、公的な補助金の受給の可能性を考慮することは、格別非難されるものではなく、対象者の社会的評価を低下させるものに当たらないとした。

#300606 は一般の閲読者の普通の注意と読み方とを基準とすると、対象者が研修生の教育内容に関心を持つことなく、研修生受入れのための経費を考慮することもなく補助金を得ることを目的として多数の研修生の受入れをしている会社であるとの印象を与え、社会的評価を低下させるものとした。

単に補助金を事業経営の判断の考慮要素にするにとどまらず、いわば「補助金目当て」で本来なすべきことをしない等という趣旨であれば社会的評価を低下させるのだろう。

なお、水商売の関係で、客の支払うべき金額を自分で負担することで売り上げが高いように見せかけるという事実を摘示することが社会的評価を低下させるかについても判断が分かれている（#280517C 及び #280520B 参照）。[112]

(g) ネット上の行動

ネット上の行動についても、その文脈に応じて判断される。

「ステマ」が、いわゆるステルスマーケティングの意味で使われていれば、対象者の名誉を毀損することが多いだろう。[113]

---

111) その他、肯定例として #280921C、#290316E、#300123D も参照。
112) その他、#250826、#300131B、#280805B、#280921B、#290131E 等参照。

しかし、これはあくまでもそのように文脈上理解された場合であり、異なる理解がされたのであれば、異なる判断がされる。

#260512C は、上記（78 頁）のとおり、商品のファンが好意的な投稿をすることを揶揄したにすぎないと解した上で、社会的評価を低下させないとした。

ステマ以外にも対象者がネット上で不適切な行動をとっていたと摘示する場合の社会的評価低下が問題となることがある。

まず、ステマと類似したものとして自作自演がある。

#280915A は、対象者が自作自演による無責任な投稿をする人物であることを指摘しており、さらに、情報操作を行っていることを付加しているところ一般人が通常の注意と読み方をした場合、対象者が他人を装って投稿をするという姑息な手段により、自己に不都合な情報へのアクセスを阻害しようと画策しており、対象者は情報の流通において不適切ないし不相当な行為を行う道義観念の低い者であると認識されることになるから、対象者の社会的評価を低下させるものというべきであるとした。

これに対し、#281222F は対象者について「自演ひどい」と記載するものであり、対象者がスレッド上において第三者を装い投稿をした旨が読み取れるが、それ以上に具体的な事実、根拠等が示されることもないからすると、一連の投稿を踏まえてもその内容は不分明なものであって、同投稿がただちに対象者の社会的評価を低下させその名誉を毀損することが明白とはいえないとした。

一口に自作自演とはいっても、そのような自演行為の具体的内容として、対象者が何をしたのか、そして、その不適切性の程度等によって判断が分かれるのだろう。

次に、投稿そのものであるが、#281220A は掲示板への投稿に関する複数の表現について異なる判断をした。まず、対象者が掲示板に投稿をしたという趣旨の投稿は、社会的評価を低下させないとした。これに対し、会社の重役である対象者が、仕事をせずに、スレッドを継続的に閲覧し、また、投稿を行っているとの事実を摘示するものは、社会的評価を低下させるとした。[114]

#281011 は、掲示板に卑猥な投稿や差別的な投稿をしている事実は、対象者

---

113) 78 頁、#260604、#251227A、#280118B、#291128A 等参照。#291026G はステマとの表現は用いていないが同旨。

114) ただ、「精神障害のキモ爺」と呼ぶなど、種々の観点から見て不適切な表現が用いられている投稿内容に鑑みると疑問はある。

が歯科医院を開業・運営していることにも照らせば、一般読者において不適切とみなされる事柄に属するから、対象者の名誉を毀損するとした。

#280915Aは、対象者が「荒らし」であるとして、本件スレッドないし本件掲示板において他の利用者にとって不快であり、その利便性を著しく妨げる迷惑行為をする者であるかのような指摘をしているところ、対象者は社会的に不適切ないし不相当な行為を行う道義観念の低い者であるとの評価を受け、対象者の社会的評価を低下させるとした。

単純な投稿だけでは社会的評価を否定する方向で考えるものの（#280315A等も同旨）、それを超え、匿名掲示板への頻繁ないしは過剰な書き込み（#280322B等も同旨）や差別的・卑猥な投稿や荒らし行為は社会的評価を肯定する方向で考えるというのは、少なくとも現時点の一般読者基準であれば肯定できるのではないか。

なお、#291121は この掲示板は過去に対象者のことで炎上していたとする投稿について、対象者の話題に関して、対象者とは無関係の投稿者の失言等により、その失言等を巡って非難や中傷の投稿が数多くなされることもあるのであるから社会的評価を低下させるものと認めることはできないとした。文脈上対象者の問題行動ではなく、それ以外の理由で話題になったと読める余地があれば、社会的評価を低下させない場合もあり得るだろう。[115]

(h) 荒唐無稽

特にインターネット上では、荒唐無稽な内容の投稿がなされることがある。その荒唐無稽さの程度によっては、社会的評価が低下しないことがある。

#240906は、アダルトアニメの主人公について、対象者である女性参議院議員と特定できるものの、何の理由もなく見ず知らずの複数の男性宅を訪れて性行為を行うという荒唐無稽な内容から、フィクションであることは明らかであって、対象者の社会的評価を低下させるものであるとは認められないとした。[116]

しかし、やや怪しい内容でも、結論として社会的評価低下を認めたものがある。#280809Bは、封筒に発がん物質を入れ、封筒を開けたときに、それを吸うとガンになる等の記載も、一般の読者において全くあり得ないことであると受け止めるとは限らず、対象者の社会的評価を低下させる表現であるというこ

---

[115] その他 #280914C、#280314A、#290124A、#280125D、#280218B、#291026G、#280426A、#280825D。

[116] #210203Bも一般論としては荒唐無稽なら社会的評価を低下させないことを示唆する。

とができるとした。

#280715 は、対象者において新卒入社の社員が何らかの理由によりほぼ2、3年以内に全員退職するとの事実は、一般におよそあり得ない事態であるということはできないとして対象者の社会的評価を低下させるとした。

#290131C は教師たる対象者が生徒を脅して肉体関係を持っているという事実は、それ以上の具体的事実の摘示がないことを踏まえても、およそ一般人がこれを信じないとは言い得ないとして社会的評価の低下を認めた。

一般論としては、本当に荒唐無稽な表現であれば、一般読者は対象者がそのような人物である、ないし対象者についてそのような出来事があったとは思わないのであるから、対象者の社会的評価は低下しないといえる。ある表現が荒唐無稽かは摘示される内容、特にその摘示の根拠等から判断されるだろう。

(5) 前提知識

社会的評価が低下するかどうかについては、一般読者の前提知識も影響する。このうち、同じ内容が複数回投稿・報道された場合は、350頁以下で詳述した。

これと似て異なる問題として、前提となる知識について従前の報道や投稿等で一般読者が知っているとみなされれば、当該事情が社会的評価低下の有無に影響する。

#280913C は、結婚しているのに異性に触るという投稿につき、同人が水商売に従事していることが既に一般読者に知られていたことから、その職務の性質に照らし、対象者の社会的評価を低下させないとした。

(6) その他

(a) 対象者の社会的評価が高いこと

対象者の社会的評価が低いことは後述（350頁）するので、ここでは、対象者の社会的評価が高い場合の社会的評価の低下の判断について検討する。

#210715 は、対象者の主張どおりであるならば、対象者は社会的に確固たる評価を獲得しているというべきで曖昧模糊としたあるいは極めて抽象的な文言によっては、その獲得している高い社会的評価はいささかも揺らぐものではないとした（#221021B で上告棄却）。

#220317 は、相撲取りである対象者には横綱としての高く堅固な社会的評価があり、読者の多くが、八百長の指摘を真実として受け入れないとしても、当該記事に幾ばくかの真実が含まれていると考える者やこれをそのまま全部信じる者も少なからず存在するのが経験則に沿うとして社会的評価の低下を認めた。

#281212Bも対象者に築き上げた確固たる地位と実績があること等があっても、社会的評価を低下させるとの判断を妨げるものではないとした。

 対象者の社会的評価が堅固であれば、多少のことでは、社会的評価は揺らがないものの（#210715）、表現の内容により相当社会的評価が低下するといわざるを得ないのであれば、なお社会的評価の低下は認められるということだろう（その他、#220317等参照）。

 (b)　過去の事実
 遠い過去の事実の摘示は、それが現在の評価に影響を与えないのであれば、社会的評価を低下させない。

 「俳優Ａは小学校時代算数の成績が悪かった」という事実を摘示しても、現在のＡの評価には影響を与えないであろうから、特段の事情がない限り、名誉毀損には当たらないとされる（佃6～7頁）。

 #281222Gは、対象者が自衛隊に所属している間に指示どおりに訓練を行わないとか依願退官ではあるものの、「自衛隊関係者」の個人的見解によれば、対象者は辞めさせられた感じであったという趣旨の記事が新聞社である表現者のウェブサイト上に掲載されたところ、記事が掲載されたのが、対象者の退官の約13年後である上に、対象者が現在では年間30日間ある即応自衛官の訓練にはきちんと出頭していたことと対比しているものであるとして対象者の社会的評価を低下させるものとは認められないとした。

 #300123Cは直近の投稿の内容も踏まえると、一般読者は、対象者が暴力団を脱退したと理解するものといえ結論として社会的評価低下を否定した（#280714A（#290112Bで引用、#290719Aで不受理）も参照）。

 ただし、昔の事実であっても現在の社会的評価に相当程度以上の影響を与えれば社会的評価の低下は否定できないだろう。

 #290208Aは現在においても、暴力的な不良中学生であった頃と根底は変わっておらず、対象者は信用に値しないとの印象を与えるとした。[117]

 なお、#281019Bは、卑わい内容を対象者になりすまして投稿したところ、10年以上前に放映されていたテレビ番組の中で同内容の発言をしていたもの[118]の、対象者が現在芸能活動をしておらず、DVD化や再放映がされず、発言の内容が流布されているといえない状況にある以上、対象者の社会的信用が損な

---

117)　#221124D等参照。
118)　ただし、あくまでも吹き替えでの発言である。

われていないということもできないとした。

(c) ポジティブな記載

通常はネガティブな記載により社会的評価が低下するが、（摘示事実の内容が社会的評価を低下させるものであることを前提とすれば）全体としてポジティブに記載しているからといって社会的評価が全く低下しなくなるわけではない。

#270904 は表現者は介護を通して対象者に魅了され、対象者の素晴らしさを伝えようと、ブログで、対象者が認知症に罹患しており自分が介護しているが、「性格は出る。対象者は、どこまでも穏やかな人」「天使のように優しく穏やかな対象者」「高名な方だけあって……上品さは失われていない」「こんな素敵な家で、養女やヘルパーのケアを受けて、何不自由なく余生を送る対象者は、幸せですね。」等と記載したことが社会的評価を低下させるとした。

#291116C は「不倫インスタ」を「もっと見てみたい」というものは対象者が不倫をした上、その写真をインスタグラムに投稿したとの事実を摘示し、対象者の社会的評価を低下させることが明らかであるとした。

#280115A は「天才的なマネロンダリングマンと称されるようになった」という記述について対象者において実際に資金洗浄を行ったことをうかがわせる事情として記述されているとして、対象者の社会的評価を低下させるとした。

#241127A は、対象者が女性を集団強姦したという事実を摘示した上で、対象者が英雄であり、強姦には何の問題もない等の意見を表明した投稿について、対象者の社会的評価の低下を認めた。

摘示事実が明らかに社会的評価を低下させるものであれば、たとえポジティブなコメントでとりつくろっても、名誉毀損を免れることはできないだろう。

その他 #290227 は、1つの口コミのうち一部肯定的記載があるが、それだけで否定的記載による社会的評価を低下を否定するものではないとした。良いところはきちんと良いとして公正な口コミを心がけることは、名誉毀損を避ける配慮（121頁）として考慮すべきだが、具体的な投稿内容によっては、この点を考慮してもなお社会的評価が低下したと判断すべき場合もあるだろう。[119]

(d) その他

#291031B は、対象者が車を傷つけられる等の被害にあったことは対象者の社会的評価を低下させないとした。

---

119) その他 #281012B、#280531B、#280128F を参照。

「妄想」につき、特殊な事実関係の下ではあるが、#290124Cは、対象者があらぬ妄想を抱くような人物であるといった印象を一般の読者に与える投稿が、対象者の社会的評価を低下させるとした。

 #280515は「売名行為」とは、通常、自己顕示欲が強い者の言動に対する否定的な評価として用いる表現であるから、普通の注意と読み方を基準とすれば、対象者の社会的評価を低下させるものといえるとした。

 #290309B（#291130Bで上告不受理）は看板において一般利用者向けの駐車場の管理者が、対象者及びその関係者の駐車場への立入りを禁止しているという事実にとどまり、駐車場の管理者の管理上ないし営業上の方針が示されているにすぎず、一般人の普通の注意と読み方を基準として判断して、対象者の社会的評価を低下させるものとは認められないとした。

 #290127は対象者の違法行為を知っているが、これを不特定多数に伝えるべきか等と、思わせぶりに記載したことでかえって注意を引いたとして、社会的評価の低下を肯定した。

第3章 公然性

1 はじめに

> （事例1）　表現者Aは、対象者Bに対して「あなたが甲を殺したのは分かっている。観念して自首しなさい」というメールを送付した。
> （事例2）　表現者Aは、「対象者Bが甲を殺した、自首を促したらどうか」というメールをBの父親に送付した。
> （事例3）　表現者Aは、噂好きの乙に対し「対象者Bが甲を殺した」というメールを送付した。
> 　（事例3-1）その後乙はこのメールの内容を第三者に伝えた。
> 　（事例3-2）乙は誰にも伝えなかった。
> （事例4）　表現者Aは、「対象者Bが甲を殺した」というメールを、100人程度の読者がいるメーリングリストへ投稿した。

　事例4のような事案であれば、名誉毀損成立のための積極要件が満たされることに問題はないだろう（抗弁事由はあり得る）。もっとも、事例1～3はいずれもたった1人宛てのメールである。このような場合に名誉毀損が成立するのか、これがインターネット上の名誉毀損における公然性の問題である（従来型では、口頭の発言や文書送付等による名誉毀損の文脈で公然性が問題となっていた）。

　ここで、刑法上は230条1項の明文上、公然性、つまり不特定又は多数人への伝達が構成要件となっており、公然性がない限り名誉毀損は成立しない。そして、「伝播性の理論」により、特定少数人への伝達でも、そこから不特定又は多数人への伝播可能性があれば名誉毀損となり得る（#340219参照）。

　問題は、民事における名誉毀損と公然性である。特にメール等インターネット上の名誉毀損は特定人かつ／又は少数人に対する態様で行われることがあるので、詳細な検討の必要性が高い。

　なお、一部では、特定の者に伝達しただけであるから対象者の<u>社会的評価を低下させない</u>という趣旨の認定をする裁判例がある（例えば #280831B）[120]。純粋

理論的見地からは、非公然か公然かの問題を社会的評価低下の有無の問題として処理する余地もある。しかし、現在の判例が、公然性の問題を社会的評価低下の問題と独立して処理していることから、判例に準拠する本書は公然性をやはり社会的評価の低下とは独立した要件として検討したい。

2 民事名誉毀損において公然性が必要か

(1) はじめに

刑法230条には「公然と」という明文があり、公然性が構成要件である。しかし、民法上の不法行為としての名誉毀損について公然性を要件とする明文規定はない。そこで、民事名誉毀損について、公然性の要否が問題となる。

(2) 公然性を不要とする大審院判決

大判大正5年10月12日民録22輯1879頁は「事実に反することを知りながらある者の品位信用等に関する社会上の地位を毀損すべき事項を第三者に表白したる以上は、たとえ広くこれを社会に流布するに至らざるも、その其者の名誉権を侵害したるものといわざるべからず。けだし第三者もまた社会の一員なるが故に、第三者に対してある者の名誉を毀損すべき事項が表白せらるる以上は、その者の社会上の地位は（その）ために影響を受くることなしとせざればなり」とする。[121]

対象者の社会的評価を低下させるような表現をした以上、その相手方が1人であっても、その人は対象者に対して低い評価をする。そしてその人も社会の一員である以上、「社会的評価」が低下したとして名誉毀損の成立に欠けることはないという趣旨であろう。

#260122はこの古い判例を引用した。（ただし調査の限りこれ以外に最近の引用例はみあたらない。）

(3) 実務──公然性必要説

上記のような古い大審院判例があるものの、現在の実務は公然性必要説に立っている。

名誉毀損の本質は社会的評価の低下であるところ、特定少数者に対して事実を摘示したところで、<u>社会的評価が低下するとはいえない</u>からである。

---

120) #281101A もそのような趣旨と読める。#291226E も参照。
121) 筆者（松尾）において適宜カタカナや漢字をひらがなにし、句読点を打った。

そこで、民事名誉毀損も不特定多数に対して行われることが必要と解され、公然性が必要なことを前提に多くの裁判例が積み重なっている。

#150314 に関する平成15年調査官解説は上記の大審院判例の存在を脚注で明示しながら、結論として、「ある人の社会的評価が低下するといい得るためには、原則として名誉毀損事実が一定範囲に流布されることが必要である」と論じており、これは、大審院判例の考えが現在の裁判所において基本的に受け入れられていないことを示唆するものといえる。[122]

3　対象者のみへの伝達

公然性必要説によれば、対象者のみに対して対象者の名誉を毀損する摘示をしても、その名誉は毀損されない（事例1参照）。

#230422 は、放送局とその批判者の間での言論の応酬の結果、表現者である放送局が対象者に対して削除を求める文書を送ったことにつき、社会的評価の低下が否定された。

#211126 は、交渉過程における、対象者の業務について苦情が寄せられているといった発言は、当事者外に漏れるとは考え難いとして、名誉毀損を否定した。

（その他、#221006、#201216B、#290209B、#280426D、#280330G、#280324C 等参照）

なお、以下で詳論する伝播性の理論に関して補足すると、もしその内容が本当に社会的評価を低下させるものであれば、対象者は通常はそれを他人に伝播させない（伝播させるとしても、秘密を守ってくれると信頼できる特定少数者に限られる）ので、伝播性の理論を前提としても依然として公然性は否定される。[123]

なお、（理論的な見地からいえば）対象者本人がかかる摘示を知ったかは名誉毀損の成否とは無関係である（#280720F、#291117）。また、記録（録音・録画等）されていたかも直接は関係ない。[124]

---

[122]　ただし、名誉毀損行為が民法上の不法行為となるためには、必ずしも刑法上の名誉毀損罪の成立要件と同程度の公然性が必要とまではいえないと解される（#160726）。

[123]　なお、#240828 は、名誉毀損行為を受けた者が、そのことを近しい関係の者に相談や話をしても、社会的評価の低下にただちに結びつくものとはいい難いとした。

[124]　口頭の発言が録音・録画されていた事案につき #280124G 参照。ただし、録音・録画等の記録によって、伝播がしやすくなるという部分から、間接的影響がある場合も考えられる。

4 伝播性の理論とその広範な応用

(1) 伝播性の理論とは

それでは、事例2や3では絶対に名誉毀損にならないのか。特に事例3では、乙がこの話を第三者に伝える可能性が高い。このような場合にも、直接の表現の相手方が特定少数人であるというだけで名誉毀損を否定していいのか。

このような問題意識から、刑事名誉毀損の判例で発展した伝播性の理論が民事名誉毀損にも持ち込まれている（佃95頁）。刑事における伝播性の理論とは「不特定もしくは多数人にその話が伝播する場合に公然性を肯定する」法理である。[125] 上記平成15年調査官解説は「現実に広く流布されたことまで必要ではなく、流布の可能性があればよいと解されており、相手方が特定少数であっても、間接に多数人に認識可能であれば、名誉毀損が成立する」としている。

(2) 抽象的閲覧／受信の可能性から公然性を認める見解

伝播性の理論は、特定少数人が現実に当該表現を閲覧・受信し、当該特定少数人から伝播する可能性がある場合を本来想定していた。

しかし、裁判例には、当該表現を（少人数でも）閲覧・受信する可能性があり、当該受領者からさらに伝播する可能性があれば伝播性があるとして、公然性を広く肯定するものがある。

#020118は、原則として非公開の民事保全手続において、理論上口頭弁論を開くことができる場合があることから、「ある書類が仮処分申請事件の疎明資料として裁判所に提出されることによりその内容が第三者に伝播する可能性があるといえ、名誉毀損の前提となる公然性があると解するのが相当」とした。

この事案では、関係者以外が実際に当該書類を閲覧した可能性は低く、かなり抽象的な可能性で伝播性を肯定していると評することができる。[126]

この議論をインターネット上に敷衍すれば、閲覧者がゼロのウェブサイト、例えば、検索エンジンからリンクされず、URLを直接打ち込まないと見られないサイトでも公然性が肯定できることになるだろう。[127]

---

125) 大判大正8年4月18日法律新聞1556号25頁、大判昭和12年11月19日大審院刑事判例集16巻1513頁など。

126) 非公開手続については、離婚調停で同様に肯定するものとして #290927C、民事保全で否定するものとして #291225B がある。

事例3でいうと、事例3-1の現実に伝播した場合はもちろん、事例3-2の現実には伝播していない場合でも伝播性が認められるということになるだろう。(最近の従来型名誉毀損で伝播性の理論から公然性をみとめたものとして #280623C 参照)。

(3) 伝播性の理論への批判（伝播「結果」を要求する見解）

しかし、民事名誉毀損に伝播性の理論を持ち込み、それを閲覧・受信の抽象的な可能性をもって肯定することは本当に正当化できるのだろうか。

佃は、名誉毀損が社会的評価の低下を捉えて不法行為とするものである以上、行為そのものが伝播性をもつものかという「可能性」を問題とするのではなく、結果的に不特定多数の人に伝播したものかという「結果」を問題とするべきであるとする（佃96頁）。

確かに民事保全に関する上記 #020118 のような判断がされれば、およそ抽象的な伝播可能性があれば常に公然性があるということになり、公然性の要件を求める意味が極めて薄くなってしまうだろう。

社会的評価が低下したというためには、「社会」といえるほどの不特定多数の人の評価を低下させる可能性がなければならないというのが公然性の本来の意味であるところ、上記のような広範な伝播性の理論をとれば、特定少数人に伝えた場合でも抽象的に伝播可能性があるとして名誉毀損が認められ、公然性を要求する意義が没却されてしまうだろう。

加えて、前述のとおり刑法学説上も伝播性の理論に対する批判的見解は根強い（西田124頁）。

一部の裁判例は、このような発想からか、伝播性の理論をとらない、ないしはこれを制限する見解を採用している。

#210203B は、不法行為である名誉毀損行為により他人の名誉を毀損した（民法723条）といい得るためには、名誉毀損も不法行為の一つである以上、違法行為により法益侵害の結果を生じて初めてその要件が充足すると考えられ、

---

127) 特殊な事案であるが、インターネット上にアップロードされていたことが偶然発見された写真が問題となったものに #210513B 参照。

128) なお、伝播性の理論を前提とすれば、対象者のメールを第三者に開示した場合に名誉毀損になり得るのであって、#290901E のようにそれをおよそ名誉毀損に当たり得ない行為と読める判示をすべきかは疑問である。

129) 佃96〜97頁は「"伝播性の理論"に引きずられた結果、判断を誤ってしまっているのではないかと思う」とする。また、仮処分ではない一般の訴訟についても佃174頁は、「現実の傍聴者の有無や訴訟記録の現実の閲覧・謄写の有無をきちんと吟味すべき」とする。

また、民法723条の文理上も「他人の名誉を毀損した」ことが要件とされていることからすれば、法益に対する抽象的な危険の発生では足らず、法益を侵害した結果を要するというべきとした上で、名誉毀損の表現がある程度の数の第三者の目に（現実に）触れたことを証明すれば人の社会的評価の低下という法益侵害の結果を証明したことになり、その表現が相当数の第三者の目に触れる可能性があったことが立証されればそれが推定されるとした。

この見解は、佃のいう"現に"伝播したかを問題にする見解（佃96頁）と親和的といえる。

また、#201008は、表現者が一人に教えた対象者の前科情報がどこまで伝播したかという現実の経緯を検討し、陳述書を訴訟において提出したことにより前科を知り得たのは、裁判所職員に限られ、特定かつ少数の者にとどまるものというべきとして、公然性を否定した。

これも、伝播性の理論自体は肯定しながらも、現実の伝播の経緯を検討して、そこから伝播可能性があったかを判断するという検討手法をとっている。

明確に伝播性の理論の適用を狭める方向性を打ち出す裁判例はまだ数的には少ないものの、このような見解は方向性として支持できるように思われる。

(4) 伝播性の有無の具体的判断

とはいえ、本書は判例の立場の分析を主眼とすることから、現在の裁判例を前提とした伝播性の有無の具体的判断を以下簡単にまとめる。

まず、結果的に不特定多数人に伝播している事例（事例3-1参照）については伝播性が肯定されやすい。

#210929Aは、理事・監事15名に宛て送付された書簡につき、私信にすぎないから、他に伝播する可能性があり、現実に役員ではない者の知るところにもなったとして公然性を肯定した（その他、#220119等も参照）。

次に、内容が多くの人の関心を呼ぶものであれば伝播性が肯定されやすい。

#220301は、一部の表現につき超過勤務手当の支給の正当性に疑問が残ることなど、理事及び会員等が重大な関心を寄せる事柄が記載されていること等に照らし、伝播可能性が高いとして公然性を認めた。

さらに、守秘義務も問題となる。この#220301は別の文書について、対象者が守秘義務を課せられていることを理由に伝播性を否定しており、類似の判断も他に存在する（#280711C）が、逆に守秘義務の対象ではないことを理由に伝播性を肯定したものもある（#210318、#281017B参照）。

相手方と対象者の関係も問題となる。#280726Cは、対象者の親族等への書面が、他に伝播する事態は想定し難いとして公然性を否定した。

なお、事案の性質から、どの範囲で利用されることが想定されていたかは公然性判断の要素となる。#300116Aは、シルバー人材センターの事務局長及び常務理事に対し、同センター役員である対象者の資質に関して問いただす行為は特定した一定の者（のみ）に開示されることを前提としたものであって、不特定又は多数の者を対象とするものであるとはいえないとして公然性を否定した。

その他伝播性否定例として#290606（#291115で是認、#300531で上告不受理）、#290329B、#290530F、#290222B、#270515（#281222Aで引用、#290601Bで上告不受理）等参照。

これらの事情を考慮してから、不特定多数に伝播する可能性を判断することになる。

なお、伝播性の理論は、匿名報道や、仮名・ハンドルネームを利用して対象者の名誉を毀損する可能性のある投稿をした場合の対象者の「特定」ないし「同定」の問題でも広範に応用されており、この問題については、169頁以下で論じる。

5 不特定・多数

(1) はじめに

「公然」とは通常不特定又は多数と理解されているが、このうちの「多数」及び「不特定」それぞれの意味を検討したい。

(2) 多数

　(a) はじめに

何人が多数であろうか。少なくとも「1人」は多数ではなかろうが、それ以上のどこで線を引くかの問題である。

ここで、上記（142頁）の伝播性の理論を前提とすれば、基本的には、伝播性の理論を使わなくとも直接公然性があると判断できるのが「多数」、伝播性の理論を経由しないと公然性があるとはいえないのが「少数」と理解される。[130]

---

[130] もちろん、実際には「念のため」伝播性について判断するというものもある。

(b) 比較的大人数での肯定例

まず、比較的人数が多い場合の公然性肯定例としては、18人（#260717A（メール））、14人（#241226（メール））等がある。[131]

(c) 少人数での否定例

次に、比較的少人数の場合の公然性否定例としては1人（#211208、#280622C）、2人（#260512A）、1〜2人（#281221C、#290120A）、3人（#260214）、4人（#221007）がある（なお、対象者にのみ伝達した場合につき142頁参照）。

(d) 比較的大人数での否定例

#210603は、受信者が10数名の事案で公然性を否定した。#210827Bは、11人に対する事案で特定少数人に対して事実の摘示ないし意見論評がなされた場合であっても伝播性があれば足りるとして公然性を肯定しているが、11人が少数であることを示唆している。その他、#210929A及び#280422C（15人）や#220301（約10人）等も伝播性の理論を検討している。

それに次ぐ否定例の人数は5〜6人であり、6人に対する公然性を否定した#271112（原審の#270320Bも参照）や、5、6人に対する公然性を否定した#251213がある。また、2人に直接伝え、そこから主に4人に伝播したという事案について公然性を否定した#220420もある。

(e) 比較的少人数での肯定例

これに対し、3〜4人を多数と認めたものがある。

#210514は、対象者が「薬局から薬を盗んでいる」旨の事実を4人に電話で伝えたことを対象者の名誉を毀損するものというべきとした。

#211016Aは、3人に対し、対象者が特別休暇取得中の報酬を表現者に不当に支払わない旨及び表現者に対する報酬の支払が遅れることがある旨の内容の虚偽の事実を述べたことが対象者の名誉、信用を毀損するとした。

#040123は、表現者が対象者の家族3人に名誉毀損的言辞を告げただけで名誉毀損を認めた。ただし、「これらを名誉毀損であるとするのは、名誉毀損法理を混乱させることになるのではあるまいか」（佃99頁）等と批判されている。

(f) まとめ

裁判例をみると、3人で公然性を肯定する例から最大十数人で公然性を否定する例まであり、一貫していない。

---

131) 17人の工程例として#280216A（文書配布）。

もっとも、3人等で公然性を肯定する見解に対して批判が強いことに鑑みれば、1桁の前半で「多数」と認めることには慎重であるべきではなかろうか。そのように解しても、伝播性が認められれば伝播性の理論により公然性が認められる。

(3) 不特定

(a) 不特定の意義

不特定というのは、特定人にとどまらないということである。例えば「家族3人」とか「友達4人のアカウントにおいて友達限定で公開した投稿」であれば、(伝播性の理論を別とすれば) 概ね特定人に対する表現といえるであろう。

(b) 伝播性がなく特定範囲にとどまっていること

ここで、ある情報が相当程度の「多数人」に伝わったとしても、特定人の範囲にとどまりそこからの伝播性がない場合に名誉毀損を否定する (ないし、否定する余地を認める) 一連の裁判例がある。

#150822 は、26人の参加した理事会において、必ずしも少数人とはいえないものの、高度の秘匿性が要請され、第三者に対象者による理事就任に対する反対意見が出た事案で流布、伝播する可能性はなかったとして名誉毀損性を否定した。これを佃100頁は「妥当な判断」とする。[132]

#250228 は、確実に伝わったのは4人 (対象者を含めると5人) であるところ、その人達から伝わった可能性がある人は30数人いるとしながらも、彼らは地方公務員法上の守秘義務を負うから伝播性がなく、そこから先に伝わらないので名誉毀損にならないとしている。

#260519 は、結論として公然性を肯定したが、メールによる名誉毀損事案において、会社の従業員十数人という特定の者を対象に送信されているが、従業員が、メールの内容を他人に伝達する上での特段の障害があるとは認められず、不特定多数人に伝搬する可能性があったと認められるとし、人数が比較的多いにもかかわらず伝播性を検討した[133] (同旨 #210318)。

これらの裁判例は、多数人に対する表現でも①それが特定の人であり、②そ

---

[132] ただし、就任反対の意見が出たからといってこれは意見表明にすぎず、評価は下がらないということであれば、伝播性ではなく、社会的評価の低下の有無の問題で切ってもよかったのではなかろうか。

[133] なお、不特定多数が違法性の判断要素の1つとされたが、対象者であるフランチャイザーを批判するメールをフランチャイザーに一斉送信した事案で名誉毀損を否定した #250926B 等や #280330F も参照。

こからさらに伝播しないという場合において、それを公然性がないとして名誉毀損に該当しないと解していると理解される[134]。

そのような議論は、いわば伝播性の理論の逆バージョンとして理解することができるかもしれない。「少人数でも伝播性があれば公然性がある」の逆バージョンとして「大人数でも伝播性がなく特定人の範囲にとどまっていれば公然性がない」と考えているというわけである。

この議論を支持できるかは難しいところであり、伝播性の理論に慎重な見解からはもちろん、伝播性の理論に賛同する立場からも必ずしもこの「逆バージョン」の見解を支持できるとは限らないだろう。

また、この議論をたとえ採用するとしても、流石に「某歌手のライブに参加した数万人」に伝達したという場合、特定性があっても公然性を否定すべきではないだろう。実際、上記の裁判例はいずれも 10 数人〜30 数人の、「多数とはいえるが、そう多くはない」事案である。その意味では、仮にこのような議論ができるとしても、その議論の射程はあくまでも数十人程度の事案に限定されると解される。

6 インターネットと公然性

(1) 原則

上記（142 頁）のとおり、インターネット上の表現であれば、原則として公然性ありとされている。

前述のとおり、インターネット上の表現について、理論的には誰でも閲覧が可能であるとしても、実際には少人数しか閲覧ないし、関心をもって閲覧にくるのは特定人だけというシチュエーションは少なくない。しかし、多くの裁判例は、アクセス数が少ないこと自体を理由とした免責を認めない。

#211023 は、ウェブサイト閲覧者の中心は関係者であることは認められるが、対象がことさら関係者に限定されているわけではないし、不特定多数人に対する伝播可能性が否定できない以上、不法行為としての名誉毀損の要件に欠けるところはないとした。

アクセス制限がなければ、誰でも閲覧することができるのであり、原則とし

---

[134] ただし、#260519 は、10 数人は少数という判断をしたとも読む余地がある。

て公然性を認めざるを得ないだろう（#281226B、#210129、#210511 等も参照）。

　ただ、上記の #210203B の示唆するとおり、実際に特定少数人しかみておらず、その特定少数人からの伝播可能性が低いことを反証できた場合にまで本当に公然性を認めるべきかという疑問は残る。[135]

(2)　公開範囲の限定

　特にSNSでは、公開範囲を限定することができる。例えばFacebookはある程度自由に公開範囲を設定でき、Twitter であれば「鍵アカウント」、mixi であれば「マイミク限定」等の機能を利用することができる。そのような場合、一般には、表現の相手方は特定人ということになるだろう。

　#261224A は、公開範囲をマイミクに限定していたので公然性を欠くとした。[136]
ただ、読者の人数が多ければなお公然性があるだろう。
　#210513B は、SNS の日記の読者数が 105 人であるとして公然性を肯定した。#260619 も 58 人で公然性を肯定した。[137]

　また、SNS の公然性について伝播性の理論が適用されることがある。

　#270217B は、表現者を含めて 4 人の非公開設定のコミュニティにおける投稿について管理者の承認を受ければその承認を受けた者は以後自由に閲覧することができることや承認をするか否かはひとえに管理者の判断にゆだねられていることが認められ、また、インターネットという媒体の性質上、承認を受けて閲覧をした者がその記事をコピーして他に流布させることは非常に容易である等として公然性を肯定した。

　#260818 は、SNS の特定のトピックにおいて主に 4 人が投稿をしていたが、これらの者からさらに同記事に係る情報が第三者に伝達される可能性等があるとして公然性を肯定した。

　これらは伝播可能性を重視しており、いわゆる伝播性の理論により公然性を認めた事例と理解される。[138]

---

135)　なお、このように、実際には少人数しか投稿に対し関心をもつ人がいないことについて、とりわけ意見・感想による社会的評価の低下において別途考慮すべきことは 289 頁参照。
136)　なお、対象者はマイミク数を約 100 人と主張したが、表現時のマイミク数は立証できないとされた。
137)　ただし、58 人に限られていたか否かは不明ともされている。
138)　なお、インターネット上の情報のリンク・転載の容易性に関して、#261224A がスカイプチャットのログの転送の容易性を理由に公然性を肯定したことも参照。

(3) 会員制サイトその他

会員制サイトの場合、誰がその会員になれるのかが問題であろう。

#241030 は、誰でも月額 1000 円を支払えば会員となって記事を読めることを踏まえ、社会的評価の低下を肯定した。

会員制であっても、その制度の具体的内容が、不特定・多数人が容易に閲覧することができるようなものであれば、公然性は否定されないだろう。

(4) メール

メールについては、基本的にはその宛て先（受信者）が何人かが問われる。

例えば、メールマガジンの場合や、メーリングリストに投稿したり、多人数にメールを送信すれば、公然性は肯定される。

#290213B は、メールが約 150 人の社員及び役員という多数人に自動的に配信され、自由に閲読され得る状態にあったものとして公然性を認めた。

#261209B は、メーリングリストに投稿していることから公然性を肯定しているように読める。

#261111B は、社員ら約 90 人に対してメールが送信されており、その人数は決して少数とはいえないとした（ただし、伝播性も検討）。

また、メールは容易に転送できることから、その点で伝播性に影響する。

#201125 は、計 8 人にメールが送信されたところ、性質上容易に第三者へ転送することができる等として伝播性を認めた。

#290224B は、会社の従業員が自由に閲覧できるメールアドレスに送付したことをもって公然性を認めた。

しかし、メールだからといって常に伝播性が認められるわけではない。

#290907A（#300315A で引用）は、表現者が、表現者の秘書業務を担当する会社に、対象者がストーカーである等と伝えるメールを送付したことは不特定多数人に対する表現行為とはいえず、公然性を認めるに足りないとした。秘書業務のサービス提供者とクライアント間の守秘が期待される関係上のやり取りであることを重視した判断といえる。

#270123 は、対象者である団体に関するメールが会長宛や外部の特定人宛に送付されたという事実はあるが、これを超えてその内容が一般に流布した形跡は認められず、対象者の社会的評価を一般的に低下させるような結果を生じたとも認められないとした。

当該メールの内容や受領者の性質に鑑みて、伝播性を検討すべきであろう。

(5) チャット

　#281228C は、slack のような社内チャットにつき、社内のチャット内での発言とはいえ、チャットに参加していない他の従業員への伝播可能性も十分肯定でき、現に従業員間で伝播していたことからすれば対象者の名誉が毀損されたといえるとした。

第4章 「対象者の」名誉が毀損されること

1 はじめに

　名誉毀損は特定の人に対してなされる必要がある（佃58頁）。ある対象者が表現者に対して名誉毀損の責任を追及する場合には、原則として本人の名誉が毀損されたことを主張する必要がある。
　例えば、対象者の実名と肩書き等を付してその名誉を毀損する表現をすれば、当該対象者の名誉が毀損されたことは明らかであろう。
　しかし、実際には、本当に当該対象者の名誉が毀損されたのかが争いとなる事案も少なくない。
　この問題は、匿名仮名の対象者の投稿における特定の問題と関連して論じられることが多いが、この点については、第5章で検討する（169頁）。

2 漠然と何らかの集団全般を対象とする表現

(1) はじめに
　「対象者」の名誉が毀損されたかが問題となる例として、伝統的には、集団を対象とする表現について議論されてきた。

(2) 否定例
　一般には、漠然と何かの集団・グループ全般に言及しても、対象者が特定されていないことから名誉毀損にならないとされる。
　例えば「関西人はえげつない」「東京人はもやしっ子」等のように、漠然と集団を対象として名誉毀損的言辞をなしても、対象が特定されておらず、名誉毀損にはならない（佃58頁）とされる。
　刑事名誉毀損でも「九州人」とか「日本人」といった不特定の集団については成立しないとされる（西田123頁、大判大正5年3月24日刑集5巻117頁）。
　#300208は、社会的評価は名誉権侵害を主張する特定の人に対する評価であるから、日本人全体の名誉が害されても名誉毀損とはならないとして、いわゆ

る慰安婦問題に関する記事の掲載が日本人全体の名誉を毀損した等とする請求に理由がないとした（同旨 #290929A）。

　#170224 は、都知事が「文明がもたらしたもっとも悪しき有害なものはババァなんだそうだ」等と述べても、中年女性である対象者ら個々人を対象に言及したとはいえないとした。

　#191214 は、都知事が「フランス語は数を勘定できない」と述べてもフランス語研究者らの社会的評価を低下させないとした。

　グループが一定程度以上大きいと、そのグループを対象とした言説によりそのメンバー個々人の社会的評価を低下させる程度は低くなり、名誉毀損の不法行為（ないしは名誉毀損罪）を成立させる程度の社会的評価の低下にならないことが多い。その意味では、このような名誉毀損の否定という裁判例の傾向は十分に理解できるところである。

　かなり小さなグループでも、社会的評価の低下を否定したものがある。

　#271209（#280706A で上告不受理）は、情報漏洩があったところ、アクセスできるのは 4 人しかいないとして、暗にこの 4 人の誰かが漏洩したと述べたところ、対象者はその 4 人に含まれていたものの、対象者を特定して内部資料を流出させたという事実を摘示するものとは認められないとされた（この事案では他の発言等の名誉毀損も問題となっており、他の発言では社会的評価低下が認められている）。

　#210318 は、ある協会の事務局全体に向けられた言説について、事務局が約 30 人程度で構成されるものであることからすると、一般の読者の普通の注意と読み方を基準とする場合に事務局を構成する特定の人物としての対象者や対象者の具体的行為に向けられたものと読むことはできないとした。

(3) 肯定例

　最高裁（#151016）は、所沢市の農作物がダイオキシンで汚染されているとのニュースについて「所沢市内において野菜等を生産する農家」の名誉が毀損されたと解しているようである。

　以下の裁判例は、結論として名誉毀損を否定したが、集団を対象とする表現による名誉毀損を肯定することに親和的な立場といえる。

　#201030 は、奇術師の逮捕に関するニュースが、奇術師一般が違法又は不当なことを行っているというものではなく、むしろ単に逮捕されたその奇術師個人が違法なことを行ったといったものにすぎないとした。

#210116 は、岩盤浴に関する雑誌記事について、一般の読者が、一部の岩盤浴施設は不衛生という印象を受ける記載ではあるものの「もちろんすべての施設が危ないというわけではない」等の記載をあわせれば、すべての岩盤浴施設は不衛生であるとの断定的な印象を与えるものとはいえないとして対象者の社会的評価を低下させるものではないとした。

(4) 検討

まず、肯定例についてみると、最高裁判決（#151016）の事案では、集団が大きく、本当に、個別の農家の名誉が毀損されたといえるのかは疑問がある[139]。もっとも、ダイオキシンによる汚染という風評は、甚大な被害を及ぼし得るものであり、実際に、所沢市の各農家について不法行為を認める程度の社会的評価が低下したといえる場合だったとも解し得るだろう。

否定例として取り上げたような事例でも、もし一般読者基準から当該表現が当該対象者が（も）不正なことを行っているという趣旨と読めるものであれば名誉毀損を肯定する余地はあるだろう。

なお、#281025 は「中国の企業、中国という国、中国という人たちというのは多くの場合はビックマウスでほとんど詐欺師ですよ」というインターネット動画での発言につき、中国にゆかりのある対象者について、多くの場合にビックマウスないしほとんど詐欺師であるような範ちゅうの人物ないし企業であるという意見ないし論評をも述べる趣旨を含むものと受け止められる余地があるとした（結論として具体的な状況の下で社会的評価低下を否定）。

そして、「肯定例」はいずれも「集団」に法人格が存在しないことにも留意されたい。例えば、否定例の上記 #210318 は、その表現を協会という法人に対する名誉毀損と解したものと理解することもでき、そうであれば、別個に構成員（事務局員個々人）への名誉毀損を認める必要性が低いことであったともいえるだろう（なお、その観点からは上記 #271209 には疑問がある。）。

なお、特定の民族等の集団の名誉を毀損しないしは侮辱するような、いわゆる「ヘイトスピーチ」については本書の主たる検討の対象ではないものの、態様によっては名誉毀損が成立し得る[140]。

---

139) なお 2010 年のデータだが、所沢市の総農家数は 1748 戸である〈http://www.machimura.maff.go.jp/machi/contents/11/208/details.html〉。

140) #300628（#301211 で上告不受理）や #261209A 参照。ヘイトスピーチの法規制については、金尚均編『ヘイト・スピーチの法的研究』（法律文化社、初版、2014）、前田朗『ヘイト・スピーチ法研究序説』（三一書房、初版、2015）等参照。

3　組織関係

(1)　はじめに

対象者が組織関係の場合において、どのような問題があるのだろうか。

> 「今さかんに宣伝されている B1 社の『画期的な投資スキーム：ポンジ・ドット・コム』はインターネットを使った違法なねずみ講である」(事例 1)。

事例 1 の表現は、B1 社の名誉を毀損しそうである。そこで、まず、精神や感情を持たない会社等の法人に対する名誉毀損が成立するのかが問題となる。

次に、このような表現は同時に B1 社の経営者である B2 等の個人の名誉を毀損しないかも問題となる。

> 「今さかんに宣伝されている C1 氏の『画期的な投資スキーム：ポンジ・ドット・コム』はインターネットを使った違法なねずみ講である」(事例 2)。

事例 2 の場合、まずは、C1 氏の名誉を毀損しそうである。この点については、C1 氏は個人であるので、B1 社のような問題はない。問題は、C1 氏が C2 社を経営し（投資スキームを運営し）ている場合、C2 社の名誉も毀損しないかというものである。

このような問題について以下検討する。

(2)　法人に対する名誉毀損

法人は精神や感情を有しないが、法人も社会的存在として社会的評価を受けている以上、その評価が低下すれば名誉毀損となり得る（佃 24 頁）。[141]

ここで、後記（359 頁）のとおり名誉毀損の典型的な救済が慰謝料の賠償であるところ、法人が「慰謝料」を請求できるかという問題があったものの、最高裁（#390128）は、法人には名誉を毀損されたことによる無形の損害が生じ得るので、その損害賠償を求められるとした。[142]

よって、上記事例 1 では B1 社の名誉が毀損されることになる。[143]

---

141) なお、法人格なき団体についても、名誉毀損は認められている（#090218 等参照）。
142) このような無形の損害に対する賠償は狭義の「慰謝料」ではない。しかし、実質的に自然人の慰謝料と同様であるから、本書では法人に対する者であることを強調する必要がある場合を除き、法人に関する無形の損害に対する賠償を含めて広義で「慰謝料」という表現を用いる。
143) なお法人は、損害賠償請求権のみならず、その名誉を毀損する表現の削除請求権等を有する（#230422 等参照）。

（3） 組織への名誉毀損が個人への名誉毀損になるか

次に、直接的には組織・団体に向けられた表現が果たして個人への名誉毀損となるかという問題がある。例えば、上記事例1におけるB2の名誉が毀損されるかの問題である。

最高裁（#380416）は、出版社が背信的報道をした等との雑誌記事が、当該出版社の経営者の名誉を毀損するかが問題となった事案において、「法人に対する名誉毀損の攻撃が同時に代表者に対する名誉毀損を構成するとの評価をなすためには、その加害行為が実質的には代表者に対しても向けられているとの事実認定を前提としなければならない」とした。直接的には組織に向けられた表現が個人への名誉毀損になるためには、実質的に個人にも向けられたといえる必要があるということであり、最高裁は、上記事案において、結論として経営者への名誉毀損を否定した。

裁判例上、否定例も多い。

#280613Bは、マンション建設に反対する住民である表現者による、「マンション建設反対」の記載に続く「住民の声を無視する〇〇会社代表××を断固糾弾する」との記載について、「住民の声を無視する」という表現は、マンションを建設する会社に向けられており、同社の代表者である対象者の氏名は、会社の代表者を示すために付記されたものと読むのが通常である等として、会社の名誉又は信用を毀損しているかどうかはともかく、代表者個人にも向けられ、その名誉を毀損しているとみることができるということはできないとした。

#280810B（#290124Bで上告不受理）は、宗教法人が遺跡を破壊した等とする記述が同法人の代表者たる住職の名誉を毀損するかが問題となった。裁判所は、あくまでも宗教法人による行為が摘示されており、最後に住職のコメントが掲載されていても、住職が遺跡を破壊したとの事実が含まれているとは認められず、住職の社会評価は低下しないとした。

#210126も、IT企業について、社長の顔写真を出し、不祥事が告発され同社の将来にかげりが出ているとの週刊誌広告の見出しについて、当該見出しは、会社に向けられたものであって、社長に向けられたものでないことは明らかであるとした上で、顔写真についても、顔写真が掲載されていることから見出しが社長にも向けられたものであるとは解されないとした。

（同旨として#280907Aや#291017A、#280127C、#200415B等参照）

代表者と組織の関係が不明確であれば、実質的に代表者に対して向けられて

いないと解されやすいが、例えば上記 #280613B のように、会社名に続いて代表者名が明記されている場合や上記 #210126 のように代表者の顔写真が付されている場合でも否定されることがあることには留意が必要である。

これに対し、肯定例もある。

#211026B は、鉄道の置き石事件が労働組合の犯行とする記事につき、記事内に、対象者が同組合の絶対的権力者であるとの記述が存在することに鑑みると、置き石事件を対象者が指導したとの事実の直接的な摘示はないものの、これを読んだ一般読者に対し、対象者が置き石事件の発生に関与した可能性があるとの印象を与えるものであって、対象者の社会的評価を低下させるものということができるとした。

例えば、会社の名誉を毀損する表現があっても、それをもって同社のすべての従業員それぞれの名誉を毀損したというのは難しい。名誉毀損になり得るのは、同社の経営者ないしは代表者のような立場の人であるが、単なる経営者や代表者であるだけでは足りず、当該組織と個人の関係や、摘示されている内容、そして摘示の態様等を総合考慮して、当該表現が経営者個人に向けられているかを判断する必要があるだろう。[144] 事例1でも、B2 に対する名誉毀損が成立するか否かは、これらの事情を考慮した微妙な判断になるだろう。

なお、これらの問題とは異なり、個人事業主の「屋号」等は、別人格ではなく、一般読者基準で同定（169頁）できる限り、原則として、当該個人に対する表現といっていいだろう（#261224B、#290509 等参照）。

(4) 個人への名誉毀損が組織への名誉毀損になるか

反対に、直接的には個人が言及された場合、それが組織への名誉毀損となるかも問題となる。例えば、事例2で、C2 社の名誉は毀損されるのだろうか。

#291122B は、その加害行為が法人の代表者に対してのみ向けられているにすぎない場合には、法人に対する名誉毀損は成立しないと解されるとした上で、上記 #380416 を参照しており、裁判例上、事例1の場合だけではなく事例2にも最高裁の判断の射程を拡張する動きがある。

その結果、否定例も多い。

#280929C は、組合の関係者が横領行為をしていることのみで、組合が組織的にそれに関与しているとか、組合の対応に問題があるなど、組合にも横領の

---

144) なお、上記の #380416 は、法人と代表者との社会的評価の密接な関連性を、加害行為が実質的には代表者に対しても向けられているかの判断における考慮要素だとする。

責任があると思わせる内容は含まれておらず、組合の名誉を毀損するものであると評価することはできないとした。

#280907Aは、労働環境に関する口コミのうち、「社長の臭いでも気分悪かったです」という部分は、従業員が対象者である会社の代表者個人が発する体臭によって気分が悪くなったという事実を摘示するものと解されるところ、代表者が体を清潔にしていないか衣服を洗濯していないということを想起させ、代表者の社会的評価を低下させるものということができるものの、会社の社会的評価を低下させるものではないとした。

#280330Bは、使用者である対象者の従業員が横領してオーナーには虚偽報告をしているという記載は、当該従業員の横領が店舗ぐるみで、あるいは経営者側も承知で行われているものではないと読むことができるのであり、対象者の信用や社会的評価をただちに低下させるものということはできないとした。

とりわけ、単なる一構成員、一従業員等に対する名誉毀損は会社・組織に対する名誉毀損としては認められにくい。

#291010Aは「ここの会社の女はすぐやれる」という投稿について、「すぐやれる」という記載が、簡単に性的関係を結ぶ人物であると理解できるとしても、一般の読者の読み方からすれば、性的な道徳心が欠けていると理解するのは、当該女性従業員であり、そのことから、対象者自体が会社として性的道徳心の欠けた企業であるとまで理解するとは考え難いとした。

(#250716A等も参照)

しかし、人数が多数であったり、それが日常業務とされていれば、組織の性格を基礎づける等として、会社・組織に対する名誉毀損となり得る。

#281216Bは、年齢が一回り以上若い事務職員の女性に対して肉体関係を強要することを目的とした支店長クラスの従業員複数名で構成された集団が存在すると思われる、との指摘により、一般読者は、対象者をそのような従業員から成る企業であるとの印象を有するに至るので対象者である使用者の社会的評価を低下させるものであるということができるとした。

#220223は、一般読者が、組合員の中に（非合法暴力活動を行うとされる）○○派の構成員が相当数存在し、組合もまた非合法な暴力活動を行う傾向があると疑うおそれがあるとして組合に対する社会的評価の低下を認めた。

#300125Bは、対象者である会社の従業員による契約の取り方として、「基本は欺いて契約を頂くので、心が痛い」「お客様を欺いて契約が取れた時の達

成感」等の記載があり、これらの記載は、一般的な読者の普通の注意と読み方を基準とすれば、対象者は、従業員が良心の呵責を覚えるような詐欺的な方法で営業・販売活動を行っている会社であるとの印象を与えるから、対象者の社会的評価を低下させることが明らかであるとした。

人数が1人であっても、経営者ないし組織の長であれば、比較的組織への名誉毀損が認められやすい。

#280831Aは、著名な大学を設置する学校法人である対象者理事長を巡る疑惑記事につき、理事長が対象者を代表する地位にあることにより記事の報道価値が生じているものと認められ、また、疑惑の対象は理事長の全く私的な事実でも、理事長個人の活動のみに関する事実でもないのであって、対象者及び対象者の活動に関する事実に関係するものであると認められるから、対象者の社会的評価を低下させるものというべきであるとした。

#280426Fは、芸能プロダクションにおいては、その代表者個人に対する信用が芸能プロダクションにとっても営業上の重要な役割を果たしていることを認めることができるとして、一般の読者に対し、その代表者が性的関係の強要や出演料の着服を行っていた芸能プロダクションであるとの印象を与えるものとして、会社の社会的評価を低下させるものということができるとした。

#280203も同様に、芸能事務所の代表者がテレビ局関係者に対しいわゆる性的接待を行っているという摘示につき、会社の業務の一環として上記内容の接待が行われているとの印象を与えるものと考えられるとして、対象者である会社の社会的評価も低下させるとした。[145]

代表者になった後の時点での代表者の組織における行為が問題となる場合、特に代表者と組織の一体性(例えば上記 #280426F の「その代表者個人に対する信用が芸能プロダクションにとっても営業上の重要な役割を果たしている」)がある場合には、比較的組織に対する名誉毀損になりやすい。

上記の事例2については、特にC2が当該投資スキームの運営会社である場合には、C1がC2社の経営者であることともあいまって、C2社の名誉を毀損したと判断される可能性もあるだろう。

---

145) 興味深いことに同判決は、現代表者が対象者の代表になる前に行った行動については、一般読者に対し、現代表者が対象者会社の代表取締役としても同様の行動をとっているとの印象を与えるものとまでは認められないことからすれば、芸能プロダクションにおける代表者と会社の関係の特殊性等に関する対象者の主張を考慮しても、対象者の社会的評価や営業上の信用が低下したと認めることはできないというべきであるとした。

なお、上記の議論はあくまでも経営者本人の場合であって、経営者の親族等ではそこまでの判断に至らない例もある。

#280920 は、会社の代表者取締役の息子が犯罪者であることが必ずしも会社自体の社会的評価を低下させると解することはできず、会社の社会的評価を低下させるとは認められないとした。

#291026B は、会社の創業者の息子の配偶者が性的にみだらだという摘示は会社の名誉を毀損しないとした。

たとえ、経営者ないし組織の長の行状であっても、例えば当該個人の私的行状にすぎなければ、組織の名誉は毀損されない場合も十分にあり得る。

#251203 は、掲示板への「元社長のヤリチンヒキガエル！」との投稿は、会社の前社長が妻以外の女性と性交渉をもとうとする不道徳な人物であるとの事実を摘示するといえるものの、私生活上の行状に関する事実を述べるにとどまり、会社に関して言及するものであるとは認められず、会社の社会的評価を低下させるものと認めることはできないとした。

#230228 は、施設長が「アホ」であり「エロ爺さん」との掲示板への投稿の対象は、あくまで施設長個人であり、それを超えて施設運営法人の社会的評価を毀損するものとは認められないとした。

なお、#291220C は経歴詐称したのに対象者である組合の理事長であり続けることの不当性を訴える記載が組合の社会的な評価を低下させるには至らないとした。

（#300419 も参照）

また、対象者である組織の名称が記載されず、経営者・代表者とのつながりを一般人が認識していない場合も組織への名誉毀損否定につながる。

#280225B は、オーナーの実名が掲載されていても、会社の社名が一切記載されておらず、当該個人が対象者のオーナーであるなどの対象者とのつながりについて、一般人が認識しているものとは認められないとして、ただちに対象者の信用を低下させるものであるということはできないとした。

（その他 #290523B、#291017A、#290214A、#210129、#260319、#291031C、#281027D、#290523A、#291127A も参照）

(5) グループ会社

グループ会社等であっても法人格が別であれば、別組織なのだから、名誉毀損の成否は企業毎に判断すべきである。

#200324 は、掲示板において、グループの一社の商号が表示されて名誉毀損表現がなされても、必ずしも他のグループ会社の名誉は毀損されないとした（#210126 等も参照）。

しかし、一般読者基準により、双方が一体として理解される場合には別であろう（特殊な例だが #290608B も参照）。

#220223 は、2つの労働者団体が一体として扱われているから、一方の社会的評価を低下させる記載は他方の社会的評価も低下させるとした。

#281212B は、子会社が模倣製品を販売しているという摘示につき、対象者の完全子会社であり、このことはそれなりに一般に周知されていることであると考えられる等として、対象者の名誉も毀損するとした。

(6) 取引の相手方

取引の相手方の不適切な行為については、必ずしもただちにそのような不適切な相手方と取引をした者の名誉を毀損しない。

#291120B は不動産の貸主である対象者が取引の相手方である借主に不動産を貸した結果、悪臭で苦情が出たという事案で、（借主はともかく）貸主である対象者の社会的評価低下を招かないとした（#290124D も参照）。

(7) 国・地方公共団体

日本国に対する名誉毀損は認められないと解される。公権力行使の主体であり、国民による自由な批判・論評を認めるのが民主主義に資するからである。

地方公共団体についても、当該地方公共団体内部で、国と類似する関係が認められるが、地方公共団体とその住民以外の表現者との関係では、一般の法人・団体と表現者の関係と類似する関係が認められることから、名誉毀損の成立の余地がある。[146]

#150219 は、日本国は名誉毀損の客体にならないとしたものの、地方公共団体は客体になるとする（#050906、#141119 等も参照）。

ただし、自由な政治批判を認めるという趣旨から、地方公共団体に関する名誉毀損の成立範囲を限定する傾向がみられる（佃45頁）。

#240731 は、地方自治は住民の意思に基づいて行われるものであるから（住民自治）、対象者である町の執行部が、その行政執行について、町民を代表する町議会議員である表現者の監視の下、相応の批判を受けることは当然である。

---

146) 佃44頁以下、小原他112頁。外国法につき森泉、伊藤正巳115頁も参照。

そうすると、その批判が対象者の名誉等を毀損するものか否かについては、記事掲載の目的、動機、経緯、影響、表現等を考慮した上、それが社会通念上町政批判として許容される範囲を逸脱する場合に限り、名誉等の毀損が認められ、そうでなければ、町の執行部は表現者らの批判を甘受し、行政執行に活用するなどの責任を負うべきとした。

　また、外国（政府）に対する名誉毀損も認められる。例えば、#200222 は、サンマリノ共和国への名誉毀損を認めた。

　日本国民である表現者と外国（政府）である対象者の間の関係は、地方公共団体とその住民以外の表現者との関係と類似することから、同判決の結論は、地方公共団体に関する裁判例の判示とあわせて考えると理解しやすい。

4　対象者本人に言及しているにもかかわらず対象者に対する名誉毀損が否定される場合

　上記とは逆に、対象者本人に言及しているにもかかわらず、対象者に対する名誉毀損が否定されることがある。

　例えば、文脈上対象者と関係がないことが理解できる場合である。

　#210911B は、掲示板の投稿の冒頭に「甲（対象者）関連の話は」と記載されているが、続いて、「甲とは関係なく、追っていく」と記載され、そこに続けて中傷的表現が記されており、対象者の社会的評価を低下させるものとはいえないとした。

　これは、一般読者基準から、対象者とは関係なくという記載により対象者に向けられていないことが分かると判断されたのだろう。

　なお、インターネットには匿名性がある（7頁）。そこで、「甲を名乗る人物」についての表現が「甲」について述べたとはいい切れないことに留意する必要がある。

　#260324 は、ウェブサイトにおいて「甲を名乗る人物」が問題行動をしていた旨述べても、それが甲のことだとは同定できないとした。

　あくまでも「名乗る」だけであって、当該人物が勝手に甲の名前を使っているのかもしない。そこで、この事案の文脈においては、一般読者基準から対象者（甲）のことであるとは判断できないとされたのだろう。

（#280428E も参照）

5　本人そのものに直接言及しない場合

(1)　はじめに

　基本的には、対象者本人に言及する表現によって対象者の名誉が毀損される。しかし、組織に関して特別な議論が存在したことは上記のとおりである。

　組織以外のパターンでもこれと類似した議論があることから、対象者本人に直接言及していないものの、対象者の名誉を毀損したのではないかが問題となるパターンについて検討する。

(2)　対象者に関係の深い物への言及が対象者の名誉を毀損する場合

　対象者に関係の深い物への言及が対象者の名誉を毀損する例がある。

　#290321 は、対象者の販売する運動器具が粗悪品であるとの投稿が対象者の名誉を毀損するとした。

　#200909B は、対象者の販売する化粧品について「ステロイド剤が入っている」「肌に深刻なトラブルが発生する」というブログコメントは、対象者の名誉や信用を低下させる違法なものとした。

　#261216 は、掲示板で、対象者の販売する脱毛機が韓国製だと投稿することが対象者の名誉を毀損するとした。

　しかし、「物」への批判は必ずしも「人」への批判となるとは限らない。

　佃は「小説家や映画監督等に関して私たちは『あの人は好きだけどあの人の作品は嫌い』というような会話をすることがある。一般人は通常、制作者と作品とは一応切り離して把握していると思う。そうでないと、およそ作品批評というものが成り立たなくなるのではなかろうか。」（佃 16 頁）と指摘し、建築家がデザインを担当した橋の評判が悪いという表現について建築家への名誉毀損を肯定した #131022 を、当該作品に対する批判・批評にはなり得ても、その作品の制作者の社会的評価を低下させるとまではただちにいえないと批判している（佃 12 頁）。

　確かに、芸術作品が優れている、優れていないとか、食事が美味しい、美味しくない等との表現があっても、それは当該作品や食事に関する評価であって、作者やレストラン（経営者）の社会的評価はただちには低下しないだろう。

　しかし、ある「物」についてネガティブな評価を持つ理由づけのいかんによっては、その原因を作った対象者の社会的評価を低下させ得る。例えば、ある

第4章 「対象者の」名誉が毀損されること

作品が盗作であると指摘すれば、それは、単に作品を批判しただけではなく、作者が著作権侵害を行ったということをも指摘しているのであって、そのような指摘が作者の社会的評価を低下させることはあり得るだろう（佃26頁参照）。

上記#200909Bは、ステロイド入りの化粧品をステロイドがないと偽って売っているとか、安全性に重大な問題のある商品を売っているという趣旨であると解釈され、対象者への名誉毀損が認められたのだろう。

上記#261216も、韓国製のものを（一般読者がより優良と理解し得る）日本製であると偽って売っている趣旨として、対象者への名誉毀損が認められたのだろう。

(3) ある者に対する言及が、別の者の名誉を毀損する場合（他人への言及）

ある者に対する言及が、別の者の名誉を毀損する場合がある（佃64頁）。

#560717は、ある女性が殺されたところこれが「三角関係のもつれ」と報道された事案につき、その女性の母親の名誉が毀損されたとした上で、姉の社会的評価は特記するほどには低下したと認められないとした。

#290131Eは雑誌記事と動画が、父親が在日朝鮮人であり、かつ、「M」のメンバーであるという事実を摘示するものということはできるものの、父親の社会的評価に対する影響を措いて考えると、この事実の摘示によって、対象者自身の社会的評価がただちに低下するものとは解し難いとした。

#260411Aは、公開捜査における指名手配犯のポスターのウェブサイトや掲示板への掲示につき、指名手配犯本人の名誉を毀損するが、指名手配犯の親は不法行為責任を追及できないとした。

結局、これも一般読者基準に基づき「この人（例えば娘）にこのような事実が摘示されたらその人（例えば母親）についても社会的評価が低下する」という関係の有無が個別に判断されている。ただし、父母でも否定されることがあり（上記以外に、#210915等も参照）、ハードルは高い。

なお、甲と密接な関係にある乙において、（後記の死者に対する名誉毀損における議論（166頁）に発想を得て）甲の名誉が侵害されたことを理由に、乙自身の精神への打撃があった、ないしは、乙の甲への敬愛の情が害された等という主張をすることがあるが、これらの主張は基本的には排斥されている。
(#280330E、#211217、#210727、#200620、#210630等参照）

6 なりすまし

インターネットにおいてなりすましはよく見られる（#280915A 参照）。

例えば、対象者である社長になりすまして、自分がパワハラの限りを尽くしていると告白する投稿について、どのように考えるべきか。

なりすましが名誉を毀損する1つ目の方法としては、それが第三者による投稿だと分かるところ、第三者が「本人が語る」という形式で本人の名誉を毀損する投稿をしたと判断される場合がある。要するに、上記の例であれば、第三者が「社長がパワハラをしている」と投稿することと同じだ、と判断するわけである。

#280607A は、対象者を騙っての「セフレとお金出す人募集中」「穴があれば誰でも良いです」について、一般閲覧者においてもこれらの書き込みが本人によるものではなく第三者が対象者の名義を冒用して書き込んでいるものと判断できるといえるが、むしろ、一般閲覧者に対し、対象者が性交目的で交際する女性を探しているような人であるとの印象を与えるものといえ、対象者の社会的評価を低下させるものというべきであるとした。
（その他、#280218B や #290125A も参照）。

これに対し、一般読者が、本当に対象者がそのような投稿をしていると勘違いするため対象者の名誉を毀損するというものもある。上記の例なら本当に社長が掲示板に投稿していると誤認するというものである。

#281019B はツイッター上の投稿について、卑わいなものであって、しかも、対象者の画像を張り付けるなどすることにより、一般通常人を基準として、これらの各記事が対象者自身の手で投稿されたと受け止められるものであり、その結果、対象者がこのような卑わいな発言をする人物であるとして社会的信用を損なうとした。

#290830B は、対象者が使用していたアカウント名と同一のアカウント名を設定し、対象者の顔写真を使用して投稿を行ったことが認められ、一般の閲覧者の普通の注意と読み方を基準にすれば、投稿は、対象者によって行われたと誤認されるものであると認めるのが相当であり、そのアカウントで卑猥な投稿をすることは対象者の名誉を毀損するとした。

#290927B は、ID に「busaiku」（ぶさいく）、「wakigaa」（わきが）と表記さ

れているところ、自虐的なIDを用いる者がないとはいえないこと、IDに対象者の写真が表示されることに照らすと、一般の閲覧者をして、対象者による投稿であると認識する可能性が高いとした上で、名誉毀損を肯定した。
(#260515、#270525、#290316A、#290927Bも参照)

なりすまし投稿について、名誉毀損を否定した例もある。

#280125Cは、対象者になりすまして掲示板に投稿しているが、別人による単なる悪ふざけの投稿にすぎないことが誰の目から見ても明らかであって名誉権が侵害されたことが明らかであるとまでは認められないとした。

#281007Aは、対象者の名が片仮名で記載されているほか、対象者の使用している電子メールアドレスも記載されているのであるが、上記の各情報のみをもって一般の閲覧者が本件投稿記事の投稿者を対象者であると認識することは考え難いので名誉権が侵害されたということはできないとした。
(その他 #280208D、#170121 も参照)

第三者が対象者について投稿していると理解する場合と、本当に対象者本人が投稿していると理解する場合の双方を検討すべきであるが、その結果いずれも名誉毀損が否定されることはあり得る。
(その他 #280119A、#280408B、#280802A、#270715、#211127、#291121を参照)

なお、やや特殊な事案だが、#211127は、対象者のブログにわいせつ性の顕著な画像を投稿することは、対象者がわいせつ画像を公開又は放置しているとの印象を与え、その品性を疑わせ、社会的評価を低下させるとした。

7　死者に対する名誉毀損

(1)　名誉毀損後の死亡

まず、時系列の問題として、甲が乙に対し名誉を毀損する発言をし、その後乙が死亡したという事案がある。この場合、慰謝料請求権は当然遺族に相続されるというのが確定判例である（#421101、#300712B参照）。

(2)　死後の名誉毀損

問題は、対象者が死亡した後に名誉毀損行為が行われた場合である。

刑法においては、一定範囲で死後も名誉を保護しており、その保護法益は死者自身の名誉と解されている（刑法230条2項）。[147]

しかし、この保護法益は、刑法的発想に基づき、権利主体が誰かという観点

ではなく、何を保護法益とするかという観点から決定されている（佃47頁注14）。

民法上、名誉権を含む人格権を享有するのは生きている人のみであり、死者の名誉毀損を認めることはできないのが原則である。

(3) 遺族自身の名誉毀損

では、死者の名誉が毀損されたことで遺族自身の名誉が毀損したといえるか。

これは、上記の「ある者に対する言及が、別の者の名誉を毀損する場合」の問題（164頁）であって、全く認められないわけではないが、ハードルは高い。

(4) 敬愛追慕の情

そこで、遺族自身の名誉毀損侵害の理論で救済されない遺族であっても、故人の名誉が毀損されることで、遺族の故人に対する敬愛追慕の情が侵害されたと主張する余地がある。[148]

「故人に対する敬愛追慕の情」も一種の人格的法益としてこれを保護すべきであるから、これを違法に侵害する行為は不法行為を構成すると解されている。

ただ、敬愛追慕の情は、権利ではなく、法律上保護される利益であるから、保護される範囲を絞ろうとする一連の裁判例がある。

#290201C（#291221Bで上告不受理）は、子が敬愛追慕していた親から忌み嫌われていたという虚偽の事実が広く公表されたときの不快感や心痛については、それぞれの親子のその時どきのありようにおいて様々であり、主観的な感情の域を超えて一般化類型化できるものとまでは言い難く、本件において、上記各記述の表現・内容等に照らし、ただちに不法行為の保護法益になるとは解されないとした（その他 #250621、#211217、#230615、#210727、#221220A、#230810、#290420、#280829B、#291108A、#280115B 等参照）。

それぞれの裁判例の文言は異なるが、総合考慮により、その程度が著しい場合に認められるという趣旨であろう。[149]

ここで、刑法230条2項が虚偽の事実による名誉毀損の場合にのみ罰していることの関係で、民事でも虚偽の事実が必要かが問題となる。

この点、虚偽を必要とするものもある（#540314等参照）が、最近は虚偽性

---

147) 死者の名誉を毀損した者は、虚偽の事実を摘示することによってした場合でなければ、罰しない。
148) 議論をせずに死者本人の名誉毀損について判断したと思われる #291026H は不適切である。
149) ただし、#230425C 等も参照。

等はあくまでも総合考慮における判断要素の1つとする裁判例も多いようである（#230615、#250621、#210727、#230810等参照）。

なお、敬愛追慕の情侵害を主張することができるのは、遺族又はそれと同視し得る者だけである（#211217、#210630等参照）。

(5) 法人の解散

なお、法人が解散しても、清算法人としての存続中であれば人格権に基づく妨害排除請求として名誉毀損投稿の削除を求めることができる（#300712A）。

8 晒し

実務上、いわゆる「晒し」も問題となる。例えば掲示板やツイッター上の投稿について「Xは詐欺をした犯罪者」（投稿1）という投稿と、「Xは●●株式会社に勤務している甲野太郎」（投稿2）という投稿の双方を相次いで行うという場合である。

これらが同一人物によって相次いで行われたにもかかわらず、もし、「投稿1はXが誰か分からないから名誉毀損にならない、投稿2は単にXが甲野太郎であることを伝えているだけだから（プライバシー侵害はともかく）名誉毀損にならない」という判断がされるとすれば、対象者の名誉は守られない。少なくとも同一の表現者が相次いで投稿しているのであれば、1つの投稿内にこれらの事実を記載したのと同視すべきであり、責任を否定すべきではない。

これと同旨と思われるのは、#281017Aである。この事案では、ある会社の従業員の女性が社長と愛人関係にあるとか、「不細工お局」であると行った投稿がされたところ、それと相次いで対象者についての情報を公開する投稿がなされた。裁判所は、対象者の名誉を毀損する他の書き込みが対象者を対象とするものであることをより明確にし、他の書き込みと共にその名誉を毀損するものであるとしており、上記でいうところの投稿2もまた名誉毀損だと認定した（なお、いずれも同一の携帯電話端末又はPHS端末による同一の発信者の投稿であることが認定されている）。

第5章 匿名・仮名による言及と対象者の特定

1 はじめに

　インターネット上の投稿においては、その匿名性から、誰かについて言及する際に、仮名等、実名以外を用いることが多い。このような表現についてどのような場合に名誉毀損が成立するのだろうか。例えば、仮名（ハンドルネーム）の相手の名誉を毀損してもあくまでもネット上の人格に対する名誉毀損にすぎず対象者の名誉は毀損していないのではないか。
　この問題の鍵になるのは、「特定」ないし「同定」の可能性という概念である。要するに、そこに記載されている情報を元に、対象者までたどりつけるのかということである。

2 伝播性の理論の匿名・仮名表現への応用

　匿名・仮名による言及と対象者の特定の問題は、従来型名誉毀損では、主に匿名報道[150]の問題として論じられてきた。[151]
　匿名の記事であっても、一般読者の普通の注意と読み方に照らして当該記事を解釈すると特定の人物を指すと受け止められるようなものであれば、当該特定人に対する名誉毀損が成立する[152]（佃 241 頁）。
　判例が表現の解釈について一般読者基準を用いていること（63 頁）や一般読者が当該対象者の名誉が毀損されたと理解できなければ、「社会」の対象者に対する評価は変化しないことから、この一般読者基準は適切である。

---

150) そもそも実名報道をすべきかについては #201028A の傍論、佃 241 頁以下、宍戸や飯島滋明『憲法から考える実名犯罪報道』（現代人文社、初版、2013）等を参照されたい。
151) なお、匿名報道以外の従来型名誉毀損では、賃貸アパートを批判する立て看板につき特定を否定した #270528 等参照。
152) 発言や記事の中で特定の人物の氏名を挙げていない場合に、当該人物が特定されるか否かについても、当該発言等を見聞した者の普通の注意と聞き方ないし読み方を基準として決するのが相当であるとした #280422D も参照。

ところが、裁判例をみると、一般読者が対象者であると同定できないような表現について、同定があったとして名誉毀損を認めているものが少なくない。

#150314は前科・前歴に関するものであるが、最高裁は、「被上告人（注：対象者）と面識があり、又は犯人情報あるいは被上告人の履歴情報を知る者は、その知識を手がかりに本件記事が被上告人に関する記事であると推知することが可能であり、本件記事の読者の中にこれらの者が存在した可能性を否定することはできない。そして、これらの読者の中に、本件記事を読んで初めて、被上告人についてのそれまで知っていた以上の犯人情報や履歴情報を知った者がいた可能性も否定することはできない」として名誉毀損（及びプライバシー侵害）を認めている。

地域限定掲示板について、#281118Aが「爆サイ.com 東北版」のスレッドで対象者の住所地であるむつ市又はその周辺に関連する事項が記述されているものと理解するのが通常であることを１つの理由として特定を認めた。

同様の判断をする裁判例も多い（例えば#260310、#260217、#290324B、#291127A、#291030C）。

なぜ、一般国民は対象者本人と理解できず、理解できるのは一部の者だけなのに名誉毀損が肯定されるのだろうか。

これは伝播性の理論（142頁）の応用であり、まず、当該表現が対象者について述べていることを特定できるだけの背景知識をもっている読者がいるかが問題となり、仮にそのような読者がいるのであれば、当該読者から不特定多数に伝播する可能性がある限り、対象者の特定があったとみなすというものであろう。

このような議論に対しては伝播性の理論の広範な応用に関する上記（116頁）の疑問があてはまるのみならず、新たな疑問を生じさせる。つまり、判例である「一般読者基準」が没却されかねないのではないかということである。ある表現が何を摘示しているかや、対象者の名誉を毀損するかは「一般読者」を基準にするというのが判例であった。この基準を匿名性について素直に適用すれば、一般読者が対象者だと特定できるかを基準とすべきであろう。しかし、匿名性について、上記の#150314のように考える場合、もはや「一般読者」の理解ではなく「一部の人」の読み方が何で、それに伝播性があるかの問題となる。そもそも、判例は、投稿の摘示内容や社会評価低下の有無については「一部の人」ではなく、一般読者の読み方を基準とすることで、社会の評価の低下

の有無を検討していた。特定の問題でも一般読者を基準とするのが本来の姿ではなかろうか。伝播性の理論を広範に応用すれば、名誉毀損が社会一般ではなく、「一部の者」の評価を基準とすることになるし、投稿の摘示内容や社会評価低下に関する判断と特定に関する判断の基準が変わってしまう。

加えて、匿名報道の文脈では、対象者Aに関する報道においてAの名誉毀損を避けるための配慮として、Aの名を挙げずに匿名で報道したところ、例えばAと似た経歴のBが存在した場合、一部のBと面識ある者やBの経歴を知る者がBのことだと勘違いするのであれば、その結果として、Bに対する名誉毀損となる可能性がある。つまり、名誉毀損を避ける配慮をした結果、逆に名誉毀損とされるリスクが大きくなる局面さえ想定されるということである[153]。

ここで、伝播性の法理の応用自体は行うことを前提にその実際の適用範囲を限定する裁判例がある。

#200327Cは、伝播可能性は皆無であるとはいえないものの、あくまでも、可能性の域を出るものではないとして特定を否定している。

#290119Bは、掲示板における投稿について、対象者と面識ある者であっても、本件各記事に記載されている内容や意味合いをよく理解している者でない限り、対象者を同定することが容易であるとまではいえないとして同定を否定した。

これらの裁判例と同趣旨の裁判例は数としてはまだ少ないが、その趣旨は、伝播の抽象的可能性をもって特定を認めるのではなく、伝播の具体的可能性を吟味しようとするというもので、基本的に正当な方向性である。

ここで、上記#150314の調査官解説は、特定人への開示も名誉権侵害になり得る（平成15年解説152頁）とした上で、犯人情報又は履歴情報を知る集団に対して対象者の社会的信用を低下させるに足りる事実を摘示し、伝播性の法理によってこれを間接的に不特定多数の人の認識可能な状態においたとして、名誉毀損を認めた（同156頁）。しかし、「なお、実際上は、③、④の集団（注：犯人情報又は履歴情報を知る集団）に属する特定人が本件記事を読んだかどうかは不明である上、本件記事が出される以前に、X（注：対象者）を知る特定人は既に口コミや公判傍聴によりXの犯人情報、履歴情報を知った可能

---

153) #300920のような別人への論評のつもりで過失による名誉毀損の責任を負う事例はその一例であろう。#300717も参照。とはいえ、表現者に過失さえなければ、不法行為は成立しない。

性もあるのであり、本件記事による名誉毀損は抽象的であるといえる。」(同156〜157頁)とし、「Xは、③、④の集団に属する特定人が本件記事を読んでXの犯人情報、履歴情報を知ったという具体的事実を立証することが必要であろう」(同157頁)としている。これは、調査官解説においても、伝播性の法理の特定・同定への広範な応用に警鐘を鳴らしたものとして重要である。[154]

なお、このような伝播性の法理の応用を肯定する場合、表現者による摘示の内容が伝播可能な範囲の者にとっての常識的事実であって、さらに社会的評価を低下させるものではないということもあり得る。上記#150314は「これらの読者の中に、本件記事を読んで初めて、Xについてのそれまで知っていた以上の犯人情報や履歴情報を知った者がいた可能性も否定することはできない」としており、逆にいうともし、対象者と特定できる者の間では常識的な事実であれば、社会的評価を低下させないことを示唆する (#290915Cも同旨。)。[155]

なお、いくら伝播性の理論を応用しても、対象者本人は自分のことと主張するが、第三者にとってそうとは理解できない場合には特定されないだろう。

3 本人を示唆する情報から本人のことだと推測できる場合

(1) 文脈や本人を示唆する情報による特定

インターネット上で匿名・仮名を用いて対象者に言及した場合でも、その文脈や本人を示唆する情報等から一般読者基準に基づき本人のことだと推測できる場合があり、そのような場合には、対象者の特定がなされたといえる。

#281004Aは、対象者はアトピー性皮膚炎の持病がある新聞記者であるところ、スレッドのタイトル名で既に「○○新聞のXことアトピー星人」として、勤務先、氏名及びアトピー性皮膚炎に罹患していることを推認される表現が含まれていることや、持病であるアトピー性皮膚炎の症状である皮膚の痒みを連想させる「ぼりぼり」という擬音語の投稿がされていることから、それを受けた「アトピーを治すために、全身の皮を剝いでみてはいかがでしょうか」という投稿は対象者に関する記事と読むことができるとした。
(その他、#200418、#280127C、#270206等も参照)

---

[154] ただし、同解説は衝撃的事件であるから、経験則上そのような者が存することは肯定できる (同157頁) とやや安易に具体的可能性を肯定してしまっており、疑問である。

[155] 調査官解説も、そのような者が読んでも対象者の権利は侵害されないとする (152頁)。

なお、上記（87頁）のとおり、掲示板であればスレッド全体を読んで判断したり（#250722参照）、ブログであれば関連記事を読んで判断する場合が多い（#210513C参照）。

そして、上記のような伝播性の理論を応用すれば、一般読者には特定できなくとも、当該表現の読者の中に背景事情を知っていること等により対象者を特定できる者がいる場合、その者から不特定多数に伝わる可能性があれば、対象者の同定が認められる。

#200418は、「お局様」によるいじめに関する投稿につき、対象者は、会社に勤務する40人程度の女性の中で唯一の役員であり、他の女性職員と比べて勤続年数がはるかに長いことから、役員、従業員や取引先等の関係者にとっては、「お局様」が対象者を意味することを容易に認識できるとした。

#291026Bは、「二代目の嫁」という表現が、ある会社の創業者に養子縁組した者の妻である対象者を指すとした。[156]

（2）特定の程度

では、どの程度まで特定をすればよいだろうか。

#281011は、ある市の南部の歯科医に関するスレッドにおける投稿で、同じスレッドに対象者についての投稿もあるものの、特定が否定された。

#280804は「協会の幹部」という新聞記事につき、幹部は計32人いるとして特定を否定した。

#280422Dは、市長（表現者）と議員（対象者）のトラブルの過程で、ブログに「いつも偉そうにご高説を曰わる御仁」である旨記載したところ、対立する議員が約7人いることから、特定されたとは認められないとした。

その他、#281014Aは、対象者である司法書士の特定の有無が問題となったところ、投稿では事務所が所在する区画等が示されていたが、一般人の感覚からすると同区画の人口数や所在の司法書士事務所数が相当数あることがうかがわれることからすると、対象者であるとはただちに判読することは困難であるとした。

#290411Aは、株主が平成28年6月2日に特定の会社の株主総会取消訴訟で敗訴した旨がブログに記載されたところ、そのような者は客観的には対象者しか存在しないものの、株主総会決議取消訴訟で敗訴したことが広く社会にお

---

156) その他、#210511、#200326、#210513B、#291101A、#271008（#280419Aで是認）、#291106 等参照。

いて知れ渡っている事実とはいえないから、ブログの一般の読者は対象者であるとは認識しないというべきとして特定を否定した。
(#290824、#300130B、#280804 も参照)

(3) 対象者の実名が分かる必要はあるか？

これまでは、例えば対象者が山田太郎だとすれば、投稿において「山田太郎」とは記載されていないものの、対象者を示唆する情報等から「山田太郎」のことだと分かる場合には特定が認められるという議論であった。

しかし、名前は分からないが、「あの人」と分かる場合もあり得る。

#210115 は、会社がポストノーティス命令を履行したか確認するため社外の労働組合員が会社を来訪し、社内の組合員が彼らを入室させたことで会社とトラブルが生じた後、会社が、組合員が業務に関係のない人物3人を会社の許可なく勝手に当所施設内に入室させ、総務科にて大声で騒いで業務妨害に及ぶという事件が発生したとした上で、組合員の行為をテロリスト的行為と断じた書面を掲示したところ、当該施設に勤務する職員が読んだ場合、そこに記載されている組合員や「業務に関係のない人物3名」各人の氏名が分からないとしても、同日に会社に来ていた者と理解することは容易として特定を認めた。

例えば、公衆の面前で誰かを指差して「この人が指名手配されている連続殺人犯だ」等と述べれば、周囲の人が対象者の名前を知らなくとも、対象者の社会的評価を低下させるだろう。その意味では、読者が対象者の名前を介さず「あの人」と理解できる場合に #210115 のように同定を認める余地はある。

なお、インターネット上では、非常識な言動をした人を目撃して、「こういう言動をしている人がいた」等と投稿するといったこともあり得るところである。普通はそれだけでは誰のことかは分からないだろうが、周辺事情から特定できる人がいるとして伝播性の理論を広範に応用すれば、広く名誉毀損が認められかねない。これは、伝播性の理論の応用の範囲を合理的に解釈すべきことを示す1例であろう。[157]

似た問題として、特定の会社（例えばA社）の代表取締役である対象者（例えばB）の問題について投稿した場合について、一般読者が「A社の代表取締役は問題がある」という印象を得るとしても、A社が無名の企業である等で、

---

[157] ただし、もし、特定できるのが当該非常識な言動を知っている人だけであれば、上記の #150314 の示唆を前提とすると、社会的評価が更に毀損されることはない、という解釈もあり得る。

対象者ＢとＡ社の代表取締役の同一性を知る者がほとんどいない場合はどう考えるべきかという問題もある。

#280822Aは記事を読んだ者が対象者を知らなかったとしても、登記により対象者の存在や会社の代表取締役を務めている事実は公示されているから名誉毀損の結論は左右されないとした。

これも、山田太郎（Ｂ）とは分からなくても「あの人」（Ａ社の代表取締役）だと分かるという場合の一類型と理解できるだろう。

4　社会生活との関連性がある仮名

仮名、例えばハンドルネームを使って対象者に言及した場合、対象者がそれを使って社会活動を行っている場合には、対象者への名誉毀損が成立し得る。

例えば、作家のペンネーム、芸能人の芸名等は、それを用いれば、まさに「その人」を示すことになる（#250426等参照）。

源氏名につき、#280509Aは、特定の店で、5年にわたり源氏名（通称）で業務に従事し同じ通称で同店に勤務する者は対象者のほかにはいないところ、対象者の呼称として社会的に一定程度定着しているとみることができるとした上で、通称が本名と全く異なるものであったとしても、それが社会的に一定程度定着していれば、通称に関連づけられた投稿によって当該通称を用いる者の人格的利益等が侵害され得るとみるべきであるとした。

この他にも源氏名での特定を肯定するものは多いところ（#291030A、#290912B、#281222F、#280216B、#280210B、#280126D、#280118A、#290920B、#280330B、#280322B、#280316A、#290526A）、当該店舗の客や関係者にとってはまさに「その人」なのであり、原則として肯定されるだろう。

なお、#280602Aはコスプレイヤーの芸名で特定を肯定したと思われる。

このように、ある名前を用いて社会活動を行っていれば同様に特定が肯定される。

インターネット上の名誉毀損の事案として、#240416は、作家についてそのペンネームを用いて「専門学校の生徒をレイプした」等とする掲示板の投稿が、対象者への名誉毀損であるとした（#291124Bも同旨）。

#250717では、同人サークルにおいて漫画作品を発表している同人漫画家である対象者が第三者の作品を剽窃しているという印象を与える投稿を行ったと

ころ、対象者に対する名誉毀損が肯定された。

　作家や漫画家はいずれも社会活動を行っているところ、自称としてペンネームないしは筆名を用いたのか、それとも、ハンドルネームを用いたのかの相違は重要な相違ではないだろう。そこで、従来の裁判例の流れからも、少なくともそれを用いて社会活動が行われていれば、インターネット上のハンドルネームも筆名や芸名等と同様に扱うことが正当化されるように思われる。

　なお、この場面でも伝播可能性を応用する裁判例が見られる。#280921Bは、対象者はAと表示されているところ、ツイッター上でAのハンドルネームを使う者が対象者であることは、そのフォロワーの多くがインターネット外の現実世界でも交流のある顔見知りであることから相当範囲で認知されていて、まずそのコミュニティにおいてAが対象者であると同定され、それを源として、友人から友人へと不特定多数の者に、記事の内容が対象者の行動についての記述であるとして伝播する可能性があると認められるとした。

5　インターネット上の人格の社会的評価が毀損されたにすぎない場合

　ハンドルネームを利用した投稿による名誉毀損の事案において、対象者を示唆する情報をもっても特定できず、そのハンドルネームを用いてブログやSNSアカウントを運営する等していても、一般的な意味での社会活動をしていないという場合、ハンドルネーム等で表わされるインターネット上の人格の社会的評価が毀損されたにすぎないということになる。

　このような場合の名誉毀損の肯否について、学説上は議論が対立している。

　肯定説は、ハンドルネームのみを用いても、攻撃対象となった当人にとってはパソコン通信の世界で活動する上で不利益がもたらされる可能性があるとか[158]、ヴァーチャル・ソサイアティにおいては名誉毀損と捉えてよい[159]、仮想人格の発展が人格権ないしプライバシー権の1つとして法的保護に値する[160]等と論じる[161]。

　これに対し、現実世界において名誉毀損行為者に対する法的責任追及を肯定

---

158)　山口いつ子参照。
159)　髙橋参照。
160)　町村参照。
161)　その他、加藤、和田も参照。

してまでハンドルネーム保持者に手厚い保護をする必要はない等としてこれを否定する見解も有力であり（佃198頁以下）、そのような裁判例も存在する（#290329D、#161124、#190919、#230719B、#280426C 等）。

確かに、インターネットが一部の研究者、愛好者等のみによって利用されていた時代であれば、インターネット上の人格への保護は不要といっても差し支えはなかっただろう。しかし、インターネットがインフラ化した現在、インターネット上のコミュニティは、もはや「社会」と評価し得るものであり、そこにおける評価は社会的評価として保護に値するのではないかという疑問が残る。

ここで、本書初版では、インターネット上で甲というハンドルネームで敷金返還訴訟に関するウェブサイトを運営する対象者について、表現者が、掲示板において、対象者が根拠のない不当な請求を行う悪徳者であるとの印象を与える投稿を行ったところ、一般読者の普通の注意と読み方を基準として判断すれば、甲をハンドルネームとする対象者につき、裁判において根拠のない不当な請求を行う悪徳者であるとの印象を与えるものということができるから、少なくとも、対象者の名誉感情を不当に侵害するものとして、特定を認めた#181006を引き、インターネットのインフラ化によって、インターネット上の活動も社会活動であり、インターネット上の評価も社会的評価であるという、肯定説の論拠も十分に説得力を持つようになってきたと述べたところである。

ここで、#281018は、対象者が「B」というペンネームでウェブライターとして活動しているところ、ウェブサイトには「当ブログについて」というウェブページがあり、これを閲覧すると、その管理人の名前が「B」であることが分かること、対象者は、本件ウェブサイト以外の媒体に記事を書く際にも当該ブログの管理人である「B」と名乗っていることを認めることができる。その上で、一般閲覧者の普通の注意と読み方を基準とすれば、投稿が、対象者がペンネームとして使用するブログの管理人である「B」についてされたものであると理解することが十分可能であるということができるから、同定可能性を認めることができるとした。そして、対象者の戸籍上氏名に到達できないのではないかという問題については、戸籍上の氏名が一般には公開されていないこともある作家や芸能人等についても、その筆名や芸名をもって同定可能性を認め

---

162) 佃は名誉感情侵害の余地までは否定しないものの、「自分が特定されない状態での名誉感情侵害行為によって現実に侵害ありと認められるケースはかなり限定されるのではないかと思う」（佃200頁）としている。

ることができることは明らかであるから、一般閲覧者にとって、投稿に記載された「管理人」との記載から対象者の戸籍上の氏名が判明しないとしても、前記認定は左右されないというべきであるとした。

これは要するに、インターネット時代においては「ブロガー」としての活動を一種の社会活動として捉えて、社会生活と関係する通称や筆名の一種として、ハンドルネームをとらえることができるという解釈と理解できる。

#290926Bも、(釣り大会に参加した際に、他の参加者にハンドルネームを伝えているという事実も踏まえているが)釣り大会関係者以外もインターネット上の有名人として、対象者をハンドルネームである「K」として認識する可能性が高いといえるから、各投稿の「K」は、対象者を指すと解するのが相当であるとした。

このように、最近の裁判例は、ハンドルネームであっても、インターネット上でブログを連載する等、広義の社会活動といい得る活動を一定期間継続していれば、インターネット外での社会活動にそのハンドルネームを用いていなくても、同定を認める方向に舵を切り始めているように読める。

6　フィクションによる名誉毀損

(1)　はじめに

モデル小説等、実在の人物をモデルとしたフィクションが、プライバシーの問題となることもあるが(#390928参照)、名誉毀損が問題となることもある(最近の肯定例として#281226Aや#270930C等参照)。

(2)　フィクションと特定

フィクション作品においてどのように対象者の特定をするべきだろうか。

#201031Aは、書籍内の記述が、ある事件を基礎に記載されているものの、具体的事件内容が文学的に昇華されるなどして、当該事件と当該他人とを結びつけることが困難な場合には、名誉毀損を論ずることはできないけれども、問題となる記述が、ある事件をそのままに題材とし、当該他人の氏名等の特定情報を明示していなかったとしても、当該事件がかつて大きく報道され、その後の入手可能な文献等にも、氏名等の特定情報が記載されているような場合、その報道に接し若しくは文献等を読み記憶をとどめている者やその記述に接して改めて当該文献等を読んだ者などにとってみれば、当該記述と当該他人とを結

びつけることは困難であるとは言い難いとした。

　フィクション内の事件やキャラクターと対象者を結びつけることが可能かという問題意識から、一般読者基準で判断をしている。

　#200424 は、刑務所所内誌のモデル小説の名誉毀損等について、所内誌は、熊本刑務所の被収容者が閲覧することから、同定可能性を被収容者の有する知識経験に基づき検討した。

　そこで、このような意味での一般読者の認識に従って対象者のことだと特定できるかが判断される。

(3)　フィクションと社会的評価の低下

　上記の検討の結果、モデルが対象者と特定できたとしても、フィクション内のキャラクターの行為すべてが対象者の行為として摘示されたことになるのか。

　#070519 は、実在の人物を素材としており、登場人物が誰を素材として描かれたものであるかが一応特定し得るような小説であっても、実在人物の行動や性格が作者の内面における芸術的創造過程においてデフォルム（変容）され、それが芸術的に表現された結果、一般読者をして作中人物が実在人物とは全く異なる人格であると認識させるに至っている場合はもとより、右の程度に至っていなくても、実在人物の行動や性格が小説の主題に沿って取捨選択ないし変容されて、事実とは意味や価値を異にするものとして作品中に表現され、あるいは実在しない想像上の人物が設定されてその人物との絡みの中で主題が展開されるなど、<u>一般読者をして小説全体が作者の芸術的想像力の生み出した創作であって虚構（フィクション）であると受け取らせるに至っているような場合には、当該小説は、実在人物に対する名誉毀損あるいはプライバシー侵害の問題は生じない</u>とした。

　要するに、たとえ対象者がモデルであるとしても一般読者基準に基づき、内容が創作・虚構と受け取られるのであれば、名誉毀損にはならない。

　ただ、実際の作品の中では、虚実がないまぜになっている場合もあることから、どの部分が事実で、どの部分が創作の判断は容易ではない。

　その後の裁判例は、このような虚実ないまぜとなっている事案について、創作の部分も含めて名誉毀損を認める傾向がみられる。

　#091008 は、素材とされた事実と虚構（フィクション）が渾然一体となって、区別できない場合には、フィクション部分があたかも事実であるように一般読者に誤信させるとして、フィクション部分を含めて対象者に関する事実が摘示

されたとした。

#190411 は、読者にとって、当該記述が、実在人物に関わる現実の事実であるか、作者が創作した虚構の事実であるかを截然として区別することはできない場合においては、小説中の登場人物についての記述が実在人物の社会的評価を低下させる場合があるとした。
(その他、#210826B、#130215（#140924 で上告棄却）等参照）

このように、虚実ないまぜで、創作の部分と事実の部分の区別ができない記載であれば、読者が、キャラクターの行動を対象者の実際の行動と誤解することがあり、それによって対象者の社会的評価が低下することはあり得る。

しかし、多少事実が含まれていても、創作の割合が高く、ある意味で荒唐無稽な内容の場合にはモデルである対象者の社会的評価を低下させない。

#220728 は、対象者が漫画に登場する愚連隊のリーダーのモデルだとした上で、荒唐無稽な着想、設定に基づいたストーリーである等から、一般読者にも、作者が創作した虚構の世界であると認識されるとして名誉毀損を否定した（名誉感情侵害を肯定）。

#240906 は、アダルトアニメの主人公は女性参議院議員である対象者をモデルにしたものであるが、その内容は、主人公が、何の理由もなく見ず知らずの複数の男性宅を訪れて性行為を行うという荒唐無稽なものであるからフィクションであることは明らかで、一般の視聴者はこれを現実の出来事であると認識することはあり得ないとして名誉毀損を否定した（名誉感情侵害を肯定）。

インターネット上の作品について名誉毀損が認められた例もある（#230630 参照）が、創作の割合が高く、ある意味で荒唐無稽な内容の場合には、たとえモデルがいても、名誉毀損になる可能性は低いといえるだろう。

(4) フィクションと抗弁

なお、フィクションが対象者の社会的評価を低下させる場合の真実性の抗弁については、当該表現の目的が、単なる娯楽等であれば、公益性が否定されることが多いだろう。

#200424 は、殺人を題材にしたモデル小説につき、その事実を摘示することが公共の利害に関する事実であるとも、専ら公益を図る目的に出たともいえないとして違法性阻却事由にあたらないとした。

これは具体的事例における判断と解すべきであり、モデル小説の形で著名事件を振り返り、日本社会の構造を分析したり、今後の教訓にする等、内容によ

っては、公益性が肯定される場合もあり得るだろう。

(5) フィクションだとの主張

なお、単に「フィクション」である旨を注記したことは抗弁にならない。

#270327 は、フィクションという形式を取っているが記事の内容が非常に具体的であり、一般の読者は、その記載内容が、架空の話ではなく、ある程度真実であるとの印象を抱くとして、対象者に対する名誉毀損であると認めた。

一般読者基準で特定の対象者に対する名誉毀損になる投稿について、「この作品はフィクションです。実在の人物や団体などとは関係ありません」といった注記をしても、必ずしも免責の機能を有しない。[163]

7 基準時

名誉毀損表現が閲読可能となった時点で名誉毀損が成立する（#090527B 参照）以上、同定の基準時は表現時である。[164]

#161124 は、投稿後、同じ掲示板において、ハンドルネームと対象者の関連性を示す投稿がされたが、投稿が掲載された時点で対象者と特定できたかどうかについては明らかでない等として対象者との同一性を否定した。

#221019 は、匿名報道の翌日に行われた実名報道により、当該人物が特定の人物であることが明らかになった場合でも、匿名報道が遡及的に名誉毀損性を有するものになるとはいえないとした。

（その他、#250412 等参照）[165]

ここで、従来型名誉毀損であるが、#290629B は、匿名のテレビ報道の後、インターネットで対象者のことだという反応があったことを考慮して同定を認めた。

上記のとおり、基準時はテレビ報道時点である。とりわけ、インターネット上の投稿がテレビ局と無関係の者によってされた場合には、このような時系列の関係から、テレビ報道と投稿をあわせて読んで同定を肯定すべきかは慎重に対応すべきである（85頁）。ただし、当該テレビ報道が匿名で行われたものの多数の人がこれを対象者と同定できたことの傍証として、上記 #290629B のよ

---

163) ただし、社会的評価の低下の程度が低い／薄い投稿について、このような注記とあいまって、名誉を毀損しないと判断される場合もないわけではないだろう。
164) #060412 及び #221019 参照。
165) なお、反対の趣旨とも読めるものとして #230130 があるが疑問である。

8 その他

(1) 写真による特定

　顔写真が掲載されても、それが対象者のことと同定できるとは限らない。

　#211022A は、対象者の写真は掲載されたが、写真を見ただけで、プロのイラストレーターとしての対象者を特定することのできる者は限られていたと推認されるとして特定を否定した。

　#210511 は、名誉を毀損するはり紙に対象者らの写真が添付されていたが、当該はり紙と添付された写真を見ただけでは、はり紙が対象者について記載したものであるとまでは理解することができないといわざるを得ないとした。

　有名人以外の場合には写真だけでの特定が不可能な場合も多い。モザイク（#250625 参照）や目線（#231125B 参照）が付されていれば特定の困難性は増す。

　これに対し、写真に加え、住所、氏名等の他の情報が付されていれば特定できることが増える（#240330、#280325C、#280726A、#290927B、#290830B、#280208D 等参照）。

(2) 社会生活上の地位と結びつかない実名

　実名を出しても、それと社会生活上の地位等が結びつかない場合には、特定されたといえるかという問題がある。職業や住所等が実名と結びつけば、多くの場合、「この人」のことだと同定できるが、日本では同姓同名も多いことから、実名だけでは誰のことか分からないことがある（なお、姓だけや名だけの場合よりも、姓名双方が記載されたほうが比較的特定が容易だが、必ずしもそれだけで特定できないこともある）。

　#290130A は弁護士である対象者について、その対象者の姓名と弁護士という肩書を付したところ、同姓同名の弁護士が対象者のほかにもう一人存在した。裁判所は、その事実は被害者が対象者のほかにもう一人いるということを意味するにすぎないとした（なお、それ以外の事実からの特定も行っている）。

　#240806 は、弁護士である対象者の実名が表示されている事案について、それが対象者のことを指すのかについてさらに検討を進めている（結論として特定があったとした）。

　#250424B は、特殊な事案だが、対象者である甲野太郎が保険金を請求した

ことから、保険会社の依頼を受けた保険サービス会社の従業員が、10箇所の医療機関に対し「昭和25年○月○日生まれの甲野太郎」の受診歴の有無を尋ねたところ、質問を受けた医療機関において質問の対象が対象者であることを特定すること自体が困難として、信用・名誉感情等の侵害を否定した。

結局、ここでも対象者の名誉が毀損されたことを立証できるかが究極の問題となっており、実名が記載されていれば一般読者基準に基づき特定されることは比較的多いものの、たとえ実名の記載があっても一般読者基準から特定が認められない限り、名誉毀損の要件を満たさない。

(3) 検索・調査

一般の読者が、その素の知識では同定できないが、インターネット検索等をして調査をしたら同定できる場合、同定を認めるべきか。ここで、容易に検索できることを特定の一つの理由とした裁判例が存在する。

#280927Aは、投稿で「F」という名称が使われたところ、グーグルで「F」にて検索をすると、対象者に関するウェブページ等が多数表示される状況にあることを一つの理由として特定を認めた。

#281205（#290404により上告不受理）も興味を持って情報検索等をすることにより、比較的容易に同定できることを特定の一つの理由とした。
（#280902Dや#281031も参照）

これに対し、#291113はインターネットが普及している今日の状況を踏まえても、当該記事について関心のある読者が関連情報を検索することはあるものの、読者があらゆる記事に関してその関連情報を検索して情報収集をしながら読んだり、匿名記事について匿名対象を特定するのに必要な情報を検索しながら読んだりすることが、一般の読者の普通の注意と読み方であるということはできないとした。

特定の対象物にカメラを向けるとAI（人工知能）でその名称が自動的に表示される等、AR（augmented reality、拡張現実）技術やAI技術の開発が進んでおり、検索が今後ますます容易になると想定される。このように、検索の容易性が高まるにつれ、今後「一般の読者」が検索をするようになる時代は来るかもしれないが、現時点では、少なくとも検索可能性だけで同定を認めるべきではないだろう。[166]

---

166) なお、検索や調査については、同定の問題ではないが#281027Dも参照。

第6章 「表現者が」名誉を毀損したこと

1 はじめに

　名誉毀損の不法行為に基づき、表現者に対して損害賠償等を請求するためには、「誰かが」対象者の名誉を毀損したことでは足りず、その当該「表現者が」名誉を毀損したことが必要である。

　例えば、会社が従業員を解雇したことをインターネット上で公表し、それによって従業員の名誉が毀損された場合、表現の過程において多数の関与者が存在する。会社、公表書面を起案し公表を主導した役職員、取締役、実際にインターネット上にアップロードする作業を担当したアシスタント等はそれぞれ責任は負うだろうか。

　なお、本章は主に民事名誉毀損を念頭に置いて論じる。[167]

2　表現者の特定

(1)　はじめに

　表現者の特定の問題としては、インターネット上で匿名の表現者が名誉毀損を行った場合が典型的である。しかし、プロ責法については前述した（38頁）ので、本章では詳述しない。むしろ、本章では、特定に関するそれ以外の問題について概観したい。

(2)　プロ責法では特定できない部分

　例えば、携帯電話等から投稿がなされた場合、プロ責法の手続によって、当該携帯電話等の契約者までたどることができるが、契約者と投稿者が一致しているとは限らない。当該携帯電話が第三者に用いられた（名誉毀損の事案ではないが #260808 参照）等と主張された場合には、プロ責法の手続だけでは十分な特定がなされたとはいえず、誰が当該携帯電話を用いて投稿したかを別途立

---

[167]　名誉毀損罪においては、これは共犯論等の問題であり、別個の考察が必要であろう。

証しなければならない。

　最終的に、表現者の特定に成功した事案もある。

　#290915Bは、侵害情報の送信にかかるIPアドレスの割り当てをうけた通信端末にかかる契約者は、侵害情報を流通させた発信者本人であるとの推定を受けるとし、契約者の反論をもってもその推定が覆されていないとした。

　#281226Bは、母親の契約した回線から、子どもが投稿をしたものであると認めるのが相当であるとした。

　#291026Gは、第三者も無線LANを利用できると主張したが、時間帯や場所に鑑み、その可能性は抽象的なものにすぎないとした。

　#291017Aはなりすましを主張するが、アカウントを作成し、投稿をしていたのは表現者というほかないとした。[168]

（その他、#280128C、#281026、#280408B）

　しかし、特定に失敗した事案もある。

　#280328は、工場のシフト上、14時42分に出社し、24時3分に退社していたことが認められるところ、21時台に、自宅でパソコン等を操作して投稿を行うことは極めて困難であると認められるとして特定に失敗した。

　#280208Cも、会社の取締役が自己名義の無線LANを会社の社内利用に提供しているところ、当該取締役以外の者が投稿することができないことを裏付ける証拠はないとして、当該取締役が関与している可能性は否定することができないものの、これを認めるに足りる証拠があるとまではいえないとされた。

　特定を認めた上記#291026Gが存在するように無線LANを第三者が使えるという一事をもって特定ができなくなる訳ではないが、具体的な事情に基づいて判断がされている。

　なお、無線LANを他人に提供したことによる責任が問題となることがある。

　#300326Aは、公衆無線LANを提供する店舗は通信履歴の保存義務を負うということができず、保存しないからといってただちに幇助による不法行為責任の成立を認めることはできないとされている。[169]

---

168) なお、投稿において表現者の属性とされている属性と発信者情報開示によって判明した表現者の実際の属性が異なるという主張があるが、#291026Gは、インターネット上では性別や年齢を偽って記載することも容易に想定できるとして、発信者情報開示によって判明した表現者が表現者とした。

169) ただし、文言上、現に投稿内容を認識していた場合には、当該店舗に一定の義務が認められる余地があるとも読める。

(3) 証拠による表現者の認定

また、(プロ責法で入手した証拠と共に) プロ責法以外で入手した証拠を利用することにより表現者を認定することも可能である。

#280208A は、まず一部の表現についてプロ責法から表現者のものとした上で、内容は対象者が自己の行状を暴露し、懺悔する中で、部下の行状も明らかにする形式を採り、いずれも対象者を「犬」と喩える表現を用いている外、全体的に対象者に対する憎悪感に基づく表現であり、その表現の方法も稚拙で卑俗なものとなっている点で共通しているといえるので、いずれも同一人物によると見るのが相当であるとして、それ以外の表現も表現者が自ら又はその意向を受けた者に指示して行ったと認めることができるとした。

#261128 は、ブログの一部の記事について発信者情報が開示されていたところ、残りの記事についても同一人が投稿したと認定した。

#290920C も、表現者が一部の投稿について自認しているところ、他の投稿の投稿者の経歴や投稿内容に鑑み表現者の表現とした。

最後は個別具体的な状況下において、高度の蓋然性 (238 頁) を超える立証があったかを判断することになるが、プロ責法以外の証拠による立証に失敗する場合もある。[170]

#290926D は対象者が管理した動画がアップロードされた可能性は否定できないが流出経路は結局不明とされた。

#281129E は、対象者が表現者に削除を依頼したら当該投稿が削除されたとしても、表現者が管理者に対して期間を指定して削除を依頼したので、表現者以外のものも含まれる可能性があるとして不明とした (#280330D も参照)。

3 共同不法行為

複数人が表現に関与する場合、共同不法行為が認められることがある。

民法 719 条 1 項は「数人が共同の不法行為によって他人に損害を加えたときは、各自が連帯してその損害を賠償する責任を負う。共同行為者のうちいずれの者がその損害を加えたかを知ることができないときも、同様とする。」と規定する。[171]

---

[170] #280902D、#280602B、#290327C、#201001B、#211027、#300125A (プライバシー) 等参照。

ある行為が複数の行為者による共同不法行為とされるとそれぞれが不真正連帯債務を負い、分割責任を主張できない（#130313。これを名誉毀損の文脈で確認した最近の事案に #281216E）。複数の不法行為者が連帯して賠償責任を負う「共同の」不法行為とは、共謀がある場合等相互に共通の意思・了解・認識がある場合（主観的関連共同性）及び行為が客観的に関連し、共同して損害を生じさせる場合（客観的関連共同性）である[172]。

新聞・雑誌等においては、取材者・執筆者・編集担当者・発行人間で共同不法行為が認められることがある（佃36頁。#201001A、#201113、#280830C（#290327E で引用、#291027A で上告不受理）、#280712C 等を参照）。

もちろん、具体的事情の下で主観的客観的関連共同性が否定される場合もある。

#280804 は、書面は「考える会」なる団体名において共同で発行されているのであり、全会員に共同不法行為が成立すると主張したが、執筆者以外の他の会員が書面の作成・配布について共謀した、あるいは、共同して行ったことを認めるに足りる証拠はないから、主張は採用できないとされた。

特殊な例だが、#280426E は、話合いに同席した夫には、道義上、妻が不適切ないし違法な発言をすることを制止し、また、そうした発言をしたことを諫めることが期待されたといえるが、これをしなかった夫に法的責任があり、妻の違法行為を共同して行ったと認めることはできないとされた。

インターネット上では、#270217A は、複数人が共同で論文不正を告発するウェブサイトに告発文を掲載したところ、全員が、明示又は黙示に承諾することなどにより、共同してウェブサイトに掲載したとして共同不法行為を認めた（#250829 の前提事実を引用）。

#281025 は、話し手及び聞き手がインターネット番組に出演して対談したところ、聞き手も相槌を打ったり、話し手の発言にそう形で発言し、話し手の発言の否定、訂正にわたる発言がないのみならず、発言の根拠を確認する発言もなく、話し手の発言の摘示する事実を当然の前提として対談を進めているので一連の対談における発言について、共同不法行為が成立するとした。

これに対し、#300119 は、2 人が一緒に提訴時の記者会見において発言した

---

171) なお、民法719条2項は「行為者を教唆した者及び幇助した者は、共同行為者とみなして、前項の規定を適用する。」とする。

172) 我妻榮他『我妻・有泉コンメンタール民法』（日本評論社、第5版、2018）1535〜1536頁。

事案で、1人のみが話した内容は、本人のみが摘示したとみなしている。

　自分もそのように思うという趣旨で相槌をうった場合と、（物理的に同じ場にいても）それぞれが発言した場合の相違と理解することは可能だろう。[173]

　では、掲示板の投稿はどうか。

　#280825B は、スレッドは、主題を掲げて投稿を募る投稿枠であり、募集に応じて投稿された書込が特定の人物を誹謗中傷する場合において、個々の書込について投稿者の不法行為が成立し、さらに書込の間に客観的関連共同性がある場合は、一連の書込について共同不法行為を構成するものとして権利侵害の有無を判断するのが相当であるとした。

　#281216E は、投稿を時系列に整理してみると、投稿者 A は、B が投稿を開始して間もなく、B が投稿した同一のスレッド内において、B の投稿に反応し、これに対して B も応答するなど、B 及び A は、互いの投稿にすぐさま反応し、その投稿を引用するなどして同様の内容の投稿を重ね対象者の名誉又は信用を毀損したことが認められる。そして、A は、B との間で情報交換をするなどして投稿をしていたことも認められる。そうすると、各投稿の時期、各投稿がされた掲示板等の名称、各投稿の内容及び対応関係、各投稿の際の意思の連絡等を考慮すると、上記各行為が主観的にも客観的にも関連共同して対象者らそれぞれについての名誉及び信用の毀損という一つの損害を発生させたものといえるから、共同不法行為に該当し、B 及び A は、対象者の被った損害の全額について連帯責任を負うとした。

　#271105B も、投稿の記載内容等に照らせば、各投稿者において、対象者に対する誹謗中傷であることを認識しながら、最初の投稿に引き続いて投稿されたものと推認することができ、各投稿について客観的関連共同性を認めることができるから、各投稿者による共同不法行為が成立すると認めるのが相当であるとした。

　しかし、#270216 は、投稿を呼びかける投稿について、スレッド全体によって対象者の社会的評価が低下していると認めうるとしても、それは、後になされた投稿によって対象者の社会的評価が低下しているにすぎないとした

---

173) 雑誌の取材時の相づちについて #290914C では相づちの内容及びその態様は、全証拠をもってしても明らかではなく、また、相づちを打つ等した際に、自らの見聞を基にしているかのように振る舞ったか否かについても、同様に明らかではないため、加害行為と評価し得る行為があるとは認められないとして、単独不法行為・共同不法行為・幇助が否定された。

(#280714B も参照)。

　例えばある掲示板に 1000 個投稿がある場合に、その 1 つを投稿した人が常に共同不法行為として 1000 個すべてに責任を負うとまではいえない。しかし、具体的な投稿内容、例えば、複数人が投稿に反応し合っているか否か、お互いに誹謗中傷と認識していたか等の要素を踏まえた主観的・客観的共同性の認定によるだろう。

　関連して、委託者・委任者が受託者・代理人に文書の作成・配布を依頼した場合の双方の責任は、その依頼の趣旨によるだろう（佃 89 頁以下も参照）。

　#280307A は、弁護士のプロフェッションとしての職責（弁護士法 1 条参照）に鑑みれば、陳述書の記載内容、その相当性、訴訟の争点との関連性などについては、専ら訴訟代理人弁護士がその責任において適切に検討すべきものであり、法律の素人である依頼者の判断の及ぶところではないと考えられ、原則として弁護士の行為と相当因果関係があるとは考えられないとした。

　#280809C は、弁護士の職務の独立性に鑑みると、依頼者から特に具体的な指示があり、それに従った言動をした場合等であれば格別、そうでなければ、弁護士の言動を依頼者の言動とただちに同視することはできないものと解されるとした。

（#201210、#210909、#241212B、#230530 参照）

　もっとも、だからといって背後にいる委託者が個々の具体的表現についてまで承諾・同意していない限り一切責任を負わないものではない。

　#210318 は、自己の名義において文書の作成及び送付を包括的に承諾していれば、個々の表現についての承諾がなくとも十分に同人による表現と認められるとした。

　#200926 は、本人と代理人が同席した記者会見については、代理人の発言内容も含めて、本人の発言の名誉毀損性を判断するのが相当とした。

　なお、投稿に関与していない代理人が、表現者を代理しているというだけで、表現に対して投稿をやめさせる法的義務が生じる訳ではない（#300607）。[174]

174）　とはいえ、投稿内容が違法であれば、早めに削除して謝罪する（第 3 編参照）といった対応を強く勧めるのが通例である。なお、この点は、今後の倫理規定改正の動向にもよるところであろう。

4 表現者が組織の場合

(1) 組織の責任

(a) はじめに

組織、特に法人は、自然人を通じて行動する。そこで、自然人の行った表現についていかなる場合に法人が責任を負うのかが問題となる。

(b) 従業員の行為—使用者責任

まず、従業員が「その事業の執行について」名誉毀損を行った場合には使用者(会社等)はその責任を負う(民法715条)。

この「その事業の執行について」の意義について最高裁(#320716、#360609)は、いわゆる外形標準説をとっており、外形を標準として、従業員の行為が職務範囲に属するとみられる場合には、当該法人が責任を負う。

#240406は、不動産会社の従業員が、決済に立会った際に、客と揉めて相互に罵り合う中、「売春女」ないし「売春の顔」という趣旨の発言を行ったことにつき、会社の責任を認めた(なお肯定例として#280603B、否定例として#260325B等参照)。

ただ、複数の会社の業務に従事していれば、どの会社の業務として行ったかが問題となることがある。

#270129Bは、A社の従業員で、B社のセミナー業務にも従事していた表現者が、対象者がセミナーに参加することを断ったとのメールをメーリングリストに送付したことにつき、セミナーはB社の事業としてなされていたとしてA社の使用者責任を否定した。

なお、「使用者」責任であるから、使用者の選任監督・指揮命令に服する関係にある者の行為にしか民法715条は適用されない(我妻他・前掲1517頁)。例えば、外部ライターの行為につき、報道機関は使用者責任を負わないとされる(佃71頁)。

(c) 代表者の行為

また、会社代表者が「その職務を行うについて」名誉毀損を行った場合には会社はその責任を負う(会社法350条[175])。同旨の規定は、一般社団法人及び一般

---

[175] 「株式会社は、代表取締役その他の代表者がその職務を行うについて第三者に加えた損害を賠償する責任を負う。」

財団法人に関する法律（一般社団・財団法人法）78条等多数存在する。

もちろん、会社の代表者が会社の業務に関連するプレスリリースを公開するような場合には、その行為が会社に帰属することに争いはなく、わざわざ会社法350条の適用の可否を争うまでもない。むしろ、会社代表者の個人の行為とも思われる行為について裁判例が蓄積している。

#240717は、美容整形外科の施術等を業務とする医療法人の代表者が掲示板で別の医者を中傷したが、大阪と福岡の美容整形外科間で現実的な競合関係はなく職務執行との牽連関係はないとして、医療法人の責任を否定した。

#290524は、会社の代表者が、個人名義で送付したものであり、会社の職務の執行についてのものとはいえないとして、会社に対する請求が否定された。

#211116は、社長の執筆した書籍やウェブサイトにおいて、肩書きとして会社名が付されている程度では、会社による掲載とは評価できないとされた。

　(d)　権利能力なき社団

なお、法人格がなくとも、#270826（#280217Aで上告不受理）は、権利能力なき社団の執行部の行為について、権利能力なき社団として不法行為責任を負うとされた。

　(e)　国又は地方自治体の責任

国や地方自治体も公務員による名誉毀損について国家賠償責任を負うことがあり得るので262頁以下を参照のこと。

(2)　個人の責任

　(a)　原則

組織の一員として行動したかを問わず、表現者個人も原則として責任を負う。

#280914Bは、表現行為が団体として行われたものであっても、それに参加した個人も表現行為について責任を負う立場にあるとした。

#280704Aはやや特殊だが、労働組合の名前で行われている表現行為について組合員が責任を負うか問題となり、民法上の不法行為責任の構造からすれば、違法な行為を行った個人が第一次的に責任を負うとした。

---

176)　「一般社団法人は、代表理事その他の代表者がその職務を行うについて第三者に加えた損害を賠償する責任を負う。」

177)　医療法68条によって一般社団・財団法人法78条を準用している。

178)　なお、法人の代表者がその構成員の名誉を毀損した場合における会社法350条の適用については、旧民法の対応する規定の適用を制限した#200711等を元に更なる検討が必要である。

(b) 部下の免責

本章冒頭の事例におけるアシスタントも、実際に表現を行った以上、原則として責任を負わざるを得ない。ところが、従来型名誉毀損において、不法行為責任を限定する裁判例が出ている。

#190117 は、国会議員への名誉毀損記事につき取材にかかわった記者について編集者からの指示に基づいて取材を担当したにすぎず、記事を執筆したり、編集しておらず、幇助が問題となるところ、名誉を毀損する記事となるとの予見が不可能であったとして免責を認めた。

#210731 は、主に記者の通訳等の補助的事務をし、クレジットとして「With reporting by 甲」と記載された者（甲）について、記事の内容の作成に関与したことを的確に証明し得る証拠は見当たらないとしてその責任を否定した。

#200306 は、編集責任者の責任を認めたが、チェックや校正をした者の責任を否定した。

自ら記事内容を決定しておらず、決定権のある記者や編集者が適切な対応をすると信じて補助行為を行っただけの者については、裁判所が同情的になりがちなのは理解できるところである。

これらの裁判例に似ているが、インターネット上の名誉毀損に関し、一歩進んだ免責を認めた事案がある。

#260717A において、東京高裁は、上司に命じられて他人の名誉を毀損するメール送信行為を行った部下につき、会社の従業員は上司の指示や命令に従わざるを得ないものであるから上司の行為の一部とみるべきとして免責した（同旨 #270422）。

注意すべきは、#190117 等において免責された従業員（記者）は、名誉毀損の幇助的行為を行ったにすぎないのに対し、#260717A 等において免責された従業員（部下）はいわば名誉毀損行為の「実行犯」であるということである。

ここで重要なことは、もし、部下自身が真実の事実関係を知っていて、メールの内容が虚偽だと分かっていたり、そうでなくても当該メールの内容が明らかに名誉を毀損する内容であれば、不法行為責任を否定する理由はないと思われることである。しかし、一見して名誉毀損とは分からない内容について、いわば「手足」としてメールを送るだけの部下が、本当に絶対に名誉毀損にならないのか、事実関係等を確認するべき注意義務までを負わせるべきか、この問題について、東京高裁が一定程度限定したと理解すべきであろう。[179]

(3) 役員の責任

　会社法 429 条 1 項は「役員等がその職務を行うについて悪意又は重大な過失があったときは、当該役員等は、これによって第三者に生じた損害を賠償する責任を負う。」と規定する。[180]

　部下が業務上行った名誉毀損について、同条の要件を満たせば例えば代表取締役等の役員が責任を負うことがある（佃 40 頁）。

　従前は、雑誌社や新聞社において、個別の雑誌記事が名誉毀損とされた場合に取締役の責任が認められるかが問題となることが多かった。

　そもそも、（少なくとも一定以上の規模の企業の）取締役は内部統制ないしコンプライアンス体制構築義務を負う（会社法 348 条 3 項 4 号参照）ところ、逆にいえば、そのような体制を構築していれば、他の役職員が適切に行動すると信頼をすることができ具体的な異常の兆候を認識しながら対応したような場合でなければ、個別の違法行為に対して必ずしも責任を負わない（信頼の原則）。どのような体制を構築するかは経営判断にかかわる事項であり、そこにおける取締役の判断には一定の合理的裁量が認められる（#260804、#230728 等参照）。

　会計不正の文脈で、最高裁（#210709）は、不正行為を防止するためのリスク管理体制を構築すべき義務に違反した過失の有無を判断し、結果として不正会計が生じてしまったものの、取締役にはそのようなリスク管理体制構築義務違反はないとした。

　雑誌社等による名誉毀損の文脈では、名誉毀損防止体制構築が問題となる。#141121 は、代表取締役について名誉毀損となる基準を明確に把握して、週刊誌の取材や報道行為に関し違法行為が発生しそのため当該相手方等に被害を生ずることを防止する管理体制を整えるべき義務があり、当該管理体制を整備しなかったことは職務の執行についての重過失となると結論づけた。[181]

　もっとも、具体的事案においては肯定例も否定例も双方存在する。

　肯定例には以下のものがある。

　#210713 は、名誉毀損防止体制構築義務を認めた上で、対象者代理人からの

---

179)　なお、#291102C は指示を受けて、サイトにつき形式的で簡易なテキストの変更を行ったことは、法的には、記事とは全く関わりのない行為と評価されるべきとした。

180)　なお、このような明文がない任意団体等の場合には、役員本人の行為がなければ簡単には責任を問えない（自治会につき #280325D 参照）。

181)　ただし、#171110 において、上告審の表現の一部の公表が違法ではないとして破棄されている。

抗議を受け、会社が今後は対象者に対する取材の機会をもちたいとの回答した後も全く裏付け取材のない記事が掲載されており、名誉毀損等の権利侵害の発生を防止するための実効性のある体制がとられていたとは到底うかがえない等として取締役の責任を肯定した。

#220929 は、実効性のある権利侵害等の防止体制は、経営者が個々の出版物の内容や編集方針に関与せずとも構築可能とした上で、このような体制が構築されていないとして取締役の責任を肯定した。
（その他、#210204B 等参照）

また、否定例には以下のものがある。

#210313 は、「デスク（通常は副編集長）が、取材活動と記事作成の現場を取り仕切り、デスクは、自ら又は班員が作成した原稿を一次チェックし、これを各班担当の編集次長が二次チェックし、編集長が最終的に全ての原稿をチェックした上で校了に至るという体制をとっていたことが認められる」とした上で、このようなチェック体制について、求められる水準を欠くものであったとまでは認めるに足りる証拠はない等として免責した。

#260718（#260304 を引用）は、定期刊行物の編集に係る責任と権限は、編集人及び発行人に委譲していることが認められ、言論機関にあっては、経営と編集が一定の距離感を保持することは、むしろ必要な場合があるのであり、経営のトップであるからといって、編集の逐一に容喙することが求められているということもできない等として責任を否定した。

ある程度以上大きな会社を想定すれば、代表取締役のような地位の者が逐一個別案件について名誉毀損がないかの調査を尽くすことは現実的ではなく、上記 #210313 で認められたような程度の一応の名誉毀損防止体制が構築されていれば、後はそれに疑問を抱かせる事情（異状の兆候）がない限り、部下を信頼してよいと考えるべきであろう（信頼の原則）。

この信頼に疑問を抱かせる個別の事情があれば、確認等の対応が必要になるが、上記 #260718 の指摘するようにメディアにおいては、経営者が営業的観点から編集に介入することを抑制する必要があり（このことは必ずしも名誉毀損防止を含むコンプライアンス体制の構築義務を免除するものではないものの）、具体的な事情が個別の事案について（代表）取締役が介入しなければならないよう

---

182) 対象者からの申入れ（#210713 等参照）はこれに当たり得る。

な疑問を抱かせる事情かは慎重な検討が必要だろう。

5　情報提供者の責任

(1)　はじめに
　情報提供者の責任として[183]、例えば、悪徳商法を告発するウェブサイトの管理人に対し、自分が受けている消費者被害について相談したところ、管理人がその情報を公表したことで業者の名誉が毀損された場合、相談者は責任を負うのだろうか。
　なお、ここで論じる情報提供者の法理は、あくまでも情報提供後に表現者の編集過程があることが前提であり、例えば生放送でのコメントであれば、直接その発言の責任が問われる[184]（#201226B において表現者自身も情報提供者とは主張していないとされていること等参照）。

(2)　マスメディアへの情報提供
　例えば、マスメディアの報道が名誉毀損となる場合、取材に応じ、情報源となった者（情報提供者）はどのような責任を負うか。情報提供の取材への回答の後、「裏づけ取材→編集→表現」という過程を経ており、情報提供者の行為の後にマスメディアによる「裏づけ取材」「編集」等のプロセスが介在することから、因果関係があるのかが問題となる。そして、因果関係については、損害が特別な事情によって生じる場合には、特別な事情についての予見可能性が必要とされる（相当因果関係、民法416条1項）。
　#280928B は雑誌の記事の編集権は当該雑誌の出版社にあり、出版社は、その責任と権限において、種々の取材を行った上、事実を取捨選択して記事の内容を構成し、これを雑誌に掲載するものであるから、出版社に対して他人の名誉等を毀損する情報を提供した者は、自己の提供した情報がそのままの形で記事として掲載されることは予見していないのが通常であることから、情報提供者の名誉毀損を主張する者において、情報提供者が自己の提供した情報がそのままの形で記事として掲載されることを予見していたことを示す特段の事情を立証しなければならないものと解するのが相当であるとした。
　マスメディアは情報提供者の発言を鵜呑みにするのではなく、「独自取材を

---

183)　#290302 は情報提供をしていないとしたように、情報提供の有無自体も論点となり得る。
184)　なお、情報提供と共同不法行為幇助については #270317C 参照。

するのが普通」（佃79頁）であり、編集の過程で名誉毀損がないように適宜匿名処理等の適切な対応を行うことが期待されることから、因果関係が否定されやすい。[185]
（その他、#280225B、#210624、#201226B、#230324、#221224C 等参照）

　もちろん、特別の事情があれば因果関係を肯定する余地はあり、マスメディアへの情報提供者の責任が認められたものもある。

　#281209B は、雑誌に掲載する記事のための取材であることを認識した上で、約2時間にわたり、積極的に取材に応じ、確認用原稿を確認してから、その末尾付近に、手書きで「上記は事実に相違ありません」との文言及び日付を記載して署名押印し、ほぼそのままの形で同人のコメントとして記事に盛り込まれ名誉毀損の主要部分を構成した。裁判所は、記事として掲載される予定の自己のコメントを事前に確認した上、これがそのままの形で予定どおり本件記事に掲載されることに同意していたものと認められるとして、社会的評価を低下させたこととの間に、相当因果関係が認められるとした。
（#291127C、#200422、#260529A、#230328A、#280427A 参照）

　これらはあくまでも個別状況に基づく具体的判断であるが、少なくとも記事の修正・編集をする等編集過程にコミットしている場合においては、因果関係が肯定されやすくなるだろう。[186]

(3)　インターネット上の名誉毀損の場合

　インターネット上の名誉毀損には様々な性質のものがあり、中にはマスメディアと同等の編集取材体制をとるものもあるが、マスメディアと比較すれば編集・取材が簡素な場合も少なくない。

　#241127B は、情報提供者がブログの他の記事を読んだ上で、ブログの管理人に記事の作成と掲載を依頼したことから、その依頼によってどのような記事が作成されるかは十分に予想でき、記事の内容を了知した後も、管理人に記事の削除や修正を依頼しておらず、記事は情報提供者の意向に十分沿っている等として情報提供者の責任を認めた。

　#280609A も取材を求め、告訴状を貼り付け、動画の存在と公開の予定に言

---

185)　なお、記者を紹介しただけではより責任は否定されやすいだろう（#280307B、#280307C）。
186)　なお、取材以外の情報提供について #291016 は県議会等での説明、情報提供が、自らの責任を免れるために意図的に虚偽の内容を含むものであるといった事情が認められるときには、犯罪被害者の心情を害するものとして、不法行為が成立することもあり得るとした（結論としては不法行為を否定）。

及したメールを送信していることからすると収集した情報を用いてホームページ等を作成し、公開することについて積極的に賛同し、少なくともこれを知りながら容認していたと認めるのが相当として、責任が認められた。

(#300130E も参照)

内容にコミットしている場合等マスメディアにおいて責任が認められやすい場合には、マスメディア以上に責任が認められやすいといえる。

もっとも、#260320A は、ブログの開設、管理者が情報提供者から得た情報を元に記載をしていても、その記載がされるであろうことを情報提供者が認識していたとはいえない等として、情報提供者の責任を認めなかった。

一律にインターネット上の名誉毀損だから情報提供者の責任が認められるというのではなく、やはり個別具体的状況を判断すべきであろう。

(4) ブログへのコメント

ブログ開設者 A がブログを開設し、当該ブログに B がコメントし、当該コメントが対象者の名誉を毀損することがある。その場合 B が直接の表現者として責任を負うことは明らかだが[187]、A はどうか。

#280129E は、ブログの開設者 A が不作為責任を問われることをおそれるあまり、過度にコメントの削除等の措置を講じて発信者の表現の自由を不当に侵害することを防止する必要があるとして、ブログの開設者である A にコメントの削除等の措置を講じなかった不作為について不法行為が成立するためには、少なくとも、コメントの内容自体によって対象者の権利が侵害されていることのほか、例えばコメントの内容が公共の利害に関する事実でないこと又は公益目的でないことが明らかな誹謗中傷であるなど、A において、第三者の投稿したコメントの内容が対象者の権利を違法に侵害していることを知ることができたと認めるに足りる相当な理由が認められなければならない[188]とした。

要するに、ブログ開設者はプロバイダと類似した地位に立つとしたのである。このような方向性は基本的に正当である。もっとも、プロバイダは何千何万という電気通信を取り扱っており、通信の秘密の問題をさておくとして、少なくともこの 1 つ 1 つに目を通すことは現実的ではない。しかし、コメントの数が少ない等として、目を通すことが現実的な場合において、B による明らかな誹

---

187) なお、ブログのコメント欄の場合には、反論可能性（322 頁）があるがそれを考慮しても名誉毀損とした #291124B 参照。

188) なお、ブログについての第三者の責任に関する裁判例として #281130E も参照。

誹中傷をAが放置すれば、#280129EのようなAの責任を制限する方向の議論をしても、なお責任が問われ得ることには十分に留意が必要である。

6　ルーメン

プロバイダは、削除による表現に対する委縮効果を懸念している。そこで、一部プロバイダは、どのような削除請求がされたかを公表している。このうち、いわゆるルーメンプロジェクトは名誉毀損や著作権侵害（DMCA）等を理由として検索除外等をした場合に記録されるものであり、サイト（https://www.lumendatabase.org/）をBerkman Klein Center for Internet & Society at Harvard Universityが運営している。

#280729Bでは、ルーメンに記事が残っていることが名誉権を侵害するか、Googleと思われるプロバイダの責任が問題となったが、裁判所はルーメンを管理運営しているのは当該プロバイダではないというべきとして、その責任を否定した。

PART 2　真実性・相当性の法理

1　はじめに

　PART 2 は、「真実性・相当性の法理」と題し、抗弁事由（違法性・責任阻却事由）として重要なものである真実性の法理・相当性の法理について検討する。
　PART 1 の検討の結果、ある事実摘示を内容とする表現が名誉毀損と判断されても、一定の要件の下では表現者は不法行為責任を負わない（又は名誉毀損罪につき無罪となる）。そのような抗弁事由のうち、真実性・相当性の法理が最も重要である。
　真実性・相当性の法理の要件は、①「公共の利害に関する事実」に関するもので（公共性）、かつ、②専ら「公益を図る目的」に出ているのであれば（公益性）、③摘示された事実が真実であると証明されるか（真実性）、又は④その事実を真実と信ずるについて相当の理由があるときである（相当性）（図5）。

2　刑法230条の2

　刑事名誉毀損に関しては刑法 230 条の 2 第 1 項が「前条第 1 項の行為（筆者注：名誉毀損罪）が公共の利害に関する事実に係り、かつ、その目的が専ら公益を図ることにあったと認める場合には、事実の真否を判断し、真実であることの証明があったときは、これを罰しない。」と規定している。
　この文言は、真実性が証明できない限り、有罪とされるという趣旨のようにも読める。しかし、最高裁（#440625）は、名誉の保護と正当な言論の保障の調和の観点からたとえ事実が真実であることの証明がない場合でも、行為者がその事実を真実であると誤信し、その誤信したことについて、確実な資料、根拠に照らし相当の理由があるときは、犯罪の故意がなく、名誉毀損の罪は成立しないものと解するのが相当とした。
　ここで、真実性・相当性の法理を、刑法上の違法性・責任等の理論においてどのように位置づけるかは様々な議論があるところである。そして、最高裁

図5 真実性・相当性の法理の要件・効果

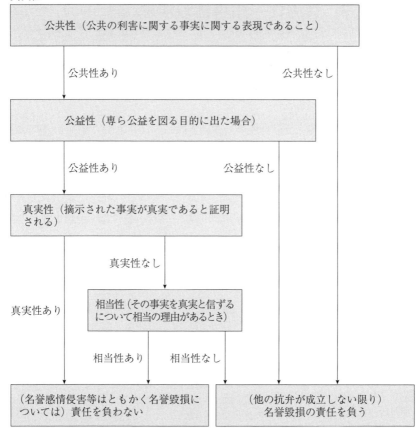

(#440625) は、相当性が認められる場合について、「犯罪の故意がなく」と判示しており、刑法230条の2が例えば違法性阻却事由のように、その認識・認容が故意の対象となり得るものと解しているようである。とはいえ、(拠って立つ故意理論にもよるものの) 刑法230条の2が違法性阻却事由であれば、同条の事由があるとさえ誤信していれば、故意がなく不可罰になると考えることが自然なように思われるところ、上記#440625によれば、単純に誤信しただけでは被告人は処罰されてしまうのであって、無罪となるには「相当の理由」が必要であるとされているということから、この含意を単純に理解することはできない。

---

189) そして、学説上は、刑法230条の2を違法性阻却事由と捉えるのが通説である。西田131頁。

その結果、学説上は議論が百出している。以下の表（表2）は、山口厚『刑法』（有斐閣、第3版、2015）264〜265頁を参考に、簡単にまとめたものである。

表2　刑法230条の2の意義に関する学説のまとめ

	見解	批判
錯誤論での解決	真実性の証明による免責を違法性阻却事由と解し、厳格責任説の立場から、真実性の誤信が避けられなかった場合に責任阻却による免責を肯定する見解	厳格責任説を前提とすることに批判がある。
	刑法230条の2は「訴訟法的規定」で、その実体法上の免責要件は「証明可能な程度の真実」であり、客観的な資料から「証明可能な真実」だと思えば故意が阻却されるとの見解	故意阻却には客観的限定を付することができず、軽率に真実と誤信しても免責せざるを得ないはずである。
違法論での解決	信頼すべき資料を起訴として一応その事実を真実と判断するのが合理的といえる場合は正当行為（刑法35条）として違法性が阻却されるとする見解	一般人の判断を誤らせる虚偽の事実の摘示に、名誉保護よりも優先する利益を肯定することはできず、違法性阻却を認めることには疑問がある。
過失論での解決	虚偽の事実については、真実性の誤信により虚偽性の認識が欠如したことについての過失責任を問う見解	刑法230条の2を過失犯処罰規定（刑法38条1項但書参照）と解し得るのか疑問である。

　このように、刑法230条の2及び相当性の法理については、理論的には様々な議論があり得るものの、既に相当性の法理は確定判例として定着しており、むしろ実務上は、このような法理を前提に、どのような場合に公共性・公益性・真実性・相当性がそれぞれ認められるのかという下位基準が焦点となっていることから、本書も、このような下位基準にフォーカスを当てて検討することとし、あえて大上段の理論には深入りしないこととしたい。

3　真実性・相当性の抗弁

　民事名誉毀損に関しては、刑法230条の2のような明文規定は存在しない。

　もっとも、最高裁（#410623）は、刑法230条の2の趣旨を参考に、ある行為が対象者の社会的評価を低下させるとしても、その行為が公共の利害に関する事実に係り専ら公益を図る目的に出た場合には、摘示された事実が真実であることが証明されたときは、右行為には違法性がなく、不法行為は成立しないものと解するのが相当であり、もし、右事実が真実であることが証明されなくても、その行為者においてその事実を真実と信ずるについて相当の理由があるときには、右行為には故意もしくは過失がなく、結局、不法行為は成立しないとする。[190]

　これは抗弁であるから、表現者が真実性・相当性を立証する必要がある。

4　留意点

　上記 #440625 が、刑法230条の2の主旨を、人格権としての個人の名誉の保護と、憲法21条による正当な言論の保障との調和を図ったとしたとおり、真実性・相当性の法理は、名誉権と表現の自由の調和・バランスと深く関係する。

　上記のとおり（2頁）、インターネット上の名誉毀損においては、特に表現の自由の保障と名誉権の保障との間の微妙なバランスをとることが重要であるところ、真実性・相当性の法理の適用の場面は、まさにその微妙なバランスをどう考えるか次第で結論が大きく変わるポイントといえる。

　ここで、真実性の要件と相当性の要件はいずれも満たすことが容易ではない。[191]

　特に判例法理によれば、真実性が問題となるのは、公共性・公益性を満たす公的言論であるところ、このような言論は現代社会において重要で、価値が高いといえるが、このような価値の高い言論の真実性に関して重い立証の負担を課すことは、言論の萎縮につながりかねない（佃300頁）。

---

190)「このことは、刑法230条の2の規定の趣旨からも十分窺うことができる。」とした #410623 参照。
191)　真実性は「表現者側にとってはかなり高いハードル」である（佃477頁）参照。反対に「緩やかな免責法理」とする #130705 があるが、疑問がある。

真実性の要件や相当性の要件を満たすことはマスメディアですら（不可能ではないが）容易ではない。すると、この基準をインターネット上の名誉毀損においてそのまま適用すれば、記者のような専門の訓練も受けておらず、また、調査のための時間・コスト等の資源にも乏しい一般人に対しては厳しい結果を招くことになりかねない。

　とはいえ、最高裁（#220315）は、インターネット上の名誉毀損における相当性の法理の適用に際し、インターネット上の名誉毀損であるという一事をもっては、従来型名誉毀損よりも基準を下げる理由とはならない旨を明らかにした。

　もっとも、インターネット上の名誉毀損であるというだけで一律の結論は出せないとしても、多様なインターネット上の表現においては、個別具体的な事情の下において、例えば表現者の行為が相当であるかの判断等において、従来型名誉毀損と異なる観点を入れる余地はあると考えられる。

5　本PARTの構成

　本PARTにおいては、第7章では、「公共性」として、当該事項が公共の利害に関する事実であるかについて検討する。第8章では、「公益性」と題して、専ら公益を図る目的に出た場合といえるのかについて検討する。第9章では「真実性」と題して、当該摘示された事実が真実であるかについて検討する。第10章では「相当性」と題し、仮に摘示された事実が真実とは証明されなくとも、表現者がそれが真実と信じたことが相当であるかについて検討する。第11章においては、真実性の法理・相当性の法理への批判を踏まえ、「真実性の法理・相当性の法理を乗り越える試み」と題し、これとは異なる抗弁事由を模索する動きについて検討する。

第7章　公共性（公共の利害に関する事実）

1　はじめに

　公共性（公共の利害に関する事実）の意義について、正面から定義した最高裁判例は見当たらない。

　最高裁が個別具体的事案において公共性を肯定したものとしては、後記の#560416 や、当時長崎市内の教育関係者のみならず一般市民の間でも大きな関心事になっていた小学校における通知表の交付をめぐる混乱という公共の利害に関する事項についての批判、論評を主題とする意見表明というべきとした#011221 等があるが、一般論や定義については述べられていない。

　下級審を概観すると、「多数の人の社会的利害に関係する事実で、かつ、その事実に関心を寄せることが社会的に正当と認められるもの」（#270324A 参照、同旨 #270624、#251112）、「国民が正当な関心を有する事実」ないしは「国民の正当な関心の対象」（#240130、#270615 参照）、「社会的関心の対象」（#200327B 参照）ないしは「社会の正当な関心事」（#260804 参照）、「その事実を公衆に知らせ、これに対する批判や評価の資料とすることが公共の利益増進に役立つと認められるもの」（#200219 参照）、「不特定多数の第三者に閲覧させる正当な理由」（#290119）等とその文言は様々である。[192]

　学説上も、「公共の利益と認められること」「公衆の批判にさらすことが、公共の利益増進に役立つと認められる事実」「市民が民主的自治を行う上で知る必要ある事実」等と様々な見解が出されている。[193]

　確かに、公共性を具体的に定義することは困難であり、仮に定義が可能であっても、抽象的なものとならざるを得ない。そこで、よく問題となる類型毎に下位基準を考察する方が実務的であろう。

---

192) #290119A は、サークルのメンバーから借金したことをインターネット上に公開し、不特定多数の第三者に閲覧させる正当な理由もうかがわれないとして公共性・公益性を否定している。

193) 西田 125 頁、浦部法穂『憲法学教室』（日本評論社、全訂第 2 版、2006）147 頁等参照。「広くかつ難しい問題であるので、個々の問題の解決のためには結局、表現の自由に関する自身の信念に立ち返り、そして演繹していくしかない」とも指摘されている（佃 281 頁）。

その考察の際には、公共性は、これが欠けると、仮に真実であっても名誉毀損として不法行為責任や名誉毀損罪の罪責が問われるものである以上、公共性の判断においては、表現の自由との関係で「たとえ真実であっても公然と表現することを禁圧すべき事柄であるか」という観点に留意すべきであろう。

なお、公共の利害に関する事実に当たるか否かは、摘示された事実自体の内容・性質に照らして客観的に判断されるべきものである（#560416参照）。表現者の側の事情や、表現の態様（誹謗中傷的なものか）等は、公共性を左右するものではなく、本来公益性（216頁）のところで検討すべきである。[194]

以下では、まずは、プライバシー・私生活上の行状について検討し、その上で、主に対象者の（属性の）類型と表現の対象事項の類型との観点から、裁判例を中心に検討したい。

2　プライバシー・私生活上の行状

(1)　はじめに

例えば、「対象者が不倫をしている」等の対象者のプライバシー・私生活上の行状に関する表現の名誉毀損の有無が問題となった場合に、表現者は真実性を証明して免責を受けられるだろうか。

そもそも、プライバシーと名誉毀損の間の「住み分け」は難しい問題である。刑法230条の2が公共性等が欠ける場合にはたとえ摘示事実が真実であっても名誉毀損罪の成立を認める理由について、プライバシー保護という見地からは、事実の有無を問うことなく名誉毀損罪の成立を認めることにも合理性があるように思われる等とも論じられているところであり（西田121頁）、プライバシー保護のために公共性の要件を利用するという考え方もあり得る。

しかし、名誉毀損罪の保護法益は外部的名誉（人に対する社会的評価）だったはずであり、プライバシーまで保護法益を拡張することが適切かについては疑問がある。また、民法では、名誉毀損の不法行為が成立しなくても、プライバシー侵害の不法行為が別途成立し得るのであるから、名誉毀損の成否において実質的にプライバシー保護を考慮する必要性が高いとはいえない。[195]

このような疑問は残るが裁判例においては、基本的には、公共の利害に関す

---

194)　また、摘示された事実の真偽は真実性で検討すべきであるので、摘示された事実が真実ではないことも公共性を左右しない。

る事実は単なる興味や好奇心の対象となっているにすぎない場合を含まない（#270324A 等参照）として、プライバシー・私生活上の行状に関する事実は公共性が原則として否定されると解されており、仮にいわば「野次馬根性」で多くの人が関心を持っていても公共性が否定されると解されている。

例えば、#200626 は、チャットルームで一般私人である対象者について「引き籠り40才」「勤務先を懲戒解雇された」等と投稿することは公共の利害に関する事実ではないとした。

#290511C は営業職の社員につき一私人である対象者の不貞行為という私生活上の行為が公共の利害に関する事項であるということはできないとして公共性を否定した。

(2) 例外的に公共性が認められる場合

しかし、すべてのプライバシー・私生活上の行状に関する事実について公共性が否定されるわけではない。最高裁は、私生活上の行状であっても、そのたずさわる社会的活動の性質及びこれを通じて社会に及ぼす影響力の程度などのいかんによっては、その社会的活動に対する批判ないし評価の一資料として、公共性が認められる場合があるとした（#560416）。

確かに、プライバシー・私生活上の行状に該当する事実でもそこから対象者の人間性や公職への適格性等を推察することが可能なことがあるところ、対象者の立場によっては、公共性を有するものとして真実性・相当性がある限り名誉毀損を否定すべき場合がある。

(3) 「社会的活動の性質及びこれを通じて社会に及ぼす影響力の程度」

(a) 最高裁の判断

上記の通り、#560416 は、私的行状に公共性が認められるか否かは「社会的活動の性質及びこれを通じて社会に及ぼす影響力の程度」で判断するとした。

この事案で問題となったのは、わが国有数の宗教団体の教義やあり方を批判する際に、その例証として会長の女性関係が乱脈を極めている等と指摘する月刊誌記事であったところ、対象者は同会において、その教義を身をもって実践すべき信仰上のほぼ絶対的な指導者であって、公私を問わずその言動が信徒の精神生活等に重大な影響を与える立場にあったばかりでなく、右宗教上の地位

---

195) そこで、筆者（松尾）は、純粋理論的には、私生活上の行状であることから公共性を原則として否定する裁判実務に疑問が残り、「あるべき姿」としては、プライバシー保護はプライバシー侵害の不法行為の該当性の枠組みで図っていくべきではないかと考えている。

を背景とした直接・間接の政治的活動等を通じ、社会一般に対しても少なからぬ影響を及ぼしていたこと及び対象者の醜聞の相手方とされる女性2名も、同会婦人部の幹部で元国会議員という有力な会員であったという事実関係を前提に、公共性を肯定している。

(b) 政治家

上記#560416における対象者は政治家ではないものの、政治への影響力が強い者であったといえる。裁判例においては、政治家に対しては、私生活上の行状についても公共性を認めることが少なくない。

例えば、#250117Aは、国会議員である対象者の妻が自殺したのは対象者のドメスティック・バイオレンスが原因であるとの日刊紙やウェブサイト上の記事について、対象者が政治家であることを強調して公共性を認めた。

なお、政治家の親族関係について、2つの一見矛盾する判断が出ている。

#281116A (#290614で上告不受理) は、政治家である対象者の従兄弟が殺人をしたという事実につき、仮に従兄弟であるとしても、同居するような関係にあるわけでなく、実際にも、対象者は何ら接点を持つことなく成人しており、初対面の後も特段の交流はないというのであるから、その人物の存在や行動が、対象者の人格形成に何らかの影響を及ぼしているとか、対象者の政治家あるいは公選候補者としての資質や適性を考える上で参考になると考えることは困難であるとして公共の利害に関する事実ということができないとした。

#281027A (#290601Aで上告不受理) では、政治家である対象者の実父及び叔父が暴力団組員であったかが問題となり、裁判所は、政治家の適性・能力・資質を判断することに資する事実は公共の利害に関する事実に当たるところ、政治家の適性等はその人物像を含む幅広い事情から判断されるべきで、実父は6歳頃までは対象者と同居し、日常的に対象者の世話をしていたところ、誕生から小学校に入学する以前の日常生活や出来事も人格形成に深く影響を及ぼし得ると一般には捉えられていると解されるとして、上記の限りにおいても、幼児期に同居していた親の属性が当該政治家の人格形成に影響を及ぼし得る事実であるということは否定し得ないとし、叔父について反社会的勢力の1つと位置付けられる暴力団と政治家との現在又は過去の関係の有無に関する事実は、正に政治家の適性等の判断に資する事実であるということができるとして公共性を肯定した。

結論は異なるが、同居歴の有無や、単なる犯罪者か反社会的勢力か等の要素

を踏まえた具体的判断がされていると言えるだろう。

(c) 社会的影響力のある団体の幹部等

上記 #560416 における対象者は、政治への影響力が強い宗教団体の会長であった。そこで、社会的影響力の強い団体の幹部等については、その私的行状にも公共性が認められる可能性が高まる。

#210713 は、相撲協会の親方で元横綱である対象者夫妻が父親の死後相続問題で親族と揉めているという趣旨の記事につき、大相撲における実績や相撲界における立場などに照らし、その社会的活動の公共性やその言動が社会に及ぼす影響は軽視できないとして公共性を肯定した。

#210128 は、国内有数の宗教法人の元顧問弁護士で、当該団体を離脱後は長年にわたり当該団体に対する批判的言論を繰り返してきたという対象者の地位等から、公共性を認めた。

もっとも、社会的影響力のある団体の幹部等の私的行状であっても、常に公共性が認められるわけではない。

#200414 は、宗教団体の代表者と信者の男女関係を報じる記事につき、その中心的内容が男女関係に関するもので、対象者が宗教団体の指導者であるという以上に、特別な社会的影響力を有する存在であるとまでは認められないこと、相手とされた女性も全くの一般私人である等から公共性を否定した。

一律の判断ではなく、摘示された事実の内容、対象者やその所属する団体の社会的影響力の程度等を元に個別的に判断されることになるだろう。

(d) 芸能人等

芸能人のプライバシー・私生活上の行状については、確かに多くの国民の野次馬的好奇心を搔き立てるものの、上記のとおり、そのような野次馬的好奇心の喚起そのものには公共性が認められない。

また、政治家や社会的影響力のある団体の幹部等は、政治的・社会的な影響力をもつが、芸能人はあくまでもファンの趣味へ働きかけるという意味で影響力を有するにとどまる。その意味で、芸能人のプライバシー・私生活上の行状が公共性をもつことはそう多くない。

#210828A は、アイドルグループ元メンバーである対象者が元交際相手に対し慰謝料を要求したという記事につき、対象者は公職ないしそれに準ずる公的地位にあるものではなく、また芸能活動自体は、一般人の個人的趣味に働きかけて、これを通じて公共性をもつものであるから、私的な生活関係を明らかに

する必要がある特段の事情は認められないとして、公共性を否定している。

その他、公共性を否定したものとして、アナウンサーが学生時代にランジェリーパブに勤務していたとの記事（#130905B）や、芸能人の不倫報道（#200617）、著名野球選手の私物売却（#270624）等がある。

(e) 被疑者・被告人

被疑者については、後記のとおり、その被疑事実（犯罪事実）の摘示であれば公共性がある。もっとも、被疑者のプライベートな事実には原則として公共性は認められない。犯罪事実そのもの以外に公共性が認められるには、「犯罪事実に密接に関連する事実」や社会的地位等に鑑み批判にさらすことが公共の利益増進に役立つ場合等でなければならない（#021220A参照）。

例えば、「逮捕されたときベッドにいた女」等の見出しで詐欺で逮捕された会社社長の女性関係を摘示する記事や（#560630参照）、ロス疑惑の渦中の男性の女性関係に関する記事（#030930参照）につき公共性が否定されている。

成育歴も一種のプライバシーや私生活上の行状だが、犯罪の動機や経緯という意味で犯罪事実と一定程度関係することは否定できない。

#211222B は、傷害事件を起こした宗教団体関係者の成育歴や当該宗教団体における言動に関する週刊誌記事について、生育歴や宗教団体における言動を摘示するものであり、公訴提起前の犯罪行為である被疑事件に関係するものであるから、摘示された事実は、公共の利害に関するものというべきとした。

なお、#210731 は、公益性の判断に関し、刑事事件の犯人として起訴された者の生い立ちや社会生活における行状を報道することは、一般社会の正当な関心事である刑事事件の全容の理解に資するものと考えられるとした。

もっとも、具体的に摘示された生い立ち等が当該被疑事実と関係するかは問われるべきで、公共性を否定すべき場合も十分あり得るだろう。

(f) その他

これら以外の類型に関しては、否定例が多い。

#281018 は、フリーのシステムエンジニアとして稼働する傍ら、ネットショップや投資、ブログを副業としており、公職に就任し又は立候補を予定しているものではない対象者が「ダメ人間」だとする投稿につき、これが公共の利害に関する事実ではないことは明らかとされた。

#290224B は、対象者は憲法の民間起草に携わっている者と関係を有する人物であるが、対象者の携わる社会的活動が社会に及ぼす影響力が高いと認める

に足りる証拠はないとされ、不貞についての公共性が否定された。

#290201C は、対象者と著名人の親子関係の公共性を否定した。

社長夫人の不倫に関する掲示板の投稿について公共性を否定した事例もある（#200822B、#210312 等参照）。

3　対象者の類型と公共性

(1)　はじめに

では、特定の立場にある対象者の職務上、業務上の行為等はどうか。以下では、対象者の立場を元に類型化して検討する。なお、以下ではあくまでも、職務上、業務上の行為等が摘示された場合の公共性を念頭に置いており、そのような対象者の私的行状が問題となった場合は、上記2を参照のこと。

(2)　公職者・公的団体とその関係者

刑法230条の2第3項は「前条第1項の行為が公務員又は公選による公務員の候補者に関する事実に係る場合には、事実の真否を判断し、真実であることの証明があったときは、これを罰しない。」と規定する。この趣旨は、公務員選定罷免権が国民の固有の権利（憲法15条1項）であって、公務員又は公選による公務員の候補者については特に公衆の批判にさらすことが必要であることに鑑み、特別の規定を設け、このような者に対する真実の公表を許容した（無制限の事実証明を許した）ものである（西田127頁）。[196]

刑法230条の2第3項は民事名誉毀損には直接適用されないものの、政治家・公務員・公職者の活動は、少なくともそれが職務に関連するものである限り、原則として公共性が認められる。また、公的団体とその関係者についてもその活動に関するものであれば公共性が認められることが多い。

#240529A は、サッカー協会の会長及び名誉会長の協会における言動に関する雑誌記事の公共性を肯定した。

#211021 は、ブログ記事に関し、農林水産省所管の試験場における不正資金の捻出や、試験場における研究成果の帰属に関する事実の公共性を肯定した。

#210714 は、特派員協会の会員の報道等の自由が脅かされていると主張する

---

196)　ただし西田127頁は摘示事実が公務員としての資質能力と全く関係がない場合には事実証明を許すべきではないとする。

記事等について公共性を肯定した。

教育機関についても、公共性が肯定されることが多い。

#200327A は、大学における教材ないし講義方法について、大学教育の果たす社会的役割に照らし公共性を認めた。

これに対し、#041027 は、大学の総長選に関する記事の中で、パーティーの帰り道に大学の常務理事が女性職員にいたずらした等の記事の一部につき常務理事の地位、職務との関連性が認められないとして公共性を否定したが、この判断には疑問がある。[197]

なお、公職者等ではないが、それに準じて社会公共に影響を与える職業の者、例えば医師についても、公共性が認められる（#280909A、#201226A、#270520等参照）。

(3)　芸能人

#290927B は、対象者が声優や役者であったとしても、ブスかどうかについての記事は声優や役者の評価と関連性があるとはいえず、公益性・公共性があるとはいえないから、違法性阻却事由があるとは認められないとした。

(4)　私企業・私的団体

では、私企業や私的団体はどうであろうか。

少なくともそれが著名な場合には、公共性が認められるだろう[198]（#201119、#210929B 等参照）。

インターネット上の名誉毀損においては、特に著名ではない中小企業等の口コミ等問題となることも多いが、裁判所は、営業活動等の対外的活動に関係する事実であれば、公共性を肯定する傾向にある。

#260526 は、ソフトウェア会社のソフトウェアの問題を指摘する掲示板の投稿につき、対象者は、小規模な私企業であるとして公共性がないと主張したが、裁判所は、一般に市販されているコンピューターソフト及びその販売業者たる対象者の対応やあり方に関する記載であって、一般社会に広く影響し得る事柄について述べたという内容・性質に照らし公共性を肯定した。

#261224B は、飲食店口コミサイトにおける飲食店の口コミに関し、店舗の関係者、周辺に在住する顧客等の関係では公共の利害に関するものとした。

#261216 は、国産製として売られている脱毛器について、それが韓国産製で

---

197)　この判決に対し、佃 459 頁は「公共性を極めて狭く解している」と批判的である。
198)　#290915A は証券会社役員の経歴の公共性を肯定しているように読める。

あるという投稿につき、このような事実は脱毛器を購入し、あるいはその購入を検討しようとする一般消費者の関心事として公共の利害に関するものとした。

#300516 も、結婚相談口コミサイト上の口コミについて結婚相談所を運営する者のサービスの在り方に関するものとして、結婚相談所に関心を持つ不特定多数の者の利害に関わるとした（#291026C も同旨）。

#300201B も、転職口コミサイトにおける従業員の待遇に関する事実は公共性があるとした（#300118A、#260130、#280902B、#260704 も同旨）。[199]
（その他、#270610A、#270519、#290926A、#280311A、#261216 等参照）

たとえ小規模な私企業や個人事業主でも、商品を一般に市販したり、不特定の顧客に対し飲食等のサービスを提供していれば、そのような商品やサービスに関する表現が公共性があるとされることはやむを得ないだろう。また、労働者を雇用していれば、転職等で労働市場とのかかわりをもっていることから、その側面に関する表現につき公共性があるとされることもやむを得ないだろう。

ただし、#280310B は、対象者が、上司及び男性顧客等に対して色目を使って契約をとっているという具体的事実の記載について、いかなる方法で契約を取得しているかは公共の利害に関するものということはできないとした。
（その他 #291004 も参照）

4　表現の対象事項の類型と公共性

(1)　はじめに

一般私人等については、公共性が否定されることが多いものの、例えば犯罪行為等、表現の対象事項によっては、公共性が認められることがある。

(2)　犯罪行為等

刑法230条の2第2項は「公訴が提起されるに至っていない人の犯罪行為に関する事実は、公共の利害に関する事実とみなす。」と規定する。その趣旨は、このような犯罪行為に関する報道は公訴が提起されればもちろん公共の利害に関するが、それ以前であっても、公的価値が高いことから、これを公共の利害に関する事実と認めようというものである（西田 126～127 頁）。同項は民事名誉毀損には直接適用されないものの、民事名誉毀損においても、起訴前後を問

---

[199]　#290224A は転職口コミサイトの公共性を否定するが、一般には公共性を肯定した上で、公益性を問題とすべきように思われる。なお、#280411A も参照。

わず、公共性を認める傾向にある[200]（#200521、#211019、#281114等参照）。

違法行為についても、#290213Bは、違法・不当な言動を指摘するものだから公共性ありとした。#270820（#280623Aで上告不受理）も同旨。

なお、#290113（#290706Aで上告不受理）は、私人の言動に関する記事に公共性を認めるためには、少なくとも当該言動が違法であったことを要するとの主張を排斥した。

そこで、違法とまでいえない私人の行為であっても、公共性が肯定される余地があるが、慰謝料を「せびる」というだけでは公共性が認められないとした#210828Aも存在することに留意が必要だろう。

(3) 組織内部・部分社会内部に関する事項

私的な団体・グループやコミュニティの内部的事柄は、社会全体に与える影響がほとんどなく、公共性が否定されるということになりかねない。しかし、そのような団体やコミュニティの内部事項は、社会全体にとって関心が低くとも、そのメンバーにとっては、関心が高い事項である。相当数の裁判例は、このような内部者の関心をもって公共性を肯定する。

#261105は、ある部屋の住民が騒音を発生させる旨の文書をマンション住民に送付したところ、騒音問題は住民の共同の利害に関する事項であるとした。

#241025Aは、会社が対象者による横領の事実を従業員に告知することについて公共性を肯定した。

#221105は、マンション管理組合の総会における決議内容を組合員に知らせるための書面において（書面が社会的評価を低下させていればという仮定の下）、理事に対する組合員による暴力行為を掲示することは管理組合の運営上重要な事実であって組合員に報告することが必要であるとして公共性を認めた。
（管理組合内の事項についての公共性肯定例として#280428Cも参照）

#280329Dは、会長の適格性を問題視したウェブサイトの記事掲載や会員への書類送付につき、「公共の利害に関する事実」とは多数一般の利害に関する事実を指すが、その範囲は、事実を公表する相手方との関連において相対的に定まるものであり、ある範囲に限定された小社会の利害に関する事実でも、その社会に属する者に発表するにとどまる場合は、公共の利害に関することにな

---

200) なお、「犯罪事実の摘示が公共の利害に関するものとされる理由は、犯罪行為（あるいはその容疑）のあったことを一般に覚知させて、社会的見地からの警告、予防、抑制的効果を果させることにある」とした#560630も参照。

ると解するのが相当であるとして公共性を認めた。

#280825E は、協会の会員に対し、有力な講師、インストラクター（マスターインストラクター）である対象者の適格性、資質、協会からの除名の事実及びその理由は、協会の会員及び協会の講座や活動に参加する者又は参加しようとする者の利害に関わる事実であり、公共性が肯定されるとした。

#280822B は、会社の従業員にメールで、会社の代表取締役である対象者の不正について伝えたところ、対象者が違法・不当な行為に及んでいるか否かは、私人たる対象者の私的事項に止まるものではなく、受信者である従業員自身の勤務や待遇に影響を及ぼす可能性がある事柄であり重大な利害関係を有する正当な関心事項等として公共の利害に関するものと認めた。

（その他、#210930、#300216、#281110B、#200702B、#210929A 等参照）

私的団体やコミュニティの内部的事項も、構成員にとって重大な関心事であれば、公共性を肯定するのが裁判例の傾向である。ただし、これらの裁判例において、その内部に向けて発信された表現が問題となっているということには留意が必要である。内部でのみ回覧される表現については、当該団体・コミュニティにとっての関心事である限り、内部における建設的な意見交換の促進等の観点から、真実（ないしは真実と信じるだけの相当の理由がある事実）を述べることを許すべきだろう。ただし、団体外に情報が出る場合には、これらの裁判例の射程外となる可能性がある。[201]

（4）　裁判

裁判については判断が分かれている。

#290124C は、判決が処理した紛争の実情を理解する際に参考となり得る周辺事情として、判決の内容のみならず、これに先行する審理の状況、和解の成否の見通し、それらの周辺事情等もまた多数一般の利害に関係するためその事実につき関心を寄せることが正当と認められる事実に当たるとして判決に先行する審理の段階で、対象者が脅迫的言動を行ったという事実摘示について公共性を認めた。

#270115B は、表現者と第三者の間の訴訟において第三者のため準備書面を提出した社労士である対象者をウェブサイト上で批判した事例において、あく

201）　なお、#260122 は、対象者による詐欺の事実を会社内部のみならず、取引先にもメールで伝えたところ、会社とその各取引先との信頼関係等の利益を侵害する不法行為であるからメールの送信先にとって公共性があるとした。

までも私的な紛争に関し準備書面を提出したにすぎず、一般社会に影響を及ぼさない単なる私的な事項にとどまり、公共の利害に関する事実ではないとした。

　裁判は理念的には公開されているが、実際にはその内容は知られないことも多く、裁判であるというだけで一律に公共性ありとするのではなく、それが判決という裁判官（国家）の活動なのか、それとも、当事者という私人の活動なのか、対象が私的紛争か否か等、具体的事情によるだろう。

5　その他

　表現の方法を重要な理由として公共性を判断するものがある。
　例えば、#290113（#290706A で上告不受理）は、「弁護士バカ以外の何ものでもない。」と評している点は、その表現方法において穏当さを欠くものといわれても仕方がない部分もあるが、他方で、本件記事は、その根拠等を記載しており、ことさらに、人身攻撃や誹謗中傷を目的としたものとまで評価することはできない等として、公共性ないし公益性がないとまではいえないとした。その他専ら対象者を害する目的で書き込まれたもの（#290912B）、表現方法（#280517C）、態様（#280531B）等、目的達成により適切な方法があるか（#280422C 参照）、公共性のある目的と投稿内容の関係（#281024A）を考慮するものがある。
　確かに、裁判所が、公共性と公益性を同時に検討しているように思われる場面が実態として存在することは事実である。
　しかし、理論的に言えば、やはり客観面は公共性、主観面は公益性で論じるべきと思われる。

第8章　公益性（専ら公益を図る目的に出た場合）

1　はじめに

　公益性に関し、刑法230条の2第1項は「その目的が<u>専ら</u>公益を図ることにあったと認める場合」（下線筆者）とし、民事に関する最高裁（#410623）も、「<u>もっぱら公益を図る目的に出た場合</u>」（下線筆者）とする。
　この「専ら」という文言を厳格に理解すると、わずかでも公益目的以外の目的が入れば、公益性が否定されるということになる。しかし、裁判例は、公益目的以外の動機が併存しても、公益性を否定しない傾向にある。
　例えば、#241108A は、「専ら公益を図る目的があることについては、<u>主たる動機が公益目的であればよいと考えられる</u>」とした。[202]
　そこで、「専ら」の2文字の空文化が指摘されている（佃468頁）。
　とはいえ、このような裁判例による緩和を経ても、公益を図ることが主目的といえない限りはなお公益性がないとして、真実を摘示することすら許されなくなるのであるから、公益性の要件はやはり重要である。
　ここで、公益性は、主観にかかわるものである。公益以外の目的を具体的に認定できる場合もあるが、主観を直接認定することは容易ではない。そこで、当該表現の表現方法その他の客観的な事情から公益性を認めることも多い。
　裁判例は、公共性との関連で公益性を認定するものが多いので、公共性との関係をまず検討し、その上で、代表的な公益以外の目的の具体的内容について検討し、最後に表現方法その他の客観的な事情について検討する。

2　公共性のある事項に関する表現であること

　まず、公共性があることから、特段の事情がない限り公益性があると推認できるとする一連の裁判例がある。

202）　その他主たる動機があればいいとするものに #280127D、#280721B 等。

#280113A は、報道機関が公共の利害に関する事実を報道する行為は、特段の事情がない限り、いずれも専ら公益を図る目的でされたものと認められるとした。

　#280830B も、公共性がある事実について記事を掲載したことについて、特に公益目的以外で行ったことをうかがわせる事情はないから、専ら公益目的で行ったものと認められるとした。

（その他 #240322、#251211B、#210203A、#201031B 等参照）。

　確かに、公共性がある表現を行う目的は何かといえば、通常は、公益を図るためであり、上記のとおり、公益性の「専ら公益を図る目的に出た場合」が「主たる動機が公益目的」という程度にまで緩和されていることを前提とすれば、このような推認は合理的であろう。ただし、このような推認を覆す事情があれば、公益性が否定される。

3　公益以外の目的の具体的内容

（1）　嫌がらせ・復讐・攻撃

　公益以外の目的には、対象者への嫌がらせや復讐、攻撃等がある。なお、インターネット上には嫌がらせ目的と思われるサイトも存在するので、投稿先も影響する（下記（5）参照）。

　#261209B では、表現者が、自分の妻の不倫相手である対象者の社内不倫を告発するメールを対象者の勤務先に送ったところ、不貞行為を行ったことに対して報復する目的であるとされ、公益性が否定された。

　#280929D は掲示板の投稿について、スレッドそのものが対象者を糾弾することを目的として設けられたものであり、係るスレッドに投稿された問題となる投稿の内容に照らしても、これらの投稿が専ら公益を図る目的でされたものとはいい難いとした（#281130D、#281109A も同様である）。

　#280118C は、対象者に対する悪感情から対象者に対する嫌がらせあるいは報復等の目的との疑いは拭えないのであって、専ら公益を図ることにあったと認めるには疑問が残るとした。

　#291225A は攻撃を主たる目的としているとして公益性を否定した。

　#280822B も、名誉を毀損するメールの送信の動機・目的は、専ら対象者に対する反感・反発等にあるとして公益性を否定した

　#291226D は、ブログ上に名誉毀損投稿だけではなく「絶対に許さない」等

とも投稿したことを加味して公益性を否定しているが、これは個人的な恨みないし復讐等の目的があったと解された可能性がある。

(2) 権利行使目的

対象者と紛争を抱える表現者が、対象者との交渉において、対象者に対する権利行使を有利に進めるためプレッシャーをかけようと名誉毀損的表現を行うことがある。このような目的が主目的であれば、公益性が否定される。

#250925Aは、掲示板の投稿について金券ショップとの紛争の中で専ら自己の主張する買取価格で金貨を買い取らせるための圧力をかけることが主たる動機として、公益性を否定した。

しかし、他の目的の併存は必ずしも公益性を否定しないのであって、公益目的がなお主目的であれば公益性が認められる。

#210330Aは、フランチャイズの加盟店である表現者がフランチャイザーである対象者と紛争となり、和解金の支払等を求めていたところ、表現者が他の加盟店に対し、一緒に対象者を訴えること等を呼びかける文書を配布した事例につき、専ら対象者らとの和解交渉を有利に進めるためのものとは推認できない等として、公益性を認めた。

#270521は、表現者のブログから盗作をされたとして表現者が、対象者の問題を一般に知らしめ、更なる盗作等を防止し、対象者に対して裁判手続をとることに要する費用のカンパを求めるために対象者の盗作をインターネット上で告発することについて公益性が認められた。

これらの公益性が認められた事案では、主目的は権利行使のために対象者にプレッシャーをかけることではないと認定されたのだろう。

(3) 営利目的

例えば雑誌社や新聞社等は営利を目的としている私企業であるが、そのことにより個別の記事の公益性が否定されれば、民営メディアはやっていけないだろう。実際に裁判所は、マスメディアによる名誉毀損の場合に公益性を否定することには謙抑的である（#290413C、#220223、#211009、#240529A等参照）。

ただし、やや特殊な事案ではあるが、インターネット上の名誉毀損について営利目的が主目的であると認定され、公益性が否定された事例がある。

#270713は、いわゆるアフィリエイトサイト上の記載が、対象者の英会話教材に悪印象を与えることで、他の教材に誘導し、アフィリエイト報酬を得ることを主目的としているとして公益性を否定した。

また、#290712Bは、フランチャイズチェーンが競合他社を誹謗する文書を交付したところ、これらを総体としてみれば、フランチャイズ加盟検討者を自社に誘引することを主たる目的としていたことは否定し難いとして公共性が否定された。

興味深いのが、ウェブ記事削除の条件として金銭を得る目的である。

#220122は、風営法違反で有罪判決を受けた対象者について、信用調査・情報提供等を行う表現者がウェブサイト上で当該記事を掲載した（第1回掲載）。その後対象者と交渉が行われ、両社が顧問契約を締結し、一度は記事が削除された。しかし、対象者が顧問料を払わなかったことから再度当該記事が掲載された（第2回掲載）。裁判所は、第2回掲載の目的は、顧問料不払いに対抗するためとして、公益性を否定した。

これに対し、#280721Aは、刑事事件等に係る記事をインターネット上に公開している表現者について、犯罪行為に係る報道を掲載された者の中には、表現者と有償顧問契約を締結することと引換えに、掲載記事の削除を求める者もいるということはあり得るところで、実際、そのような者が存在したことがうかがわれるものの、表現者が自らの掲載記事を利用して対象者に対して営業活動を行っているとは認められず、かえって、掲載記事の多くは、単に広く企業等の活動の評価に資するものとして、インターネット上に公開されているにすぎないものであるとして公益性を認めた。

具体的状況に基づく判断ではあるものの、多くの場合、前者が相当であるように思われる。[203)]

(4) 拡散希望

興味深いのは、拡散希望である。誹謗中傷投稿について例えば「#拡散希望」のようなタグ（81頁）をつける等して拡散を求めることがあるが、このような誹謗中傷投稿を拡散しようという目的は公益性と関係する。

#281003は「この（本件発信者の）ツイートの拡散及びスパブロをお姉買い（ママ）します」との記載が、対象者の社会的評価を低下させること自体を意図していることがみてとれ、専ら公益を図る目的に出たものということも困難であるとした。

すなわち、拡散希望等、誹謗中傷記事の拡散を望んでいることを示唆する記

---

203) なお、報道ベースであるが、2018年11月、うその記事を掲載し、訂正の見返りに現金400万円を要求して一部を受け取ったとしてあるニュースサイト管理者が逮捕されたそうである。

載により、投稿者が誹謗中傷のツイートの拡散を望んでいるとして公益目的が否定されることがあることに留意が必要である。

(5) 説得指導

関連して、特定の送付先への文書送付が説得・指導を求めるものとして送付されたもので、専ら公益を図る目的で送付されたものと認めることはできないとした#280623Cも興味深い。要するに、単なる説得・指導を求めるだけの公益性のない内容なら、公然性が否定されるような態様で実施するべき、という趣旨と理解される。

4 表現方法その他の客観的な事情

(1) はじめに

裁判所は、客観的事情、特に表現方法から公益性を認定することがあり、最高裁も、表現方法は「公益目的の有無の認定等に関して考慮されるべきことがら」であるとした(#560416)。前後の文脈を勘案して表現の仕方が判断される(#281130C)。

(2) 誹謗・中傷・揶揄

特にインターネット上の名誉毀損では、表現方法そのものが誹謗的・中傷的・揶揄的であるため、それを理由に公益性が否定されるかが問題となる。

#280708Bは、文字及び記号を用いたいわゆるアスキーアートとともに記載されており、その内容、体裁及び投稿された文脈からすれば、対象者を揶揄し、又は蔑む目的で本件記事を投稿したものであり、専ら公益を図る目的で投稿したものではないとした（アスキーアートにつき124頁も参照）。

#280720Eは、投稿は、対象者である司法書士の違法行為の具体的内容に何ら言及することなく、対象者が違法な行為によって報酬を得ていたと断定することによって対象者を中傷するものでしかなく、対象者が行っている司法書士業務について批判を加えるという公益目的で行われたものであるとはにわかには考え難いとした。

#280419Cは、野球選手のファンである対象者について、対象者を「おばさん」などと揶揄し、「マナー違反を繰り返す」「ストーカー」などと中傷するもので、目的の公益性がないことは明らかとした。

#280509Aは、対象者が自身の子の育児をしようとしない事実の摘示は、

「キチガイ」「最低だな」という短絡的かつ感情的な意見と併せて摘示されていることに鑑みると、単なる誹謗中傷にすぎず、専ら公益を図る目的に出たものと認める余地はないとした。

　#280215C は、「ご長男が医者を辞めて、高校経営をされているくらいなので、儲けたいのでしょう」などという揶揄する表現や、「進学校化ではなく、マンモス校にして、学費を多く稼ぎたいだけだろ！」「バレているんだよ」「受験するのを止めましょう！」などという扇情的な表現と裏付けや根拠が示されていないことを加え公益性を否定された。

　その他、表現が誹謗的・中傷的・揶揄的であることを理由に公益性を否定するものは多い（#280907B、#291026B、#281216C、#280707A、#210311、#211030、#230111、#270602、#211016B、#210223 等参照）。

　もっとも、公益目的での投稿の際に、「筆が滑る」ことはあり得るのであり、その場合に一律に公益性を否定すべきかは疑問が残る。

　特に、意見・論評に関する表現については、後記の公正な論評の法理といわれる免責法理が確立し、その中では（前提事実の）公共性が１つの要件となっているところ、一般には事実の摘示による不法行為と同様の基準に基づき（前提事実の）公益性が判断されている。しかし、公正な論評の法理については、「人身攻撃に及ぶなど意見ないし論評としての域を逸脱した」表現は免責されないとして、別の要件において表現の内容が考慮されている（302 頁）。少なくとも、意見・論評に関する名誉毀損について筆が滑った場合において、この点を公益性で考慮すると、「意見ないし論評としての域を逸脱した」という要件が別途存在する意味がなくなってしまい、相当ではない。

　実際、誹謗的・中傷的・揶揄的表現が使われていたにもかかわらず、公益性を否定しなかった事例もみられる。

　最高裁（#011221）は、通知表の交付をめぐる混乱に関し小学校の教員を非難するビラにつき「教師としての能力自体を疑われるような『愚かな抵抗』」、「お粗末教育」、「有害無能な教職員」等の表現が用いられているものの、当該市内の教育関係者のみならず一般市民の間でも大きな関心事になっていた小学校における通知表の交付をめぐる混乱という公共の利害に関する事項についての批判、論評を主題とする意見表明であること等に鑑み、公益性は否定されないとして、公益性を否定した原判決を破棄した。

　インターネット上の名誉毀損でも、#290113（#290706A で上告不受理）は、

「弁護士バカ以外の何ものでもない。」と評している点は、その表現方法において穏当さを欠くものといわれても仕方がない部分もあるが、他方で、記事は、その根拠等を記載しており、ことさらに、人身攻撃や誹謗中傷を目的としたものとまで評価することはできない等として、公共性ないし公益性がないとまではいえないとした。

また、#210527 は温泉経営会社（対象者）の女性従業員が営業時間中に男性客のいる男湯に立ち入ることについて問題視する掲示板の投稿につき、対象者を「やゆひぼうする表現が多く見られる」ものの公益性を肯定した。

さらに #300125C では、「園長に従わない保護者がいびり倒される」という趣旨の記載は表現が穏当とはいい難いものの、対象者の保育園への入園を検討する保護者に対する情報提供として公益目的であるとした。

#260526 も対象者のソフトウェアの問題を指摘する掲示板の投稿には「クソゲー」や「ゴミ」等との表現も用いられているが一般消費者に対する注意喚起という公益目的を有することをただちに否定できないとした。

表現方法は公益性の有無に関する重要な判断要素の1つではあるが、必ずしも絶対的なものではなく、誹謗中傷的表現があってもなお、全体を考察して、公共性があることによる公益性の推認を覆せるかを判断すべきといえるだろう。

(3) 中立性・客観性

表現の中立性・客観性は、公益性認定においてプラスとなる。例えば、レビューや口コミにおいて、対象者の悪いところだけではなくよいところも記載されていれば、公益性が認められやすい。

#241212A は、宿泊サイトの掲示板における投稿が問題となったが、当該掲示板自体が情報交換等を通じて公益を図るものであることに加え、表現者が対象者から事前に連絡をもらったなどの対象者のサービスがよかった点も投稿していることに照らし、公益性を認めた。

確かに、一方的に批判するだけだからといって必ずしも公益性が否定されるものではなく、口コミやレビューを書く際に、いくら対象者のいいところを探そうとしても、対象者に悪いところしか見つからない場合もあるだろう。[204]

ただし、表現の中立性・客観性が高ければ高いほど、公益性が認められやすいのだから、特に否定的な口コミ、レビューを書く際には、対象者についてよ

---

204) ある言論が特定の立場に依拠していたとしても、専ら公益を図る目的であったことが否定されるものではないとした #220223 も参照。

いところはないか考えてみることが実務上有益と思われる。

(4) 具体性・抽象性

投稿の表現が具体的であればより公益性が認められやすい。

#300524A は、転職口コミサイトにおいて勤怠管理と残業手当の不払いという、企業のコンプライアンス上の課題として現代社会で重要な問題となっている点を具体的に指摘するものであることを理由に公益性を認めた。

逆に、具体性に欠けることが公益性否定につながることもある。

#291225A は掲示板上の投稿について、会社の騒動について社員として意見を述べるような正当な目的で投稿するのであれば、自身の認識する客観的な事実関係やこれに関する裏付け資料の有無等を説明した上で、これとは峻別する形で自身の意見等を記載するのが通常として、否定的評価を明確な根拠もなく投稿していたことから公益性を否定した。

#291005 も、具体的根拠を示さず一方的に「社長」が「カラダ目的」を有していると摘示する掲示板の投稿に公益性はないとした

#280927B は、何らの根拠を示すこともなく、ただ対象者が自殺者を自死に追いやったかのように断言するものであるから、対象者に対する悪意は見て取ることができても、公益に関わる目的を看取することはできないといわざるをえないとして公益性を否定した。

(#290216A や #280727A、#280218B、#280215C も参照)

「もし当該事項を公益目的で投稿するのであれば、それ相応の具体性をもって投稿するだろう」というような事項について、抽象的記載しかしなければ、それは公益性否定につながり得る。

(5) 投稿先等

なお、裁判所は、投稿先等から公益性を判断することがある。

#261022 は、対象者の過去の犯罪に関する記事が娯楽目的の漫画に関連付随する読み物として掲載されたものの一部であるとして公益性が否定された。

いわゆる匿名掲示板への投稿について、そのこと自体を考慮要素として公益性を否定する裁判例がある（#250828 等参照）。

就職希望者や転職希望者への情報提供などを目的としているとは認められないウェブサイト上で、対象者を犯罪と親和性がある企業ないし遵法意識の低い企業として指摘する必要があったのか不明とした #280825C も同旨といえる。

投稿先における議論の状況等をも考慮して公益性を否定する裁判例もある。

#240717 は、単なる中傷合戦がされている状況にあったスレッドに投稿をしたことを重視して公益性を否定した（#210312 等も参照）。

例えば、リベンジポルノ専用の投稿サイトのような、明らかに公益目的と異なる投稿を募るサイトであれば、そのようなサイトに投稿したことをもって、公益性が否定されることはあり得るだろう。

しかし、同一のサイトにおいて公益目的の記事とそうではない記事の双方が投稿されることはあり得る。

#220127 は、ウェブサイトのコンテンツの一部として掲載された各表現の目的の公益性の有無は、各表現中の個々の事実の公表が公益を図るためになされたか否かによって判断すべきであるとした。

匿名掲示板への投稿だということを理由に一律に公益性を否定すべきではなく、個々の投稿について、他の要素とあわせて考慮した上で、内容の公共性から推定される公益性がないといえるだけの事情があるかを考えるというのが裁判例の主流的なアプローチと思われる。

(6) 社会的責務

当該事案の状況から、表現者がそのような表現をするべき社会的責務を負っている場合には、公益目的が肯定されやすい。

#211225B は、ウェブサイト制作会社（表現者）が委託したデザイン事務所（対象者）が個人情報を流出させた旨をウェブサイト上で発表したことにつき、個人情報が外部に流出してしまった以上、その原因は公共の利害にかかわる事実である上、個人情報を扱う表現者としては、本件情報流出の事実及び原因を公表して説明すべき社会的責務を有しているとして公益性を肯定した。

#301016 は、弁護士がブログにおいて行った詐欺に関する投稿の目的が詐欺被害にあわないように啓発することにあるとして公益性を肯定した。

社会正義実現を使命とする弁護士（弁護士法1条）は、一般人よりも、公益性が認められやすいといえるだろう。

(7) 必要性等

当該表現された事実そのものに公益性があっても、論旨とは無関係で、そのような事実を摘示する必要性に欠ける場合、公益性が否定される可能性がある。

#280308B は、ストーカーをした対象者についての投稿であるところ、既に示談をしており、ストーカーの危険がなくなったにもかかわらず対象者がストーカーをしたと投稿がされた。裁判所は、ストーカー行為を継続するおそれが

なく、ストーカー行為をしたとも認められない状況下において、不特定多数人が閲覧可能であるインターネット上のブログ上に投稿したことについて、公益を図る目的があったと認めることができないとした。

#280422Cは、取引が中止され、対象者に発注しても商品を受け取ることができないことを顧客に注意するためのであれば、単に取引の中止の事実を告知すれば足り、対象者が支払トラブルになっているから気を付けるように等と投稿する必要はない等として公共性を否定した。

#291026Aは、対象者が借金を返済しないで踏み倒す、家賃を払わない、子供の給食費を支払わないといった事実を摘示しているが、仮に公益を図ろうとした場合の行動としては、弁護士に相談して対象者に内容証明郵便を送付するなど、対象者の名誉を毀損しない方法によることが考えられるとして結論において公益性を否定した。

#210130Bは、対象者と表現者の間で駐車場の利用に関して紛争があったところ、表現者がマンションの補修工事の延期を告知する掲示文書の中で、本来必要がないはずの対象者が違法駐車をしている事実を朱色で強調している点を勘案して、名誉を毀損する趣旨で文言を掲出したと考えざるを得ないとした。

#200327Cは、占い師の占いの当たり外れを検証する雑誌記事において、弟の逮捕に言及する必要性、相当性はなかったとして公益性を否定した。

明らかに論旨と無関係な事実が摘示された場合には、それを理由に公益性を否定すべき場合もあろうが、ある記述が論旨との関係でどの程度の関連性ないし必要性があるのかの判断は曖昧で恣意が入りやすく、そのような記載の要否という問題を強調しすぎると、表現の自由との関係で問題が生じるのではないかという懸念も生じ得るだろう。

なお、#300112は投稿に記載されたことがなくなるように期待したり、第三者に対して注意喚起や情報提供をしたりすることによって公益を図るといった真摯な姿勢を見て取ることはできず、本件各投稿をしたことが、公共の利害に関する事実に係り、かつ、その目的が専ら公益を図ることにあったということはできないとした（#280218Aも参照）。

(8) 虚偽性

なお、真実性は公益性とは別の要件である。そこで、表現そのものが虚偽であっても、それは真実性の要件で判断されるべきであり、原則として公益性の要件の問題ではないものの、#290901Aは各記事の内容が真実であるとは認め

られず、したがって、本件各記事が「専ら公益を図る目的」で記載されたものとも認めることができないとしており（#290321 も同旨）、疑問である。[205]

虚偽であるかどうかは、真実性・相当性の法理のうちの真実性において考慮され、表現者が虚偽であると知っていたか否かは相当性で考慮される以上、虚偽であるかや表現者が虚偽と知っていたかを公益性で考慮してしまえば、真実性・相当性の判断の先取りになりかねない。不法行為の正否という結果自体は同じであっても公益性でこの点を考慮すべきではない。

(9) 限られた社会

限られた社会についての投稿に関しては公益性について議論があった（213頁）ところ、公共性においても、当該社会の公益を図る目的があればよいと解されている。

#280929I は、署名集めの際に対象者の名誉毀損の文言が記載されたところ、署名集めの目的は、対象者の名誉を傷付けるためではなく、マンションの区分所有者らの利益を図るためであったと認められるから、その目的は公益を図る目的であったと認めるのが相当であるとされた。

5　その他

公共性を認定する前に公益性を認定するものが見られる。例えば、#280704B は、掲示板に、対象者が不特定の男性と性行為をしている等という投稿をした事案において、直接公益目的の有無を認定した。まず、対象者が真に売春防止法違反行為をしたことを合理的に推認できる証拠はないとした上で、対象者は、その倫理観、道徳観念が社会的評価にさらされなければならないような地位にある者であることを認めるに足りる証拠もないから、対象者の行為に対する倫理的、道徳的評価を、同人を知らない者までが閲覧できるウェブサイトにおいて行うことにつき、何らの公益目的を見出すこともできないとした。

上記（215頁）のとおり、やはり客観面は公共性、主観面は公益性で論じるべきと思われる。

（その他の公益性に関する裁判例として #300327B、#291026F、#290120C、#290512B、#290125B、#280808B 等参照）

---

[205]　#201007、#201209B、#210126、#280902B、#280620A、#280510A 等参照。

第9章　真実性（真実であることの証明があったとき）

1　はじめに

公共性・公益性を満たした言論については、次に真実性が問題となる。[206]

2　個別の記載と「印象」の違い

　事実摘示による名誉毀損に関する真実性とは、当該摘示された事実の真実性が立証できるかの問題である。しかし、個々の記載と、一般読者が得る印象が異なる場合、どちらを立証すればよいのだろうか。

　例えば、表現者甲が、「対象者乙は①暴力団関係者を紹介した、②乙が起こした車両盗難保険金詐欺事件の車両は暴力団関係者が使っていたものだ」等と記載した場合、一般読者は、対象者乙が暴力団と深い関係にあるという印象をもち、対象者の社会的評価が低下するであろう。

　この場合に、表現者甲が①と②の事実の立証に失敗したものの、③対象者が某暴力団組織の代紋の入った名刺を使っている、④対象者が暴力団事務所に出入りしているという事実を立証できたとしよう。

　③や④の事実が立証できれば、それによって読者は同様に「対象者乙が暴力団と深い関係にある」という「印象」を受けるのだから、真実性の立証があったといってよいのだろうか。

　#200624 は、この事例と類似した事案であり、対象者に紹介されて同席する人の中には一目で暴力団関係者と分かる人がいたことや、対象者が保険金詐欺未遂事件を起こしたとき、その車を暴力団関係者が使っていた等と指摘した雑誌記事について、対象者が暴力団と深い関係にあるというのは印象にすぎず、真実性の立証対象ではないとされた。

　この判決によれば、①と②こそが真実性の立証対象であり、「印象」にすぎ

---

[206]　なお、公共性又は公益性を満たさなければ真実性を検討するまでもなく真実性・相当性の法理を利用できないということになるが、損害との関係（359頁）で真実性を問題とする余地はある。

227

ない、乙が「暴力団と深い関係にある」ことを基礎づける③と④の事実を立証しても意味がないということになる。

確かに、最高裁（#410623）は、「摘示された事実が真実であることが証明されたとき」等と、「摘示された事実」の真実性を問題としており、印象の真実性を問題としていない。ただし、③と④の事実が立証されれば、①や②の事実についても、一定程度推認が働く等、なお一定の関係はあるように思われる。[207]

3　一般読者基準

真実性の立証対象は一般読者基準によって判断される摘示内容である。

例えば、#280520Aは、脱税という表現について、対象者がその理解不足により過って確定申告をしていなかった時期があるものの、その後これに気付くや速やかに申告及び納税の手続を行い、あるいは行う準備をしていること、故意に税金を免れるなどした事実はないことを理由に真実ではないとした。

要するに「脱税」という意味を一般読者基準で「故意に税金を免れる」と読み、故意がない本件では真実性がないとしたということである。[208]

4　重要部分の真実性

（1）　はじめに

摘示された事実が必ずしもそのすべてが真実ではない場合がある。場合によっては、それは、虚偽の事実を印象付けるために、真偽をない交ぜにしているだけかもしれず、そのような場合には、当然真実性が否定される（例えば#280825C参照）。しかし、単に摘示した事実の細部にささいな誤りがあったという場合には、真実性は否定されない。

最高裁は、「重要な部分につき真実性の証明があった」（#581020）とか「主要な点において真実であることの証明があったものとみて差し支えない」（#011221）等と判示しており、「重要な部分」又は「主要な点」において真実

---

[207] 印象がどのようなものかは、むしろ、社会的評価を低下させるものか等に深く関係する。
[208] なお、#280308Bは対象者が自分にストーカーをしたという趣旨の摘示について、特定の人物に対するストーカー行為の有無を問題としたが、一般読者基準から表現者が分からなければ「対象者が誰かにストーカーをした」という摘示としてその真実性を問題とすべきように思われる。

性が証明できればよいとしている。要するに、多少不正確な摘示でも、重要性がない部分の誤りは真実性を否定しないということである。

逆にいえば、重要でない部分について真実性が認められても、重要な部分に真実性がなければ、真実性が立証できたとはいえない（#221116 参照）。

なお、後記の相当性（247頁）の判断においても、重要部分が真実であったと信じることが相当かが問題になる以上、やはり重要部分が問題となる。

(2) 重要部分の判断基準

では、証明された事項が重要部分に該当するかはどのように判断されるのだろうか。

ここでも一般読者基準が用いられ、一般読者の普通の注意と読み方を基準に対象者の社会的評価に対する影響の有無、程度によって判断すべきであるとされる（#210218B 参照。なお、#200908B を引用）。これだけではやや抽象的であるので、最近の裁判例をいくつか見ていこう。

#290519B は、対象者である会社が従業員を恣意的に降格したという事実を摘示したところ、確かに降格の事実は存在するが、降格が行われること自体については特段問題視するような事態ではなく、それが<u>恣意的なものであることが問題</u>なのであって、重要な部分も、外形的に降格がされたなどということではなく、それが恣意的なものであるという点にあるというべきとして、真実性を否定した。

#270820（#280623A で上告不受理）は、監視委が金融庁に勧告する方針を固めたという摘示について、架空の取引を行ったことが金商法違反（偽計）に当たり、数十億円の課徴金の納付命令を出すように金融庁に勧告する方針を固めたというのが<u>中心的内容</u>で、その架空取引の具体的内容が社債の引受けか第三者割当増資かは一般の読者にとって大きな違いがあるとはいえないとした。

#290412 は寿司チェーンである対象者の「無添」という表現を問題とする投稿について、全体としてみればその<u>主眼</u>は「無添」の対象として公表しているもの以外の個別具体的な添加物等（例えば、揚げ油の種類、シリコーンや果糖ブドウ糖の使用の有無）については、その使用の有無が公表されていないという点にあるとして真実性を認めた。

このように、重要な部分を指すものとして、問題（の所在）、中心的内容、主眼といった表現が使われているところ、このような判断は最近突然なされるようになったのではなく、従前から、以下のように、一般読者（視聴者）に与

える印象（の相違を生じさせるか）、記事の命題、主眼、根幹をなす事実や問題の本質等の表現が用いられていたところであり、その意味では、そのような事実が重要性がある事実といえるだろう。

#260221 は、政治家の「迂回寄付」に関するテレビ報道につき、寄付のスキームにおける前後関係が誤って説明されたが、<u>一般視聴者に与える印象</u>に変わりはないとして、重要な部分は真実であるとした。

#200327A は、対象者である大学教授が授業中に学生にアダルトビデオの女優が叫ぶシーンを見せ、女子学生が講義の途中で飛び出した等という記事につき、対象者が授業中に学生にアダルトビデオのシーンが含まれる日本ビデオ倫理協会（ビデ倫）の広報ビデオを見せた事実が認められ、その中には女優が叫ぶシーンもなく講義の途中で飛び出した女子学生もいなかったとしても、大学の講義においてアダルトビデオを上映することの是非を世論に問うという当該<u>記事の命題</u>からは重要な部分ではないとした。

#210313 は、元横綱である対象者の相続問題を報じる記事において、対象者が記者会見において、弁護士を同席させて遺産を自ら相続する正当性を主張したという記述のうち、記者会見において弁護士を同席させたことを認めるに足りる証拠はないが、<u>当該記事の主眼</u>は、兄弟が相続放棄をした一方で、対象者が遺産を自ら相続する正当性を主張したことを伝える点にあると考えられることから、弁護士を同席させたか否かについての齟齬があったにしても、主要部分においては真実であるとした。

#240612B は、官房長官である対象者のセクハラ報道において、発言の内容が異なっており、摘示された事実は、認定された事実と比較してかなり異なったニュアンスとなっていることは否定できないものの、対象者がセクハラと受け取られかねない言動をしたという<u>記事の根幹</u>をなす事実自体を左右するものではなく、「重要な部分」には当たらないとした。

#221116 は、重要でない部分の真実性が認められても、重要な部分に真実性がなければ、真実性が立証できたとはいえないという文脈で、<u>問題の本質</u>と無関係の事柄についての真実性の有無は結論に影響を及ぼさないとしている。

(3)　社会的評価の低下との関係

　問題の所在、中心的内容、主眼、記事の命題、根幹等といってもやはり抽象的であるところ、社会的評価の低下との関係で、一定程度具体的に整理できる可能性がある。

（摘示された事実が対象者の社会的評価を低下させることを前提に）証明された事実だけでは特に対象者の社会的評価が低下しないという場合には、重要部分ではないと解されることが多いだろう。

上記#290519Bでも、人事権の行使として従業員を降格しただけでは対象者の社会的評価が低下しないとして、重要部分ではないとされた。

#210623は、対象者である会社が従業員に転職を禁止し800万円の違約金を請求するというブログ記事について、対象者が従業員に差し入れを求めている文書は、秘密保持及び競業避止に関する誓約書にすぎず、違約金条項はないとして、真実性を否定した（同旨#211029）。

単なる秘密保持及び競業避止を誓約させるだけであれば、対象者の社会的評価が低下しないのであって、対象者の社会的評価が低下するのは、一律に転職を禁止し多額の違約金を請求する（労働基準法16条違反の可能性もある）ことだろう。そこで、このような意味で違約金条項が重要部分といえるだろう。

真実と立証された部分だけで社会的評価が低下する場合でも、真実と立証されなかった部分が加わることで、社会的評価のその程度が大きく異なれば、重要部分について真実性の立証がないことになる。

#210203Aは、オペラ指揮者である対象者がイタリア歌劇場の首席常任指揮者になったと発表をしたが、そもそも当該歌劇場には常任指揮者というポストが存在せず、それを理由に就任を断られていたという記事について、（常任指揮者に就任していないことは真実であるが）対象者が常任指揮者という肩書自体を自ら作り出して提案した等との事実が強調されており、単に常任指揮者に就任したと偽って公表したという事実のみを摘示した場合よりも、対象者が虚偽の肩書を主体的、積極的に作り出して吹聴する人物であるとの印象を強く与え、対象者の名誉をより大きく毀損するものとして、<u>常任指揮者というポストが存在しないという部分もまた重要な部分</u>とした。

#281207Bは、刑事事件において有罪判決を受けた者についての報道においては、被告人が有罪判決を受けたことの他、有罪判決の内容として認定された具体的な犯罪事実についても正確な報道がされるべきであるとして有罪になった事実のみならず、その具体的犯罪事実も重要事実になるとした。

逆にいえば、当該摘示事実による社会的評価低下の大部分が真実と証明された事実によるものであれば、それ以外の部分に虚偽があっても、重要な部分が真実と証明されたといえることが多いだろう。

第 9 章　真実性（真実であることの証明があったとき）

　#210227B は、出版社（表現者）が他の出版社（対象者）に表現者の編集著作権を侵害されたので告訴した等と記者会見したところ、当該作品の編集著作権を対象者が侵害したことは真実であるが、（表現者ではなく）編集作業をした研究者に編集著作権が帰属すると判断された場合において、対象者が当該作品の編集著作権を侵害したと摘示するだけの場合と比べて、表現者が著作権者で告訴権を有していることが加われば、対象者の社会的評価はさらに低下するものの、その<u>社会的評価の低下の大部分は編集著作権侵害の事実の摘示により生じている</u>として、重要な部分は証明されたとした。

　上記の #210313 も同様に、弁護士同席という事実を摘示したことによる社会的評価の低下の程度は（仮に低下するとしても）乏しいと判断したものといえる。

(4)　具体的判断

　その他、問題の所在、中心的内容、主眼、記事の命題、根幹等を具体的に判断したと思われるものを具体的にみていこう。

　(a)　数量

　まず、数量についての裁判例が比較的目に付く。

　#290330B は女性が乗っていそうな自転車ばかりを狙って 200 個のサドルを盗み、窃盗の疑いで逮捕されたとの印象を与える記事につき、サドル 200 個が発見された事実や女性が乗る電動自転車の革のサドルを狙って盗んでいた事実等の事実が立証されれば、200 個すべてのサドルが女性のものではなくても、その重要な部分につき真実であることが証明されたというべきであるとした。

　同様に、#290124C は、「彼による僕に対する誹謗中傷や脅迫的な発言が連日に渡り Twitter 上で合計 100 件以上続きました。」という摘示について、多数回の誹謗中傷・脅迫という部分が対象者の社会的評価を低下させているのであって投稿の回数が 100 件以上であることは、社会的評価を低下させる上での決定的な点とまではいい難いとして、100 件を超えていなくても主要な部分においては真実であると認められるとした。

　#210731 は、準強姦等で逮捕された対象者について、対象者が意識のない女性に対して暴行を加えるところを撮影した「200 本」ものビデオテープが存在していた事実を指摘したところ、実際には、「40 本」のビデオテープが押収されたにすぎなかったという事案において、対象者が特異な性的趣向を有する性犯罪者であるとの印象を与えることにより対象者の社会的評価を低下させるも

のであるから、そのようなビデオテープが多数存在するという点において<u>本数は程度の差にすぎず</u>、読者に与える影響において質的に異なるものとなるとは認め難いとして真実性の立証がされたとした。

その数が「多い」ことそのものが社会的評価を低下させる決定的な要素であれば、「多い」以上は、具体的数字が誤っていても重要部分の真実性はあるという趣旨であろう。

(b) 厳密な意味としては相違する表現

日本語の意味としては多少不正確な表現が用いられる場合もある。

#280201 では、「告訴」という表現が問題となった。法律用語であれば、刑事訴訟法上の被害者が捜査機関に処罰を求める手続（刑訴法 230 条）をいうが、裁判所は民事事件において訴えを提起することとも混同されることも多いとして、その他の記載内容も踏まえ、私人間の裁判についての記載として真実性を認めた。

同様に、集団傷害致死事件を「殺人（要件）」等と摘示したことにつき真実性を認めた #230726、#270325B とこれを否定した #230114 がある。

一般読者基準に基づき、具体的にその意味の違いが重要かが判断されるのだろう。

(c) 「業界では有名」

興味深いのは、第一審（#200908B）と控訴審（#210218B）で判断が分かれた事例であり、痴漢で逮捕された著名な経済学者である対象者にセクハラ癖があること（性的モラルが低いこと）が「業界では有名」という記事において、第一審も控訴審も対象者にセクハラ癖があること（性的モラルが低いこと）については真実と認められるとしたが、表現者は、セクハラ癖が「業界で有名」であることについてはそれが重要な部分ではないとして立証をしなかった。

第一審は、業界で有名なのであれば、対象者のセクハラ癖の程度が著しく、周囲からそのような評価を受けている人物であるとの印象を受けるので、単にセクハラ癖があったとの事実が摘示された場合と比較して、社会的評価はより低下するとして、「業界では有名」も重要な部分であるとした。

これに対し、控訴審は、「業界で有名」というのは、対象者の性的なモラルが低く、痴漢事件を引き起こしても不思議ではない人物であることが間違いないことを強調するために記載された記述とみることができ、<u>性的な面のモラルが低いこと等が真実であると証明された場合においてそれとは別に業界で有名</u>

かどうかが真実であるか否かを検討する必要はないとした（なお、一般読者基準については第一審を引用している）。

本件は、非常に微妙な事案であり、一般読者基準による判断を行う場合でも、ハードケースにおいてはなお判断が分かれ得ることを示している。

(d) その他

その他の事例をいくつか挙げたい。

#280929G は、対象者が情報に疎い人をターゲットに詐欺を行い、一度騙された人を繰り返し騙す卑劣な行為を行っているとの印象を与える投稿について、確かに対象者は詐欺をしていたが、詐欺の対象と繰り返し騙すという点は、詐欺の悪質性等を基礎付ける重要部分であると言えるところ、これらの点について真実性を認めるに足りる証拠はないとされた。

#250926A は、対象者が第三者にメールを送付したことでノイローゼになったという週刊誌の記事につき、第三者は既にノイローゼになっていたところ、メールにより悪化したと聞いていたという事案で、重要なのは、対象者の行為の内容とその行為によって、第三者の精神状態に支障が生じたことであって、ノイローゼに罹患したのかノイローゼの症状が悪化したのかは本件においては重要ではないとした（直接には相当性に関するものであるが）。

#280727B は「首を両手で締めた」という摘示について、対象者が首又は肩付近を右手又は両手で摑んだ（ものの、首を両手で締めたかは定かではない）という事実関係の下、その主要な部分において真実であると認めるのが相当であるとした。真実は肩を右手でつかんだだけかもしれないが、それでも真実性が肯定されている。[209]

（その他、#290908、#281129D、#200918、#210325、#240914、#240413、#270930A、#290120B 等参照）[210]

---

[209] なお、#291207A はフランチャイズ本部の対象者が多くの加盟店を閉鎖させながらそれ以上に新規加盟することで加盟店舗数を増加させる経営手法を採っているとの摘示につき、開業店舗は廃業店舗数の２倍強となっており、また、廃業店舗数は約150店舗、開業店舗数は約340店舗に過ぎないことから真実性がないとしたが、「重要部分」の真実性があるのではないかと思われる（廃業について#290928A も参照）。

[210] なお、#290608B は、グループについて名誉を毀損するとしたが、グループではなく個別企業における事実の有無を問題とした。疑問である。

5　摘示事実類型毎の特徴

(1)　はじめに

　真実性が問題となった事例の中で特徴的な摘示事実についていくつか検討する。

(2)　実質的同一性・実質的経営者

　インターネット上での名誉毀損でも問題となりやすいのが、不祥事や犯罪等を行ったAという人・企業と、Bという企業・人が実質的に同一であるとか、AがBの実質的経営者であるといった指摘である。確かに、Aが他の会社を「隠れ蓑」にして従前の違法・不当な行為を継続しているということであれば、それを社会に警告する意義は認められる。しかし、無関係のBがこのような指摘をされれば、Bの社会的評価が大きく毀損されるという意味で、この点の真実性の問題が大きな問題になり得る。

　（最高裁自身は真実性について判断していないが）インターネット上で、カルト集団であるAとラーメンチェーン店であるBの間に一体性があると摘示した事案が最高裁で審理されたのが上記#220315であった。原審（#210130D）は、Bの代表取締役の父親がAを主宰しており、同人がBの会長である旨自認する発言をし、Bの代表取締役らもこのような言辞を黙認していたものとうかがわれるという事実関係の下で真実性を否定した。

　類似の事案として、#201216Aは、マンション組合理事である対象者が実質的に経営する会社Bをマンション管理会社としていた等との指摘について、過去対象者はBの代表取締役であり、現在の代表取締役はBの弟であるものの、対象者は現在株主でもなく役員でもないとして、実質的経営者であると認めることはできないとされた。
（金融商品取引法に違反した会社と対象者の同一性が問題となった#240807も参照）

　これに対し、「○社系」のように、単に一定の関係があると指摘した場合にはインターネット上の名誉毀損でも真実性が立証できることがある。

　#220628は、インターネット上の（競馬情報詐欺会社とされる）甲社系の会社まとめ記事の中で、対象者の名称を出したが、甲社系の会社の少なくとも一部は現に競馬情報詐欺を行っていたこと、対象者の役員と甲社系各社の役員が重複していること、対象者の関連会社の役員と甲社系各社の役員が重複している

第9章 真実性（真実であることの証明があったとき）

こと、対象者の発起人が甲社系各社の役員に就任していること、対象者の発起人や関係会社の取締役であるがともに詐欺まがいの行為を繰り返していたこと等から、対象者は甲社系の会社と人的にも資本的にも関連を有する会社であるとして真実性を認めた。

例えば、上記最高裁（#220315）の事案においても、原審が事実と認定したような各事情を指摘した上で、ラーメンチェーンとカルト集団の間に一定の関係が疑われるという程度にとどめていれば、真実性が認められたであろう。根拠が薄いのに「一体」といった事実関係に関する強い表現を使うのではなく、事実は確実にいえる程度にとどめ、それを前提に「意見・論評」を行うというのが、名誉毀損リスクを減らす上で重要であると思われる。[211]

なお、#280830Bは、対象者が内容証明を送ったとの摘示について、実際は、送付したのは対象者ではなく団体であるが、対象者は団体の顧問を務めていたことがあり、団体の顧問である旨を名乗っていたこと等から、前提とする事実の重要な部分が真実と異なっているということはできないとした。

(3) 不良品

インターネット上では、商品やサービスを使ったがそれに問題があった（不良品だった）といったレビューや口コミ等がよくみられる。大量生産品の1つに軽微な問題があったという程度で社会的評価を低下させるか（130頁）はともかく、仮に社会的評価を低下させる場合でも、真実性の立証が問題となる。

#200909Bは、化粧品を使ったら重篤な肌荒れ等の被害を被ったというブログのコメントにつき、対象者は医療法人であるところ、そのような症状が出たのであればまずは対象者のクリニックに相談があるのが普通ではないかと考えられるところ、そのような相談は1件もないし、そのような問題のある商品であれば複数の病院で被害が申告され、社会的に問題視されるのが普通ではないかと考えられるが、いまだそのような問題が取り上げられて報道されたりした事実は認められないとして真実性を否定した。

#260526は、ソフトウェアについての「起動すらできないゴミを売りつけられた」という掲示板の投稿につき、対象者が販売したソフトについて対象者指定の動作環境下で起動しないとの抗議が寄せられていないなどの事実が一応認められるが、表現者が入手したソフトが起動しなかったとの事実を否定するに

---

[211] その上で「某ラーメンチェーンに行くのはやめた方がよいと思う」といった論評をしても、公正な論評の法理によって正当化される可能性は高かったと思われる。

は至らないとして真実性が否定できないとした。

　この2つの裁判例は、いずれも対象者にクレームが寄せられていない事案であるにもかかわらず、結論を異にしている（なお、いずれも発信者情報開示）。その理由としては、#200909Bのような化粧品による重篤な健康被害はそもそもそのような事態が発生する可能性が低いと思われるし、対象者が医療法人であることにも鑑みれば、もしそのような事態が生じればクレームが寄せられる可能性が高いといえたのに対し、#260526の事案においては、必ずしも対象者にクレームが寄せられるとは限らないといった判断があったのかもしれない。[212]

(4) 反社

　反社関係では、何が決定的に社会的評価を低下させるかが問題となる。

　#281116A（#290614で上告不受理）は、対象者が「ヤクザの元組員」つまり、過去に、暴力団の構成員としての組員であったことを意味するところ、暴力団との関係を示すに当たり、組員であるか、あるいは、単に、暴力団事務所に出入りしていたり、組員と交際があったりするだけであるかは大きな違いがあるから、対象者が暴力団の組員であったということまでの立証を要し、単に、暴力団やその組員と何らかの関係があるといった程度の立証では足りないというべきであるとした。

(5) その他

　疑惑の真実性に関し、疑惑の前提となっている事実が真実であり、それから合理的な理由をもって疑惑が導かれることを証明する必要があると解するのが相当としたものがある（#200926参照）。

　疑惑の摘示が社会的評価を低下させることがある（118頁）以上、何の根拠もなく疑惑を摘示して対象者の名誉を毀損することは許されない。もっとも、過度に厳しい立証を求めるべきではないところ、#200926ではテレビ局が合理的理由を証明できなかったとされており、特にインターネット上の名誉毀損についてそのような高度な合理性を求めることが妥当かは疑問が残る。

　#280428Cは、対象者が前訴において主張した理由が「全て虚偽」という発言について、確かに1回分は事実と齟齬していることも存在したが、それ以外に齟齬していると認めるに足りず「全て虚偽であった」と認めるに足りる証拠はないとされた。

---

[212] 不良品についてのものではないが、対象者の開設する老人ホームでの暴力行為につき#280314B参照。

6 真実性の証明の程度

　民事訴訟においては、立証の程度として高度の蓋然性（一般論として、#501024、#120718参照）を立証する必要があると一般に解されている。そこで、原則として真実性もこの程度まで立証しなければならない（#270629等参照）。
　ただし、これを緩和しようという議論はないではない。
　#021220B及び#030326は事実の真実性の有無、程度も単に客観的事実の証明度のみによって決するべきではなく、記事掲載の仕方や表現の方法をも考慮し、これとの相対的判断によって決定するのが相当とした（ただしそれぞれの控訴審である#040624、#050128も参照）。
　#140523は、議員、公職の候補者に関しては、民主的政治の土台としての表現の自由・報道の自由が最大限に尊重されるべきであるから、その者の公的行動は、更なる批判的追究にさらすため、できる限り公開されることが必要として、完全な証明がなくても、疑念、疑惑として合理的な根拠があり、国民、政党、議会等あるいは司直の手によって今後の更なる真実究明をする必要があることを社会的に訴えるために、これを意見ないし論評として表明することは民主的政治の維持のために許容されるべきであり、これを報道することは違法性を欠くとした。
　このように、一般よりも低い証明度で真実性を認めるという見解も出されており、特に上記#140523は、合理的根拠があれば違法性を阻却するというのであるから、大幅な立証の負担の緩和といえるだろう（佃504頁）。
　ただし、このような動きは裁判例の主流にはなっていない。
　例えば、#280831Aは、年間100億円近い私学助成を受け、日本最大の学生数を擁する高等教育機関の理事長という公人であっても、証明の程度を緩和することが相当な事案であるとは認められず、また、情報提供者の身の安全を確保するため、取材源の秘匿の要請が高いと主張したが、情報提供者に、生命、身体の危険が生じていることを認めるに足る的確な証拠はないとして、情報提供者の身の安全を確保し、取材源を秘匿する観点から、作成者が明確でない証拠を提出することが許されるとか、表現者がその主張に係る取材を行った事実を裏付ける的確な資料、根拠を提出ないし呈示しないことが許され、取材を担当した表現者の記者を匿名にすることが許されるなどということはできないと

いうべきとされた。

7　真実性の判断基準時

　証拠関係は、時間の経過によって変化するが、いつの時点の証拠関係を前提に真実性を判断すべきか。これが真実性の判断基準時の問題である。真実性の判断基準時は、民事訴訟の原則通り、事実審の口頭弁論の終結時である（佃 496 頁）。
　最高裁（#140129B）は、事実審の口頭弁論終結時において、真実性を客観的に判断をすべきであり、その際に名誉毀損行為の時点では存在しなかった証拠を考慮することも当然に許されるとした。
　そこで、表現時後の事情も含めた事実審の口頭弁論の終結時までのすべて事情・資料を考慮して、上記（238 頁）の程度まで証明がされたかを判断する。表現時に十分な証拠がなくても、その後の新証拠により真実性が肯定されることもあるし、逆に表現時は真実と証明する十分な証拠があっても、その後に否定的な証拠が出てきた場合には、真実性が否定される可能性もある。
　この関係で、表現者がある書籍を出版後、当該書籍の摘示事実の真実性を揺るがす新証言等が出てきた場合に当該書籍を回収等しなければならないかという問題がある。これは、アーカイブの保存という意味でも重要な問題である。
　#201031A は、沖縄戦における集団自決命令に関する歴史書の出版後にこれを否定する証言が出されたという事案において、事後的に書籍の出版継続が不法行為になる場合について、
　①　新たな資料等により当該記述の内容が真実でないことが明白になり、
　②　当該記述を含む書籍の発行により名誉を侵害された者がその後も重大な不利益を受け続けているなどの事情があり、
　③　当該書籍をそのままの形で出版し続けることが出版の自由等との関係などを考えあわせても社会的な許容の限度を超えると判断される場合
という 3 要件を立てている。これは、真実性・相当性の法理の枠内で表現の自由と名誉権の衡量を図ったものと評することが可能であろう。
　インターネット上の名誉毀損においても、投稿時には当時の資料から合理的にみて摘示事実が真実らしい／確からしいものの、その後当該投稿の真実性を疑わせる資料等が出てきた場合に当該投稿を削除しなければならないのかという形で問題となり得る。

第 9 章 真実性（真実であることの証明があったとき）

　#280929B は、いわゆる東日本大震災の際の福島第一原発に対する海水注入指示について、当時の首相である対象者と現首相である表現者が、2011 年 5 月 20 日に表現者がメールマガジンによって行った投稿及び当該投稿が表現者のウェブサイト上にアーカイブされていたことについて争った事案である。同年 3 月 12 日の午後 9 時頃、対象者（官邸ウェブサイトの公表事項を含む）は、要旨、同日午後 6 時頃に対象者が海水を注入せよと指示し、海水注入が開始された、と発表した。表現者は、メールマガジンの中で、対象者は海水注入指示をしたというがそれは「全くのでっち上げ」であり、午後 7 時頃には既に海水の注入は開始されていたところ、同時期に官邸に海水の注入が報告されたのに対し、対象者が「俺は聞いていない！」と激怒し、7 時 25 分頃に海水注入は中断され、その後実務者、識者の説得で 20 時 20 分注入が再開された、すなわち、やっと始まった海水注入を止めたのは対象者その人であって、その誤りをごまかして、むしろ対象者の英断だというウソを対象者側近は新聞・テレビにばらまいたのだ、という内容の表現をした。これに対し、同年 5 月 26 日に東電は、現実は、官邸に派遣された東電の担当者から、福島第一原発の現場に対しては、海水注入について首相の了解が得られていないとの連絡があり、中止指示が出されたものの、現場の所長の判断により、注入は停止されなかった、という趣旨の発表をし、同月 27 日にはこれが新聞等で国民に広く知られており、この東電の発表した内容が客観的には真実であることを前提として裁判所は審理をした。要するに、表現者は「対象者の指示で海水注入が中断された」という趣旨の投稿をしたところ、客観的には、それが虚偽であった（真実は海水注入は中断されていない）という事案である。

　裁判所は、まず、投稿が対象者の社会的評価を低下させるとした上で、投稿における事実の主要な部分（そして論評の前提事実の主要な部分でもある）は、対象者が同年 3 月 12 日午後 6 時頃に対象者が海水を注入せよと指示し、海水注入が開始されたという発表が虚偽であって、海水注入の指示に関して虚偽の報道発表がされたという部分であり、その限りでは真実であるとした。そのことを前提に、同年 5 月 27 日頃に、表現者の表現中の、対象者が海水注入を「止めた」という部分が虚偽であることが表現者を含む国民に広く知られているにもかかわらず、その後も当該投稿をアーカイブしてウェブサイト上で掲載し続けたことについては、あくまで、メールマガジン記事として配信された同月 20 日当時の記事として、他のメールマガジンに掲載された記事とともにバ

ックナンバーとして本件サイトに掲載されていたというにすぎないことを1つの重要な理由として、違法性を否定した。要するに、裁判所は、インターネット上の名誉毀損においても、あくまでも「当時の記事」として、それをアーカイブして記録として保存されただけであれば、その後事実が変わった（例えば、海水注入を「止めた」というものから、実際は「継続していた」と変わった）としても、その後継続的掲載が必ずしも違法とならないことを示唆しているのである（その他の #281124B も参照）。

　この基準時の問題と似て異なる問題が、摘示対象事実そのものがいつの事実関係について摘示したかと言う問題である。#280601B（#290207A で上告不受理）は、表現当時において疑いが存在したという摘示について、当時疑いが存在した以上、当該疑いは、現時点においては相当程度晴れていると認めることができるが真実性を左右しないとした。こちらの、摘示事実がいつの時点の事実かの問題は、まさに第1章で述べた摘示事実が何かという問題であって、ここで問題としているものとは異なる問題である。

8　証拠・立証に関する類型別の分析

(1)　はじめに
　実務上は、表現者が摘示事実の真実性を基礎づける証拠を提出し、対象者は真実性について少なくとも真偽不明に追い込むための反証活動を展開する。
　以下、類型別に証拠や立証について留意点を説明する。
(2)　判決
　確定判決が認定した事実そのものについては原則として真実性が認められる。[213)]
　#210925A は、刑事確定判決につき、特段の事由がなければ判決理由中で認定された事実は真実と推認することを妨げないとした。
　未確定判決については、真実性の立証の対象によって判断が分かれている。
　#240615 は、対象者が談合に関与していた疑いが極めて濃厚との摘示事実について、対象者が高裁で有罪判決を受けて上告中であることに鑑み、談合に関与していた疑いが極めて濃厚であるといわざるを得ないとして真実性を認めた。
　#200118B は、対象者を殺人事件の犯人と摘示したところ、対象者は高裁で

---

213)　ただし、確定判決に明記されていない事実や、複数の確定判決間に矛盾がある場合については、別途検討すべきである。なお、確定判決の例として #300712A も参照。

有罪とされているが、刑事事件がなお上告審に係属中であり、提出された全証拠をもっても、対象者が本件事件を犯したとの摘示事実が真実であるとは認められないとした。

未確定判決の存在は、そのような疑いが濃厚であることを基礎づけるものの（#240615）、具体的事案においては、真実性までは認められないことは十分あり得る（#200118B参照）。ただし、未確定判決を信じた場合には相当性で考慮されるだろう（251頁）。

(3) インターネット上の情報

インターネット上の名誉毀損は、インターネット上の情報を根拠に行われることが少なくない。インターネットには様々な情報があり、そのすべてが真実であるとはいえない（#200901参照、ただし相当性の文脈である）ものの、すべてが信用性のないものともいえない。各ウェブサイトの性質等から具体的に判断すべきであろう。

まず、掲示板の投稿については、厳しい判断が示されている。

#201001Bは、匿名掲示板に虚偽の内容の投稿も多分に混在している可能性が高いとして投稿内容に関する客観的な裏付けもない場合にその投稿をもって真実とは認められないとした（#211105、#201027も参照）。

これに対し、口コミサイト等であれば、いわゆるステマ等もみられるものの、掲示板よりも信頼度が上がる場合もある。

#260130は、転職口コミサイトにおける対象者における労働環境等に関する投稿について、他にも類似の内容を述べる投稿があることを肯定的に捉え、結論として真実である可能性を否定できないとした。

#260121は、対象者がインチキな治療を行っているというブログ記事の真実性について、他の患者の当該ブログへのコメントに照らしても表現者の陳述に不自然不合理な点はない等とした。

(#280621B及び#280929Dも参照)

これらの事例でも、類似の投稿は補助的な要素で、それのみで判断しているわけではないが、一定程度以上信用性があれば、インターネット上の記載であっても真実性の立証を補助するものとして利用可能である。

(4) 噂

単なる噂に信用性がないことは当然であろう（#240529A参照）。

#281027Cは、取材対象が述べた内容に裏付けがなく、単に推測しているに

すぎないとして真実性を否定した。
(5)　アンケート
　立証方法としてアンケートを取ることもある。
　#281130Bは、ツイッター上で大学教授が阪神タイガースが優勝したら無条件で単位を渡すと発言したという摘示がされた事案について、講義に出席した60余名の学生のアンケートの回答、表現者の説明、及び講義に係る科目につき成績評価がされるのは8月初めであり、時的関係から阪神タイガースの優勝という事情を成績に反映させるのはほぼ不可能であることなどの事情を踏まえ、真実性が否定された。
(6)　情報源
　情報源が誰かは重要であり、事情をよく知っている人が情報源であれば、信用性が高まる。
　#260704は、発信者情報開示請求で転職口コミサイトの投稿の内容において、対象者の社員であることが表示され、表現者の回答書の内容もそれをうかがわせており、回答内容も極めて具体的な内容である等として真実性を認めた（#270529も参照）。
(7)　証拠能力
　証拠能力について詳細な規定を置く刑事事件（刑訴法319条以下）と異なり、民事訴訟事件の証拠能力に関する明文規定はない。もっとも、違法収集証拠については、当該証拠の収集方法の違法性の程度や証拠の価値、及び証拠の性質などの要素を考慮し証拠能力が否定され得る。[214]
　#211026Bは、警察の内部文書について、証拠の収集の方法に反社会性が高い事情があるとはいえない等として証拠能力を認めた。
(8)　証明力・証拠の方法
　なお、証拠の証明力は裁判官の自由心証により判断される（民訴法247条）が、以下の3点に留意が必要である。
　まず、情報源とされる者が陳述書を出しただけでは立証がされたといえる場合は少なく（#201224B参照）、証人として出廷して反対尋問を受けることが立証において重要である。ただし、性的暴行の被害者である等の特段の状況があれば証人として出廷できなくとも真実性を肯定すべき場合もあるだろう（相当

---

214)　伊藤眞『民事訴訟法』（有斐閣、第6版、2018）367〜369頁。

性の文脈だが、#250926A 参照）。

次に、デジタルデータについての切り貼りの可能性であり、名誉毀損の文脈において、デジタル録音データの切り貼りの可能性（#210327B 参照）やメールの改ざん（#210126 参照）が指摘された事例がある（メール改ざんの否定例として #270319 も参照）。

なお、純粋な名誉毀損の裁判例で問題となった事例は見当たらないが、ウェブサイトを一度コンピュータ上に保存してから証拠提出すると、URL 欄に「C:¥」等と表示され、元々どこに掲載されていたのかが分からなくなり（#220629B 参照）、書き換え、差し替えも容易となる（#190326 参照）ことから、信用性が否定されやすい。ブラウザから印刷や PDF 化すべきであろう（具体的には清水 66 頁）。

(9) その他

なお、#280822A は、掲示板の投稿について匿名で投稿がなされており、通常の方法では、対象者から、反論も名誉毀損による損害賠償等の法的責任を追及することもできないことが認められることから、事実が十分な根拠をもって真実と確認された事実であるとは認め難いとした。

このような議論を認めてしまうと、インターネット上の投稿におよそ真実性はないことになってしまい、疑問である。

9　発信者情報開示の構造

ここで、真実性との関係で、発信者情報開示の構造について一言述べておきたい。発信者情報開示では、単に投稿が社会的評価を低下させることが明らかであること（法4条1項1号）だけではなく、真実性等がないことを基礎付ける情報を対象者において提示する必要がある（関小川 72〜73 頁参照）。ところが、実務上、対象者が提出した資料に問題があることがある。

例えば、#300524A では、外回りで帰社が遅れると直帰したことにされるとの記載について、対象者は2人分の月報を提出したが、同月の出勤日の退勤時刻がすべて 18 時 01 分、18 時 02 分、19 時 50 分、19 時 51 分のいずれかとなっていることは不自然として、対象者の提出した証拠からは、むしろ摘示が真実と窺わせるとされた。

また、#300201B では、研修制度の説明が従業員をだますという趣旨の口コ

ミについて、対象者が提出した書類には、一見すると対象者の使用欄と見られる部分に重要な説明が記載され、従業員の注意をひきにくい体裁であり、内容も容易に理解できるものとはいい難いとして真実性がないことが明らかではないとされた。

#290628A は、投稿が具体的なのに対し、表現者は具体的で説得的又は具体的で客観的な主張及び証拠を提出していないとして、いずれも真実であるとうかがわれないではないとした。

対象者側の対応がまずいと、対象者の提供する証拠から、逆に真実性を理由として開示が否定されてしまう以上、提訴前に代理人との間で証拠関係や事実関係を十分に共有して確認しておくべきことに留意が必要である。

なお、発信者情報開示請求事件等においては、表現者が裁判手続に直接参加しないものの、表現者の回答書が証拠として提出され、真実性を基礎づける重要証拠とされることが少なくない（#260704 参照）。事案によっては、このような表現者の反論が功を奏する。

#280913B は、対象者である会社に怪文書が存在するという投稿につき、表現者の回答によれば、同人が対象者の従業員であった頃、昼休憩で外出するため、6階のオフィスから1階まで降りるのにエレベーターを使わずに階段を使ったところ、その途中で、小さく折りたたまれた白い紙があちこちに6個くらい落ちているのを見つけ、拾って開いてみると、パワハラ、セクハラが横行する会社、対象者の無能な役員などと役員を誹謗した文章が3行くらい書かれていた旨の記載があることが認められ、相当の具体性を有している内容であるとした上で、表現者から出された回答の具体性に照らし、真実である可能性の存在をうかがわせるものとした。

#300606 も、対象者である会社が研修を行うつもりがない等という摘示について、表現者は、忘年会において対象者の代表者が「作成した教材を見ても理解できないし、カリキュラムの説明を聞いても僕には理解できないので、すべて教育事業部に任せている」旨の発言をした等と相応に具体的な回答をしており、不自然、不合理であるとまではいえず、およそ信用性がないとして排斥できるものではないとして真実性が否定できないとした。

（なお、相当性を肯定した #290523B も参照）

回答書は真実性だけではなく、例えば特定についての回答が明らかに不自然な場合に特定が認められる等実務上重要な役割を果たしている（#281128C、

第 9 章　真実性（真実であることの証明があったとき）

#300125C、#291102A、#300201C、#291011、#280908B、#280713、#300308、#280224B、#291128A、#291124C、#280122A も参照）。

　確かに、一部のプロバイダは、表現者の権利を擁護するために精力的に訴訟活動を行うが、他方、「裁判所のご判断にお任せします」というスタンスのプロバイダも存在する。そのようなプロバイダとの関係では、裁判所は、ともすると対象者側の主張に引っ張られてしまい、事実面や法律解釈の面でやや対象者側に偏った判断が出されることがあり得る。表現者としては、例えば弁護士に依頼する等して、充実した回答書等を提出することが望ましいだろう。

第10章 相当性（その事実を真実と信ずるについて相当の理由があるとき）

1 はじめに

　公共性・公益性のある言論について仮に真実性が証明できなかったとしても、相当性が認められる場合、つまりその事実を真実と信ずるについて相当の理由があるときには名誉毀損が否定される。

　最高裁は、行為者においてその事実を真実と信じることについて相当の理由があるとき（#410623）ないし行為者がその事実を真実であると誤信し、その誤信したことについて、確実な資料、根拠に照らし相当の理由があるとき（#440625）に名誉毀損が成立しないとする。[215]

　相当性の判断対象は真実性と同様、重要部分の相当性である。[216]

　相当性が認められるためには、①真実と誤信することと、②確実な資料、根拠がある場合の双方の要件が必要である。

　まず、「誤信」が必要なのであって、表現者が直接体験したこと等、誤信がなければ、「確実な資料、根拠」の有無にかかわらず相当性は認められない（#291127A、#201226B 参照）。

　次に、仮に誤信があっても、それだけでは相当性は認められず、確実な資料、根拠が必要であるとされる。

　最高裁が確実な資料や根拠を要求することに対しては、「確実な資料、根拠」があれば真実性の証明ができたはずで、真実性の証明に失敗した場合に免責される場合がほとんどなくなるのではないか等の疑問や批判もあるところである。[217]

　特にインターネット上の名誉毀損については、インターネットの特性を理由

215）　前述のように、これは、故意過失の否定と解する見解が有力だが、「真実性、真実相当性等の違法性阻却事由の存在をうかがわせるような事情が存在しないことを認めるに足る証拠はない」とする #240808 等、相当性を違法性阻却事由とする裁判例の存在には留意が必要である。

216）　例えば「真実性の証明は、摘示された事実の細部にわたる逐一について真実性が証明されることまで要求されるものではなく、主要な部分又は重要な部分について真実性の証明がされれば足りるのであるから、真実と信ずるについて相当理由があることの対象についても同様である」とした #290323B 参照。

217）　山口厚『基本判例に学ぶ刑法各論』（成文堂、初版、2011）49頁参照。

に、一般により緩やかに相当性を認める議論があったものの、最高裁（#220315）は、この議論を否定した。

　この事案は、一般私人である表現者が、ウェブサイト上で、ラーメンチェーン店である対象者について、カルト集団と一体である等との事実を摘示し、名誉毀損罪で起訴されたというものである。

　第1審判決（#200229）は、インターネット上の名誉毀損に関し、公共の利害に関する事実については、表現者が摘示した事実が真実でないことを知りながら発信したか、あるいは、インターネットの個人利用者に対して要求される水準を満たす調査を行わず真実かどうか確かめないで発信したといえるときにはじめて名誉毀損罪に問うことができるとした。

　控訴審（#210130D）はこれを破棄したので、表現者が上告した。

　最高裁（#220315）は、「インターネットの個人利用者による表現行為の場合においても、他の場合と同様に、行為者が摘示した事実を真実であると誤信したことについて、確実な資料、根拠に照らして相当の理由があると認められるときに限り、名誉毀損罪は成立しないものと解するのが相当であって、より緩やかな要件で同罪の成立を否定すべきものとは解されない」とした。

　インターネット上の表現だからといって一律に信頼できないとはいえず、むしろ従来型名誉毀損以上に深刻な被害を与えることもある。また、対抗言論による損害の回復がいつも確実にできるわけでもない。そこで、最高裁はインターネット上の表現との一事を理由に一律に相当性の基準を緩めることはしないという判断をしたのである。[218]

　その後の裁判例も、少なくとも文言上は確実な資料、根拠というような従来型名誉毀損と同様の基準を用いている（#261111A 等参照）。[219]

　なお、#300409 はさらに調査を行ったとしても真実と信じるについて相当の理由があることを否定し得る事実が判明する可能性があったとはいえないとして、その程度の調査があれば、相当性が認められるとした。

218）ただ、これを逆にいえば、インターネット上の表現の具体的態様や具体的な内容によっては、この基準とは異なる基準を適用する余地はないとはいえない。実際に対抗言論に関する興味深い裁判例も存在する。ただ、これまでのところ、そのようなインターネットの特徴を踏まえた裁判例は、相当性の法理そのものではなく、対抗言論の問題や公正な論評の法理の分野に存在しているので、本章ではなく当該各章で論じることとする。
219）ただし、#300320 は、ビラについて、真実と信じるについて正当な理由がなかったとはいえないとしており、「正当な理由」を検討している。#300316 も同旨と解される。

（インターネット上の名誉毀損においても相当性を慎重に判断すべきとした #241015 等も参照）

2　相当性判断の基準時

相当性判断の基準時は行為時である（佃 497 頁）。

最高裁（#140129B）は、相当性の判断の際は、名誉毀損行為当時における行為者の認識内容が問題になるため、行為時に存在した資料に基づいて検討することが必要とした。

行為時に行為者が認識していた資料、根拠を元にそれが確実な根拠かを判断することになるので、行為者が認識したり参考にしていない資料は相当性の判断材料にはならない（#211009、#250123 等参照）。

この相当性は個別の名誉毀損行為毎に判断される。

#220329B は、やや複雑であるが、文書送付行為（第 1 行為）と総会発言（第 2 行為）による名誉毀損がなされたところ、第 1 行為と第 2 行為の間に、別件訴訟における証人の証言があり、当該証言が（他の証拠とあいまって）「確実な根拠」となり得るものであった。裁判所は、第 2 行為時については、当該証言を根拠に相当性を認めたものの、第 1 行為の当時は、そのような事情がないとして相当性を否定した。

#201208 は、新聞への連載終了後 1 年以上後に書籍化されたところ、連載記事を新聞紙上に掲載した当時においては相当性が存在したが、書籍化時においては、相当性が認められないとした。

そこで、複数の名誉毀損行為があれば、それぞれの行為時を基準に別個に相当性を検討・判断することになる。[220]

---

[220]　なお、#300109 は、建築物の安全に関する発言の相当性が問題となったところ、当該壁への配筋（鉄筋の配置）が事後的に判明していることを加味して相当性を判断している。真実性であれば、客観的に当時壁への配筋があったことを考慮していいが、少なくとも一般論としては、相当性において当時表現者本人が認識していなかった事項を考慮すべきではないだろう。

3 相当性の判断要素

(1) はじめに

どのような場合に確実な資料・根拠に基づくとして相当性が認められるか。

相当性の程度として、従来型名誉毀損については、確実な資料・根拠（#440625等参照）が必要とされており、報道機関については報道機関をして一応真実と思わせるだけの合理的資料又は根拠（佃311頁）や詳細な裏付け取材が必要とされてきた。[221]

#080228Aは、報道機関として一応真実と思わせるだけの合理的資料又は根拠を要求する理由として、全国紙の社会全般に対する影響力の大きさは測り知れず、ひとたび特定の人物、団体に対し否定的な報道を行った場合には、報道の対象となった人物、団体の名誉に対し、決定的な打撃を与えてしまうこともしばしば存在することを挙げる。

では、インターネット上の名誉毀損はどうだろうか。表現者がマスメディアの記者と異なり取材能力がない以上、上記の程度の取材を期待することは困難である。確かに、「祭り」「炎上」状況においては、対象者に甚大な被害をもたらすこともあるが、ほとんど誰にも閲覧されないことも少なくない。

そうすると、インターネット上の相当性において、本当に常に「報道機関にとって可能な限りの取材」レベルの対応まで必要なのかは疑問が残る。

ここで、#280204A（#270330を引用、#280914Aで上告不受理）は、表現者は社会に広く知られる放送等を目的とする会社のインターネット上のニュース配信ウェブサイトであることも考えあわせ相当性を否定した。このように、裁判所は、一口にインターネット上の名誉毀損といっても、マスメディアに近い表現者か、そうではないのか等の要素を踏まえて判断していることがうかがわれる。

(2) 最高裁判例からみる判断要素

インターネット上の名誉毀損と相当性に関し参考になるのは、上記の最高裁決定（#220315）である。

#220315において表現者が判断資料としたのは、商業登記簿謄本、市販の雑

---

[221] 平成23年調査官解説（上）423頁。

誌記事、インターネット上の投稿、加盟店の店長であった者から受信したメール等の資料であった。

表現者は、雑誌やインターネット上の記事に加え、登記や関係者のメール等を踏まえて表現を行っており、全く調査をしていないわけではない。

とはいえ、最高裁は、
・資料の中には<u>一方的立場</u>から作成されたにすぎないものもあること[222]
・資料に対する表現者の<u>理解が不正確</u>であったこと
・<u>対象者の関係者に事実関係を確認</u>することも一切なかったこと
等を重視して、相当性を否定した。

これらの要素のうち、一方的な資料に依拠しても相当性が否定されやすいという点は重要である。

最高裁（#461022）は、資料が現に係属中の事件の一方当事者の主張ないし要求または抗議に偏するなど断片的で客観性のないものと認められるときは、これらの資料に基づく誤信には相当の理由があるものとはいえないとしていた。

#220315 の後も、最高裁（#240323）は、訴訟で争うなど対立関係にあったという第三者からの情報を信用してフリーのジャーナリストがニュースサイトに記事を掲載した行為に相当性がないとした。

最高裁はインターネット上の名誉毀損においても、一方的な立場からの資料・情報にのみ依拠するのではなく、それと異なる立場にも目を向けて、異なる見解があるのであれば、もしかするとそれが正しいのではないかという方向で再度調査・確認等をすることが必要であると考えているのだろう。インターネットユーザーとしては、（いわゆる「デマ」を含む）一方的な資料や情報を鵜呑みにしないよう気を付けることが重要であろう。[223]

(3) 判決

確定判決で明確に認定されていれば、真実性が認められる場合が多いし、そうでなくとも相当性が認められやすい（241 頁参照）。未確定判決に基づく表現についても、原則として相当性があるだろう。

最高裁（#111026）は、刑事第 1 審の判決を資料として認定事実を真実と信

---

222) なお、#461022 等も参照のこと。
223) 例えば最近では高速道路での事故を起こした運転手が、同名の無関係の会社が勤め先だとか家族が経営している等というデマが拡散され、11 名が書類送検された事案がある（http://nlab.itmedia.co.jp/nl/articles/1806/19/news115.html 等）。

じた場合には、特段の事情がない限り相当性があるとした。

#261120 は判決を元にしており少なくとも相当性があるとした（その他、#210625 等参照）。

(4) 捜査機関からの情報提供

捜査機関からの情報提供については、主に捜査機関の公式発表と、捜査機関からの非公式なリークの双方がある。[224]

裁判所は、捜査機関の公式発表について、比較的緩やかに相当性を認める（佃 509 頁）。

#220223 は、警察庁及び内閣が正式に発表した事実については、その内容に疑問を生じさせる事情がなければ相当性を認められるとした。

その理由に関しては、#201028A が引用する #200304B が、捜査機関は、社会正義の実現という公共的見地から、強制捜査権等の広範な権限を駆使して捜査活動を行い、証拠資料など十分な根拠に基づき当該事実について確信を得て発表を行うのが通常と考えられるのであり、取材に当たる報道機関が、警察の公式発表を信頼することには相当の理由があるとしていることが参考になる[225]（なお、公安調査庁のホームページにおける発表に関する #210728B 等も参照のこと）。

このような公式発表とは異なり、捜査機関からの非公式なリークについては、別個の考察が必要である（佃 510 頁）。

#471116 は、嬰児の変死した事案で、家族が殺害した印象を与える記事につき、広報の職務を担当する刑事官等に取材し、同人が報道について了解を与えたとしても、新聞記者はさらに慎重に裏付取材をすべきとした。

#240615 は、検事からのリークについて、検事正や次席検事の認識が真実であると信じていたとしても、それは、要するに、信頼を置くことができる人物であると思われる捜査機関の長等の発言だから真実を述べているに違いないといった主観的かつ一般的な認識を根拠とするものにすぎず、個別具体的な認識を真実であると信じることがもっともなことであるというに足りる客観的な事情があるとまでは認めることができないとして、相当性を否定した。

非公式のリークは、担当者によってどこまで確実な事実を話すかが変わり得ることから、公式発表と異なる考察をするのが妥当であろう。

---

224) 主に警察に関して議論されているところ、検察に関しても同様の議論があてはまるだろう。

225) もっとも、いくら警察発表を元にしていても、警察発表にメディアが推測を付加した場合は当然には相当性はないことは当然である（#080718 参照）。

なお、捜査機関からの情報提供とは異なるが上記 #280204A は、裁判官が被疑者に対する逮捕の必要性を認めて逮捕状を発付したとしても、捜査機関により逮捕状請求書に記載された罪証隠滅行為の存在を認めて逮捕の必要性があると判断したとは限らないから、裁判官が逮捕状請求書に基づいて逮捕状を発したことをもって逮捕状請求書に記載された事実が真実であると信じたことに相当の理由があるとみることはできないとした。「判決」と異なり、対審構造がなく、被疑者側の主張を聞かずに逮捕状を発布している点に鑑みた判断と解される。

(5) 他の報道機関の報道

他の報道機関の報道を信じたという場合、相当性が認められるのだろうか。

最高裁（#090909A）は、ある者が犯罪を犯したとの嫌疑につき、これが新聞等により繰り返し報道されていたため社会的に広く知れわたっていたとしても、このことから、ただちに、右嫌疑に係る犯罪の事実が実際に存在したと公表した者において、右事実を真実であると信ずるにつき相当の理由があったということはできない。けだし、ある者が実際に犯罪を行ったということと、この者に対して他者から犯罪の嫌疑がかけられているということとは、事実としては全く異なるものであり、嫌疑につき多数の報道がされてその存在が周知のものとなったという一事をもって、ただちに、その嫌疑に係る犯罪の事実までが証明されるわけでないことは、いうまでもないからであるとした。[226]

対象者に関する犯罪の嫌疑を報じる報道の数が多くとも、それだけで対象者が犯罪を行ったことにつながるものではなく、特にマスメディアが自らの取材を怠り、他社の記事だけに依拠して免責を受けることは相当ではない場合が多い（ただし、通信社については別個の考察をすべきであろう）ことから、上記 #090909A の判断は特にマスメディアにあてはまるだろう[227]。

では、インターネット上の名誉毀損についてどのように考えるべきだろうか。

上記のインターネット上の名誉毀損に関する最高裁決定（#220315）でも、市販の雑誌記事も参照していたが、結論として相当性が否定されている。

もっとも、これはあくまでもケース・バイ・ケースであり、例えば、報道に結論だけ書かれている場合と、具体的な情報源とそのようにいうことができる根拠が書かれている場合等では異なる判断がなされるだろう。

---

226) なお、#210828B は、この理が犯罪以外の社会生活上の事実にも妥当するとした。
227) #200118A、#201218、#261020A、#280212A、#280721A、#280212A 等参照。

例えば、東京高裁（#210728A）は、通信社のニュースを地方新聞社が配信した際に、地方新聞社について相当性が認められるかが問題となった。この事案の主たる争点はいわゆる配信サービスの抗弁（337頁）であったが、裁判所は、仮に相当性を検討する際に、通信社による取材活動の具体的内容を主張立証することを認めないとしても、通信社からの記事について根拠が示され、あるいはそれをうかがわせるに足りる記載がある等として、相当性が認められるとした。

#210728A の上告審（#230428）は、一定の要件の下、通信社に相当性があれば、地方新聞社にも相当性がある場合があるとした上で、本件もその場合に該当するとした（337頁）。その結果、最高裁は他の報道機関が明確なる根拠を示した記事を作成し、その記事を信頼した場合に相当性が認められるかという論点について直接の判断を行っていない。もっとも、最高裁もこのような場合があり得ることを否定する趣旨ではないと思われる。

インターネット上の名誉毀損においては、表現者にマスメディア並みの取材を期待することが酷な場合があり、新聞雑誌記事を根拠にした場合には、その根拠の具体性等の状況によっては相当性を認めるべき場合もあるのではなかろうか。

(6) 取材

　(a)　はじめに

少なくともマスメディアにおける相当性の判断においては、取材の相当性の判断が重要なファクターである（佃505頁）。

#040728 は、取材の端緒、取材先、取材方法、取材内容、取材の結果及びその評価の諸点において相当性があったかどうかを判断すべきとした（控訴審の#060922 も参照）。

#280421B（#290201B で上告不受理）は、それぞれ異なる取材において重なり合ったエピソードを聞き取り、整合性を取ることができる範囲との認識を抱いたことを総合すると、真実と信じるに足る相当な理由があったというべきであるとした。

#290921A は、週刊誌につき関係者の取材を基に中立的客観的に報じたものとはいい難く、一方当事者の発言のみに依拠して断定的に報じたものといわざるを得ないとして相当性を否定した。

#290214C は、マンションを巡る調査結果について、メディアでなくとも内

部の人に聞き取れば真実ではないことが容易に判明したものであれば、相当性はないとした。

少なくともマスメディアであれば、裏付けとなる調査、取材をすることなく、推測のみで社会的評価を低下させる一定の事実を摘示することが許されるものではない（#210731 参照）と一応いうことができ、取材をしたのか、そしてその取材がどのようなものであったかが重要な判断基準となるだろう。

(b) 疑義の確認

疑義があったのにもかかわらず、その点について更なる確認をしないまま報道をすることは取材として不相当とされやすい。

#210126 は、相反する内容の情報も同時に得られたのであるから、その一方の情報のみに依拠することが相当であったとは到底いうことができないとして相当性を否定した。

#211125 は、税理士に支払った監査報酬の金額が問題となり、金額の異なる2通の領収証が存在することになったにもかかわらずその理由について、税理士に確認していないこと等が理由となり相当性が否定された。

複数の情報が互いに相反していたり、当然疑義をもってしかるべき状況（例えば、上記 #211125 であれば複数枚の領収書）があればそれに対する確認をしたかどうかが相当性判断において重要な要素となる。

#300316 では、宗教団体である対象者への入会トラブルについて複数の取材源に取材したところ、他の取材源はみな疑義や苦情の存在程度しか述べていないところ、特定の取材源のみが、しつこくつけ回されるといった強固な勧誘をされた事例や口約束をしただけで勝手に入会届を書かれてしまった事例があると断定的に述べており、ただちにその発言内容を真実と信ずるにつき正当な理由があったということもできないとされた。[228]

(c) 伝聞

甲に取材をしたところ、「乙が○○と言っていた」といった伝聞を内容とする回答を得ることがある。この場合、特にマスメディアにおいては、甲の取材で満足するだけではなく、乙にも取材すべきという趣旨の判断がなされることが多い。

#210203A は、表現者が取材対象者から得た伝聞情報の元となる者に対して

---

[228] なお、#281107 も参照。

直接取材を行っていることに照らし相当性を肯定した。

#210330Bは、取材結果は伝聞を内容とするものであったのに、その伝聞元である者に対する取材は一切行われていない等として、相当性を否定した。

なお、#281025は、インターネット上の討論番組におけるノンフィクション作家と元市長の対談における発言について、自ら調査していないのであって、収集された情報は伝聞を出るものではないし、対象者らに対する裏付け取材を経ていないのであって、十分な調査を経たとは認め難いとした。

少なくともマスメディアにおいては、肯定例でも否定例でも、伝聞情報を得た場合に、その後元の発言者に確認をしているかが1つの重要な要素とされている。インターネット上の名誉毀損でこの基準がただちに適用されるべきかはともかく、上記#281025のような信頼性が高いと一般に認められる場合については、メディア類似の対応が要求されることがあり得るだろう。

(d) 信頼のできる情報源

有識者・専門家等、信頼のできる情報源・取材源の発言等は参考になるが、特にマスメディアでは、それだけで相当性がただちに認められるものではない。

#201009は、テレビ番組について、有識者、専門家等のコメントであるとの一事をもってしては相当性があるといえないとした（#240615も参照）。

しかし、マスメディア以外であれば、異なる考慮がなされる場合がある。

#221007では、大学剣道部OB会における名誉毀損において、剣道部顧問であった対象者が、部員を太鼓のバチで叩く等の乱暴な指導を行っていたかのような情報を得たところ、この調査結果は伝聞を内容としており、被害者本人に対する取材は行われていないものの、その取材源は大学名誉教授、全日本剣道連盟の理事を歴任するなどOB会の中でも一目置かれる存在であるとして、そのような立場にある者から、対象者がそのような指導をし、現に自分も対象者の指導について相談するための父兄会に同席した旨を聞かされたことなどの事情に照らすと相当性があるとされた。

あくまでもケース・バイ・ケースの判断であるが、マスメディア以外については、信頼のできる情報源に依拠することで相当性が認められる範囲は広がるといえるだろう。

(e) 対象者本人への取材

相当性の判断においては、対象者本人に取材をしたのかが問われることが少なくない。対象者本人が摘示事実について一番よく知っていることが多いこと

から、少なくともマスメディア事件においては、対象者本人にも取材をして、必要に応じてさらに裏付け取材等を行う等が求められることが少なくない（#240529A、#210929B等参照）。

インターネット上の名誉毀損においても、最高裁（#220315）は、対象者の関係者に事実関係を確認することが一切なかったことを1つの理由に相当性を否定している。

他の裁判例でも、対象者と異なる側の当事者のみを取材したことを理由に相当性を否定するものが多い。

#291108Bは、インターネット上に公開された調査報告書による名誉毀損が問題となり、営業秘密を対象者が盗んだという表現について、取材の対象も営業秘密が盗まれたと主張する側の人物が中心であり、対象者に対しては取材を行うことはしなかったとして相当性を否定した。[229]

ただし、これはあくまでもケース・バイ・ケースであり、対象者に取材をしなくとも相当性が認められることがあり得ることには留意が必要である。

例えば、#211222Bは、「何度も取材を申し込んだが、これに応じてもらうことはできなかった」という状況等に照らし、相当性を認めている。

#280428A（#281109Bで上告不受理）は、対象者が、電話取材にすら応ずることなく書面で数行程度で回答するにとどまりこれを積極的に弁明せず、しかも明らかに虚偽の回答をしたことを理由に相当性を認めた。

#280909Bは、訴訟代理人に質問したが回答はなかったため、対象者の言い分を確認できなかったことを責めることはできないとした。

#290327E（#291027Aで上告不受理）は対象者の取材を拒絶する意思は明確に示されていたことを理由にさらなる裏付け取材をしなくても良いとされた。
（その他、#210728B、#270326C、#210925A、#280421B（#290201Bで上告不受理）等参照）

なお、#280421B（#290201Bで上告不受理）は、匿名取材であるからといってその内容について当然に信用性がないわけではないとした。

(7) インターネット上の情報

インターネット上の情報は様々であり、政府発表がインターネット上の政府のサイトに公表されている場合等、信用性が高い場合もあり得るが、一般論の

---

[229] その他一方当事者の主張のみで相当性を否定したものに#280824や#280428B、#281025、#290331Bがある。

限りではインターネット上の情報だけを信じたのでは、相当性が認められないとする場合が多い。

上記の最高裁（#220315）は、参考資料の一部にインターネット上の投稿等が含まれていたところ、結論として相当性がないとしている。

#281110Cは、町長選挙演説会等における発言の相当性につき、インターネット掲示板上の書込みは不特定多数の者が匿名で書き込むことができるものであって、これをもって客観的な裏付けがあったとはいえないとして相当性を否定した。

#240827Aは、匿名掲示板には真実であるか否かが極めて不確かな投稿がされることは公知の事実である等として、表現者が取材等をせずに、掲示板や投稿等の情報を信頼しても相当性は認められないとした。

#211009は、表現者が依拠した資料のほとんどが雑誌記事、新聞記事及びインターネット上の百科事典等であり、実証性や客観的な裏付けが明確ではない意見等が含まれているとした。

(#280418Aも参照)

これらの裁判例も、真実性に関する裁判例（227頁）と同様に、インターネット上の情報を補充的に参照することで相当性が認められる可能性を否定するものではないことに留意が必要だろう。

(8) その他[230]

真実性の程度から相当性を推認したものがある。

#280712Cは、相応の取材をし、収集した資料を精査すれば回避されるはずの不正確な記述が散見されるとして十分な取材をしたという主張を信用できないとして、相当性を否定した。

もし、真実性からの相当性の推認、というものが、真実性がなければ相当性もないという意味であるとすれば、相当性の要件の存在意義はなくなるが、およそ相当の資料に基づく投稿であればあり得ないほど真実から乖離した投稿であれば、相当性に影響し得る。

---

230) #281129Eも参照。

第 11 章　真実性・相当性の法理を乗り越える試み

1　はじめに

　前章のとおり、真実性・相当性の法理は、既に確定判例として定着しているものの、真実性・相当性の法理には様々な批判がある。
　また、一定の類型の事件については、真実性・相当性が適用されないのではないかという問題もある。
　本章では、まず、真実性・相当性の法理への批判を説明し、そのような批判を踏まえた真実性・相当性の法理を乗り越える試みについて検討する。
　それに加え、国及び地方公共団体による名誉毀損と、いわゆる SLAPP についても簡単に説明する。

2　真実性・相当性の法理への批判

　真実性・相当性の法理には、様々な批判がある。
　佃は、真実性・相当性が、表現者において立証する必要がある抗弁であり、対象者は容易に提訴でき、それに対し表現者が重い立証責任を負担するため、表現活動の萎縮を招きかねないことを懸念している（佃 28、445 頁参照）。特に相当性の要件においては、取材内容の相当性が問われ、取材源秘匿が十分にできなくなることから、報道の自由、取材源の秘匿を真に保障するためには現在の法制は改められなければならないとする（佃 515 頁）。
　また、松井は、「真実の表現でも名誉毀損として処罰されうるというのは、到底表現の自由の基本原理に合致しているとは思われない」（松井インターネット 226 頁）として、「名誉毀損に対して損害賠償を求めるためには、憲法上の要件として、原告が表現が虚偽であることと、表現が故意・過失によることを証明することが求められるべきである」と論じる（松井インターネット 227 頁）。
　平川も、不当な自己検閲を防ぎ、自由な討論を成り立たせるためには、（客観的にみて）その事実が真実であることを「一応推測させる程度」の合理的な

根拠があればよいと解すべきとする（平川87〜92頁）。

真実性・相当性の法理で批判が多い点は、以下のように要約できる。

① 仮に真実（又は真実と信じることが相当な内容）を表現した場合であっても、公共性・公益性がない事実については名誉毀損とされる。

② 仮に本人が主観的に真実と信じて公共性・公益性がある事実を表現した場合でも、結果として真実性の立証に失敗した場合には、相当性の立証ができなければならないが、相当性は立証のハードルが高い。そして、相当性立証に失敗すると仮に主観的には真実と信じていたとしても、刑事罰が課される。

③ 真実性・相当性を証明すべきなのは（公共性・公益性がある事実を表現した）表現者であるとされており、その証明がメディアであっても容易ではなく、一般人にとってはさらに困難である。

①については、例えば政治家に恨みをもつ人が、公衆にとって重要な情報を伝えたいという気持ちと恨みを晴らす気持ちの双方をもって、その政治家が賄賂をもらっているという<u>真実</u>を公表した場合、主要な目的が公益目的と言い難いとして名誉毀損の不法行為が成立する可能性があるが、このような表現を禁圧することが公職者の適切な選定という観点から望ましいかは疑問である。[231]

②については、特に名誉毀損罪においては、過失により真実と誤信した者についても、「相当の理由」がない限り刑事罰が課されるのであって、諸外国の法制度との比較等の観点からも合理性に疑問が残る。

③については、特にインターネット上の名誉毀損を行ってしまった一般人にとって相当性の立証は非常に困難であるが、（一律ではないにせよ）インターネット上の表現のうちの少なくとも一部の場面においては相当性を緩和する余地がないかが問題となる。

このような真実性・相当性への批判には説得性があるところ、真実性の法理・相当性の法理を乗り越える試みもみられる。本書執筆時点において、これらの試みが成功しているとはいえないが、今後の実務を変える萌芽的な動きの可能性があることから、以下に代表的な動きを紹介したい。

---

231) 刑法230条の2第3項は民事名誉毀損については当然には適用されない。

3 真実性の法理・相当性の法理を乗り越える試み

(1) 立証責任の転換

上記のとおり、真実性・相当性は「抗弁」として、表現者側が立証すべきところ、これを逆転させ、対象者に真実性を立証させた裁判例がある。

#060922 は、百貨店（対象者）が陳列した古美術品が贋作の疑いがあるとの記事につき、立証責任の転換を認め、美術品が真作であることについて百貨店に立証責任があるものと解するのが相当とした。

裁判所は、百貨店が当該美術品を真作であるとして販売しているのは、十分な調査を経て相当な資料及び根拠に基づき真作と判断したものといえ、社会的にそう期待されるべきであることや一般的に真贋を判別するための証拠及びその鑑定方法等の利用については百貨店の側が表現者より近い距離にあること等を重視してこのような判断をしている（#211216 の #060922 への言及参照）。

政治家の廉潔性等、社会的にもそのように期待されるべきであって、かつ対象者自身のことであって、立証が表現者より容易である等、上記判決が立証責任転換をすべきとした趣旨があてはまる場合にも、このような立証責任の緩和や転換をすることは合理的なように思われる。

残念ながら、このような立証責任を転換させる動きは、裁判例上ごく少数の意見にとどまっている（佃 501 頁）ものの、今後、上記 #060922 の趣旨が当てはまる事案において、立証責任を緩和ないし転換させる方向の下級審の判断が積み重なることを期待したい。

(2) 非マスメディア型事件

特に非マスメディア型の事件については、真実性・相当性の法理が適当かという議論が盛んになされている。大阪地方裁判所民事部の判事補が行った共同研究では、「非マスメディア型事件においては、表現行為の目的や内容の真実性などとともに、表現の流布の範囲（ひいては社会的評価の低下の程度）や、表現に至る経緯、原被告間の関係といった事情を考慮して不法行為の成否を決すべきと考えられるにも関わらず、定型的な真実性・相当性の法理ではこれらの事情を考慮する事が困難である。このため、真実性・相当性の法理は、市民生活や団体運営に密着してなされた言論についての判断になじまないのではないか」と疑問が呈されており、「もっともな指摘」（佃 179 頁）等と評されている。

第11章　真実性・相当性の法理を乗り越える試み

　もっとも、実際の裁判例では、非マスメディア型の事件でも、一般の真実性・相当性の法理が適用される事案が圧倒的に多い。

　#290915C は、ツイッター上の投稿について、虚偽でなければ名誉毀損は成立せず、違法性阻却の要件として公共性及び公益目的は不要であるとの主張について「独自の見解であり、採用することはできない」とした。

　真実性・相当性の法理には問題があり、特にマスメディア以外の事案にはそう適合的ではない場合があるという限りでは、上記の批判はもっともである。しかし、ではどうすべきかという点において、これまでの真実性・相当性の法理とは異なる比較衡量のような基準が提案されているが、マスメディアかどうかでそこまで大きく基準を変えることが妥当かは疑問が残る。むしろ、インターネット上の表現の表現者の調査能力に鑑みた立証責任の緩和等のアプローチのほうが妥当かもしれない。

(3)　現実の悪意

　アメリカの判例に基づく現実の悪意の法理の採用も提案されている（佃350頁、松井名誉毀損63頁以下）。つまり、公的言論については、表現者に現実の悪意がない限り、名誉毀損が成立しないという、公的言論について表現の自由を広く認め、免責の範囲を拡大する法理である。

　しかし、裁判所はこれを否定している（#211116、#201003 等参照）。

4　国又は地方公共団体による名誉毀損[233]

(1)　はじめに

　近時行政の活動における情報の利用に注目が集まっている[234]。そのうち、情報という「媒体」に着目し、行政が情報を扱う場合にいかなる制約原理が及ぶかという情報的行政手法に関する考察[235]は、名誉毀損の問題と密接に関係する。行

---

232)　和久他参照。

233)　なお、米軍が主体になる場合と民特法につき #291211B 参照。

234)　山本隆司「現代における行政法学の体系」岡田他編『現代行政法講座1　現代行政法の基礎理論』（日本評論社、2016）31〜58頁、山本隆司「行政訴訟法の課題—行政機関の情報処理行為を審査する訴訟に焦点を当てて」（行政法研究20号、2017）81〜104頁、米丸恒治「情報化社会における行政とその法的環境—立法・行政・司法のワークフローを通じての現状と課題」（行政法研究6号、2014）1〜23頁、村上裕章『行政情報の法理論』（有斐閣、2018）等参照。

235)　たとえば、磯部哲「行政保有情報の開示・公表と情報的行政手法」磯部他編『行政法の新構想 II』（有斐閣、2008）356頁参照。

政による名誉毀損には様々な形態があるが[236]、公表を念頭に論じる。なお、記者への情報提供及び議会関係についても若干検討する。

(2) 公表の行政法上の位置付け[237]

公表という行政手法は、情報提供や制裁等の目的で用いられ、義務違反の公表、行政処分の公表、行政処分不服従の公表、行政指導の公表、行政指導不服従の公表等、様々な形態がある。

橋本は、公表について、情報提供目的か制裁目的か、単なる事実行為か一定の法的効果が認められるか等、公表行為の法的意義が多義的であること[238]、サンクションの実質を情報の流通に委ねるため、ひとたび誤った公表がされると事後的救済が困難である等の課題を指摘する。とりわけ、近年では、広報誌への掲載等の従来型の公表だけではなくインターネット上の公表という形態を用いることも増加している[239]。それにより、対象者の名誉に回復不能な損害を与えることもあり得る。

公表が行政指導の履行確保手段として有効に機能する場合もあるだろうし[240]、情報公開の要請に鑑みれば、行政が消費者の安全に関する情報等を積極的に公表することはますます強く要請されているといえる[241]。しかし、公表は「国民の権利義務を形成し、又はその範囲を確定することが法律上認められているもの」ではなく[242]、処分性（行政事件訴訟法3条2項参照）がないことが多い[243]。その結果として、公表を防ぎたい対象者としては、仮の差止めの訴え（行訴法37条の5第2項）ルートではなく、事業者の信用を被保全債権として民事保全法に[244]

---

236) 公表以外の問題としては#280722等。なお特殊事案だが、自治体が名誉毀損に関する求償権を行使しないのが違法とされた住民訴訟に#291222Bがある。
237) 全体について中川丈久「消費者行政法の課題」（行政法研究20号、2017）とりわけ230、236頁以下参照。
238) 宇賀克也「行政制裁」ジュリ1228号60頁。
239) 橋本博之『現代行政法』（岩波書店、2017）115頁以下。なお、「現在はインターネット上で制裁的公表が行われることが多く、一度氏名等が公表されてしまうと、公表される者の名誉やプライバシーに対して測り知れないほどの回復しがたい損害が生じるおそれが大きい」とする、林晃大「制裁的公表に関する一考察」『芝池義一先生古稀記念行政法理論の探求』（有斐閣、2016）265頁も参照。
240) 角田真理子「食品安全に関する情報の収集とその流通——事故情報を中心に」ジュリ1359号88頁。
241) 特に情報公開法5条1号ロ、2号柱書が、人の生命、健康、生活または財産のためであれば、法人情報・個人情報といった非開示事由に該当しても開示を認めている点につき大島義則他編著『消費者行政法』（勁草書房、2016）17頁を参照。
242) 最判昭和39年10月29日民集18巻8号1809頁（大田区ゴミ処理場事件）。

基づく差止めの仮処分を提起する方法や公法上の当事者訴訟としての公表差止訴訟または公表を受けない地位の確認訴訟を提起することが可能と思われ、これを保全するための民事仮処分を申し立てることが考えられる（行訴法7条、44条参照）ものの、これらの方法でも仮処分の申立ての手続内において対象者が疎明に成功するかは疑問がある[245]。

ここで、消費者安全法38条1項に基づく通達[246]が「事業者に特別の損失を生じさせるおそれがある場合等には、公表前に事業者に対して意見陳述の機会又は意見書の提出の機会を付与する。ただし、緊急性が高く止むを得ない場合は例外的な取扱いができる。」とする等、一部では、公表前に事前手続きを定めて対象者の権利利益を保護する動きもある。このような方向性は妥当であるものの、現状は行政指導としての公表をめぐりどのような事前行政手続を採るべきかは行政手続法等の通則法では整理されておらず、個別法や運用による配慮にとどまっている。確かに制裁的公表のみならず、情報提供としての公表を含めれば、天気予報等も含まれるので、これらについて常に処分性を認めるのはやりすぎだろうが、少なくとも立法論としては何らかの手続的制約が検討されるべきである。

(3) 国家賠償法

このように、行政による公表については、公表前に当然に異議を述べる機会が与えられる訳ではなく、法的対応も不可能ではないが少なくとも容易ではない。よって、事後的な国家賠償による救済が重要となる[247]。

---

243) 例えば、「一定事項の情報を国民・住民一般に対して示すに止まる非権力的事実行為であり、当該行為の作用に具体的な法的効果は認められない」とする天本哲史「行政による制裁的公表の処分性に関わる法的問題に対する研究」桃山法学20＝21号（2013）287頁参照。とはいえ学説上は様々な議論がある。例えば、橋本博之「消費者行政法の実践」（行政法研究25号、2018）67頁及び68頁注16、雄川一郎『行政強制』（ジュリスト増刊、有斐閣、1977）114〜116頁、畠山武道「サンクションの現代的形態」芦部信喜他編『岩波講座基本法学8 紛争』（岩波書店、1983）385頁、稲葉馨他『行政法（Legal Quest シリーズ）』（有斐閣、第3版、2015）132頁等参照。

244) なお、東京都生活条例50条1項に基づく公表について第一審で処分性が認められたものに、#290203があるが、抗告審（#290712C参照）は、処分性を否定した。

245) 大島他編・前掲100頁は「事業者の信用を被保全権利とするのであれば、公表されようとしている情報が虚偽のものであり事業者の信用が毀損されることなどを短時間で疎明しなければならないだろうが、実務上はこのような申し立てが認められるケースは稀ではないかと考えられる」とする。

246) 消費者庁「生命身体事故等に係る消費者事故情報等の公表に関する基本要領」（平成21年12月9日、平成25年10月31日最終改訂）Ⅲ．2．

前述（190 頁以下）のとおり、民間においては、特定の組織（例えば会社）のメンバー（従業員）が、名誉毀損をした場合、メンバーがまずは第一次的に責任を負い、その上で、使用者責任等の理論によって組織が責任を負うかが決まっていった。

ところが、ある表現が「公権力の行使」として行われた場合には[248]、状況が異なってくる。国家賠償法が民法 709 条に優先して適用され、公務員が公権力の行使に際して対象者の名誉を毀損した場合には、対象者は国や地方自治体等に対する国家賠償責任のみを問うことができ、対象者個人の責任を問うことはできない[249]。

そこで、行政機関による名誉毀損においては、国賠法 1 条 1 項の「故意又は過失によって違法に他人に損害を加えたとき」に該当するかが問題となる[250]。

一般の国家賠償の事案については、判例上いわゆる職務行為基準説（#531020 参照）がとられ、公務員として職務上尽くすべき注意義務を懈怠した場合に違法行為となる[251]。

名誉毀損との関係で特に問題となるのが、社会評価を低下させる公表がなされたことを前提に、どのような場合にそれが違法となるかである。

前述のとおり、最高裁（#440625）は、真実性の法理について、刑法 230 条の 2 の規定は人格権としての個人の名誉の保護と、憲法 21 条による正当な言論の保障との調和を図るとする。真実性・相当性の法理が表現の自由と名誉権の調和のための法理である以上、行政機関の公表には、適用の基礎を欠くようにも思われることから、特別な検討が必要であろう。

(4) 過去の先例

行政機関の公表については[252]、真実性の法理・相当性の法理とは異なるアプロ

---

247) 金崎参照。
248) 否定例に #291023、#300326C 参照。なお、表現そのものが公権力の行使ではなくとも、行政の管理責任が問われることがある。家裁調査官の公表行為そのものは客観的に職務執行の外形を備える行為ともいえないが、執筆届の決裁の過程において違法に名誉毀損行為を制止しなかったとして国家賠償が認められた事案に #300322B がある。
249) 最判昭和 30 年 4 月 19 日民集 9 巻 5 号 534 頁参照。名誉毀損の文脈では、#150217、#251017（#250509 を是認）、#210304、#210416、#300629、#280930C 等参照。
250) 国又は公共団体の公権力の行使にあたる公務員が、その職務を行うについて、故意又は過失によって違法に他人に損害を加えたときは、国又は公共団体が、これを賠償する責に任ずる。
251) AI の導入の文脈に関して松尾剛行「都市行政と AI・ロボットの活用」久末弥生編『都市行政の最先端』（日本評論社、2019）参照。
252) 初期には真実性・相当性の法理が用いられていたことは、金崎 143〜144 頁。

ーチ、例えば個別的比較衡量アプローチ（佃524頁）を用いる先例がある。

#150521は、食中毒事件について厚生省が貝割れ大根が原因とは断定できないが、その可能性も否定できないという程度の報告書を作成したところ、厚生大臣の記者会見での公表が貝割れ大根を疑っていると理解されることから、多くの小売店が貝割れ大根を店頭から撤去した事案について、目的、方法、生じた結果の諸点から、是認できる必要があるという基準を立て、結果として風評被害を被った貝割れ大根生産者の協会等の国家賠償請求を認めた。

#160219も、類似の事案につき、私人による表現行為と公務員による表現行為を同一の基準で判断することは必ずしも相当とは認められない（#140315を引用）ことを前提に、公表の目的の正当性をまず吟味すべきであるとし、次に、公表内容の性質、その真実性、公表方法・態様、公表の必要性と緊急性等を踏まえて、本件各報告を公表することが真に必要であったかを検討しなければならない。その際、公表することによる利益と公表することによる不利益を比較衡量し、その公表が正当な目的のための相当な手段といえるかどうかを判断すべきで（#140315を引用）、公表によってもたらされる利益ないし必要性、不利益を犠牲にすることについて正当化できる相当な理由がなければ違法と判断せざるを得ないとした。その上で公表による貝割れ大根農家への不利益はあまりにも具体的で大きい反面開示しない不利益は抽象的であり、むしろ公表の結果原因食材と確定できないものに疑いをかけただけで、かえって混乱を招いた等と断じ、公表すべき緊急性、必要性があったものということはできないとして、原因として事実上名指しされた貝割れ大根生産者の国家賠償請求を認めた。

#181130は、国税局がある会社のウェブサイトに事実に反する記載があるとウェブサイト上で注意喚起をした事案で、①公表目的の正当性、②公表の必要性、③公表内容の真実性ないし真実と信ずるについて相当な理由の存在、④公表態様ないし手段の相当性が認められれば違法性が阻却されるとした原判決（#180606）の基準を引用した（#190614で上告棄却等）。

(5) 近時の裁判例

近年も、個別的比較衡量に類似するアプローチをとった裁判例がみられる。

#270226Aは、市長が市議会において行った発言が違法であるためには、発言の動機、目的、内容及び発言態様等を考慮し、市長としての政治的判断を含む一定の裁量を逸脱したといえることが必要であるとした。

#200909Cも、地下水の塩素イオン濃度上昇の原因が温泉施設の排水である

と公表したことにつき、その目的、必要性、時期及び内容に照らして検討した。

　#200611 は、東京都議会議員である対象者について、東京都（表現者）のホームページで病院への立ち入りを行ったことについて建造物侵入罪で告発する等と記載された場合において、①公表目的の正当性、②公表の必要性、③公表内容の真実性又は真実と信ずるについて相当な理由の存在、④公表方法の相当性のいずれもが肯定されるときは、当該事実の公表は違法性を欠くと解するのが相当であるとした。

　さらに、#251127 は、警視庁らが、警察庁長官の狙撃犯が対象者（の前身の宗教団体）であると断定した報告書をインターネット上で公表したこと等につき、公表という警察行政上の行為を行う上で職務上通常尽くすべき注意義務を尽くすことなく漫然と本件公表を行ったと認められる事情がある場合に国家賠償法上の違法性が認められるとした上で、時効期間経過後に犯人を断定する説明は本来許されず、特段の事情のない限り、警察における職務上の義務に反するものというべきであるとした。その上で、特段の事情として、警察の説明責任、凶悪なテロ事件の風化防止、教祖以外の人名を伏せたこと、真実性等の各事情を検討し、そのような説明を正当化する事情はないとして国家賠償請求を認めた。

　#280226C は、介護事業者である対象者について介護保険法上の指定取消処分相当と認定したことを公表したことについて、重要な部分において真実であり、公表が主に県民への情報提供や介護保険行政上の必要性から実施されたものであるから、目的の観点からも正当として是認することができることをあわせ違法であることを認めるに足りる証拠はないとした。
（#220827B を引用した #230203 も参照）

　もっとも、最高裁（#410623 等）が私人間の名誉毀損について示す真実性・相当性の枠組みをそのまま用いているように読める裁判例が存在する（#271125A、#251122、#240612A、#231005、#290118A、#210324、#200424 等 も 参照）。そこで、どのようなアプローチによって違法性及びその阻却事由該当性を判断すべきかが問題となる。

　加えて、特異なものとして #220414 がある。この事案は、警察が捜査発表を行う際に、死亡した被害者が実は集団でリンチの被害を受けたのに、1 対 1 の喧嘩による等という事実と異なる発表をしたというものであるが、一般的な民事不法行為法の発想に従って判断し、しかも、（民事不法行為で問題となる

真実性・相当性の検討もせずに簡単に敬愛追慕の情の侵害を理由に国家賠償請求を認めた。[253]

(6) 最高裁判決

　事例判断ではあるものの、注目すべき近年の最高裁判決として #220427A がある。この事案では、小学校の校長の自殺について教育委員会が調査報告書を作成し、その中で教職員組合やその幹部である対象者の行動に原因の1つがあるとしたことが対象者の名誉を毀損するかが問題となった。

　原審（#201016B）は、記載内容が重要な部分において真実といえるかを検討し、摘示事実が真実であることの証明がないとして、国家賠償請求を認めた。

　最高裁（#220427A）は、当該報告書が県民及び市民の関心の高い本件事件に関するものであり、その原因を究明して再発防止を図り、その上で責任の所在を可能な限り明確にするためのものであるところ、（一部教職員の問題も指摘したが）結局は様々な原因が折り重なって自殺が発生したとするもので、その摘示をもって対象者の社会的評価を低下させると解することが困難であるものが大半であると認められ、いずれもそれ自体は真実であるとした。そして、報告書の公表は、事件の原因等に関する調査結果を広く県民及び市民に伝達し、教育行政の問題点や実情に関する説明をするとともに、その内容についての批判や検証を県民及び市民にゆだねるためであった等として、違法性を否定した。

　最高裁は明確な規範を定立していないが、真実性だけではなく、関心の高さ、目的、そして手段（記載方法）等を総合考慮して判断しているといえる。そしてその際には、目的と手段の均衡を加味して考慮しているようである。

(7) 最近の高裁判決

　最近の高裁レベルの判断として、#290628B（#290215D を引用、#291205B で上告不受理）は、行政機関による公表が国賠法上違法とされるには公表の態様が不相当なものであり、不当に対象者の名誉信用を害するものであることを基礎付けるに足りる事実が必要としたという趣旨と解される。

　#300809 も、公表の内容が真実と認められる場合にはその公表が国賠法上違法であるか、その公表の目的が法律の趣旨に沿った行為か、その公表に必要性はあるか、その公表方法が相当なものであるかを総合考慮して、公権力の行使に当たる公務員が、個別の国民に対して負担する職務上の法的義務に違背した

---

253) 金崎147頁。

というべきものに該当するか否かを検討すべきとした。
(8) 検討
  (a) はじめに
  国及び地方自治体は公表により社会的評価が低下する者と対等な関係にあるとはいえない（#300809参照）以上、少なくとも真実性・相当性の法理をそのまま利用することには謙抑的であるべきであろう。
  (b) 想定外の者の不利益
  まず、名誉を毀損された対象者が、公表によって通常何らかの不利益を被ることが想定されている者（金崎147頁）であるか否かという観点からの検討が有益だろう。貝割れ大根の事案#150521、#160219が典型的であるが、例えば、特定の疾病の原因食品を貝割れ大根だと公表するような場合には、貝割れ大根関係者に不利益を与え得ることが想定され、実際に貝割れ大根関係者に不利益が生じている。これに対し、#220414のような、事件で死亡した「被害者」の名誉を毀損する場合であって、通常被害を被るいわれのない者からの国家賠償請求については、それとは別個の考察が必要である。#220414で比較的容易に国家賠償が認められたのは、そのことが考慮されたのだろう（金崎149頁）。#220414のような事案はあまり多くはないにせよ、まずはこのような事案については、別枠で検討すべきであることを確認する必要がある。
  (c) 行政目的との均衡
  次に、行政による公表と名誉毀損の関係で問題となることが多い、公表によって通常何らかの不利益を被ることが想定されている者の利益が害される場合、行政は、公表により何らかの行政目的を達成しようとし、その目的のためには、一定程度の不利益はやむを得ないと判断して公表をしている。例えば#150521、#160219では、行政はその不利益と国民への早期の情報の伝達の必要性を天秤にかけて公表を行うか（及びいつ公表するか）を判断している。
  表現の自由を共有しない行政機関において一定程度名誉権を制約する行為が正当化されるのは、行政目的の実現という対立利益があるからに他ならない。そして、比例原則の及ぶ行政活動においては、あくまでも当該対立利益と均衡する（比例する）範囲における名誉権の制約のみが正当化される。最高裁が国民の関心の高さや当該関心に応えるという目的に着目した背景には、行政目的と名誉権の調整という考え方が背後にあると思われ、#220427Aは、それを具体的事例に適用したものとして参考になる。

(d) 法的根拠

このような類型別の検討に加え、行政が公表した場合において、どのような法令を根拠としているのか／いないのかは問題となる。必ずしもすべての公表に法的根拠が必要なわけではないが、特定の法令に基づいて公表をしたのであれば、その要件の充足性は問題となるし、また、法が裁量的公表を許さない趣旨である場合には、そのような裁量的公表が違法となることがある。

#280928C は、特定の土地が滞納処分の対象であることを示す看板を行政が法令の規定によらずに設置した事案である。裁判所は租税法律主義、すなわち日本国憲法の下では徴税の手続はすべて法律に基づいて定められなければならないとの理解を前提に、地方団体が徴税の手続において法律の規定に基づかずに滞納処分の事実を公開することは、公権力の違法な行使に当たると解するのが相当であるとした。

(e) 時の裁量

加えて、どの段階で公表をすべきか（時の裁量）という問題もある。上記 #220427A では、自殺事案発生後に調査が行われ、一部教職員に対する処分を行ったのと同日に当該報告書を公表しており、比較的後の時期に公表を行ったものといえる。しかし、例えば、食中毒事件が頻発して社会が不安を抱えるという場合に、できるだけ早い段階で原因と疑われるものを公表し、社会の不安を抑える等、早期の公表をする必要性がある場合があることは否定できない。もっとも、早期に不十分な内容の公表をすれば、その結果、上記の貝割れ大根の事案（#150521、#160219）のように、原因と疑われた対象者に大きな被害を与え、むしろ混乱を招くこともあり得るのであって、行政が公表の時期を判断する際にはこのような点にも十分配慮して公表すべきであり、その配慮が不十分であれば、手段の相当性を否定する方向に働くだろう。

(f) 実名を公表すべきか

なお、仮に特定の事項について何らかの公表をすることそのものが正当化されても、具体的な公表の内容、とりわけ、対象者の実名等（対象者本人と同定される情報を含む）を公表すべきかという問題もある。

確かに、公表対象の性質によっては、実名等を公表する必要性があることは否定できない。#220427A は、特定の小学校の校長の自殺をテーマとした報告書であるから、当該小学校において組織されている教職員組合について述べる以上、必然的に対象者と特定される情報が含まれてしまうといえ、当該公表の

必要性がある以上、実名等の公表の必要性があるといってよいだろう。

また、ある業種の一部の業者につき具体的な違法行為（例えば消費者保護のための法令違反）が認定された場合において、消費者に対して注意喚起をするための公表が正当化されることがあるところ、業者名を公表することによって、正確な注意喚起を行い、かつ、違法行為を行っていない当該業種の他の業者が誤解を招くことを防ぐ必要性もあるだろう。[254]

ここで、例えば、上記 #220414 に関し、犯罪事実の広報活動のような、明確な行政目的を有していない一般的な広報活動においては不法行為の成否に絞りをかける必要性も有用性もあまり認められない（金崎 147 頁）とされているところ、実名公表の可否は、行政目的との関係で考えるべきだろう。ここで、犯罪事実の公表の目的は、犯罪（あるいはその容疑）のあったことの存在等を一般に覚知させて、社会的見地からの警告、予防、抑制的効果を果たすとされている[255]ところ、当該目的を達成するため「被疑者・被告人」の実名を公表する必要がどこまであるのだろうか。このように、行政目的に照らして実名公表の必要性が検討されるべきであろう。

(9) 行政機関による公表に対する削除請求

なお、インターネット上の名誉毀損との関係で問題となる、事後的救済としては、国家賠償だけではなく、一度インターネット上で公表された内容の削除を求めることができるかという問題がある。

#280219C は、まず、当該公表が違法であるかについて、公表されている事実が、行政機関の諸活動に関する透明性を確保するとともに、国民に対する注意喚起を促して消費者保護や再発防止等を図るという行政目的を達成するために必要最小限度のものにとどまり、公表の方法、態様も、上記目的を達成するために必要かつ相当なものかを検討した。次に、その上で、削除の可否について、公表された事実の内容や性質、公表の方法、態様等を踏まえて、公表を続けることによる利益とそれによってもたらされる不利益とを比較衡量し、公表の継続によって、被害者が重大で、かつ、回復を図るのが著しく困難な損害を現に被り又は被るおそれがあるかどうかを検討する必要があるとした。

---

254) 例えば、特定の貝割れ大根業者において食品衛生法違反が認められ、反面、それ以外の貝割れ大根業者が適法で安全な貝割れ大根を出荷している場合に、当該業者を特定せずに「貝割れ大根が食中毒の原因と疑われる」と公表すれば、貝割れ大根業界全体に対する不利益が生じ得る。
255) なぜ犯罪事実の公表が公共性があるかについて #560630 が述べている内容である。

この判示は、「重大で、かつ、回復を図るのが著しく困難な損害」という事前差止めに近い判断基準（388頁参照）を示しているが、表現の自由を有しない行政であれば、公表の目的が既に達成済みであれば、対象者の名誉を毀損してまでも公表を維持する理由はなくなることもあり得ると思われる。もしそのように言えるのであれば、「重大で、かつ、回復を図るのが著しく困難な損害」までは認められなくても削除を認容してもよいのではないか。[256]

（10）議会について

国会・議会での発言や懲戒等が名誉毀損ではないか問題となる。最近はインターネット中継等でインターネット上の名誉毀損が起こることもある。

国会議員は免責特権を有している（憲法51条）[257]。この内容には国会議員個人が議会で行った演説、討論または採決についての民刑事の免責が含まれる。[258]

これに対し、地方議会議員は免責特権を有していない[259]。そこで、地方議会議員が議会で市長の不正等を舌鋒鋭く追求すること等が名誉毀損にならないか問われることがある。

地方議会議員の場合には、裁判例上正当行為性や真実性・相当性の法理を満たす必要があるところ（佃581頁）、地方議会議員についても、国会議員と同様の程度の免責の余地を認めるべきである（佃365頁）等とも批判されている。

また、地方議会における発言であれば、それが公務員による「職務を行うことについて」としての発言として、通常は個人の責任が免責され、対象者は国家賠償請求をすることができるのみとなるだろう（265頁参照。#150217）。[260]

加えて、議会内の事項については、部分社会の法理も考慮する必要がある。最高裁（#351019）は、地方議会議員に対する出席停止を司法審査の対象外としていた。

---

256) ただし、行政目的によっては例えば国立国会図書館が過去の官公庁のウェブサイト等をデータベースとしてアーカイブしているところ（http://warp.da.ndl.go.jp）、このようなアーカイブそのものも公表（継続）の目的の1つとなり得るだろう（アーカイブにつき239頁も参照）。

257) 両議院の議員は、議院で行つた演説、討論又は表決について、院外で責任を問われない。なお、#090909B参照。

258) 例えば樋口陽一他『注釈日本国憲法（下）』（青林書院、1988）924頁。ただし、#300423は憲法51条を直接の根拠とせず、対象者の名誉を毀損しないことを理由に議員の責任を否定した。

259) #420524参照。

260) なお、具体的な国家賠償請求について、#291213Bは、地方議会議員として付与された権限の趣旨に明らかに背いてこれを行使したものと認め得るような特別な事情がないとしてこれを否定した（#290511Aの#280830Aを引用した判示も同旨。特殊なものに#291214B）。

#290914A で名古屋高裁は市議会議員に対する議会運営委員会の厳重注意処分につき、司法審査の対象となるとして名誉毀損を認めた。

この事件とは別の事件であるが、最高裁は #300426B で、上記 #351019 を引いて、県議会議長の県議会議員に対する発言の取消命令の適否は、司法審査の対象とはならないと解するのが相当とした。

純粋な厳重注意処分だけであれば、上記 #351019 により司法審査の対象とはならないと解すべきであろう。ただし、上記 #290914A では、注意処分そのものではなく、議長が多数の新聞記者のいる議長室で上記処分の事実を公表するという後続行為があり、後続行為の名誉毀損の有無が問題とされていたところ、この点に着目すれば、事案が違うという解釈もできるだろう。[261]

(11) 取材・情報提供

公表の一形態として、情報提供が問題となることがある（なお、相当性につき 262 頁、（一般的な）情報提供と因果関係につき 148 頁参照）。いわゆる捜査関係者のリークについては、国家公務員の守秘義務が問題となることがあるが、それだけではなく対象者の名誉毀損として違法となることもある。

#271007（#280323A で上告不受理）は、捜査関係者の情報提供につき、警察官の職務それ自体には、報道機関への捜査情報の提供に関わる事務が含まれると認められるとして、国家賠償法 1 条所定の「職務を行うにつき」に当たるとした上で、真実とは認められず、また、これを真実と信ずるにつき相当な理由があるともいえない記事の根拠となった情報を記者に提供したこととなるから、同人には少なくとも過失があるといわざるを得ず、かかる記事は当該情報を決定的な根拠とする報道であったところ、これが新聞に掲載されるに先立ち、記者は捜査関係者に記事原稿を現実に示して意見を求め、かつ捜査関係者から得た示唆を原稿にそのまま反映させたというのであるから、捜査関係者は修正後の記述がそのままの内容で公表されることがあり得ることを容認していたといえ、情報提供と記事による名誉毀損との相当因果関係も否定し難いとして国家賠償法上の責任を認めた。

すべての情報提供について、このような厳しい判断がされるわけではないが、事案によっては、情報提供ないしリークについて責任を問われ得ることは肝に銘じるべきであろう。

---

261) 判時匿名解説（2354 号 26〜27 頁）も、部分社会の法理に関する判例法理を「当然の前提としたうえ、一般市民法秩序と直接関係を有するとし」たとする。

5　SLAPP

(1)　はじめに

　最近では、SLAPP[262]という言葉を聞くことがある。SLAPPとは公的な関心事項について発言したことに対する報復として、表現の自由を抑圧するために訴訟を提起することと言われているが、その最も多い口実は名誉毀損とされる。特にアメリカで大きな問題となっているが、日本でも同様に問題となっている[263]。

　上記のとおり、真実性・相当性が、表現者において立証する必要がある抗弁とされていることから、提訴をするだけで表現者に十分なプレッシャーを与えることができる（佃25頁）。佃は「提訴されることの負担を恐れてメディアが公人に対する報道に萎縮してしまうようなことがあれば、それは表現の自由の重大な危機である」とする（佃27頁）。松井も、いくつかの訴訟を例にとって、これらが「不都合な言論を封じるための訴訟」であると指摘する（松井名誉毀損426頁）。

(2)　訴訟提起が不法行為となる場合

(a)　最高裁

　例えば、対象者が訴訟を提起したことが、表現者に対する不法行為であるとして反訴が提起されることがある。この場合、対象者の名誉毀損に関する請求が棄却された場合には、表現者は対象者に対して当然に損害賠償義務を負うのだろうか。

　この問題に関するリーディングケース（ただし名誉毀損ではない）で最高裁（#630126）は、提訴者の請求が棄却されたとしても、常に提訴者が責任を負うのではなく、訴えの提起が裁判制度の趣旨目的に照らして著しく相当性を欠くと認められるときに限られるとした。具体的には、提訴者の主張した権利等が事実的、法律的根拠を欠くものである上、提訴者が、そのことを知りながら又は通常人であれば容易にそのことを知り得たといえるのにあえて訴えを提起したなどが挙げられている。

　また、最高裁（#220709）は、原告が被告を横領で告訴し、横領した金額の

262）Strategic Lawsuit Against Public Participation の略。公的参加を妨げるための戦略的訴訟。松井名誉毀損403頁。
263）米国法については松井名誉毀損403頁。

賠償を求めて本訴を提起したところ、被告がこれを不当訴訟として反訴を起こしたという事案において、#630126の規範を引いた上で、原審は、請求原因事実と相反することとなる原告自らが行った事実を積極的に認定しながら、記憶違い等の事情に何ら認定説示せず不法行為を否定しており、この原審の判断には、判決に影響を及ぼすことが明らかな法令の違反があるとした。[264]

真実性が問題となる事案では、その表現内容が対象者自身が行った事実である等（#220709参照）の理由で、対象者自身がその事実が真実かどうか知っていることも少なくない。そうすると、対象者が、表現が真実であること等、名誉毀損に該当しないことを知りながら又は通常人であれば容易にそのことを知りえたといえるのにあえて訴えを提起したといえる場合もあり得るだろう。

(b) 損害賠償が認容された事案

まず、いくつかの損害賠償が認容された具体的事案をみてみよう。

#130629は、宗教団体等である対象者が名誉毀損を理由に元信者や弁護士らである表現者に対し、計8億円の損害賠償を求める本訴を提起したので、表現者が対象者に対し反訴を提起し、不当な本訴提起による損害の賠償を求めたところ、裁判所は名誉毀損訴訟提起の目的が表現者への威嚇にあった等として、100万円の賠償を命じた。[265]

#180922は、消費者金融業者が、フリーライター及び出版社に対し、言論、執筆活動に対する抑制や牽制として名誉毀損訴訟を提起した等としてそれぞれ慰謝料100万円、弁護士費用20万円の損害賠償を命じた。[266]

#190216は、同様に、コンサルタント業者がジャーナリストらに対する名誉毀損訴訟を提起したことについて、コンサルタント業者は記事の内容が真実であるか真実であることを容易に知り得たとして弁護士費用として計100万円の賠償を命じた。[267]

#240731は、市長の不正落札疑惑を指摘する議員による広報誌の記載が町政批判として許される範囲とされたところ、当該本訴が不当訴訟であって、訴訟の提起が地元のマスコミにも取り上げられるなどしたことによって、議員の名誉等が毀損されるなどして、議員は精神的苦痛を被ったと認められるとして損

---

264) 松下淳一「判批」判タ1332号47頁。
265) 松井名誉毀損427頁。
266) 松井名誉毀損427頁。
267) 松井名誉毀損427〜428頁。

害賠償請求が認容された（#270428 も参照）。

#301016 は、対象者による名誉毀損訴訟の提訴に加え、表現者である弁護士に対する懲戒請求や刑事告訴が行われたこともあわせて 100 万円の慰謝料を認めた。

#290919B は、既判力に違反したり当事者を間違えて名誉毀損を請求原因に含む訴訟を提起した事案について提訴自体を不法行為とした。慰謝料額の判断においては、支払を求めていた金額が 3440 万円であって非常に高額であること、多額の弁護士費用を負担させられるから、敗訴したとしても満足である旨の発言をしていること等を考慮した（ただし 30 万円）。

このように裁判所によって訴えの提起そのものが違法であると認定され、慰謝料や弁護士費用等の損害の賠償が命じられた事案が既に存在する[268]が、裁判所がそれを不当訴訟であると認定したとしても、いわば制裁として命じられる損害賠償額が限られている点が指摘されている[269]。

（c） 否定例

そのような要件を満たさない場合には、対象者の訴訟提起は（結果的に請求が棄却されても）適法である。

例えば、対象者が 5000 万円や 1 億円という多額の請求をしたところ、結果的に名誉毀損とされたがその認容額がそれと比較して微々たるものであったとしても、不当訴訟として不法行為が成立するものではないとされている。

#210218A は、対象者が 1 億円という多額の請求をしたところ、100 万円が認容された事案において、高額の損害賠償を求めることがただちに違法となるものではなく、他に本訴提起が裁判制度の趣旨目的に照らして著しく相当性を欠く場合に当たると解すべき事情はないとした。

#200422 も、対象者が 5000 万円という多額の請求をしたところ、100 万円が認容された事案において、名誉毀損訴訟においては、損害額が比較的高額に設定されるのが通常であって、請求額と認容額との間にかなりの差が生じることも稀ではないとされた。

結果的に名誉毀損が成立するならば、対象者が表現者の行為が「名誉毀損で

---

268) ただし、例えば #240731 では、政治的言論を封じ込める目的で本訴を提起したわけではないとされており、これらの事案すべてが厳密な意味の SLAPP かは明言が困難なところがある。
269) 松井名誉毀損 428 頁。なお、不当訴訟なら慰謝料が必ず認められるわけではない（名誉毀損ではないが否定例に #290323D）。

ある」と主張することは事実的、法律的根拠を欠くとはいえず、一定程度高額の請求をすることも認められるだろう。#210218Aや#200422等のように、認容されると予想される金額と担当乖離する金額を請求することが道義的に妥当かは疑問が残るが、裁判所はそれが不法行為とまでいえる場合を相当限定的に解しているようである。ただし、#130629の8億円のように金額がさらに大きくなった場合には、これと異なる判断がされる可能性は否定できない。

(3) 訴権の濫用

なお、訴訟提起の不法行為ではなく、訴権の濫用が主張されたこともある。

先例としては、最高裁において会社訴訟の提起が訴権の濫用だとして訴えを却下した#530710があるが、訴外第三者との関係での権利濫用が問題となった事案例であり、名誉毀損との関係ではあまり参考にならない[270]。

#251226では、表現者が、対象者が対抗言論を行使せずに訴訟を提起したことは、嫌がらせ及び恫喝を目的とし、表現者の報道の自由を侵害するものであり、訴権の濫用に当たると主張したが、裁判所はこれを否定した。

訴権の濫用が認められるのは例外的な場合であって、一般論としては、容易には認められないだろう。

(4) 立法的解決？

このように、従来の理論によってSLAPPを抑制することは困難であるものの、アメリカの一部の州は反SLAPP法を立法している。内容は各州によって様々だが、例えば、公的関心事に関する市民の発言を大幅に免責したり、SLAPP事件の被告がこれがSLAPPであるとして早期の請求棄却を求めて申し立てる制度を導入したり、裁判所がそのようなSLAPP提起に対して懲罰的賠償を命じることを認めたりしている[271]。

SLAPPが社会問題になりつつある日本でも、具体的な内容はともかく（例えば懲罰的賠償は#090711との関係で困難であろう）、何らかの立法的解決が図られるべきかもしれない[272]。

その際には、SLAPPによる弊害と、反SLAPP法により正当な権利行使が抑止されることの弊害という対象者側と表現者側の利害をうまく衡量することが重要であろう。

---

270) 訴権の濫用一般については西田昌が詳しい。
271) 松井名誉毀損410頁。
272) 松井名誉毀損429頁。

PART 3　意見・論評による名誉毀損

　PART 3 は、「意見・論評による名誉毀損」と題し、インターネット上の名誉毀損において問題となることが比較的多い、意見・論評による名誉毀損とその成立要件、抗弁事由について検討する。第 12 章では「意見・論評による名誉毀損総論」と題して、意見・論評による名誉毀損に関する総論的問題、特に、ある表現が事実の摘示であるか、それとも意見・論評であるかについての区別基準等を検討する。第 13 章では、「意見・論評が社会的評価を低下させるか」と題し、ある表現が意見・論評であるとカテゴライズされた場合において、当該表現が対象者の社会的評価を低下させるかについて、事実摘示による名誉毀損とは異なる考慮が必要であるので、これを検討する。第 14 章では、「公正な論評の法理」と題し、意見・論評による名誉毀損に関して最も重要である公正な論評の法理について検討する。

第12章　意見・論評による名誉毀損総論

1　はじめに

　名誉毀損罪は事実を摘示してはじめて成立する（刑法230条1項）。そこで、意見・論評による名誉毀損は原則として刑法の名誉毀損罪にはならない。[273]
　これに対し、民事においては「甲の行為は強制執行妨害罪に該当する」（後述#270716参照）等の意見・論評によっても、それが社会的評価を低下させる限り名誉毀損の不法行為が成立し得る。
　#090909Aは、名誉毀損の不法行為は、問題とされる表現が、人の品性、徳行、名声、信用等の人格的価値について社会から受ける客観的評価を低下させるものであれば、これが事実を摘示するものであるか、又は意見ないし論評を表明するものであるかを問わず、成立し得るものであるとした。[274]

2　事実言明と論評の区別の意味

　このように、事実摘示だけではなく、意見・論評によっても（民事）名誉毀損が成立するとしても、意見・論評による名誉毀損を、単なる事実摘示による名誉毀損と同様に解することはできない。
　確かに、対象者の社会的評価を低下させるような虚偽の事実を流布させることについては社会的意義が認められにくい。[275]

---

273)　ただし、摘示内容の認定（第1章参照）で事実を摘示していると評される可能性もあるし、事実摘示によらずに対象者の社会評価を低下させるものとして侮辱罪に該当する可能性があるところ、侮辱罪については、397頁を参照のこと。
274)　大判明治43年11月2日民録11輯745頁も参照。なお、#291122Bのように「具体的な事実を何ら摘示するものではない」か名誉毀損による不法行為は成立しないという趣旨に読むことができる裁判例がいくつかあるが、意見論評としての名誉毀損の有無を検討すべきであったように思われる。
275)　とはいえ、真摯な取材の結果真実と信じたにもかかわらず結果的に真実と証明できなかったような場合等結果的に虚偽であっても正当化が可能な場合があり、これについては、真実性・相当性の法理のところで既に論じた（247頁）。

これに対し、意見・論評については、同じ事実を前提としても様々な意見があり得るし、多様な意見・論評が表明されることそのものに意義がある。そして、意見・論評に「正解」はなく、むしろ一定の意見を「間違い」として排斥・禁圧すること自体が憲法21条の基本的な発想との関係で問題がある。そこで、少なくともその意見の前提とする事実が真実（又はそれを事実と信じることに相当な理由がある）ならば、対象者は意見で対抗すべきであり、これが言論思想の自由市場の促進にもつながるのではなかろうか。[276]

そこで、意見・論評については、名誉毀損が認められる場面をより限定的に解し、かつ抗弁事由をより緩やかに認めるべき必要性がある。

そこで、後記のように、社会的評価の低下の有無の判断が異なり得るし、抗弁のところでも、事実の摘示による名誉毀損であれば、真実性・相当性の免責要件が適用されるのに対し、論評であれば、公正な論評の法理が適用されるといった違いが生じる。

3　表現が「意見」か「事実」か

ある表現が「意見」か「事実」かをどう区別すればよいのだろうか。

最高裁（#090909A、#100130等）は、証拠等をもってその存否を決することが可能な他人に関する特定の事項かどうかを基準とするとした。

上記#100130は、証拠等をもって存否を決することが可能な他人に関する特定の事項を主張すると理解されるときは、同部分は、事実を摘示するものと見るのが相当であるとした。

「ある人が犯罪を犯したか」等の事実であれば証拠等により存否を決することができるが、「ある政策が正しいか間違っているか」等の意見・論評は、これを証拠等により客観的に決めることができない。むしろ、多くの人が多種多様な意見・論評を戦わせて、「思想の自由市場」において選択されるべき事柄であろう。そこで、証拠等をもってその存否を決することが可能かが基準となっているのである。

では、その証拠等で存否を決することができるか否かの判断は何に基づくのだろうか。

---

276)　松井名誉毀損344頁。

上記 #090909A は、事実と意見の区別にあたっても一般読者基準が妥当し、一般の読者の普通の注意と読み方を基準に判断するとした。

インターネット上の名誉毀損でも #090909A の規範を用いるものが多い（#261204、#270217A 等参照）。

つまり、ある表現が意見か事実かは、一般読者基準に基づき証拠等で存否を決することができるかで判断されることになる。

4　意見と事実の判断に関する具体的問題

(1)　一般読者基準による判断

具体的な判断を理解する上で、佃の例示が分かりやすいと思われる。

『天才バカボン』というアニメにおいて、バカボンのパパは、「来週見ない奴は死刑なのダ」と述べているが、これは、当該アニメを見ない視聴者はよろしくない、という趣旨の否定的な論評であって、事実言明ではない。これに対し、殺人罪で訴追されている被告人は「死刑」と発言すれば、殺人を犯したという事実を述べるものと解するのが条理にかなっている（佃 128〜129 頁）。

つまり、同じ「死刑」という語であっても、一般読者基準を適用すると、文脈によって事実摘示になったり意見・論評になったりするのである。

また、例えば、「気違い」という文言は、精神異常者という意味とされる場合と、単なる対象者を批判する文言と解される場合の双方があり得るだろう。

#200905 は、対象者である議員に対する「気違い」等の掲示板の投稿について、記事全体を読んだ場合には、対象者らが別の議員の辞職勧告決議の要求を行った事実を前提として、そのような要求を強く批判することを主眼とするものであり、対象者が精神異常者又は精神病者であるとの事実を摘示するものではないから意見、論評に当たるとした（#221124C も参照）。[277]

一見、意見・論評のようにもみえる文言が事実摘示とされ得る場合について、上記 #090909A はより具体的に述べている。

#090909A は、そこに用いられている語のみを通常の意味に従って理解した場合には、証拠等をもってその存否を決することが可能な他人に関する特定の事項を主張しているものとただちに解せないときにも、間接的ないしえん曲に

---

[277] 「社会人としてマジキチ」との投稿について同旨の判断を示した。

上記事項を主張するものと理解されるならば、事実を摘示するものとみるのが相当であるとした。

　つまり、当該表現が明示・黙示に事実、つまり証拠等をもってその存否を決することが可能な他人に関する特定の事項を主張していると解されれば、これは（少なくとも意見・論評と同時に）事実も摘示すると解される。

　そして、1つの文書全体を事実か論評かという形で判断するのではなく、各記載を個別に判断する。

　#200428 は、ある投稿の中に、事実を摘示する部分とそれに対する意見や感想を述べる部分とが混在していることが認められるとした。

(2)　黙示の事実表明の具体例

　上記 #090909A のいう黙示の事実表明が認められた事例もある。

　#200304A は、「不当鑑定」という表現につき、単に「不当鑑定」と記載するにとどまらず、「依頼主に迎合した」「依頼主の意向に沿うという『意図』を持った」などの表現とともになされていること等から、鑑定事務所が依頼主に迎合するために意図的に賃料価格をつり上げたものであるとの事実も摘示していると認めるのが相当であるとした。

　これはケース・バイ・ケースの判断であるが、同判決では、依頼主との迎合という文脈で書かれている以上は、その「不当」の意味として、そのような迎合した鑑定をしたという趣旨であると解釈されたものである。

(3)　法的見解の表明

　法的見解の表明は多くの場合意見と解される。

　最高裁（#160715）は、表現者の漫画を対象者が自著に再録する行為を「ドロボー」と表現することにつき、法的な見解の正当性それ自体は、証明の対象とはなり得ないものであり、法的な見解の表明が証拠等をもってその存否を決することが可能な他人に関する特定の事項ということができないことは明らかであるから、法的な見解の表明は、事実を摘示するものではなく、意見ないし論評の表明の範ちゅうに属するものというべきとした。[278]

　近時の裁判例も、法的見解の表明を意見・論評とするものが少なくない。

　#300328B は、著作権侵害訴訟に関するプレスリリース上の対象者の行為が

---

278) ただし、一般論として、法的な見解の表明には、その前提として、上記特定の事項を明示的又は黙示的に主張するものと解されるため事実の摘示を含むものというべき場合があることは否定し得ないとした。

著作権侵害にあたるという法的な見解の表明は、事実を摘示するものではなく、意見ないし論評の範ちゅうに属するとした。

#261112 は、第三者割当増資が架空増資であった場合という仮定の上で、ファンド経営者の特別背任の疑いが濃厚であるとの意見を述べたり論評をしたりしているものと理解できるとした。

#201226B は、著作権侵害が問題となり、双方の表現が酷似するというものは著作物の類似性（実質的同一性）という法的見解と解され、意見ないし論評の表明に当たると解するのが相当とした。

#270716 は、ある行為が強制執行妨害罪に該当するか否かは、法的な見解の表明の範ちゅうに属するとした。

#280727B は、殺人未遂の行為をしたとの記載につき、殺人未遂と評価すべきものであるとの意見を表明するものと認めるのが相当であるとした。
（その他、#210126、#210827A、#210318、#261111B 等も参照）

ただし、法的見解の表明の前提として事実摘示を明示又は黙示に行う場合もあり得るし、ある文言が本当に法的見解なのかという問題もある。

最高裁（#240323）は、対象者が折り込みチラシを持ち去ったとして「これは窃盗に該当し、刑事告訴の対象になる」等と表明したことにつき、折り込みチラシ持ち去りという記載とあいまって、対象者が表現者の所持していた折り込みチラシを同人の了解なくして持ち去った旨の事実を摘示するものと理解されるのが通常とした。

「窃盗」は、「窃盗罪」（刑法 235 条）という意味の法的見解を表明する場合もあるが、日常語の「盗む」という意味で使われることもある。確かに、この事案においては「該当」や「刑事告訴」等、法的見解であることをうかがわせる文言もあったものの、少なくとも折り込みチラシを持ち去ったことが、相手方の了解を得てのものではないという趣旨を含んでいると解されたのであろう。

詐欺については、#291211A が窃盗及び詐欺という犯罪に値する行為をしたとの印象を与える摘示を意見論評としたが、#280218A は、「詐欺の構成要件に該当する行為だ」と述べたところ、かかる供述が事実であることを前提に真実性の法理を適用した。

強制執行妨害罪等、日常的ではない用語の場合には、法的見解の問題として処理すればよいだろうが、日常語としても使われ得る場合には、本当に法的見解の問題かは慎重な検討が必要な場合もあるだろう。[279]

類似の問題として「コンプライアンス」も文脈で意見か事実か判断される。

#280129E は「コンプライアンスが存在しない」「違法行為を是正するという機能が失せている」「コンプライアンス違反を繰り返す」「労働組合としての自律機能が損なわれている」「コンプライアンスについて全く無知な指導部」等を意見ないし論評の表明としたが、#290922B は「コンプライアンス違反」は対象者に関する証拠で決することができる事実の摘示であるとした。

5　インターネット上の名誉毀損において頻繁に問題となる類型

(1)　感想

インターネット上、とりわけ掲示板や SNS では単なる感想程度の表現が頻繁に見られる。このような感想の範ちゅうの表現については、これが意見・論評と解されることが多い。

たとえば、「イカサマ」だというのは、文脈によっては嘘をついている等という事実摘示を含むと解されることがあり得る。

しかし、#290412 は対象者が「無添」と標榜する趣旨が 4 つの添加物の無添加のみを意味することについて「イカサマくさい。本当のところを書けよ。」等とする投稿について、対象者は、「都合の悪い真実を隠蔽している」との事実の摘示が含まれる旨主張したが、裁判所は使用する添加物等の公表のあり方は、自分に都合のいいことしか公表しないという姿勢にほかならず、そこには不明朗なものを感じるという意見を述べるものとした。

また、ある学校のスレッドにおける「パワハラ・不正経理・公的資金の私的流用」という投稿は、一見、当該学校についてパワハラ・不正経理・公的資金の私的流用が存在するという事実摘示のように思われる。

しかし、#241130B は、「パワハラ・不正経理・公的資金の私的流用さらに学歴詐称？ですか……」「トップがこんな学校だったなんて……」という投稿について、疑問符をつけて記載されており、パワハラや不正経理等について具体的な事実が記載されていないことを重視して、スレッドに投稿された投稿を閲覧した上で、その感想を述べたにすぎないとした（その上で社会的評価の低下を否定）。

---

279)　なお、#300712A は患者の死亡について病院の医師に過失があったという摘示を事実の摘示としたところ、日常語としての「過失」を強調した判断と理解される。

#290323A は「ビビリ」「ものすごく歯が汚い」「D に似てる」という記載は、いずれも一定の事実を具体的に述べたものとはいい難く、投稿者の印象や容姿に対する感想を述べたものにとどまるとした。

#290119A は掲示板における対象者についての「催促があった相手以外には連絡もしないってこいつ借金なめてるよな。」や「うまく相手が忘れてくれればラッキーとか思ってそう。」の投稿が、対象者が借金の返済をしておらず、借金を平気で踏み倒すとの事実を摘示するものかが問題となった。裁判所は、対象者が借金を安易に考えているとの意見を表明するものにすぎないとした。[280]
（#280608B、#240809A も参照）

あくまでも個別の投稿毎の判断であるが、既存の投稿に表示された事実を前提に感想を述べるという場合には、特に事実を摘示したものではないと解する余地があることに留意が必要である。

(2) 推測

同様に、推測についても、意見・論評とされることが多い。

#300906B（原審の #300323 も参照）は、推論を述べるものであることを主な理由として、「ブラックジャーナリスト」や「総会屋」等が事実を摘示するものとは認められないとした。

#280729C は、「言いなり」も「役に立たない」も、証拠等をもってその存否を決することが可能な事項を摘示したということはできず、私的な不満や評価を書き殴っただけであるとして、意見・論評であるとした。[281]
（その他 #270728、#290526B も参照）

(3) 評価

評価を含む表現は意見・論評と判断されやすい。

#290822A は、「上司は常に社長の顔色を伺っている」等の投稿について、能力・適性に対する他者からの評価であるとしてこれを意見・論評とした。

#280907A は、対象者の社長が「いつ訴えられてもおかしくない」という掲示板の投稿（の一部）は意見を述べたものにすぎず、事実の摘示ということはできないとされた。

(4) その他

その他、#280830B は、ジャーナリストと名乗っている対象者について、批

---

280) その上で当該投稿による社会的評価低下を否定した。
281) その上で当該投稿による社会的評価低下を否定した。

判的な論文又は記事を掲載した者に対して論文又は記事による批判をするのではなく、直接面会し又は面会を求めるなどの方法を用いたことについて、「もはやジャーナリストですらない」とも述べたものであるところ、対象者がジャーナリストですらないか否かという事項は証拠等によってその存否を決することができないから、具体的な事実を摘示したものではなく、対象者が面会を求めたことなどに対する否定的評価という意見又は論評を述べたものと認められるとした。

確かに、ある人が文筆家であるかそのものは、その人の著作・論文の有無等証拠で判断できる可能性があるものの、当該文脈の下では、ジャーナリストとしての倫理に反するといった否定的評価の表明と解されたのだろう。
(#250327 及び #280415 も参照)

第13章　意見・論評が社会的評価を低下させるか

1　はじめに

　上記（96頁）のとおり、社会的評価の低下の有無は一般読者基準に基づき判断されるところ、これは意見・論評についても同様である。

　しかし、単に批判的な意見・論評を述べたことをもって対象者の社会的評価が低下したとして名誉毀損としていいのかという問題意識から、事実摘示に関する場合と異なる考慮が必要である。思想の自由市場の考え方を前提とすれば、批判的なものを含めて意見・論評が広く公開されて議論が深まったほうが、よりよい社会になるのではないか。

　ここで、ある人が犯罪者であるとか暴力団関係者であるいった事実が摘示されれば、通常そのことだけをもって、その人の名誉が毀損されるといえるだろう（100頁）。しかし、ある人が特定の人について否定的評価をもっていることが表明されたからといって、それによってその人の社会的評価がただちに低下するわけではなく、単にそのような意見をもっている人がいると思われるにすぎない場合も多いだろう。また、政策的にも、ある事象をどのように評価するかは個人の価値観の問題であり、その評価の表明はできるだけ制限すべきではないだろう（佃343頁）。そうすると、意見・論評であれば、たとえそれが批判的なものであっても、ただちに社会的評価が低下するとはいい難いだろう。

　以下では、類型別に、ある意見・論評が社会的評価を低下させるかについて検討する。

2　個人の感想・愚痴

（1）　はじめに

　インターネット上では、いわゆる個人の意見・感想が多くみられる。例えば、口コミサイトでは料理が「うまい」「まずい」という口コミが投稿されている。オンライン書店では作品が「面白い」「つまらない」というレビューが投稿さ

287

れている。SNSには、「仕事が辛い」といった個人の感想ないし愚痴が投稿されている。そして、これらの中には、いわゆるステマのようなものもあるものの、レストランを選ぶ際や商品を買うかどうか決める際に参考にされることも多い。悪質な名誉毀損行為が口コミ等の形をとっているという一事をもって免責されるというような解釈をすべきではないものの、ネガティブな内容の口コミやレビュー等が広く名誉毀損となると、消費者の選択に有用な情報が減少し、消費者に悪影響を及ぼす可能性がある。

まず、商品やサービスに関する感想については、「対象者」の名誉を毀損するかという上記の問題がある（163頁）。作者と作品が異なり、一般人も一応そのように把握していると思われる（佃16頁）点に鑑み、「小説がつまらない」とか「料理がまずい」といったところで、それは単なる商品やサービスに対して向けられた言説にすぎず、対象者の社会的評価を低下させるものではないという評価が可能な場合もある。

実際、最近の裁判例でも、書籍やイラストに対する批評であって、対象者に対する名誉毀損ではないという趣旨の判断がなされている。

#281012Bは、対象者らの書籍に対する「なぜあんなに偉そうに吠えているのですか。なんか読んでてムカつく部分があるしあまり参考にならない」との投稿について、書籍の内容や執筆姿勢に対する感想ないし批評の域を出ないものといえ、これにより対象者の名誉又は名誉感情が侵害されたとは評価できないとした。

#291220Bは、対象者が子供が尻を叩かれるイラストを描いたところ、対象者が尻を叩かれている妄想をしている等との記事が投稿されたとしても、この程度の記述は、上記イラストの創作に至った事情に対する論評として許容される範囲内にとどまるというべきとした。

（#280126C、#290526Bも参照）

もっとも、裁判例は少なくとも一定の場合においては、商品やサービスに関する言説が対象者に向けられたものと考えているので、以下、前記の検討の結果、当該表現が検討対象者に向けられたものと解されることを前提に、当該表現が対象者の社会的評価を低下させるのかを検討する。

(2) 客観的判断基準がないこと

個人の感想・愚痴の例としては、味がおいしい・まずい、作品が面白い・つまらない、仕事が楽しい・辛い等が挙げられるが、これらの共通する特徴とし

て、客観的判断基準がないことが挙げられる。

　傍論であるが、#201105B は、食材や料理の味、ひいてはこれを提供する飲食店の善し悪しについては、一定の範囲ないし限度ではおおまかな形での共通了解が成り立ってはいるものの、万人に共通する絶対的な評価基準が存在しているわけではなく、基本的には個々人の趣味嗜好に依拠した主観的評価にゆだねられる部分が大きいものであるし、飲食店やその料理に関する論評についても、その内容の当否ないし優劣を判定する客観的な基準ないし方法は存在せず、論評を読む者において、自らの趣味嗜好や知識経験、当該論評の内容や当該評論家に対する評価等を踏まえて、場合によっては自ら当該飲食店で飲食した上での意見や評価とも照らし合わせて、当該論評に賛同することができるかどうかについて検討ないし評価するという性質があるとする（#221124B 等も参照）。

　味がおいしい・まずいか、作品が面白い・つまらないか、仕事が楽しい・辛い等は、対象者の主観的評価によるものでしかなく、そのことは、一般読者も理解しているはずである。

　そうすると、仮にネガティブな（まずい、つまらない、辛い等）感想を抱く人がいたとしても、それだけでただちに対象者の社会的評価が低下するということはないと考えて差し支えないだろう（なお #290907C も参照）。

　松井は、料理がでてくるのが遅いとか料理がまずいというのは明らかに個人の意見であり、虚偽であると証明できるような表現ではない。書き込みを名誉毀損に問うことはできないであろうとするが（松井インターネット 237 頁）、これはそのような趣旨を述べるものと解される。

(3)　一般人の投稿に関する留意点

　インターネット上では、実際には少人数しか投稿に対し関心をもつ人がいないことも十分にあり得る。上記のとおり（142 頁）、インターネット上に公開されていれば、公然性を否定できない場合が多いが、とりわけ意見・感想による社会的評価の低下において別途考慮すべきだろう。

　#230929 は、表現者（妻）が、公開されていたツイッターアカウント（フォロワー 49 人）対象者（夫）への愚痴を投稿し、その中には、対象者が傷害罪で逮捕され、書類送検された等という内容も含まれていたところ、要するに表現者の対象者に対する不満と表現者自身が対象者から受けた暴力について、表現者とツイッター上の結びつきのある仲間を対象に、自らの被害感情を訴え、対象者を誹謗する言葉を発して、同情と共感を求め、対象者に対する不満や否定

的な感情を発散させていたというものだと評価した上で、表現者のように著名ではない一般人によるツイッター上の書込みは、特にその内容が特殊なものでない限り、不特定多数の利用者の関心の対象とはならないと考えられることも考慮すると投稿は対象者の名誉や感情を侵害する違法な行為として評価するには足りないとした。

同判決は、一般人の投稿が社会一般の関心を引かない場合にそのことを名誉毀損の成否の判断において十分に考慮しており興味深い。ただし、その理論構成は分かりにくく、違法性阻却を認めたという理解も可能であろうが、一般人による愚痴、不満の投稿について社会的評価の低下のところで考慮したという理解も可能であろう。

意見・感想のうち、インターネット上で一般人が表明する意見・感想については、単に客観的判断基準がないことだけではなく、その投稿が社会的関心を引く程度にも考慮して社会的評価の低下の有無を判断すべきであろう（なお、「祭り」「炎上」が生じれば、別途の考察が必要であろう）。

(4)　単なる感想に関する裁判例

抽象的で根拠に乏しい、単なる感想・愚痴は、概ね名誉毀損が否定されている。

#300423では、美容整形等のクリニックを運営する対象者が「イェス！●●クリニック」と連呼するCMを多数実施していたところ、表現者である国会議員が、医療機関名や連絡先だけを告げるCMが陳腐であるとの意見又は感想を抱き、そのようなCMの例として対象者の運営する医療機関のCMがあると受け取られる発言をした。裁判所は、このような個人の意見又は感想に接した一般の聴取者がその意見若しくは感想に共感を覚えたり、又は違和感を抱いたりすることがあるとしても、意見又は感想として受け取られる限り、これによって、その対象とされた者の評価がただちに低下するとは考えにくい等として対象者の社会的評価を低下させないとした。

#300517は、対象者や関係者を「ださい」「変だ」「福島の恥」「頭おかしい」とする掲示板への投稿は対象者又はその関係者に不満な者がいるという印象を抱かせる程度のものにとどまるとして名誉毀損を否定した原判決（#291212A）を引用した上で、名誉毀損の成否の判断において、意見ないし論評が特定の事実を基礎ないし前提としたものであるか否かは社会的評価を低下させるかを判断する上で重要な要素となるとした。

#300118A は、掲示板で会社である対象者の労働状況に関し「良い点はっきり言ってありません。…なぜこれほどマシな評価なのか理解に苦しみます。」「仮に内定が取れても、本当にオススメできません」と投稿した部分は具体的な事実を摘示することなく個人として消極的な意見や評価を述べたものにすぎないとして社会的評価を低下させないとした（ただし、その他の記載については社会的評価低下を肯定）。

#290322E は、対象者である会社について「倒産かもね」と投稿者の個人的な感想を記載したものにすぎず、何らかの事実を摘示するものでも、何らかの事実を基礎とする意見ないし論評を表明したものともいえないから、対象者の社会的評価を低下させるものと認めることはできないとした。

#291116D は、リフォーム業者である対象者を「最低です」という投稿は、単に、「最低です」との一語を発したにすぎないものであって、かかる表現からは、対象者について「最低」との意見ないし感想を抱いた者が存在するという事実以外に、何らの事実をも読み取ることができないとした上で社会的評価低下を否定した。[282]

具体的事案にもよるが、抽象的に否定的感想・評価・愚痴等を述べただけでは社会的評価の低下に至らない場合は多い。[283]

インターネット上では、他の投稿に対する感想を述べることも多い。

#281102B は、「本当にいい子ならばこんなに叩かれることは無いんだろうな」という掲示板への投稿について、他の投稿を踏まえた表現者の感想を述べるにすぎないとして、対象者の社会的評価を低下させないとした。

#280719A は、対象者である「●ウケイ工業」について、掲示板の28番で、「ホウケイ工業」と揶揄した別の投稿者が存在したところ、表現者が28番の投稿を面白いという趣旨の投稿をした。裁判所は、表現者は28番の書き込みは面白いという個人の意見を示したものにすぎないから、対象者の社会的評価を低下させないとした。

---

282) その他、#211127、#210406、#270610B、#200618、#220827A、#260228A、#251112、#200324、#240809B、#231213、#300906A、#290313A、#291107A、#280714B、#290907C、#290322E、#280809A、#290210C、#280712D、#290202A、#280524B 等も参照。なお、特殊な例に #300228。

283) なお、#290214B は「酔った勢いでお持ち帰りを狙ってる」との記載が、女性を酔わせて自宅に連れ込み性行為をしようとしているとの事実を摘示しているとまではいえず、特段の根拠がなく投稿者の感想又は印象を摘示しているものと読むことができるにとどまるので、これにより、対象者の社会的評価を低下させているとしている。

揶揄的なものであっても、感想であれば社会的評価が低下しないとされるものがある。ヘタレ（#280215A）やキモい（#280524B）につき、否定例がある。

(5) 感想が具体的根拠をもつ場合

このように、抽象的な感想・愚痴を述べただけでは、多くの場合に対象者の社会的評価を低下させないとしても、その前提や根拠として「（対象者の料理が）腐敗した材料が使われていたから美味しくない」とか「（対象者の会社で）上司からパワハラを受けており仕事が辛い」等と具体的な事実を摘示する場合がある。

傍論であるが、上記#221124Bは、単に料理が「まずい」か「うまい」かだけを述べるのであれば、それは個人的な味覚等に基づく意見を述べるものにすぎず、事実を摘示してそのレストランの社会的評価を低下させるものとはいえないものの、その者が、「まずい」とする意見の根拠として、そのレストランで用いている原材料が悪いとか料理人の腕が悪いなどと述べることは、単なる意見の陳述にとどまらず、事実の摘示に該当することになるとした。

このように単なる意見・論評の域を超え、事実摘示が含まれる場合には、その内容によっては対象者の社会的評価を低下させることがあり得る。

#260121は、同じ対象者（手かざし治療院）に関する感想的な投稿について、その内容に従い、異なる判断を示している。

ある患者の「効果があったかどうかはよく分からない、料金が高い」といった感想、意見を内容とする投稿（投稿1）がただちに対象者の社会的評価を低下させるとは認められないが、対象者が患者から脳幹グリオーマという脳幹部に腫瘍ができる難病でも治せるといわれ、お布施という名目で1回2万円を支払い、施術を2回受けたものの全く効果がなかったなどとする具体的なエピソードをもって対象者の施術を批判的に述べる投稿（投稿2）は対象者の社会的評価を低下させるとした。

2つの投稿は、いずれも対象者の施術の値段が高く、効果がないという趣旨の投稿だが、投稿1は理由がなく抽象的に意見・感想を述べたにすぎないが、投稿2は具体的根拠が示されている。そして投稿2については、一般読者基準に基づき、そのような摘示された事実（具体的エピソード）が社会的評価を低下させるとされたのである。

同様に、#290628Aは、建築会社である対象者についての「営業、現場全員素人集団って感じ」「同じ価格なら他の〇〇ホームで建てた方が良かった」の

投稿は確かに主観的な感想ないし意見ではあるものの、具体的に摘示された事実と相まって、投稿者が価格に見合った仕事をせず、その技術も持ちあわせていないことを想起させるとして社会的評価低下を認めた（#291101B も参照）。

　もちろん、具体的根拠が示されていれば必ず社会的評価を低下させるというものではなく、その具体的根拠次第であることには留意が必要である。

　例えば、前提事実による社会的評価低下の有無及び程度はそれを前提とした意見・論評が対象者の社会的評価を低下させるかと密接に関係する。

　#290131E は、論評部分の前提となる事実が社会的評価を低下させるに足りるものではないことに照らすと、当該論評もまた対象者の社会的評価を低下させるものと解することはできないとした。

　#290525A は、オリンピックロゴ問題が炎上中の当時、当該デザイナーである「K」の名前を出して、対象者について「Kだけじゃないよ、パクリ・・・。」とするのは、投稿当時の一般の閲覧者の読み方としては、対象者につき盗用の疑いがあるとの意見を述べたものと受け取られるものの、その意見の基礎となる事実は、単に対象者が他社の製品を借りてきて模倣していたことがあるというものにすぎず、それだけでは違法行為とまではいえないことに照らせば、特段の根拠を述べずに対象者を揶揄するものにすぎず、対象者の社会的評価を低下させるものということはできないとした（#280128F も参照）。

　また、商品・サービスについての感想については、相当程度具体的であっても社会的評価低下を否定するものがある。

　#300618 は、歯科医院の治療については、患者ごとのオーダーメイドであって、その出来具合についての巧拙の評価や満足度、費用の額についての納得度は、患者によって千差万別であることから不満を述べる感想についても、歯科医院側はある程度受忍していくことが社会的に求められ、ウェブサイトへの書込みは、国民の表現の自由や知る権利の保障に関係する事柄であること、及び発信者開示事件であり、表現者による実質的反論に限界があることから、慎重に審理するべきとした上で、社会的評価の低下を否定した（#300612 も参照）。

　#241212A は、（事実の摘示が主であるが）宿泊予約サイトの掲示板における、天然プラネタリウムと名乗るオープンデッキも他のお客さんが遅くまでビヤガーデン化して煌々と明かりが灯いていた、滅入ったのは今時エアコンの無い部屋です、考えられませんよね。50年前にタイムスリップしたのかと思いました料金も黙っていたらシーズン料金だからと多めに取られるとこでした等の投

稿が社会的評価を低下させる記述ではないとした（もっとも、その後で「仮に社会的評価を低下させるとしても」として、真実性についても検討している）。

#271105A（#280414Aで引用）は、「忙しいと放置される。」との摘示が対象者店舗の接客について客を蔑ろにしているかのような印象を与えるものであり、その営業を妨害している旨主張するが、店舗の接客の状況に関する批評というべきものであって、それが社会通念上許容されない程度のものであることが明らかであるとはいい難いとした。

さらに、いわゆる（転職サイト等における）労働環境に関する口コミについて労働者を雇う企業として甘受すべき範囲内の批判であれば甘受すべきとされることがある。

#260918は、大学の教員が不満をブログに投稿したところ、「4時間ずっと1対1の監視で1室に閉じこめられる」や「超過勤務手当すら出ない労働基準法違反だ」等の投稿の一部につき、仕事に対する不満を記載していることが容易に読みとれ、ただちに大学の社会的評価を低下させるとは認め難いとした。

#290111Cは、「現場がやる気をなくすようなことばかり言う上司。」という部分は、一般の閲覧者の普通の注意と読み方を基準とすれば、対象者における上司と部下との関係に関し、部下のやる気を削ぐような対応をする上司が存在するという事実を摘示するものであり、社内の人間関係に不信感を生じさせるものであるが、少なくとも部下である従業員の目から見ればそのような評価をされうる上司がいたという批判や非難は、労働者を雇用して経済活動を営む会社として甘受すべき批判や非難の域を超えないというべきであり、これをもって不法行為を構成するとまでいうことはできないとした。

#290511Bは「社長の考えとして、出産をしたら正社員ではなく、もし続けるのであれば、パート勤務になることが前提にあります。」との記載は、対象者である会社の代表者の思想あるいは考え方を推測する内容のもので、対象者において、男女雇用機会均等法に違反する妊娠・出産を理由とする不利益取扱いがなされていることを具体的に摘示するものではないから、対象者の社会的評価を傷つける事実を具体的に認識させるものと認められないとした。

これらの裁判例では、一定程度具体的根拠が示されていたが、それでも一般読者基準に基づき、（名誉毀損の不法行為となるほどの）社会的評価の低下はないと解されたのだろう。

(6) 感想の中でも表現が強い場合

　感想でも表現が一定以上強ければ社会的評価を低下させ得る。

　#300914A においては、美容施術に関する広告が「明らかに誇大広告です」との意見を述べることが社会的評価を低下させるものと一応いうことができるとされた（#300914B も参照）。

　#290106A は、風俗店勤務の対象者について、「感染すると病気とわかってて出勤は犯罪だね」と掲示板に投稿したことは、一般論をいうにすぎないと解する余地もないではないが、前後の投稿の流れに照らせば、前の投稿における対象者批判をさらに煽る趣旨と解するのが相当であるとして社会的評価低下を肯定した。

　とはいえ、「強い」非難でも、社会的評価低下を否定した例がある。

　#291207B は、「会社としての佇まいや立ち居振舞いが、あまりに下品でおぞましい。」という部分は、対象者の法人としての活動に対する強い非難をいうものであるが、結局のところ、対象者の活動の何を非難しているのか具体性を欠き、強い非難をされていることで、当該表現を読む者にとって関心を呼ぶものではあるが、それ以上の意味を持ち得ず、対象者の社会的評価を低下させるものとはおよそ認め難いとした。

　この辺りは限界事例であると思われる。

(7) 推測

　推測であることも社会的評価低下を否定する根拠となり得る。

　#291120A は、小学校の野球クラブの監督である対象者について、推論として対象者が5年生の選手をないがしろにしているとの事実が摘示されているものの、対象者が4年生の選手の親であることのほかには、その推論の根拠は示されていないことから、対象者が野球クラブを私物化しているとの印象を抱かせるまでのものということはできず、対象者の社会的評価を低下させたと認めることができないとした。

　#290529B は、対象者が脅しのメールを送ったという推測を疑問文の形式で摘示したものであると認められるが、その体裁や前後の記載内容を踏まえると、一般読者の普通の注意と読み方を基準にすれば、飽くまで投稿者の推測を記載したものにすぎず、対象者らの社会的評価を低下させることが明白とはいえないとした。

　#280422B は、「顔色ばっかり伺う会社」「全く学べない環境、会社」は、対

象者である会社自体に言及するものとしても理解されようが、特段の根拠も指摘されておらず、一般の閲覧者としては、投稿者が、代表者の発言内容から翻って推測した内容であるとしか理解しようがないため、対象者である会社の名誉は毀損されていないとした（ただし代表者は原告となっていない）。

対象者との関係の深さが相当程度以下しかない者が具体的根拠ないしは説得的根拠を示さずに推測をしているだけでは、それをもって社会的評価低下までは至らないとの判断はあり得るだろう。

3　反対意見・批判と名誉毀損

個人の感想から一歩進んで、社会問題等についての反対意見や批判はどうか。一般論としては、ある問題に対してある人と反対の見解を述べたからといって、必ずしもその相手方の人格を貶めることにはならない（佃 31 頁）。

#280201 は、対象者の原発政策に対する論稿に対し、表現者が雑誌記事で批判したことが対象者の名誉を毀損するかが問題となった。裁判所はまず、対象者は評論家として活動する者であり、多数の著作や雑誌等において、政治的・社会的問題について自身の見解を公表しているところ、対象者のように、広く一般に自身の見解を発表する者については、当然自身の発表した見解に対して、反対の意見を有する者から批判が加えられることがあり得るものであるとした。その上で、当該論稿のテーマを踏まえ、とりわけ、原子力発電に関する問題など、社会的に多くの議論のある事柄については、専門家の立場も多種多様であって、ある者が有する見解に対して批判的な立場から意見・評価が述べられることがあっても、そのことからただちに、その見解が誤りであることが導かれるわけではないし、その者自身の社会的評価が低下するものともいえないとした上で、本件各記述についても、一般の読者の普通の注意と読み方を基準として、それが対象者の有する見解・立場に対する批判や評価を述べるものと理解される場合は、同記述は対象者の社会的評価を低下させるものではないというべきであるとした。（そして、結論として、表現者の雑誌記事中の名誉毀損にわたる部分は一部にとどまるとした。）

とりわけ、社会的に多くの議論があるテーマについての意見を述べ合う過程における名誉毀損については、本判決が参考になるだろう

#280421A は、タウン誌中の表現につき、町長である対象者の政策に対して

反対意見があることを指摘すること自体は何ら対象者の社会的評価を低下させるものではなく、また、表現方法についても、誇張や比喩が付き物の為政者批判の表現方法として明らかに逸脱があるとまでいうことはできないとして対象者の社会的評価を低下させるものではないというべきとした。

同判決では、「人身攻撃等の表現上の逸脱と評価すべきほどの部分も特段見当たらない」とか、対象者の政治手法を批判的に捉える「論評等の域を出ない」といった文言が社会的評価低下の否定の際に用いられているところ、このような文言は公正な論評の法理（302頁）を思わせるが、あくまでも、社会的評価の有無の文脈でこのような点を加味したと理解される。
（その他 #280726B、#210930、#250411 も参照）

ただし、その意見を表明する際の理由づけの部分の事実次第で社会的評価を低下させ得ることは、感想や愚痴の場合と同様である。

#200327A は、大学の教授である対象者について、対象者が講義でアダルトビデオを上映したことについて「とんでもない講義」「異様な授業」との評価を記載した雑誌記事が、対象者の社会的評価を低下させるとした。

#210911A は、ウェブサイト上で、対象者である議員について市民派とはいえず選挙で落選させられるような議員であると論評したところ、マンションの建設に対する反対運動を種に不動産業者から金を脅しとったり、保守系の議員と裏で結託することを例に挙げており、このような前提事実は、対象者が市民を裏切る行為をするなどいわゆる二枚舌を使う議員であり信用に値するものではないという印象を与えるものであって社会的評価を低下させるし、論評もまた社会的評価を低下させるとした。

一定の理由を付した反対意見・批判については、その理由として摘示された事実の内容とあわせて、一般読者基準を適用し、社会的評価の低下の有無を判断することになる。

4 一方的主張

なお、関連する問題として、ある主張が対立する当事者の一方の主張にすぎないことが、社会的評価の低下を否定する方向に働くことが指摘できる。これは、事実の摘示についても認められる（120頁）が、意見・論評についても当てはまるだろう。

#240718 は、マンション管理に関して、対立当事者の一方が他方の説明を「悪意に満ちた独断と偏見により（ママ）全部『うそ』です」と記載した文書をマンションの住民に配布したことにつき、マンションの住民は両当事者が対立していることを知っており説明内容が事実に反するとの表現者の立場からの評価として記載されたものとして、社会的評価の低下を否定した。

#210615A は、対象者との前訴の終了後に、和解内容を引用して、ウェブサイト上で全面勝訴的和解が成立した等と述べたことにつき、紛争の一方当事者である表現者が和解条項についての見方を表明していると判断されるにすぎない等として、対象者の社会的評価を低下させるものではないとした。

#300911 は、記者会見について、訴訟の一方当事者の一方的な言い分と受け止められるべきものであることは明らかで、発言がそれのみによって対象者の名誉や信用が毀損される行為であるとは認められないとした。
（その他、#270115B、#241108A 等参照）

ただし、対立関係にある当事者の一方の意見であることは、あくまでも考慮要素の一つであり、表現ぶり等によっては、一般読者基準に基づきなお社会的評価が低下するとして名誉毀損となり得る。

5 問題提起等

類似した問題として、問題を提起したり、質問をしたり、様々な意見があることを紹介するという場合がある。

問題提起ないし質問について、具体的事案の下で社会的評価を低下させないとしたものがある。

#260320B は、学会において、医師である表現者が別の医師である対象者に対して行った批判は、医学界等における、必要ならば他の異なる見解との議論も予想した上での専門的知見に基づく見解の表明及び問題提起であり、参加者もそのように受け止めたとして、対象者の社会的評価を低下させないとした。

#210205B は、対象者であるハードディスク修理業者についての「やはりボッタくりなんでしょうか」等の掲示板上の投稿は、対象者の提示した金額等について意見を求めるもので、対象者の請求が不当に高額であると断定的に述べるものではなく、対象者の名誉を毀損しないとした。

#201015 は、「地上げ屋」であるらしい甲と対象者が関係あるか否かを問う

ブログの記載につき、一般人の普通の注意と読み方を基準として、対象者が甲と何らかの関係があることを摘示するものとすら理解することはできないとして社会的評価の低下を否定した。
（その他、#210312、#251001、#270216 等も参照）

　対象者に対する何らかの評価を下すのではなく、単なる問題提起や質問であれば、通常は対象者の社会的評価を低下させないだろう。
　加えて、様々な意見があることを示す表現がなされることがある。
　#260909 は、掲示板における「ブラック企業は毎月毎月募集してるねぇ〜ｗ」という投稿の次に行われた「ぱっと見そんなに悪くないように見えるんだけど……。」「検索してみた結果……いろいろと……」との投稿について、前の投稿について賛否両説があることを指摘し、読者の判断にゆだねているものと認められ、対象者の社会的評価を低下させるものとはいえないとした。
　賛否双方の情報を集約して、その判断を読者にゆだねるだけであれば対象者の社会的評価を低下させないと判断される場合も多いであろう。
　もっとも、社会的評価を低下させるか否かは一般読者基準で判断されるのであり、単にこのような質問・問題提起等の形式をとるだけで、一律に免責されるものではないことは当然である。[284]

6　定型的な評価

　口コミサイト等では、例えば1から5までの五段階等の定型的評価が存在するが、最低評価をしたからといってただちに名誉毀損とはならないだろう。
　#300516 では、結婚相談所の口コミサイトで、各口コミの末尾に（最高におススメ）（普通）（悪い）（最低の相談所）等の類型化された評価が記載されているところ、裁判所はサイトが用意した定型的な評価の選択肢から選んだだけであることを1つの理由として「最低の相談所」との摘示を社会的評価を低下させないとした。
　なお、オークションの評価欄については 330 頁参照。

284）　#210311 は「…とか？！」と疑問符を付すことにより、名誉毀損性を欠くことにはならないとした。

7　誹謗中傷

　これらの問題と似ているが異なる興味深い問題として、単なる誹謗中傷が名誉を毀損するかという問題がある[285]。一部の裁判例はこれを肯定する。

　#601127 は、「性格ブス」「人格チビ」を名誉毀損とした。

　#210327A は、「この乞食野郎」を名誉毀損とした。

　#210917A は、対象者が「読者をバカにしたバカ」であるとの意見ないし論評の表明は、対象者の社会的評価を低下させるとした。

　#280912A は、「E 高校の恥」等と対象者を非難し、その人格を攻撃するものであるから、対象者に対する社会的評価を低下させるものと認めるのが相当であるとした（その他 #290731 も参照）。

　しかし、例えば上記 #601127 のような何の根拠もない単なる下品な中傷であれば、読者が対象者について、容姿や品性が劣っているというような印象をもつとは考え難いのであり、名誉毀損というよりも名誉感情侵害と捉えたほうが適切という批判がある（佃 126 頁）。

　もちろん、具体的事実を摘示した上で、それに対して誹謗中傷的評価を与えることで、より具体的事実による社会的評価の低下が高まることはあり得る。

　#291129C は、対象者が自分を良く見せるためには親友であろうと他人の悪口をいう女性であり、その性格は以前から変わっていないとの事実を摘示する点は、一般の読者に対し、対象者が「ゲス女」や「酷い女」と表現されるほど品性が卑しいとの印象を与えるものであり、そのような人物と関わり合いを持つことをためらうのが通常であることからみても、対象者の社会的評価を低下させ、対象者の名誉権を侵害するものであるとした。

　#291129C は、対象者が店主や同僚の男性と性交渉をするような常軌を逸した人物であるとの事実を摘示する点は、一般読者に対し、性的に乱れており、「基地外」「マジで頭逝ってる」と表現されるほど異常者であるとの印象を与えるものであり、対象者の社会的評価を低下させ、対象者の名誉権を侵害するものであるとした。

　しかし、そのような具体的事実がない単純な、誹謗中傷を名誉毀損ではない

285）　誹謗中傷の具体的文言によっては事実的なものも意見的なものもあるが、便宜上ここでまとめて論じる。

（ただし名誉感情侵害（397頁）の可能性はある）と考える裁判例も少なくない。

　#281115 は、特に根拠となる事実を摘示することなく「デブス嫁」「ブス嫁」などと記載したものにすぎず、対象者の社会的評価を低下させるものとは認められないとした。

　#290530E は、罵倒が具体的な事実を摘示したものとまではいうことができず、名誉毀損行為に当たるとはいえないものの、対象者を侮辱し、その名誉感情を害する行為と評価することができるとした。

　#280719A は、対象者が、著名な漫画の登場人物である「のび太」に何らかの点で似ているという事実を摘示しているにとどまるところ、「のび太」という表現は、必ずしも相手の能力の低さを揶揄する表現でもないから、当該投稿が、対象者の社会的評価を低下させるということはできないとされた。

（その他、#280317B、#210219、#240809B、#251220、#251003、#290907B や上記 #300517 等参照）

　一般読者基準に基づく判断であるが、単なる誹謗・中傷のための言葉であれば名誉感情侵害の問題として捉えるのが適切であろう。[286]

---

[286]　なお、#300118A が「社会通念上許される限度を超える侮辱行為であるともいえないから、これら自体によって対象者の社会的評価を低下させるものとはいえない」というのは、文言だけをそのまま読むと、限度を超える侮辱であれば社会的評価を低下させるとも読めるが、これは筆が滑ったものと理解される。

第14章 公正な論評の法理

1 法理の内容

　意見ないし論評による名誉毀損については、公正な論評の法理といわれる特別の抗弁が認められている。事実の摘示による名誉毀損については、公共性、公益性、真実性又は相当性の要件が満たされれば表現者は免責される。しかし、意見ないし論評による名誉毀損については、意見ないし論評の性質上当然に意見ないし論評の「真実性」そのものを証明することはできないことから、異なる抗弁事由が必要である。

　最高裁（#090909A）は、ある事実を基礎としての意見ないし論評の表明による名誉毀損にあっては、その行為が公共の利害に関する事実に係り、かつ、その目的が専ら公益を図ることにあった場合に、右意見ないし論評の前提としている事実が重要な部分について真実であることの証明があったときには、人身攻撃に及ぶなど意見ないし論評としての域を逸脱したものでない限り、右行為は違法性を欠くものというべきである。そして、仮に右意見ないし論評の前提としている事実が真実であることの証明がないときにも、事実を摘示しての名誉毀損における場合と対比すると、行為者において右事実を真実と信ずるについて相当の理由があれば、その故意又は過失は否定されると解するのが相当であるとした。[287]

　公正な論評の法理は、以下の4要件を満たした場合に意見ないし論評による名誉毀損が免責されるというものである（佃547頁）。

- 論評が公共の利害に関する事実に係ること（公共性）
- 論評の目的が専ら公益を図るものであること（公益性）
- その前提としている事実が重要な部分において真実であることの証明がある（真実性）か、または、真実と信ずるについて相当の理由があること（相当性）

---

[287]　#011221 で既に公務員である対象者との関係でこの法理が認められている。

・人身攻撃に及ぶなど意見ないし論評としての域を逸脱したものでないこと

これらの要件のうち、公共性・公益性・真実性・相当性については、事実摘示に関する名誉毀損と共通であり、第2編第7章〜第11章で述べたところが基本的に当てはまる。

前提事実の公共性・公益性・真実性・相当性を満たすことは前提となるものの、意見・論評そのものについては、「人身攻撃に及ぶなど意見ないし論評としての域を逸脱したもの」でない限り、広く抗弁が認められることが特徴的である。

例えば、#281025 は、対象者によって補助金の不正ないし不当な支出源にされている可能性があるという趣旨の論評ないし意見を述べることは、比較的乏しい事実に基づいて踏み込んだ判断をしているといわざるを得ないものの、意見ないし論評としての域を逸脱するものとまでは認められないとした（#280318B、#270716、#270427 も参照）。

最高裁は #160715 において、「意見ないし論評については、その内容の正当性や合理性を特に問うことなく、人身攻撃に及ぶなど意見ないし論評としての域を逸脱したものでない限り、名誉毀損の不法行為が成立しないものとされているのは、意見ないし論評を表明する自由が民主主義社会に不可欠な表現の自由の根幹を構成するものであることを考慮し、これを手厚く保障する趣旨によるものである」としている（佃549頁参照）。

確かに、意見や論評の中には、首を傾げざるを得ないようなものや合理性が欠けるものもあるが、表現の自由の保護の観点からは、的外れな論評もその前提事実とは別にそれ自体として不法行為を構成することはないものと解されているのである（#080228B、なお原審の #081002 も参照）。

ただし、「前提事実」という以上、論評と前提事実との間に最低限何らかの関連性が必要であり、「昨日ニュースを見た」という事実から（ニュースに対象者が出てきた等の事情すらないのに）「対象者が馬鹿者だ」という論評をしたといった場合にはもはや「前提」事実とすら言うことはできず、公正な論評の法理を適用できないだろう（佃553頁）。とはいえ、その程度の関連性さえあれば、公正な論評の法理の適用は可能である。

2 法理への疑問

　この法理のうち、「人身攻撃に及ぶなど意見ないし論評としての域を逸脱したものでないこと」という要件については、論評というのは人身攻撃に及びがちであり、公的言論については書きすぎを戒める要件を不要とすべき（佃 555 頁）等という批判がある。[288]

　意見・論評によって社会的評価が低下することはあっても、そのような場合というのは、明示・黙示に前提事実が摘示されている場合が多く、実際は、社会的評価の低下のうちの大部分が事実の摘示によって生じ、意見・論評による社会的評価の低下は副次的にすぎないことが多いのではないか。そうであれば、摘示された前提事実について、真実性・相当性の抗弁が認められる以上、自由な意見・論評を促進するために、意見・論評による副次的な社会的評価の低下を受忍しなければならないと考えることは十分に理がある。このように考えても「意見ないし論評としての域を逸脱」する人身攻撃等が対象者の名誉感情侵害にまで至れば、それをもって名誉感情侵害の不法行為とすることにより、表現者と対象者の間の利害の調整を図ることもできるのではなかろうか。

　その意味で、「人身攻撃に及ぶなど意見ないし論評としての域を逸脱したものでないこと」という要件には疑問が残るものの、公正な論評の法理は確定判例であり、実務はこの法理に従って動いていることから、以下では、このような要件が必要であることを前提に検討する。

3 前提事実が存在しない場合（裸の意見表明）

　上記のとおり、判例は、<u>前提事実の公共性・公益性・真実性・相当性</u>、そして意見論評の域の逸脱を公正な論評の法理の要件とする。ところで、意見論評のうち、前提事実なく対象者に対する論評をするものもあり得るところ、このような論評はそもそも社会的評価を低下させないとする場合も多い。しかし、もし裁判所が社会的評価を低下させると考えた場合、公正な論評の法理の保護を受けるのだろうか。

---

288)　東弁研修運営委平成 16 年講座 79 頁。

#280729Cは、掲示板上で従業員である表現者が上司である対象者について、対象者が「言いなり」で「役に立たない」等と投稿した。裁判所は前提となる具体的事実や根拠を示さずに、対象者に対する私的な不満や評価が書き殴られたものとした上で、「言いなり」「役に立たない」という表現についても、意見や評価としての域を逸脱するようなものとは認められないとして対象者の権利が侵害されたとは認められないとした。[289]

この事案では、前提事実が存在しないという事実認定と理解されるところ、それを前提とすれば、「前提事実」の真実性を証明することはできない。しかし、裁判所は、権利侵害を否定している。これが公正な論評の法理の「拡張」なのか、新たな法理の樹立かは不明であるが、事実と異なり意見については表現の自由の保護を広く及ぼすべきという最高裁の態度に鑑み、適切である。[290]

4 前提事実の一部に真実性・相当性がない場合

A、B、C、Dという複数の事実を前提にある(単一の)論評を行ったところ、BからDまでは真実性・相当性が証明できたが、Aについて証明できなかった場合、Aについて証明できない以上抗弁は成立しないのだろうか。

#210126は、4つの事実を摘示し、それを前提に優越的地位の濫用で独占禁止法に違反する旨の意見ないし論評を表明した週刊誌記事につき、その前提事実のうちの3つについては真実であることの証明があったものと認められるが、残りの1つの前提事実については、真実性も相当性も認められないとして、当該摘示事実を前提とする部分については、違法性が阻却されないとした。

---

289) 「具体的事実の摘示によって原告(注:対象者)の社会的評価を低下させるものとはいえない」としているところ、その趣旨は曖昧であるが、少なくとも証拠等をもって存否が可能な事実は摘示されていないとされている。
290) この点は、奥平康弘『ジャーナリズムと法』(新世社、1997) 178頁、五十嵐・前掲72頁、秋山幹男他「ジャーナリストが知っておくべき名誉毀損の判断基準と判例」(Journalism 233号、2009) 50頁も同旨である。なお、これに対し、佃は、#020326を引いて、何の根拠もない名誉毀損論評が、前提事実のある論評よりも簡単に免責されるのは均衡を失するとして批判する(佃551~553頁。竹田稔・堀部政男編『新・裁判実務大系9 名誉・プライバシー保護関係訴訟法』(青林書院、初版、2001) 46頁も同旨)。しかし、上記のとおり例外的ではあるが、感想や愚痴についても社会的評価低下が肯定されるところ、前提事実がない場合というのはまさに感想や愚痴の場合であって、それが一度社会的評価低下とされると公正な論評でも一切保護されない、というのは逆に均衡を失するように思われる。
(なお#290822A、#290512Aはそのような趣旨であれば疑問である。)

#211009 は、対象者であるショッピングセンター（SC）等の運営会社について、雑誌が、地方都市の中心市街地の空洞化、行政コスト急増、地球温暖化ガス排出の増加等を招いており「罪」だと非難した。裁判所は、このうち、空洞化と温暖化は真実性があるが、行政コスト急増が認められないとした上で、その余の重要な部分が真実であると認められるから、それを前提にした意見ないし論評については、全体として対象者が郊外型 SC を立地して事業展開していることの負の側面を「罪」として指摘して非難する論評の域を出ないことを考慮すると、違法性があるとまではいえないと評価すべきであるとした。

両判決において結論は分かれているが、上記のとおり、事実による名誉毀損については、重要な事実についてのみ真実性相当性があれば足りるとされていた。そして、上記 #210126 によれば、残りの 1 つの事実（A に相当する事実）も相当重要な事実であり[291]、それが公正な論評の法理が適用されなかった重要な理由と理解される。これと異なり、上記 #211009 は、立証されていない部分（A に相当する事実）は重要ではなかった。そこで、事実による名誉毀損における重要な事実の法理に準じて、なお公正な論評の法理の適用されたものと理解される。

（その他、#200327A、#210527 等も参照）

5 人身攻撃に及ぶ等意見ないし論評としての域を逸脱したものでないこと

(1) 意義

意見ないし論評が人身攻撃に及ぶ等意見ないし論評としての域を逸脱したものの意義を明確にした最高裁判例は見当たらないが、最高裁は #160715 において「ドロボー」本として、対象者が表現者の漫画を窃用したと論評したことが論評としての域を逸脱したものということはできないとされている。

その他、いくつかの裁判例がこの意義を判断する上で参考になる。

#290113（#290706A で上告不受理）は、「弁護士バカ以外の何ものでもない。」は表現方法において<u>穏当さを欠く</u>ものといわれても仕方がない部分もあるが、対象者に対する人身攻撃に及ぶなど、およそ論評としての域を逸脱しているとまで認められないとした。

---

291) 他社より高い手数料を強制している事実であるところ、この事実は、対象者の社会的評価を低下させるものであるから、主要な事実というべきとされている。

#291128Aは「脅迫」との表現は穏当を欠くといわざるを得ないが、その表現態様が人身攻撃に及ぶなど意見ないし論評としての域を超えたものとまではただちに認め難いとした。

　#290330Bは、対象者が「変態度MAX」であるとの論評について、対象者への配慮が欠ける表現であったとしても、論評としての域を逸脱して不法行為を構成するような違法なものであるとまで評価することはできないとした。

　#281019A（#290417の原審）は、対象者を「平成の毒婦」であると表現している点について、論評としてややいきすぎた面もあるとしたものの、意見ないし論評としての域を逸脱したものとはいえないとされた（#281019A（#290417で是認）も参照）。

　#281207A（#290425で上告不受理）は、「ここにおいて、私たちA町民に寄せられた義援金の不正疑惑が囁かれており、怒り心頭極限に達しております。」といった表現のほか、義援金の不正使用の疑惑の解明を捜査機関に求める旨の記載について、文書等の全体からして、対象者に対する人格攻撃に及ぶなど意見ないし論評としての域を逸脱するとは認められないとした。
（#290327D、#290526B等も参照）

　要するに、穏当ではなくとも、配慮に欠けても、ややいきすぎた面があってもただちに意見ないし論評としての域を逸脱したものとはならないのである。

(2)　判断要素

　では、意見ないし論評が人身攻撃に及ぶ等意見ないし論評としての域を逸脱したものかはどのように判断するべきだろうか。

　表現方法が執拗であるか、その内容がいたずらに極端な揶揄、愚弄、嘲笑、蔑視的な表現にわたっているかなど表現者側の事情の他、当該論評の対象の内容などの対象者側の事情やこれとの相関関係などを考慮する必要がある（#200630参照。なお、上記の#080228B等も参照）。

　なお、上記の最高裁（#090909A）判決では、「人身攻撃」か否かという表現自体に関する例しか挙げられていないが、対象者が自由な批判を許されるべき政治家等であれば、一般人の場合よりも強い表現が許されるべきであることから、やはり対象者側の事情も考慮すべきである。

(3)　執拗性、揶揄・愚弄・嘲笑・蔑視

　表現者側の事情、特に執拗性、揶揄・愚弄・嘲笑・蔑視等を重視した裁判例は少なくない。

まず、摘示された文言は、重要な判断要素となるが、その趣旨は文脈から理解されなければならない。

#250220 は、宗教団体の合同結婚式で嫁いでいった信者の女性の境遇に関する雑誌記事において「SEX 地獄」という見出しが用いられたところ、この表現は、要約・強調としてもおよそ適切を欠くものであり、仮にそれが意見・論評の類であるとしても、度を超えた性的表現であるという他はないとされた。

#210227A は、社団法人である対象者について非常勤専務理事に年 1000 万円以上も報酬を支払い、専務理事らの運営する任意団体と区別が明確でない等を理由に外務省から業務改善命令を受けたという事実を前提に、「そんなうさんくさい会、やめちゃったほうがいいんじゃないですか」と論評した雑誌記事は、その内容が極端に揶揄・嘲笑・蔑視等にわたるものとは認められず、意見・論評としての域を逸脱するものとは認められないとした。

#260228B は、有名事件の刑事弁護人の弁護活動について、刑事弁護人の主張内容が不当であるという表現者の意見を強調し、これを訴えかける意図で「ドアホ」「馬鹿者」という表現を用いているものというべきで、それを超えて人身攻撃に及ぶものとまでは認められないとした（原判決の #250430 を引用 #270326B で上告不受理）。

もちろん、どのような文言が用いられているか（例えば、「地獄」や「うさんくさい」）は重要であるが、特に、上記 #260228B は、「ドアホ」「馬鹿者」といったやや強めの表現について、どのような趣旨で表現が用いられているかを重視して、人身攻撃に及ぶなど意見ないし論評としての域を逸脱したものではないと判断しており、参考になる。

次に、執拗性は発言の回数等を元に判断される。

#210318 は、社団法人の警察庁出身の理事である表現者が、対象者である別の理事が、表現者に対し、理事会が「正式な手続をとっていない偽の理事会であり、出席しなくてよい」と述べたという事実を前提に、対象者の行為が偽計業務妨害罪になると思うとの意見ないし論評を職員に対して表明したところ、表現が 15 名の職員の前で 1 度なされたものにすぎず、表現者が警察庁出身の立場から対象者の行為を評価して上記罪名に該当すると考えたことからすれば、上記表現が人身攻撃に及ぶなど意見ないし論評としての域を逸脱したものであるとまではいえないと解した。

#200905 は、対象者である市議会議員に対し、執拗に「バカ」「キチガイ」

「狂人」との表現を繰り返したり、「脳味噌にウジがわいたアホ」との表現をしたことが人身攻撃に及んでいる等として名誉毀損が認められた。

一回的発言か、それとも、繰り返し発言しているか等で執拗性の判断に相違が生じる。

(4) 対象者側の事情

(a) 対象者が誰であるか

対象者が誰であるか、特に対象者が政治家等であることが考慮されているものがある。

#210205A は、書籍において政治家である対象者の関係会社が某ショッピングセンターの全国展開を推進したという記載をしたところ、そのような事実があったとはおよそ認め難いので、書籍中でかかる表現を用いたこと自体は不適切といわざるを得ないけれども、当時対象者が野党第一党の代表であり、その社会的、政治的影響力からすれば、最も自由な批判が許容されるべき立場にあったのであるから、これもって人身攻撃に及ぶなど意見ないし論評の表明として逸脱したものということができないとした。

対象者が政治家等であれば、表現の自由の中でも高度に保護すべき政治的言論であることが多く、意見・論評を自由にすべきという要請が高い。そこで、一般人に対する表現であれば、論評としての域を逸脱したものと判断されるような表現も、政治家については異なる判断がされることはあり得る。そもそも、前提事実の真実性・相当性がないのであれば、普通に考えれば公正な論評の法理は適用され難いと思われるが、本判決は、対象者の政治的影響力を考慮し、かなり表現の自由に配慮した判断をしている。

なお #280421B（#290201B で上告不受理）は月刊誌で、「大阪府知事は『病気』である」として、WHO の分類を使えば、演技性人格障害と言ってもいい等と論評する記事につき、意見ないし論評としての域を逸脱していないとした。

ただし、政治家に対する言論でも度を超していればなお論評としての域を逸脱したものとされる。

上記の #200905 は、執拗な人身攻撃であること等を理由に、対象者が議員であることや投稿の主眼が対象者の政治活動に対する批判であることを考慮しても、意見ないし論評の域を逸脱したものとした。

なお、このような政治家に関する議論を政治家以外にも拡げ、相当強い表現でも、免責を認めるものもある（#300906B[292]、#240416[293] 参照）。

(b) 対象者の行為

対象者の行為、特に対象者の挑発的行動を重視した判断もみられる。

最高裁（#160715）は、対象者の著作がドロボー本である等と評したことについて、対象者が表現者を対象者の著作中で厳しく批判しており、その中には、表現者を誹謗し、揶揄するような表現が多数見られること等を考慮した上で、意見ないし論評の域を逸脱したものということはできないとした。

これは、対抗言論（316頁）そのものではないにせよ、それに類似する発想を示唆するところ、対象者による挑発的な行為が繰り返されている場合とそうでない場合では許容される言論も自ずから異なるといえよう。

#300327A は、反在日外国人運動を行う対象者に対し、参議院議員である表現者が、対象者の存在がヘイトスピーチ＝差別煽動そのもので、差別に寄生して生活を営んでいるから論外だとツイッター上で投稿した事案である。裁判所は、当該投稿は対象者のヘイトスピーチや差別的扇動が到底許されないものであるという批判的意見ないし論評を表明したものであるところ、前提事実は真実・真実相当であり、表現者の国会議員としての立場や言論内容、これまでヘイトスピーチに関する問題を巡り、表現者と対象者が意見を異にし相互に批判してきたことに鑑み、専ら人身攻撃に及ぶことを目的としてされたとは認められず、意見ないし論評の域を超えるものとはいえないとされた。

#210917A は、愛煙家である対象者が禁煙運動を挑発したことをきっかけに、禁煙運動家の表現者が様々な批判を繰り広げた事案である。対象者が根拠のない憶測に基づき、対象者の著書を Amazon のレビューで批判的な記載をした人をネット右翼と決めつけたことについて、表現者は、対象者が「バカでウンコタレでロリコンだと分かって面白かった」とブログに記載した。裁判所は、対象者が表現者について、一介のチンピラ民間人が私に「論争」を挑み、ネット上でやれば吊し上げにあうだけだし、こいつの売名行為だと判断して相手にしなかったのを「逃げた」と大騒ぎしているサイト等と誹謗し揶揄している等

292）「自らも広く情報を発信するブロガーであって（証拠番号略）、歯に衣着せぬ言動を自認しているのである（証拠番号略）から、自らの言動に対して辛辣な批判を受けることはある程度受忍すべき立場にあるといえる」とした。

293）「著名人の公の言動に対する一般私人からの批判については、社会的発言力の差も考慮に入れ、一般私人が対象とされる場合以上に批判を受忍すべき範囲は広くされるべきであるとの主張部分は、一般論としては首肯することができる」とした（ただし具体的事案において社会的評価の低下を認めた）。

の事情に照らせば、意見ないし論評としての域を逸脱したものであるとまでいうことはできないとした。

#240809Aは、弁護士である表現者が、行政書士である対象者が表現者らを誹謗中傷した行為が「卑劣で悪質」「テロリストと同レベル」等と論評したところ、対象者の行為への反論という性質があり、これに対し対象者も反駁できるとした上で、対象者の表現に抗弁事由が認められる等に関する評価的判断又は法的見解に係る論評にわたる部分は、言論の場において見解の相違があったとしても許容されるべき事柄というべきであり、対象者に反論の場があることにも照らせば、違法性が阻却されるというのが相当とした。

#250517は、組合の清算に関し、表現者と対象者が対立し、表現者が、対象者が「ねつ造」をして表現者を非難した等という文書を配布した事案において、対象者が表現者を繰り返し非難ないし批判し、これに反論するための文書であること等を踏まえ、表現にはそれだけを捉えると激越なものが含まれるが、対象者が表現者に対し用いた表現と同程度のものであることを重視して意見ないし論評の域を逸脱していないとした。

（その他、#210128等参照）

典型的な対抗言論の場面ではないものの、相当過激な表現（特に上記#210917Aや#240809A参照）について、対抗言論的な発想を折り込んで名誉毀損を否定していることは注目に値する。

なお、対抗言論的な場面とは異なるが、インターネット上の名誉毀損でよく問題となる類型において、対象者側の行為を重要な理由として、相当程度過激な表現でも「人身攻撃に及ぶなど意見ないし論評としての域を逸脱したもの」でないと判断した事例がある。

#280830Bは、対象者が直接の面会を求めたという対象者の取材手法に関するブログ等の投稿上の「ヤクザそのものである」「ジャーナリストですらない」という表現について、その表現ぶりが辛辣なものではあるが、専ら対象者の行った、そのような取材方法に対する批判にとどまるのであって対象者に対する人身攻撃に及ぶなど意見ないし論評としての域を逸脱したものであるとまでは認めることができないとした。[294]

#231125Aは、対象者である学習塾の塾長が（塾生以外の）未成年者へのわ

---

[294] 「ブラックジャーナリスト」「総会屋」という表現を意見ないし論評の域を逸脱したものであるとまでは認めることができないとした#300906Bも参照。

いせつ行為で逮捕されたことをきっかけに掲示板上でなされた投稿が問題となった。裁判所は、塾生に対するわいせつ行為についてまで触れ、対象者の経営破綻まで述べていることは議論としてややいきすぎている感じは免れないし、相当辛辣な批判であり、その中には極端な表現が含まれることは否めないとした。しかし、塾長が未成年者へのわいせつ行為で逮捕され、多数の余罪を自認していると報じられ、成人の未成年者に対する性犯罪が大きな社会問題となっていることに鑑みれば、この事件が関係者のみならず社会に与えた動揺や不安は極めて大きく、大きな憤慨を引き起こしたとしてもまことにやむを得ないもので、対象者から一切の事実関係の公表や弁明がされなかったことに照らすと、正当な意見ないし論評を超えて、不当な攻撃に至っていると認めることは相当ではないとした。

　これらは、対象者の行為にも着目すべきことを示唆する。(#300718 も参照)
(5)　論評の対象の内容などとの相関関係

　上記のとおり (306 頁)、「人身攻撃に及ぶなど意見ないし論評としての域を逸脱したものでないこと」の判断においては、当該論評の対象の内容などの対象者側の事情やこれとの相関関係などを考慮する必要がある。このうちの「当該論評の対象の内容」というのはどういう意味だろうか。

　裁判例は、当該意見・論評が論旨から外れていない場合には、表現が不適切であっても、人身攻撃に及ぶなど意見ないし論評としての域を逸脱したものでないとする傾向にある。

　#240809A は、弁護士である表現者が、行政書士である対象者が表現者らを誹謗中傷した行為が「卑劣で悪質」「テロリストと同レベル」等と論評したところ、「表現に適切さを欠くきらいがあると指摘することができるものの、<u>論旨自体から外れてはおらず</u>、意見ないし論評としての域を逸脱しているとまではいえない」(下線筆者) とした。

　上記 #201031A は、小説家である表現者が、沖縄戦における集団自決を命じたとされる守備隊長について「アイヒマン」「屠殺者」「罪の巨塊」「ペテン」などと記述した歴史書について、当該歴史書は、守備隊長ひいては日本軍の行動と沖縄返還問題の際における行動を描写することを通して日本人全体を批判し、反省を促す構成となっており、所々に「ペテン」など、文脈次第では人身攻撃となり得る表現もあるものの、<u>文章全体の趣旨</u>に照らすと、その表現方法が執拗なものとも、その内容がいたずらに極端な揶揄・愚弄・嘲笑・蔑視的な

表現にわたっているともいえず、人身攻撃をしたものとは認められないとした。

#270115Aは、元組合役員である表現者がブログで対象者である組合を「無知」「人間の所業とも思えない、違法で異様な人事」「無法者」等と評したが、対象者が違法な処分や不当な人事等を行っていることを指摘する記事の趣旨からすれば、これらの表現が意見ないし論評の域を逸脱したものであるとまでいうことはできないとした。

上記（303頁）の通り、特定の前提事実に基づく論評といえる範囲の表現であれば、いかに的外れな論評であっても、それだけで公正な論評の法理の対象から外れるわけではない。ここでいう論旨との関係を考慮するというのは、あくまでも、意見ないし論評としての意見を逸脱したのではないか微妙な場合の救済法理とみるべきであろう。

すなわち、まず、対象者が問題視する文言が、そもそも人身攻撃等の過激なものでなければ、それだけで、「人身攻撃に及ぶなど意見ないし論評としての域を逸脱したもの」でないと判断される。次に、文言が過激である場合であっても、個別の文言だけを取り出して判断するのではなく、論旨との関係において判断されるべきであり、そのような判断の結果、なお「人身攻撃に及ぶなど意見ないし論評としての域を逸脱したもの」でないと判断されることもあるだろう。

(6) 配慮

また、表現の中で一定の配慮がされた場合には「人身攻撃に及ぶなど意見ないし論評としての域を逸脱したもの」でないと判断される方向につながる。

#281007Bは、管理組合の文書が問題となった事案であるが、安易に断定することなく「疑いも有る」「可能性がある」「考えられる」等の記載がされるなど、一定の配慮がされていることを１つの理由として、いまだ意見ないし論評の域を逸脱しているとは認められないとした。

#281025も、「補助金泥棒」等の言辞を用い、対象者を刑法犯の犯罪主体にたとえるなどするものではあるが、断定的な表現は避けており、表現のあり方において、意見ないし論評としての域を逸脱したともいい難いとした。

(7) 具体例

以上を踏まえ、具体的な認定例についていくつか見ておきたい。

#280727Bは特殊な事例であるが、対象者が第三者の首又は肩付近を右手又は両手で摑んだことについて「殺人未遂」と表現したことにつき、殺人未遂と

評価すべきものであるとの意見の表明を超えて人身攻撃に及ぶようなものではなく、意見ないし論評としての域を逸脱したものとは認められないとされた。

#290411B は、化粧品販売会社である対象者の過去の行動を踏まえた上で、対象者が政治家に 8 億円を貸し付けたのは、政治家が官僚機構の打破の志を掲げていることのみが理由ではなく、政治家に便宜供与することで、対象者の製品の回収や販売中止、あるいは健康被害の公表を回避しようとしたのではないかという推測を述べることが、人身攻撃に及ぶものではないことは明らかであるし、論評としての範囲を逸脱した不相当な論評であるということもできないとした。

その他、超えないとした例に #290328A、超えたとした例に #280127C、#300628、#280929E、#280822A がある。

6　感想・口コミとの関係

ここで、公正な論評の法理と感想・口コミの関係を整理しておこう。

上記のとおり、感想・口コミはそもそも社会的評価を低下させない可能性が高い（287 頁）ものの、仮に低下させたとしても、公正な論評の法理により救済される可能性は高い。特に前提事実が真実であれば、その範囲で述べる感想・口コミが公正な論評とされることも多い。

#280311A は、情報商材を売る対象者の、全額返金するという趣旨の広告に対し、「ただの詭弁である」「露呈している」といった強い表現が使われている部分もあるが、全体として見ると、対象者の広告文言を前提とした論理的な解釈を展開しているものであり、その当否は別として、意見ないし論評の域を逸脱したものであるとまでいうことはできないとした。

#300914A は、美容施術について、新聞の折り込み広告は明らかに誇大広告である等の地図情報サイト上の口コミが、施術の効果には当然に個人差があり、効果がないと感じる場合や広告を過大と感じることもあるとして、意見としての域を逸脱したものとはいえないとした（#300914B も参照）。

あくまでも具体的事案における判断だが、参考になるだろう。（#290629C も参照）

PART 4　その他の諸問題

　PART 4 は、「その他の諸問題」である。PART 1 から PART 3 までの検討により、インターネット上の名誉毀損の成立要件に関する重要な諸問題が明らかになった。しかし、それ以外にも、特に抗弁事由に関してはいくつかの無視できない問題が残っているし、インターネット上の名誉毀損に特徴的な転載やリンクの問題の検討も必要である。さらに、効果、すなわち、名誉毀損に対しどのような救済が与えられるのかという問題の検討も残っている。そこで、第15章では、「正当防衛・対抗言論」と題し、#220315 によってかなりその適用領域が狭められたものの、インターネット上の名誉毀損の抗弁事由として一定の重要性をもつ対抗言論の法理や、これと関連する正当防衛等について検討する。第16章は「正当な言論」と題して、いわゆる正当行為（刑法35条参照）[295]等について検討する。第17章は「その他の抗弁事由」として、第16章までに論じていない抗弁事由（違法性・責任阻却事由）について検討する。第18章は「転載・リンクに関する諸問題」と題し、インターネット上で頻繁に問題となる、転載・リンクに関する問題について考察する。第19章は「救済」と題し、いわゆる名誉毀損が成立した場合の、損害賠償や謝罪広告等の効果を検討する。第20章は「名誉感情侵害（侮辱）」と題し、名誉毀損事案に関連して問題となることが多い名誉感情侵害による不法行為についても検討する。

---

295)　「法令又は正当な業務による行為は、罰しない。」

第15章　正当防衛・対抗言論

1　はじめに

「言論には言論で対抗せよ」といわれることがある。例えば、影響力の大きい対象者であれば、名誉毀損的表現があっても、自ら発信することで、社会的評価を回復させることが可能な場合もあり得るとも思われる。また、対象者が先に例えば表現者の名誉を毀損する言動をしたことから表現者として自己の名誉を回復させるために行った表現が対象者の社会的評価を低下させるという場合、そのような表現者の表現が正当防衛のような理論で正当化されることも考えられる。

そこで、対象者の行動が先行しそれに表現者が対抗する場合と、表現者の表現に対し対象者による事後的な対抗言論が期待できる場合の2つのパターンに分けて検討する。

なお、既に公正な論評の法理の、意見論評としての域を逸脱するものかの判断のところで、対抗言論の発想に類似する考慮が働いていることを紹介しているのでそちらも参照されたい（309頁）。[296]

2　先行する対象者の言動がある場合

(1)　正当防衛

民法720条1項は、正当防衛を定める。[297] 名誉毀損に関しても、正当防衛は成[298]

---

[296] なお、#280831Bは異なる場でしか反論できないことを加味して社会的評価の低下を認めた。これは、（本来の意味の）対抗言論が社会的評価とも関係することを示唆する。

[297] 他人の不法行為に対し、自己又は第三者の権利又は法律上保護される利益を防衛するため、やむを得ず加害行為をした者は、損害賠償の責任を負わない。ただし、被害者から不法行為をした者に対する損害賠償の請求を妨げない。

[298] なお、刑事に関し、刑法36条1項は「急迫不正の侵害に対して、自己又は他人の権利を防衛するため、やむを得ずにした行為は、罰しない。」とする。

立し得る（佃567頁）。実際、#020830、#561221（#540529の控訴審）は名誉毀損において正当防衛を肯定した。

ただし、「報復措置」は許されない。正当「防衛」である以上、侵害の危険が差し迫っている場合、現に侵害が行われている場合、ないしは侵害の継続している場合のみ正当防衛を行うことが可能である（佃567頁）。つまり、相手の侵害行為終了後に正当防衛を行うことは基本的にはできない。

#211027は、掲示板上の名誉毀損につき、1年半以上前の対象者の投稿は急迫性を欠き、表現者の投稿が正当防衛に当たるとの主張は失当とした。

従来型の名誉毀損では、対象者の表現行為が終了すれば、その段階で、侵害行為が終了したと解される場合が多いことから、対象者の表現行為終了後に表現者が当該表現に気付いて反論をするといった場合には、正当防衛ができないと解される場合が多いように思われる。

ただし、インターネット上では、削除されるまで名誉毀損の被害が続く（刑事名誉毀損に関して#160422等参照）ことから、インターネット上の名誉毀損では、正当防衛の余地が広がる点には留意が必要である。

（その他正当防衛に関する最近の裁判例として、#220119、#200626、#220629A等も参照）

(2) 昭和38年判決

相手による自己の名誉等の正当な利益を毀損する言動の後に、自己の正当な利益を守るため反駁をするという場合、たとえ正当防衛の要件は満たさないとしても、これを正当化すべき場合があるのではないか。

最高裁（#380416「昭和38年判決」）は、（民事名誉毀損に関し）自己の正当な利益を擁護するためやむをえず他人の名誉、信用を毀損するがごとき言動をなすも、かかる行為はその他人が行つた言動に対比して、その方法、内容において適当と認められる限度をこえないかぎり違法性を欠くとした。

同判決は、対象者の行為が終了した後であっても、「自己の正当な利益を擁護するためやむをえず」行った名誉毀損行為の違法性が阻却される余地があることを示す点で、正当防衛よりも緩い要件における抗弁を認めたものといえ、注目に値する。

同判決の事案は、著作権で保護される講演録を表現者が許可を得て発表しようとしていたところ、不明朗な方法で原稿を入手した対象者がそれに先駆けて当該講演原稿を発表してしまったことから、表現者が、「盗載」とか「悪徳行

為」といった言辞をもって対象者を非難したというものである。最高裁は、講演内容が先に他誌に掲載されたことにつき、真実を公表弁明して、その権利名誉を擁護するにあたり、表現者がとった処置の方法、内容は、いまだ対象者の名誉・信用を害したものとなすを得ないとした原判決を是認した。

ここで、最高裁は、対象者の先行行為が厳密な意味で「違法」であることまでは要求していないことに留意が必要である。つまり、同判決は、講演内容掲載の行為が「盗載」に当たるかどうかが請求原因であるわけでなく、したがって原判決の事実認定の対象となっているわけでもないとしており、違法行為は、必ずしも昭和38年判決の法理の前提ではないのである。あくまでも、違法・不当な行為があり、それによって「自己の正当な利益を擁護するためやむをえず」名誉毀損的表現を行うことが必要となったという関係があればよい。

下級審としては、#470529は、自己のみならず密接な関係にある第三者の利益が侵害された場合にも免責の余地ありとしてこれを拡張している。

(3) 最近の裁判例

対象者に先行する違法・不当な行為があった（と主張された）場合に関する最近の裁判例を概観する。[299]

違法性阻却を否定したものとしては、以下のようなものがある。

#290127は、表現者の兄が募金を呼びかけたところ、対象者は、フェイスブック上でこれを批判した投稿を行った。そこで、表現者はフェイスブック上で対象者の違法行為について知っているといった趣旨のコメントをした。裁判所は対象者の行為は募金という公共性のある事柄に対する意見として相当な範囲にとどまっていると認められるから、表現者の行為が対抗措置として必要かつ相当な範囲内の行為であるとは認められないとした。

#230630は、インターネット上の名誉毀損事案において、対象者による名誉毀損の反論の結果、対象者の名誉、名誉感情等の人格的利益を侵害する場合であっても、当該行為が、対象者が行った言動により侵害された表現者の法的利益と当該行為により侵害された対象者の法的利益とを比較衡量し、前者が後者に優越するときは、当該行為は違法性を欠くものと解されるという一般論を展開した上で、結果として優越が認められないとして、違法性阻却を否定した。

#241108Bは、表現者の書籍に対する批判を対象者が行ったので、表現者が

---

299) #260708（#261209Aで上告棄却等）は、民族学校への名誉毀損につき、表現者が同校の正当な利益を擁護するためやむを得行ったものとみることはできないとした。

対象者を批判する文書をウェブサイトに掲載したところ、対象者は学問的見地から本件書籍の見解を批判しただけで、表現者の名誉を毀損するなど、表現者の正当な利益を侵害するものとは到底いえず、表現者の正当な利益を擁護するために行われたとはいえないとして違法性阻却を否定した。

#270121 は、表現者が、弁護士である対象者について「〇〇弁護士による被害者の会」等のサイトを立ち上げ、対象者が事件をでっち上げて依頼者を募っているなどという事実を摘示したところ、対象者のウェブサイトに表現者の前科や財産を隠匿したとの事実が断言的に記載されたとしてもそれにより表現者の表現による社会評価の低下が否定される関係にはないとした。

#260324 は、対象者が元従業員らの名誉を毀損したが、表現者がメールの中で行った表現内容は毀損された名誉に対する釈明等ではなく、対象者の社会的信用に係る記載であって、メールを送信することによって、元従業員らの名誉が回復される関係にあると認めることはできないとして違法性阻却を否定した。

昭和38年判決の法理からみれば、上記 #241108B のように、対象者の先行行為が、単に書籍に対して学問的見地から批判したにすぎないのであれば、それを不当とすらいいにくい。また、当該表現が表現者の正当な利益を擁護することにつながる行為である必要があり、上記 #270121 や #260324 のような、対象者の行為とあまり関係がない行為では違法性が阻却されないだろう。
（その他、#270730、#220301、#211027、#250628A、#291219A、#291128E、#281130F 等も参照）

これに対し、肯定例も存在する。
#291127C は、昭和38年判決を引いた上で、社会的評価を低下させる違法な名誉毀損表現に反論するために行われたブログ記事の投稿は、当該名誉毀損表現の内容が真実でないことを主張するという、その限りでは自己の正当な利益を擁護するためにやむを得ず行われたものと認められるとした上で、単に虚偽だと主張しただけのブログ記事については内容において適当と認められる限度

---

300) なお、同判決はこれを「対抗言論」として論じた。同様に、#280223A も、特殊な事例であるが、会社の事案で適時開示として対象者との提携契約の解消について表現者がそのウェブサイト上で開示した事案で、ホームページにおいてその立場から見解を述べることは、対抗言論ないし会社情報の適時開示の趣旨からして、違法性が阻却されるものとした。これらの裁判例における「対抗言論」は、対象者がウェブサイトその他の媒体における言論を通じて反論し、名誉を回復することができるというよりは、対象者の先行行為に対し、表現者が対抗して言論をすることは正当とされ得る、という意味と理解される。そこで、裁判例を読む際は「対抗言論」という表現にとらわれず、文脈を十分に理解すべきである。

を超えないが、「この人はバカなのでしょうか」と侮辱的な表現を用いて否定的評価を与えている部分等は、自らの名誉を回復させようとするものではなく、自己の名誉が毀損されたことを契機として、別の事項を採り上げて、単に対象者の人格を攻撃するものであって、その表現方法も相当とはいえないとして違法性阻却を否定した。

#290901C（#300301B で上告不受理）は対象者のブログについて、表現者が学術的立場に関して丁寧に質問したところ、対象者がこれを、「邪魔くさ」い、「なりすましのかまってちゃん」などと揶揄したり、表現者のブログの記事を茶化すような投稿をするなどしてあえて挑発した上で、表現者を「PTSD 解離性悪行の数々」とする記事中で表現者の撮影した写真を使用し、その後も、写真の削除要請に応じず、かえって犯罪を論評した記事の中に関連性のない写真を貼りつけ、暗に表現者を犯罪者同様の者である旨示唆したと取れる記事を投稿するなどして挑発する行動を続けていたという経過を踏まえると、写真の削除を求める表現者の表現が、対抗上、「著作権侵害（犯罪）」「窃盗」「盗っ人」などの抑制を欠いた表現となることもやむを得ない面があり、これら一連の経緯を踏まえるならば、表現者の言動は、対象者の上記言動に対比して、その方法、内容において適当と認められる限度を超えたものとは認め難いとした。

#220325 は、歯科医である対象者が先に表現者を中傷するウェブ記事を掲載し、表現者が反論をしたところ対象者の表現は表現者の社会的評価を低下させる、公益性も認められない反面、表現者の表現は分量も少ない上、指摘も具体性が低いことから、対象者の記事が表現者の社会的評価を低下させる程度と比較すれば、表現者の記事が対象者の社会的評価を低下させる程度は必ずしも高くはないことから、反論として相当な範囲を逸脱したものとまでは認め難く、不法行為責任の対象となるほどの違法な行為と評価することはできないとした。

#211106 は、SNS 上で表現者がキャンプで死人がでたことに驚きを表明したところ、対象者が「自然の驚異を知らない」「上から目線で人を仕切りたがるような書き方をするところが若干鼻に付く」等として表現者を批判したことから、表現者が対象者を批判する投稿を行ったことにつき、その経緯に照らして無理からぬ事情が存在するものというべきであり、かつ、その内容をみても、一般社会通念上自然の成り行きとしてやむを得ないものと考えられる限度を超えるとまではいえないとして免責を認めた。

（その他、#220215、#201028B、#230328B、#230217A 等も参照）

これらの裁判例はあくまでもケース・バイ・ケースの判断を示したものだが、対象者の行為に比して表現者の行為の悪質性が高いとはいえない場合に、免責が認められやすい傾向がみられる。

(4) 応酬的言論(やりとりの応酬)

以上と似た状況として、いわば口喧嘩的な、相互のやりとりの応酬の中で出た言論(応酬的言論)について、その個別の表現を切りとって名誉毀損とすべきかという問題がある。[301]

#230120Bは、照明の修理に関し対象者である依頼者が、表現者である業者と2回目の修理の交渉をする際、表現者が、1回目は対象者の声が大きいから怖くなって値引きした等と発言したところ、対象者から見積書の部品代金の額に大きな差異があることを指摘され、これに対して、表現者は代金の値引きには応じられないと強く主張する相互のやりとりの中で出た発言と解されるから、その一部をとって対象者に対する侮辱又は名誉毀損として不法行為に当たるものであるということはできないとした。

#220830Aは、理事会において対象者が表現者である理事長に「全然紳士的じゃないよ、あんた。」と発言したのに対し、表現者が「あなたの方が紳士的じゃない。」と発言したことは理事会における発言の仕方をめぐる批判や非難、反論の応酬の域を出ない等とした上で、一般に会議において、意見対立のある事項につき議論が続く場合、発言としての品格や冷静さを欠いた感情的で不適切な非難、批判の発言が飛び交う状況になる場合もときおりあり得ることに照らすと、表現者の上記言動は、議論の場における言論活動として許容される批判、非難、反論であるとみるのが相当とした。

#221012は、表現者が対象者を非難し、断固たる反撃をほのめかすメールを送付したが、そもそも、先行するメールのやりとりにおける対象者の表現中に表現者を侮辱等をしており「いわば売り言葉に買い言葉という過程」での表現であり、社会的な許容範囲を逸脱したものとはいえない等とした。

(その他、#220205、#221221、#260306、#251204等も参照)

これらの裁判例からは、「相互のやりとりの中」の「反論の応酬の域を超えない」「いわば売り言葉に買い言葉」であれば、裁判所がそれをとり出して不

---

301) なお、刑法においては、一般論として、「判例は、従来、相互闘争行為について、正当防衛成立を一切否定しないまでも、それに限定的な理解を示してきた」(山口厚『基本判例に学ぶ刑法総論』(成文堂、初版、2010) 72頁)と指摘されている。

法行為とすることに慎重な傾向を見いだすことができる。

　ただし、やりとりの応酬の中で「売春女」等と発言したことは、これまでの発言と異なり明らかにいきすぎているとした#240406のように、程度を超えれば、いくら応酬の中で出たものでも、名誉毀損となる。

　なお、少し毛色が違っているのが、#280517Bであり、対象者と表現者が相互に批判の応酬をしていた。対象者は、まず先行投稿で表現者について表現者のブログの内容はすべて妄想であり、早く病院に行かれる方が良いと思うと投稿した。これに対し、表現者はブログ上で対象者に「（精神）病院」に行けと言われたと記載した。この表現者の投稿について対象者が、まるで対象者が他人を精神病であるかのような侮蔑的な表現を行う者であるとの事実を摘示するものだとして、対象者の名誉を毀損するとして表現者を訴えた。裁判所は、対象者の先行投稿を受けた記述であることを考慮すると、一般閲覧者の普通の注意と読み方からすれば、対象者が侮蔑的な表現を行う者であるとの事実を摘示するものと認めることはできないとした。そこで、一般閲覧者の普通の注意と読み方により、対象者の社会的評価が低下するものと認めることはできないとした。

　先行投稿を無視すれば社会的評価が低下するとされてもおかしくない内容が、先行投稿を踏まえて社会的評価が低下しないとされており、やりとりの応酬であることがこのように社会的評価が低下するか否かの点で加味される場合があることに留意が必要である（#280317Aも参照）。[302]

3　（対象者による事後的な）対抗言論

(1)　はじめに

　これまでは対象者が先行して違法・不当な言動を行った場合について検討してきた。この場面とは異なり、インターネット上では、一般のユーザーも容易に発信をすることができる。すると、表現者による表現が対象者の社会的評価を低下させ得るものであっても、対象者にも反論の機会がある場合には、対象者は反論して社会的評価を回復できる以上、違法性が（より緩やかな要件で）阻却されたり、名誉毀損が成立しにくくなったりするのではなかろうか。これ

---

302)　なお、訴訟の準備書面につき#280126F、特殊な事例として#280929C（肯定例）、#280127C（否定例）参照。

が典型的な対抗言論の問題である。

　名誉毀損的な表現がなされても、とりわけインターネット上においてはそれに対して反論することができる。どちらの発言が真実なのかは、閲覧者の判断にかかっているが、人は合理的な批判的な判断能力を有しているとの前提に立てば、原則として名誉毀損的表現とその反論のどちらが真実であるかは、合理的で批判的な判断能力を信頼するほかない等として、名誉毀損の成立範囲を限定しようとする見解もある（松井名誉毀損224頁）。そしてアメリカ法の議論を参考にしたこの議論は、立法論として傾聴に値する。

　しかし、裁判所は、例えば、#211216において、言論により名誉を毀損された者が言論で名誉回復を図ることが可能な場合には国家は介入すべきでないという意味の対抗言論の法理をとってしまえば、不法行為により損害を受けた者が、裁判による救済を求めることを否定することになり、およそ採用することができないと判示する等、少なくとも対抗言論が可能な場合に一律に名誉毀損を否定するといったドラスティックな見解をとっていない。

　これに対し、よりマイルドな問題意識として、対象者に事後的な対抗言論を通じて名誉回復を行う機会があることを、社会的評価の低下の有無や違法性阻却の可否等で考慮するべきではないかというものがある。[303]

　特にインターネット上では、対象者もまた、同じ掲示板等に投稿する等、対抗言論によって名誉回復を行う機会は従来型名誉毀損よりも多いと思われることから、このような議論が特に問題となる。

(2)　平成22年決定

　従来から、インターネット上の名誉毀損の文脈において、対抗言論について議論をする裁判例が多数存在していた（佃119頁。平成20年代のものとして、#201003、#201001B、#200905、#210129等参照）。

　最高裁は、インターネット上の名誉毀損において、対抗言論を理由として相当性の要件を緩和するべきという議論について、否定的な見解を明らかにした。

　最高裁（#220315。以下「平成22年決定」という。）は、個人利用者がインターネット上に掲載したものであるからといって、おしなべて、閲覧者において信頼性の低い情報として受けとるとは限らないのであって、相当の理由の存否を

---

303)　この文脈における対抗言論は、あくまでも対抗言論の機会を問題としており、現実に反論がされて名誉が回復されたかどうかは問わない（平成22年調査官解説11頁）。現実に反論がされた場合につき後記326頁。

判断するに際し、これを一律に、個人が他の表現手段を利用した場合と区別して考えるべき根拠はない。そして、インターネット上に載せた情報は、不特定多数のインターネット利用者が瞬時に閲覧可能であり、これによる名誉毀損の被害はときとして深刻なものとなり得ること、一度損なわれた名誉の回復は容易ではなく、インターネット上での反論によって十分にその回復が図られる保証があるわけでもないことなどを考慮して、相当性の要件の緩和を否定した。

平成 22 年決定は、相当性緩和の可否の文脈であるが「一度損なわれた名誉の回復は容易ではなく、インターネット上での反論によって十分にその回復が図られる保証があるわけでもない」としており、インターネット上においても必ずしも対抗言論による名誉回復ができるわけではないことを指摘している。

確かに、インターネットには様々な表現媒体やシチュエーションがあり得る[304]。反論によってどこまで名誉を回復できるかは実際の状況によるだろう。いわゆる「ネットリンチ」のように、多くの人から一方的に中傷を受ける場合や、内容が非論理的な人格攻撃である場合等反論による名誉回復は容易ではない場合は十分にあり得る。これに対し、意見ないし論評による名誉毀損であれば対抗言論がより当てはまりやすいだろう[305]。その意味で、インターネット上の議論だからといって一律に対抗言論による名誉毀損となるわけではないという同判決の指摘は正当である。

もっとも、平成 22 年決定が表明したのは、あくまでも、一律の議論を採用することができないというだけであり、個別具体的に反論による名誉回復が可能な場合がある余地は否定されていない[306]。そこで、平成 22 年決定以降も、個別具体的に、反論可能性や反論による回復の可能性等の程度を考慮して、名誉毀損の成立や免責を判断することは判例違反ではない。

(3) （対象者の事後的な）対抗言論の機会

  (a) 対抗言論に否定的な裁判例

  #220315 以降、対抗言論に否定的な裁判例も出ている。

---

304) 調査官解説もインターネットには、無数の掲示板、ホームページ、メーリングリスト等、分散した多種多様な表現手段があるとしている（平成 22 年調査官解説 24 頁）。
305) 山口成樹 226 頁。
306) 平成 22 年調査官解説も、それがそこまで広くないことを示唆しているものの、両者が対等な言論手段を有しており、かつ、両者の表現の応酬の当不当を読者、聴衆が判断可能な空間においては、対抗言論の余地を認めている（平成 22 年調査官解説 23 頁）。

#270316 は、対象者の反論が必ず表現の受け手に伝わり参照される保障はないこと等を理由に、表現者の主張するところの対抗言論の法理を否定した。

①インターネット上の言論について一律に対抗言論による名誉回復可能性があるという議論や、②当該事案の具体的事情の下で対抗言論による名誉回復可能性が認められない場合には、対抗言論に否定的な判断が下されるのはやむを得ないだろう。

(b) 対抗言論を重視した裁判例

これに対し、平成22年決定以降も、一部であるが、対象者が事後的に対抗言論を行う機会があることを重視した裁判例が出ている。

#270120 は、ある団体の会員が、元副会長である対象者が自らを除名しようとしている等と考え、自己の地位を守るとともに対象者の手法の不当性を訴える目的で送付した文書につき（公正な論評の法理等が適用されないことを前提に）、対抗的な言論として許容される範囲を逸脱したものとまではいえず、名誉毀損による不法行為の成立を否定するのが相当とした。

#230425D は、弁護士である表現者が依頼者である対象者との報酬をめぐる交渉の中で、対象者を「非常にクセのある人物」と評する文書を対象者の代理人に送付したことにつき、一方の当事者の表明した意見に、相手方の名誉又は名誉感情を損なうかのような言動がされたとしても、あくまで一方当事者の立場からみた意見にとどまり、相手方には、これに反論する機会があることを1つの考慮要素として名誉毀損を否定した。

#260227 は、学校である対象者と表現者である教職員組合らとの別件訴訟の和解成立後表現者が配布した文書が対象者の名誉を毀損するか問題となったところ、配布物によって低下した対象者の社会的評価は、対象者が、和解調書等を開示し、その内容の周知を図ること等によって容易にかつ確実に回復し得るものであると認められることを1つの理由として損害賠償請求を棄却した。
（その他、#241204、#230425B 等参照）

これらは、典型的なインターネット上の対抗言論の問題ではないが、「対抗的な言論として許容される範囲を逸脱したものとまではいえず」とか「相手方には、これに反論する機会がある」等として、対抗言論的な発想をも重視したものといえるところ、いずれも団体内・交渉の当事者間、学校内等、反論による名誉回復が認められやすいシチュエーションであるといえる。

今後も、インターネット上の名誉毀損か従来型名誉毀損かを問わず、具体的

事情の下で、反論による名誉回復が可能な場合であれば、いわゆる対抗言論を考慮した判断がなされるべきであろう。

（c）対抗言論の機会がないとされた場合

また、対抗言論の理論そのものは否定しなかったものの、当該状況下で対抗言論の機会がないとされたものもある。

#241122 は、一方的に対象者が犯罪に関与したかのような事実を摘示する掲示板の投稿につき、それと同趣旨の投稿が多数あることからすれば、それぞれに反論することは不可能ないし著しく困難というべきであるとした。

#281205（#290404 により上告不受理）も、対象者が十分に反論し、それが功を奏したといい難いとし、言論に対しては言論をもって対処することにより解決を図ることができれば望ましいものの、本件においてはそのようなことの前提が欠けるものというほかないとした。

具体的事案における対抗言論の機会の有無等は考慮されるべきである。

（4）対象者が現実に対抗言論を行ったこと

なお、名誉毀損が行われた後、対象者が現実に対抗言論を行う場合もある。

上記のとおり、対抗言論の法理は、対抗言論の機会があれば十分であり、現実に対抗言論をしたことまでは要しないが、対抗言論が存在したことや、現に対抗言論をしたがそれが奏功しないことも考慮されるべきであろう[307]。また、対抗言論が奏功し、名誉が回復したので、少なくとも賠償を命じなければならないほどの損害はもはや残っていないという議論もあり得る。

もっとも、それ以外では事後的に対抗言論がされたことを重視しない裁判例が見られる。

#210115 は、対象者が自らに対する名誉毀損的表現を知った後、「暴力的でテロリストのような助役」「テロリストと同じではないか」「テロ行為」等と表現者に対して反論したが、だからといって、対象者が名誉毀損を理由に表現者に対し損害賠償を請求することが信義則違反又は権利の濫用となるということはできないとした。

#250925A は、対象者が自らのウェブサイトで反論を掲載したものの、インターネット利用者の利用目的、アクセスするサイト、利用頻度は利用者毎に異なるのであり、掲示板の閲覧者が反論の行われた対象者サイトを当然に閲覧す

307）　#300628（#301211 で上告不受理）は、対象者が名誉毀損に当たるとされたブログ記事に対して十分な反論をして対抗言論を奏功させたと認められないとした。

るわけではなく、時間的な接着性もないとして、名誉毀損行為はそのサイトにおける投稿が終了した時点で確定的に成立したものというべきであり、その後に行われた対象者サイトにおける対象者の反論により、名誉毀損の成否が左右されるものではないとした。

　確かに、名誉毀損行為が終了した後には、その後に反論があっても、一度成立した名誉毀損が遡及的に不成立になるとはいいにくい。ただし、複数の発言が連なって名誉毀損行為がされる場合には、最後の発言がされるまでは名誉毀損が終了していないのであって、そのような段階における反論は名誉毀損を否定する余地がある。さらに、上記#250925Aが示唆するように、名誉毀損行為の終了と同時ないし接着した時期に反論が行われ、社会的評価の低下が打ち消された場合、全体としてみれば、名誉が毀損されていないという余地もあるかもしれない。

第16章 正当な言論

1 はじめに

　刑事名誉毀損においては、正当行為は違法性阻却事由になる（刑法35条）。[308]

　民事名誉毀損でも、通説は、正当行為が違法性阻却事由になるとする（佃572頁）。そこで、形式的に名誉毀損に該当する発言であっても、社会的に相当な、正当な行為であれば正当化されることがある。

　以下、具体的に類型化をして検討する。

2 解雇等の事実の公表

　ある対象者が解雇・解職等されたという場合、その旨を口頭又はイントラネットで回覧したり、取引先に書面やメール等で通知したり、場合によっては記者会見やインターネット上で公表することがある。

　このような事案には、真実性・相当性の法理等による救済の余地がある。

　例えば、#251224Aは、会社が元取締役の解任について取引先に通知したところ、真実性の法理により損害賠償請求を棄却した。[309]

　しかし、真実性の法理・相当性の法理等を用いなくとも、その表現が正当として不法行為責任を負わないことがある。

　#200725は、元代表者である対象者が、対象者預金口座を開設し、取引先に対してこの口座への入金を指示し、取引先からの入金を受けて、これを出金していたことを取引先に通知したところ、通知には不正確な点もあったが、表現者には、取引先に対して、対象者が表現者を代表しないことを告知して、対象者を表現者の代表者として取引をしないように、また、対象者の指示する口座

---

[308]　法令又は正当な業務による行為は、罰しない。

[309]　医療事故についての事故調査報告書の記載が公共性・公益性ありとされ、結論として違法性が阻却された事案として#300307Bを参照。その他、公然性等を否定したものとして#221108を参照。

等に入金をしないようにと注意を喚起する必要があったと認められるとして、取引先に行った通知は、正当な目的のためにした社会的に相当な範囲内の行為であるといえ、そこに違法性はないとした。

#260325A は経理担当従業員である対象者が賃金等の前借りとして、無断で自己の口座に会社の金員を振り込んだことから、社内で対象者がお金を盗んだと述べてもこれを違法と評価できないとした。

#300322A は、降格処分の社内公表につき、降格処分そのものは無効だが、処分事由の存在を信じるにつき相当な理由があり、再発防止及び業務の適正化を目的とした公表は正当な業務行為として是認できるとした。

#280810A は、組合員に対して、理事をしていた対象者の取引に善管注意義務があったと説明したことにつき、説明文書を配付して事情を説明するのは当然のことであるし、取引の態様、対象者の表現者における立場等を勘案すると、説明文書に上記の内容が記載されることは、対象者らにおいても甘受すべきやむを得ないものと考えられるとした。

企業その他の組織が業務を行っていく上で一定範囲でこれを通知・公表することは必要であり、一定の不祥事があれば、社会への説明義務を負う（不祥事の公表に関し、#250129 参照）。特に上場企業では適時開示義務があり、一定の要件を満たす場合にはその事象をプレスリリースとして開示しなければならない。また、非上場企業でもリリースをすることがある。これらの裁判例は、このような対内的・対外的な説明の必要性から、そのような行為が正当である等として、違法性阻却を認めているものと理解される。[310]

もっとも、正当とされるのは、あくまでも社会的に相当な範囲への公表に限られると思われる。すなわち、社会的相当性は、解雇理由が何か、発表の内容は何か、情報開示の範囲（社内のみか、取引先か、社会一般か等）、発表内容の根拠、対象者の地位の高低等を含めた検討が必要であろう。

例えば、通常の真実相当性の法理で判断された事案だが、#300412 では、法令等により情報開示を義務付けられている法人であればなおさら、正確な事実に基づく適切な情報開示を心がけるべきことは自明であり、このような理念を十分に理解すれば、名誉毀損を犯すリスクを強いられて情報開示ができなくなるなどという不当な結果が生じる余地はないとした上で、リリースの違法性を

---

310) なお投資家向けの、IR（インベスター・リレーションズ）情報は公共の利害に関する情報を、専ら公益を図る目的で公表したものと認めるのが相当とした #240913 も参照。

認めて300万円の賠償を命じた。

#241226は、会社内で暴力事件を起こし、これによって解雇となった等のメールを取引先に送付したことにつき、担当者の変更等による業務の支障を回避するため、取引先に対し対象者の退職の事実を告げることは社会通念上許容されるとしても、メールの記載はこれを超えたものというべきとした。

解雇の理由によっては、#200725のように、その理由まで取引先に通知する必要があるが、#241226のように、単に退職の事実だけを伝えれば足り、それ以上の必要性はないと解されることもある。公表等を行うか否かだけではなく、どのような内容の公表を行うかは慎重に判断されるべきである。

なお、医療事故についての事故調査報告書の記載が公共性・公益性ありとされ、結論として違法性が阻却された事案として#300307Bも参照。[311]

3 オークションの評価欄

インターネットにおいて特徴的な正当な言論として、インターネットオークションの評価欄がある。

インターネットオークションの評価は、相互不信に陥りがちなオークションの入札者・落札者が相互に評価を積み重ね、合理的な行動をとるインセンティブを高め、相互信頼構造を作り上げるという意味で意義が大きい。

また、利用規約の中で評価制度が定められており、評価される側もそのような評価制度に同意している。[312]

#230216は、見知らぬ人と現物を見ずに取引をするリスクを低減し、トラブルを防止する上で評価コメントが重要な役割を有するとした上で、ガイドラインで禁止されるような悪用をせず、社会通念上相当とみなされる範囲内において、忌憚のない意見を自由に表明することが保証されるべきとした上で、コメントの記載が名誉毀損にならないとした。

#230311は、「悪い落札者です」との評価は、取引終了後にオークションサイトのシステム上行われる三段階の評価の1つを記載したものにほかならず、また、「二度と取引したくないです。」との評価コメントも、オークション取引を通じて形成した感想、心情を吐露したものにすぎず、表現方法も、オークシ

---

311) #280226Bも参照。
312) 多くの場合、事前承諾なく対象者に関する口コミが掲載される口コミサイト等とはやや異なる。

ョンの落札者を評価するコメントとして、ただちに相当性を欠くということはできないとして、名誉毀損にならないとした。

　もちろん、コメント制度を悪用してはいけないし、その表現が過度に中傷的で単なる人身攻撃等になるのであれば、名誉毀損となるが、このような意義のある評価制度を利用規約に則って使う（オークションの落札者を評価するコメントとしての相当性の範囲内の表現である）限り、正当行為等として、名誉毀損が否定されるだろう。[313]

4　その他

(1)　団体の内部手続

　団体の内部手続上必要な範囲での行為が結果として名誉を毀損したという場合に、これが正当とされることがある。

　#200623 は、総会において会員の除名決議案を提出する際には、その事由を明らかにすることが必要であるから、その限度においては、除名決議の対象者である会員についてその社会的地位を低下させる除名事由を記載することは許容されると解するのが相当とした。

　#210929A は、社員総会の通知書や説明資料中に、対象者による違法な職務執行などの一連の不祥事が明らかになり除名が相当等としているが、対象者の除名等を議案とする臨時社員総会を開催するにあたり社員らに対し、その議案の説明資料を送付することは、法人の理事長としての当然の職務であって、正当な行為とした。

（その他、#210130C、#230120A 等参照）

　もっとも、このような内部手続だからといって常に免責されるものではない。

　#270826（#280217A で上告不受理）は、総会における説明が総会における議案の説明又は質問に対する答弁として必要かつ相当な範囲を超えているから、違法に対象者の名誉を毀損していると認められるとした。

　#250118B は、一般に、マンションの管理組合内部の運営の是正を求める少数者の言動の自由を必要以上に制約することにならないように留意する必要があることを考慮しても、表現者において、役員等が犯罪行為を行ったとの事実

---

313)　なお、#221224A のように、真実性・相当性の法理で考慮するものもある。

を摘示する文書を配布する必要があったとは認められないから、正当行為の主張を採用できないとした。

#220329Bは、株主総会における発言が対象者の社会評価を低下させるものであると認められる以上、これが少数の株主の出席に係る株主総会における発言であるという事情があったとしても、その違法性の程度に影響を与える可能性があることは格別、これらの発言の違法性が阻却されるとまでいうことはできないとされた。

内部手続については、あくまでも免責の余地が「大きい」というだけであり、内部手続ないし自治のための必要性が低い行為や、既に司法の判断が下された事実を蒸し返す行為等については、なお名誉毀損が成立するだろう。

なお、インターネット上で株主総会の動画を放映する場合等、インターネットで内部手続が公開されることもあり得るところ、その場合には当該表現の受け手の範囲が内部者だけではなく一般の人にも広がることから、その点を加味した考慮が必要になるだろう。

(2) 業務上の行為

その他業務上必要な範囲での行為は正当とされることがある。

#280519は、ハラスメント行為が行われたか否かを議論する際に、対象者の認識に影響を与えると考えられる対象者の性格や家庭環境等の背景事情についても多角的に検討することは、委員会の委員の職責として必要かつ合理性が認められるものであり、また、当該事柄に触れざるを得ない場合において、職責と関わりなく違法又は不当な目的をもって上記の事柄に言及するなどの特段の事情がある場合はともかく、そうでない限り、委員会の審議の場で上記の事柄を話題にし、議論することが違法と評価されることはないと解するのが相当とした。

#290712Aは、対象者について反社チェックをしたところ、反社の疑いがあるとして対象者を取引に参加させないこととした事案である。裁判所は、対象者が逮捕された事実を伝える新聞記事その他の事情を総合考慮の上、対象者を取引に関与させない旨判断し、交渉相手に伝えたにすぎず、これは表現者の、取引当事者としての合理的判断に基づく行為とした。[314]

その他、#290328D、#290706Cも参照。

---

314) ただしそこから「名誉や信用が毀損されたとも認められない」としてしまっているのは不正確で、名誉は毀損されたが正当化されるとすべきようにも思われる。

(3) 行政への説明

行政への説明は正当とされることがある。

#300201D は、労働局に対する対象者の名誉を毀損し得る内容の書面の提出について、それが労働局から経過の説明等を求められたことに対応したものであり、記載されている内容も裁判所によって認定された事実経過に沿うものと認められることからすれば、書面提出した行為が、対象者の名誉を毀損するものであるとはいえないとした。

#281014B（#290427B で引用）は、東京都から過去の調査で既に問題として指摘されながら是正されないままになっていた事項について、次の調査で改めて指摘されることは、表現者の説明内容にかかわらず不可避であったといえるから、表現者の東京都への説明をもって対象者に何らかの新たな不利益を生じさせる行為であるとはいえないことを1つの理由として否定した。
（#291129B も参照）

(4) 弁護士業務

弁護士が行う通知も正当行為とされることがある（佃 574 頁）。

#280129A は、紛争解決過程における弁護士の活動において第三者の名誉、プライバシーを損なうような行為があったとしても、それがただちに第三者に対する不法行為となるものではなく、その違法性の有無は、一方においてその送付の目的、必要性、関連性、その態様及び方法の相当性と、他方において被侵害利益であるプライバシー等の内容等を比較総合して判断すべきであるとし、結論として名誉権侵害等を否定した（#270929B（#280720C で是認）も参照）。

(5) その他

正当な言論に関係するその他の裁判例として、#280201 や #291213C も参照。

第17章　その他の抗弁事由

1　はじめに

　これら以外にも、不法行為等については、様々な抗弁事由（違法性・責任阻却事由）が存在するが、そのうち、インターネット上の名誉毀損に関連するもののみフォーカスする。

2　名誉毀損後の事由

(1)　はじめに
　名誉毀損後の事由を抗弁事由とすることはできるのだろうか。対抗言論については既に検討した（322頁）ので、それ以外の場合を検討する。
(2)　犯人視報道後の有罪判決
　伝統的には、犯人視報道で名誉が毀損された後、本人に有罪判決が下されることで、もはや過去の新聞記事による社会的評価の低下から回復するために裁判をすることは無意味となったなのではないかという問題があった。
　最高裁（#090527B）は、対象者が有罪判決を受けたとしても、これによって新聞発行の時点において対象者の客観的な社会的評価が低下したという事実自体に消長を来すわけではないが、情状として斟酌することが可能であるとした（#300315B も同旨）。
　有罪判決が確定すれば、真実性の法理等の面で表現が正当化され得るものの、[315] 社会的評価の低下の有無自体は名誉毀損時を基準に判断する以上、事後的に社会的評価が低下しなくなるということはない。
　なお、同判決は、名誉毀損による損害が生じた後に被害者が有罪判決を受けたという事実を斟酌して慰謝料の額を算定することが許されるとしている。

---

315)　ただし、あくまでも判決で認定された事実関係に限られることは241頁参照。

(3) 訂正記事・削除・謝罪等

　一度名誉を毀損すれば、その後に訂正・削除・謝罪をしても、法的には影響はないのが原則である。

　#291227A は各記事は、現在すべて削除されてインターネット上に存在しないものであるが、一旦対象者の社会的評価を低下させた以上、その後に当該記事が閲覧できなくなったとしても、不法行為の成否に影響を及ぼすものではないことはいうまでもないとしている（#281227A も同旨）[316]。

　しかし、興味深いことに、訂正記事・謝罪等により違法性が阻却される、ないしは不法行為が成立しない等とする裁判例が一定数みられる。

　#210930 は、ビルの区分所有者同士で配布された文書による名誉毀損が問題となったところ、訂正記事の掲載により、その違法性は阻却されているというべきであるとした。

　#200128 は、建築工事による近隣への補償交渉において、表現者である交渉担当者が、近隣住民である対象者の要求が過大だといって「（暴力団である）○○組や××連合であってもそのような金額は要求しない」と発言したことの名誉感情侵害について、表現者が発言を慎む旨を述べ、その後も交渉が続けられ、さらに謝っていることなどの当日の交渉の状況に照らしてみれば、社会通念上、損害賠償責任が発生するような違法の評価を受けるものであるとまで認めることはできないとした。

　#211026A は、テレビ番組のディレクター（対象者）に対するプロデューサー（表現者）の発言につき表現について言いすぎたことを認めて謝罪したのであるから、この件は一応の決着をみた等として、不法行為にあたらないとした。（その他、#200908A 等参照）

　これらの裁判例の多くは、様々な事情の総合考慮の一事情として謝罪や訂正記事を考慮していると思われるが、一度行為が終了し、名誉毀損が成立した後になされた謝罪や訂正記事を理由に、違法性等を事後的に否定すること等はやや理論的に難があるように思われる。

　ここで、訂正記事等を損害のところで考慮している一連の裁判例がある。

　#050122 は、訂正記事掲載で名誉信用は回復され対象者の精神的苦痛も慰謝

---

316) なお、#281227A は、表現者が対象者との訴訟の判決内容の要約をブログに書き込んだことをもって、対象者の社会的評価が回復したと主張するが、問題となるブログの記事を読んだ者が必ずしも判決の要約を読むとは限らないとして当該主張を採用することはできないとした。

されたとして対象者の請求を棄却した。

#250327Bは、対象者の名声や社会的信用は訂正の配布物により回復され、対象者に損害賠償で償わなければならないほどの損害が生じたとは認められない等とした。

被害弁償をすることで損害が回復される場合等、事後的に損害がなくなることはあり得る。その意味では、謝罪や訂正記事については、違法性のところで考慮するよりも、損害のところで考慮するのが理論的にすっきりしている。

なお、具体的な謝罪や訂正記事の内容によっては、損害の一部が回復しても全部が回復しないという場合もあり得る。その場合は免責はされないものの、慰謝料等が減額される（#240827A、#210330A、#221116等参照）。

なお、社会的評価が事後的に回復したり、精神的苦痛が慰謝されることで損害がなくなるか減少するか否かが問題なので、真摯ではない謝罪は意味がない（#200207、#200416等参照）。[317]

なお、#290929Aは、特段の事由がない限り記事の訂正をしなかったことが（当初の名誉毀損と異なる）独自の不法行為とはならないとした。

(4) 宥恕

被害者が名誉毀損後に表現者を許す（宥恕する）場合がある。

理論的には債務免除（民法519条）[318]や和解（民法659条）[319]の要件に当てはまれば、損害賠償債務が消滅等するだろう。

しかし、本当にそのような意思表示が存在したのかは別途問題となり得る。

#211222Aは、ロータリークラブで対象者を侮辱した表現者が、例会において、対象者に握手を求め、対象者もこれに応じたものの、対象者は、しぶしぶ握手に応じたにすぎず、宥恕したものとは到底いえないとした。

不本意ながらも債務免除等に同意したということができれば事実認定上は問題ないだろうが、握手をするというだけでは意思表示が明確ではなく、このような事実認定の問題が生じやすいだろう。

---

317) その他 #210204A、#211116等参照。
318) 債権者が債務者に対して債務を免除する意思を表示したときは、その債権は、消滅する。
319) 和解は、当事者が互いに譲歩をしてその間に存する争いをやめることを約することによって、その効力を生ずる。

第 2 編　理論編

3　配信サービスの抗弁

　従来型の名誉毀損では、配信サービスの抗弁が問題となっていた。要するに、通信社から記事の配信を受け、新聞社等がその記事をそのまま掲載する場合に、新聞社が「自社は単に配信サービスを利用したにすぎない」として免責を受けることができるかの問題である。この点について、最高裁は、単に配信サービスを利用したからというだけでは免責されないとした。[320]

　では、いわゆる相当性（247 頁）の判断において、通信社について「相当の理由」が認められる場合でも、新聞社は、自らの掲載行為について別個独立的に「相当の理由」を立証しなければならないのか。これは、厳密には、配信サービスの抗弁の問題ではなく、いわば第三者の相当性の継承の問題である。[321]

　最高裁（#230428）は、新聞社と通信社との間の記事の取材、作成、配信及び掲載という一連の過程において、<u>報道主体としての一体性</u>を有すると評価することができる場合には、特段の事情がない限り、通信社の相当の理由を主張し、免責を受けることができるとした。

　インターネット上の表現の相当部分は、マスメディアがネット上で配信した一次情報を子引き、孫引きしたものであるところ、第一次発信者たるマスメディアが責任を負う範囲と、それを拡散したユーザが責任を負う範囲の線引きが問題となる（宍戸 212～213 頁）。

　同判決の射程内ではないと思われるが、[322]同判決の発想を類推すれば、例えば、マスメディアの配信した情報を拡散した一般ユーザの責任に関しても、マスメディアとの「一体性」が認められる場合にはマスメディアの相当性を主張できるという議論も全く不可能ではないだろう。[323]

　しかし、そもそも平成 23 年判決の要件を満たすかは問題となる。

　#280126H は、ある会社の倒産を報じる外国語の記事を配信会社が翻訳して

---

[320]　#140129C、#140308 参照。詳細な解説として平成 14 年調査官解説参照。
[321]　平成 23 年調査官解説（上）430 頁は、後記の #230428 が #140129C、#140308 の立場を踏まえたものであり、判例変更でないとしている。
[322]　調査官が、同判決の射程を狭く解していることは、平成 23 年調査官解説 434～435 頁参照。
[323]　どのような場合が一体かは問題となるが、ニュースサイト上のマスメディアの配信した記事末尾のコメント欄やマスメディア自身がそのインターネットサイト上の SNS でこれを拡散する機能を提供している場合等が考えられる。

インターネット上で配信した際に、配信会社の翻訳ミスで対象者の名称が表示された事案において、表現者が配信サービスの抗弁を主張したが、配信会社と表現者との間には一体性は認められないこと、そもそも配信会社が配信会社の記事を配信会社において日本語訳するときに誤りが生じているから、配信会社において相当性を主張することはできないと思われることや、表現者においても倒産主体の表示が不十分であることが文面上読み取れることから、配信サービスの抗弁を適用する前提を欠くものと考えられるとした。

一体性がないということだけで簡単に結論が導けそうなところをあえて、表現者においても倒産主体の表示が不十分であることが文面上読み取れること等まで踏み込んだ理由は色々と想像可能であろう。

4　訴訟行為

例えば、訴状や準備書面の記載が名誉を毀損することがある。

この場合、そもそも公然性がないのではないかという問題があり、この点については上記のとおりである（143頁）。

また、単なる一方当事者の主張であって、社会的評価が低下したのかについても検討の余地がある（120、297頁）。

そして、名誉毀損の積極的成立要件を満たすとしても、判例は訴訟行為について、正当な訴訟行為の範囲を逸脱しない限り違法性が阻却され、名誉毀損にはならないとしている（#600517等参照。佃367頁）。

このような抗弁を認める理由について、#201205は、私人間の紛争解決の場である民事訴訟においては、ときに、当事者間の利害関係や個人的感情が鋭く対立し、一方当事者の主張・立証活動が、相手方当事者、その訴訟代理人及びその関係者の名誉・信用を損なうような事態を招くことがあるものの、それは、あくまでも法的紛争を解決するための訴訟手続の過程における当事者の暫定的あるいは主観的な主張・立証活動の一環にすぎず、もしもそれが一定の許容限度を超えるものであれば、裁判所がそれを指摘して適切に訴訟指揮権を行使することによって適宜是正することが可能である。また、相手方には、それに反論し、反対証拠を提出するなどの訴訟活動を展開する機会が制度上保証されている。そして、当事者の主張・立証の当否等は、最終的に裁判所の裁判によって判断されるから、これによりいったんは損なわれた名誉・信用を回復するこ

とができる等と判示した。

　主張者間の内容が一方当事者の暫定的な主張にすぎず、対抗言論的な機会があるといった民事訴訟の仕組みが重視されてこのような抗弁が認められている。

　#260317 は、訴状における「稀代の大嘘つき」等の記載は訴訟上の主張として常軌を逸する不当なものであるものの、裁判所によって取捨判断される一方当事者の主張にすぎず社会的評価を低下させるものではないことも考慮すると、不法行為としての違法性までは認められないとした。[324]

　もっとも、訴訟行為でも、具体的事案の下では、程度を逸脱し、名誉毀損となることもある（#220720、#290927C 等参照）。

　そこで、訴訟行為とはいえ、当該表現の訴訟活動における必要性や当該表現の内容等を踏まえた判断が必要であろう。

　なお、訴訟の準備行為について #291013B は、損害賠償を請求する通知書の送付も準備行為として許された範囲を逸脱し違法であるということはできないとした。仮差押えも同様（#280525C）である。[325] #280601A はこの法理を労基署への申告にも準用した。[326]

　この点に関連し、近年は、訴訟の経緯を報告する等の目的から訴状、準備書面、判決等をアップロードしたり、訴訟における主張内容をインターネット上で説明することが最近増えており、このような行為に訴訟行為の抗弁が適用されるかが問題となる。

　従来型名誉毀損につき、提訴会見の文脈で、訴訟における書面の提出と異なり、訴訟外で訴訟上の主張をアピールすることは必要不可欠なわけではなく、特段の抗弁事由はないとされている（佃176頁）。

　確かに、訴訟経緯の報告は、裁判の公開や知る権利に資する面はあるものの、準備書面における記載等よりは必要性は劣るのであり、提訴会見と同様、訴訟

---

[324]　最近の否定例に #300111、#291023、#291013B、#290330A、#290322A、#290206、#281214C、#281005、#280912B、#280819B、#280808A、#280712B、#280630C、#280629B、#280603A、#280525D、#280510B、#280526A、#280411B、#280329B、#280225C、#280217C、#280204B、#291109A、#280909D、#280823、#280817、#280809D、#280623B、#280607B、#291212B 等。（そもそも抗弁ではなく社会的評価低下がないとしたものに #280817、#290724）

[325]　差押えによりいかなる名誉毀損が生じたか不明としたものに #290921B がある。

[326]　なお、刑事事件において被告人以外の特定人が真犯人であることを広く社会に報道して、世論を喚起しようとした行為が名誉毀損に問われた事案における違法性阻却の有無につき #510323 参照。代理人による刑事告発につき #290929B 参照。

行為に関する抗弁の直接適用は認められない。

　もっとも、訴訟行為に関する抗弁は適用されないとしても、訴訟における主張は、判決等で最終的に認定される前の一方当事者の主張であるという点で、社会的評価の低下の有無等に影響するだろう。

　#240913 は、投資家向けの IR（インベスター・リレーションズ）情報の「当社の主張（概要）」として訴訟における一方当事者の主張内容であることを明記して公表されたものであり、断定的な事実として公表されたものではないから、ただちに対象者の社会的評価を低下させるものということはできないとした。

　#211209 は、係属中の訴訟における当事者の主張内容であることが明示されていることから訴訟一方当事者の主張にすぎないと理解される部分につき対象者の信用・名誉を毀損するものとは認められないとした。

　#281227A は、ブログにおける一般の閲覧者の普通の注意と読み方を基準とすると、名誉毀損、プライバシー権の侵害による不法行為を理由として、損害賠償等を請求する訴えを提起した事実を摘示するにとどまり、対象者が実際にそのような不法行為を行ったとの印象までも与えるものではないから、同人の社会的評価を低下させるものとは認められないとした。

　また、真実性・相当性の抗弁が認められたものもある。

　#300328B は、上場企業が訴訟に伴い行うプレスリリースについて投資家等への情報提供の意味があり公共性・公益性があるとした上で真実相当性を認めた。[327]

　また、既に訴訟が終わっている場合には、確定判決の認定事実は真実と解される可能性が高い（241頁）のでその範囲の事実を摘示したりそれに基づく論評を行うことが正当化される可能性は高いし、また、対象者としては判決等を示すことで反論することができる。

　#241108A は、前訴の経緯をウェブサイトで報告等したところ、ウェブサイトの閲覧者は前訴に関する事実関係がどのようなものであったのかについて裁判所の認定事実や判断等により真実の情報を得ることができるので、問題とされる記述が対象者の意見ないし論評の表明にすぎないものと認識することができるということを十分考慮することが相当とした。

　#260227 は、和解内容について和解調書を示せば反論できるとして名誉毀損を否定した（325頁）。

---

[327］　なお、真実相当性否定例もある（#290309A）。

その意味で、訴訟に関する報告に、訴訟行為の抗弁が適用されないとしても、裁判例は訴訟と関連するという特殊性を踏まえて判断しているといえる[328]（なお、#300823A や #280223C（労働関係）、#280318A（#281027B では審理対象外）も参照）。

5　故意・過失の欠缺

　通常の名誉毀損であれば、他人の社会的評価を下げる表現は通常故意をもって行われるので、故意・過失の有無はあまり問題とならず、相当性のところで問題となる（247 頁）くらいである。佃は「過失による名誉毀損があるとすれば、公開するつもりのないメモに名誉毀損的内容を書いていたところ、その文書がうっかり外部に伝わり、誰かが多数人に向けて公表してしまった、というように、公表の過程に過失がある場合くらいであろう」とする（佃 108 頁）。
　しかし、インターネット上の名誉毀損においては、従来型名誉毀損よりも、過失による名誉毀損が生じ得るだろう。
　#270414（#260115 を引用）は、警視庁らから対象者をテロリストとする情報が漏洩したことにつき情報管理上の注意義務を怠った過失があったとして国家賠償請求が認容された。
　#300920 は対象者に対する論評ではなく、別人に対する論評のつもりで投稿したとの表現者の主張を排斥するに足りる証拠はないから、本件は主語を明確にすることなく論評したことによって対象者の名誉を毀損した過失の不法行為であると認められるとした。
　#280226A も、懲戒解雇が無効であるのにこれを公表したことについて、懲戒解雇が無効であることを認識し得たはずであるから、少なくとも過失により、違法に対象者の社会的評価、信用を低下させたとした。
（#210311 や #280322C も参照）

328）　なお、#291215B は、判決は広く一般に公開されることが予定された文書ではなく、訴訟関係人以外の者による閲覧には検察官による制限が可能であり、閲覧者にも一定の義務が課せられていること（刑事確定訴訟記録法 4 条、6 条）も考慮すれば、表現者らが、誰でも自由に閲覧可能な本件ウェブサイトに判決の全文を掲載したことは、上記公益目的を実現するために必要な範囲を超えるものといわざるを得ず、専ら公益目的に出たものと認めることはできない等としたが、控訴審 #300913 は仮に、事実の摘示が公益目的のために必要な範囲を超えるものであったとしても、そのことからただちに当摘該事実摘示が専ら公益目的に出たものであることが否定されるわけではないとした。控訴審判決が相当だろう。

6 その他

　その他、団体行動権（佃 374 頁）[329]や総合考慮（#210130A 等参照）等があるが、インターネット上の名誉毀損との関係の深さを勘案し省略する。[330]

329）最近のものとして、#300627、#280704A、#280929C 参照

330）　なお、（一方的）相殺は不法行為であることから認められないが（民法 509 条）、相殺の合意があれば認められる（#300125A）。相債務者による弁済の抗弁を認めたものに #280112A がある。

第 18 章　転載・リンクに関する諸問題

1　はじめに

　インターネットの特徴に、リンク・転載の容易性が挙げられる。
　インターネット上では、他のサイト等にある情報を容易に提示することができる。その方法としては、コピー＆ペースト（コピペ）等による転載という方法もあれば、リンクという方法もある。[331]
　特に、SNS 時代において、Facebook の「いいね！」は非常に頻繁に押されており、Facebook の「いいね！」は 1 日 45 億回押されているそうである。[332] 同様の機能は他の SNS にも存在する。
　また、Twitter では、リツイートという形でシェアしたい他人のツイートを自分をフォローしている人に伝えることができる。
　2 ちゃんねる等の掲示板では、リンクだけではなく、アンカーといって「>>334」のような形で、そのスレッドの他の投稿を参照することができる。それは当該投稿番号の投稿に対する返信等の意味であって、当該投稿番号の投稿内容を前提とした記載と理解されることが多い。
　#281108A はアンカーについて「>」がアンカーと呼ばれ、過去の書き込みに対して返答する際に、その書き込みが誰にあてられたものかを明確にするために用いられる記号とした。
　#280304A は、「>>639」との記載があり、639 の投稿を受けたものとした。（#291226C や #220426 も参照）
　このような転載・リンクについては、確かに当該表現を元々作成したのは第

---

331)　なお、通常のリンク（いわゆるサーフェイスリンク）を念頭に置いており、自己のウェブサイト上に自動的にリンク先の画面が取り込まれるインラインリンク等については考察の対象外である。また、「リンク」等という文字をクリックをするとリンク先に飛ぶような場合と、リンク先の文言がコピー＆ペーストされ、そこからリンクがされている場合では、その評価も変わり得るだろう（もっとも、たとえば、後記（345 頁）のとおり、一般的な抜き書きによる引用においても、存在が摘示されているにすぎないとされる場合がある等、常に前者の場合と後者の場合に結論を異にすると解すべきではない）。
332)　少し古いデータだが、http://suzie-news.jp/archives/8575 参照。

三者であるという理由だけではただちに免責されないものの[333]、様々なシチュエーションにおいて様々な趣旨で転載やリンクがされるのであって、単にリンクを貼っただけ、ないしは転載しただけで常に当該表現につき責任を負うというのも過剰であろう。その観点から、以下、摘示内容の特定、既に社会的評価が低下していることの影響、対象者自身による情報公開の影響等を検討する[334]。

2　摘示内容の特定

(1)　転載・引用

　転載・引用がなされた場合、それが、当該記事の内容を摘示するものか、転載・引用元にそのような記載がある旨を摘示するものかは一般読者基準により判断される。

　その結果、内容を摘示しているとされることがある。

　#280203 は、怪文書の内容を引用するのみならず、その信用性を根拠付ける事情も併せて記載されていることからすれば、一般読者は各事実が摘示されたと読み取るのが通常とした。

　#200227 は、記事中に対象者が手術のミスと技士との連携不足により女児を死亡させたという趣旨の調査報告書を引用したところ、「本件報告書によると」との伝聞の形で紹介されているものの、見出しの表現や文中の記載内容に照らすと、一般読者は、対象者が、手術のミスと技士との連携不足により女児を死亡させたとの印象を受けると解するのが相当であるとした。

　#240529B は、読者である一般人を基準として考えれば、表現者が対象者等に対する批判をする材料として転載しているものと評価できるから、転載された内容それ自体について真実であるとの立証が必要であると認められるとした。

　#200118A は、週刊誌が、「○○が、『◎◎◎◎』(2月27日号)で、実弟との確執を明かした。」として、有名な占い師の弟(対象者)が詐欺を行った旨の別の週刊誌の記事を引用した場合について、一般読者基準に基づくと、そのような内容の記事が「◎◎◎◎」に掲載されている事実のみならず、その内容ど

---

333) ウェブサイト上で書籍を引用した #220830B 等参照。
334) なお、経済産業省「電子商取引及び情報財取引等に関する準則」(2015年7月最終改訂、http://www.meti.go.jp/press/2015/04/20150427001/20150427001-3.pdf) の「II-2 他人のホームページにリンクを張る場合の法律上の問題点」も参考になる。

おりの事実が存在したことを摘示したものと理解されるとした。
(#300130A、#200118A も参照)

　これに対し、存在を摘示しているとされるものもある。
　最高裁は #100717 において、表現者が、対象者の著作の一部をそのまま抜き書きして引用し、これを、表現者の著作物の中に記載し、意見・論評を付した事案について、真実性の対象は「著作物の引用紹介が全体として正確」か、すなわち、引用された著作物の内容が本当に引用されたとおりなのかを問題としており、これは、最高裁が（著作物中の記載の）「存在」が真実性の対象となるとした一例と解される。
　#270615 は、農林水産省の調査チームが、対象者が農林水産省の機密文書の漏えいに関与した疑いが濃厚であるとの調査結果を公表したとの記事を掲載したところ、あくまでもそのような調査結果が存在することを摘示したとした。
　ケース・バイ・ケースの判断であるが、表現の存在を摘示するにすぎないのか、それとも自らその表現を行っているのかは、文章中の他の記載や、その文章の趣旨等に鑑み一般読者に与える印象で判断される。
　#271013 は、「これ、本当ですか？」というように、ある意味では、引用された内容に疑義を入れようとしていると解する余地もあるコメントを加えていたが、短期間に複数回の類似の引用投稿が行われており、形式上疑問を呈していても、投稿全体として当該内容を摘示する趣旨と判断した。
　これは、回数が影響した判断といえるだろう。
　#201003 は、ウェブサイト上の、ある書籍を引用するコラムについて、書評を掲載する「場」として位置付けられているとは認められないことを重視して、一般読者が、書籍の書評であると認識するとは考えられず、むしろ表現者の見解や認識を補強し、又は説明するものと理解されるとした。
　逆にいえば、書評ブログ・書評サイト等一般読者が書評であると理解するような態様の表現であれば、単に、元の書籍にそのような記載があることを指摘したにすぎないと認定される可能性が高まるのではないか。
　なお、転載・引用であることから、表現の趣旨について転載・引用以外の場合とは異なって解釈されることもある。
　#280608A は、野球球団である対象者が新人選手への高額契約金を支払ったことを批判する新聞記事の中で、表現者は「ルール越え」と記載した。通常であれば、これは申し合わせ違反の趣旨と解釈されてもおかしくないところ、当

該「ルール越え」との表現は対象者自身の内部文書にそのまま記載されていた。そこで、東京高裁は対象者の内部文書の記載をそのまま紹介したものにすぎないこと等を理由に、申合せ違反の事実を摘示したものではないとした。

(2) リンク等

(a) リンク

表現者が自身のブログから、「対象者が犯罪を犯した」と書いているウェブサイトにリンクをした場合、表現者自身も対象者が犯罪を犯した旨摘示することになるのだろうか。[335]

リンクについては、名誉毀損の否定例が一定程度存在する。

#270310 は、閲覧者がリンク先の本件ウェブページを読むことを期待していること自体は否定し難いが、そのことをもって単にリンク先の URL 情報を記載する行為を本件ウェブページの記事どおりの記述をした行為と同視することはできないとした。

#270428 は、「おっと、URL が削れてた。あげ直し。」という文言の後に URL を記載したツイートを投稿し、当該 URL には「神の意思が政治結社を作って＃保守を惑わそうとしたが資金集めに失敗してさっさと結社潰した詳細スレはコチラ」として、ドロップボックス上の PDF ファイルへさらにリンクを貼っていたところ、当該ドロップボックス上の PDF の中には、冒頭の記事の中で対象者が暴行行為を行ったという趣旨の言及が 3 行程度存在したという事案で、特段の事情がない限りドロップボックス上の PDF 等を取り込んでいるとはいえないとして、結論として名誉毀損を否定した。

#270129 も弁護士が部下に傷害を与えて逮捕された等のニセニュース URL にリンクを貼った掲示板の書き込みについて、名誉毀損を否定した。

#280126G も別のスレッドにリンク貼った投稿を掲示板にしたところ、リンク先のスレッドには対象者を誹謗中傷する多くの記事があったが、リンクの趣旨は、あくまでも当該リンク先の記事の中に対象者の役職者を名乗った投稿があることを指摘し、当該投稿が問題であるという自己の見解を示すためのものにすぎないとして名誉毀損を否定した。

---

335) この問題について松井は「名誉毀損的な表現にリンクを張っただけでは、名誉毀損を公表したことにはならず、それゆえ責任を問われるべきではあるまい」（松井インターネット 236 頁）としているが、リンクを貼る態様によっては責任が問われる余地があることを否定していないと理解される。

（ハイパーリンクを内容とするSNSへの投稿の削除義務を否定したものとして #280622A も参照。その他 #220630 や #230111、#290324C も参照）

　しかし、肯定例も一定程度存在する。
　#300130A は、リンクにおいて、閲読するよう誘引していることから発信者独自の表現行為とみるのが相当とした。
　#290719C（#300117A で引用）は、リンクをクリックすることによってただちに当該記事を表示させて閲覧することができること及びリンク先の記事が表現者自身による投稿記事であることに照らせば、当該リンク先の記事を投稿するに等しいとしている。
　#271221 はブロガーである対象者に対する掲示板における投稿でURLを貼り付けている部分も容易にリンク先にリンクできるとしてリンク先の内容が名誉侵害に当たることから当該書込みも名誉侵害に当たるとした。
　#271225 は対象者の実名、勤務先及びその経営主体を明記してURLを記載しているのみならず、これを6回にわたって記載しており、読者を同投稿に注目させ、リンク先のアーカイブ記事に誘導しようとの意図が強くうかがわれるものといえるとして、リンク先の記事を取り込んでいるとした。
（その他 #261107、#260328、#251220、#281212B、#291107C も参照）
　では、これらの一見矛盾する裁判例をどのように理解すべきか。
　リンクというのは、様々な目的でされるものであって、リンクの方法（例えば、リンク先の記載を抜書きしているか）、前後の記載や文脈等によって、リンク先の投稿内容を取り込む場合とそうでない場合の双方があり得る。例えば「このようなことを言っている人がいるが、自分は賛成できない」というような趣旨であれば、それは当該ウェブサイトの存在を摘示しているだけであって、自己の表現として取り込んだとはいえないだろう。
　上記裁判例でも、「閲読するよう誘引」（上記 #300130A）、表現者「自身による投稿記事」（#290719C（#300117A で引用））等、一部の肯定例は、なぜ取り込みを肯定するかについて、単純にリンクが存在するというだけではなく、それが社会通念上取り込みと理解すべき理由を付している。逆に言えば、リンクを名誉毀損としなかった一連の判決は、（上記 #270310 で示される単なる閲覧への期待以上に）その具体的な事案において問題となる投稿がリンク先の内容を取り込んだといえないと評することができるかもしれない。
　このような、具体的な取り込みの有無の判断と理解すべきだろう。

(b) リンクと特定

　リンク先とあわせれば対象者を特定できる場合に特定を認めるべきかという問題については別途考察が必要である。

　例えば、「この人が○○殺人事件の犯人です」と言って、対象者の実名ブログや Facebook ページにリンクを貼る場合が考えられる。

　そして、リンク先の記事とあわせれば対象者を特定できる場合は特定を認めるものが多い。

　#280802A 掲示板にリンクが記載されており、リンク先には対象者の氏名とともに同人の写真がアップロードされていることを加味して同定を認めた。

　#260717B は記事中に対象者の経歴を記載したウェブサイトにリンクを貼っていること等から特定を認めた。
（その他、#260425、#251211A、#250925A、#250722、#211127 等参照）

　リンク先の内容が単なる参考情報にすぎない場合でも、リンクには最低限、「そのような情報があることを知らせる」機能がある。そこで、リンク先の情報によってその人が誰かを容易に特定できるなら、原則として特定があったと認められるだろう。

　なお、特殊な状況であるが、何度もリンクを経由することで対象者を特定できる場合に特定を肯定したものがある。

　#270730（原審の #270223C も参照）は、ツイートにつき、問題となったツイートが公開アカウントである第三者へのリプライであるところ、第三者が対象者のツイートをリツイートしており、対象者のツイートから対象者のアカウントにいけば、対象者の YouTube アカウントにいくことができ、さらに YouTube 動画には、対象者の本名が記載されたフェイスブックにリンクされているという状況下で、検索等の作業を伴うことなく、ごく容易に各サイトのリンクを辿ってフェイスブックサイトを閲覧し、対象者を特定できたとした。

　要するに、「表現者のツイート→第三者のアカウント→リツイートされた対象者のツイート→対象者のアカウント→YouTube アカウント→YouTube 動画→Facebook アカウント」という経路をたどって対象者に辿りつけるという状況で特定を認めたのである。

　インターネット上には非常に細かな情報を組み合わせて対象者の特定等を行うことを得意とする人がいることは事実であるが、「一般読者」がそこまでして対象者を特定するのか疑問がないわけではない。

なお、掲示板においては、各スレッドのレス番号を示すいわゆるアンカーも問題となる。「>>65」というアンカーを元に、65番の投稿に対象者の名前があるとして特定を認めた事案がある（#260714参照）。

(3) いいね！

　Facebook等の「いいね！」には、友人等の第三者に対してその記事が拡散するという意味があり、有名人が「いいね！」を押すことで、誰にも知られていなかった名誉毀損的記事が多くの人に知られる場合もある。その限りでは転載と同様の効果がある。ただし、「いいね！」ボタンは1日に45億回も押されている（343頁）ところ、その名のとおりあまり深く考えず、気に入った記事についてボタンを押してしまっている人も少なくないだろう。また、(いいね！を押した人の名前も表示されるが) 基本的には元記事がそのまま表示されているのであって、一般読者は元記事の作者が元記事を書いたものと理解するであろう。そのような行為に対して、どこまで名誉毀損の成立を認めるべきか。

　#260320Aは、(mixiと思われるSNSの)「いいね機能」について、あくまでも、「賛同の意を示すものにとどまり、発言そのものと同視することはできない」として、元の発言が名誉毀損であっても、この発言に対して「いいね！」のタグをクリックしたということをもって、いまだその発言内容について不法行為責任を負うことはないとした。

　このような判断は、1つの解決であろうが、本当にすべての「いいね！」について自己の発言として取り込んでいないと解すべきなのかは疑問である。「いいね！」の責任を問う余地を認めるべき例外的事情が認められる場合もあるのではなかろうか。[336]

(4) リツイート

　リツイートも、ボタンを押すことで簡単に第三者に情報を拡散することができるという点では、「いいね！」と似ている。また、誰がリツイートしたかは表示されるが、元ツイートがそのまま表示されるのであり、「いいね！」と同様、一般読者は元ツイートを呟いたのは元ツイートの作者と理解するのではなかろうか。

---

336) 例えば、明らかに名誉を毀損する記事について、発信力の高い人が、自分が「いいね！」を押すことで、その記事がそれまでの読者とは全く違う層に届き、新たな社会的評価の低下を生むことを理解した上であえて「いいね！」を押した場合等にも本当に#260320Aのように解すべきかは疑問が残る。

もっとも、リツイートについては、表現者にとって厳しい裁判例がある。

#261224Aは、リツイートも、ツイートをそのまま自身のツイッターに掲載する点で、自身の発言と同様に扱われるものであり、表現者の発言行為とみるべきとした。[337]

#271125Aは、非公式リツイートについて、「引用形式により発信する主体的な表現行為」であることを重視して結論として同事案でリツイートした内容もリツイート者の表現であるとした。

確かに、自分がその意見に賛同し、拡散を希望してリツイートすることもあるが、例えば、リツイートした後に「この考えはおかしい」といったコメントをする人もいる。リツイートが賛同を意味するのかについて、必ずしも慣行が確立しているとはいえないのではなかろうか。もちろん、個別の事案においてリツイートを自身の発言と同様に扱ったといえる事情があれば、同判決のような判断の余地はあるが、単なる紹介やコメントの対象等として扱った場合には、少なくともリツイートされた投稿の内容そのものが自己の発言であることを否定し、リツイート対象とされた投稿の紹介や引用をしたことを前提に検討すべきようにも思われる。

3 既に社会的評価が低下していることの影響

(1) はじめに

インターネット上の名誉毀損では、類似の内容が繰り返し転載・リンクされることがままみられる。また、同じ表現者が、別の媒体や同じ媒体で繰り返し同一の対象者について（同一・類似の内容又は異なる内容で）名誉毀損を行う場合もある。

そのような場合特有の問題として、対象者が最初の表現の段階で既に社会的評価が低下していることが、2回目以降の転載・リンク等の表現行為による名誉毀損に対し法的にどのような影響を及ぼすかという問題がある。

同じ人について類似した名誉毀損行為が複数回行われても、ただちに2回目以降の名誉毀損が否定されるものではない。[338]

---

337) なお、元のツイートについて不法行為が成立するとして賠償請求がされていても、リツイートした人物に対し同様に不法行為が成立するとして賠償請求をすることが二重訴訟となるものでもないとした。

もっとも、上記の最高裁判決（#150314）は、既に対象者の犯罪情報を知っている人については、当該情報と同じ情報を知っても名誉が毀損されないことを示唆している（172頁参照）。

　#280909Bも、繰り返し報道されたことによって既に一般の読者の認識となっているとして、記事は、一般の読者の認識と異なるものではなく、対象者の社会的評価を低下させるとは認められないとした。

　#280223Bも、広く社会一般に公開されることを予定した性質の文書ではなく、専らマンションの区分所有者らのみを対象として配付されたも議案書について、当該記載はマンションの区分所有者らにとって周知の事実であるところの対象者の行為を記載したにとどまるとして、周知の事柄にすぎず、事実の摘示に関する部分はもちろん、意見ないし論評にわたる部分も含め対象者の社会的評価の低下を招くおそれがあったとは認めるに足りないといわざるを得ないとした。

　#280517Aは、対象者が電話で妄想としかいいようのないデマを伝えたとの事実を摘示するが、一般閲覧者の普通の注意と読み方からすればいずれも表現者が従前から繰り返し主張してきた内容の一部であって、表現者が別件訴訟等においてそのように主張しているにすぎないものと読めるから、対象者の社会的評価が新たに低下すると認めることはできないとした。[339]

　これに対し、肯定する事案もある。

　#280309Bは、掲示板上の「悪質詐欺師」「犯罪者」などといった投稿につき、同じスレッドで既に先行する同様の投稿が存在するところ、同一のスレッド内において、既に同内容の投稿がされ、対象者の社会的評価が低下したとしても、掲示板においては冒頭からすべて読む者もいれば、一部の投稿のみを読む者もいるから、社会的評価はなお低下しているとされた。

　#290210A（#290727で引用、#291214Aで上告不受理）はブログ上に類似する内容の記載があることが認められるが、それが一般に認識されていたと推認することはできないとして社会的評価は低下するとした。

　#270516は、同内容の投稿であっても再度掲載されることにより、閲覧者の

338）　ある事実が既に公知でも名誉毀損が成立するとした古い判例がある（大判大正5年12月13日刑録22輯1822頁）。

339）　その他#291025E、#200115、#210728B、#240628、#241120、#240911、#211225A、#210526、#200421等も参照。

目に触れる機会が増え、新たな社会的評価の低下等の権利侵害が生じるものであるとした。

#291025A は同じ内容の投稿を複数回閲覧することでその印象が強くなり信憑性が増すこともあり得るとしている。

#280510A は、先行する報道があり、「(FACTA12月号より)」と、先行する雑誌記事からの引用であることを示す付記があるが、既に雑誌の記事等で同旨の事実が摘示され、それによって対象者の社会的評価が低下することがあったとしても、インターネット上の掲示板にそのような社会的評価を低下させる事実を摘示する情報を発信することにより、対象者の社会的評価はさらに低下するというべきであり、表現者の主張は採用できないとされた。

一般読者にとって知られていない場合（#280309B、#290210A（#290727 で引用、#291214A で上告不受理）。なお、#250906、#260929、#241122 も参照）、より広く流通する場合（#270516。なお #291107C も参照）、印象を強める場合（#291025A）等には、なお名誉毀損が生じるだろう。[340]

(6) 転載と損害

最後に問題となるのは、転載と損害である。

ここで、転載と損害には2つの側面があることに留意すべきである。

1つ目の側面は、元の表現者に対する損害賠償請求について、転載されること（され得ること）を損害賠償の増額事由として考慮すべきかである。この点については、肯定すべきであろう。

#241219 は、指圧師である対象者が准強制わいせつで告訴されたことがインターネット上で報道されたところ、慰謝料算定の際、インターネットでの報道は、様々なサイトに転載され、その後、事実に反すると判明した後も長く残り、対象者の実名と結び付けられて検索結果に表示されるとした。

#260424B は、ミラーサイトへの転載を増額事由として考慮した。

ただし、一般論としてこのようにいえるとしても、転載の抽象的可能性があっただけで実際に転載されていない場合や、転載記事のアクセス数を合計しても微々たるものである場合には、増額事由としない、ないし増額の程度を相応のものにとどめるべきであろう（363頁）。

2つ目の側面は、転載者に対する損害賠償の請求である。

---

340) #260515、#261224A、#251112、#291127C、#281205（#290404 により上告不受理）、#300131E、#260529B も参照。

先行表現によって社会的評価が既に低下していることは、たとえ名誉毀損が認められても、損害のところで考慮される[341]。

#220122 は、ウェブサイト上の記事の主要部分が既に大手新聞によって報道されたものであることを加味して慰謝料を30万円とした。

#200415A は、インターネット上に掲載された新聞のバックナンバーが対象者の名誉を毀損したところ、該当事件に関し多くの訴訟が係属し、対象者について数多くの論評がなされていること等から慰謝料を10万円とした。

#200428 は、週刊誌記事について、直後[342]に同様の内容がテレビや全国の主要新聞紙上で報道されており、社会的評価は、本件週刊誌の発売によって低下したとしても、その影響が著しく大きなものであったとまでは認めることができないとした。

4 対象者自身による情報公開の影響

(1) はじめに

インターネットの一般人による公衆への発信（双方向性）という特徴からは、対象者自身が情報発信をしていることも少なくない。そこで、対象者自身が公開している情報にリンク・転載したり、それをまとめる行為の名誉毀損が問題となる。

(2) 一般論

対象者自身が公開している情報を転載する行為が名誉毀損になることもある。

#260716 は、声優である対象者が里子を虐待したとして傷害致死で逮捕されたことを報道した際に、対象者が自らブログで里子を「ゾンビ」みたいと表現していたことを指摘したところ、対象者自身がゾンビとの表現をしていたが、ブログに対比して多数の者が閲覧されることを理由に社会的評価の低下を認めた（ただし、真実性の法理を適用）。

#240831B は、ブロガーである対象者が自ら公開した私的情報であっても、これを使用して対象者の名誉を毀損したなら名誉毀損として不法行為を構成す

---

341) 例えば、「窃盗の前科5犯を有する者が『6件目の万引きをした』と報じられたがそれが誤報だった場合」には、一応名誉毀損を認めるがその損害の額のところで考慮すべきであるとされている（佃60〜61頁）。

342) 「直後」とされているが上記（335頁）のとおり、損害については事後的な事情も考慮することが可能だろう。

るものというべきとした（結論において社会的評価の低下を否定）。
（その他、#210513B、#240927B等参照）

　確かに、ほとんど誰も見ていないと思って安易に公開していた記載について、第三者がこれを転載し、大々的に公開されることで、大きく名誉が毀損されることがある。その意味で、自ら公開した事実についても、全く名誉毀損法による保護に値しないわけではない。[343]

　とはいえ、自分で公開していることは、少なくとも社会的評価が低下しにくい方向に働く一事情といえるだろう。

　#210128は、手記を寄稿する等して、自ら盗聴事件を総指揮して実行させた事実を発表した対象者について、当該事実は公然化し、対象者の社会的評価は既に低下しており、かつ、対象者は、同事実に係る自己の社会的評価に関する法的利益を自ら放棄していたものというべきとした。

　#210703は、対象者が作成した調停申立書の写しを配布したところ、対象者の主張するところをそのまま明らかにするものにすぎないから、これをもって対象者の名誉が毀損されたということもできないとされた。

　インターネット上の名誉毀損の文脈でも同様の判断がされたものがある。

　#251211Aは、交際相手との旅行や高価な服飾品の贈与を受けたことを記載するブログを書いていたネット上の有名人である対象者を、「若気の至りで、目先の利益に目がくらんで、年上の金持ちに貢いでもら」っていると評した投稿について、対象者のブログの読者は、対象者が資力のある年上の交際相手から、一般人では通常は受け取ることができない高額の服飾品等の提供を受ける利益を得ていると認識することも十分あり得るというべきであるから「年上の金持ちに貢いでもらう」として事実を摘示する部分は、ブログの性質や、対象者が公開した情報の内容とこれを閲覧する者の認識の内容に照らし、ただちに対象者の社会的評価を低下させるものとはいえないとした。

　場合によっては、自らが公表したことで、当該事実についての社会的評価に関する法的利益を放棄したとみることが可能な場合があるし（上記#210128参照）、自ら公表した事実への論評については、そのような事実を公表する以上一定程度は甘受しなければならないと解されることがあるだろう[344]（上記

---

343) なお、非公開手続で提出された書面がインターネット上でみだりに公表されることがないという書面提出者の期待ないし利益は法的保護に値するとして、損害賠償を命じた#171025も参照。

#251211A 参照)。

(3) 同意・承諾

　名誉権は個人が処分できる権利であるから、本人が承諾していれば名誉毀損にならない。対象者自身が公開している情報については、表現者がこれを転載等することについて「同意」があるのではないか。

　#200617 は、女優（対象者）の離婚に関する雑誌記事について、対象者が離婚等をウェブサイト等で発表してきたとした上で、対象者自身によって広く一般に公開された事実であれば、一定の限度はあるものの、他者によって対象者に関する情報の一部として再利用されるであろうことは当然に理解した上でなされていると考えることができるから、その公表された範囲内の事実を週刊誌などで取り上げることについては、対象者の一般的な承諾があるとした。しかし、広い意味で対象者自身がウェブサイトなどで公開している事柄に関連する事実であったとしても、現に公開している事実そのものであるか、あるいは、公開している事実から当然に導き出される事実でないならば、それらの事実について対象者が公開しているとはいえないのであるから、公開による承諾又は推定的承諾があるといえないとした。

　要するに、公開された事実そのものや、公開している事実から当然に導き出される事実であれば推定的承諾が認められても、それに単に「関連する」だけの事実については推定的承諾が認められるとは限らないということである。

　この事案は女優に対する名誉毀損が問題となっており、一般人についてどこまで当てはまるかという射程の問題は別途考慮が必要であろう。例えば、女優ということは、その職業柄、自らに関する情報を第三者が利用することを予見できるといえ、このような予見をしながら情報を公開したことが推定的承諾を認める根拠と考える余地があろう。

　このことを勘案すると、インターネット上の名誉毀損の文脈では、いわゆるインターネット上の有名人であれば、それが社会一般における有名人ではなくとも、自らに関する情報を第三者が利用することを予見できると比較的いいやすい。また、「いいね！」や「リツイート」等で第三者がSNS上の投稿を再利用（転載）することが容易なSNSについては、一般人であっても一定の範囲で推定的承諾を認める余地があるようにも思われる。[345)]

---

344) その他、主に侮辱の文脈だが、自ら「世に問うてみたい」として雑誌に掲載した文章への批判であることを不法行為否定の方向で考慮した #270324C も参照。

(4) まとめサイト

　SNSや掲示板の発言を編集し、そこにコメント等を付す、いわゆるまとめサイトが人気を博している。しかし、そこで取り上げられることで「祭り」や「炎上」につながることもあり、悪用されれば、被害を拡大させてしまう。

　上記のとおり、SNS上で対象者が自ら行った発言であれば、それを第三者が転載したとしても、推定的承諾等として名誉毀損にならないことも多い。

　しかし、単なる転載ではなく、それに自らのコメントを加えていれば、コメントの内容いかんで名誉毀損にはなり得るだろう。

　#260912は、ツイッターの発言を集めるまとめサイトにおいて対象者の発言をまとめて、「脱原発・放射脳」「オークショントラブル・独善的で一部では有名」「自己陶酔的」「自分に甘く他人に厳しい」等と表現したことは、通常の読み方をすれば、対象者が、原発問題や放射能問題に関し、事実や情報を曲解誇張して過剰に放射能の脅威を主張する人物であり、また、関係者の間では独善的で有名な人物であって、オークショントラブルをも抱えている人物であると受け取るということができ、社会的評価を低下させるものといえるとした。

　#300628（#301211で上告不受理）も、まとめサイトの投稿の名誉毀損が問題となった。この事案で、まとめサイトの管理者である表現者が、2ちゃんねる（以下、2ch）の情報のまとめサイトであるから2chの記載内容以上の情報を伝えるものではないなどと主張したが、当該まとめサイトは、表現者が一定の意図に基づき新たに作成した記事（文書）であり、引用元の2chのスレッド等からは独立した別個の表現行為であり、素材は2chにあるとしても、情報の質、性格は変わっているとした上で、引用元の投稿を閲覧する場合より記載内容を容易かつ効果的に把握することができるようになっている上、読者に与える心理的な印象もより強烈かつ扇情的なものになっているというべきであり、2chの読者とは異なる新たな読者を獲得していることも否定し得ないとして、まとめサイトは新たな文書の「配布」であり、新たな意味合いを有するとした上で、賠償を認めた。

　まとめ方や強調方法等によっては、まとめサイトが独自の表現として賠償責

345）ただし、SNSも様々であるし、投稿方法も様々である。例えば、実名SNSで公開で投稿した内容の転載等の事案と、匿名SNSで少数のフォロワーのみに閲覧対象を限定して投稿した内容がスクリーンショット等の形で大々的に広がり炎上する事案では、当然に判断は異なり得るだろう。

任を負う。

(5) 真実性・相当性の抗弁の適否

　ここで、自己が公開した内容であれば通常真実性が認められるし、少なくとも相当性が認められるだろう。しかし、いくらインターネットで有名であっても一私人である場合も多い。そこで、このような者について論評することに公共性・公益性があるかが問題となり得る。

　インターネット上の名誉毀損ではないが、#280714Cは、対象者が、自らの意思により、自らの意思に沿う態様、内容で小説の出版という方法により、すべて真実（ノンフィクション）であるとした上で私生活部分を公にしていることからすると、対象者は、少なくとも、私生活部分であったとしても、小説に記載された部分については、批判の対象等、公的な議論の対象となることを容認していたと評価することができることを重要な理由の1つとして公共性を認めた。

　インターネットについても、#250620は、上半身裸で街中を歩く姿を動画で撮影しインターネット上で公開した対象者についての論評は、インターネットを通じて不特定多数の者に動画配信を行うことを目的に、公道や飲食店などといった公の場で撮影をした対象者の行動であるから、公共の利害に関する事実に係り、かつ、その目的は専ら公益を図ることにあるといえるとした。

　インターネット上の有名人一般について常にこのようにいえるかは慎重な検討が必要だが、少なくとも自ら積極的に発信して有名人となることを選択し、客観的にも当該界隈で一定以上の知名度を獲得しているといった場合にはこのような要件に当てはまる場合もあり得るだろう。[346]

---

[346] なお、公共性の文脈ではないが#240831Bは「オフィシャルブログ」に登録されたブログの作成者については、芸能人・有名人として、一般人とは異なり、人々の注目を集めるに値する存在として特別に扱うべきことをブログの運営元が認定したものと認識するのが通常であり、対象者自身もブログの閲覧者から芸能人などと同等ないしこれに近い扱いを受けることを容認していたものというべきであり、ブログ等で公開した内容に対しては、芸能人等と同程度の賞賛ないし批判にさらされることを予想した上でブログ等に記載し、写真等を掲載していたものというべきとしている。

第19章 救済

1 はじめに

(1) 対象者にとっての救済手段

インターネット上で名誉を毀損された対象者は、多くの場合インターネット上で進行中の名誉毀損状態を排除するため、その削除を求めたいと考えるであろう。また、それによる救済として損害賠償や謝罪広告等を求めたいと考えるかもしれない。ただし、インターネット上では匿名の表現者による名誉毀損が頻繁に行われる。そこで、そのような請求の前提として、表現者の情報を開示（発信者情報開示）するようプロバイダに対して請求することになる（発信者情報開示請求）。

(2) 「不法行為」を前提とするものとしないもの

例えば、損害賠償（民法709条）や謝罪広告（民法723条）は、不法行為の成立を前提とする。つまり、不法行為の全要件を満たさない限り、損害賠償や謝罪広告を求めることはできない。

これに対し、人格権や条理に基づく請求、例えば削除請求であれば故意・過失等の不法行為の各要件を満たさなくともこれが認められる可能性がある[347]。とはいえ、（いわゆる相当性を故意・過失に位置付ける前提の下、）相当性の抗弁が成立し得る（又はそのような状況が推認される）にもかかわらず、（損害賠償請求は棄却しながら）人格権に基づく主張だという一事をもって削除等の請求を認めるという結論を取るべきかは疑問である。

また、プロ責法に基づく開示請求においては必ずしも不法行為の成立は前提とされていない。もっとも、例えばプロ責法4条1項1号は「権利が侵害されたことが明らか」であることを要件の1つとしており、その結果として、不法行為の主要要件についての立証が実質的に必要となることがある（プロ責法については38頁）。

---

347) 清水57〜58頁、八木他346頁等。

(3) 救済手段相互の関係

各救済の要件が満たされていれば、同時に複数の救済を求めることもできるし、いずれかのみを求め他を求めないこともできる。(時効期間等の問題を除けば) 最初に特定の救済を求め、次に別の救済を求めることもできおよそ禁止されるわけではない。[348]

例えば、通常は損害賠償請求と謝罪広告請求は同時に行うが、一方のみを行うこともできる。[349]

2 損害賠償

(1) 慰謝料

(a) はじめに

慰謝料とは、物質的損害ではなく精神的損害に対する賠償、いわば内心の痛みを与えられたことへの償いを意味する (#060222 参照)。名誉毀損が認められれば、対象者の社会的評価が低下し、それによって対象者の精神的損害が生じることから、慰謝料請求は名誉毀損における典型的な請求である。[350]

ここで、一部の裁判例は、仮に、対象者の名誉を毀損するものであったとしても、対象者に損害が生じたとは認められない (#280205D)[351] 等として、名誉は毀損されても、損害が発生しないことがあり得るとする。しかし、例えば、不快感を与える程度で、社会的評価を名誉毀損を成立させる程度に低下させるものでなければ、そもそも社会的評価の低下を否定すべきであろう (98 頁)。

このような慰謝料の金額については、諸般の事情に鑑みて裁判所がその裁量により判断すべきとされている (#380326 参照)。[352]

歴史的に、名誉毀損の慰謝料は低廉であった (佃 332 頁)。従来は、いわゆる 100 万円ルール[353]といわれ、慰謝料額が 100 万程度に抑えられていた。しか

---

348) ただし実務上は効率性の観点から、例えば 1 つの仮処分申立書で削除と発信者情報開示を求める等、それが可能な場合には同時に複数の救済を求めることも頻繁にみられる。
349) #270304 は、表現者である町が、広報誌の町長からのメッセージ欄において対象者である町議会議員が誹謗中傷ともいえる瓦版を出して町民を混乱させた等と記載したことから、対象者が謝罪広告のみを請求し、これが認容された。
350) なお、法人に関しては 155 頁。
351) あくまでも名誉毀損ではないとした上で、「仮に」名誉毀損であったとしても、対象者に損害はないとしている事案であることに留意が必要である。
352) その他、#400205、#090527B 等が参考になる。

し、慰謝料額については様々な議論がある[354]。

(b) 慰謝料算定の考慮要素

従来型の名誉毀損に関する慰謝料算定の考慮要素に関する議論の一部を紹介しよう。

升田は、
・毀損された名誉・信用の内容
・名誉毀損の広がり
・毀損行為の内容・態様・手段・目的・悪性
・被害者の社会的な地位・職業・信用
・名誉毀損に至った事情
・名誉毀損後の名誉回復措置
　等を挙げる（升田（上））。

塩崎は、
・被害者の年齢・職業・経歴
・被害者の社会的評価
・被害者が被った営業活動上・社会生活上の不利益
・加害行為の動機・目的
・名誉毀損事実の内容
・名誉毀損事実の真実性・相当性の程度
・事実の流布の範囲、情報伝播力
等を挙げる（塩崎）。

佃は、
・報道された情報にかかわる要因
・報道の場所的範囲の広狭、密度
・報道の影響力の大小
・報道の内容や表現の態様
・報道の真実性の程度
・報道者側の要因
・報道機関の影響力の大小

---

353) 例えば、升田、特に（上）等。
354) なお、山田悠一郎他「インターネットでの名誉毀損の慰謝料はなぜ安いのか？〜名誉毀損慰謝料算定の定式化を見据えて〜」情報ネットワーク法学会第18回研究大会個別報告参照。

・取材対象や取材方法の相当性
・真実相当性の程度
・被害者側の要因
・被害者が被った現実的な不利益や損害
・被害者の職業、年齢、社会的地位、経歴
・被害者自身の持つ名誉回復の可能性

等を挙げる（佃341頁）。

(c) 慰謝料高額化・定型化の提言

ここで、塩崎13頁は死亡慰謝料が2001年当時2600万円であったこと、及び当時の労働者の平均年収（約496万円）を参考に、500万円程度を一般的な平均基準額とすることを主張した。

2001年5月17日に司法研修所において、「平成13年度損害賠償実務研究会」が開催されたが、その研究結果の要旨では、塩崎を引いた上で「500万円程度を平均基準額とすることも一つの考え方であり、実務的にも参考になる」とされた（司法研修所）。また、同要旨においては、損害算定基準定型化のため、

・動機・目的
・記事内容
・真実性
・相当性
・配布の方法と範囲
・配布により得た利益
・被害者の社会的地位
・社会的評価の低下の程度
・営業上の不利益
・社会生活上の不利益
・被害者の過失
・配布後の被害回復措置

のそれぞれにつき±最大10の加減点を加え、1点を10万円として最終的な損害賠償額を算定するという定型化された算定基準についても「一つの方法」とされ（司法研修所）、一部の弁護士はこれを元に計算して慰謝料を請求している（#280701参照）。

このような、慰謝料額の高額化、定型化に向けた提案については、特に高額

賠償が相当な事案にも低廉に抑えられてきた慰謝料額の見直しを図るという意味で一定の評価を与えることは可能である。

しかし、このような急激な高額化志向に対しては、最近の裁判例には首を傾げたくなるケースがある等とも批判されており（佃334頁）、極端な話ではあるものの、一部では裁判所が政治的圧力に屈したとさえ評する者もいる[355]。

確かに、どのような事案をもって500万円の賠償に値する「平均的」な名誉毀損というのかの判断は困難であるし[356]、多様な事案の個性を汲まない定型化は弊害が大きいだろう[357]。加えて、例えば1点10万円の定型化を行う場合には何をどのくらいの重みをもつ増額・減額事由とするかについてある程度コンセンサスが成立する必要があるが、この点の共通認識の有無についても疑問が残る[358]。

司法研修所による提言から約20年が経過した。約20年の月日を経て、500万円は「一般的な平均基準額」にはならなかったと評することができる。確かに、高額慰謝料事例はあり、1000万円の慰謝料を認めたものも存在する[359]。また、最近でもインターネット上の名誉毀損において慰謝料700万円を認めた例もある（#270820C）。しかし、一般には、2008～2009年の中央値が60万円、2010～2011年が50万円、2012～2013年が50万円、2014～2015年が45万円、2016～2018年が50万円である（表3）[360]。これらは、判決に至り、そのうち商用データベースに収録されたものであることから、例えば、裁判所が比較的高額の慰謝料を認めるとの心証を示したところ、表現者が支払える範囲の額の賠償金と今後の投稿禁止等で合意して和解する例等は含まれない[361]。その意味ではインターネット上の名誉毀損における損害賠償の標準を約50万円だ、と考える

---

355) 飯室勝彦『包囲されたメディア』（現代書館、初版、2002）63頁。
356) ただし、井上繁規は、上記算定基準表による加減を具体的な事例に当てはめている（井上繁規「損害賠償請求訴訟における損害額の算定」判タ1070号14頁）。
357) その意味では、当該司法研究をきっかけに行われた判例タイムズ紙上の特集記事の中では、鬼頭季郎「名誉毀損事件の損害額の審理と認容額について」判タ1070号28頁の指摘が比較的落ち着きがよいと思われる。
358) 例えば、司法研修所13頁では、著名人であることを損害賠償増額事由としているが、摘示される内容によっては、むしろ市井の人のほうが損害が甚大になる可能性もあるとも指摘されている（佃336頁）。
359) #210326（ただし#211216で700万円に変更）、#130705（ただし不利益変更禁止により500万円を認めた原判決を維持）、#130327、#110630、#110215、#131011等。
360) なお、2014年以前の裁判例のみを取り扱っているが西口他も参照。
361) 裁判所が高額の賠償が相当だとの心証を示したが、早期に幅広い範囲での投稿禁止についての債務名義を取得することを重視して和解に切り替えた事案等が存在する。

べきではない。とはいえ、約50万円ではなく、(仮に「100万円ルール」にならって)100万円程度が標準だとしても、その水準が妥当かはさらに検討を要するだろう。

(d) インターネット上の名誉毀損であることは加減いずれの要素か

ここで、インターネット上の名誉毀損であることが、慰謝料の増額要因になるか減額要因になるかは興味深い問題である。要するに、全く同じ対象者に対し全く同じ表現者が、全く同じ表現をした場合において、それがテレビ・雑誌・書籍等の他の媒体において行われた場合と比べてインターネット上で行われた場合にはより多くの慰謝料を支払うべきか、それともより少ない慰謝料を支払うべきかという問題である。

例えば、上記の司法研修所の研究会で提案された表においては、インターネット上の名誉毀損であることをテレビにおける名誉毀損と共に<u>増額要素の筆頭</u>として挙げている（司法研修所13頁）。

確かに、インターネット上の名誉毀損は即時に全世界に伝わり、削除も容易ではない。しかも、一度炎上すれば、テレビと同様か場合によってはそれ以上の多くの人にそのような名誉毀損投稿が伝わることもある。[362]その意味では、インターネット上の名誉毀損において、従来型名誉毀損と同等以上の慰謝料額を認めるべき場合は当然にあるだろう。

しかし、裁判例をみると、むしろ、インターネットに特徴的と思われる点を、慰謝料減額事由として認めるものもある。例えば、信用性の低さ（#200905、#210203B、#260528、#241015、#241220B、#221021A 等参照）、批判・反論、問題提起等公益に資する目的もあったこと[363]（#230112（#230708Aで上告棄却等）、#240529B、#230530、#210911A 等参照）、反論の可能性（#240112 等参照）[364]、記事

---

362) 例えば、#260919（#291129Aで上告不受理）は、ツイッター上の名誉毀損につき、一旦インターネット上に上げられた情報には永続性があり、検索機能を使用することによりいつでもどこでも情報にアクセスすることができ、さらに、取得した情報はこれを拡散しようと思えば手元の操作で容易にできる。これらは紙媒体ではなかった特徴であり、それ故にインターネット上の名誉毀損や侮辱の被害は、新聞紙・雑誌や書籍などによる名誉毀損や侮辱の被害の程度と比較して著しく大きいものとなり得る。とりわけ表現者のフォロワーは2万人以上おり、これらが投稿を閲覧し又は閲覧できる状態に置かれていたことになる。その上、さらにリツイートされればさらに拡散の範囲が広がることになるとした。

363) このことは、対象者の違法行為等を批判・告発等しようとして行われたインターネット上の表現がいわゆる「ギリギリアウト」で名誉毀損となった場合の慰謝料額が少額であるべきことを示唆する。

364) ただし、具体的事案における否定例に #200905 もある。

第 19 章　救済

表 3　平成 23 年代（2008

2016〜2018				2014〜2015	
7,000,000	#270820C	500,000	#280805A	3,000,000	#260226
3,000,000	#300412	500,000	#280427B	1,500,000	#260120
3,000,000	#291227A	500,000	#280411A	1,098,000	#270121
3,000,000	#281227A[*1]	500,000	#280126H	1,000,000	#270930B
3,000,000	#280425B[*2]	450,000	#280602A	1,000,000	#270217A
2,500,000	#300717[*3]	400,000	#281128D	1,000,000	#260424B
2,000,000	#300712B	400,000	#281012C	1,000,000	#260411B
2,000,000	#281124F	400,000	#280804	1,000,000	#260328
1,800,000	#300628[*4]	400,000	#280621A	800,000	#270129A
1,500,000	#281216E[*5]	300,000	#300920	800,000	#260820
1,500,000	#281214D[*6]	300,000	#300817	500,000	#270611
1,500,000	#281019C[*7]	300,000	#300528	500,000	#261128
1,500,000	#280127D[*8]	300,000	#291127C[*20]	500,000	#261111A
1,000,000	#300914C[*9]	300,000	#290712B	500,000	#261111B
1,000,000	#291122A[*10]	300,000	#290608C	500,000	#260929
1,000,000	#281205[*11]	300,000	#290329D	500,000	#260924
1,000,000	#281129A[*12]	300,000	#290306A	500,000	#260117
1,000,000	#280825A[*13]	300,000	#281226B	450,000	#270316
1,000,000	#280714C	300,000	#281226C ○	450,000	#261209B
1,000,000	#280701	300,000	#280921B	400,000	#270521
1,000,000	#280609A[*14]	300,000	#280902D	300,000	#270205B
1,000,000	#280204D[*15]	300,000	#280822B	300,000	#270115B
1,000,000	#280127B[*16]	300,000	#280721B	300,000	#260625
800,000	#300110	300,000	#280712C	300,000	#260324
800,000	#291226A	300,000	#280601B[*21]	300,000	#260122
800,000	#291107C	300,000	#280422D	250,000	#270206
800,000	#290713A	300,000	#280203	200,000	#270728
800,000	#290213B	200,000	#291026G	200,000	#270330
800,000	#290210B[*17]	200,000	#281202	200,000	#270318
800,000	#290127	200,000	#281129E	200,000	#261224A
700,000	#290619[*18]	200,000	#280209C	100,000	#270730
700,000	#290224B[*19]	150,000	#281025	100,000	#270203
700,000	#280330D	100,000	#291218B	100,000	#260818
600,000	#281227B	100,000	#291102B	100,000	#260619
500,000	#300130E	100,000	#290915C	60,000	#270217B
500,000	#300117A	100,000	#290116B	50,000	#260528
500,000	#291108B	100,000	#280721A	30,000	#260612
500,000	#290321	100,000	#280217B		
500,000	#290131E	40,000	#281130F[*22]		
500,000	#290130A	10,000	#300125A[*23]		
○ 500,000	#281124B				

*）入手できた最終の事実審（例えば #240323 であれば差戻し控訴審の #240829）を基準としている。プライバシー等他の権利侵害や従来型名誉毀損が同時に評価されて慰謝料が算出されており、そのような純粋なインターネット上の名誉毀損以外が相当以上の意味を持つと解される事件を除いていることに留意されたい。＊1 間接強制金 3 万円充当。＊2 #281101B 及び #281101C で上告不受理。＊3 新聞等にも掲載。＊4 #301211 で上告不受理。

年〜）の慰謝料額＊）

2012〜2013		2010〜2011		2008〜2009	
3,000,000	#241108B	1,500,000	#220319B	4,000,000	#201001B
1,500,000	#241220A	1,500,000	#220127	2,000,000	#201003
1,200,000	#240827B	1,000,000	#231226	1,300,000	#210617
1,000,000	#251127	1,000,000	#230921B	1,200,000	#200416
1,000,000	#250520	1,000,000	#230128	1,100,000	#211016B
1,000,000	#250118A	500,000	#230112	700,000	#211021
1,000,000	#241220C	◯ 500,000	#221021A	◯ 700,000	#210203B
1,000,000	#240529B	500,000	#221012	500,000	#200905
1,000,000	#240209	300,000	#231012	500,000	#200523
500,000	#251206	300,000	#230629	400,000	#201016A
◯ 500,000	#250925A	300,000	#230530	300,000	#210511
500,000	#241220B	300,000	#230425A	200,000	#210911A
500,000	#241203	200,000	#230309	150,000	#210513C
500,000	#240710	50,000	#230929	100,000	#210121
400,000	#240829				
300,000	#250514				
200,000	#251202				
200,000	#240112				
150,000	#251211C				
150,000	#240809A				
50,000	#251218				

＊5 ただし、弁済充当あり。＊6 リベンジポルノ的案件。＊7 週刊誌とウェブ。＊8 記者会見込み。＊9 パワハラ。＊10 ただし雑誌メイン。＊11 #290404 で上告不受理。＊12 ストーカー。＊13 脅迫的案件。＊14 原審の #271216B を参照。＊15 文書込み。＊16 営業妨害込み。＊17 週刊誌とウェブ。＊18 街宣込み、#291129A で上告不受理。＊19 プライバシーとあわせて。＊20 報道につき 80 万が認められている。＊21 新聞とネット記事、#290207A で上告不受理。＊22 プライバシー侵害は別途慰謝料算定。＊23 相殺合意。

を全部又は一部を削除していること（#230425A 等参照）、他の投稿に便乗しただけの抽象的な記載であること[365]、対象者を匿名とした記事であること[366]等である[367]。

結局、「インターネット上の名誉毀損であることが、慰謝料の増額要因になるか減額要因になるか」という問題の立て方自体があまり適切ではないだろう。むしろ、具体的投稿について、個別具体的な判断を行うことが相当と思われる。

インターネット上の名誉毀損において特に問題となりやすいものとしては、
- どの程度の数のアクセスがあったのか
- どの程度の期間インターネット上に掲載されているのか
- どのような投稿（分量、過激さの程度、抽象性・具体性の程度、匿名性等）なのか
- 当該表現は、どの程度の信用性があるものとして受け止められるのか
- どのような目的で当該表現がなされたのか（公益目的、他の投稿への便乗等）[368]
- 反論はしているか／容易か
- 実害が発生しているか
- 執拗性（繰り返し回数、仮処分や警告等を意に介さない態度か）

等が重要な要素となるだろう。

例えば、上記の #270820C は、対象者になりすまして、強姦してくれる人を募集している等という投稿をしたものであるが、このような過激な投稿により、実際に、対象者の周りに変質者が現れる等の実害が生じており、多額の賠償を認めた。このような実害が生じている場合には賠償は高額になりやすい[369]。

また、例えば、#291227A は、長期間にわたり継続的かつ執拗に対象者の権利を侵害する内容の膨大な量の記事を掲示板に掲載し続け、判決等を意に介す

---

365) そもそも具体的な事実の摘示を欠いている他、ほかの記事に便乗したものであるにすぎないことを慰謝料減額事由と解した #201105C 参照。
366) インターネット上の名誉毀損は中心問題ではないが #260129B 参照。
367) その他投稿の応酬の結果であることを考慮した #211027 等も参照。
368) なお、#290327C はインターネット上の名誉毀損ではないが慰謝料額は記載内容の真実性、公共性や公益目的の有無・程度等を勘案して計算するとした。
369) 表現者の一人については、慰謝料 700 万円と弁護士費用 70 万円、もう一人の表現者については慰謝料 500 万円と弁護士費用 50 万円を認め（550 万円は連帯）、さらに調査費用 57 万 7500 円の賠償も認めており、計 827 万 7500 円と遅延損害金となる。同判決のより詳細な分析につきウェブ連載版『最新判例にみるインターネット上の名誉毀損の理論と実務』第 32 回「インターネット上の名誉毀損に関する最近の高額賠償事例」参照（https://keisobiblio.com/2016/12/22/matsuo32/）。

ることなく違法な記事の掲載を続けていること等に鑑み、プライバシー侵害とあわせ慰謝料は300万円としており、執拗かつ大量の投稿が重要な要素となっている。

　これらのうち例えば掲載期間やアクセス数が実務上重要な要素とされているところ、興味深いのは#270121であり、1日当たり2000円という期間を基準に慰謝料を算定している[370]。このような算定手法は必ずしも一般的ではないが、裁判官が期間等上記の要素を重視していることを裏づけるものといえる[371]。
　このような事情を踏まえて慰謝料が判断される[372]。

　なお、アクセス数について一点補足しておきたい。インターネット上の名誉毀損が社会的評価を現実に低下させる過程としては、例えば掲示板の当該スレッドに常駐する他のユーザーが閲覧するとか、SNSのフォロワー・友達等が閲覧するというルートもあるが、検索によるエクスポージャーは重要である。そして、検索をしてそのような名誉毀損投稿を閲覧するのは、企業なら、取引先や就職希望者等、企業への関心を持っている人ほど目にするので、仮にマスメディアほど伝播数・範囲が少なくても、被害が相対的に大きくなりやすいことは留意が必要である。例えば、#280902Dは、ふくよかな体型の女性に関する掲示板について、閲覧範囲は限られているが、逆にいえば、交友関係が既にあったり交友関係を形成する可能性があった者が多く含まれていることを考慮すべきとした[373][374]。

　(e)　実損害（具体的損害）

　例えば、名誉毀損の被害を受けたことで、単に精神的苦痛を被っただけでは

---

370)　掲載期間やアクセス数の多さを増額事由と捉えたものとして、#270930B、#201003等参照。その少なさを減額事由として捉えたものとして、#270330、#270129A、#240829等参照。
371)　特殊な事例であるが、#300709は氏名及び出自・国籍に関する虚偽投稿への慰謝料について掲載期間に応じて1か月あたり1万5000円と認めるのが相当とした。
372)　名誉毀損で比較的損害賠償が高額なもののうち特殊なものとして示談金300万円を支払った#280627や500万円の和解金が会社法120条の利益供与ではないとされた#290131A参照（300万円を相当と認める#280608Aも参照）。逆に1万円としたものに#300125A、#290201D、4万円としたものに#281130F、5万円としたものに#280210Dがある。
373)　なお、最近では、従来型名誉毀損の慰謝料算定においてインターネット上での名誉毀損が考慮されることがある。
　　#280426Gは、名誉を毀損する文書と同様の記事がすでにインターネット上に掲載され閲覧可能な状態であったことをマイナス要素として慰謝料を算定し、100万円とした。
374)　ただし、少なくともこの判決の認めた慰謝料額は慰謝料30万円である。

なく、売上げが低下したであるとか、メンタルクリニックに通院した等、実損害が生じることがある。不法行為における損害論の原則論は名誉毀損でもあてはまり、不法行為と因果関係のある具体的な損失が発生していれば、それについて損害賠償を求めることができるのは当然である。

#240827Aは、対象者である会社の名誉を毀損するブログ記事によって、①潜在的顧客の依頼の減少により、対象者の売上げは少なくとも40万円減少したこと、②従前からの顧客が契約を早期解約したことにより、対象者の売上げは80万円減少したこと、③対象者の従業員が本来必要のなかった業務に従事したことにより、96万円の損害を被ったこと、④対象者の従業員が退職したため、対象者は新たに求人をするための広告費用として29万6000円を出捐したことが認められるとして、245万6000円の財産的損害を認定した。

#280425Bは、対象者が事実無根の「募金詐欺」を働いたなどと責め立て、その名誉を毀損する様子をインターネット上に公開した事案で、対象者の治療関係費3万250円を損害と認めた。

(#270420等も参照)

もっとも、このように実損を認定する事案例は少ない。[375]

実際には、対象者が逸失利益等の損害を主張したものの、その主張が否定された例が大多数である。多少詳しめの認定をしたものを、以下例示しよう。[376]

#280126Hは、ニュースサイト上の対象者である旅行会社が倒産したとの誤報について、売上げ減少等を主張したが、固定客とネット広告を見て申し込む個人の比率などは明らかではないことからすれば、対象者が主張する粗利の数字を採用することはできないし、当時存在した外交問題等の外的要因が影響した可能性は否定できないこと等からすれば、対象者らが主張する売上げ減少等と本件記事との間に相当因果関係があると認めることはできないとした。

#251220は、売上げの差額が対象者の損害という主張に対し、「売上は、多様な要因によって上下する」等として因果関係を否定した。

#260328は、ペットショップにつき予約のキャンセルが相次いだと主張したが、予約のキャンセルが多数発生している事実が認められるもののキャンセル

---

[375] 例えば、取引先を喪失したことによる逸失利益については、名誉毀損言論と取引先の喪失との因果関係の立証は困難であろうともいわれるところである（佃314頁）。

[376] その他 #290213B、#291102B、#211116、#260820、#210617、#280127B、#281124F、#291026G、#271007、#241016、#251220、#281129C 等参照。

の理由は判然としない等として相当因果関係のある損害を認定できないとした。

では、実務家としては、実損を主張することに、何の意味もないのか。筆者（松尾）はそれでもなお実損があるならば、実損を主張すべきと考える。

まず、民訴法248条は損害が生じたことが認められた場合に裁判官が相当な損害を認定できるとする。[377] 名誉毀損の文脈でもこれを用いて肯定する例もある。

#230921Bは、対象者の主張する有形的損害の発生を否定した上で、対象者の名誉又は信用が毀損されたものと認められる以上、何らかの経済的損害が生じているものと合理的に推認できることから、民事訴訟法248条を適用し、損害額を100万円と認定した。

#240827Aは、ブログ上の投稿によって会社である対象者の名誉が毀損された事案で、無形的損害の算定の際に民訴法248条を適用した。
（#210617等も参照）

民訴法248条の積極活用はつとに最高裁も指摘しているところであり、[378] 裁判所に対しては、民訴法248条の活用を訴えていくべきであろう。もっとも、民訴法248条はあくまでも「損害が生じたことが認められる場合」に適用されるので、損害が生じていないと判断されれば、同条の適用は認められない。[379]

次に、民訴法248条が適用されなくても上記#280126Hは、このような売り上げ減少を慰謝料（法人なので無形的損害）の計算において考慮するとした（#241220Cや#281227Bも参照）。

つまり、実損の主張は①相当因果関係のある実損が算定できるとして損害賠償が認められる可能性がある、②民事訴訟法248条が適用される可能性がある、③慰謝料算定で考慮される可能性があるという意味があるから、実損の主張は決して無意味ではない。

(2) 対応費用（弁護士費用・調査費用等）

　(a) はじめに

インターネット上の名誉毀損の被害にあった対象者は、例えば、弁護士に依頼して削除や開示を請求し、開示を受けた情報を元に弁護士に依頼して慰謝料の請求をしたりする。このようにして発生する対応費用（弁護士費用・調査費

---

377) 「損害が生じたことが認められる場合において、損害の性質上その額を立証することが極めて困難であるときは、裁判所は、口頭弁論の全趣旨及び証拠調べの結果に基づき、相当な損害額を認定することができる。」

378) 名誉毀損の事案ではないものの、#180124、#200610等。

379) #280309A（#280913Aで上告不受理）参照。

用等）については賠償を求めることができるのだろうか。[380]

(b) 認定される弁護士費用の少なさ

　裁判所が名誉毀損を含む不法行為に基づき認容する弁護士費用は認容された損害額の1割程度が通常である（佃316～317頁）。例えば100万円の慰謝料が認められ、他に損害がない場合には、弁護士費用相当額として10万円の損害賠償請求が認容されるということである。この意味は、「相当因果関係があると裁判所が認定する弁護士費用がこの程度」ということであり、基本的には現実に対象者がいくらの弁護士費用を支出したかとか、この訴訟のためにどれだけ弁護士が努力したかとは直接関係がない。実際にはもっと費用がかかっていることが多いだろう。[381] 名誉毀損の被害にあった場合に、そのような費用対効果の問題のため、実効的救済が得られない可能性には十分に留意すべきであろう。

　このように、相当因果関係があると認められる弁護士費用が低額であることについては、「裁判官が弁護士に対し、長期間の訴訟を終えた時点で『あんたの仕事の価値は数千円、数万円だ』と言っているに等しいような気がする」（佃317頁）等と、実務家から批判が上がっているところである。とりわけ、慰謝料の認容額が低額な事例においては、不合理な事態が生じている。#270217Bは、SNSとメールによる名誉毀損が問題となりSNSにつき5万円、メールにつき1万円の慰謝料が認容された。そして裁判所は機械的に10%基準を適用しSNSにつき5000円、メールにつき1000円の弁護士費用を認容した。また、#290201Dは、1万円の慰謝料と共に1000円の弁護士費用を認容した。[382]

　確かに相当因果関係のある弁護士費用を1割とする裁判例が多数派であるが、裁判例の中には機械的に10%としている事案だけではなく、様々な事情を汲んで、10%を超える弁護士費用を相当と認める事案がある。

---

380) ここで「弁護士費用」としては、損害賠償請求訴訟そのものに関する弁護士報酬を、「調査費用等」としては、発信者情報開示等に関する弁護士等に支払う調査費用等を念頭に置いている。
381) 筆者（松尾）が比較的シェアが高いと理解している各事務所では、対象者側の取り得る各手続毎にそれぞれ約数十万円という相場感の報酬表をウェブサイト上に掲載しており、コンテンツプロバイダへの仮処分・接続プロバイダへの本案訴訟、削除請求、損害賠償請求訴訟等をすべて行えば、かなりの費用がかかる。
382) なお、古い事例だが#110924は、本人訴訟で十分対応できるとして弁護士費用を0とした。

表4　10%を超える弁護士費用が認められた判決の例

判例記号	慰謝料	弁護士費用	割合
#281202	20万円	10万円	50%
#281130B	20万円	10万円	50%
#280921B	30万円	10万円	33%
#251202	20万円	5万円	25%
#201016A	40万円	10万円	25%
#291107C	80万円	20万円	25%
#280602A	45万円	10万円	約22%
#230112	50万円	10万円	20%
#300426A	10万円	2万円	20%
#280422D	5万円	1万円	20%
#230530	30万円	5万円	約17%

　このように、決して主流派ではないものの、事案によっては、相当因果関係のある弁護士費用を1割を超えて認めることもあるので、裁判所に対し、その事案における弁護士の支援の必要性及びその労力の大きさをアピールすることは、このような判断を促すという意味があるだろう。[383]

（c）　調査費用等

　インターネットの匿名性の結果、表現者を突きとめるため、開示請求等の調査手続が必要であり、（何もしないと永久に残りかねないことから）削除手続も必要である。そこで、調査費用や削除費用等が損害として認められないか。[384]

　まず、調整費用等の全額を相当因果関係がある損害と認めた一連の事案がある。

　#260717Bは、慰謝料の額は50万円とした上で、一般的に、プロバイダから発信者情報の開示を受けるために、仮処分及び訴訟が必要となることは当裁判所に顕著な事実であるとして、投稿者を特定するための弁護士への調査依頼、仮処分、訴訟のために支払った費用である51万8700円について相当因果関係のある損害賠償と認めた。

---

383)　なお、#290329Dや#280725、#281026、#280330D、#280721B等のように慰謝料額のみを基準とするのではなく、#291026G、#280330D、#280721B、#300110のように（弁護士費用以外の）その他の損害を含めた総額を基準とすべきである。

384)　#251206は、開示請求の相手方であるプロバイダ（手続の相手方）にその費用を支払わせるべきとしているが、実務ではそのようにはなっていないし、それは正当化されないだろう。

#290329Dは、慰謝料を30万円とした上で発信者特定のための費用としての64万8000円については、社会通念上相当な範囲の額といえ相当因果関係のある損害と認めた。

　#280921Bは慰謝料は30万円とした上で、調査費用は、27万5938円が支出済でありいずれも必要な費用として同額を相当と認めた。

　上記の裁判例からも分かるように、慰謝料の金額と無関係に、例えば慰謝料とほぼ同額（#260717B、#280921B）、場合によっては慰謝料の2倍以上（#290329D）の調査費用を認める事案がある。[385]

　これに対し、全額を認めないものとして3種類の議論がある。

　まず、最終的に損害賠償が認められた投稿と調査費用等の関係や、削除か開示か等費用の性質を論じるものである。

　#280721Bは、発信者情報開示仮処分決定が発令された4件の投稿のうち表現者（損害賠償事件の被告）による投稿が1件であったことから、その4分の1の4万8600円を請求しているところ、この4万8600円と当該表現者に関する発信者情報開示訴訟の弁護士費用21万6000円については、社会通念上相当な範囲内の額といえ、本件の損害と認められるとした。

　要するに、別の投稿の特定のための部分は相当因果関係がないとされている。[386]

　次に、費用の具体的な項目毎の検討をして、一部に相当因果関係を認め、残部を否定するものがある。例えば、削除については、認めるものと認めないものがある。

　#291026Gは、対象者がコンテンツプロバイダに求めたのは開示だけではなく、削除をも求めているとして64万8000円のうち16万2000円を認めた。削除部分を損害と見ないという考えの現れと解される。

　もっとも、削除費用も損害とする裁判例もあり、例えば、#270324Bは、名誉感情とプライバシー侵害により計15万円の慰謝料が認められたところ、削除費用3万7800円と特定費用26万2500円を相当因果関係のある損害とした。

　その事案で被告となっている表現者の投稿の削除であれば、それに紐づく削除費用は認めるべきであろう。そうではないものについては必ずしも認められないだろうが、インターネット上の名誉毀損の特徴、例えばミラーサイトが作

---

385)　#300110、#260424B、#290127、#280330D等参照。

386)　これは相当程度合理的であるものの、実務上、例えば4つの投稿IPが特定できても、様々な理由からそのうち1つしか損害賠償まで至らないということも多いことには留意が必要である。

られて拡散することについて十分に斟酌すべきである。

　項目別に比較的詳細な判断を示しているのが#261111Aであり、投稿の削除費用、開示費用、ミラーサイトの削除費用、ネガティブサイト削除対策費用、埋込み作業依頼費用等について、それぞれ、表現者による違法性がある投稿と関係があるものはどれかといった観点から検討し、その全部ないし一部（ただしネガティブサイト削除対策費用は0円）を相当因果関係のある損害と認めている。

　最後に、慰謝料の金額との「見合い」で相当因果関係のある調査費用を検討するものがある。

　#280805Aは、慰謝料50万円の事件について、発信者情報の開示手続に要した費用として52万5000円を支出したと認められ、このうち各投稿と相当因果関係のあるものとしては10万円を認めるのが相当であるとした。

　#281226Bは、30万円の慰謝料の事案で、投稿が匿名でされていたことから、発信者情報開示等の手続を行ったところ、その費用のうち、上記慰謝料の2割に相当する6万円について相当因果関係があるとした[387]。

　損害賠償請求訴訟提起に伴う弁護士費用のように「一律10%」とはなっていないが、これらの裁判例から、実際の調査費用がいくらであろうと、そのうち認容した慰謝料の数十パーセントのみを相当と認めよう、という傾向を見て取ることができる。

　裁判官の発想は、例えば10万円の損害賠償の場合に50万円の費用を認めるのはどうか、といった事件の筋やスワリを重視しているのだと思われるが、対象者の立場からは、プロバイダ責任法の構成上、上記のような費用を掛けることが事実上義務付けられていることを積極的に主張していきたい。

　なお、#281216Eは、対象者である法人による調査費用の支出を斟酌して150万円の無形損害（慰謝料）を認めているが、因果関係のある調査費用を慰謝料と別枠で算定すべきように思われる[388]。

　その他、風評被害コンサルティングサービスというだけで何をやったか不明確な事案で否定したものがある（#280127B）ように、対象者代理人としては立証の点にも留意が必要である。

---

387)　#280902D、#251202、#241220Bは、#280217B、#261128、#250925A等参照。
388)　なお消費税部分も損害となり得る（#290919Bはそういう趣旨と解される）。

(3) 反論費用

　名誉が毀損されると、対象者としては低下した社会的評価を少しでも戻すために反論を希望することがある。

　歴史を紐解けば、1873年の新聞紙発行条目や1909年の新聞紙法等に反論権を認める規定があり、類似のものとして新聞倫理要綱や放送法による訂正放送請求（4条以下）もある。[389]

　主な問題は2つあり、1つは名誉毀損の成否に関係なく反論をする権利は認められるか、もう1つは名誉毀損が成立した場合に、「適当な処分」（民法723条）として反論文掲載が認められるかである。

　前者についてはこれを否定するのが判例・通説である（#620424参照）。

　後者において、学説上少なくともこの意味での反論権は認めてよいとするものは少なくないとされる（山本147頁）。裁判例上も理論的には反論文掲載は認められるという一般論を示した上で当該事案において、結論として名誉毀損にならないとしたものがある（#040225参照）。[390]

　これと厳密には異なるが類似する問題として、対象者自らが反論した場合の費用が相当因果関係のある損害として認められることがある。

　インターネット上の名誉毀損ではないが、#200228は、反論ないし釈明のための経費を損害として認めており、#200901も、地方に出向いての説明に要した交通費等を損害として認めている。

　インターネット上の名誉毀損では、#270420が、対象者が自ら反論記事を掲載し、その費用の一部を名誉毀損による損害として表現者に賠償を命じた。

　最近のこの論点について比較的重要な裁判例は、スーパーマーケットチェーンが「毒」入りのおにぎりを売ったと読める広告や週刊誌記事の事案である。

　この事案で、東京地裁（#281216A）は、週刊誌、中吊り広告及びウェブ広告において、対象者が毒入りのおにぎりを売ったという印象を与える表現をしたとして、新聞等に掲載した意見広告費用を中心とする約2500万円（意見広告費用約1700万円、無形損害600万円、弁護士費用約200万円）の損害賠償を認めた。これに対し東京高裁（#291122A）は、週刊誌記事は納品検査体制等についての意見・論評であり、公正な論評の法理によって正当化される等とし、

---

389) #290929A参照。ただし、インターネット上の名誉毀損においては当てはまらないことが多いので本書では検討しない（#161125参照、佃394頁）。

390) ただ、筆者（松尾）の調査の限りで、結論として反論文掲載を命じたものはない。

広告の「猛毒」という表現のみを違法とした結果、慰謝料は100万円となり、意見広告費用も通常生じる損害であるとはいえないとされた。

この事案では、審級によってどの範囲で名誉毀損の不法行為が成立するのかという点に差があり、それが結論に大きく影響していることから、第一審の事実認定と同一の場合に、本当に#291122Aと同じ判断となるのかは、別途検討すべきである。もっとも、上記#291122Aは「言論に要した巨額の費用を訴訟を提起して相手方に請求することは、言論や表現を萎縮させる結果を産むので好ましくない」としており、少なくともこのような巨額な費用の転化について否定的ニュアンスの判断が存在することは実務上留意すべきである。

(4) 過失相殺

被害者に過失があったときは、裁判所は、これを考慮して、損害賠償の額を定めることができる（民法722条2項）。これが過失相殺であり、損失の公平な分担のために認められている。もっとも、故意不法行為であることがほとんどの（20頁）名誉毀損について、過失相殺は認められるのだろうか。

確かに、#260313は、名誉毀損は故意不法行為であるから、仮に対象者に過失が存したとしても、過失相殺の対象とならないとした（#270326Aも同旨）。

しかし学説の一般的傾向として、故意不法行為事例においては、過失相殺の適用が完全に排除されると考える見解は少なく、故意不法行為の場合であってもただちに過失相殺の適用は排除されるものではないと解するのが多数を占めているとされる[391]ことから、故意という一事をもって一切過失相殺の余地がなくなると解すべきではない。

#280209Cは、対象者と表現者の関係が悪化した後、表現者が自己の行為について謝罪した上で争いを終了させることを提案するメールを送信したにもかかわらず、対象者は、これをブログにおいて公開した上でことさら争いを激化させるような記事を掲載するというような経緯は過失相殺の事由として考慮するのが相当として3割の過失相殺をした（その他、#201016A等参照）。

このように、名誉毀損でも過失相殺はあり得るものの、とはいえ、具体的事案において、対象者の過失相殺に値する事情が存在しないとして過失相殺を否定することはあり得るし、その際に名誉毀損という故意不法行為であることは十分に加味されるべきである。[392]

---

391) それを前提に精緻化を試した窪田充見『過失相殺の法則』（有斐閣、初版、1994年）245頁以下参照。

また、上記（359頁）のとおり、要因等の形でそれが被害者側の「過失」とまでいえるかはともかく、名誉毀損的表現のきっかけが対象者の違法ないし不適切な行為であったことが、慰謝料額の判断における様々な事項の総合考慮の中の一事情で考慮されることはある。上記のインターネット上の名誉毀損において、表現の目的が公益目的であること等を考慮した裁判例はそのような趣旨と理解することもできる。[393]

(5) 表現者以外の責任

情報提供者（195頁）やプロバイダ（42頁）等、表現者以外も損害賠償責任を負うことがある。このような二次的責任を負う者の損害賠償責任については、その点を考慮して減額される。

#201017 は、対象者の名誉毀損及びプライバシーの侵害に関する第一次的な責任は表現者が負うべきとした上で、このことをプロバイダに対する慰謝料算定で考慮した。

#200523 は、掲示板の管理人は表現者と比べれば、その責任は、間接的・限定的なものといえるとした。

なお、複数の不法行為者の関係は 186 頁参照。

(6) その他

表現者が積極的な害意に出たとして、対象者が、アメリカ等で認められる懲罰的損害賠償を求めることがあるが、これは現行法上認められない（#090711、名誉毀損の文脈においては #220223 等参照）。

3 謝罪広告

(1) はじめに

謝罪広告とは、民法 723 条[394]の「名誉を回復するのに適当な処分」[395]として、表現者が行った言説が虚偽の事実の陳述であることにより対象者の名誉を侵害したことを表現者が自認し、陳謝する趣旨の陳述を本文に含む文章を不特定第三

---

392) #290214C は、名誉毀損後に対象者が反論文を配布したことについてこれをもって過失相殺することは相当ではないとした。#251220、#240710、#290731 も参照。
393) その他 #210205C や #201212 も参照。
394) 「他人の名誉を毀損した者に対しては、裁判所は、被害者の請求により、損害賠償に代えて、又は損害賠償とともに、名誉を回復するのに適当な処分を命ずることができる。」
395) 具体的な内容を示さず、単なる回復を求めるだけでは不適法である。#281221D 参照。

者の目に触れるようにするものをいう。例えば、インターネット上に、以下のような文書を掲載するものである（#241108B が認容したものについて、判例データベースシステムが匿名化を施したものを参考にした）。[396]

> 私、Y_1 は、B の X_1 教授が日本水産学会誌第〇〇巻〇号（平成〇〇年〇月発行）の「会員の声」欄に投稿した私と A 氏の共著「◇◇◇」（G、平成〇〇年初版発行、平成〇〇年増補版発行）に対する論評について、これを批判する一連の文書を「「◇◇◇」は間違いと断定発表の東大教授学問的詐術を東大に告発、一年の経過と結論」と題して、私のホームページ上に掲載しました。しかし、これらの一連の文書は、X_1 教授の社会的評価を低下させる不適切な表現を含んだものでした。これにより、X_1 教授の名誉を毀損し、同教授に多大な迷惑をお掛けしたことを認め、一連の文書を削除するとともに、ここに深くお詫び申し上げます。

　表現者自身がこのような謝罪の気持ちをもってそれを表明することに同意しているならともかく、表現者として納得していない場合に、判決で謝罪広告を命じることが良心の自由（憲法 19 条）に反しないか問題となったが、最高裁[397]（#310704）は、単に事態の真相を告白し陳謝の意を表明する程度の謝罪広告であれば合憲とした。[398]

(2) 「適当」な場合

(a) 「適当」性の一般論

　もっとも、謝罪広告は重大な制裁であることから、名誉毀損が認められても常に謝罪広告を命じることが「適当」な処分（民法 723 条）であるとは解されておらず個々の事案の状況に応じて判断される。

　どのような場合に「適当」なのかについては、これまでの裁判例は、<u>謝罪広告が金銭による損害のみでは填補され得ない、毀損された対象者の人格価値に対する社会的、客観的評価自体を回復することを可能ならしめるためのもの</u>（#451218）であることに鑑み、名誉回復のために必要性が特に高い場合に限っ[399]

---

396) 伊藤正己 245 頁。なお、謝罪を入れない単なる訂正記事も民法 723 条の「適当な処分」として認められることがあり（#430730、#130411 参照）、これは広義の謝罪広告といえるだろう。

397) なお、代替執行（民事執行法 171 条）又は間接執行（民事執行法 172 条）による強制執行が可能であるとされている。#310704 参照。

398) この理を再確認した最近の最決として #221021B 参照。

399) この観点からは #231209 は疑問である。

て命じることが相当としており（#200213、#200415A、#201113、#210826B 等多数）としており、「金銭賠償に加えて謝罪広告を命じる特段の必要性がある場合」（#270930A）とか、「金銭賠償に代えて、あるいは、金銭賠償と共に、これを命ずることが特に必要であることが認められる場合に限られる」（#260129A）等とされている。その表現ぶりはともかく、例えば、現に社会的評価の低下状態が残存していることを最低限の前提として、（損害賠償を命じる）勝訴判決それ自体による名誉回復効果等ではこれを補うことができず、特に必要といえる場合に謝罪広告を命じるべきだろう（佃358頁参照）[400]。

例えば、#270708（#280531A で上告不受理）は、弁護士で政治家でもある対象者が、弁護士報酬について虚偽の届出及び請求をしたかのような週刊誌記事によって、対象者に対する社会的信用が失墜しかねないこと、加えて、対象者は現職の国会議員であり、また、週刊誌の発売当時は法務大臣の職にあったところ、記事は、有権者の投票行動に影響を与えかねず、政治生命に深刻な影響を与えかねないこと等の事実が認められるところ、本件記事の内容及び誌面上の取扱い、発行部数が1号当たり約70万部であり、全国で多数の人に閲読されたであろうこと、広告記事が主要日刊紙に掲載され、読者も同広告記事を目にしていたこと等の事情を考慮すると、記事によって対象者の名誉が毀損された程度は著しく、その救済としては金銭賠償だけでは十分とはいえず、併せて原状回復の手段をとることが必要というべきであるとして謝罪広告の掲載を認めた。

(b) 従来型名誉毀損

従来型名誉毀損については、①名誉毀損が一時的で、判決時までその効果が残存しないことが多いこと、及び、②例えば新聞等の媒体で謝罪広告を掲載することが過度に費用がかかること[401]が謝罪広告に対して裁判所が謙抑的な背景にあったと解される。そこで、実務家からは、（民法723条は「謝罪」を命じることに限定していないにもかかわらず）「謝罪」を命じる重い制度に勝手にした上で、かつ、勝手に出し惜しみしている（佃360〜361頁）といった批判がされていた。

---

400) 比較的要件を軽く見たものに #270603 がある（佃361頁参照）。
401) 例えば、週刊誌への掲載は日刊紙掲載よりも経費が下回るとして対象者の求めていない週刊誌への謝罪広告を命じた #100925 参照。

(c) インターネット上の名誉毀損

インターネット上の名誉毀損については、これと比べると、①表現者がかたくなに削除を拒絶した場合、判決時まで削除がされない場合があることや、②インターネット上の謝罪広告についてはコストがほとんどかからないこと等に鑑みると、一見謝罪広告が出しやすいと思われ、確かに、以下のような認容例も存在する。[403]

#280712C は、ウェブサイトのみではなく週刊誌にも掲載された記事による名誉毀損であるが、上記 #451218 の基準を引いた上で、対象者が暴力団の関係者であるという事実に反する記事に対する名誉回復のためには、謝罪広告が必要かつ最小限度の手段であると認められるとして謝罪広告請求を認容した。

#220319B は、名誉毀損表現の大部分がいまだに掲示板に掲載されていることからは、損害のみでは名誉回復のため十分とはいえず、掲示板上に謝罪広告を掲載させる必要があるとした。

#241108B は、ウェブサイト上で対象者の論文に不正があると主張した表現者が、規範委員会において対象者の論文を調査し、対象者に不正行為があったとはいえないとの裁定がされた後も、不正があると主張し続け、その内容が対象者の研究者としての立場に深刻な影響を及ぼすおそれがあるとして、謝罪広告を掲載させることが必要とした。

しかし、大多数の裁判例は、名誉毀損が認められてもその救済は損害賠償であって、謝罪広告までを認めるものは少ない。[404]

削除が早期になされれば、賠償に加えて謝罪広告まで命じることの適切性が否定される場合も少なくないということも考慮されているように思われる。

(d) 真実による名誉毀損

なお、真実による名誉毀損は謝罪広告に適さないとされている（佃362頁）。これは対象者の名誉を毀損するような真実を再度広告すれば、対象者の社会的評価がさらに低下するからである。

---

402) ただし、一定の要件を満たせば、仮処分で削除が可能な場合があることは前述（40、389頁）のとおりである。

403) その他、#270918、#260120 等参照。

404) #291122A（ただし雑誌メイン）、#281128D、#281124B や #280921B、#280822B、#280422D、#291102B、#281205（#290404 により上告不受理）、#280427B、#291218D、#210911A、#240809A、#250520、#280127D、#221207、#250118A、#280426H 等。

(e) 匿名による名誉毀損

　また、対象者を匿名・仮名とした表現については、謝罪広告が適切ではないとされることがある。つまり、対象者が匿名・仮名であれば、（仮にそれが対象者であると特定（169頁）できる人が公然性を満たす程度に存在した、ないしは、いわゆる伝播性の理論（142頁）が適用されるとしても）その社会的評価が謝罪広告を要する程度に害されたということが少なくなると思われるし、また、その場合に対象者の実名を出して謝罪することも対象者を仮名・匿名のままにして謝罪することもいずれも有効性が乏しい場合があるからである。

　上記の#260226は、ウェブサイト等における名誉毀損の事案において、対象者のうちの会社との関係での謝罪広告請求を認容したが、当該会社の「経営者」が元暴走族で「人殺し」だ等という記述につき、慰謝料のみを認め、謝罪広告を否定した。その文言上は「相当」かという抽象的な判断に留まっているが、経営者については、匿名でなされていることが考慮されたものと思われる。

　しかし、一口に「匿名」といっても、ハンドルネームを使ったインターネット上の言論活動等が社会的活動として、いわばペンネームと同様に当該ハンドルネームを用いた名誉毀損行為が対象者の社会的評価を低下させると判断されることがあるところ（169頁）、例えば「Matsuo1984」というハンドルネームの人の名誉を毀損した場合において、「●●というのは事実には反しており、これによりMatsuo1984様の名誉を毀損したことを謝罪します」等と、ハンドルネームを用いて直截に謝罪広告を掲載させればよい場合もあるように思われる。

(3)　謝罪広告の内容

　謝罪広告の内容については、事態の真相を告白し陳謝の意を表明する程度を超えない[406]範囲において、対象者の名誉回復という目的に資する内容が「適当」（民法723条）といえるだろう。実際にどのような記載となるかは、対象者の表現の内容等、具体的な事案によっても変わってくる。

　ここで、実務上、裁判所が謝罪広告を命じる際に、当事者の求めた謝罪広告の内容を修正することが少なくない。

　例えば、上記（377頁）の謝罪広告は判決が認容したものであったが、対象

---

405)　謝罪広告については、原告X（筆者注記：経営者のこと）については、謝罪広告についてまで認めることが相当とまではいえないが、原告会社（筆者注記：会社のこと）については、これを認めることが相当である（ただし、文言は一定の修正をすることが相当である。）

406)　これを超えると憲法19条との関係で疑義を生じる。

者が請求したのは、

> 私、Y_1は、BのX_1教授が、2007（平成19）年9月刊行の日本水産学会誌第○○巻○号の「会員の声」欄に投稿した、私とA氏の共著「◇◇◇」（G、2001（平成13）年刊、2006年7月に「増補版」発刊）に対する論評に対し、これを批判する一連の文書を、「『◇◇◇』は間違いと断定発表の東大教授学問的詐術を東大に告発、一年の経過と結論」と題して、このホームページ上に掲載しましたが、これらは、X_1教授の<u>人格及び研究成果に対する評価を不当に低下させる、極めて不適切、不穏当な表現を含んだものでした</u>。これにより、X_1教授の名誉を<u>著しく毀損</u>し、同教授に多大な迷惑をお掛けしたことを認め、一連の文書を削除するとともに、ここに深くお詫び申し上げます。

であり、下線部に違いがある。

　細かい修正も多いものの、「極めて」「不穏当」とか「（名誉を）著しく（毀損）」といった部分が削除されており、裁判所はここまでのことを表明させる必要はないと解したものといえる。[407]
（その他、修正したものとして、上記#260226、上記#220319B等参照）

（4）　謝罪広告の条件

　謝罪広告の条件については、掲載場所、掲載期間、字格及び書体がある。[408]

　掲載場所については、例えば、表現者のウェブサイトのトップページ等とすることが考えられる。昔の記事がサイトの奥深くに潜ってしまう構造のサイトが少なくないので、トップページに掲載することを求めることは謝罪広告の実効性という意味で有効であろう。ただし、掲示板等、第三者のウェブサイトへの謝罪広告であれば、投稿を命じることができたとしても、対象者にトップページへの掲載を求めることは不可能であろう。[409]

---

407) そして、処分権主義（民訴法247条）の観点からも、対象者の合理的な意思は、「自己の請求する文言通り謝罪広告を命じるか又は請求を棄却して欲しい」というものではなく、自己の請求する趣旨を踏まえ、適切な回復処分を認めてほしいというものであろうから、このような裁判所による修正は、対象者の求めるものと実質的に全く異なる内容になっているような極端な場合を除き適法であろう。

408) 条件に関する特殊な例として、#290713Bは謝罪を求めたが、過失の承認及び謝罪の方法・態様が特定されていないから不適法というべきとした。

409) この点に関し、対象者に対し謝罪広告を掲示板に投稿して一定期間掲載し続けるよう命じ、その反射的効果として掲示板管理者に当該期間は削除しない義務を負うとした#220319B参照。

なお、掲載場所の指定について、従来型の名誉毀損において、掲載方法は表現者の自由意思を尊重すべきとした裁判例もある（#070314参照）が、少なくともインターネット上の名誉毀損において単に第三者にとって見やすいトップページ（又は当該名誉毀損表現が掲載されたページ）へ掲載を求めることは表現者の自由を侵害する程度は低いし、逆に、ウェブサイトの中でも発見が困難な部分に掲載されても対象者の名誉回復という目的は達せられないのだから、掲載場所の指定は適法と解すべきであろう。

掲載期間については、1年としたもの（#241108B参照）、1か月としたもの（#220629A参照）や、2日としたもの（#220319B参照）等がある[410]。これは、それまでの名誉毀損表現が掲載された期間や、名誉毀損による被害の重さから、どの程度の期間掲載させることで、被害回復に資するかという観点から裁判所が決定すべきであろう。

なお、字格及び書体については、インターネット上の名誉毀損でポイント数やフォントサイズ等を指定するものがある（例えば、#241108B）。しかし、新聞・雑誌等であれば、ポイント数を指定することに大きな意味があるものの、インターネット上では閲覧者の環境によってフォントサイズが変化する点も考慮すべきではないか。

ここで、#220629A は、「謹告」として元従業員であった対象者を懲戒解雇した旨をウェブサイト上に掲載し、対象者の名誉を毀損した事案において、

広告全体の大きさ　平成20年8月当時の【謹告】と同等
文字の大きさ　上記【謹告】と同等

という条件を定めているが、これは1つの合理的な指定方法といえるだろう。

(5) 謝罪文の交付請求

謝罪文交付については、「まさに謝罪を強制することに他ならず、思想・良心の自由にも反することが明らか」としてこのような請求が「適当な処分」（民法723条）としてはおよそ認められないという見解もある（佃377頁、#020118、#281109A 等参照）。

しかし、#161105 は、要旨、「平成15年7月2日以降、対象者がaマンション管理組合の委任を受けて設置した防犯カメラ取付工事に対し、領収証を偽造

410）ただし、これは対象者の請求が「2日間」の掲載を求めたという事情があった事案である。

して工事代金を詐取したとの言動を行い、また対象者が同管理組合の資金を不正に使用する危険があるとの言動を行ったことは、対象者の名誉を毀損するものでありました。そこで、深く反省して謝罪し、再びかような発言をしないことをお約束します。」という謝罪文の交付請求を認容した。

なお、#250115 も警視庁（表現者）がテロ事件を行ったのは宗教団体（対象者）である旨をウェブサイト等で公表した事案において、謝罪文の交付については、対象者自らがこれを公表するなどして、本件各摘示部分の公表で低下した社会的評価の回復を図ることができると考えられるとしてこれを認容した。[411]

結局、当該謝罪文が単に事態の真相を告白し陳謝の意を表明する程度のものである限り、それをウェブサイト等において公表するのと、対象者に交付して、対象者がそれを公表する等することの間に本質的違いはないのではないか。そうすると、ウェブサイト等において公表することは命じられても、対象者に交付することは命じられないと解する理由はないように思われる。

もっとも、謝罪文交付についても、謝罪広告と同様にその必要性は問われるところであり、必要性を否定する裁判例は少なくない（例えば、#230629、#260620、#280415 参照）。

(6) 国又は公共団体と謝罪広告

国又は公共団体の公表等の行為について名誉毀損が認定され得ることがあるところ（262頁）、その場合には、国家賠償請求（国賠法1条1項）による金銭賠償が認められる。

問題は謝罪広告であり、国賠法には謝罪広告の規定はない（そもそも国賠法は国又は公共団体による損害「賠償」の責任に関する法律である）。ここで、戦後の日本の行政法学においては、既に「国家無答責の原則」は克服されており、国賠法という特別法に規定がなければ、一般法である民法に戻り国の責任を追及することができると解されている（なお、国賠法4条参照）。[412]

そこで、裁判所は、民法723条に基づき謝罪広告を認容することができる（#231209、#141119）。

---

411) 同事件の控訴審（#251227C）は、損害賠償を命ずることに加えて、名誉回復処分としての謝罪文の交付を命ずるまでの必要性を認めることは困難という理由でこれを取消しているが、およそ謝罪文の交付が認められないという趣旨とは解されない。

412) 「国又は公共団体の損害賠償の責任については、前3条の規定によるほか、民法の規定による。」

(7) その他

その他、謝罪広告請求と額につき佃 392～393 参照。

4 削除請求

(1) 総論

インターネット上の名誉毀損投稿は、削除するまでは永久に残り続ける。そこで、対象者としては、このような投稿の削除を求めたいだろう。

削除請求には人格権に基づくものと、民法 723 条に基づくものがある。

また、本訴手続によるものと仮処分によるものがある。

さらに、表現者に対するものと、コンテンツプロバイダその他の第三者に対するものがある。

これらの相違に留意しながら、以下簡単に検討しよう。

(2) 対象者に対する本訴手続における削除請求

まず、対象者に対して本訴を提起し、損害賠償や謝罪広告を請求すると共に、削除を請求することがある。

(a) 人格権

事前差止の文脈で、#610611 は人格権に基づく事前差止請求について表現内容が真実でないか又は専ら公益を図る目的のものでないことが明白であって、かつ、被害者が重大にして著しく回復困難な損害を被るおそれがあるときに限り、例外的に許される等としている。

しかし、将来の行為を差し止める場合と異なり、インターネット上の名誉毀損であれば、多くの場合すでに完了している投稿の削除が求められる（事前差止については、次の 5 事前差止で別途論じる）ので、結果的に違法とされた投稿について、表現者本人を被告として削除を求めるのであれば、そのような違法な投稿による社会的評価低下を続けさせる理由はなく、対象者の不利益が表現者の不利益より大きいとして削除を認める例が多い。

#290116B は、投稿のうち名誉毀損文言が不特定多数の者の閲覧し得る状態に置かれる限り、対象者の精神的苦痛が継続し、増大するものと考えられることからすれば、対象者は、表現者に対し、人格権に基づきこの削除を求めることができるというべきであるとした。

#280921B も名誉毀損の違法性を肯認でき、違法阻却は認められない。よっ

て、人格権に基づく侵害排除請求は、理由があるとした。(その他肯定例として、#300117A 参照)。

(b) 民法 723 条

削除請求は民法 723 条を根拠として行うことも考えられる。上記のとおり、民法 723 条を根拠とした謝罪広告について裁判例は名誉回復のために必要性が特に高い場合に限るとしていた。しかし、これは民法 723 条が働くすべての場合にあてはまるのではなく、謝罪広告の特質、とりわけ、表現者に対し、新たにその意に反して、特定の表現を強制することが認容のハードルを上げている。これに対し、インターネット上の名誉毀損表現の削除を表現者に命じることについては、その必要性が高い反面、表現者の意にそぐわない表現を強制する側面は存在しない。

例えば、#291122A は、雑誌社がそのウェブサイト上に掲載した広告につき、簡単に、名誉回復措置として(削除の)必要があると認め、週刊誌のウェブ広告の対象者が毒入りのコメ加工品を販売したような印象を与える「猛毒」の文字の削除を命じた。

下記 #300130E も比較的容易にこれを肯定している。

(c) 削除請求の範囲

ここで、インターネット上の投稿における特定の文言が名誉を毀損するとされた場合に、どの範囲で削除が請求できるかが問題となる。

例えば、掲示板における個別の投稿が名誉を毀損する場合、スレッド全体の削除を命じることはできるか。

#220319A は、対象者をテーマにしたスレッドに多数の名誉毀損投稿が存在することを認めたが、名誉毀損になるのはスレッド全体の発言数の約 10% にすぎないとした上で、違法性を有するとは認められない(残りの約 90% の)発言も削除することは、適法な表現活動に対する侵害にほかならないとしてスレッド全体の削除を認めなかった(個別投稿削除は認める)。

#210205B は、スレッド上に多数の名誉を毀損する投稿がされており、これ

---

413) その他、#281130F、#281227B、#300530 を参照。なお、#291108B は人格権侵害に基づいて、ウェブサイト上の記事等の削除が認められるためには、少なくとも、その表現内容が公共の利害に関するものではないこと又は専ら公益を図るものでないことのいずれかが必要であると解されるところ、公共の利害に関するものであり、かつ、専ら公益を図る目的でされたことは上記認定のとおりであるから、対象者の人格権侵害を理由とする削除請求は理由がないとした。

414) その他 #281012B、#281128D、#280422D、#291127C 参照。

らを個別に削除する請求を認める余地はあるが、名誉毀損に該当しない投稿も掲載されており、現に侵害行為が行われているといえず、これらの投稿を含む本件スレッド全体を削除しなくても、対象者に対する名誉毀損に該当する投稿を削除すれば対象者に対する侵害行為を排除できるとしてスレッド全体の削除の必要性を否定した。(その他、#270623 等参照)

仮に 90％ 等非常に高い割合で名誉毀損に該当する投稿がされている場合には必ずしもこのような裁判例の議論は当てはまらないと思われるが、基本的には個別の投稿について削除の可否を考えることになる。[415]

では、1 つの投稿の中に、名誉毀損とそれ以外の部分がある場合はどうか。

例えば、これを分割して名誉毀損部分だけを削除することができれば、そのように命じることが多い。

#300130E はブログ記事等のうち、対象者の名誉・信用を違法に侵害する部分は対象者の名誉を回復するための措置として、同部分を削除する必要があるが、その余の部分については、対象者の名誉・信用を毀損するものではないから、対象者の削除請求のうち、これらに係る部分については理由がないとした。

問題は、不可分の場合である。

確かに、不可分な場合について、全体の削除を認めた場合もある。

#271221 はウェブサイトの記事について、名誉毀損に該当すると認められる部分以外の記載もあるものの、各記事は全体としてそれぞれ 1 つの記事を構成していることから、当該記事中、名誉毀損部分を特定して当該部分のみの削除を命じることは困難であり、また相当ではないので、当該記事全部の削除を認めるのが相当であるとした。[416]

しかし、あまりにも名誉毀損部分が少ないところ、それ以外の部分と不可分に結びついている場合には、削除を否定することがある。

#281025 は、インターネット番組に係る動画の公開が続く限り、継続して無形の損害が生じ得るものであるが、名誉毀損が一部であるところ、他にも名誉の回復を図ることも可能で、相応の金銭賠償がなされる限り、番組全体の公開中止・削除までが必要であるとは認め難いとした。

---

415) なお、口コミサイトの特定の店舗に関するページに関する削除の可否（#270623 参照）も同様に考えるべきである。

416) 控訴審の #280601B（#290207A で上告不受理）は名誉毀損とされる記事を変更しているが、削除請求の範囲に関する議論は変わらないと解される。

(3) 第三者への削除請求

(a) 削除権限

表現者以外の第三者に対する請求の場合、当該第三者の削除権限が問題となる。

（表現者に対する動画削除請求についての事案であるが）#290131E は動画を投稿したのは、表現者本人ではなく、別の法人格を有する主体であり、動画を削除する権限があるかどうかという点についての主張及び立証は全くないから、動画の削除を命ずることは困難とした。

(b) コンテンツプロバイダに対する削除請求

コンテンツプロバイダについては、規約等で削除権限そのものがあるとされることが多いが、投稿が違法であることが明らかではなければ「賠償の責めに任じない」（プロ責法 3 条 1 項）とするプロ責法が問題となる。

#280921C は、プロ責法 3 条 1 項本文の「賠償の責めに任じない」とは、民事上の賠償責任が生じないことを意味するものであるところ、民法 723 条の名誉回復処分は、不法行為に基づく損害賠償に代えて、又はこれを補完するものとして命じられるものであり、損害賠償責任と一体をなすものということができる民法 723 条の名誉回復処分についても、プロ責法 3 条 1 項の適用又は類推適用があると解するのが相当であるとした。

そこで、特定の投稿が名誉を毀損する違法なものであるというだけでただちにコンテンツプロバイダに請求できるとは限らない。もっとも、具体的事案によっては、削除を命じられることもある。

#290426A は表現者特定のためにさらに相応の時間を要することが予想される以上、対象者の人格権が侵害される状態が今後も長期間継続することになるところ、削除権限を有するコンテンツプロバイダにとって投稿が違法であることが明らかになったとして削除を命じた。

(c) 検索エンジンへの削除請求

検索エンジンへの削除が求められることがある。有名なリーディングケースに、いわゆる「忘れられる権利」事件（#290131G）があるが、プライバシーに基づくものも多い。そこで、プライバシーに基づく場合については、松尾剛行『最新判例にみるインターネット上のプライバシー・個人情報の理論と実務』（勁草書房、2017）を基本的には参照されたい。

名誉毀損についても、類似の枠組みが取られており、#291030B や

#300823B は、名誉毀損を理由とする人格権に基づく検索結果の削除請求は表現行為が専ら公益を図る目的のものでないことが明らかであるか、又は、摘示事実が真実でないことが明らかであって、かつ、被害者が重大にして回復困難な損害を被るおそれがあると認められる場合に限って、これが許されると解するのが相当とした。

このうち、#300823B は結論として削除を否定したが、#291030B は準暴力団の構成員等という表示について、かかる要件を満たすとした。他に名誉を理由とした検索結果削除の否定例に #300125E がある。[417]

(4) 削除済みとの主張

削除済みであれば、原則としてさらに削除を求めることはできない。

もっとも、#290306A は、確かに判決時点（口頭弁論終結時点では、記事が削除されていたが）、表現者が仮の削除を命じる仮処分決定が出た後に削除していることからすれば、仮処分に関係なく任意にその義務を履行したとは認められない。したがって、削除済みであることは審理に当たって斟酌すべきではないとして削除請求を認容した。

5 事前差止

(1) はじめに

上記のとおり、インターネット上の名誉毀損では、過去に行われた名誉毀損の投稿の削除という、事後的差止が問題となることが多い。しかし、だからといって事前差止が全く問題とならないわけではない。例えば、長期にわたり執拗な名誉毀損投稿が続く場合において、その都度削除を求めることができるとしても、また近い時期に同様の名誉毀損投稿がされる可能性が極めて高いことがある。そのような場合に、対象者としては、名誉毀損投稿の削除に止まらず、同様の投稿を将来行うことを差し止めたい、と考えるだろう。

事前差止は、表現者の表現の自由と直接的に対立することから、その要件は確かに厳しい。しかし、インターネット上の名誉毀損であっても、例えば、

---

[417] 検索結果に摘示された事実が公共の利害に関する事実でないこともしくは検索結果に係る投稿が専ら公益を図る目的のものでないことが明らかであるか、又は検索結果に摘示された事実が真実でないことが明らかである場合に限られると解するのが相当とした上で、具体的な準暴力団の構成員等という表示について、かかる要件を満たすとして、URL等情報すべての削除を求めることができると解するのが相当とした。

#281227Aはブログにおける名誉毀損について、表現者が今後も名誉を毀損する行為を継続する蓋然性が高いことと、長期間かつ多数回にわたり、名誉を毀損し及び名誉感情を侵害する記事をブログに掲載し続けたことを併せ考えれば、ブログその他の電子掲示板等への記事の掲載によって重大な損失を受けるおそれがあり、かつ、その回復を事後に図るのが不可能な場合にあたるとして事前差止を認めた。

以下、仮処分と本訴に分けて説明する。

(2) 仮処分

民事保全法により、被保全権利との保全の必要性の双方が存在する場合において、本訴よりも簡便な審理によって差止を命じることができる。確かに、今まさに特定の表現が公開されるという場合、本訴を待つことは困難であり、仮処分でなければ実効的救済が得られないことは多い。しかし、このような簡単な審理であるからこそ、そのような手続で表現者の表現の自由を制約することが正当化される場合にのみ仮処分が認められるべきである。

#610611は、仮処分に基づく執行がされたあと、当該仮処分申請等が違法であるかが問題とされた事案であるが、人格権に基づく事前差止請求について表現内容が真実でないか又は専ら公益を図る目的のものでないことが明白であって、かつ、被害者が重大にして著しく回復困難な損害を被るおそれがあるときに限り、例外的に許される等としている。

具体的な判断について見ると、例えば、書籍による名誉毀損に関し、#290106Bは、特定の政治・宗教団体の幹部であった対象者について、当該団体の真相を暴く書籍中の6箇所の記載が対象者の名誉を毀損するとして、当該記述を削除又は抹消しない限り、これを販売したり、無償配布したり、第三者に引き渡してはならないとした。しかし、保全異議事件である#290331Cは、少なくとも1箇所については名誉毀損が認められるものの、論評であること、既に長年の時が経過していることも考慮すると対象者の社会的評価を低下させるとしても、その程度が重大であるとまでいうことはできず、対象者の日常の生活自体に重大な支障が生じていることをうかがわせる事実関係は、本件全疎明資料によっても、いまだ認めることはできず対象者に生ずる損害が事後的な損害賠償や謝罪広告によってもその回復を図ることが著しく困難なものであるとも認め難いとして、差止命令を取り消した。

単に名誉毀損がされているだけでは必ずしも差止の要件を満たさず、事後的

な損害賠償や謝罪広告によれば回復可能なのではないかという点が問われる。

しかし、だからといって全く仮処分による事前差止が認められる余地がないわけではない。

例えば、#300522 は、ある雑誌社である表現者が、対象者についての記事を掲載した雑誌の販売をすでに開始した後に判断が出された事案であるが、当該記事は、対象者が業務上横領という犯罪を犯したという印象を与えるものであるところ、かかる雑誌が社会に出回ることにより、対象者の社会的信用は著しく低下し、対象者において重大にして著しい回復困難な損害を被ったものといえ、今後もその被害が拡大するおそれがあるものと認められるとした上で、雑誌について、当該部分を切除又は抹消しなければ、これを販売し、無償配布し、インターネットに掲示し、又は第三者に引き渡してはならない、雑誌の占有を解き、これを裁判所執行官に引き渡さなければならない、雑誌を販売委託先及び販売先から回収し、これを執行官に引き渡さなければならない等と命じた。[418]

なお、仮処分において、街宣による名誉毀損の差止が認容された事案に #280602C、#280229A がある。

(3) 本訴

本訴であれば、慎重な審理の上で判断がされるという意味では、仮処分よりも要件が相対的に緩くなる。

#280825A は、詐欺師等と投稿し、呪詛のように「死ね」とか「自殺しろ」と繰り返す行為は、それ自体、対象者が生存に価しないという侮辱的表現であり極めて悪質な脅迫であり、対象者の名誉及びプライバシー権を侵害するものであり、弁護士から、内容証明郵便での警告を受けたにもかかわらず、同弁護士を愚弄・揶揄し、また、さらに対象者を誹謗、脅迫する注釈をつけた上で、同警告文をサイト上に投稿するなどしたばかりか、従前と同様の投稿を続けた上、サイトを開設し、対象者を誹謗するような投稿を続けていることからすると、表現者が今後も、対象者の名誉及びプライバシー権や精神的平穏を侵害するような行為を続ける蓋然性が高く、表現者によるこのような侵害行為を予め禁止する必要性が高いとして、差止を認めた。

このように、内容の悪質重大性、執拗性、繰り返し同様の行為を行う蓋然性

---

[418] この場合には、その後の販売を差し止めるという意味で事前差止の性格があるとはいえ、既に一定程度販売が行われていることが考慮されているように思われる。

等を考慮した上で、認容する例がある。

　他の肯定例として、#240223 は、特殊な事案であるが、表現者が繰り返し名誉毀損表現を行い、対象者が逆らえば徹底的に追い詰めて潰すのみである等と記載した書面を送付していることから「今後も口頭又はメールを送信する方法による侵害行為が明らかに予想される」として、口頭、書面の送付又はメールを送信する方法により告知又は流布することの差止を認容した。

　#281109A も、今後も、対象者の名誉を毀損する行為を行う蓋然性が相当程度高いということができるので、対象者の名誉を毀損する内容を含む文書、図画又は電子メールの配布、送付又は送信することを禁止する必要性があると認めることができるとした。

　#290327C は今後も交付等されることが予見できることに照らせば、人格権に基づき本件文書の交付等の差止を認める必要があるとして交付、送付、送信を禁止した。[419]

　しかし、具体的事案において、このような要件の充足性が認められない場合も少なくない。

　#271216B（#280609A では審理対象となっていない）では、本訴提起後、ホームページ等の公開を理由とする刑事捜査を受け、表現者は、ホームページ等をすべて削除し、本件口頭弁論終結時まで2年以上にわたり、新たなホームページや動画を公開しておらず、本人尋問においても、今後、ホームページ等と同様のホームページや動画を作成して公開するつもりはない旨述べていることからすれば、現段階においては、表現者において、ホームページ等と同様のホームページないし動画を公開する具体的なおそれがあるとは認められないから、差止の要件を欠くというべきであるとした。

　#210205B は、やや特殊な事案であるが、既に名誉毀損の投稿がされたウェブサイトについて、将来生ずべき侵害の予防としての削除を求めることが可能かという問題について、「今後、新たに対象者に対する名誉毀損となる書込みがなされる可能性はあるけれども、その場合には、改めて当該書込みの削除を求めることができ、それにより対象者の損害を回避できる」こと等を踏まえ、削除請求を認めなかった。

（#230629、#220319A、#280914B（#280215B を引用）も参照）

419）　その他認容例に #290327C、#291117、#290526C、#280205E、#280212A 等参照。

(4) アカウント削除

　実務上、特定のアカウントを使って誹謗中傷をする場合に、アカウントの削除が請求されることがある。これは、当該アカウントが過去に行った名誉毀損投稿を削除するように求めるという過去投稿の削除の問題ではなく、当該アカウントを使った表現を禁止するという意味で、一種の事前差止の性質を有する。事前差止の要件を満たす限り、アカウント削除そのものを一律に否定する理由はない。

　#291003 は、アカウント全体が不法行為を目的とすることが明白であり、これにより重大な権利侵害がされている場合には、権利救済のためにアカウント全体の削除をすることが真にやむを得ないものというべきであり、例外的にアカウント全体の削除を求めることができると解するのが相当として、アカウント削除を命じた。

　ただし問題は、具体的事案において上記の事前差止の要件を満たすかであろう。[420]

6　時効

(1)　はじめに

　対象者は時効期間内であればいつでも不法行為に基づく損害賠償請求権を行使することができる。[421] 現行民法によれば、名誉毀損の不法行為の時効期間は民法724条により、「損害及び加害者を知った時から3年」又は「不法行為の時から20年」である。[422] まずは現行民法に基づき説明し、改正民法につき (5) で述べる。

(2)　損害を知った時

　「損害」を知ったときについて、対象者が記事の存在を現実に知ることが、

---

[420]　なお、#280622A は、SNS コミュニティ及び参加者のアカウント削除が求められたが、コミュニティ参加者に名誉毀損目的があることを認めるに足りる的確な証拠はなく、将来にわたって対象者を中傷する記載をする具体的危険性があるということはできないとした。

[421]　#281214A は、名誉毀損事件において、被害者が提訴に期間を要したことは、必ずしも被害感情が低いことを意味しないし、そのことによって、加害者が名誉回復や慰謝の措置をとらずに済ますことが正当化されるものではないとした。

[422]　「不法行為による損害賠償の請求権は、被害者又はその法定代理人が損害及び加害者を知った時から3年間行使しないときは、時効によって消滅する。不法行為の時から20年を経過したときも、同様とする。」

消滅時効の起算点としての意味を有するとされている（#140129A 参照）。従来型不法行為では、新聞雑誌の発行等の時点で不法行為が行われ（接近した時点で終了する）、対象者がこれを認識した時点から消滅時効が起算されると解されていた。

ところが、インターネット上の名誉毀損の場合だと、インターネット上に表現が長期間にわたって掲載されることがある。つまり、インターネット上の名誉毀損については、いわば継続的不法行為の様相を呈する。

大判昭和15年12月14日民集19巻2325頁は、土地の不法占有という継続的な法行為による損害賠償請求の時効に関し、不法占有の事実を知ったときから3年を経過した部分を除き、賠償を請求することができるとした。この先例をインターネット上の名誉毀損にあてはめれば、名誉毀損の事実を知った時から3年を経過した部分についてはもはや賠償を請求できないが、それ以外の部分については請求できることになる。

ここで、#240112 は、インターネット上の名誉毀損の不法行為は削除されるまで日々継続的に行われているものと解すべきと指摘した上で、現に削除されてから3年以内に提訴している以上、名誉毀損表現を認識した後3年を経過しているかどうかは関係なく、消滅時効は成立していないとした（#270203 も同様と思われる）。[423]

なお、#291117 は、一連の投稿は平成22年4月15日から平成29年4月24日までの間に合計79回にわたって、同一の目的のもとで反復して行われた一連の不法行為であり、投稿については全体を一体のものと評価することが相当であるとしたが、対象者の精神的苦痛は、不可分一体のものとして把握しなければならないものではなく、個々の摘示を知った時点において対象者に慰謝料の支払を求めることにつき何らの障害がないことに照らせば、同時点から不法行為に基づく損害賠償請求権の消滅時効が進行すると解するのが相当であるとして、個々の摘示を知った時点を起算点とた。

刑事事件でも同様の問題意識が存在するところ、#160422 は、告訴期間（刑訴法235条1項）は、名誉毀損表現の削除ないしそれに準じる措置を講じてから開始されると判断した。

---

423)「この点において、書籍、雑誌、新聞等の紙媒体で名誉毀損に該当する言辞が公表される場合には、その発行時に不法行為が成立するというのとは、その不法行為の性質が全く異なるものであるというべきである」とされた。

(3)「加害者を知った」

では、「加害者を知った」時はどうか。#481116 は、被疑者として逮捕されている間に警察官から不法行為を受けた事案において「加害者に対する賠償請求が事実上可能な状況のもとに、その可能な程度にこれを知った時を意味するものと解するのが相当であり、被害者が不法行為の当時加害者の住所氏名を的確に知らず、しかも当時の状況においてこれに対する賠償請求権を行使することが事実上不可能な場合においては、その状況が止み、被害者が加害者の住所氏名を確認したとき」にはじめてこれにあたるものというべきとした。

インターネット上の名誉毀損では匿名性のため、容易には「加害者に対する賠償請求が事実上可能」な程度に至らない。

#280425B（#281101B 及び #281101C で上告不受理）は、対象者が表現者の住所を認識し、又は容易に認識することが可能な状態にあったとまで認めるには足りない状況で、「加害者を知った」ということはできないとした。

(4) 中断

形式的に時効期間が経過している場合、中断事由の有無が問題となる。

#290322C は不法行為に基づく損害賠償請求権を行使したかのような主張をするものの、その実質は記載内容が真実であるかについて証拠に基づく回答を求めたものにすぎず、時効の中断事由や停止事由となるものではないとした。

なお、裁判上の催告を認めたものに #291226A がある。[424]

(5) 民法改正

民法改正では、20 年間が除斥期間から消滅時効期間となった（改正法 724 条 2 号）他、生命・身体の侵害による損害賠償請求権の消滅時効の特例が設けられた（改正法 724 条の 2）。要するに、生命身体による損害賠償債権は権利行使機会確保の必要性が高くまた時効完成に向けた措置を速やかに取ることが期待できないことも少ないことから、損害及び加害者を知った時から 3 年という時効期間を 5 年とした。[425]名誉毀損との関係では、PTSD を発症するなど精神的機能の障害が認められるケースは身体の侵害による損害賠償請求権に含まれる（筒井・村松・前掲 61〜62 頁）ので、その場合には、改正法 724 条の 2 が適用される。

424）酒井廣幸『〔民法改正対応版〕時効の管理』（新日本法規出版、2018）220 頁。
425）筒井健夫・村松秀樹編著『一問一答 民法（債権関係）改正』（商事法務、2018）61 頁。

7 強制執行

間接強制に基づく強制執行が認められた事案（メインはプライバシー）として #281028B、#281228A がある（#290622 も参照）。

8 遅延損害金

不法行為に基づく遅延損害金の算定の問題もある。民法改正により法定利率が変動制に変わっていることには注意が必要である（改正民法 404 条、前掲・一問一答 78 頁以下）。

基本的には、不法行為よる損害賠償債務は、損害の発生と同時に、何らの催告を要することなく、遅滞に陥る（#370904）。問題は、複数の投稿の関係である。

一部の裁判例は、最後の投稿がされた日に遅滞に陥るとする。

#280209C は、各表現者についてそれぞれ一連の不法行為であると認められるから、遅延損害金の起算日は、各表現者について、一連の記事のうち最終のものの投稿日であるとした。

#281124F は、本件各投稿の内容や時期から一個の不法行為であると評価するのが相当であるところ、賠償金についての遅延損害金は、不法行為の最後の日から発生するとした。

#280204D は、民法所定の年 5 分の割合による遅延損害金の始期については、一連の共同不法行為の終了に伴う確定的な損害発生時であると認めるのが相当であるとした。

これに対し、最初の日を起算点としたものもある。

#291102B は、最も早い時点で不法行為が成立する投稿を掲載した時点から履行遅滞に陥るものと認められるとした。

例えば、1 年間毎日 1 投稿ずつがなされたという仮想事例を考えると、これは、不法占拠により毎日土地を利用された場合と類似しており、そのような場合については、法律上は各日分についてそれぞれ遅滞に陥り、その翌日から年 5% の割合の損害を賠償すべきように思われる[426]。とはいえ、実務では簡便さの観点から、最終日（又はその後の請求や提訴時）を起算点として請求されること

が多いだろう。

9　その他

（1）　擬制自白

　慰謝料は擬制自白の対象とならない（#280325A）。例えば1億円を請求して被告（表現者）が反論せず欠席判決となっても、1億円の慰謝料が認容されるものではない。

（2）　訴訟費用

　訴訟費用は相当と認められる分担割合となる。

　#280831Aは、謝罪広告の掲載に加え、合計2億2400万円に及ぶ損害賠償請求をしたのに対し、140万円の限度で損害賠償請求のみ認容し、その余の請求をすべて棄却するに伴い、訴訟費用の負担について、これを100分し、その99を対象者の、その余を表現者の負担とする旨の原審の判断は相当とした。

（3）　弁済の充当

　その他弁済の充当につき#281216E参照。

426）　財務省「不法占拠財産取扱要領」（平成13年3月30日財理第1266号）参照。

第 20 章　名誉感情侵害（侮辱）

1　はじめに

(1)　名誉感情とは

　すでに述べた通り、名誉毀損の不法行為における名誉とは、「人の品性、徳行、名声、信用等の人格的価値について社会から受ける客観的評価（#610611）」、すなわち外部名誉であった。

　これに対し、名誉感情侵害の不法行為における名誉感情とは「人が自分自身の人格的価値について有する主観的な評価」（#451218、#171110 等参照）や「自分が自分の価値について有している意識や感情」、すなわち主観的名誉である（佃 2 頁）。名誉感情ないし主観的名誉は、プライドや自尊心という表現で呼ばれることもある（佃 135 頁参照）[427]。あくまでも主観的名誉が侵害されてはじめて名誉感情侵害の問題となるのであり、単なる不快感は含まれない。[428]

　このような主観的名誉、つまり名誉に対する感情については、「法人その他の団体は感情を有していないので、名誉感情侵害が成立する余地はない」とされる（佃 138 頁）。

　#250802 は、侮辱とは名誉感情を害するものであると解されるところ、法人には感情は存在しないから、侮辱による不法行為が成立する余地はないというべきであるとした。

　ただし、「投稿記事の内容を問わず、一律に、法人に対しては事実を摘示しない投稿による人格権侵害は成立しないという結論でよいかは、議論の余地があるように思われる」（関小川 80 頁）等、異論も出ており、今後の裁判例の動向に注目すべきである。

---

427)　なお、最近の裁判例で関連するものとして、対象者の価値を否定することに終始したものだから侮辱にあたるとする #280316A や、劣悪な表現方法で、一方的かつ執拗に、対象者の個人の尊厳を卑しめるものであり、権利侵害の程度も著しいのであって、社会的相当性を逸脱して対象者を侮辱したものといわざるを得ないとする #280704B　がある。

428)　#290126A、#280630B、#280426D、#280902A、#280711B、#280526B、#281118B、#280729C。

(2) 名誉感情の侵害方法

(a) はじめに

　上記のような名誉感情、すなわち人が自分自身の人格的価値について有する主観的な評価（主観的名誉）は、実務上様々な方法での侵害が可能であるし、法律や判例は、侵害方法について制限を設けていない。そこで、侮辱が典型であるが、それ以外の方法での名誉感情侵害もあり得る。[429]

(b) 侮辱

　裁判例としては圧倒的に侮辱によるものが多い（佃 139 頁も参照）。最高裁でインターネット上の名誉感情侵害が問題となった事案（#220413）では、「気違い」という表現による侮辱行為が問題となった。

　「侮辱」とは人格に対する否定的価値判断をいい、「バカ」「アホ」「まぬけ」等の悪態がこれに当たるとされる（佃 137 頁）。

(c) 写真・図画による名誉感情侵害

　実務上みられるものとしては、写真・図画による名誉感情侵害がある。

　最高裁（#171110）は、腰縄により身体の拘束を受けている状態のイラストの公表が対象者を侮辱し、対象者の名誉感情を侵害するものというべきで社会生活上受忍すべき限度を超えて、対象者の人格的利益を侵害するとした。

　また、#270805（#280628B で上告不受理）は、対象者を含む女性芸能人らの顔を中心とした肖像写真に、一見しただけでは写真と誤解する可能性がある程度には精巧さを備えた裸の胸部（乳房）のイラストを合成した画像について、自らの乳房や裸体が読者の露骨な想像（妄想）の対象となるという点において、強い羞恥心や不快感を抱かせ、その自尊心を傷付けられるものであるということができる上、芸能活動に関係する性的な表現を含むコメントや、露骨な性的関心事を評価項目とするレーダーチャートが付されており、これらによって読者の性的な関心を煽り対象者らに羞恥心や不快感を抱かせるものであるということができるとして、社会通念上受忍すべき限度を超えて対象者らの名誉感情を不当に侵害するものとした。

　さらに、#240906 は有名な女性参議院議員をモチーフにした女性キャラクターが性的行為を行うアニメ DVD につき、対象者と容易に同定することができる主人公が侮辱的な扱いを受けている場面を内容とするものであるから、これ

---

429) 侮辱とは名誉感情を侵害する行為である（#280711B、#250802）と言い切ってしまう裁判例もあるが、適切ではない。

が販売され、視聴されることによって、対象者は、その自尊心を傷つけられ、精神的苦痛を受けることが明らかであるとして名誉感情侵害の不法行為を認めた。

#220728 は、対象者が漫画に登場する愚連隊のリーダーのモデルだとした上で、愚連隊の仲間と共に「ケンカの時間だ」と意気込んでいる様子や、中学生に叩きのめされて惨めな姿で横たわっている様子を描いたことは、対象者の外観、人物像を侮辱するものであって、社会通念上許される限度を超えるとした。

なお、#610506 は、「顔は悪の履歴書」と見出しをつけたグラビア記事が違法な名誉感情侵害とされた。

　(d) 動作による名誉感情侵害

動作による名誉感情侵害事案もある。

#220121 は、唾を吐き掛けることが違法な名誉感情侵害とした。

#230217B は、マンション管理組合の組合員である表現者が管理人事務室の扉を足蹴にしたり流しに口から物を吐いたことが管理会社従業員への侮辱等として損害賠償請求を認めた。

なお、#280128E は、写真集を返還する行為につき、今後上記写真集の販売を行わないという意思の現れであるが、違法性を有するような侮辱行為とまでは認められないとした。

動作の具体的態様によって違法性が認められるか否かが変わるだろう。

　(e) その他

なお、氏名に関して名誉感情侵害が争われることがある。

#201113 は、政党元党首が外国出身であり、本名は自称と異なるという趣旨の雑誌記事について、氏名は、人が個人として尊重される基礎であり、その個人の人格の象徴であって、人格権の一内容として構成するものというべきであることや、人は、自己の氏名や出身地を人格の重要な構成要素として捉え、これらに強い愛着を抱くことが自然であること等から、氏名や出身地について価値中立的な事実を摘示するものであるとしても、明らかに虚偽の事実を記述するものである以上、対象者の名誉感情や人格的利益を侵害するものということができるとした。

#260716 はやや特殊な例であるが、里子として受け入れ予定の女児を殺したとして逮捕された声優である対象者につき、当該女児の名前について新聞常用漢字表に従い略字を使用したことによって対象者の名誉感情を侵害する不法行

為が成立するとは認められないとした。

なお、侮辱表現がなくても、例えば「アカウント凍結」等の行為そのものが、（それが公開されて社会的評価を低下させる場合ではなくても）ユーザーが規約違反者だとしてユーザーの名誉感情を侵害する可能性があり、その程度によっては名誉感情侵害の不法行為の可能性がある（61頁参照）。

(3) 名誉感情を侵害が不法行為となる要件

(a) はじめに

単なる名誉感情侵害行為が存在するだけでただちに不法行為が成立するわけではないとされる。

(b) 社会通念上許される限度

最高裁は、傍論であるが、掲示板に「気違い」といった投稿がされたことが問題となった#220413において、以下の通り述べ、社会通念上許される限度を超える侮辱行為であると認められる場合に初めて不法行為が成立するとした[430]。

（問題の投稿は）「本件スレッドにおける議論はまともなものであって、異常な行動をしているのはどのように判断しても被上告人（注：対象者）であるとの意見ないし感想を、異常な行動をする者を「気違い」という表現を用いて表し、記述したものと解される。このような記述は、「気違い」といった侮辱的な表現を含むとはいえ、被上告人の人格的価値に関し、具体的事実を摘示してその社会的評価を低下させるものではなく、被上告人の名誉感情を侵害するにとどまるものであって、これが社会通念上許される限度を超える侮辱行為であると認められる場合に初めて被上告人の人格的利益の侵害が認められ得るにすぎない。そして、本件書き込み中、被上告人を侮辱する文言は上記の「気違い」という表現の一語のみであり、特段の根拠を示すこともなく、本件書き込みをした者の意見ないし感想としてこれが述べられていることも考慮すれば、本件書き込みの文言それ自体から、これが社会通念上許される限度を超える侮辱行為であることが一見明白であるということはでき」（ない）。

なぜ、最高裁は、このように、社会通念上許される限度を超えることを求めたのか。名誉感情は、自己の人格的価値に対する評価であって、主観的な感情の領域の問題であるから、表現態様が著しく下品ないし侮辱的、誹謗中傷的である等、対象者の名誉感情を不当に害し、社会通念上許される限度を超える場

---

430) 当該事案は侮辱による名誉感情侵害の事案なのでこのような表現となっているだけで、この理は名誉感情侵害全般にあてはまると理解される。

合に限り、人格権の侵害として慰謝料請求の事由となるものと解されるとする#280426D や、人が社会生活を営む以上人との摩擦は避けられないところ、名誉感情に広く法的保護を及ぼせばおよそ人の自尊心を傷つけるだけで違法となり、他人についての自由な論評をすることができなくなってしまうという議論[431]が参考になる。

(#290116A も参照)

　　（c）　故意・過失

　また、不法行為であることから故意過失が必要である。

　多くの場合、表現者に故意があるものの、過失による名誉感情侵害もあり得る。

　#280127E では、副検事たる表現者が対象者である刑事事件の被害者の肩書として「被疑者」と記載した文書を送付した事案において、被疑者とは一般に、犯罪の嫌疑を受けた者でまだ起訴されない者をいうことからすれば、対象者の名誉感情を侵害するものとして国家賠償法上違法であることは明らかで、副検事が職務を行うについて過失により対象者の名誉感情を侵害したとして国家賠償を認めた。

　　（d）　因果関係ある損害

　加えて因果関係ある損害の立証もあるが、以下の救済のところで述べる。

2　名誉感情侵害と名誉毀損の違い

(1)　両者が異なる対象に対する侵害を内容とすること

　上記の通り、名誉毀損は、社会的評価の低下（外部的名誉の侵害）であるのに対し、名誉感情は自己が自分の価値について有している意識や感情（主観的名誉）の侵害である。

　侵害の対象が異なる以上、名誉毀損の要件・効果と名誉感情侵害の要件・効果は異なっている。

　そこで、社会評価が低下しても必ずしも名誉感情侵害の不法行為にはならないし、名誉毀損が成立しなくても名誉感情侵害になり得る。

　例えば、双方を認めた事案（#281003、#290130B、#280419A、#280523A、

---

431)　岡村久道・坂本団編『Q&A 名誉毀損の法律実務』（民事法研究会、2014）11 頁。

#280517C)、名誉感情侵害のみを認めた事案（#290116A、#280509A、#280516、#280520B)、名誉毀損だけを認めた事案（#280720E)、双方を否定した事案（#280914C、#280719A）がある。

(2) 公然性は不要

また、名誉毀損には上記の通り公然性が必要だが、名誉感情侵害は公然性が不要であり（#240828参照）、例えば対象者だけに対する発言でも成立し得る。それは、不特定多数の人にその表現が伝わったかとは関係がなく、対象者が名誉感情を侵害する行為を知ることで侵害結果が生じるからである。逆にいえば、対象者に伝わらなければ、名誉感情は侵害されない（後述404頁参照）。

(3) 法人

法人については上記の通りである（397頁）。

(4) 名誉感情侵害と謝罪広告

最高裁（#451218）は、民法723条で謝罪広告が認められる「名誉」には、人が自己自身の人格的価値について有する主観的な評価、すなわち名誉感情は含まないとした。

そこで、名誉感情が侵害されても謝罪広告を請求することができない（#240906参照）。

この点に関しては「"社会的評価が低下した場合に『広告』によってその評価を回復する"、ということには合理性がある。しかし、"名誉感情が侵害された場合に『広告』をもってその感情を癒す"ということは論理的にはつながらない。」（佃241頁）という説明が参考になる。

(5) 民事訴訟法上の問題

なお、そもそも名誉毀損と名誉感情侵害の不法行為は異なる類型の不法行為である。例えば「被告に殴られたので怪我をした」と主張していたら、裁判所が突然「被告は原告を殴っていないが、原告は被告の過失による交通事故で怪我をした」として不法行為を認めることは通常許されない。

ところが、#281025では、対象者（原告）は、名誉毀損による不法行為のみを主張しており、名誉感情侵害の不法行為を少なくとも明示的に主張していなかった。その中で、対象者について「非常に、まず、いかがわしさを感じる」という表現についてこれが名誉感情侵害となるとした上で、対象者の主張は、社会的評価の低下に伴う名誉毀損の不法行為のみならず、上記のような名誉感情侵害の不法行為をいう趣旨を含むものとして、理由があるとした。

弁論主義の下で、主要事実については、当事者が主張していない事実について裁判所が勝手に認定することは許されないものの、当事者の主張と完全には一致しないが社会的事実の同一性が認められればこれを認定することは可能であるし[432]、弁論の全趣旨を考慮するとある事実が主張されているものと認められるときも、明示的主張が欠ける場合でも、これを認定することが許される[433]。#281025 はこれらの場合であると理解されたのだろう。

3 刑事と民事

(1) 侮辱罪

刑法 231 条は「事実を摘示しなくても、公然と人を侮辱した者は、拘留又は科料に処する」として侮辱罪を規定する。

上記のとおり、名誉感情侵害の不法行為の典型的な方法は侮辱であるところ、刑法 231 条も「侮辱」という文言を用いているので、双方を比較してみたい。

(2) 民法と刑法の違い

まず、最大の相違は保護されるもの（保護法益）である。上記の通り、民法上の侮辱について問題となるのは、名誉感情である。ところが、刑法では、侮辱罪もまた、名誉毀損と同様に社会的評価を保護するものと解されている[434]。このような理解を前提とすると、侮辱罪と名誉毀損罪の違いは、事実の摘示の有無といういわば行為態様の点だけであり、事実を摘示すれば名誉毀損罪であるが、具体的に事実せず公然と人に対して軽蔑の表示をする行為が侮辱罪である[435]。

加えて、上記の通り、民事に関しては法人に名誉感情侵害が成立することは基本的にないと解されているものの刑法では、刑法 231 条の「人」に法人が含まれることに争いはない（#581101。最近のものとして学校法人への侮辱を認めた #230421 参照）。これは、法人も社会的評価を有しており事実の摘示以外の方法で社会評価が低下すれば侮辱罪による保護に値するからである。

さらに、刑法 231 条は「公然と」として、構成要件として公然性を要求して

---

432) 伊藤・前掲 315 頁。
433) 伊藤・前掲 315 頁。
434) 大塚仁他編『大コンメンタール刑法（第 12 巻）』（青林書院、第 2 版、2003）63 頁参照。
435) 大塚他・前掲 63 頁。

いるのであり、公然性が要求されない民法の侮辱とは異なっている。
(3) 侮辱罪と混同する裁判例
　このように、民事の不法行為としての名誉感情侵害（の一形態である侮辱）については刑事侮辱罪と明確に異なるが、混同をうかがわせる裁判例がある。
　例えば、定義について、民事上の問題であるにもかかわらず「事実を摘示せずに原告の社会的評価を低下せしめるものとして原告を侮辱するものである」と認めた #280317A があり、古いものでも同様の判示がある（#150717、#410805 等）。
　また、法人の名誉感情侵害の不法行為を認めるように読める一部の裁判例が見られる（#210205B や #221111）。
　これらについては、基本的には、侮辱罪との相違について十分に理解せずに混同をしたのではないかと考えられるが、関小川の議論のような、新たな法理への芽吹きかもしれない点は、留意が必要である。

4　対象者本人と「一般読者」

(1)　対象者本人の重要性
　名誉感情侵害の対象が主観的名誉の侵害、つまり対象者本人の感情である以上、名誉感情侵害の不法行為の成否の判断において、対象者本人が非常に重要である。その結果、原則として、対象者本人に伝達されない場合には、名誉感情侵害にはならない。
　インターネット上の名誉感情侵害としては、#261224A はミクシィと思われる SNS における「肉便器」「バカ女」との投稿は対象者の名誉感情を侵害し得るものの、対象者は公開範囲（マイミク）に入っていなかったので侮辱にならないとした（なお、#220723、#220906 等も参照）。
　#300227 は、表現者が自身のツイッターを非公開にして投稿をしたところ、対象者が偽名を使用して閲覧承認を得て閲覧していたのであって、表現者において、対象者がツイッターを閲覧している事実を認識していたことは認められないとして侮辱による不法行為成立を否定した。
　#300129 は、表現者が対象者に伝える意図で発言したとは認められず、他にこれを認めるに足りる証拠はないとして不法行為を構成するとは認められないとした（ただし、この事案では過失についての検討がなく、その点で理論的には問

題がある。)。

(2) 公然性は不要

そして対象者本人に伝わりさえすれば、名誉感情侵害は成立し、公然性は不要であるのは上記の通りである。

(3) 一般読者基準・同定

(a) 意味内容の特定

意味内容の特定において、名誉毀損だけではなく、名誉感情侵害でも、一般読者基準を用いるものがある。

例えば、#280830Bは、インターネット上の投稿が対象者の名誉感情を侵害するものであるか否かについて、一般読者の普通の注意と読み方を基準としてその意味内容がどのように理解されるかを基準に判断するとした。

#280902Aは、対象者が「類稀なサイコであろうという推定がある」と投稿したことにつき、「サイコ」は、人をあなどったりはずかしめたりする際に人格異常者等の意味で用いられることもしばしばある言葉であるところ、一般的な閲覧者が当該投稿を読んだとき、その文脈からすれば、その意味で用いられていると理解するのが自然とした上で、侮辱だとした。

先に名誉毀損を検討し、一般読者基準を元に意味内容を理解した上で、そのような意味内容が名誉感情侵害かを判断する裁判例は多い。

しかし、理論的には、対象者本人を基準とするのであれば、一般読者基準を適用することがどこまで合理的かは問題となり、疑問が残るところである。むしろ対象者本人がどのように理解していたかにフォーカスをあてるべきではなかろうか。(このように考えても、社会通念上の限度のところで客観基準で判断(409頁)すれば、そう不都合はなさそうである。)

ただし、独りよがりな理解は認められないのであって、例えば、#300131Dは柔道整復師である対象者の負傷について、表現者である保険会社の担当者が医師の診断を重視して支払うと述べたことは柔道整復師としての能力等を問題にしたものとはただちにはいえないとしているところ、この認定は、要するに、対象者本人が独自の理解をしても必ずしもそれをそのまま基準にするわけではないという趣旨と思われる。

---

436) なお#300129は、第三者に対して「なんで辞めないんだ。退職願一式送りつけてやる」等の発言をしたものの、これが対象者に対して直接なされたものでない以上対象者に対する不法行為を構成するとは認められないとした。

(b) 同定

同様の問題は同定についても生じる。例えば、インターネット上の掲示板に投稿された「あいつは人間のクズだ」という投稿の「あいつ」が誰なのか誰もわからなければ、誰の名誉感情侵害の問題も発生しない。これに対し、一般読者基準から対象者のことだと分かれば、名誉感情侵害の問題となる。

ここで、一般読者基準では対象者と分からないものの、対象者にとって対象者と分かる場合について、名誉感情侵害の問題が発生するか。

#281227A は、ブログ記事につき、ブログの一般の閲覧者の普通の注意と読み方を基準とすると、対象者について書いたものと読み取ることはできないから投稿は対象者の名誉感情を侵害するものとはいえないとした。[437]

#280602B も一部のブログ記事について、名誉毀損の主張について同定を否定した上で、同定することができない程度のものであることやその内容に照らせば、仮に対象者が自己に関する投稿であると認識したとしても、それが対象者の名誉感情を著しく侵害するとはいえないとした。

後述のとおり、社会通念上許される限度を超えるかは、やはり一般人の基準を入れる必要があるところ、その判断において「普通の人がどのように理解する投稿か」は重要である。その意味では、対象者本人の観点を入れて①当該投稿の意味は何か、②対象者と同定できるかを検討した上で、名誉感情侵害の問題になるのであれば、それが社会通念上許される限度を超えるかの判断において、一般読者基準から、①当該投稿の意味は何か、②対象者と同定できるかを再度検討し、上記 #280602B のように、例えば一般読者基準で同定できないことをマイナス事由として考慮することは論理的にあり得る。

5　社会通念上許される限度

(1) はじめに

上記の通り、名誉感情侵害は社会通念上許される限度を超えて初めて不法行為になる。

ここでいう「社会通念上許される限度」というのが抽象的で分かりにくいことから、以下、この内実について示唆的な裁判例をいくつか挙げたい。

---

437)　#290116A 等も同様である。

#281118B は、「狂気」という掲示板の投稿について通常の社会生活において投げかけられることは滅多にないような強い侮辱表現であることを重要な理由として社会生活上許される限度を超えた名誉感情侵害を認めた。

#280830B は、ある投稿が対象者の名誉感情を侵害するものであるか否かについて、一般読者の普通の注意と読み方を基準としてその意味内容を理解した場合、誰であっても名誉感情を害されることになるような、看過しがたい、明確かつ程度の甚だしい侵害行為といえるかという観点からこれを検討するとした。[438]

#280719A は「勘違い」「見栄っ張り」等の投稿に用いられている表現自体は、それ自体強い侮蔑の意味を持つ言葉ではないことからすると、何人であっても名誉感情を害されるような、社会通念上許される限度を超える侮辱行為であることが明らかであるとまではいえないとした。

#281124B は、ツイッター上の投稿について、誰もが、到底容認することができないと感じる程度に著しく名誉感情を害するものであるから、社会通念上許容されるべき限度を超える違法な名誉感情侵害としている。[439]

#280531C は、特定の投稿が違法性の程度が強度で社会通念上許される範囲を逸脱したものだとした。

少し別の系統としては、#280707C は、表現者がその発言をしたことについては、相当の理由があったというべきであるとして、社会通念上許容される限度を超える侮辱行為に当たらないことは明らかとしている。

これらを総合すると、
- 一般の社会生活においてその人に対して投げかけられることがどの程度まで想定される表現か
- 誰であっても名誉感情を害されることになるような、看過しがたい、明確かつ程度の甚だしい侵害か
- 誰もが到底容認できないと感じる程度のものか
- 違法性が強度か

等から社会通念上許される限度を超えて名誉感情を侵害するが、上記のような

---

438) 国賠だが #300523 が「表現を向けられた人の誰もが名誉感情を害されることになるような看過し難い、明確かつ程度の甚だしい侵害行為であることを要する」とするのも同旨。

439) なお、#280915A は、投稿が対象者を侮辱し、その名誉感情を著しく害する表現であるというほかないとした。

状況から通常社会通念上許される限度を超えて名誉感情を侵害すると判断されるような表現であっても、

・相当の理由

があれば、社会通念上許される限度を超えないことが分かる。

なお、相当の理由を抗弁に位置付けることも可能だが、後記の通り、なぜそのような発言・投稿をしたのかという経緯・理由・意図等を重視して、いわば相当な理由がある場合に社会通念上許される限度を超えていないと判断する裁判例が多いので、このような積極・消極双方を考慮して社会通念上許される限度を超えるかを判断していると評することができよう。

(2) その他の表現

(a) はじめに

なお、裁判例を見ると、「社会通念上許される」限度（範囲等）という表現が多数であるものの、特徴的な表現をいくつかピックアップする。[440]

(b) 受忍限度

受忍限度という表現を用いる裁判例がいくつか見られる。

#290719B は社会通念上許される受忍限度を超えて名誉感情を侵害する行為は、人格権を侵害するものとして、不法行為に当たるというべきであるとした上で、上記受忍限度を超えたというためには、およそ誰であっても名誉感情を害されることになるような、看過し難い、明確かつ程度の著しい侵害行為がされたことを要するものと解するとした。

#290112C も社会通念上の受忍限度を超える侮辱行為に当たる場合には、人格権の侵害として不法行為が成立するとする。

#280523A は対象者の名誉感情を受忍限度を超えて侵害するものと認められるとした。

（その他 #280121B や #290927B も参照）

(c) 業務の適正な範囲・指導としての範ちゅう

#290531 は、業務上の注意について発言の内容・態様も不適切なものではなく、業務の適正な範囲を超えないことを理由に侮辱等ではないとした。逆に、#280726E は「能力が低い」とか「出来が悪い」などといった表現を用いることは、具体的な事柄を取り上げて発言の相手方を指導するというよりは、対象

---

440) なお、「社会生活上許される限度」等、少しだけ異なるものもある（#300326B）。

者について、その能力や当人の行っていることを全体として否定する趣旨に解され、その背景に相手方に対する業務指導を行う意図があったとしても、最早業務指導としての範ちゅうを超えて、対象者の人格を否定し、侮辱するものといわざるを得ないとした。

(d) その他

#281128B は友人間の手紙で侮辱された事案について心情を害したことは容易に推認できるが、長年親しくしていた二人の認識の隔たりを発端とする気持ちのすれ違いによって起きたものと解されるからあえて法律問題とし、損害賠償を認めるべき不法行為と捉えることは相当ではないとした。

#280616 は、表現者らの会話は、「難病ということにしたいんじゃない？」「器質的なものじゃないから。精神的なものだから。」と述べたに止まることや会話が行われた状況からすると、対象者の名誉感情を害し不法行為を構成するような違法性を有するものということはできないとした。

(e) まとめ

これらの裁判例は決して最高裁が（傍論ながら）上記 #220413 で判示した、社会通念上許される限度の理論を変えるものではないだろう。むしろ、それぞれのシチュエーションに合わせてその具体的適用として受忍限度の範囲内なので社会通念上許される限度であるといった判断をしたと理解される。

(3) 判断方法

(a) 客観的判断

ここで名誉感情は本人の内心の問題だが、同じ表現でも人によって受け取り方が違い得る。

そして、社会通念上の限度は、裁判所による救済を求められる限界を画する基準であり、また「社会」においてどのような「通念」が存在するかを探求するものだから、客観基準で判断すべきである。

例えば、#281018 は、「管理人の真似しちゃだめだ。／だってダメ人間そのままだもん。底辺まっしぐらｗ」というブログ上のコメントにつき、一般閲覧者の普通の注意と読み方を基準とすれば、投稿の内容は、対象者の社会的評価を低下させる名誉毀損行為又は名誉感情を侵害する侮辱行為に該当するものであるということができるとしており、名誉感情侵害の不法行為の成否の場面でも一般閲覧者の普通の注意と読み方を基準として判断すると解される。

また #280330J（#281124C で引用）も表現者の発言が客観的にみて、いずれ

も対象者の名誉感情を害すべき内容ではないとした。

　このように、ある投稿が社会通念上許される限度を超えるべきかは客観的に判断すべきである。[441]

(b) 判断要素総論

　このように客観的に判断するとして、判断のためにどのような要素を考慮するべきだろうか。

　最高裁（#220413）は、傍論だが、問題となる投稿に加え同じスレッドの他の投稿の内容、投稿がされた経緯等を考慮すべきとした。

　ただし、上記 #220413 の挙げた要素は例示であって、すべての考慮要素が尽きているという趣旨ではないだろう。これらに加えて他の要素も考慮する必要がある。

　#290427C は、言動の内容、その前後の文脈、当該言動の態様（手段・方法）及び状況、特に当該言動がされた時期・場所、公然性の有無（刑法231条参照）、当該言動の程度、特にその頻度・回数、当該言動に至る経緯とその後の状況、特に当該言動の前後にされた被害者による加害者に対する言動の状況、当該言動に係る当事者の関係、年齢、職業、社会的地位等、当該言動の動機、目的、意図等の諸般の事情を総合的に考慮するのが相当であるとした。

　上記 #290427C は、とりわけ、いさかいの生じている紛争の当事者の間における非公然の1対1の会話や話し合いの過程における表現については、両当事者の関係等、その発言に至るまでの両者の間の経緯、その一方の当事者の置かれている状況や、相手方当事者の言動・態度等を考慮することなく、その発言の表現のみを取り出し、これが社会通念上受忍すべき限度を超える侮辱行為であると判断すべきではないとした。

　確かに上記 #290427C は（宗教的な背景もあるという）事案にかなり特殊なところがある裁判例であることは否定できないが、そこで示された規範は別の事件でも一定範囲で利用可能である。[442]

---

441) なお、表現者として、対象者が過敏性を持っていることをあえて知った上で、攻撃のために「対象者を基準とすれば許容限度を超えているものの、一般読者基準からは許容限度を超えていない」文言を用いる場合の処理については別途検討が必要であろう。
442) 類似の判断をしたものに #290112C 及び #290328C がある。

(4) 判断要素各論

(a) はじめに

上記の通り判断方法として客観的に判断することと様々な事情を総合考慮して判断することは判例や様々な裁判例において指摘されているが、それでは実際にどのように判断するのか、つまり、様々な事情をどのように考慮すべきかは、かなり個別具体的な判断となるので、以下、投稿・表現の内容、（当事者を除く）周囲の状況、当事者の客観的属性・行為等、当事者の主観的意図・目的に分類して、考慮された事情について検討する。

(b) 表現内容

(i) はじめに

まず、表現内容は重要である。例えば上記 #220413 は、「気違い」と１度投稿しただけであるが、これが複数回にわたって投稿されていたり、具体的に対象者がどう「気違い」なのかに触れていたりした場合には、また判断が違ってくるだろう。[443]

(ii) 用いられる文言そのものの侮蔑性

まず、投稿において用いられた文言そのものがどの程度侮蔑的であるかは判断において重要である。

#281222F は、「ババア」との投稿につき、女性に対する侮辱の意味合いをもつ表現を含むものであるとはいえ、その言葉の意味内容等に照らすと、これら投稿がただちに社会通念上許容される限度を超えた侮辱であることが明白とまではいえないとした。[444]

#280719A は「勘違い」「見栄っ張り」等の同各書き込みで用いられている表現自体は、それ自体強い侮蔑の意味を持つ言葉ではないということを１つの理由として社会通念上許される限度を超える侮辱行為であることが明らかであるとまではいえないとした。

社会通念上許される限度を超えるかの判断においては、同じ対象者を指す表現でも、そこで選択された文言が例えば、「中年女性」なのか、「おばさん」なのか「ババア（BBA）」なのか、「クソババア」なのか等によって、一定の影響が生じ得るだろう。[445]

なお、ここでいう「文言」については、インターネット上の名誉感情侵害で

---

443) なお、後者の場合は名誉毀損も射程に入ってくるだろう。
444) なお、「ババア（ババァ）」につき、#281118A も参照。

あれば、アスキーアートや「w」等も考慮される。

#280325Cは、アスキーアートにつき、いわゆるアスキーアートとともに記載することにより何らかのパロディーであるかのような体裁となっていることから専ら対象者を嘲る意図で同投稿をしたことが認められ、社会通念上許される限度を超える名誉感情侵害とされた。

#290810Bは、掲示板への「あいつ、今課長様？？ちびーりの臆病者なのにw」との投稿について、一般の閲覧者の普通の注意と読み方によれば、対象者が臆病者であり管理職としての資質に疑問があるという印象を与え、また、末尾にはインターネットの用語において笑いを意味する「w」という記載がされていることからすると、「ちびーり」は「臆病者」という表現とあいまって「(小便等)を少し漏らす」との意味に理解されるとし、その内容及び表現からみて、正当な理由もなく、対象者の名誉感情を社会通念上許される限度を超えて害する違法なものであることが明らかであると認めるのが相当であるとした。

なお、#280325Cは、掲示板において「クラリネットをこわしちゃった」という歌唱曲の替え歌という形式により、対象者が秘密にしていたことがインターネット上の電子掲示板に公開されて困惑しているという事実を揶揄している投稿をしたことについて、当該事実を揶揄しあげつらうことについて正当な理由があることはうかがわれず、かえって、替え歌という形式及び同投稿全体の内容に鑑みると、対象者は、専ら対象者を嘲る意図で同投稿をしたことが認められ、対象者名誉感情を害するものであり、その態様、程度等から見て、社会通念上許される限度を超える侵害というべきであるとした。

(iii) 具体性・根拠

当該文言に加えてその具体的根拠等が挙がっているかという具体性や根拠も問題となる。

上記の#280719Aは、具体的な根拠も掲げられていないことも社会通念上許される限度を超える侮辱行為であることが明らかであるとまではいえない理由の1つとした。

#280914Cは対象者を「頭がおかしい」と表現する掲示板の投稿につきその根拠も示していないことを1つの理由として社会生活上許される限度を超えた侮辱行為であるとは認められないとした。

---

445) なお、#291116Aは「BBA」は高齢の女性に対する侮辱の意味を有すると解される表現とした。

#290214Bは「キモい」との記載において、対象者につき気持ち悪いとの感想を述べており、対象者の名誉感情を一定程度害しているといえるものの、特段の根拠がないことをあわせ、社会通念上許される限度を超えて対象者の名誉感情を侵害しているとみることまではできないとした。

上記の#281222Fは、「ババア」以上に具体的な事実、根拠等が示されることもなくその言葉が用いられたに止まること等に照らし、社会通念上許容される限度を超えた侮辱であることが明白とまではいえないとした。

この#281222Fは、別の部分でも対象者の「容姿も性格も貧相」であるとの記載について、それ以上に具体的な事実、根拠等が示されることもない単なる意見にすぎないこと等から、対象者に対する社会通念上許容される限度を超えた侮辱であることが明白とまではいえないとした。

#280303は、「いい加減な人のいい加減な発言」との部分は前提となる具体的な事実や根拠も示されていないことからすれば社会通念上許される限度を超える侮辱行為であるとまでいうことはできないとした。

#300517は、特段の根拠を示さずにされた個人の感想ないし印象の表明については、文言のみから社会通念上許される限度を超える侮辱行為か否かを判断することが一般的には困難とした。

#290202Aは「ウンコ運びが似合ってますね（笑）」を社会通念上許される限度を超える侮蔑行為とはいえないとした。

なお、#280315Aは特段の根拠を示すこともなく、対象者がクラブの店長を辞めるべき旨の意見又は感想を表す投稿は名誉感情を害しているとみる余地があるとしても、社会通念上許される限度を超えているものとはただちに判断することができないとした。

(ⅳ) 回数

同じ表現でも一度言ったのか何度も繰り返したのかで社会通念上許される限度を超えるかどうかは大きく変わり得る。

#290116Aは、掲示板上の「くそ」という侮辱的投稿について表現者1が1回、表現者2が5時間の間に13回にわたって投稿したとした上で、表現者1については否定、表現者2については肯定した。

また、#280914Cは、バカ夫婦やキチガイ夫婦等の表現について、「バカ夫婦」という表現が10回も繰り返されている等として、社会生活上許される限度を超えた侮辱行為であるとした。

#281221C でも、表現者が執拗に繰り返して言及したことを1つの理由として名誉感情侵害を認めた。

(v) 意味の不明確性

なお、意味内容及びその不明確性も影響する。

#280914C は、「息子夫婦は世間に謝らんといかん」との投稿につき、何について世間に謝らないといけないとしているのか不明であるとした上で、それ自体対象者を侮辱する表現であるともいえないとした。

(vi) 摘示される事実が社会的評価を低下させるか否か

ここで、名誉毀損、つまり社会的評価の低下の有無であれば、摘示された事実が一般的に非難に値しない事実、ないしは社会生活上あり得る範囲の事実であることが、社会的評価の低下を否定する方向に働くとはいえるだろう。例えば、「対象者がインフルエンザで休んだ」事実を摘示したところで、それは普通の人がインフルエンザにかかったなら概ねそうするのであり、休んだからといって対象者の社会的評価を低下させることはあまりない。この議論は、名誉感情侵害でも適用することは可能だろうか。

#280909C は、インフルエンザを理由に欠勤した部下に対し上司が叱責したという事案である。裁判所は、「インフルエンザに罹患した場合でも出勤しなければならないという心理的負担を加える行為であって、職場における叱責として適切さを欠く」としたものの「インフルエンザに罹患した場合、職場での感染防止の観点から欠勤することは社会的にも是認されている」から、そのことを理由に叱責を受けたとしても、対象者の名誉感情、人格権が侵害される程度は小さいとして、「叱責が適切さを欠く面があるとしても、社会通念上の許容限度を超えるとまでは認めがたい」とした。

確かに社会的に是認されている行為を摘示したことは「社会的評価の低下」の有無には影響があるだろう。しかし、「主観的名誉（本人が自分の価値について持っている意識や感情）侵害」の有無やその程度（社会通念上の限度を超える程度か）の判断とは直接には関係ないと思われる。

この事案における叱責文言は、「やる気がない」「気合がたりない」「皆出勤しているのにお前だけ休んでいる」といったもののようであるところ、もし、裁判所が、これらがいまだに社会通念上の限度を超える程度ではないと考えた

---

446) なお、このような具体的な表現は対象者の陳述書・本人尋問結果によるところ、裁判所は叱責されたという程度でしか事実を認定していないことに留意が必要である。

のであれば、そのように判示すべきであり、「社会的にも是認されている」ことを名誉感情侵害の文脈で論じることの妥当性には疑問が残る。

(c) 周囲の状況

(i) はじめに

表現内容以外に、当該表現の背景となる状況等も考慮要素となる。ここで、当事者の状況は別に論じることから、以下ではそれ以外を論じる。

(ii) 表現の場における状況

タイトル、他の投稿等は重要な判断要素となる。

#280914Cは、タイトルの文言、他の投稿の大半が侮辱中傷であること等から社会生活上許される限度を超えた侮辱行為であるといえるとした。

#281118Bは、掲示板の投稿であるが、冒頭で1つ前の投稿番号を挙げて、それに対してコメントする形で、対象者は社会に対する歪んだ恨みがハンパなさそうだよね等と投稿した。ところが、その前の投稿内容が不明であった。裁判所は、当該投稿とどのようなつながりの中で投稿されたのかが必ずしも明らかではないとして対象者の社会生活上許される限度を超える侮辱行為であることは明らかではないとされた。

#290116Aは、掲示板において（その表現者自身は1度しか投稿していないという前提で）「くそ」等の侮辱的投稿が既になされていたところで、ある表現者がほぼ同内容の「クソ」などとする投稿をしたことから、投稿されるに至るまでの経緯に照らして社会生活上許される限度を超えた侮辱行為と認めた。

#280914Cは、「頭がおかしい」という掲示板への投稿において、当該スレッドに当該投稿以前に対象者についての投稿はないことにも鑑み、社会生活上許される限度を超えた侮辱行為であるとは認められないとした。

(iii) 場所の特質

場所の特性も問題となる。

#280308Aは、県職員である対象者がアダルトビデオに出演するかのような投稿が、不特定多数の者が閲覧可能なインターネット掲示板上の、対象者の職場に関するスレッド上にされていることに鑑み、社会通念上許容される限度を逸脱するものであることも明らかとした（#280302も参照）。

(iv) テーマにまつわる状況

また、投稿の主題ないしテーマについて、（第三者が）どのような議論をしているかといった状況も重要である。

#280830Bは、「真正のおばか」「普通の頭なら載せないだろう」「嘲笑するしかない超低レベル」といった厳しい文言について、名誉感情侵害を否定したところ、その重要な理由は特定の学問分野についての論争の一環であったことが挙げられる。裁判所は、いまだ定説を見ず論争がされている学問上の分野については、新たな学説について様々な論者から批判的な論説がなされ、ときに激しい非難にさらされ、それが昂じて表現が過激になることも当然に予定されているというべきであるとして、対象者の見解に対する科学的又は学術的な批判をするにとどまらず、対象者を揶揄するものでいささか品位に欠ける表現であるということはできるが、これを超えて、いまだ誰であっても名誉感情を害されることになるような、看過しがたい、明確かつ程度の甚だしい侵害行為に当たるとまでは認めることができないとした。

(d) 当事者の客観的属性・行為等
(i) はじめに
当事者の客観的属性、行為等も重要な判断要素である。
(ii) 対象者の属性
対象者の地位、職業、年齢等が考慮されている。

例えば、#280421Aは、「北朝鮮と同じ」や「若き職員の能力を奪うことが、何より犯罪である」等といったかなり厳しい言葉をタウン誌に記載した事案である。ただし対象者は町長であり、町長の職に就く者はその政策や政治手法に関する住民等からの批判を避けることができないものであること等を考慮し、町長にとっては受忍限度内のものと解するのが相当であるから、名誉感情を害する違法なものであるということはできないとした。

これは対象者が町長という政治家であることを重視した判断であり、一般私人か町長かが重要な考慮要素となったと思われる。

これ以外にも、職業等を考慮したものがある。

#280201は非国民、デタラメと嘘にまみれた等の摘示につき、対象者のように多数の論考を発表する者に対するものとしては、これが社会通念上許される限度を超える侮辱行為に当たると認めることはできないとした。しかし、この事案では、"論壇ゴロ"などの表現は見解に対する批判とは全く関係のない人格に対する攻撃も多数含むとして社会通念上許される限度を超えた侮辱行為に当たるものといえるとした。

また、#280726Cは、弁護士である対象者に対する侮辱について、その業務

の性質上、訴訟活動における言論の応酬の中で、批判的な意見を受けることはあり得ると考えられるものの、表現態様、当事者の社会的地位等、諸般の事情を考慮し、社会生活上許される限度を超えた場合は侮辱行為として不法行為に当たると考えられるとし、具体的事実関係の下で不法行為を認めた。

職業は考慮要素ではあるが、多数の要素の１つであるから、いくら許容度が高い職業でも、他の要素により社会通念上の限度を超えることはある。

なお、社会通念上の限度の判断においては、対象者の年齢も考慮されることがある。

#281124D は風俗店勤務の女性である対象者への「賞味期限切れですよ？おばさん！」との表現が女性としての価値を喪失したと罵倒したと解釈できるところ、対象者がいまだ高齢に至っているとはいえない女性であることに照らすと悪質で社会通念上許される範囲を超える相手方に対する侮辱に当たるとした。

逆にいえば、対象者が高齢の女性であれば判断が変わり得ることを示唆した判決ともいえる。

(iii) 対象者側の行為

まず、上記の通り対象者の地位や職業等が問題となることから、それと関連して対象者の公的活動といった行為も判断の要素となる。

#281118B は脚本家やライターを「サイコ」、つまり異常者として批判する掲示板の投稿につき、ライターとして掲載した記事の内容を批評されるような場合であればともかく、これらの活動とはほとんど関係のない場でその人格自体について侮辱されるいわれはないとした。

対象者側の公的活動と関係する批判であれば、ある程度の範囲では社会通念上許容されるものの、たとえ公的活動を行っている者でも当該活動と無関係な部分での批判はまた別の判断となると理解される。

公的な活動以外であっても、対象者の行為は考慮要素となる。

#290112C では対象者が葬儀に参列しなかったことを表現者が非常識と述べたことについて、対象者の兄も非常識であるとして謝罪していること等諸般の事情に照らして社会通念上の受忍限度を超えないとした。

また、#281118B は、対象者と別人が諍いをする際に第三者の表現者が対象者に「ゲス」「鬼畜」等と掲示板に投稿したことにつき、非難するにしても最低限の節度を保って行えばよいのであって、このような諍い等の経緯を考慮したとしても、少なくとも、上記のような強度の侮辱的表現を用いて人格を攻撃

することが社会生活上許される限度を超える侮辱行為であることを否定することはできないとしている。

行為と表現の関係性の下で総合考慮を行っていると理解される。

(iv) 対象者側と表現者側の従前の関係

また、上記#290112Cは対象者と表現者の間について、対象者が離婚問題で対象者側グループと、表現者を含む対象者の配偶者側のグループが話し合いをすることになっていた。このような対象者側と表現者側の従前の関係も考慮されている。

逆に上記のような従前の関係がない場合には、それを前提に判断がされる。

#280426Eは、人間のクズ、おばかさん、どういう人間性だ、どんなレベルの方か、恥ずかしい人、人生お勉強しましょう等という発言について、互いに面識はあるものの、格別親しい間柄ということもなく、対象者がこのようなことを言われることを甘受しなければならない理由はないことを1つの理由として、社会的相当性を逸脱するものとして不法行為法上違法の評価を免れないというべきであるとした。

(v) 当事者の客観的なコミュニケーションのシチュエーション

そして、従前の関係だけではなく、当該コミュニケーション時の状況ももちろん問題となる。

上記#290112Cは、面談時の「非常識」という発言が問題となったところ、事柄の性質上、それぞれの人格的問題を含む夫婦の生活全般にわたる事柄が対象となり、時に感情的発言に至ることのあり得ることが当然に予想されるものであったという場の性質が1つの要素となって社会通念上許容範囲とされた。

#280330J（#281124Cで引用）は、損害賠償等を求める対象者に対し、表現者が「お金をもらって満足ですか」「お金がいくら欲しいのですか」といった返答をしても名誉感情が害されないとした。

#281215Fは、感情的なやりとりとなった中での発言として社会的相当性を欠くものといえないとした。

（なお、#280726Cも参照）

(vi) 対抗言論・反論可能性

これらに関係して、いわゆる対抗言論や反論可能性が問題となり得る。

いわゆる名誉毀損については、最高裁は、（民事名誉毀損に関し）「自己の正当な利益を擁護するためやむをえず他人の名誉、信用を毀損するがごとき言動

をなすも、かかる行為はその他人が行った言動に対比して、その方法、内容において適当と認められる限度をこえないかぎり違法性を欠く」としていることは、既に 15 章で紹介済みである（#380416。317 頁）。

#280902A は、対象者が主張する権利侵害は名誉感情の侵害であって名誉毀損ではなく、社会的評価の低下やその回復を云々するものではないからこの法理は採用できないとした。

この #280902A は、まるで名誉感情侵害については、対抗言論や反論可能性は問題にならないような論調である。

しかし、実際には、多くの裁判例が対抗言論や反論可能性を名誉感情侵害の判断、特に社会通念上の限度を超えるかの判断で考慮している。

上記 #280421A は、町長である対象者が議会への行政報告、町民との町政懇談会、自身で発行するタウン情報誌、町民への配布ビラ等を活用するなどして、住民等に向けての反論をただちに行うことが可能であったことなどを考慮して受忍限度内とした。

#280602B は、ブログ投稿やコメントにつき、双方がお互いにブログやメールで誹謗中傷していることがうかがわれるところ、そのようなやりとりの中で本件ブログ等における投稿等の掲載が行われたことを考慮すると、多少の誇張や不穏当な表現があったとしても、ただちに不法行為上の違法性を有するとはいえないとした（ただし具体的表現につき違法性を肯定）。

#290424 は使用者である表現者の発言等が問題となったところ、対象者も同様に言い返していることが根拠の 1 つとして違法性を有しているとはいえないとされた。

(e) 当事者の主観的意図・目的等

(i) はじめに

上記に加え、当事者の主観的意図・目的等も問題となる。

(ii) 具体的な判断

#280229B は、「何やっているんだ、このバカ者。」「悪い奴だ。」「あいつらが加害者なんだよ。」等との発言につき、表現者が暴行事件の被害者であることを踏まえ、被害感情の発露と捉えるべきであるから、これらが社会通念上許容される限度を超える侮辱行為であるということはできないとした。

#271105A（#280414A で引用）は、「貧乏人が行くしょーもない店」「あんなとこで働くやつは全員キチガイ」「そんな店なら働くやつおらんわな」との摘

示は、店舗についての批評というべきものであって、穏当を欠くものではあるが、それが（対象者に対する）社会通念上許容されない程度のものであることが明らかであるとはいい難いとされた。

#290427C はこちらの話を聞かないのであれば話す価値はない等と述べたことにつき、これ以上話をしてもらちが明かないと考えて話を打ち切るためにしたものとみることができ、合理性を欠き、あるいは相当性を逸脱するものとはいえないから、社会通念上受忍すべき限度を超えるものとはいえないとした。

#290427C は、ことさらに対象者の人格的価値を傷つける意図でされたものとはいい難いことを1つの理由として、小学生に対する剛速球というたとえ話を名誉感情侵害が社会通念上受忍すべき限度を超えるものということはできないとした。

#290427C は「とにかく来ないように。」とか「皆さん言うことが独善的かつ支離滅裂ですね。とにかく迷惑なので来訪を拒否します。」と記載したメールを計5通送ったことは、対象者をたしなめ、抗議をしてやめさせようとする意図で、同一内容のメールを重ねて送信したものとみることができるとして社会通念上受忍すべき限度を超えるものとはいえないとした。

#281021B はヤバいとの表現は、意見ないし感想として述べられているとみるべきであり、それ自体から、社会通念上許される限度を超える侮辱であることが明らかとはいえないとした。

このように、表現者に害意がなく、正当な目的であることは社会通念上許される限度を超える侮辱であることを否定する方向に働く事由であるが、だからといって常に意図・目的だけを理由に否定されるものではない。

#281221C では、労働者である対象者の傷病手当金の請求に疑問を持った使用者である表現者がこれを批判した事案である。裁判所は、対象者が鬱状態等に罹患したこと及びそれに伴って傷病手当金の請求をすることについて懸念を持ったことは理解できないではないとしたものの、医師による診断書を受領した後に、鬱状態等は虚偽であって傷病手当金目的の詐欺である旨執拗に繰り返して言及したことは社会通念上相当性を逸脱したとした。

要するに、個別具体的な事情を考慮した結果、表現者において疑念を表明するという趣旨とは大きく乖離する言動があったこと等にも鑑み、結果として社会通念上相当性を逸脱したとされたということであろう。

(5) 具体的な判断

(a) はじめに

上記のようにどのような要素を元に判断するのかという一般論は分かっても、具体的な判断は事案毎による。以下、具体的判断を挙げたい。

(b) 表現の内容に関する事案

(i) はじめに

まず、どのような表現がなされたかは重要であるところ、以下類型化して検討したい。

(ii) 容姿・外見等に関する事案

容姿・外見に関する事案は多く、認容例も多い。

#281118A は掲示板の「不細工出目眼鏡ババァ」との投稿が年配の女性である対象者の容姿が整っていないことを意味する表現であり、容姿を侮辱する趣旨で記載されたものであることが明らかであり、社会通念上許容される限度を超えて対象者の名誉感情を害する行為に当たるものと認められるとした。

#281124D は風俗店従業員の女性である対象者への掲示板上の「写メ詐欺ひどいな」との投稿が実際の対象者の容姿が著しく劣っていると罵倒するものと解釈することができるところ、その表現は、対象者が接客を生業とする女性であることに照らすと悪質というべきであり、社会通念上許される範囲を超える相手方に対する侮辱に当たるとした。

#280914C は、「見た目はゴリラとメスチンパンジー」について、様々な事情の考慮を踏まえ社会生活上許される限度を超えた侮辱行為であるといえるとした。

#280330C は「顔も不細工」との記載は対象者の容姿が整っていないさまを意味する表現を用いて対象者を侮辱する趣旨でされたものであり、社会通念上許される限度を超えて名誉感情を害する侮辱行為であると認められるとした。

#280726A は「デブス」(デブとブスを組み合わせた造語)とか「あごしゃくれ」(顎がしゃくれていること)などと呼んで対象者の容姿を侮辱し、対象者の名誉感情を傷つけるものであるとした。

#290927B は引用であるとしても「ブスですね」「ブスですよ」「ブス」との記載をしていることに照らすと、対象者を侮辱するものといえるとした。

#281115 は掲示板におけるデブ・ブス等の投稿につき、夫以外の多数の選手と肉体関係を有していること、容姿が醜いこと、整形手術をしていること等を

記載した投稿が多数されており、これらに同調した上、「笑う」を表す「w」という単語を付加し、対象者を嘲笑する表現方法をとっているという投稿の経緯等に照らし社会通念上許される限度を超える侮辱行為であると認めた。

#280531Cは対象者が禿頭であるという身体的特徴の投稿につき、単独では幼稚で他愛のない下品な揶揄又は中傷であるということもできるが、長期間にわたり執拗に繰り返された対象者を誹謗中傷する書き込みの一部であること、関連スレッドがインターネットの検索画面において上位に表示され、関連して一般読者に閲覧される可能性が高いことからすれば、違法性の程度が強度で社会通念上許される範囲を逸脱したものとした。

しかし、否定例もある。

#290517Cは、ある店の従業員の中には「かわいい子いるよね」との投稿を受けて、「それは絶対に甲○（注：対象者）ではないな（笑）」と書き込まれたものであるところ、先行する投稿をした者が「かわいい」と評価した従業員が対象者ではないに違いないという意見が述べられているものであり、暗に容姿について否定的な評価をするものであるといえるものの、社会通念上許される限度を超える侮辱行為であることが明らかであるとまではいえないとした。

#281222Fは「容姿も性格も貧相」であるとの記載につき、その容姿や性格を批判的にみている旨が読み取れるが、それ以上に具体的な事実、根拠等が示されることもない単なる意見にすぎないことからすると、ただちに社会通念上許容される限度を超えた侮辱であることが明白とまではいえないとした。

#280225Aは、対象者を侮辱する文言は「ブス」という表現のみであり、特段の根拠を示すこともなく、意見ないし感想としてこれが述べられていることも考慮すれば、それ自体から、これが社会通念上許される限度を超える侮辱であることが明らかとはいえないとした。

なお、#280805Aは「短足」は揶揄するために記載されたにすぎないというべきであり、人格的利益を社会通念上受忍すべき限度を超えて侵害するものということはできないとした。

さらに、#291227Bは、掲示板の投稿における「ハゲのデブ」の文言それ自体から、これが社会通念上許される限度を超える侮辱行為であることが一見明白であるということはできないとした。

容姿に関するこれらの裁判例と似ているが異なるものとして匂いについての一連の裁判例がある。

#271105A（#280414A で引用）は水商売関係の女性である対象者について「D（注：対象者）臭くない？…あれちょっとひどいよ臭さ」「Dのワキガやばいよな？」「D臭すぎる」との摘示は、対象者の体臭が酷い旨を指摘するものであり、女性の名誉感情を著しく害するものであることは明らかとした。

#280802A は「どうしてもワキガ気味になっちゃうかもです」との摘示が対象者に強い不快感を与えることは明らかで、社会通念上許される限度を超える侮辱行為であるといえるとした。

#291110 は息が臭く、ブスという掲示板への投稿は社会通念上許される限度を超える侮辱行為であるといえ、対象者の名誉感情を侵害したとした。

このような認容事例もあるが、否定例もある。

#280210B は、「加齢臭が強烈」という投稿について、侮辱的な表現であるということは認めることができるが、同投稿はこの記載のみで何ら具体性がないものであるから、社会通念上許される限度を超える侮辱行為であるとまでは認めがたいとした。

(iii) 年齢に関する事案

年齢を嘲笑する表現が問題となる事案は多い。

上記 #281124D は上記の通り、掲示板上の風俗店従業員の女性である対象者への「賞味期限切れですよ？おばさん！」との表現が、悪質で社会通念上許される範囲を超える対象者に対する侮辱に当たるとした。

#280304A は「50 過ぎのジジィ」との表現は、対象者を侮辱するものであって、対象者の名誉感情を侵害するものといえるとした。

#281222E は、「40 のババアが若作り」との投稿は、40 歳を超えた者が、年齢に不相応な服装をしているとの事実を摘示するものであり、社会通念上許容された限度を超えて対象者の名誉感情を侵害することは明白とした。

このように、年齢が高いことを嘲笑する表現が社会通念上の限度を超える名誉感情侵害とされることもあるが、社会通念上の限度を超えないとされる場合も当然存在する。

#280216B は水商売関係の女性である対象者（D）について、「一番年増？てか何歳なの」「Dはお水歴20年クラスだろ！こいつスゲー長いよな」「D普通どこも雇わないだろ。」「どこにいたの？40越えてる？」等との投稿について、対象者の名誉感情を害しているとみる余地があるとしても、接客業という職業の性質にも鑑みると、社会通念上許される限度を超えているものとはただちに

いえず、不法行為が成立することが明らかであるということはできないとした。

#300628 は対象者のことを「おばさん」など中年女性を意味する言葉を使用して表現しているものの、これらは、一般的に、必ずしも女性であることを理由に対象者の性別や年齢をことさら侮辱するものとまでは認められないとした。[447]

このような年齢が高いことを揶揄する表現だけではなく、逆に年齢が低いという趣旨の表現が問題となった事案もある。

#280523B は、「お前は、クズなんだよ。ガキ。」と罵ったことは、対象者の名誉感情等の人格権を侵害する違法な行為とした。

(ⅳ) 性的事案

性的表現が問題となることも多い。

#280607A は「やりちん」「やりにげ」等を具体的事案の下で対象者の名誉感情を害するものというべきであるとした。

#280523B は、周りに男がいるところで、対象者（X）に「おい、X、男ばかりだ。お前男が好きだろう。良かったな。」等の発言をしたことは、対象者を多数人の前で侮辱して、その性的な尊厳を著しく傷つけ人格権を侵害するものであり、社会通念上許される行為ではなく、不法行為に該当するとした。

#280304A は、掲示板上の素人童貞という言葉は、風俗店で働いている以外女性との性行為の経験がない男性を意味するものとして、ある程度一般的に通用していること、それが否定的評価を伴うものであることを認めることができるとした上で、対象者の名誉感情を侵害するものといえるとした。

上記 #280308A は、掲示板上の公務員である対象者が「私は不道徳な女。現役交流県職員、中出しデビュー」と題するアダルトビデオに出演するとの投稿は、不特定多数の者が閲覧可能なインターネット掲示板上の、対象者の所属先に関するスレッド上にされていることからすれば、社会通念上許容される限度を逸脱するものであることも明らかとした。

#280216B は、対象者がいわゆる枕営業をしているとの印象を与える掲示板上の投稿につき、対象者の名誉感情を害するものであり、接客業という対象者の職業の性質に鑑みても、社会通念上許される限度を超えているというべきで不法行為が成立することが明らかとした。

#290915C は、対象者が女性とアナルセックスをした、又はしようとしたと

---

447) なお、労働事案について #290517B（#291018 はほぼ同様の事実を前提に賠償額を増額させているが別の点に力点を置いた認定をしている。）や #280329E も参照。

いう事実を摘示したツイッター上の投稿につき、性的嗜好という人間の根源に関わり人格の核心に触れる部分に関して虚偽の事実を摘示して、揶揄ないし嘲笑するものであるから、社会通念上許される限度を超える侮辱行為であって対象者の人格的利益を侵害するものというべきであるとした。

(v) 能力・判断力等に関する事案

まず、「気違い」について最高裁判決がある。

上記のとおり最高裁（#220413）は、傍論ではあるが、「気違い」という表現の一語のみで、特段の根拠を示すこともなく、表現者の意見ないし感想としてこれが述べられていることも考慮すれば、投稿文言それ自体から、これが社会通念上許される限度を超える侮辱行為であることが一見明白であるということはできないとした。

#281221Bでは、掲示板上の「キ〇ガイ粘着」とは侮辱的な表現を含むとはいえ、具体的事実を摘示して対象者の社会的評価を低下させるものではなく、特定の根拠を示さずに表現者の意見ないし感想として上記表現が用いられていることに照らすと、本件投稿が社会生活上許される限度を超える侮辱行為であると即断することは難しいとした。

このような否定例だけではなく肯定例もある。

#280302は対象者であるXの「キチガイ電話営業」について「とにかくXのテレアポは、キチガイで有名です。」「Xが電話でも失礼だったし、キチガイだと理解いただけましたら、商談拒否、バックレ、ドタキャン、早期解約、不動産関連の業界団体へクレーム一報を！」いう記載があり、また、このうち、「とにかくXのテレアポは、キチガイで有名です。」における「キチガイ」の字が通常の字の約2倍の大きさのフォントで強調されていることから、このような記載は、対象者の名誉感情を害するものであって、社会通念上許される限度を超えた侮辱行為であると認められるとした。

なお、#280914Cは、掲示板上の「メンヘラ」という表現は精神異常者を表すものであって、対象者を侮辱する表現であるところ、諸状況から社会生活上許される限度を超えた侮辱行為であるといえるとした。

馬鹿、アホ等という表現についても一連の裁判例がある。

#281118Aは、掲示板の「馬鹿女」という投稿は女性である対象者の能力が劣ることを意味する表現で対象者の能力を侮辱する趣旨で記載されたものであることが明らかであり、社会通念上許容される限度を超えて対象者の名誉感情

を害する行為に当たるものと認められるとした。

#280914C は、掲示板上の対象者（X）に対する「アホの X 夫婦」「チンピラ夫婦」「恥さらしのアホ夫婦」という表現は、諸事情に鑑み、社会生活上許される限度を超えた侮辱行為であるといえるとした。

#280126F は掲示板に「アホ」「馬鹿」と記載したことは、対象者に対する不法行為を構成するものといわざるを得ないとした。

#280729C は、「役に立たない」という表現は、対象者が相当な能力を有していないと言及されたと受け止め強い不快感を抱くのはもっともであるが、上記の通り、その表現内容及び程度に照らせば、社会的評価の低下を問わず、名誉感情が侵害されたとして違法性を認めるまでのものとはいえないとした。

#291225A は掲示板上の「低脳」との投稿を違法な侮辱表現に当たるとした。

#300116B は、ニートは、15 歳から 34 歳までの非労働力人口のうち、通学・家事を行っていない者を意味し稼働能力や稼働意欲のない怠惰な若者を誹謗中傷する趣旨で用いられることがあるところ、投稿では対象者を非難する趣旨で用いられており名誉感情を侵害するものと認められるとした。

（vi） 性格に関する事案

#280719A は掲示板の「勘違い」「見栄っ張り」等の投稿が社会通念上許される限度を超える侮辱行為であることが明らかであるとまではいえないとした。

#281129B は「異常性格」等について結論として否定した。

#280303 は「いい加減」を否定した。

#281118B は対象者を「ゲスい女」とする掲示板上の投稿は下種（下衆、下司）を形容詞のように変換した言葉であると考えられるところ、下種とは心のいやしいことやその者を指す言葉であり、ごく最近芸能情報等で話題に上るようになったほとんど固有名詞化したような用法はともかくとして、一般的には、通常の社会生活において投げかけられることは滅多にないような強い侮辱表現であるとして名誉感情侵害とした。

#281118B は、掲示板上での鬼畜との投稿につき、他に具体的な事実の摘示等がないとしても、この言葉自体、通常の社会生活において投げかけられることは滅多にないような強い侮辱表現であるとして名誉感情侵害とした。

#300116B は、ミーハーは、世の中の流行や芸能人の動静に今まで無知の人が熱中したり、影響を受け知ったかぶりの行為をする者に対しての呼称であり、否定的な要素を含む、一種の蔑称である。「ミーハー野郎」は、ミーハーに加

え、蔑称の用い方として「野郎」を用いており、対象者の名誉感情を侵害するものと認められるとした。[448]

(vii) 状況・行為に関する事案

対象者の状況や対象者の行為についても裁判例が積み重なっている。

#281005 は、対象者が一方的に逆恨みしている等という記載について、「逆恨み」というのは、その語義に照らしても、何ら軽蔑的な意味合いを持つものということはできず、侮辱には該当しないというべきであるとされた。

#281222E は対象者が掲示板で自作自演の投稿をしている等という趣旨で「自演するな」と投稿したことについて、対象者の人格的価値について言及し、評価するものとは認めがたいから、対象者の名誉感情が侵害されたことが明らかであると認められないとされた。

#281118B は「粘着して嫌がらせを続ける」といった掲示板上の投稿につき、対象者がこれを読んだときに不快な感情をもよおしたのかもしれないが、単にそれだけでは侮辱行為ということはできないし、その表現方法も許容し得ない侮蔑等が含まれているともいい難いとして社会通念上許される限度を超える侮辱行為であるということはできないとした。

このように、対象者に関する状況や行為を摘示した場合、名誉毀損の問題としてはともかく、名誉感情侵害の問題として取り扱う場合には社会通念上の限度を超えないという判断が比較的多くみられる。

しかし、例外的状況では社会通念上の限度を超えた名誉感情侵害とされ得る。

#291031A は、会社の経営者である対象者について「正恩」つまり北朝鮮の最高指導者とされる金正恩に見立てて、多分に悪意をもってそのマイナスの評価やイメージを表現していると理解されるスレッドにおいて、同社を辞めたら正恩が追いかけるとの投稿は、対象者に対する悪意を有し、侮辱する意思を有してのものであることが強くうかがわれるところ、同社が（主として対象者のパーソナリティに基づき）従業員が恨みを抱くような会社であるかのような雰囲気の中、退職しようとする従業員を追いかけて無理にでも退職させないかのような、対象者が悪質な雇用者であるかのような印象を与えるべくなされた書き込みと理解されるとして、対象者を侮辱するとした。

#290810B でも、対象者であるＸについて掲示板上で「この板に、よく現れ

---

448) なお、取り調べ時の「外道」という侮辱につき #280805C を参照。

た「X嫌いな職員にプレゼント」との文言に続けて対象者の勤務先、肩書、氏名及び顔写真が掲載された外部リンクを貼付したところ、対象者を嫌っている職員が複数存在し、当該掲示板にこれらの職員が何度も対象者を嫌っている旨を書き込んでいるという趣旨に理解され、対象者が複数の者に嫌われる人物であるとの印象を与え、対象者の名誉感情を害するものであるとした。

(viii) 脅迫的事案

興味深いのは脅迫的事案である。

#280624 は、対象者をナイフで滅多刺しにすることや、対象者の経営する法律事務所が入ったビルを爆破することを内容とする投稿は、表現者において、対象者の生命身体や財産等を害する意図があることを表現するものではあっても、対象者を貶めたり、蔑んだりするものであるとは解されず、対象者を侮辱する表現であるとは認められないとした。

これに対し、#280322B は、「死ね」との記載は、対象者を侮辱する内容であり、対象者の名誉感情を侵害しているものと認められ、かつ、表現者の側にかかる書き込みを正当化しうる理由など見出し難いことからその権利侵害性も明白とした。

#300523 も「カスが、死ね。」は国賠法違法な侮辱とした。

この相違についてはなかなか説明が困難であるが、後者は対象者が死ぬべき人である等として対象者の人格を貶めているが、前者は具体的な犯行計画等を述べているだけと解され、対象者の人格を貶めるものではないと解されたと理解すべきであろうか。

(ix) 他の否定的表現

その他、関連する否定的表現をいくつか検討する。

最高裁（#280121A）は、台湾人である対象者の父親が日本政府によって博覧会に連れて行かれたことを誇っていたところ、テレビ番組がこれを「人間動物園」等と称したことについて名誉感情等が侵害されたことを理由とする不法行為が成立するともいえないとした。

#280229B は、「けだもの」「悪党」「極悪人」「暴力団の女房」「犯罪者の女房」等と述べることは、社会通念上許される限度を超えた侮辱行為として不法行為を構成するとした。

#281222E は、対象者が「彼氏にも貢いであわれな女」との部分は、これを読んだ者の普通の読み方とすれば、対象者が、交際相手に対して、財産を貢が

なければならないあわれな女性との印象を与えるものであり、「あわれな女」と侮辱的かつ対象者に一定の悪意があることをうかがわせる表現であるあることからすると、対象者の名誉感情を侵害するものと認められるとした。

#281021B はヤバいとの表現は、意見ないし感想として述べられているとみるべきであり、それ自体から、社会通念上許される限度を超える侮辱であることが明らかとはいえないとされた。

#280325C は対象者が「男を利用するしかない残念な人」である旨の投稿は対象者の人間的価値が低いかのようにいうものであるといえるから、対象者の名誉感情を害するものであり、その態様、程度等から見て、社会通念上許される限度を超える侵害というべきであるとした。

#280322B は、「底辺女」との記載は、対象者を侮辱する内容であり、かつ、表現者の側にかかる書き込みを正当化しうる理由など見出し難いことからその権利侵害性も明白とした。

#280914C は対象者につき「普通でない夫婦」「酷い」「ぶっ飛び夫婦」であるということは、対象者が通常人の感覚を有しない、人格的に問題のある人物である旨侮辱している表現であるといえ、諸事情に鑑み、社会生活上許される限度を超えた侮辱行為であるといえるとした。

#280411A は、対象者が「キモイ」「バーカ」などと繰り返し記載しているもので、対象者の言動に対する正当な意見ないし論評の範囲を超え、対象者に対する人格攻撃といえるような不適切な表現に及んでいるものと認められるから、対象者を侮辱しその名誉感情を侵害するものと認めるのが相当であるとした。

#280915A は、対象者がスレッド上で自作自演の投稿をしている者であることを前提に、そのような行為を否定的に認識した上で対象者のことを「気持ち悪すぎ」や「きしょくわる（い）」と述べ、生理的嫌悪感を抱かせる人物であるとの人格的評価を端的に記載しているものであって、対象者を侮辱し、その名誉感情を著しく害する表現であるというほかないとした。

#280210B は水商売の女性である対象者について、なぜ対象者の客の数が多いか分からないという趣旨の掲示板の投稿について、対象者の客の数が多いことを認め、接客業において対象者が優れていることを前提にしているのであり、それを七不思議であると評価したことをもって、これが社会通念上許される限度を超える侮辱行為であるということはできないとした。

#280607Aは「糞男」等について対象者を侮辱するものであり、対象者の名誉感情を害するものというべきであるとした。

#281124Bはツイッター上で、対象者を「害虫」になぞらえ、その読者に対して、「駆除」することを呼びかけるものということができる。害虫とは、人畜に直接害を与え、又は作物などを害することによって人間生活に害や不快感を与える小動物の総称であるから対象者を「虫」のように小さな存在として位置づけると同時に、人々に害悪を及ぼす排除されるべき人物であると公然と喧伝するものであるとして名誉感情侵害の不法行為を認めた。

#290907Cは、対象者が田舎者であるとの掲示板投稿について、対象者に対する不法行為に当たる侮辱とはいい難いとした。

#300621は、国賠の事案だが、高校の教師が生徒に「お前は色盲か」と述べたことが、色覚障害者が場面によっては文字の判読に困難を来すことを嘲笑するものであり、これを色覚障害者に対して発言することは同人の名誉感情を侵害する違法な行為とした。

(x) その他

#300628（#301211で上告不受理）はブログ記事等における「トンスル」や「火病」等の記載について、トンスルとは2ちゃんねる等において、朝鮮半島で飲む習慣があるとされている人糞酒を意味するものであり、韓国人又は朝鮮人を侮蔑する際に用いられる言葉として理解することができるとした。

また、火病とは2ちゃんねる等において、精神病又は一種の癇癪やヒステリーを意味するものであり、韓国人又は朝鮮人を侮蔑する際に用いられる言葉として理解することができるとした。

そして「トンスル」や「火病」のみならず、それ以外にも以下のような大量の侮辱文言が入っており、これらについて表現の内容及びこれらが約1年間にわたって同一のブログに順次掲載される形で積み重ねられていったという経緯を考慮しいずれも社会通念上許される限度を超えた侮辱に当たる内容を含むとされた。

- 「マジこいつゴミ」
- 「キチガイ」
- 「カス」
- 「脳内お花畑」
- 「本当に狂ってるなこのクソアマ」
- 「もはや狂ってます」
- 「精神病」
- 「頭おかしい」
- 「頭くるくるパー」
- 「気違い女」

- 「馬鹿丸出し」
- 「バカ左翼鮮人」
- 「馬鹿だろ A」
- 「浅はか」
- 「アホウ」
- 「ボケ」
- 「バカ」
- 「どこまでアホなんだ、この婆は」
- 「寄生虫ばばあ」
- 「寄生虫」
- 「日本に寄生」
- 「日本にしがみついてタカって自分の存在を確認している」
- 「害毒」
- 「ゴキブリ」
- 「馬鹿なゴキブリ」
- 「コウモリ野郎」
- 「ヒトモドキ」
- 「人外」
- 「朝鮮の工作員」
- 「このガラの悪さ、品の無さ、顔の不器用さが在日朝鮮人の A ちゃんの特徴」
- 「外面も内面もブサイクな輩」
- 「ヘイトスピーチ増幅器」

まさに侮辱表現のオンパレードであり、一部（例えば浅はか、アホウ、バカ等）はそれ単独では社会通念上許される限度を超えない可能性があるが、上記のような状況から総合考慮されたと理解される。

(c) シチュエーションに関する事案

(i) はじめに

次に、シチュエーションの類型毎に簡単に事案を見ていく。

(ii) ストーキング

ストーキングについて名誉毀損の問題となることがある。

#281129A は元交際相手に対して 18 日のうちに 1520 回もメールを送っており、その内容も肉便器等極めて下劣な性的表現を用いたものであり、名誉感情等を侵害する不法行為になるとした。

なお、相手をストーカー呼ばわりする事案について、#280607A はこれを具体的状況下で名誉感情を害するものというべきであるとした。

(iii) ハラスメント

ハラスメントの一環で侮辱的な言動がされることがある。

#281220D は、コンビニの経営者が、漢字と片仮名を読解できる従業員にすべて平仮名の作業指示書を交付したところ、対象者を全くの幼児扱いし、酷く侮辱するパワハラであるとした。

#291127B は「全くあんたは 1 から 100 まで言わなわからんのか。」等と不

合理な叱責をしたことが対象者を侮辱し、その人格を著しく傷つけるものであるから、教授としての裁量権の範囲を逸脱し、アカデミックハラスメント行為に該当し、違法とした。

関連して、部活において顧問が部員を侮辱した事案で、#280204E は、教育目的をもった懲戒行為かを判断し、「お前は論外」「使い物にならない」との発言は、単に生徒を侮辱し、人格を傷つけ、自尊心を害するものであり、結局、先に検討した暴力と同様、表現者において自制できないままその感情（怒り）をそのままぶつけた面が大きく、教育目的をもった懲戒行為とはいい難いとされた。また、同判決は、対象者は、体調不良などの理由があって、部活動を休んだにもかかわらず、他の部員がいる前で、「お前が休むから話の意味が分からん」などと、これを非難するような発言をしたことに、教育目的があったとは認められず、これもまた、他の部員の前で対象者を侮辱しただけの発言と評価せざるを得ないとし、これらの暴言は、対象者に対する違法行為であったと認めるのが相当であるとした。

（iv）　顧客対応

顧客対応の過程で名誉感情侵害が問題となる場面がある。

上記 #280330J（#281124C で引用）は、損害賠償を求める対象者に対し、表現者が「お金をもらって満足ですか」「お金がいくら欲しいのですか」といった返答をしても名誉感情が害されないとした。

これに対し、#281221A は、新聞読者である対象者が、新聞記事の「異例」という記載について「異例」とは「前例が全くない」ことをいうものと思い込んで新聞社の読者センターに電話したところ、表現者が「辞書でも引いてください」「小学生（相手）じゃあるまいし」と嫌みをいってしまい、「小学生」という言葉に憤慨して文句を言い返してきた対象者に対して、「あなた、ちょっと頭おかしいんじゃないですか。」等と発言したという事案について、いかに、対象者の発言の趣旨が必ずしも明確ではなく、円滑なコミュニケーションがとれずにいて対応に苦慮していた点があったことは否定することはできないとしても、対象者があえて挑発的な発言をして表現者の発言を誘発したともいえない以上、「あなた、ちょっと頭おかしいんじゃないですか。」等の発言は、社会通念上許される限度を超える不法行為に当たることが明らかであるといわざるを得ないとした。

(v) 叱責

#280229B は、「こんなところで遊ばせるな。」「公園に行って遊ばせろ。」など叱責したとしても、これが社会通念上許される限度を超える侮辱行為に当たるとまでいうことはできないとした。

(vi) 退職勧奨

退職勧奨は程度を超えると違法となるところ、その過程での発言が名誉感情侵害として違法となることがある（#300528、#300329B 等）。

(d) 限界事例

限界事例として #281118B がある。掲示板の投稿が問題となったこの事案では病的なまでの攻撃性があるとか、悪口を言わないと死んじゃう病気に罹患しているとか、「学歴があっても、道を誤った」「プライドだけは高いけど実態がそれに見合ってない焦燥感。だから妬み深く他人に攻撃的」「どんどん妄想は果てしなく訴えたもんが正しいと思いこみはじめて」などの辛辣な批判等が問題となった。裁判所は、指摘をされた側から見れば不快な感情をもよおすものであることは間違いないけれども、その表現自体が人格を否定するような強度の侮辱的なものであるとまでいい切るにはなお躊躇するところがあり社会生活上許される限度を超える侮辱行為であることが明らかであるとまで断じることはできないとした。（ただし、他の投稿については名誉感情侵害を肯定。）

これは限界事例と思われるが、かなり厳しい表現でも、名誉感情侵害にならない事案があることには留意が必要と思われる。

#270511 は「本当に厚かましいやつ」「全く呆れた汚い人間」を限界を超えているが、操縦技術がない対象者にハイジャックされた旅客機にたとえ、対象者になぞらえた旅客機が社員を道連れに墜落寸前の状態にあるとするものや「会社の経営が出来ない」は超えていないとした。

6 抗弁

(1) はじめに

社会通念上許される限度の名誉感情侵害（及び故意過失・因果関係ある損害）があればそれだけで必ず名誉感情侵害の不法行為が成立するのではなく、表現者側が抗弁事由を主張してそれが認められれば、不法行為の成立が妨げられる。

(2) 正当業務行為

侮辱的と主張される言動が、正当な業務の一環との抗弁が成立する場合がある。

#291222C は金員を横領したのではないかとの疑惑につき弁護士同席で事情聴取された際の発言が問題となり「かかる事情聴取を行うことには、業務上の高度の必要性があるものというべき」等として不法行為成立を否定している。

債権者と債務者の関係では、#280204C は、債務者がカードの支払いができないのに多額のカード利用をしたことについて「あまりにひどい」と述べたことについて、「債権の実現に尽力することは当然の行為とした。

#281129B では、医師である表現者が対象者が「人格障害」や「異常性格」である等という表現を記載した書面を公務員や医師に送付したところ、当該事情の下では事後的に見て人格障害と診断したことが医学的には誤りであったとしても援助体制構築のためにはこのような強い言葉を用いて注意を喚起することもやむを得なかったというべきであるとして、表現として穏当を欠くという批判は免れないものの、全体としてみれば、医師による正当業務行為として違法性を認めることはできないというべきであるとした。

(3) 合理的指導

また、上司と部下や教師と生徒といった関係がある場合において、合理的な指導の範囲であることは抗弁になる。

#291127B は、学生である対象者の行ったカウンセリングについて指導教官である表現者が「おばちゃんの世間話」と評して否定的評価をしたことが比喩の内容はやや適切さを欠くとしても、合理的な指導の範囲を逸脱したとまではいえないとした。

#290316C は注意指導の中で行われた「幼稚園レベルのミス」という発言は名誉感情を損なう発言であって相当性を欠くものの、その背景は、「万」と「億」という金額の単位を取り違えるという極めて単純で、わずかな注意を払えば回避できるものでそれを対象者が複数回犯したものである以上指導又は注意のための言動として許容される限度を逸脱した違法なものではないとされた。

要するに、指導の必要性の高さが高ければ高いほど指導のために用いられる表現が許容範囲内となる限度も高くなると理解することもできるのではなかろうか。(#290329B、#290915D も参照)
[449]

(4) 必要性・相当性

　一般に必要性・相当性のある行為は違法性がないとされる。

　例えば、#290120A は、大学の学生である対象者がストーカー行為をしたのではないかという疑惑があり、大学の専攻長である表現者が調査の一環として対象者の兄を宛先、同僚の教授を CC として「院生に対するストーカー的行為（このような言葉を使うのをお許し下さい）がエスカレートしています。以前お会いしたときにも院生が警察に訴える可能性についてお話したと思いますが、実際にそうなるのではないかと思います。私たち教員側としても新しい対応をとらざるを得ない状況です。できればもう一度お会いして、現在の状況についてご報告し、ご相談したいと思います。」と記載したメールを送付した事案である。このメールについては、名誉感情が害されたとしても、大学院に所属する学生間の問題を調査、解決するために必要性・相当性を有する行為であって、これを対象者に対する違法な行為であるということはできないとされた。

　部活動における暴言について #280930B は少なくとも教育目的を達成するための手段として必要かつ相当であるとはいえず、違法とした。

　いずれも学校の中の行為の文脈であるが、表現ぶりからは学校の中に限られず、一般的にあてはまると解される。

(5) 訴訟行為

　訴訟行為については、#281005 が、仮に侮辱に当たる余地があり得るとしても、訴訟上の主張立証活動については、相手方の名誉等を損なうようなものがあったとしても、それがただちに不法行為を構成するものではなく、訴訟行為と関連し、訴訟行為遂行のために必要であり、主張方法も不当とは認められない場合には、違法性が阻却されると解するのが相当であるとした。
(#280623B、#290906 等も同旨)

(6) 真実性・相当性

　名誉感情侵害においては名誉毀損と異なり、真実性・相当性の抗弁は存在しない。

　しかし、#280726C は、表現行為に伝播の可能性がなく、名誉感情の侵害による不法行為をめぐる問題のみが残っている事案であっても、例えば、不法行為の成否を左右する一般的な事情としての表現行為の相当性について判断した

---

449) なお、本件事案の対象者のミスをどう評価すべきかはまた別の話であり、筆者（松尾）は記録を読んでいないので、この点について判断できない。

り、不法行為が成立する場合の慰謝料の相当額について判断したりするに際し、その表現行為の真実性又は相当性が証明されている場合には、そのことも考慮して判断することが許されないものではないとした。

　#290210B も、週刊誌の記載の名誉感情侵害が問題となった事案で、前提事実は真実に反し、かつ、真実であると信じたことについて相当の理由があるとは認められないから、社会通念上許される限度を超えるというべきとした。

　真実性・相当性がただちに名誉感情侵害の不法行為の成否の判断基準にはならないものの、判断の際の参考になる要素としては検討の余地があるだろう。

(7)　その他

　その他、弁護士に委任する者の間で委任中の弁護士の評価を伝える行為が当該弁護士に対する名誉感情侵害になるかについて #280208B を参照。

7　救済

(1)　はじめに

　名誉感情侵害の場合、社会通念上許される限度を超えれば不法行為として損害賠償を請求することができる。また、人格権侵害を主張することができる。

(2)　慰謝料

　(a)　概観

　まず、最近の（インターネット以外も含む）主な認容例における賠償金額を概観しよう。

表5

判例記号	慰謝料金額
#281129A	100万円
#300912	50万円
#280523B	30万円
#280726E	25万円
#281221C	20万円
#300523	10万円
#300327A	5万円
#281025	5万円
#280126F	5万円

#280426E	3万円
#281124B	1万円
#281221A	1万円
#280119B	1万円

　このうち100万円はいわゆるストーカー事案であり、例外的である。また、比較的高額な事案にはパワーハラスメントやセクシャルハラスメントの一環のものが多い（#280725や#280523B）。

　(b)　考慮要素

　では、裁判例ではどのような要素が考慮要素とされているか。

　まず、裁判例の認定の際に用いた文言としては、諸事情や一切の事情とするものが多い（#280126Fや#281124B）。

　もう少し具体的な考慮要素を示しているものとして以下がある。

　#281221Cは電子メール送信等の目的、表現方法、送信範囲、送信回数、その後の表現者の行動等を考慮するとした。

　上記#280426E（418頁）は発言の意味内容に加え、面識がある程度でこのような発言が許容される関係にはなかったこと、第三者の面前でされた発言であること、話し合いの目的は違法、不当なものではなく、この機会を利用して徒に人格的に非難し、侮辱しようとする意図があったとは認められないこと、偶発的にされたものであること、全体との対比では侮辱部分は少ないものであること等の事情も、慰謝料の算定に当たり考慮すべきであるとした。（なお、対象者の対応が、客観的観点から表現者の不法行為を誘発するものであったと認める証拠はなく、誘発されたならそれは期待した応答が得られなかったことに立腹し、感情を高ぶらせた表現者自身の主観面に起因するのであり、そのことを対象者の過失として慰謝料において考慮することはできないというべきであるとした。）

　上記#280726C（416頁）は、名誉感情侵害が継続するおそれがあることは積極事由だが、封書で郵送されており、受信者以外には内容を知られる可能性が低く、不特定又は多数の者がその内容を認識し得る可能性は低いこと、前訴における相手方であり、多少感情的な表現をすることも無理からぬことや、弁護士としての職務経験上、言論の応酬にさらされることもあることを消極事由とした。

　#280119Bは口頭での名誉感情侵害について、自由に出入りできる公開の場

所ではないこと、友好的な関係ではなかった上、当日も当初から険悪な雰囲気の中、非難の応酬の中で出た発言であること等、一切の事情を考慮するとした。

#291221Cは当事者尋問で表現者が名誉感情侵害と認定されたのと同様の主張を繰り返したことを不法行為後の事情として考慮した。

(3) 慰謝料以外の賠償

弁護士費用の賠償が認められる例が多い。

ただし、慰謝料額の10%が多く、#281221Aは、名誉感情侵害の慰謝料が1万円であるところ弁護士費用として1000円を認めた。#281124Bも1投稿1万円として弁護士費用も1投稿1000円とした。[450]

名誉感情侵害訴訟は、その社会通念上の限度を超えるか等について厳しい争いになることが多く、弁護士が大量のリサーチをして準備書面を作成する事案も存在する。筆者（松尾）の関与事案でも多い時には数百時間を投入する事案も存在した。このような努力にもかかわらず、10%のみを認める、すなわち最終的に慰謝料が1万円ならば弁護士費用も1000円という判断は、名誉毀損（19章）にもまして疑問が残るところである。

(4) 削除等

名誉感情も人格権の一種であり、人格権に基づく妨害排除・妨害予防等の請求権行使の余地がある。

#281012Bは、名誉感情を侵害する投稿（ただし名誉毀損も認定）について、対象者に重大で回復困難な損害が生じるおそれがあると認められるから、対象者の人格権に基づく削除請求を認めるべきであるとした。

(5) 謝罪広告

上記の通り、最高裁（#451218）によれば、名誉感情が侵害されても謝罪広告を請求することができない。

(6) その他

その他、時効の起算点につき、#280127E参照。

---

450) ただし#280726Eは25万円に対し2万5000円ではなく3万円を認めた。

第3編

実務編

はじめに

1 基本的な対応方法

（1）はじめに

　名誉毀損事件が発生した場合、対象者と表現者はそれぞれどのような対応をするのだろうか。名誉毀損事件対応の実務を解説する実務編の導入として、まず、対象者と表現者それぞれにとっての基本的な対応方法を概観したい。

（2）対象者にとっての基本的な対応方法

　インターネット上の名誉毀損において、表現者が匿名であることは少なくない。また、表現者と対象者以外にプロバイダ、例えば掲示板・ブログ・SNSサービスの提供者等（コンテンツプロバイダ）やインターネット接続サービスの提供者等（経由プロバイダ）が存在する。そこで、プロ責法、ガイドライン及びそれを背景としたプロバイダ自身の苦情処理メカニズム等に基づき、プロバイダに対して削除や表現者の情報（発信者情報）の開示等を請求することができ、任意に応じないプロバイダに対しては訴訟を提起することになる（38頁以下参照）。

　表現者を特定することができれば、特定された表現者に対して損害賠償や謝罪や名誉回復等を請求することができる[1]。この場合、訴訟外の交渉を行うこともできるし、最初から裁判上の請求をすることもできる。訴訟外の交渉をする際には、内容証明郵便を送付することが考えられる。裁判上の請求の場合でも当事者が合意をすれば和解による解決が可能である[2]。

　なお、刑事手続による対応も一応考えられる。名誉毀損罪は親告罪（刑法232条1項）であるところ、対象者が検察官又は司法警察官に対し告訴をすると（刑訴法241条1項）、警察官の場合は速やかにこれに関する書類及び証拠物を検察官に送付（刑訴法242条）し、捜査を開始するというのが刑訴法のたて

---

[1] ただし、判決までいった場合の、謝罪文の交付や謝罪広告のハードルの高さに留意が必要である。376頁。
[2] 和解と執行につき参考になるものとして #241025B 参照。

はじめに

つけである。ところが、実際には告訴を事実上受理してもらえないことが少なくない。このように、刑事手続を発動させることは実務上容易ではないので、専門家の助力を受けた上で、証拠等で集められるものはすべて対象者側で集めておく等の工夫が必要である。

捜査が始まると、表現者は被疑者となり、捜査機関（検察・警察）は、必要に応じて被疑者を逮捕・勾留する。ただし、名誉毀損事件は相対的に軽微であり、身柄拘束まで必要ではないと考えられる可能性が他の犯罪よりも相対的に高いと思われる。その後、検察官が被疑者を起訴するかどうかを決め、起訴する場合でも、正式な公判請求をするのか、それとも略式命令にとどめるのかを判断する。正式な公判請求がされると、被告人は裁判所において公開の裁判を受けることになり、双方が立証（書証・証人尋問等）をし、裁判所が最終的に有罪・無罪及び量刑の判断をすることになる（刑事事件となった案件処理についての統計情報は17頁参照）[3]。

対象者は、このような手続選択の際、特に以下4点に留意すべきである[4]。

1点目は、費用とその回収可能性である。すなわち、民事訴訟において、裁判所の手数料（いわゆる印紙代）は、基本的には敗訴者が負担するものの、自らが権利を実現するために必要とされる専門家の費用（例えば弁護士費用）は自らの負担というのが原則である。そこで、例えば、30万円の弁護士費用を使って裁判を行い、50万円の損害賠償を獲得した場合、対象者の手元には差し引き20万円しか残らないという事態が生じ得る。裁判所は弁護士費用の一部（認容額の10％程度）を「損害」の一部として認めることが多いが、実際に必要となる弁護士費用には到底足りないことが通例である[5]（370頁）。また、対象者の特定等に必要な調査費用についても、一部の裁判例はこれを損害として認めるが、少なくともその全部は損害としては認められず、表現者に対して負担を求めることができない場合が多い（371頁以下）。さらに、実際に匿名の表現者を特定してみると、無職・学生、生活保護受給者等、資力がない者であることも多い。その場合には、費用と手間をかけて訴訟をし、賠償を命じる勝訴

---

3) 告訴がそもそも受け付けられず、事実上対象者が「あきらめた」事件は含まれていない。
4) その他、人権救済の申立て等様々な方法があり、筆者（松尾）は、人権救済申立てにより（裁判ルートでは #291003 のように不可能ではないが決して容易ではない）、SNSアカウントそのものの削除を実現したことがある。
5) 例えば、上記の事案で5万円の弁護士費用の賠償が認められる可能性があるが、それでも対象者の手元には差し引き25万円しか残らない。

判決を獲得しても、実際にその賠償金が支払われる見込みがないという場合もあり得る。このような、費用と回収可能性についても十分に留意すべきである。[6]

2点目は、炎上可能性（清水24頁）である。例えば、表現者の表現が多少きついとしても名誉毀損とまでは即断し難く、反面対象者自身に相当落ち度がある等という場合において、表現者を特定して法的措置を講じる（その予告をする場合も含む）と、表現者が、自分が対象者に恫喝された等と訴える等して「炎上」したり「祭り」になることがある。このリスクは一般論としては対象者の社会的地位が高ければ高いほど、高まる。もちろん、抽象的に「炎上」の可能性があるというだけで行使すべき権利の行使を躊躇すべきではないが、各事案における炎上可能性の高低に留意しながら対応方法を慎重に検討すべきである。

3点目は、特に訴訟まで行い、公開の法廷で真実性を争うことのリスクにも留意が必要である。真実性の法理が認められていることから、表現者が真実性の立証を試みることは多く、最悪の場合、対象者に不利な事実が判決で真実と認められるおそれがある。そうではなくとも、拠出された証拠では原則として誰でも閲覧が可能である（民訴法91条。例外につき民訴法92条参照）。

最後に、事実上の対応の重要性も指摘しておきたい。例えば、筆者（松尾）が対象者の代理人として対応した案件では、表現者はある匿名SNSに書き込んだが、以前に担当した代理人が発信者開示のプロセスでの開示に失敗していた。しかし、表現者は別の実名SNSでも投稿していたところ、「連携機能」を利用して、一度投稿すると匿名SNSと実名SNSで同時に同じ投稿がされるように設定していた。そこで、この連携機能をテコとして2つのアカウントの関係をつきとめ、表現者を特定した事案もある。これは、あくまでも1例にすぎないが、法律的対応が困難な事案についても事実上の対応による対処ができる可能性を示している。そこで、法律以外にも様々な事実上の対応の経験のある専門家に依頼することがより適切な解決に向けて重要である。

(3) 表現者にとっての基本的な対応方法

表現者は、日頃から名誉毀損とならないように留意して表現を工夫すべきである。「事実」については確実な証拠・資料に基づきいえることにとどめ（247頁）、ある事実を述べる際にはその根拠となる資料・情報が一方的なものでは

---

[6] ただし、即時に多額の賠償を払えなくても、分割払いや再発の場合のペナルティ等を約させる等、和解条件の工夫の余地はあるだろう。

はじめに

ないかに注意し、異なる立場からの主張にも目を向けて、異なる見解があれば、もしかするとそちらが正しいのではないかという観点から再度調査・確認するべきである（255頁）。感想・レビューにおいて、対象の悪いところだけではなくよいところも（あれば）記載する等の配慮をすべきである（121頁）。その他既に第2編で引用した裁判例にみる様々な教訓を参考に、名誉毀損リスクを減らすべきである。

では、もし名誉毀損と主張された場合には、どう対処すべきだろうか。

対象者がある表現を名誉毀損であると考えて問題視すると、プロバイダ、対象者本人、対象者の代理人、場合によっては裁判所から表現者に連絡が入る[7]。例えば、プロバイダからの「開示してよいか／削除してよいか」という趣旨の連絡が入った場合に、これを無視すると、開示・削除等がされてしまうといった重大な効果が生じ得るのであることに留意が必要である[8]（38頁）。

もし、本当に名誉毀損等をしてしまっていたのであれば、真摯に謝罪等を行い、対象者の社会的評価を回復させることが肝要である。そもそも、対象者としても、好んで訴訟等の法的手段に訴えたいわけではなく、表現によって低下した社会的評価を回復させられさえすればそこまで厳しい対応をするつもりはない場合も多い。また、理論的にも、事後的であっても名誉が回復すれば、損害がないとして損害賠償責任を免れたり、支払うべき賠償額を抑えることができる（334頁）。その意味で、権利侵害の可能性が高いのであれば、開き直らずに謝罪等の対応をすべきである。

この場合の謝罪等の対応は真摯かつ誠実に行うべきであり、形式的に謝罪をしただけでは対象者はこれを容認せず訴訟までいくことがあるし、賠償額は減額されない（#200416参照）。

---

[7] 実務上、アカウント登録の際のメールアドレスが自分にとってのメインのメールアドレスではない場合、プロバイダからの連絡を見逃してしまい、開示に同意したとみなされることがあるので注意が必要である。なお、連絡がメール等の形で行われた場合、表現者としては、まずは、当該メール等が本物の権利者やその代理人によるものなのかを確認すべきであろう。例えば、第三者が嫌がらせのために弁護士や代理人を騙ってメールを送信している可能性もないわけではない。当該弁護士等の実在等を日弁連のホームページ等で確認することが考えられる〈https://www.nichibenren.jp/member_general/lawyerandcorpsearchselect/corpInfoSearchInput/changeBarSearch/〉。

[8] 突然裁判所から訴状と期日の呼び出し状が届くということは実務上あまり多くないのではないかと考えられるが、仮に裁判所から本物の連絡が来た場合に、それを無視するといわば欠席裁判として対象者の請求がそのまま認められる可能性がある。

これに対し、名誉毀損をしたつもりがないという場合、きちんと法的な反論ができなければ、最終的には裁判等の手段で開示・削除・損害賠償請求等が認められてしまいかねない。その意味では、表現者として名誉毀損をしたつもりがないのに、対象者が名誉毀損と考えているという場合は、例えば、プロバイダの代理人が証拠として提出できるように、表現者として専門家の助力を得て意見書を（必要に応じて何度も）作成し、社会的評価を低下していない、真実性・相当性の抗弁が成立する等々の反論を行う必要性が特に高いといえるだろう。この点が、とりわけ、発信者開示手続において重要であることは「発信者情報開示の構造」（244頁）で様々な事例を通じて説明したとおりである[9]。

(4) 名誉毀損成否の可能性の重要性

表現者の場合でも対象者の場合でも、重要なのは、ある表現について名誉毀損が成立するかである。表現者ができること及び対象者がすべきことは、問題となる表現について名誉毀損が成立しているかどうかで大きく異なる。確かに、ある表現が名誉毀損であるかどうかは、最終的には裁判所が決めることである。しかし、これまでの裁判例の傾向を元にすれば、そのリスクの高低を概ね判断することができる。

本書第2編は、まさにそのようなリスクの高低の判断の参考になる名誉毀損法の解釈論を判例裁判例を元に、類型別にまとめたものである。

2　本編の構成

第3編においては、筆者らにおいて実務でありそうなインターネット上の名誉毀損に関する10個の法律相談事例[10]を創作し、本書理論編の内容を当該事例に関連する範囲で章を跨いで要約するとともに、その事例に対し、表現者又は対象者が相談をした場合にどのように回答すべきかという形で具体的な当てはめや実務上の注意点を示すこととした（本節で述べたことは原則としては繰り返さないが、特にその事例の解決にとって重要性が高ければ再度個別の事例に則して述べている）。

---

9) なお、場合によっては法律上は名誉毀損には当たらないとしても、その表現を任意に削除するといった選択もあり得るところであり、そのような対応をすべきかどうかについても、必要に応じて専門家と相談しながら様々な状況を総合しながら判断していかなければならない。
10) 元々は初版で松尾が作成した事例であるが山田の意見を踏まえて若干修正した。

はじめに

　当事者はアルファベットで表すこととし、原則として表現者はA、対象者はBとし、表現者が複数である場合やハンドルネームはA1、A2、A3やA'やB'とする。[11]それ以外は甲、乙、丙等を用いる。なお、事例はできるだけ実務に役立つよう「ありそう」なものとしているもののすべて完全な創作であり、登場人物や事例の内容は実在の人物や事件と一切無関係であることをあらためて強調しておきたい。また、興味のある事例から読めるように、第3編の10の事例の解説は、第2編と詳細なリンクを掲げ、それぞれの事例間では説明を独立に行っている。

　もちろん、「神は細部に宿る」のであって、類似事案に同じ規範を当てはめても、実際の事案の具体的な状況によっては、本書の議論とは別の結論になる

表6　各ケースと第2編各章の対応関係

	ケース1	ケース2	ケース3	ケース4	ケース5	ケース6	ケース7	ケース8	ケース9	ケース10
第2編第1章	○	○	○	○	○	○	○	○	○	○
第2編第2章	○	○	○	○	○	○	○	○	○	○
第2編第3章	○									
第2編第4章							○			
第2編第5章		○						○		
第2編第6章			○		○					
第2編第7章	○	○	○	○		○	○	○	○	○
第2編第8章	○									
第2編第9章	○	○	○	○		○	○	○	○	○
第2編第10章	○	○								
第2編第11章	○	○								
第2編第12章				○	○	○	○		○	
第2編第13章				○	○	○			○	
第2編第14章				○	○					
第2編第15章				○	○					
第2編第16章			○				○	○		
第2編第17章										○
第2編第18章									○	○
第2編第20章	○						○	○		

---

11)　もっとも、インターネット上の名誉毀損では、相互に名誉毀損的な表現をする場合があり、そのため、特にケース5「論争事案」においてはこの点を貫くことができていないことにはご留意いただきたい。

可能性もある。その意味では、本書は必ずしも読者の直面する事案に対するそのものズバリの回答を与えるものではない。また、各事例に関する「アドバイス（コメント）」はあくまでも、筆者らなりに考えた1つの参考案であり、異なる法律家が同じ事例を検討すれば、異なるアドバイス（コメント）をするかもしれない。

　そのような限界の中、1つのケースの中で相互に独立した複数の事例[12]を設けることで、事案が変わった場合に法的判断及び実務的対応がどう変わるかが分かるようにした。加えて、表現者に対するアドバイスと対象者に対するアドバイスの双方を記載することで、立場毎にどのような実務対応をすべきかが分かるようにした。そして、各事例の末尾に、筆者（山田）が中立的立場からどのように考えるべきかをコメントした。さらに、関連する本書理論編の章や頁を引用することで、さらに詳しくその論点について知りたい場合には、本書理論編に立ち戻ることができるようにしている。このような工夫により、前記のような書籍という媒体の限界の中で、できるだけお役に立てるようにした。

　なお、本書が基本的には実体法を問題としていることから、第3編においても、例えば発信者情報開示等の手続の詳細には入らない。これらの手続については38頁、関小川、清水神田中澤及び清水[13]を参照されたい。

---

12) 例えば、事例2において「事例1において〜の場合はどうか」と記載することで、事例1と独立に、事例1の事案を若干修正した事例2が発生した場合についての検討をしている。

13) 本編につき、柄澤及び情報ネットワーク法学会他253頁以下が参考になる。

ケース1　公然性事案

【相談事例】
（事例1）
　M弁護士のところに、依頼者Aが相談に訪れた。
　Aは、大学生で、ある小規模なサークルに所属している。そのサークルはAを含めて7人のメンバーがいて、男性6人、女性1人であった。
　Aはその唯一の女性であるBと付き合っていたのだが、最近Bがサークルの他のメンバーである甲と二股をかけていたことが判明した。
　そこで、Aは、そのサークル員のLINEグループに「Bは俺と甲の二股を掛ける最悪のヤリマン女！許さん☆」とメッセージを送った。Bは、「あの投稿のせいで、サークルにもう居られなくなった。サークルに入っていないクラスメイトからも『二股って本当？』と聞かれた」と激怒した。
　この場合、M弁護士はAにどのようなアドバイスをすべきだろうか。逆に、本件でM弁護士にアドバイスを求めたのがBだったら、M弁護士はどのようにアドバイスすべきであろうか。

（事例2）
　事例1においてAは事前にサークルメンバーに対して口止めの了承を得た上で、事例1と同内容のメッセージを送り、実際に誰にも漏れなかった場合はどうか。

（事例3）
　事例2において、サークルのメンバー構成が男性6人、女性1人ではなく、男性15名、女性1名であった場合はどうか（事例2と同様の理由でこの話は誰にも漏れなかったとする）。

1 問題の所在

　本件のようなSNSの「メッセージ」における名誉毀損は、従前はメール送付の方法での名誉毀損として問題となっていることが多かったが、最近ではSNSの利用頻度が特に若者の間で上がってきていることから、相談事例はSNSの「メッセージ」の事例にしている。なお、実体法的には、メールとメッセージはほぼ同様に解することができる。
　まず、問題となる表現の趣旨の特定が問題となる（第2編第1章）。そして、このように特定された表現が社会的評価を低下させるかが問題となる（第2編第2章）。
　次に、仮にそのような表現であっても、公然性が否定されないかが問題となる（第2編第3章）。
　公然性が肯定され、社会的評価を低下させるものであれば、真実性・相当性の抗弁等（第2編第7章〜11章）が問題となる。
　さらに、公然性がないとしても名誉感情侵害（第2編第20章）にならないかが問題となる。
　なお、プライバシー侵害の可能性も別途存在するが、ここでは詳述しない。

2 実務上の判断のポイント

(1) 摘示内容の特定（第2編第1章）
　ある表現が名誉毀損であるかの判断の前提として、摘示事実が何かを判断する必要がある。
　このような摘示事実の解釈基準について、最高裁（#310720）は、一般読者基準を打ち出した。
　メッセージにおいては、一般には従前のやりとり等を前提にその文脈の中で個別の文言の意味を解釈すべきであろうが、本件では、Aは、従前のやりとりとはあまり関係なく、甲との二股が発覚したことから、怒りのまま投稿したということのようであるので、基本的には、このメッセージだけから意味を解釈すべきことになるだろう。

なお、メッセージの受信者が特定されているので、「一般読者」は基本的には当該受信者（この場合はサークル員）になるだろう[14]。

そこで、事例1～3におけるAの表現の趣旨は、BがAと甲の2人と同時に交際し、双方と性交渉をしたこと、及び、Bが性的道徳観念が希薄であって、誰とでも性交渉をする人物であることであろう（79頁）。

(2) 事実摘示による社会的評価の低下（第2編第2章）

(a) 一般論

公然と社会的評価が低下する可能性がある表現がなされれば、社会的評価が低下したと判断すべき場合が多い。しかし、裁判例は、そのような抽象的かつわずかな社会的評価の低下の可能性のみで名誉毀損の成立要件たる社会的評価の低下を認めることには慎重である。その低下の程度は「相当と認められる限度」「損害賠償等による慰謝を要する程度」には達していない等として名誉毀損を否定した一連の裁判例が存在する。この判断も一般読者を基準に行う（96頁）。

(b) インターネット上の表現の信頼性

ここで、インターネット上の名誉毀損であることから、インターネット上の表現の信頼性というものが問題となり得るが、裁判所は少なくともインターネット上の表現全般について一律に信用性がない・社会的評価を低下させないものとは扱っていない。もっとも、個別具体的な一般読者基準に基づく判断においては、インターネット上のサービスの種類や、具体的な記載内容等が考慮される（107頁）。

ここで、一般読者の受け取り方からすれば、（不倫ではないとしても）同時に複数人と性交渉を伴う交際をすることは性道徳の面等から社会において否定的評価を受け得ることは否定できない。

その表現が本事例と同一かは確認できなかったものの、性的道徳観念が希薄であって、誰とでも性交渉をする人物であるかのような掲示板の投稿が名誉毀損として損害賠償請求が認容された裁判例がある（#241220B）。

本件において、甲といった具体的な人名が出されて事実が摘示されていることをあわせ考えれば、事例1～3のいずれにおいても、社会的評価が低下したとされる可能性は相当程度あると解される。

---

14) なお、受信者が、Aと甲の関係を知っているかによってもこの解釈が異なる可能性があることにも留意が必要である。

(3) 公然性（第2編第3章）

　民事名誉毀損においても不特定又は多数に対して行われることが必要と解されており、一般に公然性が必要である（140頁）。

　ここで、何人をもって「多数」と訴えるかは問題があり、大まかな傾向としては、1桁の前半であれば少数と解される可能性が高く、後半であれば多数と解される可能性が高いが、3人から10数人くらいまでの間に広いグレーゾーンが認められる（145頁）。本件のような（対象者本人を除き）5人というのは微妙な数字である。

　ここで、批判はあるものの、裁判例は伝播性の理論をとっており、仮に特定少数者に対してだけ名誉毀損表現を伝達しても、その特定少数者から不特定多数への伝達の可能性があれば、公然性を認める。

　本件の事例1ではAは何の口止め等もしておらず、大学生というこの年代の人々の間では、このような男女関係の情報が、容易に伝播しがちであり、実際に伝播していることに鑑みると、判例理論によれば、公然性は認められるだろう。

　これに対し、事例2においては、口止めが効いているという特殊な事情から伝播性が認められず、実際に伝播していない。そこで、伝播性の理論を用いることができない事案である。5人が「多数」として公然性があるとされる可能性も一定程度あるが、公然性が否定される可能性は相当程度あるといえる。

　問題は事例3であり、「特定」ではあるものの15人は流石に「少数」とはいい難いだろう。そこで、事例1と同様に解される可能性が相当程度ある。しかし、一部の裁判例は、外部に伝播される可能性が少ない場合には多数の内部者に伝わっても免責されるという理解をしており、約30名に伝わった事案でも免責を認めている（147頁）。そこで、もし本件でもこのように理解できるのであれば、事例3は事例2と同様となる。

(4) 真実性・相当性（第2編第7章〜11章）

　最高裁（#410623）は、ある行為が対象者の社会的評価を低下させるとしても、①「公共の利害に関する事実」に関するもので（公共性）、かつ、②専ら「公益を図る目的」に出ているのであれば（公益性）、③摘示された事実が真実であると証明されるか（真実性）、又は④その事実を真実と信ずるについて相当の理由があるとき（相当性）には名誉毀損を否定する。

　本件では、真実性はあまり問題がない事例のようである（特に事例2及び3）。

しかし、Bは、単なる大学生という一私人でその私生活上の事柄であることから公共性を肯定し難い。仮に公共性があっても、目的が怒りのはけ口としてBを中傷することにあることが文言からうかがわれ、公共性及び又は公益性が否定されることから、結果的に真実性・相当性の抗弁は相当程度難しそうである。[15]

(5) 名誉感情侵害（第2編第20章）

加えて、事例1～3におけるAの行為がBの名誉感情を侵害しないかが問題となる。[16]

単に名誉感情が侵害されたというだけでは、不法行為は成立しない。社会通念上許される限度を超える名誉感情侵害行為と認められる場合であって初めて不法行為が成立する（#220413参照）。

#270217Bは、対象者の仕事関係者である甲に対し、「ヤリマン甲ちゃん、ヤリチン男と旅行　お似合い」とメールすること等は、これを対象者がこれを知ることで、その名誉感情を害されること等から不法行為を構成するとした。

ただし、本件においては、一回きりのメッセージであって、執拗さ等の部分が少し薄く、このメッセージだけではなお社会通念上許される限度を超える名誉感情侵害ではないという余地もあり得なくもない。その意味では事例1～3において名誉感情侵害の不法行為の成立の可能性は一定程度あるが、否定される可能性も残っている。

なお、確かに表現の内容は真実ではありそうであるが、真実でも名誉感情が社会通念上許される限度を超えて侵害されれば、名誉感情侵害の評価には影響しないだろう（397頁）。

(6) その他

Bが誰と性的関係を結ぶかはBのプライバシーであり、事例1～3におけるAの行為については、プライバシー侵害の問題も生じ得るだろう。

---

[15] 仮に公共性が肯定できるとすれば、例えば、サークル長であるAが、Bの非違行為を理由にサークルを除名する手続のため、サークルメンバーにメッセージを送った場合であろう。コミュニティの内部的事項も、当該会員・メンバーにとって重大な関心事であれば、公共性を肯定するのが裁判例の傾向（212頁）であり、そのような目的が主目的なら公益性が肯定され得る。

[16] 事例1については、前記のとおり、名誉毀損となる可能性が相当程度あるが、別途名誉感情侵害は問題となり得る。また、特に事例2及び3では、公然性がなく、名誉毀損が成立しないと判断される可能性があるので、特に重要な問題となり得る。

3　表現者（A）に対するアドバイス

　事例1については、名誉毀損の不法行為が成立する可能性が相当程度ある。事例2及び3（このうち特に事例2）については公然性の問題があるので、名誉毀損が否定される可能性も相当程度ある。もっとも、事例1～3のいずれにおいても、名誉感情侵害の可能性も一定程度ある。その意味では、事例1～3のいずれにおいても、何らかの法的責任を負う可能性を前提に、謝罪等の対応を行うべきだろう。

　なお、本件における表現の内容は真実のようであり、むしろBのプライバシーに関する事柄である。このような、真実による名誉毀損は謝罪広告に適さないとされている（379頁）。その意味で、Bに対して個別に直接謝罪するというのが適切である場合が多いのではないか。

4　対象者（B）に対するアドバイス

　前記のとおり、名誉毀損又は名誉感情侵害と根拠は違えど、いずれの事案でも不法行為として慰謝料等を請求できる可能性が認められる。

　ただし、Bにとっての問題は、内容が真実らしいということである。その意味で、謝罪広告を求めることは難しいし、Bにとっても利益にならない可能性が高い。

　特にBが考慮すべきは、このような事案で訴訟等に打って出ることにより、Bの評価がさらに落ちてしまわないかという点であろう。

　その意味では、Aに謝罪してもらい、今後二度とこのような事柄を他言しないことを約束してもらう程度を獲得目標として訴訟外で交渉することが望ましい場合も多いように思われる。この点は、本件が二股をかけたとして、Bにも落ち度が大きい事案であることが響いているといえるだろう。

5　中立的立場から

　いずれの事例でも、名誉毀損が成立する可能性は相当程度ある上、少なくともプライバシー権侵害は認められる可能性が高い。その意味で、基本的には

ケース1　公然性事案

Aが責任を負うべき事案である。

　他方で、Bが二股をかけていたという重要部分は真実であるというのであるから、Bの落ち度も否定できず、名誉毀損に限らず、プライバシー権侵害等が認められた場合の慰謝料額も相対的に低額となる可能性がある。

　さらに、AやBは、同じサークルに所属するメンバー同士であり、仮にどちらかがサークルを脱退するとしても、大学生同士であれば、今後も何らかの関係が続く可能性もある。これらを踏まえると、Aによる謝罪や、二度と同じことをしないなどの誓約を中心として、合意による解決を目指すべきである。

ケース2　仮名・匿名事案

【相談事例】

　M弁護士のところに、依頼者Bが相談に訪れた。

　Bは、インターネット上で、B'というハンドルネームを使って、「B'のアイドル追っかけ日記」という、自分の好きなアイドルグループ甲に関するブログを長年書き続け、Twitterでも発信していたことから、B'は、アイドルファンの中では有名になっていた。

　甲と人気を二分するアイドルグループ乙のファンであるAが、先日発生した乙のライブ会場の爆破予告事件に関して、「乙のライブ会場の爆破予告をしたのはB'だ」といった内容の一連のツイートをし、その中でB'が犯人であることを具体的に示した。これが大量にリツイートされたため、多くの乙のファンからB'のブログやTwitterアカウントに対する非難が殺到し、ブログを閉鎖し、Twitterアカウントを削除せざるを得なくなった。

　この場合、M弁護士は、Bにどのようなアドバイスをすべきだろうか。逆に、本件でM弁護士にアドバイスを求めたのがAだったら、M弁護士はどのようにアドバイスすべきであろうか。

1　問題の所在

　インターネット上の名誉毀損の中には、対象者の実名を出す形で行われる場合もあれば、対象者の実名が記載されない場合もある。例えば、対象者が使っているハンドルネームを用いたり、対象者の蔑称を使うこともある。

　このような場合、まず、問題となる表現の趣旨の特定が問題となる（第2編第1章）。

　そして、このように特定された表現が社会的評価を低下させるかが問題となる（第2編第2章）。

　仮に社会的評価を低下させる表現がなされたとしても、当該表現が対象者B

に対するものか、匿名・仮名の問題が生じる（第2編第5章）。

対象者Bに対する社会的評価を低下させるものであれば、真実性・相当性の抗弁等（第2編第7章〜11章）が問題となる。

2　実務上の判断のポイント

(1)　摘示内容の特定（第2編第1章）

表現が名誉毀損であるかの判断については、摘示事実が何かを判断する必要がある。

このような摘示事実の解釈基準について、最高裁（#310720）は、一般読者基準を打ち出した。

SNS上の表現についての一般読者基準に関する裁判例の蓄積は十分ではないところ、3つのツイートについて表現内容、時間的接着性等に照らし、一体的な表現と解した裁判例（#270223C）等を参考に、これらの表現の意味を確定することになるだろう。

本件においては、基本的にはAの表現は、B'というハンドルネームでブログ等を運営している者が爆破予告という犯罪を行ったという趣旨であると理解できる。

(2)　事実摘示による社会的評価の低下（第2編第2章）

　(a)　一般論

公然と社会的評価が低下する可能性がある表現がなされれば、社会的評価が低下したと判断すべき場合が多い。しかし、裁判例は、そのような抽象的かつわずかな社会的評価の低下の可能性のみで名誉毀損の成立要件たる社会的評価の低下を認めることには慎重である。その低下の程度は「相当と認められる限度」「損害賠償等による慰謝を要する程度」には達していない等として名誉毀損を否定した一連の裁判例が存在する。この判断も一般読者を基準に行う（96頁）。

　(b)　インターネット上の表現の信頼性

ここで、インターネット上の名誉毀損であることから、インターネット上の表現の信頼性というものが問題となり得るが、裁判所は少なくともインターネット上の表現全般について一律に信用性がない・社会的評価を低下させないものとは扱っていない。もっとも、個別具体的な一般読者基準に基づく判断にお

いては、インターネット上のサービスの種類や、具体的な記載内容等が考慮される（107頁）。

例えば、それが実名アカウントなのか匿名アカウントなのかといった表現者の性質や、表現内容の具体性等が重要な判断要素となると思われる。

本件では、少なくともアイドルファン等にとって重要な関心事である爆破予告についてその犯人と名指しし、それがアイドルファンの間で大量に広まったといえるのだから、B'の社会的評価を低下したといえる可能性が高い。

(3) 匿名・仮名（第2編第5章）

もっとも、社会的評価が低下したのは、B'にすぎず、Bではないのではないかが、問題となる。

ここで、漠然と誰かの社会的評価を低下させることは名誉毀損にならず、その表現が誰についてのものか、対象者が特定され、対象者と主張するものと同定できなければならない。

そしてその特定については、いわゆる伝播性の理論（142頁）が応用されており、まず最初に、当該表現が対象者について述べていることを特定できるだけの背景知識をもっている読者がいるかが問題となり、仮にそのような読者がいるのであれば、当該読者から不特定多数に伝播する可能性がある限り、対象者の可能性がある特定があったとみなされる（169頁）。この考えには批判があるが、実務解説として、この見解を元に説明したい。

まず、本人を示唆する情報からB'がBのことだと分かる場合がある。

#210406は、丙のファンである対象者に関する掲示板の投稿について、対象者の書いているブログのURLが記載されていること、対象者のブログは丙のファンの間では人気があり閲覧される回数も多いこと、対象者は対象者ブログに対象者の顔写真を載せていたことがあったこと、対象者は丙のファン達とオフ会を行っており対象者がそこで司会をした際対象者ブログをやっていることを皆に伝えたこと等を理由に、オフ会に参加したことがある相当数の丙のファンにとって、この投稿が対象者を対象としてされたものであることは容易に理解できるというべきとして特定を認めた。

本件でも、甲のライブ前後のオフ会等を通じて相当数の甲のファンとBが交流していれば、投稿を見てこのB'がBのことだと理解できる人が相当数いる等として、特定が認められるだろう。

それ以外にも、それまでのB'のブログ記事やB'のツイートにおいて、B'の

プロフィールに関して公開した情報（BとB'の同一性を推測させる情報）や、Aがそれ以前のツイートにおいてB'に関して公開した情報（BとB'の同一性を推測させる情報）を調査し、そこから、B'として名誉を毀損されている者がBのことであると理解でき、そこから伝播の可能性があるかを検討すべきである。もしそのようにいえるのであれば、裁判例の大勢からは、特定可能性が認められるだろう。

　また、例えばBがB'という名前を使って社会生活上の活動をする場合、つまり、BにとってB'が作家のペンネームや芸能人の芸名のような位置づけと認められる場合にも特定が認められる。

　そうでなければ、B'というインターネット上の人格が傷つけられただけであるところ、裁判例の中ではこのような場合の名誉毀損を否定する見解が有力である。しかし、(B'というハンドルネームを用いた) インターネット上での活動の程度が、芸能人の芸名や作家のペンネームと同様の社会活動とみなすことができる程度に至っているという議論ができるのであれば、主張が相対的に強くなるとはいえるだろう。実際、Bにとっては、長年書き続けたブログやツイッターをやめざるを得ない状況に追い込まれる等相当被害は大きく、単なる仮想人格として処理できる範囲を超えるのであり、このような判断の実質的必要性が高い事案といえる。特に近時 #281018 が出されており、裁判例からも、「ブロガー」としての活動を一種の社会活動として捉えて、社会生活と関係する通称や筆名の一種として、ハンドルネームを捉えることができるという方向性をうかがえることに留意が必要である。

(4)　真実性・相当性（第2編第7章〜11章）

　最高裁（#410623）は、ある行為が対象者の社会的評価を低下させるとしても、①「公共の利害に関する事実」に関するもので（公共性）、かつ、②専ら「公益を図る目的」に出ているのであれば（公益性）、③摘示された事実が真実であると証明されるか（真実性）、又は④その事実を真実と信ずるについて相当の理由があるとき（相当性）には名誉毀損を否定する。

　そこで、仮に同定が認められても、真実性・相当性が認められれば名誉毀損ではなくなる。

　ここで、公共性・公益性については、内容が犯罪であり、特に誹謗中傷的文言を使っているわけでもなければ、公共性・公益性が一応認められる可能性が高いだろう。

第 3 編　実務編

　問題は、真実性・相当性である。真実性は、重要部分についての高度の蓋然性をもった立証が通常必要と解される（238 頁）。相当性については、従来型名誉毀損について「報道機関をして一応真実と思わせるだけの合理的資料又は根拠」の有無が問われるとされている（247 頁）。

　インターネットの特性を理由に、より緩やかに相当性を認めてはどうかという議論があったものの、最高裁（#220315）は、インターネット上の名誉毀損であるというだけでは、相当性を緩やかにする理由にならないとした。

　これは、ケース・バイ・ケースの判断である。本当に B が爆破予告を行ったのであればもちろん真実性があるが、そうでなければ何を根拠に B がそのように信じたのかという、具体的な根拠資料に基づく判断となる。根拠資料があいまいなまま爆破予告の犯人と名指しするようなツイートをしたのであれば相当性は認められないだろう。

3　対象者（B）に対するアドバイス

　まず、B が実際に爆破予告をしていたのかが問題となる。爆破予告をしていないという場合には、A がどのような根拠で爆破予告をしたと考えているのかが問題となる。B 側としては、これを、A の前後のツイート等から推測するしかないだろう。この中で、真実性・相当性についての一次的な評価を行う。[17]

　真実性・相当性がないとしても、本件では B' という摘示が B のことを示すのかという特定が問題となるので、これに関する事実関係も調査すべきである。

　まず、B' と B の同一性を示唆する情報を B 自ら又は A が発信していないかを調査することになるだろう。次に、B' という名称を用いた社会活動の有無が問題となる。

　上記の検討の結果特定可能性が認められにくい場合には、インターネット上の人格である B' の社会的評価が毀損されたことを根拠として名誉毀損の成立を主張することになるが、その主張が相対的に弱くなることは否定できない。

　このような検討を踏まえ、仮に権利が侵害されたといえる可能性が高いのであれば、法的措置を念頭に置きながら削除及び謝罪（A が匿名で表現を行っている場合には A の情報開示）等を求めてプロバイダや A に対する対応を行うべ

---

17)　その後 A 側と交渉する中で、この評価を変動させる事実を提示すれば、それに基づきまた方向性を練り直す必要があることにも留意が必要である。

4　表現者（A）に対するアドバイス

Aに対してはまず、Aが、B'（B）が爆破予告の犯人であると判断した根拠が何かを確かめるべきである。相応の根拠をもって爆破予告の犯人と投稿したのであれば、真実性又は相当性の抗弁が認められ、名誉毀損が成立しない可能性が相当程度ある。

これに対し、もし、相当の根拠がなければ、この発言の内容自体が対象者の社会的評価を低下させる可能性が高く、唯一の争点は特定の可能性ということになる。BがB'という名称を用いて社会活動を行っている場合、B'のブログ記事やB'のツイート、そしてAのツイートにおけるBとB'の同一性を推測させる情報から、B'として名誉を毀損されている者がBのことであると理解できるといえるのであれば、特定可能性が認められる可能性が高い。そうでない場合でも、ブログやツイッターによる活動が社会活動である等として特定可能性が認められる一定程度のリスクは存在するといわざるを得ないだろう。

このような、法的責任が認められる可能性の大小を踏まえながら削除・謝罪等の対応方針を決定すべきであろう。

5　中立的立場から

中立的立場からは、まずはAに対して、Bが実際に爆破予告をしたと主張するのかを確認した上、実際に爆破予告をしたと主張するのであれば、それを裏付ける資料の提出を促すことになる。その上で、Bが実際に爆破予告をしたことを客観的に裏付けるような資料が提出されれば、真実性・相当性が認められ、名誉毀損は成立しない可能性が高い一方、そのような資料が全くないということであれば、真実性・相当性のいずれも認められない可能性が極めて高いという見通しを持つことになる。

後者において、Bの請求の成否を判断するためには、B'＝Bという同定可能性やB'としての名誉権が法的保護に値するものかを検討する必要がある。こ

18）　ただし、炎上状態における権利行使が更なる炎上を生む可能性には十分に留意が必要である。

の検討の結果、Bの請求が認められる見通しになった場合は、Aに投稿削除等を促すことになるが、仮にいずれも否定され、法的にはAが責任を負わないとしても、真実でない投稿をしたAに落ち度があることは否定できず、かかる投稿を残しておく理由もない。その観点からは、不法行為の成否とは必ずしも関わりなく、Aに任意の投稿削除等を促すことになる。

ケース3　会社事案

【相談事例】(以下の各事例は相互に独立している)
(事例1)
　M弁護士のところに、依頼者であるA1社という会社のA2社長が相談に訪れた。
　A1の従業員Bは、下請け企業の一部に対し、A1と直接契約するのではなく、Bが「A1の子会社」であると説明した甲と契約し、A1の「孫請け」となるよう指示した。ところが、甲は、実質的にはBが経営する企業であり、Bはこのスキームで1億円余りの利益を得ていた。

　A1はBに対する調査及び懲戒手続を進め、Bを懲戒解雇した。それと同時に、A1の社長であるA2は、「取引先様、関係者の皆様へのお詫び」と題して、Bが甲という企業を作って「A1の指示」という名目で、契約上甲を間に噛ませるよう下請企業に指示していたが、これはBが個人的な利益を得るための指示であり、A1の指示ではなかったこと、Bをこの度懲戒解雇したのでBはA1の人間ではなくなったこと、この件で取引先を初めとする多くの皆様にご迷惑をかけたことをお詫びするとともに、今後は契約に関する手続を全面的に見直すので、A1の従業員から、もしA1以外と契約するよう指示があったら、コンプライアンス関係部門の承認を得ているか確認し、疑問があればA1のコンプライアンス関係部門に直接問い合わせるべきことを内容とするプレスリリースをA1のウェブサイト上に発表するよう、社長秘書のA3に対して詳細な指示を出し、A3はこの指示どおり忠実にプレスリリースを発表した。
　BはA1〜A3に対してこれがBに対する名誉毀損であり法的措置をとると警告した。
　この場合、M弁護士は、A2にどのようなアドバイスをすべきだろうか。逆に、本件でM弁護士にアドバイスを求めたのがBだったら、M弁護士

はどのようにアドバイスすべきであろうか。

(事例2)
　事例1の事案において、プレスリリースと同時に、A1は、すべての取引先に対し、プレスリリースと同内容のお詫び文をメール本文に記載したA1名義のメールを送付した場合はどうか。その際も社長A2が文案を考え、A2の指示に基づき、社長秘書のA3が、1000社を超える全取引先をBCCに入れてメールを送付する業務を担当し、A1社のA3のアカウント（eisan@eiichi-sha.example.com）から発送された。

1　問題の所在

　確かに、形式的にはこのようなプレスリリース（事例1）やメール（事例2）は、Bの名誉を毀損しているように思われる。しかし、業務上、このような公表や取引先への連絡を行う必要性も一定程度認められる。そこで、どの範囲で名誉毀損が認められるか、そして、誰が責任を負うかが問題となる。
　まず、問題となる表現の趣旨の特定が問題となる（第2編第1章）。そして、このように特定された表現が社会的評価を低下させるかが問題となる（第2編第2章）（なお事例2はメールであっても受信者が1000社を超えている以上、公然性（第2編第3章）に問題はないだろう）。
　仮にBの社会的評価を低下させる場合でも、誰が責任を負うべきかが問題となる（第2編第6章）。
　公然性が肯定され、Bの社会的評価を低下させるものであれば、真実性・相当性の抗弁等（第2編第7章～11章）が問題となる。
　さらに、正当な言論として違法性が阻却されないかも問題となる（第2編第16章）。

2　実務上の判断のポイント

(1)　摘示内容の特定（第2編第1章）
　表現が名誉毀損であるかの判断については、摘示事実が何かを判断する必要

がある。

このような摘示事実の解釈基準について、最高裁（#310720）は、一般読者基準を打ち出した。

本件においては、概ね、BがA1と取引先とを騙して自分の経営する甲をA1と取引先との間に嚙ませ、本来A1に行くべきお金の一部をB個人の懐に入れるという行為をし、それを理由に懲戒解雇された等と摘示したということになるだろう。

(2) 事実摘示による社会的評価の低下（第2編第2章）

(a) 一般論

公然と社会的評価が低下する可能性がある表現がなされれば、社会的評価が低下したと判断すべき場合が多い。しかし、裁判例は、そのような抽象的かつわずかな社会的評価の低下の可能性のみで名誉毀損の成立要件たる社会的評価の低下を認めることには慎重である。その低下の程度は「相当と認められる限度」「損害賠償等による慰謝を要する程度」には達していない等として名誉毀損を否定した一連の裁判例が存在する。この判断も一般読者を基準に行う（96頁）。

(b) インターネット上の表現の信頼性

ここで、インターネット上の名誉毀損であることから、インターネット上の表現の信頼性というものが問題となり得るが、裁判所は少なくともインターネット上の表現全般について一律に信用性がない・社会的評価を低下させないものとは扱っていない。もっとも、個別具体的な一般読者基準に基づく判断においては、インターネット上のサービスの種類や、具体的な記載内容等が考慮される（107頁）。

プレスリリース（事例1）であれば、その前のリリース等、メール（事例2）であればその前のメール等が参考になる可能性があるが、基本的には、これらはA1社という会社の公式サイトに掲載され（事例1）、又は会社のメールアカウント（事例2）から発信されたものであるから、その信頼性は高いだろう。

Bが行ったとされる内容は、犯罪行為ないし少なくとも違法行為であり、懲戒解雇をされるくらいの重大なものであること、会社の公式サイト又は会社のメールアカウントによる公表・送付であること等に鑑みると、Bの社会的評価の低下を否定することは容易ではないだろう。

(3) 「表現者が」名誉を毀損したこと（第2編第6章）

組織として名誉毀損が行われた場合において、名誉毀損の責任を負うのは誰であろうか。

まず、A2社長が表現を主導するとともに、表現の内容を詳細に決めており、A2社長自身が行為者と認めることができるだろう。

そして、その場合、会社法355条により会社Aの責任を認めることができるだろう。（なお、A3の行為が不法行為だとしても、これはA3が秘書としての職務上行った行為であるから、使用者責任（民法715条）の法理によりA1の責任を認めることができる）

問題は、A3の責任である。A3は、確かに名誉毀損のいわば「実行犯」的な性格を有しており、当該メールが名誉毀損であると判断される限り、原則として不法行為責任を負う。しかし、A3は秘書として、いわばA2社長の「手足」として、A2に命じられるままにファイルを会社の公式サイト上にアップロードしたり（事例1）、BCCの欄に指定された相手のメールアドレスをコピーして、メールソフトの送信ボタンを押した（事例2）にすぎない。形式的には「実行犯」であり、不法行為責任を負いそうだという「理屈」の部分と、上司に命じられていわばその「手足」として動いただけという「実体」の部分の間に乖離があり、一律にストレートに「理屈」を適用してA3の個人責任を問うことはいかにも収まりが悪い気がする。

ここで、上司に命じられて他人の名誉を毀損するメール送信行為を行った部下につき、会社の従業員は上司の指示や命令に従わざるを得ないものであるから上司の行為の一部とみるべきとして免責した裁判例がある（#260717A、#270422）。これらの裁判例の法理が今後どこまで広がるかはまだ分からないが、A3はこれに依拠して免責を主張することになるだろう。

(4) 真実性・相当性（第2編第7章～11章）

最高裁（#410623）は、ある行為が対象者の社会的評価を低下させるとしても、①「公共の利害に関する事実」に関するもので（公共性）、かつ、②専ら「公益を図る目的」に出ているのであれば（公益性）、③摘示された事実が真実であると証明されるか（真実性）、又は④その事実を真実と信ずるについて相当の理由があるとき（相当性）には名誉毀損を否定する。

そこで、プレスリリース（事例1）やメール（事例2）の内容に、真実性・相当性が認められれば名誉毀損ではなくなる。

ケース3　会社事案

　Bの行った行為は犯罪の可能性が高い重大な違法行為であって公共性が認められるし、公表の目的は、会社が取引先に対し、「自社の従業員の指示に基づき自社以外と契約することを原則として禁止する」という新たな対応を行うことを告知し、また、更なるBによる被害が出ないよう、BがもはやAの従業員ではなくなったことを告知するというものであり、通常公益性が認められるだろう。

　問題は、真実性・相当性である。真実性は、重要部分についての高度の蓋然性をもった立証が通常必要と解される（238頁）。相当性については、従来型名誉毀損について「報道機関をして一応真実と思わせるだけの合理的資料又は根拠」の有無が問われるとされている（247頁）。

　インターネットの特性を理由に、より緩やかに相当性を認めてはどうかという議論があったものの、最高裁（#220315）は、インターネット上の名誉毀損であるというだけでは、相当性を緩やかにする理由にならないとした。

　本件は、事実関係の問題であり、プレスリリースで公表した内容そのとおりの行為をBが行ったのであれば、真実性が認められるだろう。

　具体的には、取引先等からの情報提供に基づき、「甲と取引先の間の契約書」「取引先から甲への送金記録」「Bが取引先に対し配布した、甲について虚偽の説明をする資料」等、真実性を基礎づける資料が十分に存在するのであれば、真実性が認められ、そこまでいかなくとも相当性が認められるだろう。

　#250808は、会社が、対象者の横領行為をした等との趣旨のファックス等を行った事案である。裁判所は、会計帳簿と対比すると、本来残されているべき金員が存在していない事実は認められるものの、対象者が横領行為を行ったことを積極的に裏付ける証拠は見当たらない等として、対象者が横領行為を行ったとまでは立証できないとした。他方、そのような事実が疑われる状況にあることが十分に認められ、対象者は、少なくとも通帳等を管理し、会社の経費の支払業務等を行っていた者であり、使途不明金の発生や社会保険料等の未払いについてそれ相応の説明が期待される立場にあったにもかかわらず使途不明金や未払いについて合理的な説明ができず、少なくとも、社会保険料等の多額の未払いを生じさせたことについては謝罪している等として、相当性を認めた。

　同判決は、弁明の機会を与えてからファックスをしている点を相当の理由を認めるものであり、本件でも、懲戒解雇手続の中で、きちんと弁明の機会を与えているかが問われるところであろう。

なお、本件では、Bが甲を実質的に経営していると断言しているが、実質的同一性等について厳しく解する裁判例（#201216A）があることから、単に甲とBの間に何らかの関係があるということを基礎づける資料だけでは真実性が証明できない、相当性が認められないと解される場合もある。甲の実質的経営という部分以外は真実性・相当性があり、実質経営のみ真実性・相当性が否定されれば、果たして甲の実質的経営という部分が「重要部分」（228頁）かが別途問われるだろう。

(5) 正当な言論（第2編第16章）

前記のとおり、真実性・相当性が認められるのであれば、それだけで、Aらは名誉毀損の責任を免れる。しかし、真実性・相当性がない場合、例えば、ある程度の根拠はあっても、その根拠が前記の程度まで至らないと考える場合がある。このような場合には、真実性・相当性以外の抗弁事由としての正当行為等が問題となる。

会社の業務上、役職員の退任・辞任・退職等が生じた場合、引き継ぎ等のためにその事実を外部に公表することが必要となる場合が少なくない。また、会社の社会的責任として不祥事の調査結果を開示したりすることが必要となる場合もある。そこで、ある役職員が解雇された事実を一定の範囲で公表することは社会的に相当だとされている。

#200725は、代表取締役の解任についての（客観的には）不正確な内容の通知が社会的に相当な範囲の行為とした。

もちろん、会社が虚偽の事実をあえて公表したといった場合、社会的相当性は否定されるが、前記のように、真実性・相当性に関する厳しい要件を満たせなくとも、公表が正当化される程度の根拠に基づき公表をしたのであれば、抗弁が成立する可能性がある。

もっとも、本当に解雇等の公表が社会的に相当かは、その公表の必要性を、公表の範囲、公表の内容、対象者の役職の高低や解雇の理由等を含めて検討することが必要であろう。

例えば、懲戒解雇の場合において、対象者を解雇したことを社内に通告し、服務規律の乱れを警告するという程度であれば問題は少ないだろう。

これに対し、取引先に通告すべきかについては、その解雇理由がどの程度取引と関係するかが問題となる。特にそこまで地位の高くない従業員の私生活上の行状を理由とした場合には（たとえそのような私生活上の行状が解雇事由とな

り得る場合であるとしても)、慎重さが必要だろう。これに対し、本件のように、現実に複数社の取引先を騙しており、しかも、そのような虚偽の説明をした当時、BはA1の従業員という立場にあったことから、A1としてこの誤解を解くために取引先に説明しない限り、取引先が誤信するのももっともであるような場合、さらなる被害を出さないためには、取引先に対し、もうBはA1の関係者ではなくなったから、Bとは取引しないでほしいと伝える必要がある。そこで、事例2の取引先へのメールについては、(会社がBの行為を疑うだけの一定の根拠があることを前提に)正当化される可能性が相当程度あるだろう。

これに対し、事例1のようにウェブサイトで社会に広く公表することが、果たして(真実性・相当性に至る程度の根拠がないにもかかわらず)正当化されるかは、より難しい問題となるだろう。例えば、取引先に対してはBの実名を出して警告することが必要であっても、社会一般にBの実名を出して警告することが本当に必要といえるかが問われるところである。本件においては、Bの役職の高低等が不明であるが、そのような事情を含め、Bの実名入りで社会に向けて公表することの正当性が問われるだろう。

3 表現者(A1〜A3)に対するアドバイス

本件において、当該公表内容についてどこまでの根拠があるのかが、名誉毀損の責任を負うかを考える上で、重要な問題となる。もちろん、全く根拠がなければ、名誉毀損となる可能性が高い。これに対し、十分な根拠があり、事前に対象者の弁明を聞く等の相当な手続を踏んでいれば、真実性・相当性の抗弁が認められる可能性も十分にある。

問題は、全く根拠はないわけではないが、真実性・相当性が認められるほどの根拠はないという場合であり、このような行為がどこまで正当化されるかは、事例1と事例2で行為内容及びBの名誉を毀損する程度が異なることから、判断が異なる。事例2のメールについては本件におけるBの行為の内容に鑑み、比較的免責の可能性が高いといえる。これに対し、事例1のプレスリリースのウェブサイト上の公表については、Bの地位の高低等もからんでくるものの、事例2と比較して正当化される可能性が低いと思われる。

正当化の可能性が低い場合においては、Aらとしては、早急にプレスリリース(の少なくとも実名部分)を削除・訂正してBに謝罪するといった対応が

必要であろう。なお、特にBが名誉毀損を強く争う事案においては、そもそも解雇事由が存在するかが同時に争われることも多い。その意味では、解雇に関する争いと一緒に交渉し解決することも十分あり得るだろう。

　この事例から理解できるとおり、会社がある事項を公表する場合において、インターネット上で公表するのか取引先等に限定してメール等で連絡するのかというのは名誉毀損リスクの相違が生じ得る。特に、インターネット上で公表する場合であっても、実名を出さないという選択肢もあるのであって、慎重な判断が必要である。実務上、（時間という意味でも調査の範囲の面でも）限られた調査の結果に基づき処分を決め、その際にあわせて公表の要否及び公表内容を決めざるを得ないことが少なくない。どのような表現で公表をするかの検討の際に断定的表現を用いない等、根拠資料の内容とその限界に応じた慎重な対応が必要である。広報の際には、このような観点から社内で、又は必要に応じて専門家の助力を受けてレビューを行うべきである。

　なお、A3については、A1とA2について抗弁が成立する場合以外でも、自分自身は単なる手足であり、不法行為責任を負わないという独自の抗弁が成立する可能性がある。

4　対象者（B）に対するアドバイス

　仮にAらが主張するとおり、Bが本当に本来A1に帰属すべき多額のお金を甲等を利用して抜き取っていたのであれば、Bはそのような違法行為について重大な責任を免れない。場合によっては、刑事責任さえ負う可能性がある。その意味では、果たしてBがAらの主張するようなことを行っていたのか、例えば、Bが取引先に対して行った発言内容、商流と利益の帰属先、甲とBの関係等を詳細に確認することが必要である。

　もし、結果としてBが責任を免れない場合、真実性の抗弁等が成立し、不法行為が成立する可能性は低い。Bはむしろ、Aらに対する謝罪や被害弁償等、自らの行った違法行為に対して責任をとるべきであろう。

　これに対し、一切事実無根であれば、少なくともA1とA2が名誉毀損の責任を負う可能性が高い。そしてそのことが業界に知られる（事例2）だけでもBの社会的評価の低下の度合いは十分大きいのに、インターネット上で公表されれば（事例1）、社会的評価の低下の程度はさらに大きくなるだろう。Bは、

Aらに対し、謝罪・訂正等の社会的評価の回復措置を求めて交渉し、最後は訴訟等の法的手続も必要になるだろう。なお、実務上は一切事実無根であるにもかかわらず解雇されたとなれば、解雇無効の問題も生じるはずであるから、解雇無効の問題と名誉毀損の問題が同時に交渉ないし訴訟で争われる場合も多いだろう。

これに対し、これらのいずれでもない場合、例えば、Bが一定の関与はしたものの、Aらの主張するような関与形態ではない場合は微妙である[19]。この場合、相当性が認められなくとも、正当業務行為として正当化される可能性を踏まえて慎重な対応を検討する必要があるだろう[20]。

5 中立的立場から

中立的立場からは、まずもって、摘示事実がどの程度真実であるかを判断する必要がある。その結果、BがA1に無断で甲を下請けに入れて、利益を渡していたという重要部分が真実である場合には、Aらによる名誉毀損が成立しない可能性が高く、むしろ、Bに謝罪や被害弁償等を促すことになる。他方で、これらの真実性が認められないということであれば、法的には相当性等の判断に移ることになるが、いずれにしても、重要部分で真実でない記載をしたAらには記事訂正等の措置を促すことになる。

---

19) 例えば、本当の主犯はBの上司の丙であり、丙がA1と取引先の取引からお金を抜くために、丙の経営する甲という会社を商流に入れるようBに命じたといった場合である。
20) この場合においては、Bとしては、何らかの懲戒を受けることはやむを得ないにせよ、その程度として懲戒解雇は重すぎる等として、懲戒解雇を争うことも十分に考えられ、その紛争の解決に向けた訴訟の中で名誉毀損も含めてあわせて解決することが考えられる。

ケース 4　口コミ事案

【相談事例】（以下の各事例は相互に独立している）
（事例 1）
　M 弁護士のところに、依頼者 A が相談に訪れた。
　A はブロガーで、食べ歩きが趣味である。食べに行く度に、その店について論評をする「食べ歩きブログ」を開設し、人気を博していた。A はある日、B が B' という屋号で経営するレストランで冷製パスタを 1 皿だけ頼んだところ、2500 円もとられ、他に客もいないのに 1 時間近くも待たされた挙げ句、生温くて美味しくないパスタが出された。そこで、ブログに、「B' は高いくせに味がマズく、料理が来るのも遅い。こんな店にはもう二度と行かない。」と投稿した。[21]
　この場合、M 弁護士は、A にどのようなアドバイスをすべきだろうか。逆に、本件で M 弁護士にアドバイスを求めたのが B だったら、M 弁護士はどのようにアドバイスすべきであろうか。

（事例 2）
　事例 1 において、A が投稿したのがレストラン口コミサイトであり、B' については、A と同様の内容の投稿が多く寄せられていた場合はどうか。

（事例 3）
　事例 1 において、A が投稿したのが、B' を誹謗中傷する投稿が大量に掲載されている匿名掲示板だった場合はどうか。

（事例 4）
　事例 1 において、A が「B' に行ってクソまずいパスタを食べた後、お腹を壊して入院した。B' の店長はお会計の際にお札を触った後に手を洗わずにそのまま食材を触るとか、常識じゃあり得ないような不衛生な行動

---

21)　松尾剛行「消費者トラブルの法務」（都市経済研究年報 13 号、2013）115 頁参照。

を繰り返していた。食中毒になったのは絶対 B' のせい。B' には絶対行ってはならない。」とブログに投稿した場合はどうか。

(事例5)
　事例4において、A が投稿したのがレストラン口コミサイトであり、B' については、A と同様の内容の投稿が多く寄せられていた場合はどうか。

(事例6)
　事例4において、A が投稿したのが、B' を誹謗中傷する投稿が大量に掲載されている匿名掲示板だった場合はどうか。

1　問題の所在

　インターネット上には多くの個人の感想・意見がみられる。匿名掲示板、ブログ、SNS、口コミサイト等、多くのインターネット媒体でみられるこれらの感想・意見の中には、誹謗中傷としかいいようがないものや、いわゆる「ステマ」もみられるが、どのレストランに行くか等を決める際に参考になる有益な「口コミ」等も多い。
　このような「口コミ」については、名誉毀損法上、表現者・対象者の利害が先鋭的な対立をみせる場合がある。
　表現者にとっては、このような「口コミ」を投稿することは表現の自由の発現である。しかも、「口コミ」が有益であるということは、単に表現者の利益に資するだけではなく、これを読む消費者の利益にも資するという意味であり、言論としての保護の必要性も高まるといえる。
　しかし、対象者にとっては、「口コミ」が有益であればあるほど、その内容が来店や購入を左右する程度も大きくなることとなり、対象者が特にネガティブな「口コミ」にセンシティブになることも理解でき、それを名誉毀損として法的措置を講じたいという対象者の立場も同時に理解可能である。
　このように、「口コミ」は、表現者の言論の自由と、対象者の名誉権の保護の間の調整という難しい問題をはらんでいるといえる。
　まず、A の表現が名誉毀損に該当するのか、その前提として「思う」等の

Aの表現の趣旨の特定が問題となる（第2編第1章）。

次に、当該表現が事実摘示か、意見・論評かも問題となる（第2編第12章）。

そして、このように特定された表現がBの社会的評価を低下させるかが問題となる（第2編第2章・第13章）。[22]

仮に社会的評価を低下させるとしても、真実性・相当性の抗弁等（第2編第7章〜11章）や公正な論評の法理（第2編第14章）が問題となる。

2　実務上の判断のポイント

(1)　摘示内容の特定（第2編第1章）

表現が名誉毀損であるかの判断については、摘示事実が何かを判断する必要がある。

このような摘示事実の解釈基準について、最高裁（#310720）は、一般読者基準を打ち出した。

ブログ記事（事例1、4）に関しては、タグ付けやカテゴリ分類等による関連記事全体（94頁）を元に当該ブログ記事の一般読者が当該記載をどのように理解するかが基本となるだろう。[23]

口コミサイト（事例2、5）や掲示板（事例3、6）においては、Aの投稿が存在するB'のページやスレッドの中の他の投稿が参考になる（92頁）。[24]

このような様々な要素の総合考慮ではあるものの、事例1〜3までの記載の趣旨は、基本的には、B'の料理が、値段が高く、運ばれるのが遅く、味が美味しくないことから、AがもうB'に行きたくないと考えていることと理解される。

これに対し、事例4〜6の記載の趣旨は、B'の料理の味が美味しくないことに加え、B'が不衛生であって、その結果Aが食中毒になり入院したことを摘示していると理解される。

---

22)　なお、この表現はBに対してのものではなく直接にはB'に対するものである。そこで、対象者Bの名誉を毀損するか（第5章）という問題も潜在的には存在する。ただし、BはB'という屋号で社会生活（レストランの経営）を行っているのであり、B'という屋号を用いた表現はBについてのものと理解されることから、この点は基本的には争いにならないだろう。

23)　特に「祭り」等になっていなければ、Bに興味をもっている人が多いと思われる（66頁）。

24)　場合によっては同じカテゴリーの他のスレッドの記載が参考になることもある。

473

(2) 事実摘示か意見・論評か（第2編第12章）

ある表現が事実の摘示か、それとも意見・論評かによって社会的評価の低下の判断や抗弁において、違いが生じることから、この区別基準が問題となる。

最高裁（#090909A、#100130等）は、証拠等をもって存否を決することが可能かどうかを事実か意見・論評かの判断基準としている。

ここで、高い・安い、美味しい・美味しくない、遅い・早いは主観によるところが大きく、客観的な基準ではない（松井インターネット237頁、#221124B参照）。もちろん、例えば、「高い」という表現が、対象者が詐欺商法をしているという程度に読める記載がされていればそのような事実が摘示されているとみる余地があるが（#260121参照）、事例1〜3に関する限り、そこまでの事情はうかがわれない。そこで、事例1はいずれも証拠等をもって存否を決することが可能とはいえず、意見・論評とみるべき場合が多いだろう。

事例4〜6については、「美味しくない」という趣旨を述べる部分や「行ってはならない」と述べる部分については事例1〜3と同様に解されるものの、具体的に不衛生さを示すエピソードやAの入院については、証拠等によって存否を決することが可能であり、B'の衛生面が悪く食中毒による入院事件が発生したという事実を摘示していると解される可能性が十分にある。

(3) 事実摘示による社会的評価の低下（第2編第2章）

(a) 一般論

公然と社会的評価が低下する可能性がある表現がなされれば、社会的評価が低下したと判断すべき場合が多い。しかし、裁判例は、そのような抽象的かつわずかな社会的評価の低下の可能性のみで名誉毀損の成立要件たる社会的評価の低下を認めることには慎重である。その低下の程度は「相当と認められる限度」「損害賠償等による慰謝を要する程度」には達していない等として名誉毀損を否定した一連の裁判例が存在する。この判断も一般読者を基準に行う（96頁）。

(b) インターネット上の表現の信頼性

ここで、インターネット上の名誉毀損であることから、インターネット上の表現の信頼性というものが問題となり得るが、裁判所は少なくともインターネット上の表現全般について一律に信用性がない・社会的評価を低下させないものとは扱っていない。もっとも、個別具体的な一般読者基準に基づく判断においては、インターネット上のメディア媒体の種類や、具体的な記載内容等が考

慮される（107 頁）。

　ブログ記事については、表現者が匿名か実名か、記載の根拠の有無、それまでにどのような記事が投稿されてきたか（積み重ねによる信用の獲得）等が考慮されるのではないか。

　事例4においてAは、「食べ歩きブログ」を作成して、これまで多くのブログ記事を書き、人気を博している。そこで、その内容によっては対象者の社会的評価を前記の程度まで低下させ得るだろう。

　口コミサイトでも、ブログ記事と同様に、記載の根拠や同じ店舗に関する他の投稿等が考慮されるのではないか。

　事例5の口コミサイトでは同様の投稿がされているということであり、この点からも、内容によっては対象者の社会的評価を前記の程度まで低下させ得るだろう。

　掲示板は、ブログや口コミサイトよりも信用性は一般に低いとはいえるものの、だからといってその内容がすべて虚偽と理解されるわけではなく、どのような根拠をもって摘示されている事実であるか、そして、同じスレッド（場合によっては同じテーマの他のスレッド）においてどのような投稿がされているかを総合して判断される。

　事例6においては、B'を誹謗中傷する記載が多いということで、その意味で、一般読者がこのスレッドの記載について半信半疑で読む可能性はさらに高まるといえる。ただ、だからといって、具体的な根拠が明示された投稿についてまで社会的評価が低下しないとまではいえないだろう。

　事例4～6については、前記のように媒体毎の信用性の相違はあるものの、摘示されたB'に関するネガティブな事実関係が社会生活上あり得る範囲の落ち度であれば、それをもってただちに社会的評価を低下させるとまではいえない（#241212A 参照）[25]。しかし、衛生面はレストラン業界にとって死活問題であり、それを具体的な食中毒事故という形で摘示すれば、事例4～6のいずれの場合であっても、通常は十分な社会的評価の低下を認めることができるだろう（#261224B、#221022 等参照）。

(4)　意見・論評による社会的評価の低下（第2編第13章）

　社会的評価の低下の有無は一般読者基準に基づき判断されるところ、事実の

---

25)　特に、掲示板であれば、ブログや口コミの場合よりも、同じ表現について社会的評価を低下させないという判断となる可能性が高まる傾向が指摘できる。

ケース4　口コミ事案

摘示と比較した場合、意見・論評であれば、そもそも社会評価が低下するとはいいにくい傾向にある（287頁）。

　事例1〜3は確かに「二度と」行かない等、B'に対する嫌悪感が強調されている記載であるが、その表現内容を全体としてみる限り、個人の感想の域を超えないように思われる。そこで、そのような意見をもっている人がいるというだけでただちに対象者の社会的評価を名誉毀損の不法行為を成立させる程度まで低下させるとはいえないという可能性も十分にあると思われる（#260121参照）。

　なお、事例4〜6の意見・論評部分については、単なる「美味しくない」ではなく「クソまずい」「自分はもう行きたくない」ではなく「絶対に行ってはならない」等という嫌悪感が強調されている表現が選択されている。確かに、これ自体を単独で考える限り事例1〜3と同様に感想の域を超えないという考え方もあり得る。ただ、「絶対に行ってはならない」について、前記の事実摘示と総合した場合には、そのような事実摘示を前提に、「（食中毒になりたくなければ）行ってはならない」という趣旨の摘示として、異なる判断がされる可能性がある。[26]

(5)　真実性・相当性（第2編第7章〜11章）

　最高裁（#410623）は、ある行為が対象者の社会的評価を低下させるとしても、①「公共の利害に関する事実」に関するもので（公共性）、かつ、②専ら「公益を図る目的」に出ているのであれば（公益性）、③摘示された事実が真実であると証明されるか（真実性）、又は④その事実を真実と信ずるについて相当の理由があるとき（相当性）には名誉毀損を否定する。

　そこで、事例4〜6の表現がAの社会的評価を低下させるとしても、真実性・相当性が認められれば名誉毀損ではなくなる。

　まず、公共性については、B'のような小さなレストランについてまで公共性があるのかという問題がある。しかし、少なくとも一般に対して営業を提供しているレストランであれば、その衛生面等について情報を提供し、他の消費者の参考にするということには公共性があると解される。

　また、公益性については、サイトの性質により左右されるところがあるが、

---

26)　この点で、「（自分が主観的に美味しくないと思ったので）もう行きたくない」という趣旨にとどまる、事例1〜3の「もう二度と行かない」とは対象者の社会的評価を低下させる程度に質的な違いが認められる。

口コミサイト(事例5)には情報提供の意義があるので肯定されやすいし、ブログにも、情報提供ブログ(事例4)であれば同様に解せるだろう。この点は、中傷的記載の多い掲示板では問題となりやすい(事例6)。ただし、掲示板というだけで一律に公益性を否定すべきではないし、中傷的文言は要素の1つだが、中傷・揶揄的文言があるからといってただちに否定されるとは限らない。特に、本当にB'において食中毒事故の被害にあったのであれば、それによる怒りによって多少厳しい表現を使ったとしても、これを消費者に伝えようという目的が主たる目的と認められる場合も少なくないのではないか。

確かに事例4~6ではかなり厳しい表現が用いられているが、本当であれば、そこまで厳しい表現を書く必要もあり得る範囲といえ、真実性を問題にできる程度の範囲に収まっているとの考え方も十分成り立つだろう。

問題は、真実性であり、重要部分についての高度の蓋然性をもった立証が通常必要と解される(238頁)。

真実性については、基本的には、診断書等の根拠資料が問題となると思われる。事例5に関し、他の口コミを真実性・相当性の判断要素とする裁判例もあるが、あくまでも考慮要素の1つであり、何ら他の資料がないのに口コミだけで真実性・相当性を高低することは困難だろう。

さらに、相当性については、従来型名誉毀損について「報道機関をして一応真実と思わせるだけの合理的資料又は根拠」の有無が問われるとされている(247頁)。

インターネットの特性を理由に、より緩やかに相当性を認めてはどうかという議論があったものの、最高裁(#220315)は、インターネット上の名誉毀損であるというだけでは、相当性を緩やかにする理由にならないとした。

例えば、本当にB'で食事をした直後に入院をしたものの、B'で出されたパスタとの因果関係が証明できなかったという場合には、この相当性の法理によりAが救済される可能性がある。ただし、相当性はあくまでも、Aが「真実と信じた」ことが前提であり、自分が直接体験したことについては相当性の法理は適用されない(#201226B参照)。例えば、Aが実際には「Bがお会計の際にお札を触った後に手を洗わずにそのまま食材を触る」姿を見ていないのに、想像でこのように書いたといった場合には、相当性の法理により救済を受ける前提を欠くだろう。[27]

(6) 公正な論評の法理（第2編第14章）

　意見・論評が社会的評価を低下させるとしても、公正な論評の法理として、以下の4要件を満たした場合に意見ないし論評による名誉毀損に対する抗弁が成り立つ（302頁）。

- 論評が公共の利害に関する事実に係ること（公共性）
- 論評の目的が専ら公益を図るものであること（公益性）
- その前提としている事実が重要な部分において真実であることの証明がある（真実性）か、または、真実と信ずるについて相当の理由があること（相当性）
- 人身攻撃に及ぶなど意見ないし論評としての域を逸脱したものでないこと（論評の域の逸脱の有無）

　事例4~6の「B'には絶対行ってはならない」については、前記の理由で公共性も公益性も認められることが多そうである。そして、その前提となる、食中毒や不衛生なBの行動というのが真実であれば、前提事実の真実性の立証が可能なことが多いだろうし、そうでなくとも相当性がある場合が多いだろう。

　そして、真実性・相当性が認められることを前提とすれば、「絶対行ってはならない」という厳しい表現を用いたとしても、人身攻撃に及ぶなど意見ないし論評としての域を逸脱したとまではいえず、公正な論評の法理の抗弁が成立する可能性も相当程度あるのではなかろうか。

3　表現者（A）に対するアドバイス

　事例1~3については名誉毀損にならないと判断される可能性が十分にあり得るが、事例4~6についてはまさに事実関係次第と思われる。

　そこで、事例1~3については責任がないことを前提に対応することになるが、例えば、プロバイダから削除や開示等について連絡が来た際にきちんと対応できなければ、不利益な措置を講じられる可能性がある。その意味では、必要に応じて専門家の助力を得ながらその権利を守る必要があるだろう。[28]

---

27)　なお、重要部分は食中毒になったところであって、Bが不衛生な行為をしたことは重要ではないという摘示事実議論もあり得なくもないが、単にAがB'で食事をした直後にお腹を壊して入院をしただけではなく、Bが具体的に不衛生な行動を繰り返していたことが摘示されれば、Bの社会的評価はさらに低下するのではないかとも思われるので、重要部分ではないという議論はやや難しいところがあるようにも思われる。

これに対し事例4～6については、その根拠となる資料が存在するか、診断書や保健所によるBに対する処分通知等の資料を集めてもらうことになるだろう。十分な資料がなければ権利を侵害したことを前提に、謝罪・削除等の対応をする必要があるだろう。

4　対象者（B）に対するアドバイス

事例1～3については、対象者の分が悪い。そこで、このような点をあえて問題視することでレストランの評判がさらに悪くなったり「炎上」の材料になるというデメリットに鑑みて、何もしないという対応が考えられる。また、逆に「ご注文を受けてからお作りしますのでお時間を頂いております」とか「最高級の食材を厳選しておりますので、それなりのお値段となっております」といったことをウェブサイト上に記載し、また、来店されたお客様に対して口頭で説明することで、お客様に対して理解を求め、「誤解」によってネガティブな口コミがされる可能性を減らしていくといった対応も考えられる。

これに対し、事例4～6の問題は真実か否かである。B側で入手できる資料には限界があるものの、当面入手できる資料から一次的に評価をした上で、その後の対応の中でA側から新たな資料が提出されれば、その資料に基づき、さらに評価を変更するといった対応が必要となるだろう。

もし、そのような判断の結果、分がよいということであれば、法的措置も視野に入れながら、削除・訂正及び謝罪（Aが匿名であれば発信者情報開示請求等も含む）等を求めていくということになるだろう。

5　中立的立場から

口コミが感想の域を出ない場合は、名誉毀損と認められない場合が多い。名誉毀損の要件としての社会的評価の低下まで認定できるかという点で問題がある上、仮にこの点を乗り越えても、意見・論評として違法性が阻却されることがほとんどであるからである。したがって、事例1～3において、中立的立場

---

28)　なお、名誉毀損にならないことを前提としながらも、訴訟等の負担を避けるために、例えば「こんな店にはもう二度と行かない。」といった部分の記載をマイルドに書き直す等の対応をするかどうかについても、慎重に検討する必要があるだろう。

ケース4 口コミ事案

からは、積極的に、Aに対して、口コミの削除ないし変更を促すことはない。
　他方、事例4～6は、Aが真実、B'の来店後に入院したことがあったか、B'の店長がお札を触った後に手を洗わずにそのまま食材を触ることがあったかという点が争点となる。Aが真実入院したか否かは診断書やカルテのように客観的資料が残っている可能性が高い一方、B'の店長が手を洗わなかったか否かは、客観的資料に乏しい場合が多い。A以外の他の目撃証言があるか否か、また、B'の店舗に備え置かれたマニュアルの有無、内容、それに基づく指導状況等に照らして、事実認定をすることになろう。

ケース5　論争事案

【相談事例】（以下の各事例は相互に独立している）
（事例1）
　M弁護士のところに、依頼者Aが相談に訪れた。
　主婦であるAは、原発問題に関し、「脱原発」をすべきであるという立場で、ツイッターの公開アカウントで放射能の危険性等についての投稿を行い、多くの脱原発派がAをフォローしていた。ところが、脱原発に強烈に反対し、インターネット上の原発推進派の中心人物と目されている某大学の教授であるBが、ツイッターの公開アカウントにおいて、Aを「放射脳」と呼んで中傷を始めた。
　Aは、Bについてインターネットで調査したところ、政府の公式サイトの情報から、Bが原子力規制委員会関連の審議会の委員をしていたことが判明した。また、Bが学歴詐称をしているという趣旨の記載があるウェブサイトを発見した。
　Aは「放射脳」という中傷が事実無根であり、「原子力ムラの一員のBのポジショントークは信じちゃいけない。」とツイッターに投稿した。
　これに対し、Bは、「Aに対して法的措置をとる」と激怒した。
　この場合、M弁護士は、Aにどのようなアドバイスをすべきだろうか。逆に、本件でM弁護士にアドバイスを求めたのがBだったら、M弁護士はどのようにアドバイスすべきであろうか。

（事例2）
事例1において、Aが投稿した内容が「Bは学歴を詐称して大学教授になったような輩で、そんな奴が主張している原発推進なんてとんでもない。」というものであった場合はどうか。

ケース5　論争事案

1　問題の所在

　インターネット上の名誉毀損においては、インターネット上の論争に端を発し、それがエスカレートして中傷合戦になるという経緯をたどるものがある。
　まず、A及びBの各表現の趣旨の特定が問題となる（第2編第1章）。また、当該表現が事実摘示か、意見・論評かも問題となる（第2編第12章）。そして、このように特定された表現が社会的評価を低下させるかが問題となる（第2編第2章・第13章）。
　さらに、真実性・相当性の抗弁等（第2編第7章～11章）や公正な論評の法理（第2編第14章）が問題となる。
　その上で、Aのツイートは、Bによる違法な名誉毀損に対する正当防衛等と解することができないかが問題となる。また、このようにAもBも自ら発信できることから、多少社会的評価を低下させる発言があっても、対抗言論を行うことで自己の社会的評価を向上させることができる点を考慮できないか等も問題となる。

2　実務上の判断のポイント

(1)　摘示内容の特定（第2編第1章）

　AやBのツイートが名誉毀損であるかの判断の際には、摘示事実が何かを判断する必要がある。
　このような摘示事実の解釈基準について、最高裁（#310720）は、一般読者基準を打ち出した。
　SNS上の表現についての一般読者基準に関する裁判例の蓄積は十分ではないところ、3つのツイートについて表現内容、時間的接着性等に照らし、一体的な表現と解した裁判例（#270223C）等を参考に、これらの表現の意味を確定することになるだろう。
　事例1におけるBのツイート中の「放射脳」は、原発問題や放射能問題において、事実や情報を曲解誇張して過剰に放射能の脅威を主張する人々を揶揄するネットスラングである（#260912参照）。このようなネットスラングについては多くの場合、一般読者はその意味を理解しているとされるので、そのよう

な趣旨の発言と理解されることが多いだろう。

　Aのツイート中の「原子力ムラ」については、原子力を推進する業界や学者らを揶揄するという意味と理解される（#270820B 参照）。

　そこで、事例1のBの投稿の趣旨は、Aが事実や情報を曲解誇張して過剰に放射能の脅威を主張していること、Aの投稿の趣旨は、Bが原子力を推進する業界や学者の一員として、原子力推進の方向で発言を行っていること、及びそれを信じるべきではないということであろう。

　事例2のAの投稿の意味は比較的容易であり、本来有していない学位を有していると偽る等の学歴詐称をBが行って大学教授になったこと、及び原発を推進すべきではないということであろう。

(2)　事実摘示か意見・論評か（第2編第12章）

　ある表現が事実の摘示か、それとも意見・論評かによって社会的評価の低下の判断や、抗弁において違いが生じることから、この区別基準が問題となる。

　最高裁（#090909A、#100130 等）は、証拠等をもって存否を決することが可能かどうかを事実か意見・論評かの判断基準としている。

　事例1の、Aを指して「放射脳」というだけであれば、基本的には、Aが事実や情報を曲解誇張して過剰に放射能の脅威を主張するという事実摘示であろう。

　また、「原子力ムラの一員のBのポジショントークは信じちゃいけない。」（事例1）の前半はBが原子力を推進しているとの事実を摘示しているが、後半は、Bの発言を信じてはならないという意見・論評のように思われる。

　さらに、「Bは学歴を詐称して大学教授になったような輩で、そんな奴が主張している原発推進なんてとんでもない。」（事例2）も、前半は、Bが学歴詐称をして教授になったという事実を指摘しており、後半は原発を推進すべきではないという意見・論評をしているものと理解される。

(3)　事実摘示による社会的評価の低下（第2編第2章）

　(a)　一般論

　公然と社会的評価が低下する可能性がある表現がなされれば、社会的評価が低下したと判断すべき場合が多い。しかし、裁判例は、そのような抽象的かつわずかな社会的評価の低下の可能性のみで名誉毀損の成立要件たる社会的評価の低下を認めることには慎重である。その低下の程度は「相当と認められる限度」「損害賠償等による慰謝を要する程度」には達していない等として名誉毀

損を否定した一連の裁判例が存在する。この判断も一般読者を基準に行う（83頁）。

(b) インターネット上の表現の信頼性

ここで、インターネット上の名誉毀損であることから、インターネット上の表現の信頼性というものが問題となり得るが、裁判所は少なくともインターネット上の表現全般について一律に信用性がない・社会的評価を低下させないものとは扱っていない。もっとも、個別具体的な一般読者基準に基づく判断においては、インターネット上のメディア媒体の種類や、具体的な記載内容等が考慮される（107頁）。

例えば、ツイッターについては実名の場合とそうでない場合等で確からしさが変わるところ、それを前提に判断すべきである。

まず、「放射脳」（事例1）については、（その発言が行われた文脈等にもよるものの）#260912が他の表現とあわせて対象者が人格に問題がある人物であるとの印象を与え、対象者に対する社会的評価を低下させるとしており、本件でもこのような判断がされる可能性が相当程度ある。これに対し、「原子力ムラ」（事例1）は微妙な語だが、それが用いられる文脈によっては名誉毀損になる可能性も否定できない（この点につき、#270820Bを参照）。

次に、「学歴詐称」（事例2）については、#180320が、学歴詐称が発覚したことがある等の事実の摘示は、名誉を毀損するとしており、本件でもこのような判断がされる可能性が相当程度ある。

(4) 意見・論評による社会的評価の低下（第2編第13章）

社会的評価の低下の有無は一般読者基準に基づき判断されるところ、事実の摘示と比較した場合、意見・論評であれば、そもそも社会評価が低下するとはいいにくい傾向にある（287頁）。

Bの言うことを信じてはならない（事例1）という論評は、それだけ単独に取り出すと名誉毀損となるほどの社会的評価を低下させるものではないようにも思われる。ただ、前提事実である「原子力ムラ」とあわせれば、Bが原子力を推進するために事実を歪曲させて主張しているので信じてはいけないという趣旨ともとることができ、その意味では、これらを総合した結果として、社会的評価を低下させると判断される可能性も一定程度ある。

なお、原発を推進すべきではない（事例2）という論評は、Aのとる見解ないし立場を批判したものであり、A自身を批判したものではない（288頁）。そ

こで、前提事実とあわせて評価した場合であっても、名誉毀損ではないと評価される可能性が相当程度あるように思われる（#280201も参照）。

(5) 真実性・相当性（第2編第7章～11章）

最高裁（#410623）は、ある行為が対象者の社会的評価を低下させるとしても、①「公共の利害に関する事実」に関するもので（公共性）、かつ、②専ら「公益を図る目的」に出ているのであれば（公益性）、③摘示された事実が真実であると証明されるか（真実性）、又は④その事実を真実と信ずるについて相当の理由があるとき（相当性）には名誉毀損を否定する。

そこで、A及びBの発言に、真実性・相当性が認められれば名誉毀損ではなくなる。

ここで、Bの発言の公共性（204頁）については、Aが一般人であることから、Aが事実や情報を曲解誇張して過剰に放射能の脅威を主張していると主張したところで、公共性・公益性はないのではないかという問題がある。もっとも、この発言は、Aの主婦としての私的側面に着目しているのではなく、多くのフォロワーのいる反原発情報の発信者という公的側面に着目しているという反論が考えられる。

事例1及び2におけるAの発言については、確かにBに「放射脳」という中傷的発言をされたことがきっかけとなっているものの、いずれも原発推進派の教授の発言の信用性や資質等を問いただそうというものと思われ、公共性・公益性を認める余地がある。

問題は、真実性・相当性である。真実性は、重要部分についての高度の蓋然性をもった立証が通常必要と解される（238頁）。相当性については、従来型名誉毀損について「報道機関をして一応真実と思わせるだけの合理的資料又は根拠」の有無が問われるとされている（247頁）。

インターネットの特性を理由に、より緩やかに相当性を認めてはどうかという議論があったものの、最高裁（#220315）は、インターネット上の名誉毀損であるというだけでは、相当性を緩やかにする理由にならないとした。

これは、ケース・バイ・ケースの判断であり、本当にAが従前事実や情報を曲解誇張して過剰に放射能の脅威を主張していると主張したのか、Bが原発推進派として行動したのか[29]（事例1）、学歴詐称を行って教授になったのか（事例2）について、前記の意味での真実性と相当性が問われるだろう。例えば、「原子力ムラ」（事例1）の真実性については、政府の公式サイトにあるとおり、

Bが審議委員をやっているということが立証できることは多いと思われるが、それだけではなく更なる検討が必要と思われる。また、学歴詐称（事例2）についても、単にあるウェブサイトに学歴詐称と書かれていたというだけでは足りないと思われる。

(6) 公正な論評の法理（第2編第14章）

意見・論評が社会的評価を低下させるとしても、公正な論評の法理として、以下の4要件を満たした場合に意見ないし論評による名誉毀損に対する抗弁が成り立つ（302頁）。

・論評が公共の利害に関する事実に係ること（公共性）
・論評の目的が専ら公益を図るものであること（公益性）
・その前提としている事実が重要な部分において真実であることの証明がある（真実性）か、または、真実と信ずるについて相当の理由があること（相当性）
・人身攻撃に及ぶなど意見ないし論評としての域を逸脱したものでないこと（論評の域の逸脱の有無）

そのうちの、前提となる事実についての公共性・公益性・真実性・相当性については、前項における議論が基本となるだろう。

そして、それが認められるのであれば、「信じてはいけない」（事例1）という程度であれば、論評としての域を逸脱したものではないとされる可能性が相当程度あるように思われる（仮に「原発を推進すべきではない」（事例2）が社会的評価を低下させるとしても、論評としての域を逸脱してはいないだろう）[30]。

(7) 正当防衛・対抗言論（第2編第15章）

上記の判断の結果、事例1および2におけるAの投稿がBの名誉を毀損し、それについて真実性・相当性等の抗弁が適用されないとしても、それだけで必ずAが責任を負うというわけではない。Aの発言は、いわばBの「放射脳」発言を受け、これに対抗する形で行われたものである。

民法720条の正当防衛の要件を満たす場合はもちろん、昭和38年判決の要

---

[29] 「原子力ムラ」という語が、このような人たちが原発を「推進」しているとのニュアンスをもっているとすると、単に審議委員会の委員であるだけでは足りず、推進したことまで必要な可能性もある。

[30] ちなみに、原発推進派の一人の学者につき仮に学歴詐称があっても、それが原発を推進すべきではない理由として合理性があるかはおおいに疑問がある。しかし、意見・論評の合理性を問わない（303頁）ので、この点は問題とならない。

件を満たせば、対象者の違法・不当な行為が先行した場合の表現者の名誉毀損的な言動の違法性が阻却される。

最高裁（#380416）は、（民事名誉毀損に関し）自己の正当な利益を擁護するためやむを得ず他人の名誉、信用を毀損するがごとき言動をなすも、係る行為はその他人が行った言動に対比して、その方法、内容において適当と認められる限度を超えない限り違法性を欠くとした。

確かに、一般には、他人の名誉権を侵害することで自己の名誉権侵害を防ぐことができるという関係にはないものの、本件におけるAの立場としては、Bの「放射脳」という投稿により、Aの社会的評価ないし信用が低下したことから、「放射脳」という中傷が事実無根であると説明し、その趣旨を強調するために原子力を推進する立場のBが行っている、（Aが放射脳だという）ポジショントークは信じてはいけない等という投稿をしたものと理解される。具体的状況にもよるが、このような発言は、自己の名誉という正当な利益を擁護するため、やむを得ずBの名誉を毀損する言動をした場合に該当する可能性が全くないといえない[31]。[32]

もっとも、事例2の「学歴詐称」というのは、「放射脳」というBの発言の信用性とはあまり関係がなく、このように発言したところで、必ずしもAの名誉を回復するという関係にはない（むしろ原発を推進すべきではないというところに主眼があるようにも思われる）、さらに、この表現は大学教授であるBにとってはその学者生命にもかかわりかねない内容であり、Bの社会的評価をかなりの程度低下させる。そこで、もちろん、具体的な学歴詐称に関する事実を摘示したかによって低下の程度は変化するだろうが、一般には、その方法、内容において適当と認められる限度を超えないとはいえない可能性が相当程度あるように思われる。

3 表現者（A）に対するアドバイス

事例1と事例2では、事実関係にもよるが、事例1のほうがAのポジショ

---

31) なお、上記のとおり、Aの投稿がBの名誉を毀損し、それについて真実性・相当性等の抗弁が適用されないことが前提である。
32) そして、仮にそのように言えるのであれば、事例1の程度の表現であれば、Aによる「放射脳」発言と比してその方法、内容において適当と認められる限度を超えないと判断される可能性も相当程度あると思われる。

ンが相対的によく、事例2はポジションが相対的に悪いという程度はいえるだろう。もっとも、Aの投稿が名誉毀損か等は前記のとおり様々なファクターに基づき具体的に判断されることから、そのような各ファクターを基礎づける事実関係及びAがそれを信じた根拠となる資料等の確認が必須である。

　このような判断の結果、やはりポジションがよく、Aの投稿が名誉毀損ではないと判断される可能性が相当程度あり、逆にBの投稿が名誉毀損であると判断される可能性が相当程度あるのであれば、Aは、Bの主張に反論し、削除や謝罪等を拒絶するとともに、むしろBに対して、削除や謝罪等を要求するという方法があり得る。ただ、法的にこのような権利をもっているとしても、原子力推進の是非という政治ないし政策的問題について議論していたはずが、お互いに感情的になって中傷合戦を引き起こしてしまったというのは事実であり、そのような観点からは、法的にそのような義務がないとしても自ら投稿を削除し、Bに対して「今後は互いに個人攻撃をやめよう」と呼びかける等の対応も検討に値するように思われる。[33]

　これに対し、やはりポジションが悪く、Aの投稿が名誉毀損と判断される可能性が相当程度ある場合、早急に投稿を削除して、Bに謝罪すべきであって、仮にBの投稿も同時に名誉毀損であるとしても、それをもって法的措置を講じることはあまり適切ではない場合も少なくないだろう。ただ、訴訟外における交渉の際においてBが強硬な態度に出た場合には、Bの投稿についてもまた名誉毀損が成立し得る可能性があるという点をうまく利用して、相互に「手打ち」の方向となるよう交渉することも一案と思われる。

　一般論としては、法的にみて正当防衛・対抗言論といった正当化の余地があるとしても、SNSにおいて批判を受けた場合に、Aのように、相手に対し真っ向から（特に中傷的な言葉を用いて）反駁するべきかは大きな問題である。特に相手の誹謗中傷がいわれなきものであればあるほど、反駁するよりも単に無視等するほうが適切だと思われる場合が少なくない。法的責任を負うかはともかく、中傷し返すというやり方は「悪手」であることを十分に肝に銘じるべきであろう。

---

[33] ただ、最近の炎上事例では、一方が「大人の対応」をした場合に、他方がそれを捉えて「非を認めた」等とさらに炎上を拡大しようとするケースも見られることには注意が必要である。

4　対象者（B）に対するアドバイス

　本件は、Bの「放射脳」発言について（それがなされた文脈や、それ以前のAの言動等の事実関係にも影響されるが）名誉毀損の責任が認められる可能性が高いと言わざるを得ないことから、投稿を削除してAに謝罪するという方向で対応すべきである。これは、上記の検討の結果、Aの表現が名誉毀損に該当する可能性が低い（＝Bのみが一方的に名誉毀損の責任を負う可能性が高い）場合はもちろんであるが、それだけではなく、Aの表現もまた名誉毀損に該当する可能性が高い場合であっても、自らが法的責任を負う可能性が相当程度ある以上、Aの表現を捉えて法的措置等を講じる（中傷合戦からいわば「訴訟合戦」に事態を発展させる）よりは、Aと「手打ち」にする方向で交渉するのが望ましい場合が多いだろう。

　仮にBとして、Aがその影響力を利用して、原発や放射能についてデマを拡散させていることが堪え難いと考え、世の人に放射能を「正しく怖がって欲しい」という思いから、そのような投稿をしたのだとしても、「放射脳」のような、中傷的な言葉を選んだのは不適切といわざるを得ないだろう。

5　中立的立場から

　このケースのような論争事案では、正当防衛や対抗言論の法理が主張されることもあり得る。もっとも、名誉毀損においては、他者の名誉権を侵害することで、自己の名誉権侵害を防ぐことができるという関係は通常ないため、これらの法理の適用は特に慎重に考える必要があろう。

　本件では、大学教授であるBがAを指して「放射能」と呼んだことは、名誉権侵害が成立する可能性が高いものである。もっとも、それゆえに、AのBに対する名誉権侵害が当然に許されることにはならない。特に、Bについて、学歴詐称であると指摘することは、真実性・相当性が立証されない限り、名誉権侵害は避けがたいと思われる。この場合、BがAを指して「放射能」と呼んだ先行行為は、慰謝料額で考慮されるにとどまる。

　このような場合、双方に落ち度があったことは否定しがたく、更なる「中傷合戦」を避けるためにも、今後はお互いの人格を中傷するような文言は使わな

いなどという内容で、合意による解決を目指すべきである。

ケース6　転載事案

【相談事例】（以下の各事例は相互に独立している）
（事例1）
　M弁護士のところに、依頼者A1及びA2が相談に訪れた。
　20歳のBは、殺人罪により逮捕され、その旨が様々なメディアにより報道された。
　会社員であるA1は、新聞社である甲の公式ウェブサイトにおけるBが逮捕されたとの記事を読み、甲が提供する、甲の記事からFacebook上に当該記事をシェアしてそれに関するコメントを投稿する機能を利用して、甲の記事をシェアするとともに、「Bが殺人罪で逮捕された」とした上で、最近のすぐカッとなる若者の特徴を反映しており、学校教育においてこれらの点を矯正することが重要である等とコメントをする投稿をした。[34]
　Facebook上で多くの友人や購読者（フォロワー）をもち大きな影響力をもつA2はA1の投稿を見て、共感を覚え、反射的に「いいね！」を押した。
　BはA1の投稿によって名誉が毀損されたと主張すると同時に、A2に対しても「A2が『いいね！』を押したことで、より多くの者にこの投稿が伝わってしまい、さらに名誉毀損の被害が大きくなった」として法的措置を講じると通告した。
　この場合、M弁護士は、A1及びA2にどのようなアドバイスをすべきだろうか。逆に、本件でM弁護士にアドバイスを求めたのがBだったら、M弁護士はどのようにアドバイスすべきであろうか。

（事例2）
　事例1において、A1が使ったのはFacebookではなくTwitterであり、A1は上記の内容をTwitter上に投稿し、A2もTwitterでA1の投稿を

---

34) 検討の便宜上、甲の記事自体は逮捕そのものを報じるもので、Bを犯人視していないと一般読者に理解されるものであることを前提とする。

> リツイートした場合だったらどうであろうか。

1 問題の所在

　本件では、A1の表現がBの名誉を毀損するか、毀損するとして、A2の「いいね！」（事例1）ないしはリツイート（事例2）がBの名誉を毀損するかが問題となる。

　まず、A1の表現の趣旨の特定が問題となる（第2編第1章・第18章）。また、当該表現が事実摘示か、意見・論評かも問題となる（第2編第12章）。そして、このように特定された表現が社会的評価を低下させるかが問題となる（第2編第2章・第13章）。その点については、逮捕報道が既になされていたことが問題となる（第2編第18章）。さらに、抗弁事由として、真実性・相当性の抗弁等（第2編第7章〜11章）や公正な論評の法理（第2編第14章）が問題となる。

　次に、A2の行った「いいね！」や「リツイート」が、A2による表現なのかが問題となる（第2編第18章）。さらに、相当性については、基本的にはA1とA2で別個独立に判断される（第2編第17章）。

2 実務上の判断のポイント

(1) 摘示内容の特定（第2編第1章・第18章）

　表現が名誉毀損であるかの判断については、摘示事実が何かを判断する必要がある。

　このような摘示事実の解釈基準について、最高裁（#310720）は、一般読者基準を打ち出した。

　SNS上の表現についての一般読者基準に関する裁判例の蓄積は十分ではないところ、3つのツイートについて表現内容、時間的接着性等に照らし、一体的な表現と解した裁判例（#270223C）等を参考に、これらの表現の意味を確定することになるだろう。

　特に本件では、①記事のリンク（シェア）部分と、②A1独自のコメント部分の双方が存在する。

　まず記事のリンク（シェア）については、それがリンク（シェア）であると

いう一事をもっては免責されないが、一般読者基準に基づき、その趣旨から、リンク（シェア）先の記事の内容まで自ら摘示しているかが問われる（346頁）。

本件においては、「Bが殺人罪で逮捕された」等のコメントの内容に鑑みると、単に甲の作成したそのような記事の存在を指摘するにとどまらず、甲の記事の内容をA1自身が自分の表現として摘示したと解されるのではなかろうか。

次に、A1独自のコメントについては、単にBが逮捕されたことだけを指摘するにとどまらず、Bを犯人視するものと捉えられる可能性があるのでこれが問題となる。

「逮捕」の意味については、裁判例も判断が分かれており、犯人であることを前提とする記載があるかどうかとあわせてケース・バイ・ケースで判断されることが多い（71頁）。

本件においては、「最近のすぐカッとなる若者の特徴を反映して」いる等という文言から、文脈上犯人視と捉えられる可能性もあり得る。ただし、A1は捜査関係者等ではなく、単なる会社員であって、仮定の話として論じているという捉え方もあり得る。特に甲の報道が単なる逮捕を報じるだけのものであるから、後者と理解される可能性も一定程度以上ある。

(2) 事実摘示か意見・論評か（第2編第12章）

ある表現が事実の摘示か、それとも意見・論評かによって社会的評価の低下の判断や、抗弁において違いが生じることから、この区別基準が問題となる。

最高裁（#090909A、#100130等）は、証拠等をもって存否を決することが可能かどうかを事実か意見・論評かの判断基準としている。

そして、Bの逮捕関係については逮捕されたか否か（又は犯人か否か）は証拠により存否を決することができることから、事実の摘示と解される可能性が高いだろう。これに対し、最近の若者の特徴を反映しているか否かは、証拠による存否を決するというよりはむしろ評価として意見・論評と捉えられる可能性が高いのではなかろうか。

(3) 事実摘示による社会的評価の低下（第2編第2章）

(a) 一般論

公然と社会的評価が低下する可能性がある表現がなされれば、社会的評価が低下したと判断すべき場合が多い。しかし、裁判例は、そのような抽象的かつわずかな社会的評価の低下の可能性のみで名誉毀損の成立要件たる社会的評価の低下を認めることには慎重である。その低下の程度は「相当と認められる限

度」「損害賠償等による慰謝を要する程度」には達していない等として名誉毀損を否定した一連の裁判例が存在する。この判断も一般読者を基準に行う（96頁）。

(b) インターネット上の表現の信頼性

ここで、インターネット上の名誉毀損であることから、インターネット上の表現の信頼性というものが問題となり得るが、裁判所は少なくともインターネット上の表現全般について一律に信用性がない・社会的評価を低下させないものとは扱っていない。もっとも、個別具体的な一般読者基準に基づく判断においては、インターネット上のサービスの種類や、具体的な記載内容等が考慮される（107頁）。

しかし、例えば実名SNSであるFacebookのコメントであれば、ある程度確からしく読まれると思われる（事例1）。

これに対し、Twitterについては実名の場合と匿名の場合等で確からしさが一定程度変わる[35]という点を指摘できるだろう（事例2）。

なお、（前記のとおり、リンクによってA1自身も摘示していると理解される）甲の報道部分については、これが新聞社の記事であることから、一般に信用性は高いであろう。

ただ、いずれにせよ、殺人は重大な犯罪であるから、犯人視をしたと解される場合はもちろん、逮捕の事実を指摘するだけでも社会的評価を低下させると解される可能性は相当程度あるように思われる。

(4) 既に類似の報道がされていることの影響（第2編第18章）

もっとも、Bの逮捕は既に甲を含むマスメディアで報道されている。そこで、この点に鑑みるとA1の投稿はBの社会的評価を低下させるとはいえないのではないか。

この点、既に報道が存在するという一事をもって社会的評価の低下は否定さ

---

35) ただし、本人の社会的信用とリンクした「実名」と、そうではない単なる「名前のような3〜5文字」ではその信用性は異なる。例えば、2019年2月時点でTwitterで「松尾剛行」という名称のアカウント名は2つあるところ、筆者（松尾）のアカウント（@Matsuo1984）は「桃尾・松尾・難波法律事務所パートナー弁護士」等と、筆者松尾の社会的信用とリンクされている。これに対し、筆者松尾と無関係の者も、「松尾剛行」というアカウントを開設しているようであるが（仮に「第三者アカウント」と呼ぶ）、そのプロフィールには同時点で何の記載もない。そのような場合において、@Matsuo1984アカウントと第三者アカウントの間に信用性の差があることは否定できないだろう。むしろ、匿名でも、継続して投稿することで信用を積み上げることはあり得る。

れないものの、実質的に同一の対象者について、実質的に同一の読者層に対して、実質的に同一の内容の先行表現がされていたことにより、同一の読者層にとって既知の事項であるという場合には、社会的評価の低下が否定されることがあり得る（350頁）。

　特に、A1の投稿の事実摘示部分は、あくまでも甲の記事を引用し、いわば甲が報道するように、Bが逮捕された（ないしはBが殺人を行った）と指摘するに止まると解することができる。すると、既に同一の甲の記事を見た人（又はその記事と同様の他のメディアの報道を見た人）と、A1の投稿に接した人の読者層の重なりを示すことができる場合等には、A1の投稿が新たにBの社会的評価を低下させないという余地があるだろう。[36]

(5) 意見・論評による社会的評価の低下（第2編第13章）

　社会的評価の低下の有無は一般読者基準に基づき判断されるところ、事実の摘示と比較した場合、意見・論評であれば、そもそも社会評価が低下するとはいいにくい傾向にある（287頁）。

　確かに、本件におけるAの論評だけを取り出すと名誉毀損とまではいえない可能性は相当程度ある。もっとも、Bが殺人事件により逮捕された（ないしは殺人事件の犯人である）という具体的事実を前提として行われたコメントであることに鑑みると、前提事実とあわせて論評部分もまた社会的評価を低下させると判断される可能性も相当程度あるのではないか。[37]

(6) 真実性・相当性（第2編第7章〜11章）

　最高裁（#410623）は、ある行為が対象者の社会的評価を低下させるとしても、①「公共の利害に関する事実」に関するもので（公共性）、かつ、②専ら「公益を図る目的」に出ているのであれば（公益性）、③摘示された事実が真実であると証明されるか（真実性）、又は④その事実を真実と信ずるについて相当の理由があるとき（相当性）には名誉毀損を否定する。

　そこで、仮に逮捕ないし犯人視をする表現をA1がしたとみなされ、これがBの社会的評価を低下させる場合でも、真実性・相当性が認められれば名誉毀

---

[36] なお、後記(8)でA2もその表現について名誉毀損の責任を負う可能性があるところ、A2の表現により届く読者層と元投稿の読者層が同一であればこれとパラレルに考え、社会的評価の低下を否定する余地がある。ただし、本件のA2はA1と異なり多くの人に対して発信をしているようであり、同一の読者層とはいい難いのではないか。

[37] なお、このように前提事実が重要であることからは、上記の既に類似の報道がされていることの影響の問題は、意見・論評による社会的評価の低下においても同様に当てはまるだろう。

損ではなくなる。

　そして、Bの殺人という犯罪は重大な公共の関心事であり、公共性は認められる。

　また、この程度の表現が誹謗中傷を目的としているとして公益性が否定される可能性は低いと思われる（少なくとも公共性があることによる公益性の推認を覆すことは難しいのではなかろうか）。

　問題は、真実性であり、重要部分についての高度の蓋然性をもった立証が通常必要と解される（238頁）。

　少なくとも逮捕という点については、客観的にその有無を確定可能である。

　仮にA1の投稿内容の解釈として犯人視までしているとなると、逮捕だけで真犯人と決まったものではないので、真実性についての慎重な検討が必要であり、例えばBが事実を否認しており、有罪判決も下されていないという場合には、真実性が否定されることも十分あり得る。

　さらに、相当性については、従来型名誉毀損について「報道機関をして一応真実と思わせるだけの合理的資料又は根拠」の有無が問われるとされている（247頁）。

　インターネットの特性を理由に、より緩やかに相当性を認めてはどうかという議論があったものの、最高裁（#220315）は、インターネット上の名誉毀損であるというだけでは、相当性を緩やかにする理由にならないとした。

　この点について、報道機関であれば、例えば他社が「本人は自白している」といった報道をしているだけで、自社においてそのような他誌（他紙）記事に軽々に依拠し、ある人を犯人視する記事を掲載することに相当性があるとはいえないだろう。しかし、信頼のあるマスメディアが、具体的な根拠を示して報道する記事をA1のような素人が見れば、報道内容が真実と信じるのが相当とされるという議論もあり得るところであろう。

　さらに、いわゆる配信サービスの抗弁に関連して、最高裁（#230428）は、新聞社と通信社との間の「記事の取材、作成、配信及び掲載という一連の過程において、報道主体としての一体性を有すると評価することができる」場合には、特段の事情がない限り、通信社の相当の理由を主張し、免責を受けることができるとした。

　同判決の直接の射程内ではないものの、この考えを類推すれば、マスメディアの配信した情報をシェア等で拡散した一般ユーザの責任に関しても、マスメ

ディアとの「一体性」が認められる場合にはマスメディアの相当性を主張できるという議論も不可能ではないだろう。そして、今回のA1のように、マスメディアである甲自身がそのウェブサイト上、SNSでこれを拡散する機能（シェア機能）を提供していることからは、一体性を比較的認めやすいのではないか。

　もし、そのように考えることができる場合、例えば、甲による逮捕報道が誤報であっても、甲について十分な取材を行う等の相当性が認められれば、A1は特段の事情のない限り、甲の相当性を主張し免責を受けることができることになる。

(7)　公正な論評の法理（第2編第14章）

　意見・論評が社会的評価を低下させるとしても、公正な論評の法理として、以下の4要件を満たした場合に意見ないし論評による名誉毀損に対する抗弁が成り立つ（302頁）。

- ・論評が公共の利害に関する事実に係ること（公共性）
- ・論評の目的が専ら公益を図るものであること（公益性）
- ・その前提としている事実が重要な部分において真実であることの証明がある（真実性）か、または、真実と信ずるについて相当の理由があること（相当性）
- ・人身攻撃に及ぶなど意見ないし論評としての域を逸脱したものでないこと（論評の域の逸脱の有無）

　そのうちの、前提となる事実についての公共性・公益性・真実性・相当性については、前記(6)における議論が基本となるだろう。

　仮に前提事実である殺人事件による逮捕ないしは殺人事件の犯人であることについて真実性・相当性があるのであれば、この程度の表現が意見ないし論評としての域を逸脱したとまではいい難いだろう。

(8)　A2による表現か（第2編第18章）

　(a)　「いいね！」の評価

　では、事例1でA2の行った「いいね！」はどのように評価されるべきか。

　元の発言が名誉毀損であっても、この発言に対して「いいね！」のタグをクリックしたということをもって、いまだその発言内容について不法行為責任を負うことはないとした裁判例がある（#260320A参照）。

　この裁判例に従えば、本件もA2の表現ではないということになるだろう。

ただし、この裁判例はあくまでも当該事案の事実関係を前提とした判断にすぎず、A2 の行った「いいね！」の状況、具体的には、A2 の影響力が大きく、A1 の投稿とは大きく異なる社会的評価の低下を生んだといった場合には、このような裁判例と異なる結論が出てもおかしくないのではないか。

(b)　リツイートの評価

では、事例 2 で A2 の行ったリツイートはどのように評価されるべきか。リツイートも、ツイートをそのまま自身のツイッターに掲載する点で、自身の発言と同様に扱われるものであり、表現者の発言行為とみるべきであるとした裁判例がある（#261224A。なお、#271125A も参照）。

もっとも、「いいね！」について不法行為責任を負わないとした前記の裁判例（#260320A）との差については、確かに裁判例で問題となった「当該事案」においては、「いいね！」が投稿への賛同のみで、拡散の意図が薄く、これに対し、リツイートは投稿拡散が主目的と認定されたのだろうと思われるが、実際には、批判のためにリツイートをした上で、次の投稿でこれを批判するといったことも十分にあることから、およそ「いいね！」が拡散の意味を持たず、リツイートが拡散以外の意味を持たない、とは考えるべきではないだろう。やはり、これも当該事案の事実関係を前提とした判断にすぎず、少なくともリツイートをした者についていついかなる場合でも、自らが当該内容を発信したものとして責任を負うとまでは解すべきではないのではないか。このように考えれば、リツイートの具体的な状況等に鑑み A2 による表現といい難い場合もあると思われる[38]。

(9)　転載行為における相当性

仮に前記 (8) の検討の結果 A2 の「いいね！」（事例 1）ないしリツイート（事例 2）について独立して A2 の責任が問われる場合、前記の、A1 の投稿と同様の手順で、摘示内容が確定され、事実摘示か意見・論評かが確定され、それぞれが社会的評価を低下させるかが判断される。そして抗弁については、真実性（及び公正な論評の法理のうちの真実性の部分）までは A1 と変わりはない。

問題は相当性であり、原則として相当性は表現者毎に判断されるところ、A2 が「いいね！」（事例 1）ないしリツイート（事例 2）をした段階においてどのような資料に基づいて、その内容が真実だと信じたのかが問われることにな

---

[38]　もっとも、本件では、A2 が大きな影響力がある事案であるところ、A2 の影響力が大きく、A1 の投稿とは大きく異なる社会的評価の低下を生んだといった場合であれば、#261224A の判旨が当てはまる可能性が高そうである。

る。もっとも、現実にはそこまで深く考えずに「いいね！」（事例1）ないしリツイート（事例2）が行われることも少なくないところ、本件もそのような事案のようである。すると、A2の行為（事前の調査や入手した資料等）のみをとらえれば、相当性が認められない可能性は高い。

ここで前記の#230428の議論をインターネット上の名誉毀損にどこまで応用できるかはまだ議論が深まっていないものの、甲の相当性をA1が主張できるという議論とパラレルに考えて、甲の相当性（及びA1の相当性）を「いいね！」（事例1）ないしはリツイート（事例2）したA2も主張できる可能性について検討の余地があるように思われる。

3 表現者（A1及びA2）に対するアドバイス

本件のような、新聞社やニュースサイトの記事をシェアし、自らコメントを加えることや、そしてそれが「いいね！」やリツイートを通して拡散する事案はSNS上で比較的頻繁にみられるが、これを法的に分析すると、前記のように非常に複雑なものとなる。

大雑把に概観すれば、
① 甲の記事の内容（根拠についての記載内容、例えばその具体性）
② A1の投稿をどのような人が見たのか（甲の記事を既に読んだ人ないしはその他のメディアのBの逮捕記事を読んだ人との読者層の一致・不一致）
③ Bが逮捕されたこと及び又はBが犯人であるということについての真実性
④ A2の行為が、A1の投稿と独立してBの社会的評価を下げたといえるか

といった事実面の問題と、
ⓐ 配信サービスの抗弁に関する最高裁（#230428）類似の発想から甲の相当性（A2については甲及びA1の相当性）をAらが主張できる余地はあるか、仮にその余地があるとして本件がその場合か
ⓑ リツイートや「いいね！」は自らが表現したものとして責任を負うべきか
ⓒ インターネット上の名誉毀損において、詳細にその根拠を示している新聞等のマスメディアの報道を根拠資料としたことから相当性を認め得る場

合があるか

といった未解明なところの多い法律面の問題があり、それらを総合してリスクの高低（分のよさ）が決まると思われる。

これらの観点から、本件においてどの程度までリスクがあるかを判断した上で、場合によっては、投稿（「いいね！」やリツイートを含む）の削除や謝罪等も検討に値するのではなかろうか。

SNSや掲示板等においては、一般に、ある人が逮捕されただけの段階において犯人視をする投稿が多くなされているが、無罪推定の原則という点だけではなく、名誉毀損の観点からも、そのような投稿は慎むべきである。

4　対象者（B）に対するアドバイス

Bについても、本件がどこまで分がよいかは、前記のような各点の判断による。その上で、投稿（「いいね！」やリツイートを含む）の削除や謝罪等（A1やA2が匿名の場合には発信者情報開示請求を含む）の対応を行うかを決定する。

ただ、Bについては、自らが逮捕されたか、そして殺人を行ったか否かの事実関係を一番よく知っていることから、それを前提に名誉毀損の主張の強弱を判断することができる点で、メディアの報道に依拠しているだけのA1とA2とは異なっているだろう。

なお、Bが逮捕されたことによって、既に世論が「反B」で盛り上がってしまっている可能性がある。その中で、特に個人であるA1やA2に対し訴訟等を起こすことによる「炎上」リスク等も十分に考慮しながら慎重に対応を決定する必要があるだろう。

5　中立的立場から

本ケースは、いずれも他者の記事を拡散した場合に、拡散者が名誉毀損の責任を負うかという問題を含んでいる。

A1は、新聞社である甲の記事をFaceboook上でシェアするとともに、「Bが殺人罪で逮捕された」などと自らコメントを付しているため、自ら事実摘示を行っているとして名誉毀損の主体となり得ることは否定できない。

他方で、A2は、自らは直接何も述べておらず、ただ、「いいね！」や「リ

ツイート」を押したにすぎないため、この場合に、A2自らが表現主体として責任を負うかは、当該機能の目的等に照らして、慎重に考える必要がある。「いいね！」が投稿者に対する賛同の意の表明という目的を有しているにとどまることが多いのに対し、リツイートはその拡散自体が主たる目的であることが多いことからすると、最終的には具体的な事実関係次第ではあるものの、両者で判断が分かれることもあり得るように思われる。

　いずれにしても、中立的立場からは、まずは、A1の投稿の摘示事実が何かということを的確に捉えた上で、その事実の真実性・相当性に関する資料を提出させて、名誉毀損の成否に関する心証形成をすることになる。その上で、仮にA1の責任が認められるということになった場合には、A2の行った「いいね！」などの各機能等を踏まえ、A2にも謝罪等を促すか否かを判断することになろう。

ケース7　総合事案1

【相談事例】（以下の各事例は相互に独立している）
（事例1）
　M弁護士のところに、依頼者であるBらが相談に訪れた。
　B1という会社に務めていた従業員であったA1は、最近B1を辞職した。その後、転職希望者や社員がB1に関して雑談する掲示板において、「B1はブラック企業である。これまで誰も有給休暇を取れた人はいないし、毎日毎日深夜までサービス残業。みんな鬱病になって自殺するか辞めて行く。」と投稿した。
　B1のB2社長はこの投稿に激怒し、A1に対し法的措置をとりたいという。
　この場合、M弁護士は、Bらにどのようなアドバイスをすべきだろうか。逆に、本件でM弁護士にアドバイスを求めたのがA1だったら、M弁護士はどのようにアドバイスすべきであろうか。

（事例2）
　事例1において、A1による投稿の内容が「B1って本当にアレ。ただただ、早く帰らせてほしい。弁護士が労働問題ホットラインを開設するというニュースを聞いたけど、『ホットラインがやっている時間は勤務時間』というマンガよりも滑稽な事態になっている。」であった場合はどうか。

（事例3）
　事例1において、A1による投稿の内容が（当該スレッドにおけるB1の労働条件を批判する多数の投稿を受けた）「なにこのまともなスレ　基地外はどうみてもB1の社長B2」であった場合はどうか。

（事例4）
　A1が事例1と同じ内容をインターネット上でニュースサイトを運営す

るA2にメールして記事として掲載するよう依頼したところ、A2が同一の内容の記事をそのまま配信した場合はどうか。

1 問題の所在

　転職口コミサイトや掲示板等には、個別の会社に関する労働条件、労働環境等に関する投稿がなされており、就職や転職を考えている者にとっての参考になる。反面、優秀な転職者を採用したい会社にとって、インターネット上の「ブラック企業」という風評は致命的なものにもなりかねない。
　まず、事例1～4の各表現の趣旨の特定が問題となる（第2編第1章）。この点に関して、B1とB2どちら（又は双方）の名誉が傷つけられたかが問題となる（第2編第4章）。また、当該表現が事実摘示か、意見・論評かも問題となる（第2編第12章）。そして、このように特定された表現が社会的評価を低下させるかが問題となる（第2編第2章・第13章）。
　これらの表現が社会的評価を低下させるものであれば、真実性・相当性の抗弁等（第2編第7章～11章）が問題となる。
　さらに、事例3であれば名誉感情侵害（第2編第20章）にならないか問題となる。
　加えて、事例4については、情報提供者の責任（第2編第6章）が問題となる。

2 実務上の判断のポイント

(1) 摘示内容の特定（第2編第1章）
　事例1～4の各表現が名誉毀損であるかの判断においてはまず、摘示事実が何かを判断する必要がある。
　このような摘示事実の解釈基準について、最高裁（#310720）は、一般読者基準を打ち出した。
　掲示板においては、同一スレッドの過去の投稿が参照されることが多く、それに加え、同じカテゴリーの別スレッドの過去の投稿が参照されることがある。
　事例1及び事例4はB1をブラック企業等と指摘するものであるが、サービ

ス残業や有給休暇がないこと等の指摘とあわせれば、その意味は、劣悪な労働条件ないしは労働基準法等に違反して労働者を酷使する会社であると摘示すると理解されることが多いだろう。

事例3は、B2が基地外、つまり「気違い」という趣旨を述べているところ（#261224A参照）、この投稿だけでは、B2が精神病者という意味にまではとり難く、B2に対する揶揄・中傷的言辞と解すべきではなかろうか（後記(3)も参照）。

（事例2については、後記(2)参照）

(2)「対象者の」名誉が毀損されること（第2編第4章）

ここで、事例1～4がB1とB2のいずれを対象とした言動かが問題となる。

まず、事例1及び4は形式的にはB1に向けられている。

最高裁（#380416）は、出版社が背信的報道をした等との雑誌記事が、当該出版社の経営者の名誉を毀損するかが問題となった事案において、法人に対する名誉毀損の攻撃が同時に代表者に対する名誉毀損を構成するとの評価をなすためには、その加害行為が実質的には代表者に対しても向けられているとの事実認定を前提としなければならないとした。

そこで、事例1及び4においても、形式的にB1に向けられている表現が、実質的にはB2にも向けられているといえるかを判断することになる。この点は、本件の事実関係によるところが多いように思われるが、例えば、掲示板の他の投稿と結合するなどした結果、その趣旨が、B1の意思決定者であるB2が、そのような悪質な労働環境を決定するという趣旨と読むことができるのであれば、B1のみならずB2に対する関係でも名誉毀損が認められることになる。

次に、事例3は形式的にはB2に向けられている。

組織の関係者に向けられた表現であるという一事をもって組織の名誉が毀損されるわけではないのであり、個別具体的な状況に鑑み、組織に向けられた表現として組織の社会的評価を低下させるものでなければならない。経営者ないし組織の長であれば、他の関係者と比べれば、組織（会社）の名誉も毀損していると考えられる場合が比較的多いものの、例えば社長の単なる私的行状であれば、否定の方向であろう。

確かにB2はB1の経営者であるが、前記のとおりB2が精神病だという趣旨の投稿とは解し難いところ、B1が精神病患者により経営されているという

趣旨ではなく、単なるB2個人に対する揶揄・中傷的言辞だとすると、B1にも向けられていないとされる可能性が相当程度ある。

では、事例2はどうか。事例2はAが、早く帰りたい等の意見・論評をした上で、ホットラインの受付時間が終わるまで、ずっと残業をしなければならないとして、B1の長時間勤務を摘示するとともにこれを揶揄しているとして、B1に対して向けられているというのが1つのあり得る解釈である。

しかし、「ホットラインがやっている時間は勤務時間」という言葉は、ややトリッキーである。すなわち、ホットラインは夜遅くまで開設しているものの、B1での残業がそれ以上に長く続くので電話できないという意味の可能性もあるが、そうではなく、ホットラインの電話受付時間が例えば午前9時から午後5時までと通常の勤務時間と被っているという趣旨とも解し得る。もし後者の趣旨であれば、ホットライン開設者を揶揄しているだけであって、B1へ向けられた表現とはいい難い。この判断は、例えばスレッドにおける当該投稿以前の投稿等から趣旨を推測する等によって行われることになるが、それができない場合等は、最後はそもそもB1に対するものと立証できないとされる可能性もある（なお、B1に対するものと理解される場合には、事例1及び事例4についての上記の議論が当てはまる）。

(3) 事実摘示か意見・論評か（第2編第12章）

ある表現が事実の摘示か、それとも意見・論評かによって社会的評価の低下の判断や抗弁において違いが生じることから、この区別基準が問題となる。

最高裁（#090909A、#100130等）は、証拠等をもって存否を決することが可能かどうかを事実か意見・論評かの判断基準としている。

事例1及び4の各内容は事実摘示と解されることが多いだろう。

事例2は、ホットラインの運営時間関係は事実摘示だろうが、「本当にアレ」としてBらへのネガティブな評価を表明する部分や、帰りたいという部分や、マンガよりも滑稽かどうか等は証拠による立証が困難として意見・論評と解すべきではなかろうか。

事例3については、「気違い」という表現について、傍論ながら、「具体的事実を摘示してその社会的評価を低下させるものではな」いとした最高裁判決がある（#220413）。そこで、本件でも同様に、社会的評価を低下させない程度の意見・論評であり、単なる名誉感情侵害の問題と解される可能性が相当程度ある（そこで、事例3については、後記（7）において名誉感情侵害を検討することと

505

(4) 事実摘示による社会的評価の低下（第2編第2章）
　(a) 一般論
　公然と社会的評価が低下する可能性がある表現がなされれば、社会的評価が低下したと判断すべき場合が多い。しかし、裁判例は、そのような抽象的かつわずかな社会的評価の低下の可能性のみで名誉毀損の成立要件たる社会的評価の低下を認めることには慎重である。その低下の程度は「相当と認められる限度」「損害賠償等による慰謝を要する程度」には達していない等として名誉毀損を否定した一連の裁判例が存在する。この判断も一般読者を基準に行う（96頁）。
　(b) インターネット上の表現の信頼性
　ここで、インターネット上の名誉毀損であることから、インターネット上の表現の信頼性というものが問題となり得るが、裁判所は少なくともインターネット上の表現全般について一律に信用性がない・社会的評価を低下させないものとは扱っていない。もっとも、個別具体的な一般読者基準に基づく判断においては、インターネット上のサービスの種類や、具体的な記載内容等が考慮される（107頁）。例えば、匿名掲示板上の発言であれば、その信頼性に鑑み、当該投稿による社会的評価の低下の程度は名誉毀損を認められる程度に至らないということもあり得るだろうが、匿名報道掲示板だからといって一律に社会的評価を低下させないというものではないだろう。
　事例1については、B1をブラック企業とした上で具体的にどうブラックかを描写しており、しかも、その内容は、B1の社員経験者でなければ分からないような内容である。その意味では、匿名掲示板における投稿であることを踏まえてもB1（前記(2)の検討結果によってはB1とB2）の社会的評価が低下したとされる可能性が相当程度存在する。
　これに対し事例2の事実摘示部分はそもそもB1に向けられたものかという問題があることは前記のとおりである。仮にB1に向けられたとしても、このような不明確な表現では社会的評価が低下したとまではいえないとされる可能性も一定程度存在するのではないか。
　事例4はニュースサイトであるところ、最高裁（#240323）は、フリージャーナリストが自らのウェブサイトに掲載した記事がそれ自体として、一般の閲覧者がおよそ信用性を有しないと認識し、評価するようなものであるとはいえ

ないとした。

　この最高裁判決を踏まえればインターネット上のニュース記事であることをもって信用性がないとはいえず、B1（前記（2）の検討結果によってはB1とB2）の社会的評価が低下したとされる可能性が高い。

(5)　意見・論評による社会的評価の低下（第2編第13章）

　社会的評価の低下の有無は一般読者基準に基づき判断されるところ、事実の摘示と比較した場合、意見・論評であれば、そもそも社会的評価が低下するとはいいにくい傾向にある（287頁）。

　事例2における帰りたいという意見については、「マジで帰らせろや！！このくず会社！？」という投稿について、投稿者が残業をせずに早く帰りたい旨の意見を述べ、対象者はくず会社である旨の評価を述べるにとどまるものであると認められ、対象者が従業員に過酷なサービス残業を強いているといった具体的な事実を摘示するものとまで認めることはできないとした上で対象者の社会的評価を低下させるものと認めることはできないとした裁判例があり、本件でも同様に解される可能性が相当程度ある（#251203参照）。

　また、「マンガよりも滑稽な事態」といった表現が仮にBらに対するものでも、愚痴ないし不満を誇張的に記載しただけと読み得る（#260918参照）[39]。このような解釈の下では、社会的評価が低下しないとされる可能性は十分にある。

　なお、「本当にアレ」というだけであれば、B1社に対し、抽象的にネガティブな評価をしていることを表明しただけで、それをもって社会的評価が名誉毀損の不法行為になる程度に低下したとはいえない可能性が十分にあるだろう。

(6)　真実性・相当性（第2編第7章～11章）

　最高裁（#410623）は、ある行為が対象者の社会的評価を低下させるとしても、①「公共の利害に関する事実」に関するもので（公共性）、かつ、②専ら「公益を図る目的」に出ているのであれば（公益性）、③摘示された事実が真実であると証明されるか（真実性）、又は④その事実を真実と信ずるについて相当の理由があるとき（相当性）には名誉毀損を否定する。

　そこで、事例1及び4（なお、事例2は前記のとおり社会的評価の低下の有無が

---

39)　なお、類似の文言でも、それが名誉毀損となるかはその文脈によるのであって、死亡事件に関する警察の捜査を批判する文脈で「まるでマンガみたいな話です」と述べたことが社会的評価を低下させるとした#200415Aのように、文脈によっては社会的評価を低下させると評価され得ることには十分に留意すべきである。

メインの争点と理解されるが、場合によっては真実性・相当性が問題となる余地がないではない）に、真実性・相当性が認められれば名誉毀損ではなくなる。

　ここで、公共性・公益性については、転職者が情報を交換する掲示板に労働環境情報を提供することに、公共性・公益性が認められる可能性が高い（#260130 参照）。
（なお、本当に B1 の実態が事例 4 で指摘されるようなものであればニュースとして世に問う価値もあると思われるので、事例 4 にも公共性・公益性が認められる可能性も相当程度あるだろう）

　問題は、真実性・相当性である。真実性は、重要部分についての高度の蓋然性をもった立証が通常必要と解される（238 頁）。相当性については、従来型名誉毀損は「報道機関をして一応真実と思わせるだけの合理的資料又は根拠」の有無が問われるとされている（247 頁）。インターネットの特性を理由に、より緩やかに相当性を認めてはどうかという議論があったものの、最高裁（#220315）は、インターネット上の名誉毀損であるというだけでは、相当性を緩やかにする理由にならないとした。

　これは、ケース・バイ・ケースの判断であり、例えば事例 1 では、本当に労働関係法令違反があるのか、誰も有給休暇をとった人はいないのか、サービス残業が毎日なのか、うつ病になって自殺したり辞める人が「みんな」というほど大人数なのかが問われるだろう[40]。そして、そこまでの程度の立証できなければ、そのように A1 が信じたことが相当の理由があるかが問題となる。ただし、相当性はあくまでも、A1 が「真実と信じた」ことが前提であり、自分が直接体験したことについては相当性の法理は適用されない（#201226B 参照）。直接体験したことを「盛って」記載した場合には（その部分が「重要部分」ではないといえない限り）、相当性の要件が否定される可能性が高い（#270521 参照。なお、他の口コミと真実性・相当性を肯定する方向の一要素となる得る）。

　なお、事例 2 について仮に社会的評価を低下させると解釈された場合（その可能性が高くないことは前記のとおり）、B1 において本当に長時間残業が行われているかに関する真実性・相当性が問題となるだろう。

　また、事例 4 においては、A1 だけではなく、A2 の責任という問題もある。相当性は表現者毎に検討されるところ、具体的状況によっては B1 の元社員で

---

[40]　なお、労働時間の立証につき、前掲・松尾『AI・HR テック対応人事労務情報管理の法律実務』251 頁以下を参照。

ある A1 が具体的根拠や資料を示して説明するので信じたという主張が通る可能性がある。

(7) 名誉感情侵害（第 2 編第 20 章）

ここで、事例 3 については、社会的評価を低下させないとしても、名誉感情侵害ではないかが問題となる。

単に名誉感情が侵害されたというだけでは、不法行為は成立しない。社会通念上許される限度を超える名誉感情侵害行為と認められる場合であって初めて不法行為が成立する（#220413 参照）。

最高裁（#220413）は、傍論ながら、「気違い」という表現が名誉感情侵害の不法行為となるかについてはスレッドの他の投稿の内容、投稿がされた経緯等を考慮しなければ判断できないとした。

少なくとも、事例 3 の投稿 1 つだけから、社会通念上許される限度を超える名誉感情侵害が認められるとただちにはいえなさそうである。

なお、仮に事例 3 が B2 にも向けられていたとしても、法人には感情がないので、名誉感情侵害の不法行為は認められない。

(8) 情報提供者の責任（第 2 編第 6 章）

A1 については、事例 1 と事例 4 においてその責任の認められるかに相違がある。すなわち、事例 4 で直接的な表現行為を行ったのは A2 であって、A1 ではない。そこで、いわゆる情報提供者の責任の問題が生じる。

従来型の名誉毀損における情報提供者の責任については、「取材への回答→裏付け取材→編集→表現」という過程を経ており、メディアによる「裏付け取材」「編集」等のプロセスが介在することから、情報提供期間と名誉毀損結果の間に因果関係があるのかが問題となり、これが否定されることも多い。

ただし、インターネット上のニュースサイトは、マスメディアに準じるしっかりとした裏付け取材・編集体制をとっているところから、ただ単に情報提供者の提供した情報を流しているだけのところまで、多種多様な「取材」「編集」体制をもっているように思われる。そして、情報提供者がどのような記事になるかという記事の内容についてまでコミットしている場合には因果関係が認められる可能性が高いところ、全く同じ内容が配信された経緯によっては因果関係の肯定の可能性も出てくるだろう。そこで、A1 と A2 のやりとりの内容等、具体的な配信に至る経緯が問題となるだろう。

3　対象者（B1及びB2）に対するアドバイス

　まずは、前提事実の真実性、特に事例1で指摘されるような労務管理の状況を確認すべきであろう（あわせて、労働問題ホットラインの開設時間等も問題となる）。このような基本的事実関係を元に、各事例において権利侵害の可能性の高低を判断することになるだろう。

　事例2及び事例3については、色々な議論があり得るが、一般的には権利侵害の可能性が高いとはいい難い。このような権利侵害といえる可能性が必ずしも高いとはいえない状況において、強硬な権利行使をすることには、相当程度の「炎上」の危険性が存在する。その意味では、権利行使をあえて行わず、むしろ、（元）従業員らがこのような不満をもっていることを労働状況改善の方向に活用するべき場合が多いように思われる。

　これに対し事例1については、摘示事実が真実ではないことが確認できれば（特に当該事実に反する部分について、従業員であるA1なら自ら体験し、事実でないことを知っているはずといえる場合）、名誉毀損といえる余地が相当程度ある。そこで、削除や損害賠償請求等の法的措置を講じる余地はあるだろう（なお、この場合にB1だけが権利を行使できるのか、B2も権利を行使できるかはまた別途問題になることは前記のとおりである）。ただし、事例1の投稿が誇張的な内容であることによって一応名誉毀損となるとしても、全くの事実無根ではなく、確かにB1において労働関係法令違反の実態があるのであれば、B1らがA1に対し権利行使をすることで、B1の労働問題がクローズアップされて、「炎上」する可能性にも留意して慎重に対応を検討するべきであろう。

　事例4では、事例1と類似の考慮をするだけではなく、A2が一種のメディアであることから、それによる「炎上」リスクの増大も考慮する必要がある。加えて、A1との関係では、因果関係が否定される可能性があることから、この点でも、慎重な対応の必要性の程度は高いだろう。例えば、まずはA2に対し毅然と、ただし紳士的に交渉し、その過程で、A2がどのような根拠を元に真実と判断したのかを知り、そこから、A1の責任の高低を推察して更なる対応を決める等、状況に応じた適切な対応を検討すべきである。

4　表現者（A1及びA2）に対するアドバイス

　事例2と事例3については、様々な理由で権利侵害がないとされる可能性が相当程度ある。そのように解されるとすれば、法的にはBらの請求に応じる必要はない。しかし、いずれにせよ、やや書きすぎの嫌いは残ることから、対応の検討の際に、1つの選択肢として（名誉毀損等の成立を前提とせず）任意に削除等に応じることも検討に値する。
　これに対し、事例1は、真実性・相当性が重要な問題であろう。例えば、A1自身のタイムカード、労働基準監督署のB1に対する指導・命令の存在等で長時間労働やうつ病等の実態を立証できるのか、そこまでの立証ができなくても相当性が認められるかが問題となる。もし、相当性が認められる程度の資料もないようであれば、削除や謝罪等の方向で対応すべきであろう。
　A1にとっては、事例1よりも事例4のほうが、因果関係という「クッション」がある点で、分はよいといえる。もっとも、A2が運営しているのがインターネット上のニュースサイトであって、従来型のマスメディアではないという点からは、従来型名誉毀損における情報提供者よりも、相対的に不利な立場にある。その意味では、やはり真実性（相当性）が重要であって、相当性すらないにもかかわらず、自分は情報提供者にすぎず因果関係がないというところだけに依拠して突っぱねるのはあまり適切ではない場合が多いように思われる（その意味では事例1と基本的に同様に対応するほうがA1の対応として適切な場合も少なくないように思われる）。
　A2は、自らが表現者として直接に責任を負う。そこで、A2がどのような根拠に基づき当該表現が真実と判断したかが問われるだろう。その内容により、真実性・相当性を満たすかが判断される。その上で、相当性が認められる程度の資料もないようであれば、削除や謝罪等の方向で対応すべきであろう。

5　中立的立場から

　いずれの事例でも、まず、社会的評価の低下があるといえるかや、真実性・相当性があるかを判断する必要がある。事例1、4では、真実性・相当性が主要な争点となることが見込まれ、当事者双方から、タイムカードや勤務時間を

示すメール履歴などの真実性に関する資料を提出させた上で、判断することになろう。

　事例 2 では、投稿内容の摘示事実等が何かも主要な争点となることが見込まれ、前後の文脈等に照らしてこれを判断する必要がある。「早く帰らせてほしい」という文言だけを見ると早く帰りたい旨の意見にすぎず、また、「ホットラインがやっている時間は勤務時間」との表現だけを見るとホットライン開設者を揶揄しているだけだと判断される可能性も十分にあるが、両者が同時に摘示されていることを重視した場合には、過酷な長時間労働が強いられているという事実摘示であると判断される可能性も相当程度あるように思われる。

　このような判断の結果、A らの投稿について名誉毀損が成立する見込みが高いと判断される場合は、A らに対し、投稿の削除や謝罪を促すことになる。また、事例 3 の「基地外」のように、必ずしも不法行為が成立するとは限らない場合であっても、他者に対する侮辱的表現を用いている場合には、任意に削除するように促すべきである。

　他方で、B1 の労働環境に好ましくない事情があるのであれば、名誉毀損の成否とは必ずしも関わりなく、B らに対しては、そうした労働環境の改善を促すこととなる。また、この場合、仮に A らによる投稿内容の重要部分の真実性が立証できず、法的には名誉毀損が認められる見込みが高いとしても、第三者による判断を経た場合、B1 にとって都合が悪い事情も判決文等で認定された上、これが公表されるリスクがある。したがって、B らに対しては、その点を適切に伝えた上、当事者間で合意による解決をするか、それともなお第三者による判断を必要とするかを選択してもらう必要があろう。

ケース8　総合事案2

【相談事例】
　M弁護士のところに、依頼者Aが相談に訪れた。
　若い女性であるAは、ミニスカートを履いて電車に座ってうとうとしていると、シャッター音が聞こえた。目をあけると向かいの席にいたBがスマートフォンを操作していたことから、「この人に盗撮された」としてAも自分のスマートフォンでBの顔写真を撮影してTwitter上に投稿した。
　この投稿が炎上し、「盗撮犯」等として有名になってしまったBは、Aに対して法的措置を講じると言っている。
　この場合、M弁護士は、Aにどのようなアドバイスをすべきだろうか。逆に、本件でM弁護士にアドバイスを求めたのがBだったらM弁護士はどのようにアドバイスすべきであろうか。

1　問題の所在

　若者の多くがスマートフォンを持っており、気軽に写真を撮ってインターネット上にアップロードすることができる。しかし、このような行為が思わぬ「炎上」を生むことがある。
　まず、この表現の趣旨の特定が問題となる（第2編第1章）。そして、このように特定された表現が社会的評価を低下させるかが問題となる（第2編第2章）。また、本件ではAの投稿では「この人」というだけで、Bの実名を出していないので、写真による特定が問題となる（第2編第5章）。
　これらの表現が社会的評価を低下させるものであれば、真実性・相当性の抗弁等（第2編第7章～11章）が問題となる。

2 実務上の判断のポイント

(1) 摘示内容の特定（第2編第1章）

表現が名誉毀損であるかの判断については、摘示事実が何かを判断する必要がある。

このような摘示事実の解釈基準について、最高裁（#310720）は、一般読者基準を打ち出した。

SNS上の表現についての一般読者基準に関する裁判例の蓄積は十分ではないところ、3つのツイートについて表現内容、時間的接着性等に照らし、一体的な表現と解した裁判例（#270223C参照）等を参考に、これらの表現の意味を確定することになるだろう。

基本的にはこの表現は、写真に写った人が盗撮を行ったとの事実を摘示するものと理解される。

(2) 事実摘示による社会的評価の低下（第2編第2章）

(a) 一般論

公然と社会的評価が低下する可能性がある表現がなされれば、社会的評価が低下したと判断すべき場合が多い。しかし、裁判例は、そのような抽象的かつわずかな社会的評価の低下の可能性のみで名誉毀損の成立要件たる社会的評価の低下を認めることには慎重である。その低下の程度は「相当と認められる限度」「損害賠償等による慰謝を要する程度」には達していない等として名誉毀損を否定した一連の裁判例が存在する。この判断も一般読者を基準に行う（96頁）。

(b) インターネット上の表現の信頼性

ここで、インターネット上の名誉毀損であることから、インターネット上の表現の信頼性というものが問題となり得るが、裁判所は少なくともインターネット上の表現全般について一律に信用性がない・社会的評価を低下させないものとは扱っていない。もっとも、個別具体的な一般読者基準に基づく判断においては、インターネット上のサービス媒体の種類や、具体的な記載内容等が考慮される（107頁）。

Twitterについては、それが実名アカウントなのか匿名アカウントなのかによって一定程度差異があると考えられるものの、その投稿を閲覧した一般読者

において、「盗撮」の趣旨が、女性であるAのスカートの中を撮影するという迷惑防止条例違反等の犯罪を行ったという趣旨と解されるのであれば、いずれにせよ社会的評価の低下が認められる可能性は相当程度あると思われる（#260911等参照）。

(3) 匿名・仮名（第2編第5章）

もっとも、Aの投稿においてBの名前はどこにも出されておらず、あくまでもBの顔写真が掲載されただけである。

ここで、漠然と誰かの社会的評価を低下させることは名誉毀損にならず、対象者のことを示していると特定できなければならない。

そしてその特定については、いわゆる伝播性の理論（142頁）が応用されており、まず最初に、当該表現が対象者について述べていることを特定できるだけの背景知識をもっている読者がいる可能性があるかが問題となり、仮にそのような読者がいる可能性があるのであれば、当該読者から不特定多数に伝播する可能性がある限り、対象者の特定があったとみなされる（169頁）。この考えには批判があるが、実務解説として、この見解を元に説明したい。

確かに、顔写真1つだけであれば、そこから特定できるかは疑問があるところであり、否定例もあるところである[41]（182頁）。

もっとも、Bを知っている人が閲覧者の中にいれば、その人にとっては特定可能性がある。本件では「炎上」したことで、現実に多くの人が見ており、一般論としてはその結果、そのような人がいる可能性は高まるといえる。この点については、裁判所がかなり広範に伝播性の理論を使っていることから、特定が認められる一定程度以上の可能性はあるといわざるを得ないだろう[42]。

(4) 真実性・相当性（第2編第7章〜11章）

最高裁（#410623）は、ある行為が対象者の社会的評価を低下させるとしても、①「公共の利害に関する事実」に関するもので（公共性）、かつ、②専ら「公益を図る目的」に出ているのであれば（公益性）、③摘示された事実が真実

---

[41] モザイクを付けたり目線を付けるとさらに否定されやすくなる（#250625、#231125B等参照）。

[42] なお、「炎上」事例では、Bを特定した人が「この写真の人はBである」という投稿等をすることが少なくない。これはあくまでも事後的な事情である（85頁）ものの、このように現実に特定されたことは、上記の基準における特定できるだけの背景知識をもっている読者がいる可能性があったこと及び当該読者から不特定多数に伝播する可能性があったことを推認させる事情といえる。

ケース8　総合事案2

であると証明されるか（真実性）、又は④その事実を真実と信ずるについて相当の理由があるとき（相当性）には名誉毀損を否定する。

そこで、仮に特定が認められても、真実性・相当性の法理の適用が認められれば名誉毀損ではなくなる。

ここで、公共性・公益性については、内容が一応犯罪であり、単にBが行った（とされる）ことを客観的に述べているだけであることから、公共性・公益性が一応認められる可能性が相当程度あるだろう。[43]

問題は、真実性・相当性である。真実性は、重要部分についての高度の蓋然性をもった立証が通常必要と解される（238頁）。相当性については、従来型名誉毀損について「報道機関をして一応真実と思わせるだけの合理的資料又は根拠」の有無が問われるとされている（247頁）。

インターネットの特性を理由に、より緩やかに相当性を認めてはどうかという議論があったものの、最高裁（#220315）は、インターネット上の名誉毀損であるというだけでは、相当性を緩やかにする理由にならないとした。

これは、ケース・バイ・ケースの判断であり、本当にBが盗撮をしたのか、そうでなければAが何を根拠にそうと信じたのかが問われるところであろう。例えば、仮にBが盗撮をしていない（そもそも第三者が盗撮したとか、Bがスクリーンショットをとった音を盗撮と誤解された等）という場合、AがBに盗撮されたと信じた理由が、単にAがうとうとしているときにシャッター音が聞こえたというだけの理由であれば、相当性はないとされる可能性は十分にあるのではなかろうか。

(5)　その他

なお、AはBの肖像をインターネット上で公開しており、肖像権等（45頁）の問題も生じ得るだろう。

---

[43] ただ、犯罪ではあっても、相対的にみて重い罪ではないことから、どこまでの行為が許されるかは難しい問題をはらんでいる。時に「スマート私刑」といわれるようなインターネット上で犯罪者を「さらす」ことで報復するという現代的な「私刑」が近時話題となり始めているが、これは、刑罰権が国家により専有されるという近代国家の前提との抵触が疑われる。このような事例の対処については議論があまり進んでいないが、例えば、加害者を辱めることが主要な目的だとして公益性を否定するべき場合もあるのではないか。

3 表現者（A）に対するアドバイス

　まず、本当にBが盗撮をしたのかが問題となるが、その場で駅員・警察を呼んでAの携帯を調べてもらう等の手続を踏んでいなければ、真実性の立証は難しいと思われる。加えて、前記のとおり、単にAがうとうとしているときにシャッター音が聞こえたというのみでBが盗撮犯だと信じただけであれば、相当性の立証も難しい。

　そのような場合には、顔写真からBと特定できるかが問題となるが、「炎上」して広くそのツイートが閲覧された場合、少なくとも現在の裁判例の立場からは、相当程度の特定可能性があるといわざるを得ない。

　このような点に鑑みれば、法的責任が認められる可能性が十分にあるという前提で、写真を削除し謝罪等をする方向で対応すべき場合が多いように思われる。

　仮にBが本当に盗撮犯であっても、相手が犯罪をしてさえすれば、その顔写真をアップロードすることがただちに正当化されるわけではない[44]。また、この点をさて措き、仮にどうしても被害を世に問いたいのだとしても、ただちにBの名誉毀損行為に走るのではなく、Bに事実を確認したり、駅員に連絡してBが盗撮をしたか確認してもらう等の手順を踏むべきだったように思われる。さらに、本件のように投稿が「炎上」し、多くの人がAを批判するリスクもある。写真を気軽に撮って気軽にアップロードすることが技術的には可能な時代となったが、本当に撮影・投稿すべきかは、やはり慎重な検討を経てから行わなければならない。

4 対象者（B）に対するアドバイス

　Bとの関係では、Bが本当に盗撮をしたのかといった事実関係が重要になる。

　盗撮をしていたのであれば、（仮にAがそれを事実上立証できない等、結果として名誉毀損の法的責任を負う可能性が相当程度あるとしても）まずBがやるべきことは投撮に対する謝罪等、自分の行った犯罪行為ないし違法行為に対する責

44）本件においては、プライバシー権・肖像権等の問題も、名誉毀損とは別途生じ得るだろう。

ケース8 総合事案2

任を果たすことだろう。

　盗撮をしていない場合には、Aに対して削除や謝罪等を求める（Aが匿名であれば、発信者情報開示請求等を行う）ということになるだろう。しかし、「炎上」中に法的対応を行うことで火に油を注ぐ結果になることもあることから、「炎上」に対する影響を見極めながら慎重に対応を検討すべきであろう。

　仮に「盗撮」をしていなくとも電車内で撮影音を鳴らすことは、盗撮の疑いを招き、トラブルになる可能性は高いのであって、十分な注意が必要である。

5　中立的立場から

　本ケースは真実性が主要な争点となる。仮にBが実際に盗撮していたのであれば、真実性の抗弁が成立し、少なくとも名誉毀損は成立しない一方、Bが実際には盗撮していないのであれば、真実性の抗弁が成立しないのみならず、撮影の瞬間も見ていないAには、相当性の抗弁も成立しない可能性が高い。

　そのため、中立的立場からは、まずは、双方に真実性に関する資料を提出させた上、Aによる真実性の立証ができない見通しであれば、Aに対しては削除、謝罪等を促すことになる。他方で、Bが盗撮を認めるなど、真実性が認められる見通しであれば、まずは、Bに対して、盗撮に関する謝罪等を促すことになる。その上で、一定の解決金の支払等と引き換えに、これ以上の炎上被害を防ぐためにAに対しても投稿の削除を促すことが考え得る。

ケース9　総合事案3

【相談事例】
　M弁護士のところに、依頼者Bが相談に訪れた。
　Bは20代後半の女性で会社員をしている。ファッションやグルメについて積極的にブログやSNSに投稿しており、同世代の若者の注目を浴びている。Bの豪華な生活に憧れてBのファンになる同世代の女性も少なくないものの、Bが交際中の年上の男性に買ってもらった高級ブランドの服でキメた自撮りや、その男性と一緒に行った高級な食事の写真を頻繁に投稿するため、一部にはBを嫌悪する人も存在する。
　ある時、Aは、まとめサイトにおいて、BのブログやSNSの投稿をまとめた上で、「年上の金持ちに貢いでもらっていてイタすぎる。」等と書き込んだ。
　Bはこれに対し、法的措置を講じると主張している。
　この場合、M弁護士は、Bにどのようなアドバイスをすべきだろうか。逆に、本件でM弁護士にアドバイスを求めたのがAだったら、M弁護士はどのようにアドバイスすべきであろうか。

1　問題の所在

　インターネット上では一般人であっても多くの人から注目を集めるみちがある反面、そのように注目を集めるいわゆる「ネット有名人（インターネット上の有名人）」が、一部の人から妬まれたり、敵意をもたれたりすることがある。
　まず、Aの表現が名誉毀損に該当するのか、その前提としてAの表現の趣旨の特定が問題となる（第2編第1章）。その際には、Bの投稿をまとめているので、そのような転載行為の解釈も問題となる（第2編第18章）。
　また、当該表現が事実摘示か、意見・論評かも問題となる（第2編第12章）。そして、このように特定された表現が社会的評価を低下させるかが問題とな

る（第2編第2章・第13章）。

仮に社会的評価を低下させるとしても、真実性・相当性の抗弁等（第2編第7章～11章）や公正な論評の法理（第2編第14章）が問題となる。

2 実務上の判断のポイント

(1) 摘示内容の特定（第2編第1章）

まず、問題となる表現が何を摘示しているのかを検討することになる。

このような摘示事実の解釈基準について、最高裁（#310720）は、一般読者基準を打ち出した。

まとめサイトについては、転載されたブログ記事、SNSの投稿の内容等及びそれに対する編集やコメントの追加等の結果として一般読者が受ける印象は何かを基準に決められるのではなかろうか。

本件では概ね、Bが年上の裕福な男性から金品を受領しており、Aとしてはそのことに対して否定的な意見をもっているといった内容が摘示されているのだろう。

(2) 転載・リンクに関する諸問題（第2編第18章）

Aは、まとめサイトにおいてBの投稿を転載している。そこで、Aの転載行為がBの投稿の存在を紹介するだけなのか、それともBの投稿の内容を自らの表現として摘示していると解されるのか（346頁）という点が一応問題となる。この点、摘示事実は一般読者基準で判断されるところ、まとめサイトはどのウェブサイト（サービス）における誰の投稿を引用したのかを明示して、転載部分とコメント部分を分けて示すことが少なくない。そうであれば、場合によっては、単にBがそのようなことを投稿したこと（Bの投稿の存在）を摘示したにすぎないという解釈も成り立ち得る。ただし、Aはこれに対して「イタすぎる」等と論評しており、これは、Bが現実に年上の裕福な男性から金品を受領していることを前提していると思われ、やはりそのような事実まで摘示していると解される可能性は相当程度ある。

このような場合、BがブログやSNSで情報を公開することで、第三者がそのような事実を指摘し、このような事実について論評することを承諾しているのではないかという問題がある。この点、女優に関するものであるが、自らが公開した事実そのものについて推定的承諾の余地を認める裁判例もある

(#200617参照)。この射程をBのようなインターネット上の有名人まで及ぼせば、対象者が公開している、年上の交際相手から金品を受領しているという点についてAを含む第三者が指摘すること（場合によってはそれに加えて、その事実についてある程度自由に論評すること）を承諾しているという解釈が成立し得る（353頁参照）。

(3) 事実摘示か意見・論評か（第2編第12章）

ある表現が事実の摘示か、それとも意見・論評かによって社会的評価の低下の判断や、抗弁において違いが生じることから、この区別基準が問題となる。

最高裁（#090909A、#100130等）は、証拠等をもって存否を決することが可能かどうかを事実か意見・論評かの判断基準としている。

年上の男性から金品を受領していることは、証拠により存否を決定することができる事実であろうが、「イタい」かどうかは、あくまでも、AのBに与えた否定的な意見ないし評価にすぎないだろう。そこで、証拠により存否を決定することができない意見・論評と解される。

(4) 事実摘示による社会的評価の低下（第2編第2章）

（a）一般論

仮に上記の検討の結果黙示の承諾があるとまではいえない場合には、このような事実摘示により社会的評価の低下が認められるかが問題となる。

公然と社会的評価が低下する可能性がある表現がなされれば、社会的評価が低下したと判断すべき場合が多い。しかし、裁判例は、そのような抽象的かつわずかな社会的評価の低下の可能性のみで名誉毀損の成立要件たる社会的評価の低下を認めることには慎重である。その低下の程度は「相当と認められる限度」「損害賠償等による慰謝を要する程度」には達していない等として名誉毀損を否定した一連の裁判例が存在する。この判断も一般読者を基準に行う（96頁）。

（b）インターネット上の表現の信頼性

ここで、インターネット上の名誉毀損であることから、インターネット上の表現の信頼性というものが問題となり得るが、裁判所は少なくともインターネット上の表現全般について一律に信用性がない・社会的評価を低下させないものとは扱っていない。もっとも、個別具体的な一般読者基準に基づく判断においては、インターネット上のサービスの種類や、具体的な記載内容等が考慮される（107頁）。

本件では、まとめサイトの形でBの投稿を引用しており、このようなA自身の投稿を根拠に年上の男性から金品を受領しているという事実を摘示しそれを論評する場合、前提事実については、それが信頼性をもって受け止められる可能性は高い。

もっとも、その程度の事実が公表されたとしてもただちに社会的評価を毀損するとは限らない。

#251211Aは、交際相手との旅行や高価な服飾品の贈与を受けたことを記載するブログを書いていたインターネット上の有名人である対象者を、「若気の至りで、目先の利益に目がくらんで、年上の金持ちに貢いでもら」っていると評した投稿について、対象者のブログを読んだ読者は、対象者が資力のある年上の交際相手から、一般人では通常は受け取ることができない高額の服飾品等の提供を受ける利益を得ていると認識することも十分あり得るというべきであるから「年上の金持ちに貢いでもらう」として事実を摘示する部分は、ブログの性質や、対象者が公開した情報の内容とこれを閲覧する者の認識の内容に照らし、ただちに対象者の社会的評価を低下させるものとはいえないとした。

本件でも同様に、社会的評価を低下させないという可能性が十分あるのではなかろうか。

(5) 意見・論評による社会的評価の低下（第２編第13章）

社会的評価の低下の有無は一般読者基準に基づき判断されるところ、事実の摘示と比較した場合、意見・論評であれば、そもそも社会評価が低下するとはいいにくい傾向にある（287頁）。

元の内容をまとめて転載する際のコメントが度を越せば、名誉毀損になり得る（#260912及び#300628（#301211で上告不受理）参照）。問題は本件のコメントがどの程度のものかであろう。

この場合、「イタすぎる」というのは、否定的評価ではあるが、人格非難までは至っていないと思われ、前記のように、その評価の対象となる事項は対象者が自ら投稿していたということに鑑みると、この程度の表現では社会的評価を低下させないという見解にも説得力がある。

前記の#251211Aでは、対象者が年上の金持ちに貢いでもらうことについて「若気の至り」と論評したことも社会的評価を低下させないとしていることにも鑑みると、本件の「イタすぎる」についても同様に解される可能性は十分にあるように思われる。

(6) 真実性・相当性（第2編第7章～11章）

　前記のとおりそもそも事実摘示がAの社会的評価を低下させない可能性も相当程度あると思われるが、仮に事実摘示がAの社会的評価を低下させる場合でも、真実性・相当性が認められれば名誉毀損ではなくなる。

　最高裁（#410623）は、ある行為が対象者の社会的評価を低下させるとしても、①「公共の利害に関する事実」に関するもので（公共性）、かつ、②専ら「公益を図る目的」に出ているのであれば（公益性）、③摘示された事実が真実であると証明されるか（真実性）、又は④その事実を真実と信ずるについて相当の理由があるとき（相当性）には名誉毀損を否定する。

　ここで、真実性については、重要部分についての高度の蓋然性をもった立証が通常必要と解される（238頁）が、本件では、B自身が公表した事実であり、真実性には通常問題ないだろう（仮に事実と異なる内容をBが公表していたのだとしても、相当性が認められる場合が多いのではないか）。

　問題は、公共性・公益性であり、Bが（社会一般においてはなお）一般人であると解されることから、公共性・公益性が否定されるのではないかという点である。ただし、Bがファッションやグルメについて積極的にブログやSNSで発信をしている、インターネット上の有名人であることに鑑み、公共性・公益性を認める余地があるのではないか（357頁）。

(7) 公正な論評の法理（第2編第14章）

　前記のとおり、そもそも意見・論評がBの社会的評価を低下させない可能性も相当程度あると思われるが、仮に意見・論評が社会的評価を低下させるとしても、公正な論評の法理として、以下の4要件を満たした場合に意見ないし論評による名誉毀損に対する抗弁が成り立つ（302頁）。

- 論評が公共の利害に関する事実に係ること（公共性）
- 論評の目的が専ら公益を図るものであること（公益性）
- その前提としている事実が重要な部分において真実であることの証明がある（真実性）か、又は、真実と信ずるについて相当の理由があること（相当性）
- 人身攻撃に及ぶなど意見ないし論評としての域を逸脱したものでないこと（論評の域の逸脱の有無）

　そのうちの、前提となる事実についての公共性・公益性・真実性・相当性については、前記(6)における議論が参考になるところ、公共性・公益性が最

大の問題で、それさえ解決されれば、真実性・相当性及び論評としての域を逸脱していないことの要件のいずれも認められる可能性が相当程度あるといえる。

3 対象者（B）に対するアドバイス

　前記のとおり、名誉毀損が成立しない可能性が高いことから、法的に削除や謝罪等を請求しても、これが認められない可能性が相当程度ある。また、このように、法的根拠の乏しい請求を行うことにより、「祭り」となり、Bの社会的評価がさらに低下するリスクについても十分に留意する必要があるだろう。
　B個人の気持ちとして、名誉毀損が成立しない可能性が相当程度あるという結論には、いろいろと納得できないところはあると思われるが、その理由として大きいのは、Bがインターネット上の有名人であり、問題となるAの行為が、B自身が公開した事実に対する論評であったという点である。
　インターネット上であっても有名人になることで多くの人の耳目を集める場合、必然的に批判を受ける可能性が高まるところ[45]、その批判が一定の範囲内にとどまる限り、それは許容しなければならないというのが日本法の考え方なのである。もちろん、インターネット上の有名人に対して、何を言ってもよいのではなく、今後、今回以上のいわば「度を超えた」投稿がされれば、それに対し別途名誉毀損が成立する可能性はある。

4 表現者（A）に対するアドバイス

　本件においては、確かに名誉毀損についての法的責任を負わない可能性は高い。そこで、Bに対して反論を行い、削除等の義務を負わない旨を主張するということが対応の基本線になると思われる。
　ただ、このような揶揄的コメントは、エスカレートすれば、名誉毀損の領域に達しかねないものであり、特に、Aがインターネット上では有名人ではあるといえ、社会一般ではやはり一般人と認識されていることとの関係で、政治家等への批判とはまた異なる考慮が必要である。
　加えて、有名人との紛争に発展することでこのようなまとめが「炎上」し、

---

45) 例えば、おいしそうな食事の写真の投稿を見て喜ぶ閲覧者もいれば、不愉快に思う閲覧者もいる。

例えば「いわれなき批判をBに対して行っている」「Bをねたんで難癖つけている」等として、Aに対する批判が集まるという可能性もある。このような点も考慮しながら、最後まで法的責任がないとのスタンスを維持するべきか、それとも任意に削除等をするか、慎重に検討すべきであろう。

なお、仮に今回のコメントが適法だとしても、このような種類の行為が一般的に推奨されるという意味ではなく、表現が一線を越えないよう、常に気をつけるべきであろう。

5　中立的立場から

本ケースでは、そもそも社会的評価の低下があるとは認められず、名誉毀損が成立しない可能性が高い。そのため、中立的立場においても、インターネット上で有名になるにつれ、一定の範囲で批判を受けること自体はやむを得ない旨をBに対して説明することになる。その上で、合意による解決を目指す場合、今後、互いに相手の人格権を侵害する投稿を行わないことを約束するなどの方法で、将来の紛争を防止することに主眼を置くことが考えられる。

ケース10　総合事案4

【相談事例】（以下の各事例は相互に独立している）
（事例1）
　　M弁護士のところに、依頼者Aが相談に訪れた。
　　Aは、情報商材をインターネット上で販売する会社であるB1から、「アベノミクスに乗って株で大儲けする方法」という情報商材を5万円で購入し、それに従って2015年5月に株式を200万円ほど購入したが、その後株価が暴落し、50万円ほどの損失を出してしまった。そこで、B1に対して返金を求めたが、B1は返金に応じなかった。Aは、「B1被害者の会」を設立し、自分の実名と身分を明かしてB1とのトラブルの状況を詳細に説明するとともに、同様にB1の情報商材を買った人と情報交換をしていた。
　　ある時、Aは、ブログに、B1について、リーマンショック前にも類似の内容の情報商材を売ってトラブルを引き起こしていたとして、「B1は創業からこれまで内容のない情報商材を売ることしかしていない『常習的詐欺会社』であったとの疑惑が発覚した」等と記載した記事を投稿した。すると、B1の代理人弁護士名義で、ブログに掲載しているAのメールアカウントに対し「今すぐにブログ記事を削除し、謝罪文をアップロードせよ、さもなければ、法的措置をとる」というメールが送られてきた。
　　この場合、M弁護士は、Aにどのようなアドバイスをすべきだろうか。逆に、本件でM弁護士にアドバイスを求めたのがB1だったら、M弁護士はどのようにアドバイスすべきであろうか。

（事例2）
　　事例1の事案において、Aは、リーマンショック前に（B1自身ではなく）B2という会社が同様の消費者トラブルを起こして消費者保護法令に違反したとして業務停止等の行政処分を受けたことを知ったところ、登記や週刊誌の記事、B2の被害者からのメール等から、B2の社長はB1社の

社長の父親であり、B1 の会長ないしはオーナーと名乗っていること等を調べ上げ、「B1 は行政処分を受けた B2 と実質的に同一」と書き、B2 への行政処分を発表する官庁のウェブサイトへのリンクを貼ったということであればどうか。

(事例 3)
　事例 1 の事案において、A は、B1 に対し 55 万円の返還を求めて簡易裁判所に本人訴訟を提起した。そして、当該ブログに「訴訟経過報告」とのタグを付して、当事者双方の提出した書面をアップロードし、毎回の期日の内容を詳細に説明した。その中には、A の訴状も含まれており、B1 が内容のない情報商材を A に売りつけたといった事実を指摘するとともに、「被告（B1）の行為は詐欺（民法 96 条 1 項）に該当するので、売買契約を取り消すとともに、代金 5 万円の返還を求める」等と記載されていた。

1　問題の所在

　本件のように、消費者紛争等名誉毀損とは異なる紛争が別途存在し、その過程で、その経過を報告するため、ないしは、相手に交渉上プレッシャーをかけるため等の目的で紛争に関する内容を投稿する場合がある（「被害者の会」という表現が問題となった事案として、#270121、#260929、#270722 等参照）。また、複数の会社の間の一体性等が問題となることもある。さらには、（名誉毀損とは別個の）消費者紛争等が訴訟になった場合に訴訟経過を投稿する場合もある。このような場合の名誉毀損の有無はどのように判断されるのであろうか（#270611 も参照）。
　まず、A の表現が名誉毀損に該当するのか、その前提として「疑惑」等の A の表現の趣旨の特定が問題となる（第 2 編第 1 章）。その際には、リンクの解釈も問題となる（第 2 編 18 章）。
　また、当該表現が事実摘示か、意見・論評かも問題となる（第 2 編第 12 章）。
　そして、このように特定された表現が社会的評価を低下させるかが問題となる（第 2 編第 2 章・第 13 章）。
　仮に社会的評価を低下させるとしても、真実性・相当性の抗弁等（第 2 編第

7章~11章)が問題となる。

さらに訴訟行為に関する抗弁等も問題となる(第2編第17章)。

2 実務上の判断のポイント

(1) 摘示内容の特定(第2編第1章)

まず、事例1では、「疑惑が発覚」と記載しており、Bのことを「常習的詐欺会社」であるとまでは断言していないことから、これはBが常習的詐欺会社だと摘示しているのか、単にそのような疑惑の存在を摘示しているにすぎないかが問題となる。

このような摘示事実の解釈基準について、最高裁(#310720)は、一般読者基準を打ち出した。

ブログ記事に関しては、タグ付けやカテゴリ分類等による関連記事全体(94頁)を元に当該ブログ記事の一般読者が当該記載をどのように理解するかが基本となるだろう。

本件における事例2(B2が行政処分を受けたこと、B1とB2が実質的に同一であること)及び事例3(B1が詐欺に該当する行為を行ったこと)の摘示内容は比較的明確であろう(ただし事例2のリンクについては(2)「連載・リンクに関する諸問題」で扱う)。

問題は、事例1における「疑惑」であり、これがB1が創業以来常習的に詐欺行為を行っていたことを指摘しているのか、それとも単なる疑惑の存在の指摘にとどまるかが問題となる。この点は、結局一般読者に対して与える印象がどちらなのかで判断されるだろう(68頁)。

本件においては、Aが実名と身分を明かして詳細にB1とのトラブルの具体的状況を明かしていることから、一定程度信用性があるものとして捉えられる可能性があること、「リーマンショック前にも類似の内容の情報商材を売ってトラブルとなっていた」等のこれを一定程度裏付ける具体的な事実も書いていることをあわせると、疑惑の内容を摘示していると解される可能性も相当程度あるのではないか。[46]

---

[46] なお、仮に「疑惑」と解されても、単なる疑惑ではなく、それが濃厚であることを摘示していると解される可能性も相当程度あるのではないか。

(2) 転載・リンクに関する諸問題（第2編第18章）

　ここで事例2では行政処分を発表するウェブサウトへのリンクが含まれる。すると、単にB2について行政処分があったと指摘しているだけ（リンク先の記事が取り込まれていない）のか、それともB2について、リンク先に記載されたような行政処分があったとまでも指摘している[47]（リンク先の記事を取り込んでいる）のかが問題となる。裁判例の中には、事実関係に応じてリンク先の記事を取り込んだとするものがある。第三者の作成したウェブサイト等を単に論評の対象とするだけであれば、必ずしも当該ウェブサイトの記載内容を自らも摘示しているといえないが、自身の投稿内容等を踏まえ、一般読者基準から、明示・黙示に自己も同様の認識である等という趣旨がうかがわれる場合であれば、これを取り込んだといえるだろう（346頁）。

　本件では、行政処分を受けたと本文で言い切り、リンク先は本文で述べた行政処分が公式に発表されているウェブサイトである。このような情報を元に一般読者基準で判断すれば、単にリンク先の記事に対する論評をしたのではなく、リンク先の内容を取り込んで、B2がリンク先の記事に記載されたような内容の行政処分を受けたということまで摘示していると解される場合が多いと思われる。

(3) 事実摘示か意見・論評か（第2編第12章）

　ある表現が事実の摘示か、それとも意見・論評かによって社会的評価の低下の判断や、抗弁において違いが生じることから、この区別基準が問題となる。

　最高裁（#090909A、#100130等）は、証拠等をもって存否を決することが可能かどうかを事実か意見・論評かの判断基準としている。

　前記のとおり、ブログ記事に関しては、タグ付けやカテゴリ分類等による関連記事全体（94頁）を元に当該ブログ記事の一般読者が当該記載をどのように理解するかが基本となるだろう。

　事例1については、（それが疑惑か否かにかかわらず）基本的には、B1が詐欺行為を繰り返してきたという証拠により存否を決することができる「事実」が問題となっており、また、事例2も、B2が行政処分を受けたこと及びB1とB2が実質的に同一であるという、証拠により存否を決することができる「事実」が問題となっていると理解されることが多いだろう。

---

47) このような行政機関によるウェブサイトの公表が名誉毀損にならないかも別途問題となる（262頁）。

これに対し、事例3には、中身のない情報商材を売りつけたという事実だけではなく、「詐欺」というような法的見解も含まれる。このような法的見解については多くの場合意見と解されるので、事実摘示とは別途の考察が必要となる（287頁）。

(4) 事実摘示による社会的評価の低下（第2編第2章）

(a) 一般論

公然と社会的評価が低下する可能性がある表現がなされれば、社会的評価が低下したと判断すべき場合が多い。しかし、裁判例は、そのような抽象的かつわずかな社会的評価の低下の可能性のみで名誉毀損の成立要件たる社会的評価の低下を認めることには慎重である。その低下の程度は「相当と認められる限度」「損害賠償等による慰謝を要する程度」には達していない等として名誉毀損を否定した一連の裁判例が存在する。この判断も一般読者を基準に行う（96頁）。

(b) インターネット上の表現の信頼性

ここで、インターネット上の名誉毀損であることから、インターネット上の表現の信頼性というものが問題となり得るが、裁判所は少なくともインターネット上の表現全般について一律に信用性がない・社会的評価を低下させないものとは扱っていない。もっとも、個別具体的な一般読者基準に基づく判断においては、インターネット上のサービスの種類や、具体的な記載内容等が考慮される（107頁）。

例えば、実名や身元を明かして詳細な事実関係を説明するブログであれば、それが個人により運営されるものであっても、ある程度確からしいと理解される傾向がある。

ただし、本件のように当事者が対立している事案においては、一般読者基準によれば、あくまでも一方当事者の主張にすぎないとして社会的評価の低下が否定されやすい傾向もみられる。

特に事例3においては、内容のない情報商材の販売というB1の行為が指摘されているものの、これは、訴状における記載という形式をとっていることから、訴訟の一方当事者（原告）たるAの主観的な認識・主張であることが明確にされている。そこで、それだけでは必ずしもB1の社会的評価を名誉毀損に至るまで低下させたとはいえないという判断がされる可能性も一定程度あり得ると思われる。

これに対し、事例1や2においては、そのブログの記載方法から、対立関係ある一方当事者の主張にすぎないことが一般読者にとって十分に理解できるものであるかが問われるところであろう。

　ただし、一方当事者の主張は、社会的評価の低下の程度を抑える働きをするとはいえ、摘示内容によってはたとえ一方当事者の主張であっても名誉毀損は成立する。事例1において、常習的詐欺会社である（ないしはその疑惑が濃厚）という趣旨の摘示をしたと解されるのであれば、たとえ一方当事者の主張であることが一定程度明確であっても、名誉毀損に該当する可能性が相当程度存在するのではなかろうか。

　また、事例2については、前記のとおり、リンク先の記事に記載された具体的な行政処分の内容が摘示内容に取り込まれる可能性が相当程度あるところ、いかに一方当事者による主張であっても、そのような具体的な指摘が名誉毀損に該当する可能性は相当程度存在するのではなかろうか（なお、単に「行政処分」と摘示したことにつき社会的評価の低下を肯定した #261107 参照）。

(5)　意見・論評による社会的評価の低下（第2編第13章）

　社会的評価の低下の有無は一般読者基準に基づき判断されるところ、事実の摘示と比較した場合、意見・論評であれば、そもそも社会的評価が低下するとはいいにくい傾向にある（287頁）。

　加えて、意見・論評による名誉毀損においても、一方当事者の主張であることは、社会的評価の低下の有無の判断において考慮される（297頁）。

　事例2のBがアップロードした訴状は、その形式から、少なくとも一方当事者の主張であることが明確で、その点を割り引いて考察すべきという点は事実摘示部分だけではなく、意見・論評部分についても同様だろう。

　そして、民法96条1項の「詐欺」に該当するという主張は、単に返金を請求する上で必要な法的主張にすぎない。一方当事者の主張にすぎないということが形式上明らかであることも考えあわせれば、これが名誉毀損に該当しない可能性は相当程度存在するだろう（そこで、以下では公正な論評の法理については検討しないものの、仮に本件において詐欺という論評が名誉毀損に該当するのであれば、公正な論評の法理（302頁）を検討する必要がある）。

(6)　真実性・相当性（第2編第7章〜11章）

　最高裁（#410623）は、ある行為が対象者の社会的評価を低下させるとしても、①「公共の利害に関する事実」に関するもので（公共性）、かつ、②専ら

「公益を図る目的」に出ているのであれば（公益性）、③摘示された事実が真実であると証明されるか（真実性）、又は④その事実を真実と信ずるについて相当の理由があるとき（相当性）には名誉毀損を否定する。

そこで、仮に事例1の表現がAの社会的評価を低下させる場合でも、真実性・相当性が認められれば名誉毀損ではなくなる。

ここで、インターネット上で公に売買される情報商材に関する、詐欺ないし悪徳業者について注意を喚起することには公共性が認められ得るだろう（211頁）。

ただし、本件で既に消費者紛争という形でAとB1の間で対立があることが公益性の認定に響く可能性がある。

対象者と紛争を抱える表現者が、対象者との交渉において、対象者に対する権利行使を有利に進めるためプレッシャーをかけようとして名誉毀損的表現を行うことがある。このような目的が主目的であると認定されれば、公益性が否定される（218頁）。

ただし、本件では、既に交渉が不調に終わった後であり、交渉上圧力をかける目的というよりは、世間に対して注意を喚起し、他の被害者と情報交換するところに主眼があるとして、公益性がなお認められる可能性も相当程度あるのではないか。

問題は、真実性であり、重要部分についての高度の蓋然性をもった立証が通常必要と解される（238頁）。

事例1では、リーマンショック前に類似の情報商材を売ったという事実がまず認められるかが問題となる。そして、仮にそれが事実であっても、それだけで「創業からこれまで内容のない情報商材を売ることしかしていない」という点にまで真実性が認められるかについては、疑問が残るところである[48]（#270521参照）。

事例2では、AはB1とB2の実質的一体性を指摘しているが、裁判例上容易には実質的一体性を認定してもらえない。最高裁（#220315）の原審が、甲の代表取締役の父親が乙を主宰しており、同人が甲の会長である旨自認する発言をし、甲の代表取締役らもこのような言辞を黙認していたものとうかがわれるという事実関係の下で、甲と乙が一体である等との表現の真実性を否定して

---

[48] もちろん、摘示したのは疑惑にすぎないと解される可能性もあるが、前記のとおり、その疑惑が濃厚であることまで真実性の立証が必要な可能性が相当ある。

いる。本件でも、仮に「B2の社長はB1の父親であり、B1の会長ないしはオーナーと名乗っていた」というところまでが真実であっても、それだけで両者が、実質的同一とまでいうことは容易ではないように思われる。

真実性が認められないとすれば、問題は相当性である。ここで、従来型名誉毀損について「報道機関をして一応真実と思わせるだけの合理的資料又は根拠」の有無が問われるとされている（247頁）。

インターネットの特性を理由に、より緩やかに相当性を認めてはどうかという議論があったものの、最高裁（#220315）は、インターネット上の名誉毀損であるというだけでは、相当性を緩やかにする理由にならないとした。

事例1ではその根拠にもよるが、リーマンショック前に類似の情報商材を売ったことからそれだけで「創業からこれまで内容のない情報商材を売ることしかしていない」という結論が導き難いことに鑑みると、裁判所の相当性に関する厳格な態度（#220315も参照）からは、なかなか相当性を認めるのは容易ではないように思われる。

事例2については、#220315が、商業登記簿謄本、市販の雑誌記事、インターネット上の投稿、関係者であった者から受信したメール等の資料に基づき一体性があると表現者が判断したところ、

・資料の中には一方的立場から作成されたにすぎないものもあること
・資料に対する表現者の理解が不正確であったこと
・対象者の関係者に事実関係を確認することも一切なかったこと

等を重視して、相当性を否定したことが参考になる。

本件でも、B2の被害者からのメール等は一方的立場からのものであり、また、AはB1やB2等の関係者に事実関係を確認していない。このような観点から、相当性が認められない可能性は十分にあるだろう。

事例3については、真実性の中心的問題は基本的にはAがB1から購入した情報商材が内容がないものか否かである。仮にそれが認められないとすると、何を根拠として内容がないと判断したかが問題になる。株価については、有能なアナリストや投資顧問の判断であっても「外れる」ことがあり得る以上、単に「当たらなかった」というだけで内容がないとはいい切れず、相当性の判断ではそれ以上のものがあるかが重要になってくるだろう。

(7) その他の抗弁事由（第2編第17章）

なお、事例3については、これが訴訟行為であることから、独自の抗弁が成

立しないかも問題となる。

　訴状や準備書面の記載は、正当な訴訟行為の範囲を逸脱しない限り違法性が阻却されるところ、訴状における「稀代の大嘘つき」との記載（#260317）すら違法性が阻却されている。

　そこで、「詐欺」とかそれを基準づける事実しか記載されていない訴状である以上、当該訴状を裁判で陳述したこと自体の違法性は阻却されることが多いだろう。

　しかし、問題の焦点は、Aがこれをインターネット上にアップロードしたことであり、訴状を裁判で陳述したことではない。

　訴訟経緯の報告は、裁判の公開や知る権利に資する面はあるものの、準備書面における記載等よりは必要性は劣るのであり、提訴会見と同様、訴訟行為に関する抗弁は適用されないと解される（338頁）。

　そこで、独自の抗弁は適用されず、前記（5）のように、訴訟における主張は、判決等で最終的に認定される前の一方当事者の主張であるという点で、社会的評価の低下の有無等に影響するということだろう。

(8)　その他の問題

　なお、訴訟等における先方の書面をアップロードすることによる著作権の問題が発生する可能性もある。判決書をアップロードすること自体には著作権法上の問題はなく（著作権法13条1項）、当該文書に創作性がない等として著作権侵害を否定したものが多い。もっとも、これを肯定した事例も一部みられる（48頁）。

　なお、対象者が会社であるからあまり問題は大きくないが、一般論として判決書等、とりわけ住所部分をマスキングせず公開するとプライバシー侵害となる可能性もあるので（#230829参照）、その点にも留意が必要であろう。

　また、非公開の手続で拠出された書面のアップロードにより別途損害賠償等の問題が生じる可能性がある（#171025参照）。

3　表現者（A）に対するアドバイス

　（名誉毀損に関する限り）事例1及び2と比べれば事例3は比較的分がよい。

---

49)　住所をマスキングしない場合は当然であるが、それ以外でも、プライバシー侵害の問題となる可能性はある。

ただし、完全にリスクフリーではないし、この訴訟が終わった後、第二次訴訟として、訴訟書類のアップロード行為が不法行為として責任を問われるという可能性は残り、例えば、著作権侵害やプライバシー侵害が問題となる可能性は否定できない。訴訟書類のアップロードは、名誉毀損に気をつけるだけではなく、それ以外のプライバシーや著作権等にも配慮し、適宜マスキングを行ったり、先方の書面は要旨にとどめる等の対応をすることでリスクを軽減するべきであろう。

これに対し、事例1及び2については、果たしてきちんと真実性・相当性を証明できるだけの資料が揃っているかが重要な問題となる。前記のとおり、最高裁の真実性・相当性に対する姿勢が厳しいことから、その要件を満たす程度の資料が揃っていないのであれば、これについて名誉毀損の責任を問われる可能性が相当程度あることに鑑み、削除・謝罪・示談等の対応をすることが考えられる。

なお、紛争の早期解決という観点からは、訴訟の和解交渉の中で、この問題も一緒に交渉してしまい、この問題も含めた「清算条項」を入れた和解をまとめるという方法もあり得るだろう。[50]

4 対象者（B1）に対するアドバイス

B1として、まずはAの行為が名誉毀損の各成立要件を満たしており抗弁が存在しないことを慎重に確認しなければならない。

事例1及び事例2については、それが真実かが最大の問題となる。情報商材の客観的内容、それまでの販売履歴や顧客からのクレーム、そしてB1とB2の関係等から客観的にみて重要部分が真実と認定されないかの慎重なチェックが必要であろう。もっとも、仮に真実ではなくとも、A側が集めた資料が相当であれば、相当性ありとして名誉毀損が認められなくなることを理解すべきである。そのような検討を踏まえ、Aに対しどこまで求めるか、また、名誉毀損を含めて、例えば反訴を提起する等して、この訴訟の中で解決することが得策かを検討すべきであろう。[51]

事例3については、名誉毀損の限りでは事例1や2より分が悪いところがあ

---

50) ただし、これも相手次第というところがあり、B1があくまでも和解の対象を詐欺等による取消等に限定することを主張する可能性もある。

るが、場合によっては著作権やプライバシー等の問題として構成できる余地もある。その意味では、そのような観点からどのような法的主張ができるかを検討し、その主張の強弱に基づく（名誉毀損とは異なる）対応をも積極的に検討すべきであろう。

さらに、情報商材に関するトラブルは、消費者のインターネットトラブルとして多くみられる。その意味では、これを1つのよいきっかけとしてコンプライアンスの観点からB1の経営について再重点的な確認をすることが望ましいようにも思われる。万が一、B1自身の営業活動に詐欺や消費者保護法令等の違反がある場合はもちろん、（仮に違法とまではいえないとしても）「悪徳商法」等として社会的に非難され得るものである場合に、（仮にB1が法律上そのような権利を持っているとしても）Aとの対決姿勢を強く示しすぎると、これが「炎上」のきっかけになり、逆にB1のレピュテーションを害する結果を生む可能性には十二分に留意が必要だろう。

5 中立的立場から

本ケースは、いずれも「書きすぎ」「やり過ぎ」が問題となっている。事例1では、仮にAが購入した情報商材が中身のないものであり、リーマンショック前の販売商材の一つが同様のものであったとしても、「創業からこれまで内容のない情報商材を売ることしかしていない」と記載するのは書きすぎといわざるを得ない。また、事例2でも、B2の社長がB1の社長の父親であり、B1の会長ないしはオーナーと名乗っていることがあるとしても、ただちに「B1は……B2と実質的に同一」とするのは書きすぎである。事例3でも、自己の書面のみならず、相手方の書面をそのままアップロードするのは著作権侵害の問題を生じさせかねない行為である。

本ケースに限らず、名誉毀損においては「書きすぎ」が問題となることが少なくない。投稿者においても、完全な意味で事実無根の内容を投稿することはそれほど多くなく、対象者に対して何らかの不満を抱くような事実関係があり、それを基に「書きすぎ」てしまうことが多い。

---

51) なおAが同意すれば、訴訟の和解交渉の中で、この問題も一緒に交渉してしまい、この問題も含めて全部解決するとの「清算条項」を入れた和解をまとめるという方法もあり得るが、Aがあくまでも和解の対象を詐欺等による取消等に限定することを主張する可能性もある。

このような場合、「書きすぎ」部分が対象者の社会的評価を低下させる重要部分であり、真実性・相当性等の阻却事由が認められないとすれば、投稿者は名誉毀損の責任を負うことになる。他方で、対象者においても、「書きすぎ」部分以外については、一定の落ち度がある場合もあり得る。このような場合には、法的判断の見込みを踏まえつつも、まずは、双方譲歩の上、合意による解決が可能か否かを探ることになる。

判例索引

本書における裁判例の内容は 2018 年 12 月 24 日（基準日）において判例秘書、Westlaw、第一法規及び TKC において調査できた裁判例をベースにしている。その結果、例えば、#291127A については、大阪高判平成 30 年 9 月 19 日（平成 29 年（ネ）2973 号）で原判決変更・破棄自判の判断が示されていることだけは分かっているものの、第一法規は当該基準日時点で「本文収録準備中」としており、それ以外のデータベースにも登載されていないため、その内容を反映できていない等の事態が生じていることに留意されたい。なお、改訂やけいそうビブリオフィル上のウェブ連載版『最新判例にみるインターネット上の名誉毀損の理論と実務』での告知等、できるだけフォローアップを行うつもりである。

#310117	東京地決平成 31 年 1 月 17 日判例集未登載	46
#310131	名古屋高判平成 31 年 1 月 31 日判例集未登載（#300425B を破棄）	48, 61
#301220	最決平成 30 年 12 月 20 日判例集未登載	46
#301211	最決平成 30 年 12 月 11 日判例集未登載	1, 34, 154, 356, 430, 522
#301017	最大決平成 30 年 10 月 17 日裁判所時報 1710 号 1 頁	64
#301016	東京地判平成 30 年 10 月 16 日 D1-Law 28264529	224, 276
#300920	大阪地判平成 30 年 9 月 20 日ウェストロー 2018WLJPCA09209006、TKC 25449736	171, 341, 364
#300914A	東京地決平成 30 年 9 月 14 日ウェストロー 2018WLJPCA09146001、D1-Law 28264287、TKC 25561325	295, 314
#300914B	東京地決平成 30 年 9 月 14 日ウェストロー 2018WLJPCA09146002、D1-Law 28264285、TKC 25561324	295, 314
#300914C	福岡地判平成 30 年 9 月 14 日ウェストロー 2018WLJPCA09149004	364
#300913	東京高判平成 30 年 9 月 13 日 TKC 25561389（#291215B の控訴審）	341
#300912	東京地判平成 30 年 9 月 12 日 TKC 25561461	436
#300911	東京地判平成 30 年 9 月 11 日 TKC 25561201	298
#300906A	東京高判平成 30 年 9 月 6 日 D1-Law 28264405（#300126B の控訴審）	291
#300906B	東京高判平成 30 年 9 月 6 日 D1-Law 28264404（#300323 の控訴審）	285, 309, 311
#300823A	東京高判平成 30 年 8 月 23 日 D1-Law 28264383（#300226 の控訴審）	341
#300823B	東京高判平成 30 年 8 月 23 日ウェストロー 2018WLJPCA08236001、D1-Law 28263939、TKC 25561115（#300131A の控訴審）	388
#300823C	知財高判平成 30 年 8 月 23 日 D1-Law 28263845、判例秘書 L07320309、ウェストロー 2018WLJPCA08239001、TKC 25449647（#300221 の控訴審）	122
#300817	東京地判平成 30 年 8 月 17 日ウェストロー 2018WLJPCA08179001、判例秘書 L07330411、TKC 25449667	49, 364
#300809	東京高判平成 30 年 8 月 9 日ウェストロー 2018WLJPCA08096001、D1-Law 28263654（#300126A の控訴審）	268, 269
#300718	東京地判平成 30 年 7 月 18 日 TKC 25561414	312
#300717	東京地判平成 30 年 7 月 17 日ウェストロー 2018WLJPCA07176003、TKC25561007	171, 364
#300712A	東京高判平成 30 年 7 月 12 日 D1-Law 28263992（#291213A の控訴審）	

判例索引

	………………………………………………………66, 168, 241, 284	
#300712B	東京高判平成 30 年 7 月 12 日 D1-Law 28263723、TKC25561302（#300125D の控訴審）…………………………………………………………………166, 364	
#300709	仙台地判平成 30 年 7 月 9 日ウェストロー 2018WLJPCA07096004、D1-Law 28263326 ……………………………………………………………………46, 367	
#300702	大阪高判平成 30 年 7 月 2 日判例秘書 L07320258、TKC 25560879（#290413B の控訴審）…………………………………………………………………………49	
#300629	仙台高判平成 30 年 6 月 29 日 TKC25560993（#291208A の控訴審）………265	
#300628	大阪高判平成 30 年 6 月 28 日ウェストロー 2018WLJPCA06286003、D1-Law 28263635（#291116A の控訴審、#301211 で上告不受理）	
	……………………………………1, 34, 154, 314, 326, 356, 364, 424, 430, 522	
#300627	東京地判平成 30 年 6 月 27 日 TKC 25561394 ……………………………342	
#300621	札幌地判平成 30 年 6 月 21 日ウェストロー 2018WLJPCA06216003、D1-Law 28263100、TKC 25560890 ………………………………………………430	
#300620	徳島地判平成 30 年 6 月 20 日ウェストロー 2018WLJPCA06206006、D1-Law 28263032、TKC 25560628 …………………………………………………46	
#300618	東京高決平成 30 年 6 月 18 日ウェストロー 2018WLJPCA06186002（#300426C の控訴審）……………………………………………………………………293	
#300615	札幌地判平成 30 年 6 月 15 日ウェストロー 2018WLJPCA06156001、D1-Law 28262899 ……………………………………………………………………48	
#300612	東京地決平成 30 年 6 月 12 日ウェストロー 2018WLJPCA06126002、D1-Law 28263510、判例秘書 L07330401 ……………………………………………293	
#300607	東京高判平成 30 年 6 月 7 日 D1-Law 28262913（#300123A の控訴審）……189	
#300606	東京高判平成 30 年 6 月 6 日ウェストロー 2018WLJPCA06066008（#291215A の控訴審）………………………………………………………………132, 245	
#300531	最決平成 30 年 5 月 31 日労経速 2354 号 6 頁（#291115、#290606 の上告審）……145	
#300530	東京高判平成 30 年 5 月 30 日ウェストロー 2018WLJPCA05306009、D1-Law 28262993（#300201A の控訴審）……………………………………130, 385	
#300528	山口地周南支判平成 30 年 5 月 28 日ウェストロー 2018WLJPCA05286001、判例秘書 L07350465、TKC25560639 ……………………………………364, 433	
#300525A	神戸地尼崎支判平成 30 年 5 月 25 日ウェストロー 2018WLJPCA05256003、D1-Law 28263511、判例秘書 L07350500、TKC 25560846 ………………19	
#300525B	（参考）名古屋地岡崎支判平成 30 年 5 月 25 日 TKC25560891	
#300524A	東京高判平成 30 年 5 月 24 日ウェストロー 2018WLJPCA05246013、D1-Law 28263223（#291130C の控訴審）………………………………………223	
#300524B	東京高判平成 30 年 5 月 24 日ウェストロー 2018WLJPCA05246010…………244	
#300523	熊本地判平成 30 年 5 月 23 日ウェストロー 2018WLJPCA05236003、D1-Law 28262519、判例秘書 L07350431、TKC 25560732 ………………407, 428, 436	
#300522	札幌高決平成 30 年 5 月 22 日 D1-Law 28262578、TKC25560716（#300313 の控訴審）……………………………………………………………………390	
#300518	東京高判平成 30 年 5 月 18 日ウェストロー 2018WLJPCA05186001、D1-Law 28262563、判例秘書 L07320202、TKC 25449614（#291013A の控訴審）………46	
#300517	東京高判平成 30 年 5 月 17 日ウェストロー 2018WLJPCA05176003、D1-Law 28262797（#291212A の控訴審）………………………………290, 301, 413	
#300516	東京高判平成 30 年 5 月 16 日ウェストロー 2018WLJPCA05166008、D1-Law	

	28262794（#291221A の控訴審） ……………………………………131, 132, 212, 299
#300426A	東京地判平成 30 年 4 月 26 日裁判所ウェブサイト、D1-Law 28262584、判例秘書 L07330061、TKC25449490 ……………………………………………………31, 371
#300426B	最判平成 30 年 4 月 26 日判タ 1450 号 19 頁（#290202、#270928 の上告審）……273
#300426C	（参考）東京地決平成 30 年 4 月 26 日ウェストロー 2018WLJPCA04266003（#300618 の原審）
#300425A	知財高判平成 30 年 4 月 25 日裁判所ウェブサイト、D1-Law 28262181、判例秘書 L07320177、ウェストロー 2018WLJPCA04259001、TKC25449482（#280915B の控訴審）…………………………………………………………………………48
#300425B	名古屋地判平成 30 年 4 月 25 日 D1-Law 28262156、判例秘書 L07350398、TKC25560553 ……………………………………………………………………48, 61
#300423	東京地判平成 30 年 4 月 23 日ウェストロー 2018WLJPCA04236003、TKC25560586 ……………………………………………………………………272, 290
#300419	東京高判平成 30 年 4 月 19 日ウェストロー 2018WLJPCA04196009、D1-Law 28262344（#291124A の控訴審）…………………………………109, 111, 160
#300412	東京高判平成 30 年 4 月 12 日ウェストロー 2018WLJPCA04126010、TKC25560320（#290802 の控訴審）……………………………………329, 364
#300409	熊本地判平成 30 年 4 月 9 日 TKC25560250 …………………………………248
#300329A	（参考）東京地判平成 30 年 3 月 29 日 D1-Law 28264125、労判 1183 号 5 頁、労経速 2356 号 26 頁
#300329B	東京地判平成 30 年 3 月 29 日 D1-Law 28264377、労判 1184 号 5 頁 ………433
#300328A	秋田地判平成 30 年 3 月 28 日ウェストロー 2018WLJPCA03286011、D1-Law 28261888 ……………………………………………………………………………20
#300328B	東京地判平成 30 年 3 月 28 日裁判所ウェブサイト、ウェストロー 2018WLJP-CA03289002、D1-Law 28261362、判例秘書 L07330034、TKC25449376 ……………………………………………………………………………………46, 282, 340
#300327A	東京地判平成 30 年 3 月 27 日ウェストロー 2018WLJPCA03278006 ………310
#300327B	東京地判平成 30 年 3 月 27 日 TKC25560578 …………………………………226
#300326A	東京高判平成 30 年 3 月 26 日 D1-Law 28263043 ……………………………185
#300326B	東京高判平成 30 年 3 月 26 日裁判所ウェブサイト、D1-Law 28261363、判例秘書 L07330035、ウェストロー 2018WLJPCA03269006、TKC25449367 ………96, 408
#300326C	東京地立川支判平成 30 年 3 月 26 日ウェストロー 2018WLJPCA03266013………265
#300323	東京地判平成 30 年 3 月 23 日 D1-Law28264403（#300906B の原審）………285
#300322A	東京高判平成 30 年 3 月 22 日 D1-Law 28261968（#281222H の控訴審）………329
#300322B	東京高判平成 30 年 3 月 22 日裁判所ウェブサイト、ウェストロー 2018WLJP-CA03226006、D1-Law 28262596、判例秘書 L07320222、TKC25560518（#290213A の控訴審）……………………………………………………………265
#300320	徳島地判平成 30 年 3 月 20 日ウェストロー 2018WLJPCA03206003 ………248
#300316	東京地判平成 30 年 3 月 16 日ウェストロー 2018WLJPCA03166008、TKC25560938 ……………………………………………………………………248, 255
#300315A	東京高判平成 30 年 3 月 15 日 D1-Law 28261979（#290907A の控訴審）………150
#300315B	大阪地判平成 30 年 3 月 15 日ウェストロー 2018WLJPCA03156010、D1-Law 28263356 ……………………………………………………………………………334
#300313	旭川地決平成 30 年 3 月 13 日 D1-Law 28262577、TKC25560715（#300522 の原審）……………………………………………………………………………………130

判例索引

#300308	東京高判平成 30 年 3 月 8 日ウェストロー 2018WLJPCA03086003（#291012 の控訴審）……246	
#300307A	（参考）東京高判平成 30 年 3 月 7 日裁判所ウェブサイト、D1-Law 28261913、判例秘書 L07320144、ウェストロー 2018WLJPCA03079005、TKC25449434（#290926C の控訴審）	
#300307B	東京高判平成 30 年 3 月 7 日 D1-Law 28261404（#290223 の控訴審）………328, 330	
#300301A	最決平成 30 年 3 月 1 日 D1-Law 28261891（#290419、#290927A の上告審）……75	
#300301B	最判平成 30 年 3 月 1 日判例秘書 L07310010（#290317、#290901C の上告審）…320	
#300228	東京地判平成 30 年 2 月 28 日 TKC25552299 ……291	
#300227	東京地判平成 30 年 2 月 27 日 TKC25551717 ……404	
#300226	（参考）東京地判平成 30 年 2 月 26 日 D1-Law 28264382（#300823A の原審）	
#300221	（参考）東京地判平成 30 年 2 月 21 日ウェストロー 2018WLJPCA02219001、D1-Law 28260935、判例秘書 L07330015、TKC25449272（#300823C の原審）	
#300216	東京地判平成 30 年 2 月 16 日 TKC25551577 ……214	
#300214	東京地判平成 30 年 2 月 14 日ウェストロー 2018WLJPCA02148003、TKC25551576……36	
#300208	東京高判平成 30 年 2 月 8 日ウェストロー 2018WLJPCA02086010、D1-Law 28261399、判例秘書 L07320119、TKC25549888（#290427D の控訴審）……152	
#300201A	（参考）東京地判平成 30 年 2 月 1 日ウェストロー 2018WLJPCA02016013、D1-Law 28262991（#300530 の原審）	
#300201B	平成 30 年 2 月 1 日東京高判ウェストロー 2018WLJPCA02016008、D1-Law 28261013（#290919C の控訴審）……93, 212, 244	
#300201C	東京高判平成 30 年 2 月 1 日ウェストロー 2018WLJPCA02016006、D1-Law 28261041（#290621 の控訴審）……246	
#300201D	東京地判平成 30 年 2 月 1 日 TKC25549809 ……333	
#300131A	（参考）東京地判平成 30 年 1 月 31 日ウェストロー 2018WLJPCA01318003、D1-Law 28262355、TKC25449477（#300823B の原審）	
#300131B	東京高判平成 30 年 1 月 31 日 D1-Law 28261126（#290809B の控訴審）……132	
#300131C	東京高判平成 30 年 1 月 31 日 D1-Law 28261027（#290823A の控訴審）……101	
#300131D	東京地判平成 30 年 1 月 31 日ウェストロー 2018WLJPCA01318015、判例秘書 L07330259、TKC25552026 ……405	
#300131E	東京地判平成 30 年 1 月 31 日 TKC25551190 ……352	
#300131F	東京地判平成 30 年 1 月 31 日 TKC25551845 ……109	
#300130A	東京地判平成 30 年 1 月 30 日判例秘書 L07330149、TKC25551626 …42, 92, 345, 347	
#300130B	東京地判平成 30 年 1 月 30 日判例秘書 L07330081、TKC25551866 ……174	
#300130C	東京地判平成 30 年 1 月 30 日ウェストロー 2018WLJPCA01308016、TKC25551645 ……114	
#300130D	（参考）東京地判平成 30 年 1 月 30 日ウェストロー 2018WLJPCA01308012	
#300130E	東京地判平成 30 年 1 月 30 日ウェストロー 2018WLJPCA01308037、TKC25551968 ……197, 364, 385, 386	
#300130F	東京地判平成 30 年 1 月 30 日 TKC25551532 ……102	
#300129	津地判平成 30 年 1 月 29 日 TKC25549417 ……404, 405	
#300126A	（参考）横浜地判平成 30 年 1 月 26 日ウェストロー 2018WLJPCA01266007、D1-Law 28263655（#300809 の原審）	
#300126B	（参考）東京地判平成 30 年 1 月 26 日（#300906A の原審）	

判例索引

#300125A	東京地判平成30年1月25日ウェストロー 2018WLJPCA01258013、判例秘書 L07330171、TKC25551560	105, 186, 342, 366
#300125B	東京地判平成30年1月25日 TKC25551615	158
#300125C	東京地判平成30年1月25日 TKC25551640	222, 246
#300125D	（参考）東京地判平成30年1月25日ウェストロー 2018WLJPCA01258019、D1-Law 28263721、TKC25551651（#300712Bの原審）	
#300125E	東京高判平成30年1月25日 TKC25549819（#290901Bの控訴審）	388
#300124	（参考）東京高判平成30年1月24日ウェストロー 2018WLJPCA01246006（#290623Bの控訴審）	
#300123A	（参考）東京地判平成30年1月23日ウェストロー 2018WLJPCA01238005、D1-Law 28262912、判例秘書 L07330104、TKC25552031（#300607の原審）	
#300123B	東京地判平成30年1月23日 TKC25551558	83
#300123C	東京地判平成30年1月23日 TKC25551596	136
#300123D	東京地判平成30年1月23日 TKC25552382	132
#300122	東京地判平成30年1月22日ウェストロー 2018WLJPCA01229003、判例秘書 L07330009	48
#300119	福岡高判平成30年1月19日 D1-Law 28262796、労判1178号21頁、TKC25560502（#290221Bの控訴審）	187
#300118A	東京地判平成30年1月18日判例秘書 L07330119、TKC25552044	42, 75, 212, 291, 301
#300118B	東京地判平成30年1月18日ウェストロー 2018WLJPCA01188019、TKC25551837	99
#300117A	東京高判平成30年1月17日 D1-Law 28260878（#290719Cの控訴審）	347, 364, 385
#300117B	東京地判平成30年1月17日 TKC25551960	62
#300116A	東京地判平成30年1月16日判例秘書 L07330167、TKC25551388	145
#300116B	東京地判平成30年1月16日 TKC25551635	426
#300112	東京地判平成30年1月12日 TKC25552018	225
#300111	大阪地判平成30年1月11日ウェストロー 2018WLJPCA01116001、判時2373号55頁、TKC25560989	339
#300110	東京地判平成30年1月10日ウェストロー 2018WLJPCA01108004、TKC25551948	364, 371, 372
#300109	東京地判平成30年1月9日ウェストロー 2018WLJPCA01098001、TKC25552038	70, 249
#291227A	東京地判平成29年12月27日 D1-Law 29047670、TKC25551082	335, 364, 366
#291227B	東京地判平成29年12月27日 D1-Law 29047547、TKC25551157	89, 422
#291226A	東京高判平成29年12月26日 D1-Law 28260634（#290309Cの控訴審）	35, 61, 364, 394
#291226B	東京地判平成29年12月26日 D1-Law 29047541、TKC25551153	76, 90
#291226C	東京地判平成29年12月26日 D1-Law 29047668、TKC25551080	80, 343
#291226D	東京地判平成29年12月26日 D1-Law 29047538、TKC25551150	80, 81, 217
#291226E	東京地判平成29年12月26日 TKC25551497	140
#291225A	東京地判平成29年12月25日 D1-Law 29047715、TKC25551332	79, 217, 223, 426
#291225B	東京地判平成29年12月25日 D1-Law 29047730、TKC25551346	142
#291222A	東京高判平成29年12月22日 D1-Law 28260372（#290706Bの控訴審）	20

543

判例索引

#		
#291222B	佐賀地判平成 29 年 12 月 22 日ウェストロー 2017WLJPCA12226002、判例秘書 L07251021、TKC25549504	261
#291222C	東京地判平成 29 年 12 月 22 日 TKC25549413	434
#291221A	（参考）東京地判平成 29 年 12 月 21 日ウェストロー 2017WLJPCA12216013、D1-Law 28262793、TKC25551052（#300516 の原審）	
#291221B	最決平成 29 年 12 月 21 日 D1-Law 28262412、TKC25549896（#280729A、#290201C の上告審）	167
#291221C	東京地判平成 29 年 12 月 21 日 D1-Law 29047759、TKC25551375	438
#291220A	（参考）東京地判平成 29 年 12 月 20 日 D1-Law 29047504、TKC25550895	
#291220B	東京地判平成 29 年 12 月 20 日 D1-Law 29047880、TKC25551414	45, 288
#291220C	東京地判平成 29 年 12 月 20 日 D1-Law 29047725、TKC25551341	103, 160
#291219A	東京地判平成 29 年 12 月 19 日 D1-Law 29047484、TKC25551035	319
#291219B	東京地判平成 29 年 12 月 19 日 D1-Law 29047527、TKC25551471	90
#291219C	東京地判平成 29 年 12 月 19 日 TKC25551470	71
#291218A	（参考）最判平成 29 年 12 月 18 日判例秘書 L07210099、民集 71 巻 10 号 2546 頁（#280329E、#281004B の上告審）	
#291218B	東京地判平成 29 年 12 月 18 日 TKC25551310	364, 379
#291215A	（参考）東京地判平成 29 年 12 月 15 日ウェストロー 2017WLJPCA12156009、D1-Law 29047904、TKC25551493（#300606 の原審）	
#291215B	東京地判平成 29 年 12 月 15 日 TKC25551237（#300913 の原審）	341
#291214A	最決平成 29 年 12 月 14 日 D1-Law 28263072（#290210A、#290727 の上告審）	351, 352
#291214B	札幌高判平成 29 年 12 月 14 日ウェストロー 2017WLJPCA12146001、TKC25549380	272
#291214C	東京地判平成 29 年 12 月 14 日 TKC25551299	96
#291213A	（参考）東京地立川支判平成 29 年 12 月 13 日 D1-Law28263994	
#291213B	札幌高判平成 29 年 12 月 13 日 TKC25549379	272
#291213C	東京地判平成 29 年 12 月 13 日 TKC25551410	333
#291212A	東京地判平成 29 年 12 月 12 日ウェストロー 2017WLJPCA12126008、D1-Law 28262795、TKC25551249（#300517 の原審）	290
#291212B	東京地判平成 29 年 12 月 12 日 TKC25551224	339
#291211A	東京地判平成 29 年 12 月 11 日 D1-Law 29047751、TKC25551367	283
#291211B	東京地判平成 29 年 12 月 11 日 TKC25551067	262
#291208A	（参考）仙台地判平成 29 年 12 月 8 日ウェストロー 2017WLJPCA12086004、TKC25560916（#300629 の原審）	
#291208B	東京地判平成 29 年 12 月 8 日 TKC25551016	127
#291207A	東京地判平成 29 年 12 月 7 日 D1-Law 29047810、TKC25550837	234
#291207B	東京地判平成 29 年 12 月 7 日 D1-Law 29047869、TKC25550854	295
#291206	東京地判平成 29 年 12 月 6 日ウェストロー 2017WLJPCA12068003、TKC25551305	119
#291205A	東京地判平成 29 年 12 月 5 日 D1-Law 29047600、TKC25551287	125
#291205B	最決平成 29 年 12 月 5 日 D1-Law 28260749（#290215D、#290628B の上告審）	268
#291204	東京地判平成 29 年 12 月 4 日 D1-Law 29047704、TKC25551303	127
#291201A	東京地判平成 29 年 12 月 1 日 TKC25550825	62

#291130A	（参考）東京高判平成 29 年 11 月 30 日 D1-Law 28255104（#290517A の控訴審）	
#291130B	最決平成 29 年 11 月 30 日 D1-Law 28260546（#280929A、#290309B の上告審）	138
#291130C	（参考）東京地判平成 29 年 11 月 30 日ウェストロー 2017WLJPCA11308014、D1-Law 29046021、TKC25550665（#300524A の原審）	
#291130D	（参考）東京地判平成 29 年 11 月 30 日 TKC25550660	
#291129A	最決平成 29 年 11 月 29 日 D1-Law 28260496（#280927C、#290619 の上告審）	363, 365
#291129B	名古屋高判金沢支判平成 29 年 11 月 29 日ウェストロー 2017WLJPCA11296008、TKC25549213（#290330C の控訴審）	333
#291129C	東京地判平成 29 年 11 月 29 日ウェストロー 2017WLJPCA11298037	300
#291128A	東京地判平成 29 年 11 月 28 日ウェストロー 2017WLJPCA11288005、D1-Law 29045959、TKC25550503	133, 246, 307
#291128B	東京地判平成 29 年 11 月 28 日ウェストロー 2017WLJPCA11288006、D1-Law 29046017、TKC25550454	131
#291128C	東京地判平成 29 年 11 月 28 日 D1-Law 29045893、TKC25550539	80
#291128D	東京地判平成 29 年 11 月 28 日ウェストロー 2017WLJPCA11288009、D1-Law 29046079、TKC25550629	128
#291128E	東京地判平成 29 年 11 月 28 日ウェストロー 2017WLJPCA11288015、D1-Law 29046153、TKC25550422	117, 319
#291127A	大阪地判平成 29 年 11 月 27 日ウェストロー 2017WLJPCA11276001、判例秘書 L07250859、TKC25449151（#300919 の原審）	69, 160, 170, 247
#291127B	神戸地姫路支判平成 29 年 11 月 27 日裁判所ウェブサイト、ウェストロー 2017 WLJPCA11276003、D1-Law28254657、判例秘書 L07250930、判タ 1449 号 205 頁、TKC25548956	50, 431, 434
#291127C	東京地判平成 29 年 11 月 27 日 D1-Law 28260800、TKC25550762	196, 319, 352, 364, 385
#291124A	（参考）東京地判平成 29 年 11 月 24 日ウェストロー 2017WLJPCA11246008、D1-Law 28262343（#300419 の原審）	
#291124B	東京地判平成 29 年 11 月 24 日 D1-Law 29045958、TKC25550502	175, 197
#291124C	東京地判平成 29 年 11 月 24 日 D1-Law 29046200、TKC25550941	246
#291122A	東京高判平成 29 年 11 月 22 日裁判所ウェブサイト、ウェストロー 2017WLJP-CA11229002、D1-Law 28254824、判例秘書 L07220513、TKC25449116（#281216A の控訴審）	364, 374, 375, 379, 385
#291122B	東京地判平成 29 年 11 月 22 日ウェストロー 2017WLJPCA11208005、D1-Law 29046222、TKC25550725	99, 157, 279
#291121	東京地判平成 29 年 11 月 21 日 D1-Law 29046141、TKC25550293	102, 134, 166
#291120A	東京地判平成 29 年 11 月 20 日 D1-Law 29045995、TKC25550655	295
#291120B	東京地判平成 29 年 11 月 20 日ウェストロー 2017WLJPCA11208009、D1-Law 29046130、TKC25550347	161
#291120C	東京地判平成 29 年 11 月 20 日ウェストロー 2017WLJPCA11208001、D1-Law 29045862、TKC25550205	61
#291117	東京高判平成 29 年 11 月 17 日ウェストロー 2017WLJPCA11176003、D1-Law 28254911（#290208B の控訴審）	141, 391, 393
#291116A	大阪地判平成 29 年 11 月 16 日ウェストロー 2017WLJPCA11166001、D1-Law	

	28260549、判時 2372 号 59 頁、TKC25560658（#300628 の原審）……412	
#291116B	東京地判平成 29 年 11 月 16 日ウェストロー 2017WLJPCA11168006、D1-Law 29045928、TKC25550567 ……81	
#291116C	東京地判平成 29 年 11 月 16 日ウェストロー 2017WLJPCA11168015、D1-Law 29046174、TKC25550918 ……137	
#291116D	東京地判平成 29 年 11 月 16 日ウェストロー 2017WLJPCA11168009、D1-Law 29046011、TKC25550448 ……291	
#291115	東京高判平成 29 年 11 月 15 日労経速 2354 号 3 頁（#290606 の控訴審、#300531 の原審）……145	
#291114	東京地判平成 29 年 11 月 14 日ウェストロー 2017WLJPCA11148013、D1-Law 29046163、TKC25550675 ……105	
#291113	東京地判平成 29 年 11 月 13 日ウェストロー 2017WLJPCA11138003、D1-Law 29045871、TKC25550525 ……183	
#291110	東京地判平成 29 年 11 月 10 日ウェストロー 2017WLJPCA11108020、D1-Law 29046191、TKC25550933 ……423	
#291109A	東京地判平成 29 年 11 月 9 日 D1-Law 29046244、TKC25550742 ……339	
#291109B	東京地判平成 29 年 11 月 9 日ウェストロー 2017WLJPCA11098006、D1-Law 29045921、TKC25550560 ……79	
#291108A	東京地判平成 29 年 11 月 8 日ウェストロー 2017WLJPCA11088011、D1-Law 29045988、TKC25550648 ……167	
#291108B	東京地判平成 29 年 11 月 8 日 D1-Law 28260798、TKC25550557 ……257, 364, 385	
#291107A	東京地判平成 29 年 11 月 7 日ウェストロー 2017WLJPCA11088008、D1-Law 29046240、TKC25550751 ……291	
#291107B	東京地判平成 29 年 11 月 7 日ウェストロー 2017WLJPCA11078014、D1-Law 29046309、TKC25550783 ……116	
#291107C	東京地判平成 29 年 11 月 7 日 D1-Law 29046063、TKC25550616 ……103, 347, 352, 364, 371	
#291106	東京地判平成 29 年 11 月 6 日ウェストロー 2017WLJPCA11078012、D1-Law 29046061、TKC25550615 ……173	
#291102A	東京地判平成 29 年 11 月 2 日ウェストロー 2017WLJPCA11028005、D1-Law 29046022、TKC25550600 ……246	
#291102B	東京地判平成 29 年 11 月 2 日ウェストロー 2017WLJPCA11028003、D1-Law 29045917、TKC25550554 ……364, 368, 379, 395	
#291102C	東京地判平成 29 年 11 月 2 日ウェストロー 2017WLJPCA11028010、D1-Law 29046123、TKC25550339 ……193	
#291101A	東京地判平成 29 年 11 月 1 日ウェストロー 2017WLJPCA11018008、D1-Law 29045984、TKC25550643 ……173	
#291101B	東京地判平成 29 年 11 月 1 日ウェストロー 2017WLJPCA11018007、D1-Law 29045966、TKC25550583 ……293	
#291031A	東京地判平成 29 年 10 月 31 日 D1-Law 29037943、判例秘書 L07230373、TKC25539686 ……66, 89, 427	
#291031B	東京地判平成 29 年 10 月 31 日ウェストロー 2017WLJPCA10318019、D1-Law 29037912、判例秘書 L07230356、TKC25539471 ……111, 137	
#291031C	東京地判平成 29 年 10 月 31 日 D1-Law 29037724、TKC25539661 ……160	
#291030A	東京地判平成 29 年 10 月 30 日 D1-Law 29037857、判例秘書 L07230324、	

	TKC25549789 ……………………………………………………………………175	
#291030B	東京高決平成 29 年 10 月 30 日 D1-Law 28261411 ……………………387, 388	
#291030C	東京地判平成 29 年 10 月 30 日 D1-Law 29037899、判例秘書 L07230351、 TKC25539459 ………………………………………………………………170	
#291030D	東京地判平成 29 年 10 月 30 日ウェストロー 2017WLJPCA10308009、D1-Law 29037858、TKC25549790 …………………………………………………88, 103	
#291027A	最決平成 29 年 10 月 27 日 D1-Law 28263051（#280830C、#290327E の上告審） ……………………………………………………………………………187, 257	
#291027B	東京地判平成 29 年 10 月 27 日 D1-Law 29037719、TKC25539656 ……………96	
#291026A	東京地判平成 29 年 10 月 26 日 D1-Law 29037683、TKC25539705 ……109, 225	
#291026B	東京地判平成 29 年 10 月 26 日 D1-Law 29037717、判例秘書 L07230248、 TKC25539731 …………………………………………………………160, 173, 221	
#291026C	東京地判平成 29 年 10 月 26 日ウェストロー 2017WLJPCA10268021、D1-Law 29037938、判例秘書 L07230371、TKC25539683 ……………………132, 212	
#291026D	東京地判平成 29 年 10 月 26 日ウェストロー 2017WLJPCA10268006、D1-Law 29037747、判例秘書 L07230262、TKC25539889 …………………………99	
#291026E	東京地判平成 29 年 10 月 26 日ウェストロー 2017WLJPCA10268017、D1-Law 29038008、判例秘書 L07230411 ……………………………………………100	
#291026F	東京地判平成 29 年 10 月 26 日ウェストロー 2017WLJPCA10268020、D1-Law 29038028、判例秘書 L07230416、TKC25539230 ……………………………226	
#291026G	東京地判平成 29 年 10 月 26 日ウェストロー 2017WLJPCA10268013、D1-Law 29037715、判例秘書 L07230246、TKC25539729　……133, 134, 185, 364, 368, 371, 372	
#291026H	神戸地判平成 29 年 10 月 26 日 D1-Law 28264763、交通事故民事裁判例集 50 巻 5 号 1353 頁 …………………………………………………………………167	
#291025A	東京地判平成 29 年 10 月 25 日ウェストロー 2017WLJPCA10258020、D1-Law 29037981、判例秘書 L07230397、TKC25539614 ……………………81, 352	
#291025B	東京地判平成 29 年 10 月 25 日ウェストロー 2017WLJPCA10258018、D1-Law 29037962、判例秘書 L07230384、TKC25539574 …………………………88	
#291025C	東京地判平成 29 年 10 月 25 日 D1-Law 29037775、判例秘書 L07230278、 TKC25539820 ………………………………………………………………102	
#291025D	東京地判平成 29 年 10 月 25 日ウェストロー 2017WLJPCA10258012、D1-Law 29037994、判例秘書 L07230405、TKC25539699 …………………………35	
#291025E	東京地判平成 29 年 10 月 25 日ウェストロー 2017WLJPCA10258021、D1-Law 29037980、TKC25539613 …………………………………………………351	
#291024	（参考）最決平成 29 年 10 月 24 日　TKC25560425、ウェストロー 2017 WLJPCA10246006	
#291023	さいたま地熊谷支判平成 29 年 10 月 23 日ウェストロー 2017WLJPCA10236005、 判例秘書 L07251056、判時 2380 号 87 頁、TKC25549220 ……………265, 339	
#291021	（参考）東京地判平成 28 年 10 月 21 日 TKC25537450	
#291020	東京地判平成 29 年 10 月 20 日 D1-Law 29037863、判例秘書 L07230328、 TKC25539441 …………………………………………………………76, 88, 102	
#291018	東京高判平成 29 年 10 月 18 日 TKC25548083（#290517B の控訴審）………424	
#291017A	東京地判平成 29 年 10 月 17 日ウェストロー 2017WLJPCA10178015、D1-Law 29037915、TKC25539521 …………………………………………156, 160, 185	
#291017B	東京地判平成 29 年 10 月 17 日 D1-Law 29037914、TKC25539522 ………124	

判例索引

#291016	秋田地判平成29年10月16日ウェストロー2017WLJPCA10166003、TKC25549108	196
#291013A	（参考）さいたま地判平成29年10月13日D1-Law 28253922、裁判所ウェブサイト（#300518の原審）	
#291013B	東京地判平成29年10月13日ウェストロー2017WLJPCA10138015、D1-Law 29038014、判例秘書L07230413、TKC25539216	339
#291012	（参考）千葉地判平成29年10月12日ウェストロー2017WLJPCA10126007（#300308の原審）	
#291011	東京地判平成29年10月11日D1-Law29037710、判例秘書L07230245、TKC25539653	93, 103, 246
#291010A	東京地判平成29年10月10日ウェストロー2017WLJPCA10108008、D1-Law 29037829、TKC25539783	158
#291010B	東京地判平成29年10月10日ウェストロー2017WLJPCA10108005、D1-Law 29037623、TKC25539309	96
#291005	東京地判平成29年10月5日ウェストロー2017WLJPCA10058001、D1-Law29037796、判例秘書L07230286、TKC25539775	113, 223
#291004	東京地判平成29年10月4日ウェストロー2017WLJPCA10038010、D1-Law29037764、判例秘書L07230273、TKC25539809	212
#291003	さいたま地決平成29年10月3日D1-Law 28261596、TKC25561327	111, 392, 442
#290929A	東京高判平成29年9月29日ウェストロー2017WLJPCA09299004、D1-Law 28254038、判例秘書L07220442、TKC25547534（#280728Aの控訴審）	153, 336, 374
#290929B	東京地判平成29年9月29日ウェストロー2017WLJPCA09298014、D1-Law 29031608、判例秘書L07230529、TKC25539367	339
#290929C	東京地判平成29年9月29日ウェストロー2017WLJPCA09298018、D1-Law 29031703、TKC25539424	100
#290928A	東京地判平成29年9月28日ウェストロー2017WLJPCA09288024、D1-Law 29031734、TKC25539431	234
#290927A	東京高判平成29年9月27日ウェストロー2017WLJPCA09276016、D1-Law 28253783、TKC25547828（#290419の控訴審、#300301Aの原審）	75
#290927B	東京地判平成29年9月27日ウェストロー2017WLJPCA09278025、D1-Law 29031799、判例秘書L07230635、TKC25539286	165, 166, 182, 211, 408, 421
#290927C	東京地判平成29年9月27日ウェストロー2017WLJPCA09278013、D1-Law 29031668、判例秘書L07230556、TKC25539491	142, 339
#290927D	最決平成29年9月27日D1-Law 28262429（#290316D、#280926Bの上告審）	66
#290927E	最決平成29年9月27日D1-Law 28262880（#280909B、#290315Bの上告審）	66
#290926A	東京高判平成29年9月26日ウェストロー2017WLJPCA09266005、D1-Law 28253958（#290329Aの控訴審）	212
#290926B	東京地判平成29年9月26日ウェストロー2017WLJPCA09268017、D1-Law 29031766、判例秘書L07230613、TKC25539558	100, 101, 126, 178
#290926C	（参考）東京地判平成29年9月26日ウェストロー2017WLJPCA09268026、D1-Law 28254181、判例秘書L07230139、TKC25539598（#300307Aの原審）	
#290926D	東京地判平成29年9月26日ウェストロー2017WLJPCA09268030、D1-Law 29031876、判例秘書L07230672、TKC25539117	186
#290922A	東京地判平成29年9月22日ウェストロー2017WLJPCA09228013、D1-Law	

	29031666、判例秘書 L07230554、TKC25539489 ……………………………………89
#290922B	東京地判平成 29 年 9 月 22 日ウェストロー 2017WLJPCA09228020、D1-Law 29031887、判例秘書 L07230679、TKC25539128 ………………………………284
#290922C	（参考）最決平成 29 年 9 月 22 日 D1-Law 28260554（#280622D、#290306B の上告審）
#290921A	東京高判平成 29 年 9 月 21 日 D1-Law 28253785、判例秘書 L07220566、TKC25547830（#290328B の控訴審）……………………………………254
#290921B	東京地判平成 29 年 9 月 21 日 D1-Law 29031639、判例秘書 L07230540 …………339
#290920A	東京地判平成 29 年 9 月 20 日ウェストロー 2017WLJPCA09208021、D1-Law 29031874、TKC25539115 ……………………………………………………103
#290920B	東京地判平成 29 年 9 月 20 日ウェストロー 2017WLJPCA09208014、D1-Law 29031664、TKC25539488 ………………………………………………125, 175
#290920C	東京地判平成 29 年 9 月 20 日ウェストロー 2017WLJPCA09208009、D1-Law 29031469、判例秘書 L07230445、TKC25538992 …………………………186
#290919A	（参考）東京地判平成 29 年 9 月 19 日ウェストロー 2017WLJPCA09198017、D1-Law 29031750、判例秘書 L07230604、TKC25539254
#290919B	東京地判平成 29 年 9 月 19 日ウェストロー 2017WLJPCA09198003、D1-Law 29031541、判例秘書 L07230487、TKC25539173 ……………………276, 373
#290919C	（参考）東京地判平成 29 年 9 月 19 日ウェストロー 2017WLJPCA09196006、D1-Law 28261011（#300201B の原審）
#290915A	東京地判平成 29 年 9 月 15 日ウェストロー 2017WLJPCA09158008、D1-Law 29031591、判例秘書 L07230520、TKC25539375 ……………………113, 211
#290915B	東京地判平成 29 年 9 月 15 日ウェストロー 2017WLJPCA09158020、D1-Law 29031749、判例秘書 L07230603、TKC25539253 …………………………185
#290915C	東京地判平成 29 年 9 月 15 日ウェストロー 2017WLJPCA09158019、判例秘書 L07230617、TKC25539268 ……………………………104, 172, 262, 364, 424
#290915D	福岡高判平成 29 年 9 月 15 日ウェストロー 2017WLJPCA09156007、判例秘書 L07220677、D1-Law 28253650、TKC25547337（#290322B の控訴審）…………434
#290914A	名古屋高判平成 29 年 9 月 14 日ウェストロー 2017WLJPCA09146004、D1-Law 28253352、判時 2354 号 26 頁、TKC25547456（#280818 の控訴審）………273
#290914B	東京地判平成 29 年 9 月 14 日ウェストロー 2017WLJPCA09148023、D1-Law 29031831、TKC25539587 …………………………………………………88
#290914C	東京地判平成 29 年 9 月 14 日ウェストロー 2017WLJPCA09148012、判例秘書 L07230444、D1-Law 29031468、TKC25538991 …………………………188
#290914D	東京地判平成 29 年 9 月 14 日ウェストロー 2017WLJPCA09148018、D1-Law 29031679、判例秘書 L07230562、TKC25539502 ……………………80, 109, 124
#290912A	（参考）東京地判平成 29 年 9 月 12 日ウェストロー 2017WLJPCA09128015、D1-Law 29031629、TKC25539397
#290912B	東京地判平成 29 年 9 月 12 日ウェストロー 2017WLJPCA09128007、D1-Law 29031512、判例秘書 L07230471、TKC25539048 ………………117, 125, 126, 175, 215
#290912C	最決平成 29 年 9 月 12 日ウェストロー 2017WLJPCA09126003、D1-Law2825、TKC25547181（#280128A、#290309A の上告審）…………………………49
#290908	東京地判平成 29 年 9 月 8 日ウェストロー 2017WLJPCA09088020、D1-Law 29031745、TKC25539435 ……………………………………………………63, 234
#290907A	東京地判平成 29 年 9 月 7 日ウェストロー 2017WLJPCA09078024、D1-Law

判例索引

	29031847、判例秘書 L07230657、TKC25539094（#300315A の原審）……………150	
#290907B	東京高判平成 29 年 9 月 7 日ウェストロー 2017WLJPCA09076006、判タ 1444 号 119 頁、TKC25549485 …………………………………………………………301	
#290907C	東京地判平成 29 年 9 月 7 日ウェストロー 2017WLJPCA09078011、D1-Law 29031524、判例秘書 L07230478、TKC25539156 ……………………289, 291, 430	
#290906	東京地判平成 29 年 9 月 6 日ウェストロー 2017WLJPCA09068008、判例秘書 L07230482、D1-Law 29031535、TKC25539166……………………………435	
#290905A	東京地判平成 29 年 9 月 5 日ウェストロー 2017WLJPCA09058007、D1-Law 29031890、判例秘書 L07230681、TKC25539131 ……………………………44	
#290901A	東京地判平成 29 年 9 月 1 日ウェストロー 2017WLJPCA09018008、D1-Law 29031508、判例秘書 L07230467、TKC25539044 …………………………225	
#290901B	（参考）横浜地判平成 29 年 9 月 1 日ウェストロー 2017WLJPCA09016005、D1-Law 28253656、判例秘書 L07250659、TKC25547120（#300125E の原審）	
#290901C	大阪高判平成 29 年 9 月 1 日判例秘書 L07220561（#290317 の控訴審、#300301B の原審）……………………………………………………………………320	
#290901D	東京地判平成 29 年 9 月 1 日ウェストロー 2017WLJPCA09018018、D1-Law 29031881、判例秘書 L07230675、TKC25539122 ……………………………44	
#290901E	東京地判平成 29 年 9 月 1 日ウェストロー 2017WLJPCA09018009、TKC25539480 ……………………………………………………………………143	
#290830A	東京地決平成 29 年 8 月 30 日ウェストロー 2017WLJPCA08306003、D1-Law 28253572、判例秘書 L07230115、TKC25547114 …………………55, 56, 131	
#290830B	大阪地判平成 29 年 8 月 30 日ウェストロー 2017WLJPCA08309007、D1-Law 28253192、判例秘書 L07250607、判タ 1445 号 202 頁、判時 2364 号 58 頁、TKC25448910 ……………………………………………………………165, 182	
#290824	東京地判平成 29 年 8 月 24 日裁判所ウェブサイト、ウェストロー 2017 WLJPCA08249001、D1-Law 28253177、判例秘書 L07230105、TKC25448907 ……………………………………………………………………………50, 174	
#290823A	（参考）東京地判平成 29 年 8 月 23 日ウェストロー 2017WLJPCA08236007、D1-Law 28261026、判例秘書 L07230133（#300131C の原審）	
#290823B	東京高判平成 29 年 8 月 23 日ウェストロー 2017WLJPCA08236003（#290313A の控訴審）…………………………………………………………………………108	
#290822A	高松地判平成 29 年 8 月 22 日ウェストロー 2017WLJPCA08226002、判例秘書 L07250626 ……………………………………………………………285, 305	
#290822B	（参考）最決平成 29 年 8 月 22 日 D1-Law 28253390、ウェストロー 2017WLJPCA 08226008（#280210C、#280704A の上告審）	
#290810A	（参考）東京地判平成 29 年 8 月 10 日ウェストロー 2017WLJPCA08106013、判例秘書 L07231836、TKC25548244	
#290810B	東京高判平成 29 年 8 月 10 日ウェストロー 2017WLJPCA08106008（#290315A の控訴審）……………………………………………………………………412, 427	
#290809B	（参考）横浜地小田原支判平成 29 年 8 月 9 日 D1-Law 28261125（#300131B の原審）	
#290809C	東京高判平成 29 年 8 月 9 日ウェストロー 2017WLJPCA08096007（#290314 の控訴審）…………………………………………………………………………62	
#290802	（参考）東京地判平成 29 年 8 月 2 日ウェストロー 2017WLJPCA08026006、D1-Law 28252859、判例秘書 L07230134TKC25549775（#300412 の原審）	
#290731	大阪地判平成 29 年 7 月 31 日ウェストロー 2017WLJPCA07316001、D1-Law	

	28254839、TKC25549102 ·· 300, 376	
#290727	東京高判平成29年7月27日 D1-Law28254248（#290210A の控訴審、#291214A の原審）··· 351, 352	
#290724	東京高判平成29年7月24日ウェストロー 2017WLJPCA07246002（#280524A の控訴審）··· 339	
#290719A	最決平成29年7月19日 D1-Law 28252705 ····································· 94, 136	
#290719B	さいたま地判平成29年7月19日ウェストロー 2017WLJPCA07196008、判例秘書 L07250565、TKC25546806 ······································· 408	
#290719C	東京地判平成29年7月19日 D1-Law 28260876 ··································· 347	
#290713A	東京高判平成29年7月13日ウェストロー 2017WLJPCA07136006（#290224F の控訴審）·· 364	
#290713B	東京高判平成29年7月13日ウェストロー 2017WLJPCA07136004（#290221C の控訴審）·· 381	
#290712A	東京高判平成29年7月12日ウェストロー 2017WLJPCA07126007、D1-Law 28252964（#290215C の控訴審）······························· 332	
#290712B	東京高判平成29年7月12日ウェストロー 2017WLJPCA07126008（#290327C の控訴審）··· 219, 364	
#290712C	東京高決平成29年7月12日判例集未登載（#290203 の控訴審）、橋本博之「消費者行政法の実践」行政法研究25号67・68頁 ········· 264	
#290706A	最決平成29年7月6日 D1-Law 28252467、TKC25547053（#280419B、#290113 の上告審）································· 213, 215, 221, 306	
#290706B	（参考）東京地判平成29年7月6日 D1-Law28260139（#291222A の原審）	
#290706C	東京高判平成29年7月6日 D1-Law 28253268（#290111A の控訴審） ········· 332	
#290629A	最決平成29年6月29日ウェストロー 2017WLJPCA06296006、D1-Law 28252356、TKC25547049（#280120A、#281215C の上告審）··············· 64, 65, 66	
#290629B	大阪地判平成29年6月29日ウェストロー 2017WLJPCA06296002、D1-Law 28252685、判例秘書L07250585、判タ1446号226頁、TKC25547425 ········· 181	
#290629C	東京地判平成29年6月29日 D1-Law 28253042（#290201A の控訴審）········ 314	
#290628A	東京高判平成29年6月28日 D1-Law 28253078 ····················· 81, 245, 292	
#290628B	名古屋高金沢支判平成29年6月28日 D1-Law 28260747、TKC25546396（#290215D の控訴審、#291205B の原審）··· 268	
#290623A	（参考）札幌地室蘭支判平成29年6月23日ウェストロー 2017WLJPCA06236001、D1-Law 28261373、判タ1445号210頁、TKC25546840（#291214B の原審）	
#290623B	（参考）東京地判平成29年6月23日ウェストロー 2017WLJPCA06236007、TKC25548173（#300124 の原審）	
#290622	東京高判平成29年6月22日ウェストロー 2017WLJPCA06226010（#281028 の控訴審）·· 395	
#290621	（参考）東京地判平成29年6月21日ウェストロー 2017WLJPCA06216007、D1-Law 28261040（#300201C の原審）	
#290619	大阪高判平成29年6月19日裁判所ウェブサイト、ウェストロー 2017 WLJPCA06199002、D1-Law 28252095、判例秘書L07220217、TKC25448757（#280927C の控訴審、#291129A の原審）······························ 364	
#290614	最決平成29年6月14日 D1-Law 28252355、TKC25547048（#271005、#281116A の上告審）····································· 207, 237	
#290608A	（参考）東京高判平成29年6月8日ウェストロー 2017WLJPCA06086007、	

判例索引

	D1-Law 28253015（#290112A の控訴審）	
#290608B	東京高判平成 29 年 6 月 8 日ウェストロー 2017WLJPCA06086006、D1-Law 28253030（#281128A の控訴審）……………………………………67, 84, 161, 234	
#290608C	東京高判平成 29 年 6 月 8 日 D1-Law 28261386（#281116C の控訴審）……………364	
#290606	横浜地判平成 29 年 6 月 6 日 D1-Law 28260290、労経速 2354 号 7 頁（#291115、#300531 の一審）……………………………………………………………………145	
#290601A	最決平成 29 年 6 月 1 日ウェストロー 2017WLJPCA06016009、D1-Law 28251921、TKC25546836（#280330H、#281027C の上告審）……………………207	
#290601B	最決平成 29 年 6 月 1 日ウェストロー 2017WLJPCA06016011、D1-Law 28251791 ……………………………………………………………………………145	
#290531	神戸地判平成 29 年 5 月 31 日ウェストロー 2017WLJPCA05319005、D1-Law 28254047、判例秘書 L07250734、TKC25546204 ……………………………………408	
#290530A	最決平成 29 年 5 月 30 日 D1-Law 28251773、TKC25546804（#280311B、#281012A の上告審）………………………………………………………………122	
#290530B	東京高判平成 29 年 5 月 30 日 D1-Law 28254904（#280126A の控訴審）…………122	
#290530C	東京地判平成 29 年 5 月 30 日ウェストロー 2017WLJPCA05308015 ………………63	
#290530D	東京地判平成 29 年 5 月 30 日ウェストロー 2017WLJPCA05308012 ………………71	
#290530E	東京地判平成 29 年 5 月 30 日ウェストロー 2017WLJPCA05308018………………301	
#290530F	東京地判平成 29 年 5 月 30 日ウェストロー 2017WLJPCA05308021………………145	
#290529A	東京地判平成 29 年 5 月 29 日ウェストロー 2017WLJPCA05298014………………124	
#290529B	東京地判平成 29 年 5 月 29 日ウェストロー 2017WLJPCA05298011………………295	
#290526A	東京地判平成 29 年 5 月 26 日ウェストロー 2017WLJPCA05268009………………175	
#290526B	東京地判平成 29 年 5 月 26 日ウェストロー 2017WLJPCA05268021 ……285, 288, 307	
#290526C	東京地判平成 29 年 5 月 26 日ウェストロー 2017WLJPCA05268020………………391	
#290525A	東京地判平成 29 年 5 月 25 日ウェストロー 2010WLJPCA04139003、D1-Law 28260340（#280728B の控訴審）……………………………………………………293	
#290525B	（参考）東京地判平成 29 年 5 月 25 日ウェストロー 2017WLJPCA05256007	
#290524	東京地判平成 29 年 5 月 24 日ウェストロー 2017WLJPCA05248003………………191	
#290523A	東京地判平成 29 年 5 月 23 日ウェストロー 2017WLJPCA05238004………………160	
#290523B	東京地判平成 29 年 5 月 23 日ウェストロー 2017WLJPCA05238012…………160, 245	
#290519A	東京地判平成 29 年 5 月 19 日ウェストロー 2017WLJPCA05198013………………112	
#290519B	東京地判平成 29 年 5 月 19 日ウェストロー 2017WLJPCA05198014…………229, 231	
#290519C	東京地判平成 29 年 5 月 19 日ウェストロー 2017WLJPCA05198011 ………………62	
#290517A	（参考）東京地判平成 29 年 5 月 17 日 D1-Law28255103（#291130A の原審）	
#290517B	長野地松本支判平成 29 年 5 月 17 日ウェストロー 2017WLJPCA05176006、判例秘書 L07250433、TKC25545889（#291018 の原審）……………………………424	
#290517C	東京地判平成 29 年 5 月 17 日ウェストロー 2017WLJPCA05178014………………422	
#290516	東京地判平成 29 年 5 月 16 日ウェストロー 2017WLJPCA05168005………………101	
#290512A	東京地判平成 29 年 5 月 12 日ウェストロー 2017WLJPCA05128019………………305	
#290512B	東京地判平成 29 年 5 月 12 日ウェストロー 2017WLJPCA05128010………………226	
#290511A	札幌高判平成 29 年 5 月 11 日ウェストロー 2017WLJPCA05116001 D1-Law 28253104、判例秘書 L07220626、判時自 423 号 18 頁、TKC25545915（#280830A の控訴審）……………………………………………………………272	
#290511B	東京高判平成 29 年 5 月 11 日ウェストロー 2017WLJPCA05116005、D1-Law 28253143（#281124A の控訴審）………………………………………………294	

#290511C	東京地判平成 29 年 5 月 11 日ウェストロー 2017WLJPCA05118013	206
#290509	東京地判平成 29 年 5 月 9 日ウェストロー 2017WLJPCA05098003	157
#290427A	東京高判平成 29 年 4 月 27 日 D1-Law 28253040 (#281216D の控訴審)	100
#290427B	東京高判平成 29 年 4 月 27 日 D1-Law 28253200 (#281014B の控訴審)	333
#290427C	横浜地川崎支判平成 29 年 4 月 27 日判例秘書 L07250508	410, 420
#290427D	(参考) 東京地判平成 29 年 4 月 27 日 D1-Law 28261398、判例秘書 L07230176 (#300208 の原審)	
#290426A	東京地判平成 29 年 4 月 26 日判例秘書 L07230126	42, 387
#290426B	東京地判平成 29 年 4 月 26 日ウェストロー 2017WLJPCA04266029	90
#290425	最決平成 29 年 4 月 25 日ウェストロー 2017WLJPCA04256004、D1-Law 28263094 (#280330A、#281207A の上告審)	71
#290424	東京地判平成 29 年 4 月 24 日 TKC25548074	419
#290420	東京地判平成 29 年 4 月 20 日ウェストロー 2017WLJPCA04206015	167
#290419	(参考) 東京地判平成 29 年 4 月 19 日ウェストロー 2017WLJPCA04196015、D1-Law 28253781、TKC25547829 (#290927A、#300301A の一審)	
#290417	東京高判平成 29 年 4 月 17 日 D1-Law 28254372 (#281019A の控訴審)	307
#290413B	(参考) 大津地判平成 29 年 4 月 13 日判例秘書 L07250263 (#300702 の原審)	
#290413C	奈良地判平成 29 年 4 月 13 日ウェストロー 2017WLJPCA04136006、判例秘書 L07250283	218
#290413D	東京地判平成 29 年 4 月 13 日ウェストロー 2017WLJPCA04136022	88
#290412	東京地判平成 29 年 4 月 12 日ウェストロー 2017WLJPCA04126010、判例秘書 L07230127	229, 284
#290411A	東京地判平成 29 年 4 月 11 日ウェストロー 2017WLJPCA04116007	173
#290411B	東京地判平成 29 年 4 月 11 日ウェストロー 2017WLJPCA04116006、TKC25560186	314
#290404	最決平成 29 年 4 月 4 日 D1-Law 28251345、TKC25545852 (#280726D、#281205 の上告審)	183, 326, 352, 365, 379
#290331A	名古屋高決平成 29 年 3 月 31 日ウェストロー 2017WLJPCA03316002、D1-Law 28254887、判時 2349 号 28 頁、TKC25548598	45
#290331B	東京地判平成 29 年 3 月 31 日ウェストロー 2017WLJPCA03318004、D1-Law 29046749、判例秘書 L07231408	257
#290331C	東京地決平成 29 年 3 月 31 日ウェストロー 2017WLJPCA03316001 (#290106B の異議審)	389
#290330A	横浜地判平成 29 年 3 月 30 日ウェストロー 2017WLJPCA03306004、D1-Law 28251077、判例秘書 L07250242、判タ 1443 号 222 頁、労判 1159 号 5 頁、TKC25545613	339
#290330B	横浜地判平成 29 年 3 月 30 日ウェストロー 2017WLJPCA03306009、D1-Law 28251312、判例秘書 L07250243、TKC25545633	118, 232, 307
#290330C	(参考) 金沢地判平成 29 年 3 月 30 日ウェストロー 2017WLJPCA03306015、D1-Law 28251276、判例秘書 L07250221、労判 1165 号 21 頁、TKC25545627 (#291129B の原審)	
#290329A	(参考) 東京地判平成 29 年 3 月 29 日 D1-Law 28253957 (#290926A の原審)	
#290329B	東京地判平成 29 年 3 月 29 日ウェストロー 2017WLJPCA03298042、判例秘書 L07231358、TKC25547981	145, 434
#290329C	東京地判平成 29 年 3 月 29 日ウェストロー 2017WLJPCA03298035、D1-Law	

判例索引

	29046535、判例秘書 L07231222 ……………………………………………………82	
#290329D	東京地判平成 29 年 3 月 29 日ウェストロー 2017WLJPCA03296018、D1-Law 29046795、判例秘書 L07231443……………………………………177, 364, 371, 372	
#290328A	東京高判平成 29 年 3 月 28 日 D1-Law 28254371（#281014C の控訴審）…………314	
#290328B	（参考）東京地判平成 29 年 3 月 28 日裁判所ウェブサイト、ウェストロー 2017 WLJPCA03289007、D1-Law 28251859、判例秘書 L07230060、TKC25448742 （#290921 の原審）	
#290328C	高松高判平成 29 年 3 月 28 日判例秘書 L07220102 ………………………………410	
#290328D	東京地判平成 29 年 3 月 28 日 D1-Law29046735、判例秘書 L07231398…………332	
#290327A	東京地判平成 29 年 3 月 27 日 D1-Law 29046636、判例秘書 L07231315 …………70	
#290327B	（参考）東京地判平成 29 年 3 月 27 日 D1-Law 29046329、判例秘書 L07231072	
#290327C	東京地判平成 29 年 3 月 27 日ウェストロー 2017WLJPCA03276007、D1-Law 29046452、判例秘書 L07231145（#290712B の原審）…………………186, 366, 391	
#290327D	東京地判平成 29 年 3 月 27 日判例秘書 L07231328 ………………………………307	
#290327E	東京高判平成 29 年 3 月 27 日 D1-Law 28263050（#280830C の控訴審、#291027A の原審）………………………………………………………………………187, 257	
#290324A	東京地判平成 29 年 3 月 24 日ウェストロー 2017WLJPCA03248017、判例秘書 L07231196 ………………………………………………………………………………99	
#290324B	東京地判平成 29 年 3 月 24 日ウェストロー 2017WLJPCA03248010、D1-Law 29046357、判例秘書 L07231084 ………………………………………………170	
#290324C	東京地判平成 29 年 3 月 24 日ウェストロー 2017WLJPCA03248011、D1-Law 29046483、判例秘書 L07231163 ………………………………………………347	
#290324D	名古屋地判平成 29 年 3 月 24 日ウェストロー 2017WLJPCA03246006、D1-Law 28251089、判例秘書 L07250724、TKC25545416 ……………………………………49	
#290323A	東京地判平成 29 年 3 月 23 日 D1-Law 29046747、判例秘書 L07231406 …………285	
#290323B	東京地判平成 29 年 3 月 23 日ウェストロー 2017WLJPCA03238015、判例秘書 L07231113 …………………………………………………………………………247	
#290323C	東京地判平成 29 年 3 月 23 日 D1-Law 29046516 …………………………………125	
#290323D	大阪地判平成 29 年 3 月 23 日ウェストロー 2017WLJPCA03238002 ……………276	
#290322A	知財高判平成 29 年 3 月 22 日裁判所ウェブサイト、ウェストロー 2017 WLJPCA03229001、D1-Law 28250979、判例秘書 L07220091、TKC25448547 （#280510B の控訴審）……………………………………………………………339	
#290322B	（参考）熊本地判平成 29 年 3 月 22 日ウェストロー 2017WLJPCA03226009、 D1-Law 28251056、判例秘書 L07250224、TKC25545607（#290915D の原審）	
#290322C	東京地判平成 29 年 3 月 22 日 D1-Law 29046269、TKC25550947 ………………394	
#290322D	東京地判平成 29 年 3 月 22 日 D1-Law 29046327 …………………………………100	
#290322E	東京地判平成 29 年 3 月 22 日 D1-Law 29046479 …………………………71, 109, 291	
#290322F	東京高判平成 29 年 3 月 22 日ウェストロー 2017WLJPCA03226012……………131	
#290322G	福岡地判平成 29 年 3 月 22 日ウェストロー 2017WLJPCA03226005 ……………47	
#290321	大阪地判平成 29 年 3 月 21 日裁判所ウェブサイト、ウェストロー 2017 WLJPCA03219004、D1-Law 28251024、判例秘書 L07250107、TKC25448557 ……………………………………………………………………………163, 226, 364	
#290317	（参考）大阪地判平成 29 年 3 月 17 日判例秘書 L07251140（#290901C、#300301B の一審）	
#290316A	東京地判平成 29 年 3 月 16 日 D1-Law 29046492、判例秘書 L07231185 ……126, 166	

#290316B	東京地判平成 29 年 3 月 16 日 D1-Law 29046754、判例秘書 L07231411	103
#290316C	東京地判平成 29 年 3 月 16 日ウェストロー 2017WLJPCA03168012、判例秘書 L07231349、TKC25548272	434
#290316D	東京高判平成 29 年 3 月 16 日 D1-Law 28262427（#280926B の控訴審、#290927D の原審）	66
#290316E	東京地判平成 29 年 3 月 16 日 D1-Law 29046723	132
#290315A	（参考）静岡地判平成 29 年 3 月 15 日ウェストロー 2017WLJPCA03156010（#290810B の原審）	
#290315B	東京高判平成 29 年 3 月 15 日 D1-Law 28262879、TKC25561181（#280909B の控訴審、#290927E の原審）	66
#290314	東京地判平成 29 年 3 月 14 日ウェストロー 2017WLJPCA03148011、判例秘書 L07231259	99
#290313A	東京地判平成 29 年 3 月 13 日ウェストロー 2017WLJPCA03136008、D1-Law 29046538、判例秘書 L07231225（#290823B の原審）	291
#290313B	東京地判平成 29 年 3 月 13 日 D1-Law 29046703、判例秘書 L07231374、TKC25552367	82, 88
#290309A	東京高判平成 29 年 3 月 9 日ウェストロー 2017WLJPCA03096010、D1-Law 28253544、TKC25546884（#280128A の控訴審、#290912C の原審）	49, 340
#290309B	東京高判平成 29 年 3 月 9 日 D1-Law 28260545（#280929A の控訴審、#291130B の原審）	138
#290309C	（参考）東京地判平成 29 年 3 月 9 日 D1-Law 28260632（#291226 の原審）	
#290307	東京地判平成 29 年 3 月 7 日ウェストロー 2017WLJPCA03078008、D1-Law 29046369	62
#290306A	東京地判平成 29 年 3 月 6 日 D1-Law 29046714、判例秘書 L07231381	364, 388
#290306B	（参考）東京高判平成 29 年 3 月 6 日 D1-Law28260552（#280622D の控訴審、#290922C の原審）	
#290302	東京地判平成 29 年 3 月 2 日 TKC25550943	195
#290301	（参考）東京高判平成 29 年 3 月 1 日 TKC25560016、2017WLJPCA03016010	
#290227	東京地判平成 29 年 2 月 27 日ウェストロー 2017WLJPCA02278018、D1-Law 29045571、判例秘書 L07230849、TKC25551213	42, 137
#290224A	東京地判平成 29 年 2 月 24 日ウェストロー 2017WLJPCA02248028、D1-Law 29045816、判例秘書 L07231022	128, 212
#290224B	東京地判平成 29 年 2 月 24 日ウェストロー 2017WLJPCA02248015、D1-Law 29045610、判例秘書 L07230872、TKC25551426	150, 209, 364
#290224C	東京地判平成 29 年 2 月 24 日ウェストロー 2017WLJPCA02248012、D1-Law 29045497、判例秘書 L07230800	99
#290224D	（参考）東京地平成 29 年 2 月 24 日ウェストロー 2017WLJPCA02248027、D1-Law 29045823、判例秘書 L07231029	
#290224E	（参考）東京高判平成 29 年 7 月 13 日文献番号ウェストロー 2017WLJPCA07136006（#290713 の原審）	
#290224F	（参考）横浜地判平成 29 年 2 月 24 日ウェストロー 2017WCJPCA02246008	
#290223	（参考）横浜地判平成 29 年 2 月 23 日 D1-Law 28261403（#300307 の原審）	
#290222A	東京高判平成 29 年 2 月 22 日 D1-Law 28252939、判例秘書 L07220277、TKC25546851（#280125A の控訴審）	31
#290222B	東京地判平成 29 年 2 月 22 日ウェストロー 2017WLJPCA02228025、D1-Law	

	29045695、TKC2555229 ……………………………………………………145	
#290221A	（参考）最決平成29年2月21日ウェストロー 2017WLJPCA02216003、D1-Law 28251116、TKC25545596（#271203、#280929Bの上告審）	
#290221B	（参考）長崎地判平成29年2月21日ウェストロー 2017WLJPCA02216007、D1-Law 28250817、TKC25545293（#300119の原審）	
#290220	（参考）東京地判平成29年2月20日ウェストロー 2017WLJPCA02206007、D1-Law 28260533、TKC25539306	
#290216A	東京地判平成29年2月16日ウェストロー 2017WLJPCA02168015、D1-Law 29045589 ……………………………………………………………………223	
#290216B	東京地判平成29年2月16日ウェストロー 2017WLJPCA02168008、D1-Law 29045523 ………………………………………………………………………62	
#290215A	（参考）東京地判平成29年2月15日 D1-Law 29045470、判例秘書 L07230779	
#290215B	東京地判平成29年2月15日ウェストロー 2017WLJPCA02156012、判例秘書 L07230798 ……………………………………………………………………44	
#290215C	（参考）東京地判平成29年2月15日ウェストロー 2017WLJPCA02156006、D1-Law 28252963（#290712Aの原審）	
#290215D	富山地判平成29年2月15日 D1-Law 28260745（#290628B、#291205Bの一審） ……………………………………………………………………………268	
#290215E	（参考）東京地判平成29年3月27日 D1-law29046452、判例秘書 L07231145（#290712Bの原審）	
#290214A	東京地判平成29年2月14日 D1-Law 29045501、判例秘書 L07230803 …………160	
#290214B	東京地判平成29年2月14日ウェストロー 2017WLJPCA02148007、D1-Law 29045543、判例秘書 L07230833 …………………………………………291, 413	
#290214C	東京地判平成29年2月14日ウェストロー 2017WLJPCA02148013、D1-Law 29045692、判例秘書 L07230930、TKC25552283 …………………………254, 376	
#290213A	（参考）東京地判平成29年2月13日ウェストロー 2017WLJPCA02136012、D1-Law 28262599、判例秘書 L07231630、TKC25560517（#300322Bの原審）	
#290213B	東京地判平成29年2月13日ウェストロー 2017WLJPCA02138002、D1-Law 29045436、判例秘書 L07230750……………………………………150, 213, 364, 368	
#290210A	横浜地判平成29年2月10日 D1-Law 28254457（#290727、#291214の一審） ……………………………………………………………………………351, 352	
#290210B	東京地判平成29年2月10日ウェストロー 2017WLJPCA02106001、D1-Law 28262883 …………………………………………………………………364, 436	
#290210C	東京地判平成29年2月10日ウェストロー 2017WLJPCA0210800、D1-Law 29045559、判例秘書 L07230841 ………………………………………127, 291	
#290209A	東京地判平成29年2月9日 D1-Law 29045576、判例秘書 L07230852、TKC25551259 ………………………………………………………………127	
#290209B	東京地判平成29年2月9日ウェストロー 2017WLJPCA02098009、D1-Law 29045614、TKC25551430 ……………………………………………………141	
#290208A	東京地判平成29年2月8日ウェストロー 2017WLJPCA02088011、D1-Law 29045734、判例秘書 L07230962 ………………………………………42, 136	
#290208B	（参考）東京地判平成29年2月8日ウェストロー 2017WLJPCA02086013、D1-Law 28254910（#291117の原審）	
#290207A	最決平成29年2月7日ウェストロー 2017WLJPCA02076007、D1-Law 28250753、TKC25545433（#271221、#280601の上告審）………71, 241, 365, 386	

#290207B	（参考）最決平成 29 年 2 月 7 日ウェストロー 2017WLJPCA02076006、D1-Law 28250752、TKC25545432（#271221、#280601 の上告審）	
#290206	東京地判平成 29 年 2 月 6 日ウェストロー 2017WLJPCA02068002、D1-Law 29045507、判例秘書 L07230809、TKC25551459 ··	339
#290203	東京地決平成 29 年 2 月 3 日判例集未登載、橋本博之「消費者行政法の実践」行政法研究 25 号 67・68 頁（#290712C の原審）·································	264
#290202A	東京地判平成 29 年 2 月 2 日ウェストロー 2017WLJPCA02028008、D1-Law 29045573、判例秘書 L07230851、TKC25551255 ··	291, 413
#290201A	（参考）東京地判平成 29 年 2 月 1 日 D1-Law 28253041（#290629C の原審）	
#290201B	最決平成 29 年 2 月 1 日ウェストロー 2017WLJPCA02016007、TKC25545434（#270929A、#280421B の上告審）·································	254, 257, 309
#290201C	東京高判平成 29 年 2 月 1 日ウェストロー 2017WLJPCA02016001、D1-Law 28250585、判例秘書 L07220078、TKC25546420（#280729A の控訴審、#291221B の原審）·································	167, 210
#290201D	東京地判平成 29 年 2 月 1 日ウェストロー 2017WLJPCA02018004、判例秘書 L07230794、TKC25538587·································	367, 371
#290131A	東京高判平成 29 年 1 月 31 日 D1-Law 28251358、判例秘書 L07220131、金商判 1515 号 16 頁、TKC25545673（#270513 の控訴審）·································	367
#290131B	大阪高判平成 29 年 1 月 31 日ウェストロー 2017WLJPCA01316009、D1-Law 28250766、判例秘書 L07220104、TKC25545303（#280315B の控訴審）·····	77
#290131C	東京地判平成 29 年 1 月 31 日 D1-Law 29038468、TKC25538732 ·············	103, 135
#290131D	東京地判平成 29 年 1 月 31 日 D1-Law 29038178、TKC25538861 ··········	75, 127, 128
#290131E	東京地判平成 29 年 1 月 31 日 D1-Law 29038302、TKC25538956 ·································	132, 164, 293, 364, 387
#290131F	最決平成 29 年 1 月 31 日ウェストロー 2017WLJPCA01319002、判例秘書 L07210004、民集 71 巻 1 号 63 頁 ·································	45
#290131G	最決平成 29 年 1 月 31 日ウェストロー 2017WLJPCA01316016（#260917、#270605 の上告審）·································	387
#290131H	（参考）最決平成 29 年 1 月 31 日ウェストロー 2017WLJPCA01316017（#270218 の上告審）	
#290130A	東京地判平成 29 年 1 月 30 日 D1-Law 29038394、TKC25538792 ······	93, 94, 182, 364
#290130B	東京地判平成 29 年 1 月 30 日 D1-Law 29038214、TKC25538895 ··········	79, 126, 401
#290127	名古屋高判平成 29 年 1 月 27 日 TKC25545245（#280725 の控訴審）·································	138, 318, 364, 372
#290126	東京地判平成 29 年 1 月 26 日 D1-Law 29038162、TKC25538844 ·············	397
#290125A	東京地判平成 29 年 1 月 25 日 D1-Law 29038211、TKC25538894 ·············	165
#290125B	東京地判平成 29 年 1 月 25 日ウェストロー 2017WLJPCA01258009、D1-Law 29038161、TKC25538842 ·································	226
#290124A	知財高判平成 29 年 1 月 24 日裁判所ウェブサイト、ウェストロー 2017 WLJPCA01249008、D1-Law 28250324、判例秘書 L07220020、TKC25448414（#280819A の控訴審）·································	96, 134
#290124B	最決平成 29 年 1 月 24 日 D1-Law 28250695、TKC25545513（#271214、#280810B の上告審）·································	156
#290124C	東京地判平成 29 年 1 月 24 日 D1-Law 29038498、TKC25538762 ······	214, 232, 138
#290124D	東京地判平成 29 年 1 月 24 日ウェストロー 2017WLJPCA01248015、D1-Law	

557

判例索引

	29038458、TKC25538722 …………………………………………………161
#290120A	東京地判平成 29 年 1 月 20 日ウェストロー 2017WLJPCA01208020、D1-Law 29038472、TKC25538736 ……………………………………………146, 435
#290120B	東京地判平成 29 年 1 月 20 日 D1-Law 29038193、TKC25538876 ………234
#290120C	東京地判平成 29 年 1 月 20 日ウェストロー 2017WLJPCA01208022、D1-Law 29038426、TKC25538574 ……………………………………………………226
#290119A	東京地判平成 29 年 1 月 19 日 D1-Law 29038438、TKC25538701 ………88, 204, 285
#290119B	東京地判平成 29 年 1 月 19 日 D1-Law 29038157、TKC25538839 …………………171
#290118A	山口地判平成 29 年 1 月 18 日 D1-Law 28250532、判例秘書 L07250048 …………267
#290118B	(参考)東京地判平成 29 年 1 月 18 日 D1-Law 29038509、TKC25538677
#290117	(参考)東京地判平成 29 年 1 月 17 日ウェストロー 2017WLJPCA01178023、D1-Law 29038465、TKC25538731
#290116A	東京地判平成 29 年 1 月 16 日 D1-Law 29038202、TKC25538885 ……………………………………………………91, 401, 402, 406, 413, 415
#290116B	東京地判平成 29 年 1 月 16 日 D1-Law 29038436 ウェストロー 2017 WLJPCA01168013、TKC25538699 ……………………………………113, 364, 384
#290113	大阪高判平成 29 年 1 月 13 日ウェストロー 2017WLJPCA01136007、D1-Law 28250619、判例秘書 L07220608、TKC25545456(#280419B の控訴審、#290706A の原審)……………………………………213, 215, 221, 306
#290112A	(参考)静岡地沼津支判平成 29 年 1 月 12 日ウェストロー 2017WLJPCA01126005、D1-Law 28253014(#290608A の原審)
#290112B	東京高決平成 29 年 1 月 12 日 D1-Law 29038086(#261009、#280714A の控訴審、#290719A の原審)………………………………………………94, 136
#290112C	東京地判平成 29 年 1 月 12 日ウェストロー 2017WLJPCA01128008、D1-Law 28252704、TKC25537748 ……………………………………408, 410, 417, 418
#290111A	(参考)東京地判平成 29 年 1 月 11 日ウェストロー 2017WLJPCA01118012、D1-Law 28253267、TKC25538566(#290706C の原審)
#290111B	東京地判平成 29 年 1 月 11 日 D1-Law 29038404、TKC25538547 ………111
#290111C	東京地判平成 29 年 1 月 11 日ウェストロー 2017WLJPCA01118011、D1-Law 29038491、TKC25538755 ……………………………………………………294
#290106A	東京地判平成 29 年 1 月 6 日 D1-Law 29038168、TKC25538850 …………295
#290106B	東京地決平成 29 年 1 月 6 日ウェストロー 2017WLJPCA01066001、TKC25545218(#290331C の原決定)………………………………………………389
#281228A	東京地判平成 28 年 12 月 28 日ウェストロー 2016WLJPCA12288013 TKC25550201、D1-Law 29020886 ………………………………………395
#281228B	東京地判平成 28 年 12 月 28 日 D1-Law 29020541、判例秘書 L07133779、TKC25539768 ……………………………………………………………109
#281228C	東京地判平成 28 年 12 月 28 日ウェストロー 2016WLJPCA12288001、D1-Law 29020612、労判 1161 号 66 頁、労経速 2308 号 3 頁、TKC25544830 …………27, 151
#281227A	東京地判平成 28 年 12 月 27 日 D1-Law 29020727、判例秘書 L07133881、TKC25550094 ……………………………………103, 105, 335, 340, 364, 389, 406
#281227B	東京地判平成 28 年 12 月 27 日判例秘書 L07133842、TKC25550285 ……364, 369, 385
#281226A	知財高判平成 28 年 12 月 26 日ウェストロー 2016WLJPCA12269002、D1-Law 28250163、判例秘書 L07120623、TKC25448385(#270930C の控訴審)………178
#281226B	東京地判平成 28 年 12 月 26 日 D1-Law 29020641、判例秘書 L07133818、

	TKC25550387 ·· 149, 185, 364, 373	
#281226C	東京地判平成 28 年 12 月 26 日ウェストロー 2016WLJPCA12268018、D1-Law 29020771、判例秘書 L07133916、TKC25545002 ························ 364	
#281222A	大阪高判平成 28 年 12 月 22 日ウェストロー 2016WLJPCA12226015、D1-Law 28251451、TKC25545614、消費者法ニュース 111 号 257 頁（#270515 の控訴審、#290601B の原審） ·· 145	
#281222B	東京地判平成 28 年 12 月 22 日 D1-Law 29020516、判例秘書 L07133763、TKC25550037 ·· 113, 127	
#281222C	東京地判平成 28 年 12 月 22 日 D1-Law 29020555 ································· 129	
#281222D	東京地判平成 28 年 12 月 22 日 D1-Law 29020594、TKC25539854 ·········· 113	
#281222E	東京地判平成 28 年 12 月 22 日 D1-Law 29020554 ····················· 423, 427, 428	
#281222F	東京地判平成 28 年 12 月 22 日 D1-Law 29020731、判例秘書 L07133883、TKC25550396 ································· 113, 133, 175, 411, 413, 422	
#281222G	東京地判平成 28 年 12 月 22 日ウェストロー 2016WLJPCA12228006、D1-Law 29020481、判例秘書 L07133748 ··· 136	
#281222H	（参考）東京地判平成 28 年 12 月 22 日 D1-Law 28261967（#300322A の原審）	
#281221A	東京高判平成 28 年 12 月 21 日ウェストロー 2016WLJPCA12216004、判例秘書 L07120642（#280720A の控訴審） ······························ 432, 437, 438	
#281221B	東京高判平成 28 年 12 月 21 日 D1-Law 28250364、TKC25544829（#280711A の控訴審） ··· 123, 425	
#281221C	東京地判平成 28 年 12 月 21 日ウェストロー 2016WLJPCA12218011、D1-Law 29020610、判例秘書 L07133803 ······················· 146, 414, 420, 436, 437	
#281221D	東京地判平成 28 年 12 月 21 日判例秘書 L07133816、D1-Law29020639、TKC25550385 ··· 376	
#281220A	東京地判平成 28 年 12 月 20 日 D1-Law 29020812、TKC25550134 ·········· 133	
#281220B	東京地判平成 28 年 12 月 20 日 D1-Law 29020799、判例秘書 L07133933、TKC25550166 ··· 80	
#281220C	東京地判平成 28 年 12 月 20 日 D1-Law 29020737、判例秘書 L07133888、TKC25550313 ·· 118	
#281220D	東京地判平成 28 年 12 月 20 日ウェストロー 2016WLJPCA12208002、判例秘書 L07132792、TKC25544806 ··· 431	
#281220E	東京地判平成 28 年 12 月 20 日 D1-Law 29038277、判例秘書 L07133826、TKC25538530 ··· 51	
#281216A	平成 28 年 12 月 16 日東京地判 D1-Law 28250497、判例秘書 L07133707（#291122 の原審） ··· 374	
#281216B	東京地判平成 28 年 12 月 16 日 D1-Law 29020881、TKC25550195 ·········· 158	
#281216C	東京地判平成 28 年 12 月 16 日 D1-Law 29020880、TKC25550194 ·········· 221	
#281216D	（参考）東京地判平成 28 年 12 月 16 日ウェストロー 2016WLJPCA12168018、D1-Law 29020785、判例秘書 L07133926（#290427A の原審）	
#281216E	東京地判平成 28 年 12 月 16 日ウェストロー 2016WLJPCA12168006、D1-Law 29020460、判例秘書 L07133731、TKC25550302 ··············· i, 187, 188, 364, 373, 396	
#281215A	最決平成 28 年 12 月 15 日 D1-Law 28253614（#270924、#280322A の上告審） ··· 61	
#281215B	東京高判平成 28 年 12 月 15 日 D1-Law 28250262（#280324A の控訴審） ········· 113	
#281215C	東京高判平成 28 年 12 月 15 日ウェストロー 2016WLJPCA12156013、D1-Law 28250043TKC25544970、判例秘書 L07120609（#280120A の控訴審、#290629A の	

判例索引

	原審）………………………………………………………………………64, 65, 66	
#281215D	東京地判平成 28 年 12 月 15 日 D1-Law 29020796、判例秘書 L07133930、TKC25550163 ……………………………………………………………103	
#281215E	東京地判平成 28 年 12 月 15 日ウェストロー 2016WLJPCA12159002、D1-Law 28244594、判例秘書 L07131998、TKC25448349 ………………………117	
#281215F	東京高判平成 28 年 12 月 15 日ウェストロー 2016WLJPCA12156014（#280428 の控訴審）………………………………………………………………………418	
#281214A	東京高判平成 28 年 12 月 14 日ウェストロー 2016WLJPCA12146015、D1-Law 28250107、判例秘書 L07120610（#280630A の控訴審）………………392	
#281214B	（参考）東京地判平成 28 年 12 月 14 日ウェストロー 2016WLJPCA12148016、D1-Law 29020875	
#281214C	東京地判平成 28 年 12 月 14 日ウェストロー 2016WLJPCA12148018、D1-Law 29020846、判例秘書 L07133954、TKC25550399 ……………………339	
#281214D	東京地判平成 28 年 12 月 14 日 TKC25550188 ………………………364	
#281212A	東京地判平成 28 年 12 月 12 日 D1-Law 29020658、判例秘書 L07133823、TKC2555026 ……………………………………………………………129	
#281212B	東京地判平成 28 年 12 月 12 日 D1-Law 29020456、判例秘書 L07133728、TKC25550298 ……………………………………………………136, 161, 347	
#281209A	（参考）東京地判平成 28 年 12 月 9 日 D1-Law 29020793、TKC25550160	
#281209B	東京地判平成 28 年 12 月 9 日ウェストロー 2016WLJPCA12098007、D1-Law 29020564、判例秘書 L07133784、TKC25544955 ……………………196	
#281209C	（参考）大阪地判平成 28 年 12 月 9 日ウェストロー 2016WLJPCA12096002、TKC25544820	
#281208	東京地判平成 28 年 12 月 8 日 D1-Law 29020752、TKC25550095 ……125	
#281207A	仙台高判平成 28 年 12 月 7 日ウェストロー 2016WLJPCA12076008、D1-Law 28252377、判例秘書 L07120733、判時 2333 号 78 頁、TKC25544723（#280330A の控訴審、#290425 の原審）……………………………………………71, 307	
#281207B	東京高判平成 28 年 12 月 7 日ウェストロー 2016WLJPCA12076001、D1-Law 28250066、判例秘書 L07120603、TKC25544815（#280720G の控訴審）…………231	
#281205	東京高判平成 28 年 12 月 5 日ウェストロー 2016WLJPCA12056003、D1-Law 28250078、TKC25544973（#280726D の控訴審、#290404 の原審）………………………………………………………………183, 326, 352, 364, 379	
#281202	大阪地判平成 28 年 12 月 2 日判例秘書 L07151052 ………………364, 371	
#281201A	東京高判平成 28 年 12 月 1 日 D1-Law 28250074（#280720B の控訴審）……115	
#281130A	東京地判平成 28 年 11 月 30 日ウェストロー 2016WLJPCA11308017、D1-Law 28252952、判例秘書 L07132542、判タ 1438 号 186 頁、TKC25538466 ……55, 56, 116	
#281130B	大阪地判平成 28 年 11 月 30 日裁判所ウェブサイト、ウェストロー 2016 WLJPCA11309014、D1-Law 28250561、TKC25448453 ……………243, 371	
#281130C	東京地判平成 28 年 11 月 30 日 D1-Law 29038932、判例秘書 L07133283、TKC25538406 ……………………………………………………………220	
#281130D	東京地判平成 28 年 11 月 30 日 D1-Law 29038876、判例秘書 L07133268、TKC25537808 …………………………………………………………99, 217	
#281130E	東京高判平成 28 年 11 月 30 日 D1-Law 28262433（#280620B の控訴審）…………197	
#281130F	東京地判平成 28 年 11 月 30 日 D1-Law 29038766 ………………319, 364, 366, 385	

560

#281129A	東京地判平成 28 年 11 月 29 日ウェストロー 2016WLJPCA11298035、判例秘書 L07133055、TKC25538046	364, 431, 436
#281129B	東京地立川支判平成 28 年 11 月 29 日ウェストロー 2016WLJPCA11296001	64, 426, 434
#281129C	東京地判平成 28 年 11 月 29 日 D1-Law 29038851、判例秘書 L07133250、TKC25538047	368
#281129D	東京地判平成 28 年 11 月 29 日ウェストロー 2016WLJPCA11298033、D1-Law 29038738、判例秘書 L07133041、TKC25538391	234
#281129E	東京地判平成 28 年 11 月 29 日 D1-Law29038864、判例秘書 L07132555、TKC25538297	76, 186, 258, 364
#281128A	東京地判平成 28 年 11 月 28 日ウェストロー 2016WLJPCA11288009、D1-Law 28253029、TKC25538493（#290608B の原審）	84
#281128B	東京地判平成 28 年 11 月 28 日ウェストロー 2016WLJPCA11288012、判例秘書 L07133286、TKC25538239	409
#281128C	東京地判平成 28 年 11 月 28 日 D1-Law29038762、判例秘書 L07133209、TKC25538465	245
#281128D	東京地判平成 28 年 11 月 28 日判例秘書 L07132547	364, 379, 385
#281125	東京地判平成 28 年 11 月 25 日 D1-Law29038682、判例秘書 L07133029、TKC25538913	42
#281124A	（参考）東京地判平成 28 年 11 月 24 日ウェストロー 2016WLJPCA11246014、D1-Law 28253142、判例秘書 L07133031、TKC25538254（#290511B の原審）	
#281124B	東京地判平成 28 年 11 月 24 日ウェストロー 2016WLJPCA11248010、D1-Law 28260100、判例秘書 L07133091、TKC25544972	241, 364, 379, 407, 430, 437, 438
#281124C	福岡高判平成 28 年 11 月 24 日ウェストロー 2016WLJPCA11246003、TKC25544934（#280330J の）	409, 418, 432
#281124D	東京地判平成 28 年 11 月 24 日 D1-Law29038566、判例秘書 L07133120、TKC25537869	417, 421, 423
#281124E	東京地判平成 28 年 11 月 24 日 D1-Law29038886、判例秘書 L07133273、TKC25538410	100
#281124F	東京地判平成 28 年 11 月 24 日 D1-Law 29038818	364, 368, 395
#280124G	東京地判平成 28 年 11 月 24 日 TKC25538226	141
#281121	東京地判平成 29 年 11 月 21 日 D1-Law29046141	79
#281118A	東京地判平成 28 年 11 月 18 日 D1-Law29038574、判例秘書 L07133124、TKC25538171	79, 170, 411, 421, 425
#281118B	東京地判平成 28 年 11 月 18 日判例秘書 L07133040、TKC25538382	119, 123, 397, 407, 415, 417, 426, 427, 433
#281117	東京高判平成 28 年 11 月 17 日ウェストロー 2016WLJPCA11176010、D1-Law 28244483（#271125B の控訴審）	69
#281116A	大阪高判平成 28 年 11 月 16 日ウェストロー 2016WLJPCA11166001、D1-Law 28244477、判例秘書 L07120596、TKC25544886（#271005 の控訴審、#290614 の原審）	207, 237
#281116B	東京地判平成 28 年 11 月 16 日ウェストロー 2016WLJPCA11168011、D1-Law 29038858、判例秘書 L07133253、TKC25538291	93
#281116C	（参考）東京地判平成 28 年 11 月 16 日 D1-Law 28261384（#290608C の原審）	
#281115	東京地判平成 28 年 11 月 15 日 D1-Law29038598、判例秘書 L07133139、	

判例索引

	TKC25538198	301, 421
#281114	東京地判平成 28 年 11 月 14 日ウェストロー 2016WLJPCA11148003、D1-Law29038597、判例秘書 L07133137、TKC25538196	213
#281110A	東京地判平成 28 年 11 月 10 日 D1-Law29038881、判例秘書 L07133270、TKC25538323	80
#281110B	東京地判平成 28 年 11 月 10 日ウェストロー 2016WLJPCA11108028、D1-Law29038921、TKC25538395	214
#281110C	大津地判平成 28 年 11 月 10 日判例秘書 L07150882	258
#281109A	東京地判平成 28 年 11 月 9 日ウェストロー 2016WLJPCA11098013、D1-Law29038920、判例秘書 L07133067、TKC25538371	217, 382, 391
#281109B	最決平成 28 年 11 月 9 日 D1-Law 28250360（#270527、#280428A の上告審）	4, 101, 257
#281108A	東京地判平成 28 年 11 月 8 日 D1-Law29038839、判例秘書 L07133243、TKC25538034	67, 343
#281108B	東京地判平成 28 年 11 月 8 日 D1-Law29038595、判例秘書 L07133136、TKC25538193	67
#281108C	東京地判平成 28 年 11 月 8 日ウェストロー 2016WLJPCA11088003、D1-Law29038913、判例秘書 L07132570、TKC25538414	106
#281107	東京地判平成 28 年 11 月 7 日 D1-Law29038661、判例秘書 L07133165、TKC25538836	255
#281102A	知財高判平成 28 年 11 月 2 日ウェストロー 2016WLJPCA11029002、D1-Law28243911、判例秘書 L07120454、判時 2346 号 103 頁、TKC25448239（#280216C の控訴審）	113
#281102B	東京地判平成 28 年 11 月 2 日 D1-Law 29038558、判例秘書 L07133117、TKC25537862	71, 291
#281101A	東京地判平成 28 年 11 月 1 日 D1-Law29038662、判例秘書 L07132533、TKC25538818	140
#281101B	最決平成 28 年 11 月 1 日 D1-Law 28244568、TKC25544985（#280425B、#270327 の上告審）	364, 394
#281101C	最決平成 28 年 11 月 1 日 D1-Law 28261365、TKC25544986（#280425B、#270327 の上告審）	364, 394
#281031	東京地判平成 28 年 10 月 31 日ウェストロー 2016WLJPCA10318007、判例秘書 L07133329、TKC2553779	183
#281028A	東京地判平成 28 年 10 月 28 日ウェストロー 2016WLJPCA10288007、D1-Law29021077、判例秘書 L07132333、TKC25544214	62
#281028B	東京地判平成 28 年 10 月 28 日ウェストロー 2016WLJPCA10288013 D1-Law29021097、判例秘書 L07132381、TKC25537898	395
#281028C	東京地判平成 28 年 10 月 28 日 D1-Law 29021296、判例秘書 L07133392、TKC25538101	111
#281028D	東京地判平成 28 年 10 月 28 日ウェストロー 2016WLJPCA10288007	62
#281027A	大阪高判平成 28 年 10 月 27 日ウェストロー 2016WLJPCA10276015、D1-Law28244411、TKC25549099（#280330H の控訴審、#290601A の原審）	207
#281027B	東京高判平成 28 年 10 月 27 日 D1-Law 28244037（#280318A の控訴審）	341
#281027C	大阪高判平成 28 年 10 月 27 日ウェストロー 2016WLJPCA10276014、D1-Law28244406（#280408A の控訴審）	242

562

#281027D	東京地判平成 28 年 10 月 27 日 D1-Law 29021285、判例秘書 L07133405、TKC25538091 ··67, 101, 160, 183	
#281026	東京地判平成 28 年 10 月 26 日 D1-Law 29021310、判例秘書 L07133412、TKC25538117 ··185, 370, 371	
#281025	東京地判平成 28 年 10 月 25 日ウェストロー 2016WLJPCA10258001、D1-Law 28250488、判例秘書 L07132318、TKC25538133 ··89, 120, 121, 132, 154, 187, 256, 257, 303, 313, 364, 386, 402, 403, 436	
#281024A	東京地判平成 28 年 10 月 24 日 D1-Law 29021180、判例秘書 L07133371、TKC25537983 ···102, 215	
#281021A	札幌高判平成 28 年 10 月 21 日ウェストロー 2016WLJPCA10216001、D1-Law28251376 ···94	
#281021B	東京地判平成 28 年 10 月 21 日 D1-Law 29021340、判例秘書 L07133424、TKC25537450 ··80, 420, 429	
#281019A	東京地判平成 28 年 10 月 19 日ウェストロー 2016WLJPCA10198012、D1-Law 29020954、判例秘書 L07132288、TKC25537288（#290417 の原審）············307	
#281019B	東京地判平成 28 年 10 月 19 日 D1-Law 29020918、判例秘書 L07133313、TKC25537217 ···136, 165	
#281019C	東京地判平成 28 年 10 月 19 日ウェストロー 2016WLJPCA10196017 ·············364	
#281018	東京地判平成 28 年 10 月 18 日 D1-Law 29021337、判例秘書 L07132435、TKC25538052··i, 177, 209, 409, 458	
#281017A	東京地判平成 28 年 10 月 17 日 D1-Law 29021049、判例秘書 L07132393、TKC25537840 ···168	
#281017B	東京地判平成 28 年 10 月 17 日ウェストロー 2016WLJPCA10178011、D1-Law 29021221、判例秘書 L07133446、TKC25537046 ·······································121, 144	
#281014A	東京地判平成 28 年 10 月 14 日ウェストロー 2016WLJPCA10148012、D1-Law 29020950、判例秘書 L07132354、TKC25537285 ···173	
#281014B	東京地判平成 28 年 10 月 14 日ウェストロー 2016WLJPCA10148011、D1-Law 29020965、判例秘書 L07132358、TKC25537771（#290427B の原審）············333	
#281014C	（参考）東京地判平成 28 年 10 月 14 日ウェストロー 2016WLJPCA10148019、D1-Law 29021253、判例秘書 L07132449、TKC25538063（#290328A の原審）	
#281013	東京地判平成 28 年 10 月 13 日 D1-Law 29021305、判例秘書 L07133410、TKC25538112 ···103	
#281012A	大阪高判平成 28 年 10 月 12 日ウェストロー 2016WLJPCA10126006、判例秘書 L07120536、TKC25544232（#280311B の控訴審、#290530A の原審）············122	
#281012B	東京地判平成 28 年 10 月 12 日ウェストロー 2016WLJPCA10128012、D1-Law 29021299、判例秘書 L07133409、TKC25538106 ·······················137, 288, 385, 438	
#281012C	東京地判平成 28 年 10 月 12 日 TKC25538022 ···364	
#281011	東京地判平成 28 年 10 月 11 日 D1-Law 29020963、判例秘書 L07133322、TKC25537769 ···133, 173	
#281007A	東京地判平成 28 年 10 月 7 日 D1-Law 29021193、判例秘書 L07133372、TKC25537739 ···166	
#281007B	札幌地判平成 28 年 10 月 7 日ウェストロー 2016WLJPCA10076002················313	
#281006A	東京高判平成 28 年 10 月 6 日ウェストロー 2016WLJPCA10066010、D1-Law 28243844（#280323B の控訴審）···50	
#281006B	東京地判平成 28 年 10 月 6 日 TKC25538004 ···100	

判例索引

#281005	東京地判平成28年10月5日ウェストロー2016WLJPCA10058007、D1-Law 29021267、判例秘書L07133396、TKC25537281 ……………………………	339, 427, 435
#281004A	東京地判平成28年10月4日 D1-Law 29020947、判例秘書L07133316、TKC25537281 …………………………………………………………………………	172
#281004B	(参考) 福岡高判平成28年10月4日ウェストロー2016WLJPCA10046013、判例秘書L07120837、民集71巻10号2585頁、TKC25560663 (#280329Eの控訴審、#291218Aの原審)	
#281003	東京地判平成28年10月3日 D1-Law 29021318、判例秘書L07133417、TKC25538125 …………………………………………………………………	219, 401
#280930A	新潟地判平成28年9月30日ウェストロー2016WLJPCA09306008、D1-Law 28243811、判例秘書L07150796、判時2338号86頁、TKC25544176 …………	45
#280930B	名古屋高判平成28年9月30日ウェストロー2016WLJPCA09306005、判例秘書L07120432、TKC25543975 (#280204の控訴審) ………………………	435
#280930C	青森地判平成28年9月30日 TKC25544175 ………………………………………	265
#280929A	(参考) さいたま地判平成28年9月29日 D1-Law 28260543 (#290309B、#291130Bの一審)	
#280929B	東京高判平成28年9月29日ウェストロー2016WLJPCA09296012、D1-Law 28243900、判例秘書L07120436、TKC25544359 (#271203の控訴審、#290221Aの原審) ………………………………………………………………………………	240
#280929C	東京高判平成28年9月29日 D1-Law 28243838 (#280426Bの控訴審) …………………………………………………………………………………………	157, 322, 342
#280929D	東京地判平成28年9月29日 D1-Law 29020041、判例秘書L07133504、TKC25537351 ………………………………………………………………………	217, 242
#280929E	東京地判平成28年9月29日 D1-Law 29020102、判例秘書L07132128、TKC25536991 ………………………………………………………………………	80, 314
#280929F	(参考) 東京地判平成28年9月29日ウェストロー2016WLJPCA09298013、D1-Law 29020050、判例秘書L07132110、TKC25537000 (#290322Fの原審)	
#280929G	東京地判平成28年9月29日ウェストロー2016WLJPCA09298006、D1-Law 29020377、判例秘書L07132167、TKC25537608 ………………………	234
#280929H	東京地判平成28年9月29日 D1-Law29020227、判例秘書L07133581、TKC25537663 ……………………………………………………………………………	89
#280929I	静岡地沼津支判平成28年9月29日ウェストロー2016WLJPCA09296017、D1-Law 2825223、判例秘書L071512248、判時2332号83頁、TKC25546298 …	226
#280929J	(参考) 東京地判平成28年9月29日 TKC25537397	
#280928A	東京地判平成28年9月28日 D1-Law 29021125、判例秘書L07133358、TKC25537921 ………………………………………………………………………	70, 127
#280928B	東京地判平成28年9月28日ウェストロー2016WLJPCA09288030D1-Law 29020432、判例秘書L07132180、判タ1440号213頁、TKC25536347 …………	195
#280928C	熊本地玉名支判平成28年9月28日 D1-Law 28253622、判例秘書L07151255、判時2341号120頁、TKC25547167 ……………………………………………	270
#280927A	東京地判平成28年9月27日 D1-Law 29020100、判例秘書L07133526、TKC25536987 ………………………………………………………………………	183
#280927B	東京地判平成28年9月27日 D1-Law 29020275、判例秘書L07132152、TKC25537564 ………………………………………………………………………	81, 109, 223
#280927C	(参考) 大阪地判平成28年9月27日裁判所ウェブサイト、ウェストロー2016	

判例索引

	WLJPCA09276001、D1-Law 28244394、判例秘書 L07150952、TKC25544419（#290619、#291129A の一審）
#280926A	東京地判平成 28 年 9 月 26 日 D1-Law 29020226、判例秘書 L07133580、TKC25537661 …………………………………………………………………… 109
#280926B	（参考）東京地判平成 28 年 9 月 26 日 D1-Law 28262425（#290316D、#290927D の一審）
#280921B	東京地判平成 28 年 9 月 21 日 D1-Law 29019958、判例秘書 L07132085、TKC25537326 ………………………………… 132, 176, 364, 371, 372, 379, 384
#280921C	東京地判平成 28 年 9 月 21 日ウェストロー 2016WLJPCA09218015、D1-Law 29021121、判例秘書 L07132238、TKC25537915 …………………… 132, 387
#280920	宮崎地延岡支判平成 28 年 9 月 20 日ウェストロー 2016WLJPCA09206005 ……… 160
#280916	（参考）東京地判平成 28 年 9 月 16 日ウェストロー 2016WLJPCA09168009、D1-Law 29019955、判例秘書 L07132015、TKC25537325（#290301、#291024 の一審）
#280915A	東京地判平成 28 年 9 月 15 日 D1-Law 29020224、判例秘書 L07133579、TKC25537659 ………………………………………… 80, 133, 134, 165, 407, 429
#280915B	（参考）東京地判平成 28 年 9 月 15 日 D1-Law28243636、TKC25448196、ジュリ 1503 号 8 頁（#300425A の原審）
#280915C	（参考）最決平成 28 年 9 月 15 日ウェストロー 2016WLJPCA09156007、判例秘書 L07110097（#271118、#280426G の上告審）
#280914A	最決平成 28 年 9 月 14 日 D1-Law 28243567、TKC25544423（#270330、#280204A の上告審） ……………………………………………………… 250
#280914B	東京高判平成 28 年 9 月 14 日 D1-Law 28243666（#280215B の控訴審） ……………………………………………………………………… 66, 91, 92, 191, 391
#280914C	東京地判平成 28 年 9 月 14 日 D1-Law 29020079、判例秘書 L07132024、TKC25537411 ……………………… 78, 79, 91, 115, 134, 402, 412–415, 421, 425, 426, 429
#280913A	最決平成 28 年 9 月 13 日 D1-Law 28243570、TKC25544423（#270930A、#280309A の上告審） ………………………………………………… 68, 369
#280913B	東京地判平成 28 年 9 月 13 日ウェストロー 2016WLJPCA09138009、D1-Law 29020140、判例秘書 L07133540、TKC25537435 ……………………… 245
#280913C	東京地判平成 28 年 9 月 13 日 D1-Law 29020158、判例秘書 L07133551、TKC25537036 ……………………………………………………… 70, 82, 135
#280912A	東京地判平成 28 年 9 月 12 日 D1-Law 29020139、判例秘書 L07133539、TKC25537434 ……………………………………………………………… 300
#280912B	東京地判平成 28 年 9 月 12 日ウェストロー 2016WLJPCA09128007、D1-Law 29020093、判例秘書 L07132126、TKC25536983 ……………………… 339
#280909A	東京地判平成 28 年 9 月 9 日 D1-Law 29020054、判例秘書 L07133685 ………… 211
#280909B	東京地判平成 28 年 9 月 9 日ウェストロー 2016WLJPCA09098024、D1-Law 29020311、判例秘書 L07132037、TKC25537680（#290315B、#290927E の一審） …………………………………………………………………… 257, 351
#280909C	名古屋地判平成 28 年 9 月 9 日判例秘書 L07150947 ……………………………… 414
#280909D	金沢地判平成 28 年 9 月 9 日 D1-Law 28262217、税資 266 号（順号 12900） …… 339
#280908A	東京地判平成 28 年 9 月 8 日 D1-Law 29020310、判例秘書 L07132035、TKC25537678 ……………………………………………………………………… 88
#280908B	東京地判平成 28 年 9 月 8 日 D1-Law 29019974、判例秘書 L07133485、

565

判例索引

	TKC25536859 ……………………………………………………………246	
#280908C	東京地判平成 28 年 9 月 8 日 D1-Law 29020346、判例秘書 L07132043、	
	TKC25537227 …………………………………………………………125, 126	
#280908D	東京地判平成 28 年 9 月 8 日ウェストロー 2016WLJPCA09088019、D1-Law	
	29020217、判例秘書 L07133572、TKC25537651 ……………………………94	
#280907A	東京地判平成 28 年 9 月 7 日 D1-Law 29020308、判例秘書 L07132153、	
	TKC25537677 ……………………………………………………156, 158, 285	
#280907B	東京地判平成 28 年 9 月 7 日 D1-Law 29020405、判例秘書 L07132174、	
	TKC25537634 …………………………………………………………………221	
#280902A	東京地判平成 28 年 9 月 2 日 D1-Law 29020161、判例秘書 L07133553、	
	TKC25537492 ……………………………………………………397, 405, 419	
#280902B	東京地判平成 28 年 9 月 2 日 D1-Law 29019962、判例秘書 L07133481、	
	TKC25537342 …………………………………………………………212, 226	
#280902C	東京地判平成 28 年 9 月 2 日 D1-Law 29020403、判例秘書 L07133668 ……………127	
#280902D	東京地判平成 28 年 9 月 2 日ウェストロー 2016WLJPCA09028014、D1-Law	
	29020129、判例秘書 L07132137、TKC25537422 ……………183, 186, 364, 367, 373	
#280831A	東京高判平成 28 年 8 月 31 日 D1-Law 28243362（#280205A の控訴審）	
	…………………………………………………………………………159, 238, 396	
#280831B	東京地判平成 28 年 8 月 31 日ウェストロー 2016WLJPCA08318016、D1-Law	
	29019791、TKC25536692 …………………………………………………139, 316	
#280830A	函館地判平成 28 年 8 月 30 日ウェストロー 2016WLJPCA08306001、D1-Law	
	28252129、判例秘書 L07151215、判時 2331 号 12 頁、判地自 423 号 22 頁、	
	TKC25545914（#290511A の原審）………………………………………………272	
#280830B	東京地判平成 28 年 8 月 30 日ウェストロー 2016WLJPCA08308029、	
	D1-Law 29019628、判例秘書 L07131856、TKC25536825	
	……………………………………………………217, 236, 285, 311, 405, 407, 416	
#280830C	東京地判平成 28 年 8 月 30 日ウェストロー 2016WLJPCA08308009、D1-Law	
	29019902、判例秘書 L07131837、TKC25536920（#290327E、#291027 の一審）…187	
#280829A	東京地判平成 28 年 8 月 29 日ウェストロー 2016WLJPCA08298003、D1-Law	
	29019790、判例秘書 L07131951、TKC25536691 …………………………………51	
#280829B	徳島地判平成 28 年 8 月 29 日ウェストロー 2016WLJPCA08296002 ……………167	
#280826	東京地判平成 28 年 8 月 26 日 D1-Law 29019606、判例秘書 L07131805、	
	TKC25536105 …………………………………………………………102, 109, 111	
#280825A	東京地判平成 28 年 8 月 25 日ウェストロー 2016WLJPCA08258003、D1-Law	
	29019880、判例秘書 L07131931、TKC25537252 …………………………364, 390	
#280825B	東京地判平成 28 年 8 月 25 日 D1-Law 29019623、判例秘書 L07131810、	
	TKC25536631 …………………………………………………………………72, 188	
#280825C	東京地判平成 28 年 8 月 25 日 D1-Law 29019717、TKC25536604 ……76, 223, 228	
#280825D	東京地判平成 28 年 8 月 25 日 D1-Law 29019689、TKC25536508 ……………134	
#280825E	東京地判平成 28 年 8 月 25 日ウェストロー 2016WLJPCA08258007、D1-Law	
	2901961、判例秘書 L071318544、TKC25537143 ………………………………214	
#280824	東京地判平成 28 年 8 月 24 日 D1-Law29019805 ………………………………257	
#280823	東京地判平成 28 年 8 月 23 日ウェストロー 2016WLJPCA08238002、D1-Law	
	29019687、TKC25536925 …………………………………………………………339	
#280822A	東京地判平成 28 年 8 月 22 日 D1-Law 29019715、TKC25536601 ………175, 244, 314	

#280822B	東京地判平成 28 年 8 月 22 日ウェストロー 2016WLJPCA08228004、D1-Law 29019782、判例秘書 L07131902、TKC25536896	214, 217, 364, 379
#280819A	（参考）東京地判平成 28 年 8 月 19 日ウェストロー 2016WLJPCA08199001、判例秘書 L07131201、TKC25448148（#290124A の原審）	
#280819B	東京地判平成 28 年 8 月 19 日ウェストロー 2016WLJPCA08198003、D1-Law 29019668、判例秘書 L07131867、TKC25537171	339
#280818	（参考）津地判平成 28 年 8 月 18 日ウェストロー 2016WLJPCA08186007、判例秘書 L07151301、TKC25543794（#290914A の原審）	
#280817	福岡地判平成 28 年 8 月 17 日ウェストロー 2016WLJPCA08176001、D1-Law 28243678、判例秘書 L07150590	339
#280810A	東京高判平成 28 年 8 月 10 日ウェストロー 2016WLJPCA08107001、D1-Law 28243224、判例秘書 L07120692、判タ 1434 号 121 頁、TKC25545540（#280219A の控訴審）	329
#280810B	福岡高判平成 28 年 8 月 10 日 D1-Law 28250696、TKC25544241（#271214 の控訴審、#290124B の原審）	156
#280809A	東京地判平成 28 年 8 月 9 日 D1-Law 29019750、TKC25536887	291
#280809B	東京地判平成 28 年 8 月 9 日 D1-Law 29019728、TKC25536887	134
#280809C	東京地判平成 28 年 8 月 9 日ウェストロー 2016WLJPCA08098006、D1-Law 29019645、判例秘書 L07131843、TKC25543696	189
#280809D	東京地判平成 28 年 8 月 9 日ウェストロー 2016WLJPCA08098005、D1-Law 29019702、TKC25537165	339
#280808A	東京地判平成 28 年 8 月 8 日ウェストロー 2016WLJPCA08088002、D1-Law 29019682、判例秘書 L07131873、TKC25537159	339
#280808B	東京地判平成 28 年 8 月 8 日ウェストロー 2016WLJPCA08088005、D1-Law 29019602、TKC25536499	226
#280805A	東京地判平成 28 年 8 月 5 日ウェストロー 2016WLJPCA08058004、D1-Law 29019680、判例秘書 L07131814、TKC25537157	364, 373, 422
#280805B	東京地判平成 28 年 8 月 5 日ウェストロー 2016WLJPCA08058003、D1-Law 29019643、判例秘書 L07131842、TKC25543747	47, 132
#280805C	福岡高宮崎支判平成 28 年 8 月 5 日ウェストロー 2016WLJPCA08056002、判例秘書 L07120320、TKC25543984	427
#280804	東京地判平成 28 年 8 月 4 日ウェストロー 2016WLJPCA08048003、D1-Law 29019869、判例秘書 L07131835、TKC25537201	173, 174, 187, 364
#280802A	東京地判平成 28 年 8 月 2 日 D1-Law 29019727、TKC25537097	166, 348, 423
#280729A	（参考）東京地判平成 28 年 7 月 29 日ウェストロー 2016WLJPCA07296001、判例秘書 L07131593、TKC25536405（#290201C、#291221B の一審）	
#280729B	東京地判平成 28 年 7 月 29 日ウェストロー 2016WLJPCA07298012、D1-Law 29019502、TKC25536586	52, 198
#280729C	甲府地都留支判平成 28 年 7 月 29 日判例秘書 L07150844	90, 285, 305, 397, 426
#280728A	（参考）東京地判平成 28 年 7 月 28 日ウェストロー 2016WLJPCA07286009、D1-Law 28243274、判例秘書 L07131611、TKC25534768（#290929A の原審）	
#280728B	（参考）東京地判平成 28 年 7 月 28 日ウェストロー 2016WLJPCA07286010、D1-Law 29019501、判例秘書 L07131678、TKC25536584（#290525A の原審）	
#280728C	最決平成 28 年 7 月 28 日 D1-Law 28260429、TKC25543694（#280126B、#270615 の上告審）	69

567

#280728D	最決平成 28 年 7 月 28 日 D1-Law 28243075、TKC25543695（#280126B、#270615 の上告審）	69
#280727A	東京地判平成 28 年 7 月 27 日 D1-Law 29019304、TKC25536425	94, 223
#280727B	東京地判平成 28 年 7 月 27 日ウェストロー 2016WLJPCA07278014、D1-Law 29019738、判例秘書 L07131751、TKC25536877	234, 283, 313
#280726A	東京地判平成 28 年 7 月 26 日 D1-Law 29019737、TKC25536875	182, 421
#280726B	東京地判平成 28 年 7 月 26 日ウェストロー 2016WLJPCA07268002、D1-Law 29019406、TKC25536549	297
#280726C	東京地判平成 28 年 7 月 26 日ウェストロー 2016WLJPCA07268009、D1-Law 29019556、判例秘書 L07131615、TKC25536489	145, 416, 418, 435, 437
#280726D	（参考）東京地判平成 28 年 7 月 26 日ウェストロー 2016WLJPCA07266003、D1-Law 28243279、判例秘書 L07131614、TKC25536488（#281205、#290404 の一審）	
#280726E	東京地判平成 28 年 7 月 26 日ウェストロー 2016WLJPCA07268004、判例秘書 L07131618、TKC25543675	408, 436, 438
#280725	名古屋地判平成 28 年 7 月 25 日 TKC25545423	370, 371, 437
#280722	広島高判平成 28 年 7 月 22 日 D1-Law 28262381、税資 266 号（順号 12888）（#280127F の控訴審）	261
#280721A	東京地判平成 28 年 7 月 21 日ウェストロー 2016WLJPCA07218010、D1-Law 29019729、判例秘書 L07131746、TKC25536867	219, 253, 364
#280721B	東京地判平成 28 年 7 月 21 日ウェストロー 2016WLJPCA07218007、D1-Law 29019497、判例秘書 L07131676、TKC25536581	129, 216, 364, 370–372
#280720A	（参考）東京地判平成 28 年 7 月 20 日ウェストロー 2016WLJPCA07208003、判例秘書 L07131695、TKC25536576（#281221A の原審）	
#280720B	東京地判平成 28 年 7 月 20 日ウェストロー 2016WLJPCA07208021、D1-Law 29019372、判例秘書 L07131601、TKC25536445（#281201A の原審）	115
#280720C	知財高判平成 28 年 7 月 20 日裁判所ウェブサイト、ウェストロー 2016 WLJPCA07209005、D1-Law 28242804、判例秘書 L07120281、TKC25448076 （#270929B の控訴審）	333
#280720D	東京地判平成 28 年 7 月 20 日 D1-Law 29019488、TKC25536479	91
#280720E	東京地判平成 28 年 7 月 20 日 D1-Law 29019320、TKC25535956	220, 402
#280720F	東京地判平成 28 年 7 月 20 日ウェストロー 2016WLJPCA07208030、D1-Law 29019554、判例秘書 L07131701、TKC25536486	141
#280720G	（参考）東京地判平成 28 年 7 月 20 日ウェストロー 2016WLJPCA07206004、TKC25534770	
#280720H	東京地判平成 28 年 7 月 20 日ウェストロー 2016WLJPCA07208025、D1-Law 29019371、判例秘書 L07131600、TKC25536444	101, 122
#280719A	東京地判平成 28 年 7 月 19 日 D1-Law 29019527、TKC25537111	101, 291, 301, 402, 407, 411, 412, 426
#280715	東京地判平成 28 年 7 月 15 日 D1-Law 29019447、判例秘書 L07131661、TKC25536455	135
#280714A	東京地決平成 28 年 7 月 14 日 D1-Law 28252703（#290719A の一審、#290112B の原審、#261009 の異議審）	94, 136
#280714B	東京地判平成 28 年 7 月 14 日ウェストロー 2016WLJPCA07148017、D1-Law 29019312、TKC25535848	189, 291

判例索引

#280714C	大阪高判平成 28 年 7 月 14 日ウェストロー 2016WLJPCA07146014、判例秘書 L07120322 ···	357, 364
#280713	東京地判平成 28 年 7 月 13 日 D1-Law 29019533、判例秘書 L07131697、 TKC25536522 ···	127, 246
#280712A	東京地判平成 28 年 7 月 12 日 D1-Law 29019505、TKC25544219 ·············	79, 125
#280712B	東京地判平成 28 年 7 月 12 日ウェストロー 2016WLJPCA07128012、D1-Law 29019465、判例秘書 L07131670、TKC25537074 ······································	339
#280712C	東京地判平成 28 年 7 月 12 日ウェストロー 2016WLJPCA07128006、D1-Law 29019553、判例秘書 L07131613、TKC25536485 ················ 70, 187, 258, 364, 379	
#280712D	東京地判平成 28 年 7 月 12 日 TKC25536386 ··	291
#280712E	東京地判平成 28 年 7 月 12 日 TKC25537072 ··	62
#280711B	東京地判平成 28 年 7 月 11 日ウェストロー 2016WLJPCA07118001、D1-Law 29019210、TKC25536678 ··	96, 397, 398
#280711C	東京地判平成 28 年 7 月 11 日ウェストロー 2016WLJPCA07118004、D1-Law 29019428、TKC25537061 ··	144
#280708A	東京地判平成 28 年 7 月 8 日 D1-Law 29019309、TKC25536798 ················	129
#280708B	東京地判平成 28 年 7 月 8 日 D1-Law 29019308、TKC25536797 ················	220
#280707A	東京地判平成 28 年 7 月 7 日 D1-Law 29019375、TKC25536527 ················	221
#280707B	（参考）東京地判平成 28 年 7 月 7 日 D1-Law 29019268、TKC25536393	
#280707C	東京地判平成 28 年 7 月 7 日ウェストロー 2016WLJPCA07078008、D1-Law 29019286、TKC25536793 ··	407
#280706A	最決平成 28 年 7 月 6 日 D1-Law 28242848、TKC25543981（#270407、#271209 の 上告審）···	153
#280706B	東京地判平成 28 年 7 月 6 日 D1-Law 29019388、TKC25536812 ················	103
#280705A	東京地判平成 28 年 7 月 5 日 D1-Law 29019328、TKC25536015 ················	103
#280705B	（参考）福岡高判平成 28 年 7 月 5 日ウェストロー 2016WLJPCA07057001、 判例秘書 L07120325、判タ 1431 号 138 頁、TKC25544840	
#280704A	東京高判平成 28 年 7 月 4 日ウェストロー 2016WLJPCA07046006、D1-Law 28244018、判例秘書 L07120656、労判 1149 号 16 頁、労経速 2290 号 8 頁、 TKC25544281（#280210C の控訴審、#290822B の原審）···················	191, 342
#280704B	東京地判平成 28 年 7 月 4 日 D1-Law 29019363、TKC25536436 ················	226, 397
#280701	東京地判平成 28 年 7 月 1 日ウェストロー 2016WLJPCA07018008、TKC25536407 ···	364
#280630A	（参考）東京地判平成 28 年 6 月 30 日ウェストロー 2016WLJPCA06308005、 D1-Law 29018863、判例秘書 L07131443、TKC25536239（#281214A の原審）	
#280630B	東京地判平成 28 年 6 月 30 日ウェストロー 2016WLJPCA06308028、D1-Law 29019074、TKC25535920 ··	101, 397
#280630C	東京地判平成 28 年 6 月 30 日ウェストロー 2016WLJPCA06308006、D1-Law 29018847、判例秘書 L07131385、TKC25536743 ·······························	339
#280629B	東京地判平成 28 年 6 月 29 日ウェストロー 2016WLJPCA06298034、D1-Law 29019108、判例秘書 L07131414、TKC25534451 ·······························	111, 339
#280628A	最決平成 28 年 6 月 28 日 D1-Law 28242709、TKC25543868（#270715、#271216A の上告審）···	84
#280628B	最決平成 28 年 6 月 28 日 TKC25543869（#270805、#270129B の上告審）·········	398
#280627	横浜地判平成 28 年 6 月 27 日ウェストロー 2016WLJPCA06276004、判例秘書	

569

	L07150551 ……………………………………………………………20, 367	
#280624	東京高判平成 28 年 6 月 24 日 D1-Law 28243712（#271014 の控訴審）………40, 428	
#280623A	最決平成 28 年 6 月 23 日 D1-Law 28242503、TKC25543867（#270225、#270820 の上告審）……………………………………………………………………70, 213, 229	
#280623B	東京地判平成 28 年 6 月 23 日ウェストロー 2016WLJPCA06238006、D1-Law 29019045、TKC25536751 ………………………………………………………339, 435	
#280623C	東京地判平成 28 年 6 月 23 日ウェストロー 2016WLJPCA06238003、D1-Law 29018840、判例秘書 L07131441、TKC25536735 …………………………143, 220	
#280622A	東京高判平成 28 年 6 月 22 日 D1-Law 28242986（#271222 の控訴審）………392, 347	
#280622B	東京地判平成 28 年 6 月 22 日ウェストロー 2016WLJPCA06228017、D1-Law 29019157、TKC25536197 ……………………………………………………………70	
#280622C	東京地判平成 28 年 6 月 22 日ウェストロー 2016WLJPCA06228010、D1-Law 29018981、TKC25536265 …………………………………………………………146	
#280622D	横浜地判平成 28 年 6 月 22 日 D1-Law 28260551（#290306B、#290922C の一審）……………………………………………………………………………………50	
#280621A	東京地判平成 28 年 6 月 21 日ウェストロー 2016WLJPCA06218008、D1-Law 29018962、判例秘書 L07131398、TKC25535887 ……………………………364	
#280621B	東京地判平成 28 年 9 月 21 日 D1-Law29021121 ………………………………242	
#280620A	東京地判平成 28 年 6 月 20 日ウェストロー 2016WLJPCA06208004、D1-Law 29018880、判例秘書 L07131535、TKC25534474 ……………………………226	
#280620B	（参考）東京地判平成 28 年 6 月 20 日ウェストロー 2016WLJPCA06208005、D1-Law 29018871、判例秘書 L07131449、TKC25535498（#281130E の原審）	
#280616	東京高判平成 28 年 6 月 16 日 D1-Law 28242607（#280127A の控訴審）………409	
#280615A	東京地判平成 28 年 6 月 15 日ウェストロー 2016WLJPCA06158022、D1-Law 29018979、TKC25536262 …………………………………………………………102	
#280615B	大阪地判平成 28 年 6 月 15 日ウェストロー 2016WLJPCA06156006、判例秘書 L07150722、TKC25545620 …………………………………………………………48	
#280613B	東京地判平成 28 年 6 月 13 日ウェストロー 2016WLJPCA06138003、D1-Law 29018869、判例秘書 L07131388、TKC25535496 ……………………………156, 157	
#280609A	東京高判平成 28 年 6 月 9 日 D1-Law 28242597（#271216B の控訴審）…196, 365, 391	
#280608A	東京高判平成 28 年 6 月 8 日 D1-Law 28242370、判例秘書 L07120241、TKC25543118 ………………………………………………………………345, 367	
#280608B	宇都宮地大田原支判平成 28 年 6 月 8 日 D1-Law 28250961、判例秘書 L07151381 ……………………………………………………………………………………285	
#280608C	東京地判平成 28 年 6 月 8 日ウェストロー 2016WLJPCA06088002、判例秘書 L07131527、TKC25535860 …………………………………………………………99	
#280607A	東京地判平成 28 年 6 月 7 日ウェストロー 2016WLJPCA06078010、D1-Law 29018786、TKC25536717 ……………………………………70, 165, 424, 430, 431	
#280607B	東京地判平成 28 年 6 月 7 日ウェストロー 2016WLJPCA06078008、TKC25536777 ……………………………………………………………………339	
#280603A	東京地判平成 28 年 6 月 3 日ウェストロー 2016WLJPCA06038016、D1-Law 29018941、判例秘書 L07131470、TKC25536041 ……………………………339	
#280603B	東京地判平成 28 年 6 月 3 日ウェストロー 2016WLJPCA06038007、D1-Law 29018932、判例秘書 L07131538、TKC25543185 ……………………………190	
#280602A	東京地判平成 28 年 6 月 2 日ウェストロー 2016WLJPCA06028014、D1-Law	

	29018811、TKC25544109 ……………………………………………… 175, 364, 371
#280602B	東京地判平成 28 年 6 月 2 日ウェストロー 2016WLJPCA06028007、D1-Law 29018906、判例秘書 L07131393、TKC25536069 ……………… 82, 113, 186, 406, 419
#280602C	横浜地川崎支決平成 28 年 6 月 2 日ウェストロー 2016WLJPCA06026005、D1-Law 28242279、判例秘書 L07150318、判タ 1428 号 86 頁、判時 2296 号 14 頁、TKC25543108 …………………………………………………………………… 390
#280601A	大阪地判平成 28 年 6 月 1 日ウェストロー 2016WLJPCA06018001、判例秘書 L07150649、TKC25543317 ………………………………………………… 339
#280601B	東京高判平成 28 年 6 月 1 日ウェストロー 2016WLJPCA06016006、D1-Law 28242588、判例秘書 L07120239、TKC25543117（#271221 の控訴審、#290207 の原審）………………………………………………………… 71, 241, 364, 386
#280531A	最決平成 28 年 5 月 31 日 D1-Law 28260384、TKC25543691（#270129A、#270708 の上告審）……………………………………………………………………… 378
#280531B	東京地判平成 28 年 5 月 31 日ウェストロー 2016WLJPCA05318039、D1-Law 29018687、判例秘書 L07131324、TKC25534033 ………………………… 137, 215
#280531C	東京地判平成 28 年 5 月 31 日ウェストロー 2016WLJPCA05318035、D1-Law 29018446、TKC25536359 ……………………………………………… 407, 422
#280526A	神戸地判平成 28 年 5 月 26 日ウェストロー 2016WLJPCA05268006、判例秘書 L07151249、TKC25545743 …………………………………………………… 36, 339
#280526B	神戸地判平成 28 年 5 月 26 日ウェストロー 2016WLJPCA05266003、判例秘書 L07150333、TKC25543055 ……………………………………………………… 397
#280525A	最決平成 28 年 5 月 25 日 D1-Law 28253467、TKC25543355 …………………… 20
#280525B	東京地判平成 28 年 5 月 25 日ウェストロー 2016WLJPCA05258034、D1-Law 29018716、TKC25534397 ……………………………………………………… 78
#280525C	東京地判平成 28 年 5 月 25 日ウェストロー 2016WLJPCA05258018、D1-Law 29018715、判例秘書 L07131237、TKC25534398 ………………………………… 339
#280525D	東京高判平成 28 年 5 月 25 日判例秘書 L07120424 ………………………………… 339
#280524A	（参考）横浜地判平成 28 年 5 月 24 日ウェストロー 2016WLJPCA05246009、D1-Law 28253127（#290724 の原審）
#280524B	東京地判平成 28 年 5 月 24 日ウェストロー 2016WLJPCA05248016、D1-Law 29018428、TKC25536311 ………………………………………………… 291, 292
#280523A	東京地判平成 28 年 5 月 23 日ウェストロー 2016WLJPCA05238011、D1-Law 29018405、TKC25534240 ………………………………………………… 401, 408
#280523B	東京地判平成 28 年 5 月 23 日ウェストロー 2016WLJPCA05238002、D1-Law 29018680、TKC25534377 …………………………………………… 424, 436, 437
#280520A	東京地判平成 28 年 5 月 20 日ウェストロー 2016WLJPCA05208019、D1-Law 29018562、TKC25534345 …………………………………………………… 228
#280520B	東京地判平成 28 年 5 月 20 日ウェストロー 2016WLJPCA05208020、D1-Law 29018643、TKC25534958 …………………………………………………… 132, 402
#280519	東京高判平成 28 年 5 月 19 日ウェストロー 2016WLJPCA05196004、D1-Law 28241751、判例秘書 L07120857、TKC25542758（#271215 の控訴審）……… 332
#280518	東京地判平成 28 年 5 月 18 日ウェストロー 2016WLJPCA05188015、D1-Law 29018374、TKC25534212 ……………………………………………………… 103
#280517A	東京地判平成 28 年 5 月 17 日ウェストロー 2016WLJPCA05178019、D1-Law 29018490、TKC25534274 ……………………………………………………… 351

#280517B	東京地判平成 28 年 5 月 17 日ウェストロー 2016WLJPCA05178018、D1-Law 29018487、判例秘書 L07131282、TKC25534273 ……323
#280517C	東京地判平成 28 年 5 月 17 日ウェストロー 2016WLJPCA05178017、D1-Law 29018412、判例秘書 L07131262、TKC25536091 ……132, 215, 402
#280516	東京地判平成 28 年 5 月 16 日ウェストロー 2016WLJPCA05168011、D1-Law 29018402、TKC25534230 ……90, 402
#280515	東京地判平成 28 年 2 月 15 日 D1-Law29016769 ……138
#280512	最決平成 28 年 5 月 12 日 D1-Law 28241833、TKC25542959 (#270206、#271210 の上告審) ……50
#280510A	東京地判平成 28 年 5 月 10 日ウェストロー 2016WLJPCA05108010、D1-Law 29018452、判例秘書 L07131271、TKC25534264 ……226, 352
#280510B	大阪地判平成 28 年 5 月 10 日ウェストロー 2016WLJPCA05109001、D1-Law 28253392、判例秘書 L07151198、TKC25448657 ……339
#280509A	東京地判平成 28 年 5 月 9 日ウェストロー 2016WLJPCA05098006、D1-Law 29018711、判例秘書 L07131236、TKC25536124 ……79, 99, 175, 220, 402
#280509B	東京地判平成 28 年 5 月 9 日ウェストロー 2016WLJPCA05098004、D1-Law 29018725、TKC25534407 ……96
#280428A	東京高判平成 28 年 4 月 28 日ウェストロー 2016WLJPCA04288022、D1-Law 28241987、判例秘書 L07120210、TKC25542980 (#270527 の控訴審、#281109 の原審) ……4, 101, 257
#280428B	東京高判平成 28 年 4 月 28 日 D1-Law 28241697 (#261210 の控訴審) ……257
#280428C	東京地判平成 28 年 4 月 28 日 D1-Law 29017451、判例秘書 L07131116、TKC25535753 ……213, 237
#280428D	東京地判平成 28 年 4 月 28 日ウェストロー 2016WLJPCA04288029、D1-Law 29017284、TKC25535274 ……90
#280428E	東京高判平成 28 年 4 月 28 日 TKC25544866 (#271111 の控訴審) ……162
#280427A	東京高判平成 28 年 4 月 27 日 D1-Law 28241604 (#270908 の控訴審) ……196
#280427B	東京地判平成 28 年 4 月 27 日ウェストロー 2016WLJPCA0427803、D1-Law 329017543、TKC25535769 ……115, 364, 379
#280426A	東京地判平成 28 年 4 月 26 日ウェストロー 2016WLJPCA04268039、D1-Law 29017438、判例秘書 L07131110、TKC25535212 ……134
#280426B	(参考) 東京地判平成 28 年 4 月 26 日ウェストロー 2016WLJPCA04268031、D1-Law 29017437、判例秘書 L07131111、TKC25534133 (#280929C の原審)
#280426C	東京地判平成 28 年 4 月 26 日ウェストロー 2016WLJPCA04268006、D1-Law 29017298、TKC25535096 ……177
#280426D	東京地判平成 28 年 4 月 26 日ウェストロー 2016WLJPCA04268003、D1-Law 29017168、判例秘書 L07131067、TKC25536140 ……141, 397, 400, 401
#280426E	東京地判平成 28 年 4 月 26 日ウェストロー 2016WLJPCA04268027、D1-Law 29017523、判例秘書 L07131134、TKC25535219 ……187, 418, 436, 437
#280426F	東京地判平成 28 年 4 月 26 日ウェストロー 2016WLJPCA04268010、D1-Law 29017385、TKC25535840 ……159
#280426G	福岡高判平成 28 年 4 月 26 日判例秘書 L07120174 (#271118 の控訴審、#280915C の原審) ……367
#280426H	福岡高判平成 28 年 4 月 26 日ウェストロー 2016WLJPCA04266002、TKC25542968 (#270918 の控訴審) ……379

#280425A	札幌地決平成 28 年 4 月 25 日ウェストロー 2016WLJPCA04256006、D1-Law 28251377（#281021A の原審）………………………………………………………	94
#280425B	高松高判平成 28 年 4 月 25 日ウェストロー 2016WLJPCA04256002、D1-Law 28241667、判例秘書 L07120175、TKC25543016（#281101B と #281101C の原審、#270327 の控訴審）………………………………………………	364, 368, 394
#280425C	東京地判平成 28 年 4 月 25 日ウェストロー 2016WLJPCA04258013、D1-Law 29017436、TKC25535211 ……………………………………………………………	129
#280422A	東京地判平成 28 年 4 月 22 日 D1-Law 29017560、TKC25535362 ………………	66
#280422B	東京地判平成 28 年 4 月 22 日ウェストロー 2016WLJPCA04228005、D1-Law 29017377、TKC25535835 ……………………………………………………………	295
#280422C	東京地判平成 28 年 4 月 22 日ウェストロー 2016WLJPCA04228006、D1-Law 29017376、TKC25535834 ………………………………………………	146, 215, 225
#280422D	佐賀地判平成 28 年 4 月 22 日ウェストロー 2016WLJPCA04226010、D1-Law 28260757、判例秘書 L07150353、TKC25543129 ……… 89, 169, 173, 364, 371, 379, 385	
#280421A	東京高判平成 28 年 4 月 21 日 D1-Law 28241600（#271127 の控訴審）…	296, 416, 419
#280421B	大阪高判平成 28 年 4 月 21 日ウェストロー 2016WLJPCA04216003、D1-Law 28241608、判例秘書 L07120176、TKC25542986（#270929A の控訴審、#290201B の原審）……………………………………………………………	254, 257, 309
#280421C	東京地判平成 28 年 4 月 21 日ウェストロー 2016WLJPCA04218015、D1-Law 29017428、TKC25536335 ……………………………………………………………	129
#280420A	東京地判平成 28 年 4 月 20 日ウェストロー 2016WLJPCA04208010、D1-Law 29017465、判例秘書 L07131191、TKC25542801 …………………………………	99
#280420B	最決平成 28 年 4 月 20 日 TKC25543141（#270320、#271125 の上告審）…………	53
#280419A	東京高判平成 28 年 4 月 19 日 D1-Law 28241453（#271008 の控訴審）………	173, 401
#280419B	（参考）大阪地判平成 28 年 4 月 19 日ウェストロー 2016WLJPCA04196007、D1-Law 28250617、判例秘書 L07150323、TKC25543151（#290113、#290706A の一審）	
#280419C	東京地判平成 28 年 4 月 19 日ウェストロー 2016WLJPCA04198015、D1-Law 29017592、判例秘書 L07131157、TKC25535663 ………………………………	220
#280418A	東京地判平成 28 年 4 月 18 日ウェストロー 2016WLJPCA04188006、D1-Law 29017306、判例秘書 L07131087、TKC25534916 ………………………………	71, 258
#280418B	（参考）東京地判平成 28 年 4 月 18 日ウェストロー 2016WLJPCA04188009、D1-Law 29017163、TKC25535443	
#280415	東京地判平成 28 年 4 月 15 日ウェストロー 2016WLJPCA04158005、D1-Law 29017250、判例秘書 L07131009、TKC25536171 ………………………………	286, 383
#280414A	東京高判平成 28 年 4 月 14 日 D1-Law 28241485（#271105A の控訴審）…………………………………………………………………………………………	294, 419, 423
#280411A	東京地判平成 28 年 4 月 11 日ウェストロー 2016WLJPCA04118006、D1-Law 29017411、判例秘書 L07131024、TKC25535735 ……………………………	212, 364, 429
#280411B	東京地判平成 28 年 4 月 11 日ウェストロー 2016WLJPCA04118008、D1-Law 29017513、判例秘書 L07131031、TKC25535222 ………………………………	339
#280408A	（参考）大阪地判平成 28 年 4 月 8 日裁判所ウェブサイト、ウェストロー 2016WLJPCA04086003、D1-Law 28241606、判例秘書 L07150235、TKC25542833（#281027C の原審）	
#280408B	東京地判平成 28 年 4 月 8 日ウェストロー 2016WLJPCA04088002、D1-Law	

判例索引

	29017207、TKC25535908 ……………………………………………………166, 185	
#280408C	福岡地判平成28年4月8日ウェストロー2016WLJPCA04086002、D1-Law 28241415 ……………………………………………………………………………20	
#280330A	（参考）福島地いわき支判平成28年3月30日判例秘書L07151228、判時2333号83頁、TKC25544724（#281207A、#290425の一審）	
#280330B	東京地判平成28年3月30日ウェストロー2016WLJPCA03308060、D1-Law 29018106、TKC25535615 ………………………………………………158, 175	
#280330C	東京地判平成28年3月30日ウェストロー2016WLJPCA03308053、D1-Law 29017816、TKC25534540 …………………………………………………79, 421	
#280330D	東京地判平成28年3月30日ウェストロー2016WLJPCA03308043、D1-Law 29018299、判例秘書L07130709、TKC25534469 ……69, 76, 98, 125, 186, 364, 370-372	
#280330E	東京地判平成28年3月30日ウェストロー2016WLJPCA03308030、D1-Law 29018092、判例秘書L07130692、TKC25535593 ……………………………164	
#280330F	東京地判平成28年3月30日ウェストロー2016WLJPCA03308027、D1-Law 29017933、判例秘書L07130911、TKC25534594 ……………………………147	
#280330G	東京地判平成28年3月30日ウェストロー2016WLJPCA03308026、D1-Law 29017921、判例秘書L07130962、TKC25542623 ……………………………141	
#280330H	（参考）大阪地判平成28年3月30日ウェストロー2016WLJPCA03306007、D1-Law 28244407、TKC25542836（#281027A、#290601Aの一審）	
#280330J	熊本地判平成28年3月30日ウェストロー2016WLJPCA03306012、TKC25544933（#281124Cの原審）……………………………………409, 418, 432	
#280329A	東京地判平成28年3月29日ウェストロー2016WLJPCA03298061、D1-Law 29017697、TKC25534506 ……………………………………………………108	
#280329B	東京地判平成28年3月29日ウェストロー2016WLJPCA03298037、D1-Law 29017978、判例秘書L07130822、TKC25534524 ……………………………339	
#280329C	東京地判平成28年3月29日ウェストロー2016WLJPCA03298063、D1-Law 29017694、TKC25534503 ……………………………………………………126	
#280329D	東京地判平成28年3月29日ウェストロー2016WLJPCA03298048、D1-Law 29018156 …………………………………………………………………………213	
#280329E	福岡地久留米支判平成28年3月29日ウェストロー2016WLJPCA03296021、判例秘書L07151357、民集71巻10号2559頁、TKC25560662（#281004B、#291218Aの一審）……………………………………………………………99, 424	
#280328	東京地判平成28年3月28日D1-Law 29018163、TKC25535697 ……………185	
#280325A	東京地判平成28年3月25日ウェストロー2016WLJPCA03258063、D1-Law 29018235、TKC25534612 …………………………………………364, 367, 396	
#280325B	（参考）東京地判平成28年3月25日ウェストロー2016WLJPCA03258068、D1-Law 28242648、TKC25535557	
#280325C	東京地判平成28年3月25日ウェストロー2016WLJPCA03258067、D1-Law 29017829、TKC25535556 ……………………………116, 117, 182, 412, 429	
#280325D	東京地判平成28年3月25日ウェストロー2016WLJPCA03258053、D1-Law 29018355、判例秘書L0713088、TKC25535197 …………………………………193	
#280325F	（参考）東京地判平成28年3月25日ウェストロー2016WLJPCA03258057、判例秘書L07130983	
#280324A	（参考）横浜地小田原支判平成28年3月24日D1-Law 28250261（#281215Bの原審）	

#280324B	東京地判平成 28 年 3 月 24 日ウェストロー 2016WLJPCA03248039、D1-Law 29017357、TKC25535716	96
#280324C	東京地判平成 28 年 3 月 24 日ウェストロー 2016WLJPCA03248038、D1-Law 29018271、TKC25535630	141
#280324D	東京地判平成 28 年 3 月 24 日ウェストロー 2016WLJPCA03248049、D1-Law 29018087、TKC25535590	102
#280323A	最決平成 28 年 3 月 23 日 D1-Law 28241214、TKC25542807（#261016、#271007 の上告審）	273
#280323B	（参考）東京地判平成 28 年 3 月 23 日ウェストロー 2016WLJPCA03238027、D1-Law 29018175、判例秘書 L07130946、TKC25542599（#281006 の原審）	
#280322A	大阪高判平成 28 年 3 月 22 日ウェストロー 2016WLJPCA03226008、判例秘書 L07120741、判時 2335 号 35 頁、TKC25546469（#270924 の控訴審、#281215A の原審）	61
#280322B	東京地判平成 28 年 3 月 22 日ウェストロー 2016WLJPCA03228026、D1-Law 29017746、TKC25534098	79, 105, 134, 175, 428, 429
#280322C	東京地判平成 28 年 3 月 22 日ウェストロー 2016WLJPCA03228018、D1-Law 29017883、判例秘書 L07130792、TKC25534565	341
#280318A	東京地判平成 28 年 3 月 18 日ウェストロー 2016WLJPCA03188005、D1-Law 29017944、判例秘書 L07130807、TKC25535786（#281027B の原審）	341
#280318B	東京地判平成 28 年 3 月 18 日ウェストロー 2016WLJPCA03188017、D1-Law 29018189、TKC25534118	303
#280317A	東京地判平成 28 年 3 月 17 日ウェストロー 2016WLJPCA03178029、D1-Law 29017881、TKC25534559	323, 404
#280317B	東京地判平成 28 年 3 月 17 日ウェストロー 2016WLJPCA03178026、D1-Law 29018081、TKC25535056	301
#280316A	東京地判平成 28 年 3 月 16 日ウェストロー 2016WLJPCA03168026、D1-Law 29018185、TKC25534124	175, 397
#280315A	東京地判平成 28 年 3 月 15 日ウェストロー 2016WLJPCA03158027、D1-Law 29017797、TKC25534837	134, 413
#280315B	（参考）大阪地判平成 28 年 3 月 15 日裁判所ウェブサイト、ウェストロー 2016 WLJPCA03156001、D1-Law 28241680、判例秘書 L07150254、TKC25447968（#290131B の原審）	
#280314A	東京地判平成 28 年 3 月 14 日 D1-Law 29017941、TKC25535781	134
#280314B	東京地判平成 28 年 3 月 14 日ウェストロー 2016WLJPCA03148018、D1-Law 29017940、TKC25535782	237
#280311A	東京地判平成 28 年 3 月 11 日ウェストロー 2016WLJPCA03118016、D1-Law 29017961、判例秘書 L07130681、TKC25543259	129, 212, 314
#280311B	（参考）大阪地判平成 28 年 3 月 11 日ウェストロー 2016WLJPCA03116007、D1-Law 28241152、判例秘書 L07150165、TKC25542834（#281012A、#290530A の一審）	
#280310A	最判平成 28 年 3 月 10 日ウェストロー 2016WLJPCA03109002、民集 70 巻 3 号 846 頁、TKC25447828（#251021、#260612 の上告審）	8, 53, 55
#280310B	東京地判平成 28 年 3 月 10 日ウェストロー 2016WLJPCA03108030、D1-Law 29017992、TKC25535937	126, 212
#280309A	東京高判平成 28 年 3 月 9 日判例秘書 L07120104 ウェストロー 2016WLJPCA	

判例索引

	03096001、D1-Law 28241128、TKC25542147（#270930A の控訴審、#280913A の原審）	68, 369
#280309B	東京地判平成 28 年 3 月 9 日ウエストロー 2016WLJPCA03098018、D1-Law 29018330、TKC25535179	351, 352
#280308A	東京地判平成 28 年 3 月 8 日ウエストロー 2016WLJPCA03088031、D1-Law 29017682、TKC25535508	66, 415, 424
#280308B	東京地判平成 28 年 3 月 8 日ウエストロー 2016WLJPCA03088029、D1-Law 29017703、判例秘書 L07130767、TKC25534496	224, 228
#280307A	東京地判平成 28 年 3 月 7 日ウエストロー 2016WLJPCA03078009、D1-Law 29017638、TKC25534436	189
#280307B	東京地判平成 28 年 3 月 7 日ウエストロー 2016WLJPCA03078003、D1-Law 29017599、判例秘書 L07130739、TKC25534418	196
#280307C	東京地判平成 28 年 3 月 7 日 TKC25534419	196
#280304A	東京地判平成 28 年 3 月 4 日ウエストロー 2016WLJPCA03048015、D1-Law 29018178、判例秘書 L07130027、TKC25534121	343, 423, 424
#280303	東京高判平成 28 年 3 月 3 日判例秘書 L07120094、TKC25542462（#271023 の控訴審）	413, 426
#280302	東京地判平成 28 年 3 月 2 日ウエストロー 2016WLJPCA03028012、D1-Law 29017772、TKC25534288	415, 425
#280229A	東京地判平成 28 年 2 月 29 日ウエストロー 2016WLJPCA02298003、D1-Law 29016793、判例秘書 L07130379、TKC25533571	46, 390
#280229B	東京地判平成 28 年 2 月 29 日ウエストロー 2016WLJPCA02298013、D1-Law 29016808、判例秘書 L07130385、TKC25533695	419, 428, 433
#280226A	東京地判平成 28 年 2 月 26 日ウエストロー 2016WLJPCA02268022、D1-Law 29016952、判例秘書 L07130496、TKC25533713	341
#280226B	東京地判平成 28 年 2 月 26 日 D1-Law 29016814、判例秘書 L07130560、TKC25542368	330
#280226C	佐賀地判平成 28 年 2 月 26 日 TKC25547598	267
#280225A	東京地判平成 28 年 2 月 25 日ウエストロー 2016WLJPCA02258020、D1-Law 29016711、判例秘書 L07130447、TKC25534024	88, 422
#280225B	東京地判平成 28 年 2 月 25 日ウエストロー 2016WLJPCA02258028、D1-Law 29016978、判例秘書 L07130413、TKC25535471	48, 160, 196
#280225C	東京地判平成 28 年 2 月 25 日ウエストロー 2016WLJPCA02258014、D1-Law 29016666、判例秘書 L07130438、TKC 25535429	339
#280224A	知財高判平成 28 年 2 月 24 日ウエストロー 2016WLJPCA02249004、D1-Law 28240805、判例秘書 L07120046、TKC25447806（#270925 の控訴審、#281111 の原審）	46
#280224B	東京地判平成 28 年 2 月 24 日判例秘書 L07132886、TKC25533832	246
#280223A	東京地判平成 28 年 2 月 23 日ウエストロー 2016WLJPCA02238017、D1-Law 29016790、判例秘書 L07130377、TKC25533567	98, 319
#280223B	東京地判平成 28 年 2 月 23 日ウエストロー 2016WLJPCA02238004、D1-Law 29017083、判例秘書 L07130527、TKC25533870	351
#280223C	東京地判平成 28 年 2 月 23 日ウエストロー 2016WLJPCA02238020、判例秘書 L07130556、TKC25542311	341
#280219A	（参考）新潟地判平成 28 年 2 月 19 日 D1-Law 28243223（#280810A の原審）	

判例索引

#280219B	東京地判平成 28 年 2 月 19 日ウェストロー 2016WLJPCA02198014、D1-Law 29016812、判例秘書 L07130558、TKC25542310	50
#280219C	東京地判平成 28 年 2 月 19 日ウェストロー 2016WLJPCA02198019、D1-Law 29016638、判例秘書 L07130425、TKC25534006	271
#280218A	東京地判平成 28 年 2 月 18 日ウェストロー 2016WLJPCA02188016、D1-Law 29017041、判例秘書 L07130399、TKC25533829	225, 283
#280218B	東京地判平成 28 年 2 月 18 日ウェストロー 2016WLJPCA02188024、D1-Law 29017100、判例秘書 L07132912、TKC25535422	48, 104, 134, 165, 223
#280217A	最決平成 28 年 2 月 17 日 D1-Law 28240969、TKC25542199（#270130、#270826 の上告審）	191, 331
#280217B	東京地判平成 28 年 2 月 17 日ウェストロー 2016WLJPCA02178026、D1-Law 29017097、TKC25535359	75, 364, 373
#280217C	東京地判平成 28 年 2 月 17 日ウェストロー 2016WLJPCA02178018、D1-Law 29017040、判例秘書 L07130398、TKC25533827	339
#280216A	東京地判平成 28 年 2 月 16 日 D1-Law 29016658、判例秘書 L07130362、TKC25533403	146
#280216B	東京地判平成 28 年 2 月 16 日ウェストロー 2016WLJPCA02168027、D1-Law 29016736、判例秘書 L07132831、TKC25533513	175, 423, 424
#280216C	東京地判平成 28 年 2 月 16 日裁判所ウェブサイト、ウェストロー 2016 WLJPCA02168003、D1-Law 28243429、判例秘書 L07130629、判時 2346 号 116 頁、TKC25448001（#281102A の原審）	113
#280215A	東京地判平成 28 年 2 月 15 日ウェストロー 2016WLJPCA02158003、D1-Law 29016769、判例秘書 L07130462、TKC25533669	292
#280215B	東京地判平成 28 年 2 月 15 日ウェストロー 2016WLJPCA02158009、D1-Law 29016995、判例秘書 L07130574、TKC25542347（#280914B の原審）	391
#280215C	東京地判平成 28 年 2 月 15 日ウェストロー 2016WLJPCA02158011、D1-Law 29017054、判例秘書 L07130518、TKC25533848	221, 223
#280212A	東京地判平成 28 年 2 月 12 日ウェストロー 2016WLJPCA02128005、D1-Law 29016847、判例秘書 L07130388、TKC25533757	253, 391
#280210A	札幌地判平成 28 年 2 月 10 日 D1-Law28240827	20
#280210B	東京地判平成 28 年 2 月 10 日ウェストロー 2016WLJPCA02108021、D1-Law 29016921、判例秘書 L07132949、TKC25533610	113, 175, 423, 429
#280210C	（参考）東京地判平成 28 年 2 月 10 日ウェストロー 2016WLJPCA02106005、D1-Law 28242436、判例秘書 L07132505、労判 1149 号 24 頁、TKC25543223（#280704A、#290822B の一審）	
#280210D	大阪地判平成 28 年 2 月 10 日ウェストロー 2016WLJPCA02108002、判例秘書 L07150303、TKC25542375	367
#280209A	東京地判平成 28 年 2 月 9 日ウェストロー 2016WLJPCA02098024、D1-Law 29016646、判例秘書 L07130430、TKC25533934	125
#280209B	東京地判平成 28 年 2 月 9 日ウェストロー 2016WLJPCA02098028、D1-Law 29016947、判例秘書 L07132865、TKC25533711	126
#280209C	東京地判平成 28 年 2 月 9 日ウェストロー 2016WLJPCA02098016、D1-Law 29017061、判例秘書 L07130402、TKC25535351	364, 375, 395
#280208A	東京地判平成 28 年 2 月 8 日ウェストロー 2016WLJPCA02088006、D1-Law 29016733、判例秘書 L07130372、TKC25533509	186

577

判例索引

#280208B	東京地判平成 28 年 2 月 8 日ウェストロー 2016WLJPCA02088002、判例秘書 L07130375、判時 2330 号 56 頁、TKC25533561	436
#280208C	東京地判平成 28 年 2 月 8 日ウェストロー 2016WLJPCA02088007、D1-Law 29016732、判例秘書 L07132829、TKC25533510	185
#280208D	大阪地判平成 28 年 2 月 8 日裁判所ウェブサイト、ウェストロー 2016 WLJPCA02086002、D1-Law 28242361、判例秘書 L07150831、判時 2313 号 73 頁、TKC25543323	46, 166, 182
#280205A	（参考）東京地判平成 28 年 2 月 5 日 D1-Law 28243360、TKC25542839（#280831A の原審）	
#280205B	東京地判平成 28 年 2 月 5 日ウェストロー 2016WLJPCA02058017、D1-Law 29016754、判例秘書 L07130457、TKC25535330	79
#280205C	東京地判平成 28 年 2 月 5 日ウェストロー 2016WLJPCA02058014、D1-Law 29016645、判例秘書 L07130429、TKC25533935	63
#280205D	東京地判平成 28 年 2 月 5 日ウェストロー 2016WLJPCA02058003、D1-Law 2901703、判例秘書 L071305146、TKC25533823	359
#280205E	東京地立川支判平成 28 年 2 月 5 日ウェストロー 2016WLJPCA02056003、D1-Law 28251361、判例秘書 L07132519、判時 2323 号 130 頁、TKC25545562	391
#280204A	東京高判平成 28 年 2 月 4 日 D1-Law 28240709、TKC25542461（#270330 の控訴審、#280914A の原審）	250, 253
#280204B	東京地判平成 28 年 2 月 4 日ウェストロー 2016WLJPCA02048012、D1-Law 29016782、判例秘書 L07130468、TKC25533559	339
#280204C	東京地判平成 28 年 2 月 4 日ウェストロー 2016WLJPCA02048017、判例秘書 L07130520、TKC25535348	434
#280204D	東京地判平成 28 年 2 月 4 日ウェストロー 2016WLJPCA02048011、D1-Law 29016720、判例秘書 L07130552、TKC25542345	364, 395
#280204E	津地判平成 28 年 2 月 4 日ウェストロー 2016WLJPCA02046001、判例秘書 L07150042、TKC25542197	432
#280203	東京地判平成 28 年 2 月 3 日ウェストロー 2016WLJPCA02038008、D1-Law 29016903、判例秘書 L07130392、TKC25535797	159, 344, 364
#280201	東京地判平成 28 年 2 月 1 日ウェストロー 2016WLJPCA02018002、D1-Law 29016794、判例秘書 L07130380、TKC25533681	233, 296, 333, 416
#280129A	東京地判平成 28 年 1 月 29 日ウェストロー 2016WLJPCA01296023、D1-Law 29016416、判例秘書 L07132694、TKC25533500	333
#280129B	東京地判平成 28 年 1 月 29 日裁判所ウェブサイト、ウェストロー 2016 WLJPCA01299004、D1-Law 28240623、判例秘書 L07130010、TKC25447867	63
#280129C	東京地判平成 28 年 1 月 29 日ウェストロー 2016WLJPCA01298016、D1-Law 29016261、判例秘書 L07132654、TKC25535086	129
#280129D	東京地判平成 28 年 1 月 29 日ウェストロー 2016WLJPCA01296016、D1-Law 29016234、TKC25533102	96
#280129E	東京地判平成 28 年 1 月 29 日ウェストロー 2016WLJPCA01296007、D1-Law 28241624、判例秘書 L07130282、労判 1136 号 72 頁、労経速 2273 号 11 頁、TKC25542081（#240124、#240927 の一審）	197, 198, 284
#280128A	（参考）静岡地判平成 28 年 1 月 28 日ウェストロー 2016WLJPCA01286025、D1-Law 28253543、TKC25542355（#290309A、#290912C の一審）	
#280128B	高松高判平成 28 年 1 月 28 日 D1-Law 28240583、TKC25542104（#261028 の控訴	

	審）……………………………………………………………………………………51	
#280128C	東京地判平成 28 年 1 月 28 日 D1-Law 29016288、判例秘書 L07132666、	
	TKC25533342 ………………………………………………………………………185	
#280128D	（参考）東京地判平成 28 年 1 月 28 日ウェストロー 2016WLJPCA01286012、	
	D1-Law 29016233、TKC25533104	
#280128E	東京地判平成 28 年 1 月 28 日ウェストロー 2016WLJPCA01286013、判例秘書	
	L07132644、TKC25533103 ……………………………………………………399	
#280128F	東京地判平成 28 年 1 月 28 日 D1-Law29016439、判例秘書 L07132703、	
	TKC25533650 ……………………………………………………………137, 293	
#280127A	（参考）さいたま地川越支判平成 28 年 1 月 27 日 D1-Law 28242606（#280616 の	
	原審）	
#280127B	東京地判平成 28 年 1 月 27 日ウェストロー 2016WLJPCA01276028、D1-Law	
	29016541、判例秘書 L07130124、TKC25543295 ……………90, 364, 368, 373	
#280127C	東京地判平成 28 年 1 月 27 日ウェストロー 2016WLJPCA01276017、D1-Law	
	29016506、判例秘書 L07130118、TKC25535407 ………………156, 172, 314, 322	
#280127D	東京地判平成 28 年 1 月 27 日ウェストロー 2016WLJPCA01276001、D1-Law	
	29016420、判例秘書 L07130215、TKC25532816 ……………………216, 364, 379	
#280127E	東京地立川支判平成 28 年 1 月 27 日 TKC25542142 ……………………401, 438	
#280127F	（参考）広島地判平成 28 年 1 月 27 日 D1-Law 28262227 税資 266 号（順号 12788）	
	（#280722 の原審）	
#280126A	（参考）東京地判平成 28 年 1 月 26 日 D1-Law 29016353（#290530B の原審）	
#280126B	東京高判平成 28 年 1 月 26 日ウェストロー 2016WLJPCA01266011、D1-Law	
	28240531、判例秘書 L07120332、TKC25542269（#280728C と #280728D の原	
	審、#270615 の控訴審）………………………………………………………69	
#280126C	東京地判平成 28 年 1 月 26 日ウェストロー 2016WLJPCA01268012、D1-Law	
	29016249、判例秘書 L07132651、TKC25533111 ………………………………288	
#280126D	東京地判平成 28 年 1 月 26 日ウェストロー 2016WLJPCA01268010、D1-Law	
	29016306、判例秘書 L07132672、TKC25533487 ………………………………175	
#280126E	（参考）東京地判平成 28 年 1 月 26 日ウェストロー 2016WLJPCA01266026、	
	D1-Law 29016504、判例秘書 L07130239、、TKC25535406	
#280126F	東京地判平成 28 年 1 月 26 日ウェストロー 2016WLJPCA01266021、D1-Law	
	29016317、判例秘書 L07130189、TKC25533120 ………………322, 426, 436, 437	
#280126G	東京地判平成 28 年 1 月 26 日ウェストロー 2016WLJPCA01266019、D1-Law	
	29016355、判例秘書 L07130199、TKC25533487 ………………………………346	
#280126H	東京地判平成 28 年 1 月 26 日ウェストロー 2016WLJPCA01266016、D1-Law	
	29016287、判例秘書 L07132665、TKC25533341 ………………337, 364, 368, 369	
#280125A	東京地判平成 28 年 1 月 25 日ウェストロー 2016WLJPCA01256003、D1-Law	
	28241286、判例秘書 L07131373、判タ 1427 号 205 頁、TKC25532818（#290222A	
	の原審）………………………………………………………………………31	
#280125B	東京地判平成 28 年 1 月 25 日ウェストロー 2016WLJPCA01256021、D1-Law	
	29016286、判例秘書 L07132664、TKC25535313 …………………………………91	
#280125C	東京地判平成 28 年 1 月 25 日ウェストロー 2016WLJPCA01258004、D1-Law	
	29016274、判例秘書 L07132658、TKC25533295 ………………………………166	
#280125D	東京地判平成 28 年 1 月 25 日ウェストロー 2016WLJPCA01256013、D1-Law	
	29016405、判例秘書 L07130320、TKC25533382 ………………………………134	

判例索引

#280124G	東京地判平成 28 年 11 月 24 日 TKC25538226	141
#280122A	東京地判平成 28 年 1 月 22 日ウェストロー 2016WLJPCA01256001、D1-Law 29016538、判例秘書 L07130253、TKC25533444	115, 246
#280121A	最判平成 28 年 1 月 21 日ウェストロー 2016WLJPCA01219001、D1-Law 28240289、判例秘書 L07110005、裁判所時報 1644 号 1 頁、判時 2305 号 13 頁、TKC25447710（#241214、#251128A の上告審）	96, 97, 428
#280121B	東京地判平成 28 年 1 月 21 日ウェストロー 2016WLJPCA01216013、判例秘書 L07130096、TKC25533094	408
#280120A	（参考）東京地判平成 28 年 1 月 20 日ウェストロー 2016WLJPCA01206003、D1-Law 28241287、判例秘書 L07130224、判タ 1426 号 244 頁、TKC25542286（#281215C、#290629A の一審）	
#280120B	東京地判平成 28 年 1 月 20 日ウェストロー 2016WLJPCA01208010、D1-Law 29016559、判例秘書 L07132737、TKC25533398	100
#280119A	東京地判平成 28 年 1 月 19 日ウェストロー 2016WLJPCA01198015、D1-Law 29016487、判例秘書 L07130116、TKC25535401	166
#280119B	加古川簡判平成 28 年 1 月 19 日判例秘書 L07160002	437
#280118A	東京地判平成 28 年 1 月 18 日ウェストロー 2016WLJPCA01188004、D1-Law 29016269、判例秘書 L07130175、TKC25533338	89, 126, 175
#280118B	東京地判平成 28 年 1 月 18 日ウェストロー 2016WLJPCA01188006、D1-Law 29016595、判例秘書 L07132747、TKC25533541	133
#280118C	東京地判平成 28 年 1 月 18 日ウェストロー 2016WLJPCA01186015、D1-Law 29016570、判例秘書 L07130267、TKC25533644	217
#280115A	東京地判平成 28 年 1 月 15 日ウェストロー 2016WLJPCA01156013、D1-Law 29016533、判例秘書 L07130249、TKC25533528	137
#280115B	東京地判平成 28 年 1 月 15 日ウェストロー 2016WLJPCA01156012、D1-Law 29016593、判例秘書 L07130279、TKC25533584	167
#280113A	東京地判平成 28 年 1 月 13 日ウェストロー 2016WLJPCA01136008、D1-Law 28241280、判例秘書 L07132683、TKC25533171	217
#280112A	東京地判平成 28 年 1 月 12 日ウェストロー 2016WLJPCA01126003、D1-Law 29016147、判例秘書 L07130138、TKC25533284	342
#271225	東京地判平成 27 年 12 月 25 日 D1-Law29015628	347
#271222	（参考）東京地判平成 27 年 12 月 22 日 D1-Law29015879	
#271221	東京地判平成 27 年 12 月 21 日ウェストロー 2015WLJPCA12216002、TKC25532458	347, 386
#271216A	東京高判平成 27 年 12 月 16 日 TKC25541962、D1-Law28240237	84
#271216B	さいたま地判平成 27 年 12 月 26 日 D1-Law28242598	364, 391
#271215	（参考）横浜地判平成 27 年 12 月 15 日ウェストロー 2015WLJPCA12156001、D1-Law 28241750、TKC25542757	
#271214	（参考）熊本地判平成 27 年 12 月 14 日 TKC25544240	
#271210	名古屋高判平成 27 年 12 月 10 日 D1-Law28234657	50
#271209	東京高判平成 27 年 12 月 9 日 D1-Law28240067	153, 154
#271127	（参考）前橋地判平成 27 年 11 月 27 日 D1-Law28241599	
#271125A	富山地判平成 27 年 11 月 25 日ウェストロー 2015WLJPCA11256002	53, 267, 350, 498
#271125B	（参考）東京地判平成 27 年 11 月 25 日 D1-Law28244482	

判例索引

#271120	東京地判平成 27 年 11 月 20 日 D1-Law29015190	119
#271118	（参考）東京高判平成 27 年 11 月 18 日ウェストロー 2015WLJPCA11186002	
#271112	福岡高判平成 27 年 11 月 12 日ウェストロー 2015WLJPCA11126001（#270320B の控訴審）	146
#271111	（参考）水戸地判下妻支部平成 27 年 11 月 11 日 TKC25542289	
#271105A	東京地判平成 27 年 11 月 5 日 D1-Law29015497（#280414A の原審）	294, 419, 423
#271105B	東京地判平成 27 年 11 月 5 日 D1-Law29015104	188
#271028	（参考）長野地伊那支判平成 27 年 10 月 28 日ウェストロー 2015WLJPCA10286001、D1-Law28233820	
#271014	（参考）東京地判平成 27 年 10 月 14 日 D1-Law28243711	
#271013	東京地判平成 27 年 10 月 13 日 D1-Law29014504	345
#271008	東京地判平成 27 年 10 月 8 日 D1-Law29014395	173
#271007	福岡高判平成 27 年 10 月 7 日 D1-Law28233624、判例秘書 L07020422	273, 368
#271005	大阪地判平成 27 年 10 月 5 日ウェストロー 2015WLJPCA10059001	105
#270930A	東京地判平成 27 年 9 月 30 日ウェストロー 2015WLJPCA09306001	234, 378
#270930B	東京地判平成 27 年 9 月 30 日ウェストロー 2015WLJPCA09306002	364, 367
#270930C	東京地判平成 27 年 9 月 30 日ウェストロー 2015WLJPCA09309008	178
#270929A	（参考）大阪地判平成 27 年 9 月 29 日ウェストロー 2015WLJPCA09296001、TKC25447534	
#270929B	東京地判平成 27 年 9 月 29 日ウェストロー 2015WLJPCA09299006、D1-Law28233919	333
#270928	（参考）名古屋地判平成 27 年 9 月 28 日 D1-Law28250588	
#270925	（参考）東京地判平成 27 年 9 月 25 日ウェストロー 2015WLJPCA09259001	
#270924	（参考）大阪地判平成 27 年 9 月 24 日 D1-Law28252669、TKC25546470	
#270918	福岡地久留米支判平成 27 年 9 月 18 日 2015WLJPCA09186001	379
#270908	（参考）千葉地判平成 27 年 9 月 8 日 D1-Law28241603	
#270904	東京地判平成 27 年 9 月 4 日ウェストロー 2015WLJPCA09048003、D1-Law29013628、判例秘書 L07031054	137
#270826	東京高判平成 27 年 8 月 26 日 TKC25541018、D1-Law28234338	191, 331
#270820	東京高判平成 27 年 8 月 20 日 D1-Law	213, 229
#270820A	東京高判平成 27 年 8 月 20 日ウェストロー 2015WLJPCA08206001、判例秘書 L07020334	70
#270820B	東京高判平成 27 年 8 月 20 日 D1-Law28233193、判例秘書 L07020335	483, 484
#270820C	東京高判平成 27 年 8 月 20 日判例集未登載けいそうビブリオフィル連載 32 回（URL は本書 364 頁注 337 参照）、中澤佑一弁護士提供	362, 364, 366
#270805	知財高判平成 27 年 8 月 5 日裁判所ウェブサイト	398
#270730	東京高判平成 27 年 7 月 30 日判例秘書 L07020327（#270223C の控訴審）	92, 319, 348, 364
#270728	東京地判平成 27 年 7 月 28 日判例秘書 L07030746	78, 285, 364
#270722	東京地判平成 27 年 7 月 22 日判例秘書 L07030769	527
#270716	知財高判平成 27 年 8 月 5 日ウェストロー 2015WLJPCA07169010	279, 283, 303
#270715	札幌地判平成 27 年 7 月 15 日 D1-Law28233132、判例秘書 L07050397	47, 166
#270713	東京地判平成 27 年 7 月 13 日判例秘書 L07030752	218
#270708	東京高判平成 27 年 7 月 8 日 TKC25540784、D1-Law28241636	378
#270630	東京地判平成 27 年 6 月 30 日ウェストロー 2015WLJPCA06308020	127, 129

581

#270629	東京高判平成 27 年 6 月 29 日 D1-Law28232863、判例秘書 L07020279（#260926 の控訴審）………………………………………………………………………	238
#270624	東京地判平成 27 年 6 月 24 日ウェストロー 2015WLJPCA06248009、判例秘書 L07030645 ……………………………………………………………………	204, 209
#270623	札幌高判平成 27 年 6 月 23 日ウェストロー 2015WLJPCA06236001、D1-Law 28232603（#260904 の控訴審）……………………………………………………	30, 386
#270618	東京地判平成 27 年 6 月 18 日ウェストロー 2015WLJPCA06188003 …………	125
#270616	（参考）東京地判平成 27 年 6 月 16 日ウェストロー 2015WLJPCA06168013、判例秘書 L07030647	
#270615	東京地判平成 27 年 6 月 15 日 D1-Law 28232936、TKC25540710 ………………	204, 345
#270611	東京地判平成 27 年 6 月 11 日ウェストロー 2015WLJPCA06118009、判例秘書 L07030631 ……………………………………………………………………	48, 364, 527
#270610A	東京高判平成 27 年 6 月 10 日ウェストロー 28232627（#270126 の控訴審）………	212
#270610B	東京地判平成 27 年 6 月 10 日ウェストロー 2015WLJPCA06108007 …………	291
#270605	（参考）大阪高判平成 27 年 6 月 5 日ウェストロー 2015WLJPCA06056002	
#270603	東京地判平成 27 年 6 月 3 日ウェストロー 2015WLJPCA06038003、判例秘書 L07030656 ………………………………………………………………………	378
#270602	東京地判平成 27 年 6 月 2 日ウェストロー 2015WLJPCA06028006 …………	221
#270601	大阪地決平成 27 年 6 月 1 日判時 2283 号 75 頁………………………………	31, 64
#270529	東京地判平成 27 年 5 月 29 日判例秘書 L07030544 ……………………………	243
#270528	東京地判平成 27 年 5 月 28 日ウェストロー 2015WLJPCA05288005 …………	169
#270527	（参考）東京地判平成 27 年 5 月 27 日ウェストロー 2015WLJPCA05276001、D1-Law 28232494	
#270526	東京地判平成 27 年 5 月 26 日ウェストロー 2015WLJPCA05268016 …………	109
#270525	東京地判平成 27 年 5 月 25 日ウェストロー 2015WLJPCA05258004、判例秘書 L07030580 ……………………………………………………………………	31, 166
#270521	知財高判平成 27 年 5 月 21 日裁判所ウェブサイト（#251128 の控訴審）…………………………………………………………………………………	218, 364, 508, 532
#270520	東京地判平成 27 年 5 月 20 日ウェストロー 2015WLJPCA05208003 …………	211
#270519	東京地判平成 27 年 5 月 19 日ウェストロー 2015WLJPCA05198002 …………	212
#270518	東京地判平成 27 年 5 月 18 日ウェストロー 2015WLJPCA05188005、判例秘書 L07030545 ……………………………………………………………………	99
#270516	東京地判平成 27 年 5 月 16 日 D1-Law28240775 …………………………………	351, 352
#270515	大阪地判平成 27 年 5 月 15 日ウェストロー 2015WLJPCA05156010、D1-Law 28251790 …………………………………………………………………………	145
#270511	東京地判平成 27 年 5 月 11 日ウェストロー 2015WLJPCA05118003 …………	433
#270428	東京地判平成 27 年 4 月 28 日ウェストロー 2015WLJPCA04288012 ……	42, 276, 346
#270427	東京地判平成 27 年 4 月 24 日判時 2261 号 178 頁………………………………	303
#270422	東京地判平成 27 年 4 月 22 日ウェストロー 2015WLJPCA04228008 …………	192, 465
#270420	東京地判平成 27 年 4 月 20 日判時 2266 号 86 頁………………………………	368, 374
#270416	東京地判平成 27 年 4 月 16 日ウェストロー 2015WLJPCA04168007、判例秘書 L07030477 ……………………………………………………………………	79
#270414	東京高判平成 27 年 4 月 14 日 D1-Law28231753（#260115 の控訴審）………	8, 24, 341
#270409	東京地判平成 27 年 4 月 9 日ウェストロー 2015WLJPCA04098006 …………	92
#270331	東京地判平成 27 年 3 月 31 日ウェストロー 2015WLJPCA03318023 …………	114

#270330	東京地判平成 27 年 3 月 30 日ウェストロー 2015WLJPCA03308010、D1-Law 28231543、判例秘書 L07030211、TKC25525005	250, 364, 367
#270327	東京地判平成 27 年 3 月 27 日ウェストロー 2015WLJPCA03278032	181
#270326A	大阪高判平成 27 年 3 月 26 日判例秘書 L07020099	375
#270326B	最決平成 27 年 3 月 26 日 D1-Law28231563（#260228B、#250430 の上告審）	308
#270326C	東京高判平成 27 年 3 月 26 日 D1-Law28231419	257
#270326D	東京高判平成 27 年 3 月 26 日 D1-Law28231410、判例秘書 L07020131	77
#270325A	知財高判平成 27 年 3 月 25 日裁判所ウェブサイト	54, 56
#270325B	東京地判平成 27 年 3 月 25 日ウェストロー 2015WLJPCA03258025	233
#270324A	東京地判平成 27 年 3 月 24 日ウェストロー 2015WLJPCA03248018	204, 206
#270324B	東京地判平成 27 年 3 月 24 日ウェストロー 2015WLJPCA03248015	372
#270324C	東京地判平成 27 年 3 月 24 日ウェストロー 2015WLJPCA03248017	355
#270320A	東京地判平成 27 年 3 月 20 日ウェストロー 2015WLJPCA03208001、判例秘書 L07030226	53
#270320B	福岡地久留米支判平成 27 年 3 月 20 日ウェストロー 2015WLJPCA03206001（#271112 の原審）	146
#270319	東京地判平成 27 年 3 月 19 日ウェストロー 2015WLJPCA03198020	244
#270318	東京地判平成 27 年 3 月 18 日ウェストロー 2015WLJPCA03186004	42, 364
#270317A	東京地判平成 27 年 3 月 17 日ウェストロー 2015WLJPCA03178006、判例秘書 L07030196	127
#270317B	東京地判平成 27 年 3 月 17 日ウェストロー 2015WLJPCA03178007	39
#270317C	東京地判平成 27 年 3 月 17 日ウェストロー 2015WLJPCA03178001、判例秘書 L07030214	195
#270316	東京地判平成 27 年 3 月 16 日ウェストロー 2015WLJPCA03168004、判例秘書 L07030191	325, 364
#270311	東京地判平成 27 年 3 月 11 日ウェストロー 2015WLJPCA03118014、判例秘書 L07030251	40
#270310	東京地決平成 27 年 3 月 10 日 D1-Law28234611	346, 347
#270304	神戸地姫路支判平成 27 年 3 月 4 日判例秘書 L07050085	359
#270226A	福岡高判平成 27 年 2 月 26 日判例秘書 L07020074	266
#270226B	最判平成 27 年 2 月 26 日判タ 1413 号 88 頁	102
#270225	東京地判平成 27 年 2 月 25 日ウェストロー 2015WLJPCA02256002、判例秘書 L07030414（#270820 の原審）	70
#270223A	東京地判平成 27 年 2 月 23 日ウェストロー 2015WLJPCA02238002、判例秘書 L07030387	29
#270223B	大阪地判平成 27 年 2 月 23 日ウェストロー 2015WLJPCA02239003、判例秘書 L07050080	30
#270223C	横浜地横須賀支判平成 27 年 2 月 23 日判例秘書 L07050058（#270730 の原審）	92, 348, 456, 482, 492, 514
#270217A	仙台高判平成 27 年 2 月 17 日 D1-Law28231048L07020061（#250829 の控訴審）	35, 67, 187, 281, 364
#270217B	東京地判平成 27 年 2 月 17 日ウェストロー 2015WLJPCA02178005、判例秘書 L07030366	149, 364, 370, 452
#270216	東京地判平成 27 年 2 月 16 日 D1-Law28232850	188, 299
#270209	東京地判平成 27 年 2 月 9 日ウェストロー 2015WLJPCA02098009	86

583

判例索引

#270206	東京地判平成 27 年 2 月 6 日判例秘書 L07030393	172, 364
#270205A	(参考) 名古屋高判平成 27 年 2 月 5 日判時 2253 号 3 頁 (#260307 の控訴審)	
#270205B	神戸地尼崎支判平成 27 年 2 月 5 日 D1-Law28230766	364
#270203	東京地判平成 27 年 2 月 3 日ウェストロー 2015WLJPCA02038004、判例秘書 L07030406	364, 393
#270130	(参考) 横浜地判平成 27 年 1 月 30 日 TKC25541019、D1-Law28234339	
#270129A	東京地判平成 27 年 1 月 29 日判例秘書 L07030149	101, 346, 364, 367
#270129B	東京地判平成 27 年 1 月 29 日ウェストロー 2015WLJPCA01298018	190
#270123	東京地判平成 27 年 1 月 23 日ウェストロー 2015WLJPCA01238002、D1-Law 28233189、判例秘書 L07030722	150
#270122	大津地彦根支判平成 27 年 1 月 22 日ウェストロー 2015WLJPCA01226002	45
#270121	東京地判平成 27 年 1 月 21 日ウェストロー 2015WLJPCA01218011、判例秘書 L07030048	42, 319, 364, 367, 527
#270120	東京地判平成 27 年 1 月 20 日ウェストロー 2015WLJPCA01208002	325
#270115A	東京地判平成 27 年 1 月 15 日ウェストロー 2015WLJPCA01158005、判例秘書 L07030072	313
#270115B	東京地判平成 27 年 1 月 15 日ウェストロー 2015WLJPCA01158008、判例秘書 L07030088	214, 298, 364
#261224A	東京地判平成 26 年 12 月 24 日ウェストロー 2014WLJPCA12248028	45, 50, 149, 350, 352, 364, 404, 498, 504
#261224B	東京地判平成 26 年 12 月 24 日ウェストロー 2014WLJPCA12248001	79, 157, 211, 475
#261216	東京地判平成 26 年 12 月 16 日ウェストロー 2014WLJPCA12168002	163, 164, 211, 212
#261212	東京高判平成 26 年 12 月 12 日高刑 67 巻 2 号 1 頁	49
#261209A	最決平成 26 年 12 月 9 日 D1-Law28230069 (#260708、#251007 の上告審)	48, 154, 318
#261209B	東京地判平成 26 年 12 月 9 日ウェストロー 2014WLJPCA12098005	150, 217, 364
#261204	東京地判平成 26 年 12 月 4 日ウェストロー 2014WLJPCA12048002	76, 101, 281
#261128	東京地判平成 26 年 11 月 28 日ウェストロー 2014WLJPCA11288015	186, 364, 373
#261120	熊本地判平成 26 年 11 月 20 日消費者法ニュース 102 号 361 頁	252
#261117	(参考) 東京地判平成 26 年 11 月 17 日ウェストロー 2014WLJPCA11178018	
#261113	東京地判平成 26 年 11 月 13 日ウェストロー 2014WLJPCA11138013	47
#261112	東京高判平成 26 年 11 月 12 日判例秘書 L06920521	283
#261111A	仙台地判平成 26 年 11 月 11 日判例秘書 L06950548	248, 364, 373
#261111B	東京地判平成 26 年 11 月 11 日ウェストロー 2014WLJPCA1111801	150, 283, 364
#261107	東京地判平成 26 年 11 月 7 日ウェストロー 2014WLJPCA11078011	117, 347, 531
#261105	東京地判平成 26 年 11 月 5 日ウェストロー 2014WLJPCA11058003	213
#261028	(参考) 松山地判平成 26 年 10 月 28 日 TKC25505349	
#261022	東京地判平成 26 年 10 月 22 日ウェストロー 2014WLJPCA10228001	223
#261020A	東京地判平成 26 年 10 月 20 日 D1-Law28230501、判例秘書 L06930677	253
#261020B	東京高判平成 26 年 10 月 20 日 D1-Law28224349 (#251224B の控訴審)	98
#261016	(参考) 福岡地判小倉支部平成 26 年 10 月 16 日 TKC25540203、D1-Law28224341	
#261009	(参考) 東京地判平成 26 年 10 月 9 日判例集未登載	
#260929	東京地判平成 26 年 9 月 29 日ウェストロー 2014WLJPCA09298006	352, 364, 527

#260924	東京地判平成 26 年 9 月 24 日ウェストロー 2014WLJPCA09248012	364
#260919	東京地判平成 26 年 9 月 19 日ウェストロー 2014WLJPCA09198015	99, 363
#260918	名古屋地判平成 26 年 9 月 18 日裁判所ウェブサイト	81, 294, 507
#260917	(参考)京都地判平成 26 年 9 月 17 日ウェストロー 2014WLJPCA09176003	
#260912	東京地判平成 26 年 9 月 12 日ウェストロー 2014WLJPCA09128006	34, 79, 356, 482, 484, 522
#260911	東京地判平成 26 年 9 月 11 日ウェストロー 2014WLJPCA09118015	515
#260910	東京地判平成 26 年 9 月 10 日ウェストロー 2014WLJPCA09108015	129
#260909	東京地判平成 26 年 9 月 9 日ウェストロー 2014WLJPCA09098015	127, 299
#260905	東京地判平成 26 年 9 月 5 日判時 2259 号 75 頁	54, 56
#260904	京都地判平成 26 年 9 月 4 日ウェストロー 2014WLJPCA09046001、D1-Law 28223789、判例秘書 L06950401	31
#260820	東京地判平成 26 年 8 月 20 日ウェストロー 2014WLJPCA08208010	364, 368
#260818	東京地判平成 26 年 8 月 18 日ウェストロー 2014WLJPCA08188003	149, 364
#260808	東京地判平成 26 年 8 月 8 日ウェストロー 2014WLJPCA08088002	184
#260807	東京地判平成 26 年 8 月 7 日ウェストロー 2014WLJPCA08078015	72, 100
#260805	東京地判平成 26 年 8 月 5 日ウェストロー 2014WLJPCA08058009	127
#260804	東京地判平成 26 年 8 月 4 日ウェストロー 2014WLJPCA08048001、判例秘書 L06930545	193, 204
#260718	東京高判平成 26 年 7 月 18 日 D1-Law28223255、判例秘書 L06920287 (#260304 の控訴審)	194
#260717A	東京高判平成 26 年 7 月 17 日ウェストロー 2014WLJPCA07176001、判例秘書 L06920330	28, 146, 192, 465
#260717B	東京地判平成 26 年 7 月 17 日ウェストロー 2014WLJPCA07178001	348, 371, 372
#260716	東京地判平成 26 年 7 月 16 日ウェストロー 2014WLJPCA07168016	353, 399, 400
#260715A	(参考)東京地判平成 26 年 7 月 15 日ウェストロー 2014WLJPCA07158004	
#260715B	東京地判平成 26 年 7 月 15 日ウェストロー 2014WLJPCA07158020	102
#260714	東京地判平成 26 年 7 月 14 日ウェストロー 2014WLJPCA07148004	91, 127, 349
#260708	大阪高判平成 26 年 7 月 8 日判時 2232 号 34 頁 (#261209A の原審)	48, 318
#260704	東京地判平成 26 年 7 月 4 日ウェストロー 2014WLJPCA07048004	212, 243, 245
#260630	東京地判平成 26 年 6 月 30 日ウェストロー 2014WLJPCA06308003	126
#260625	東京地判平成 26 年 6 月 25 日ウェストロー 2014WLJPCA06258009	364
#260620	東京地判平成 26 年 6 月 20 日ウェストロー 2014WLJPCA06208003	383
#260619	東京地判平成 26 年 6 月 19 日ウェストロー 2014WLJPCA06198004	149, 364
#260613	秋田地判平成 26 年 6 月 13 日判例秘書 L06950245	127
#260612	東京地判平成 26 年 6 月 12 日ウェストロー 2014WLJPCA06128003	364
#260611	東京地判平成 26 年 6 月 11 日ウェストロー 2014WLJPCA06118004	89
#260604	東京地判平成 26 年 6 月 4 日裁判所ウェブサイト	78, 133
#260529A	東京高判平成 26 年 5 月 29 日 D1-Law28222653 (#51112 の控訴審)	196
#260529B	東京高判平成 26 年 5 月 29 日ウェストロー 2014WLJPCA05296003	352
#260528	東京地判平成 26 年 5 月 28 日ウェストロー 2014WLJPCA05288014、判例秘書 L06930402	120, 363, 364
#260526	東京地判平成 26 年 5 月 26 日ウェストロー 2014WLJPCA05268001	211, 222, 236, 237
#260519	東京地判平成 26 年 5 月 19 日ウェストロー 2014WLJPCA05098009	147, 148

判例索引

#		
#260515	東京地判平成 26 年 5 月 15 日ウェストロー 2014WLJPCA05168015	127, 166, 352
#260512A	東京地判平成 26 年 5 月 12 日ウェストロー 2014WLJPCA05128002	146
#260512B	東京地判平成 26 年 5 月 12 日判タ 1412 号 210 頁	50
#260512C	東京地判平成 26 年 5 月 12 日ウェストロー 2014WLJPCA05128004	78, 133
#260425	東京地判平成 26 年 4 月 25 日ウェストロー 2014WLJPCA04258024	89, 348
#260424A	岡山地判平成 26 年 4 月 24 日 D1-Law28222373	90, 128
#260424B	横浜地判平成 26 年 4 月 24 日判例秘書 L06950186	8, 352, 364, 372
#260424C	最判平成 26 年 4 月 24 日民集 68 巻 4 号 329 頁	54
#260411A	盛岡地判平成 26 年 4 月 11 日判時 2232 号 80 頁	164
#260411B	水戸地判平成 26 年 4 月 11 日労判 1102 号 64 頁	364
#260409	東京地判平成 26 年 4 月 9 日ウェストロー 2014WLJPCA04098004、判例秘書 L06930346	72
#260328	東京地判平成 26 年 3 月 28 日ウェストロー 2014WLJPCA03288023	347, 364, 368
#260325A	東京地判平成 26 年 3 月 25 日ウェストロー 2014WLJPCA03258018	329
#260325B	東京地判平成 26 年 3 月 25 日ウェストロー 2014WLJPCA03258002	190
#260324	東京地判平成 26 年 3 月 25 日ウェストロー 2014WLJPCA03248010	162, 319, 364
#260320A	東京地判平成 26 年 3 月 20 日ウェストロー 2014WLJPCA03208009	197, 349, 497, 498
#260320B	東京地判平成 26 年 3 月 20 日ウェストロー 2014WLJPCA03208003	298
#260319	東京高判平成 26 年 3 月 19 日 D1-Law28221383（#250829 の控訴審）	160
#260317	東京地判平成 26 年 3 月 17 日ウェストロー 2014WLJPCA03178002	339, 534
#260313	東京地判平成 26 年 3 月 13 日ウェストロー 2014WLJPCA03138006	375
#260310	東京地判平成 26 年 3 月 10 日ウェストロー 2014WLJPCA03108006	170
#260306	東京地判平成 26 年 3 月 6 日ウェストロー 2014WLJPCA03068002	321
#260304	東京地判平成 26 年 3 月 4 日判時 2225 号 83 頁（#260718 の原審）	194
#260228A	東京地判平成 26 年 2 月 28 日ウェストロー 2014WLJPCA02288015	131, 291
#260228B	広島高判平成 26 年 2 月 28 日判例秘書 L06920120、D1-Law28231564（#270326B の原審、#250430 の控訴審）	308
#260227	東京高判平成 26 年 2 月 27 日判例秘書 L06920127	325, 340
#260226	東京地判平成 26 年 2 月 26 日ウェストロー 2014WLJPCA02268034	364, 380, 381
#260221	宮崎地判平成 26 年 2 月 21 日判時 2223 号 82 頁	230
#260220	東京地判平成 26 年 2 月 20 日ウェストロー 2014WLJPCA02208007	72
#260217	東京地判平成 26 年 2 月 17 日ウェストロー 2014WLJPCA02178004	170
#260214	東京地判平成 26 年 2 月 14 日ウェストロー 2014WLJPCA02148011	146
#260130	東京地判平成 26 年 1 月 30 日ウェストロー 2014WLJPCA01308006	77, 212, 242, 508
#260129A	東京地判平成 26 年 1 月 29 日ウェストロー 2014WLJPCA01298006	378
#260129B	東京地判平成 26 年 1 月 29 日ウェストロー 2014WLJPCA01298016	366
#260122	東京地判平成 26 年 1 月 22 日ウェストロー 2014WLJPCA01228002、判例秘書 L06930176	140, 214, 364
#260121	東京地判平成 26 年 1 月 21 日ウェストロー 2014WLJPCA01218007	242, 292, 474, 476
#260120	東京地判平成 26 年 1 月 20 日ウェストロー 2014WLJPCA01208008	69, 364, 379
#260117	東京地判平成 26 年 1 月 17 日ウェストロー 2014WLJPCA01178004	364
#260115	東京地判平成 26 年 1 月 15 日判時 2215 号 30 頁（#270414 の原審）	8, 32, 341

#251227A	東京地判平成 25 年 12 月 27 日ウェストロー 2013WLJPCA12278013	79, 133
#251227B	(参考) 東京地判平成 25 年 12 月 27 日ウェストロー 2013WLJPCA12278014	
#251227C	東京高判平成 25 年 11 月 27 日 D1-Law28214208、判時 2219 号 46 頁、判タ 1419 号 84 頁	383
#251226	東京地判平成 25 年 12 月 26 日ウェストロー 2013WLJPCA12268003	72, 277
#251224A	東京地判平成 25 年 12 月 24 日ウェストロー 2013WLJPCA12248034	328
#251224B	東京地判平成 25 年 12 月 24 日判時 2219 号 81 頁	97
#251220	東京地判平成 25 年 12 月 20 日ウェストロー 2013WLJPCA12208022	109, 301, 347, 368, 376
#251218	東京地判平成 25 年 12 月 18 日ウェストロー 2013WLJPCA12188015	365
#251213	東京地判平成 25 年 12 月 13 日裁判所ウェブサイト	146
#251211A	東京地判平成 25 年 12 月 11 日ウェストロー 2013WLJPCA12118011	348, 355, 522, 354, 522
#251211B	東京地判平成 25 年 12 月 11 日ウェストロー 2013WLJPCA12118001	217
#251211C	知財高判平成 25 年 12 月 11 日裁判所ウェブサイト (#250716B の控訴審)	80, 365
#251206	東京地判平成 25 年 12 月 6 日ウェストロー 2013WLJPCA12068015	365, 371
#251204	東京地判平成 25 年 12 月 4 日ウェストロー 2013WLJPCA12048014	321
#251203	東京地判平成 25 年 12 月 3 日ウェストロー 2013WLJPCA12038008、判例秘書 L06830961	160, 507
#251202	東京地判平成 25 年 12 月 2 日ウェストロー 2013WLJPCA12028003	365, 371, 373
#251129	東京地判平成 25 年 11 月 29 日判例秘書 L06830909	102
#251128	東京高判平成 25 年 11 月 28 日 D1-Law28214210、判時 2216 号 52 頁	96, 97
#251127	東京高判平成 25 年 11 月 27 日判時 2219 号 46 頁 (#250115 の控訴審)	267, 365
#251122	横浜地判平成 25 年 11 月 22 日判例秘書 L06850642	267
#251112	東京地判平成 25 年 11 月 12 日ウェストロー 2013WLJPCA11128015	124, 204, 291, 352
#251108	東京地判平成 25 年 11 月 8 日 D1-Law29030938	81
#251021	(参考) 東京地判平成 25 年 10 月 21 日ウェストロー 2013WLJPCA10218001、判例秘書 L06830817	
#251017	最決平成 25 年 10 月 17 日 D1-Law28223659 (#250509、#241205 の上告審)	265
#251003	東京地判平成 25 年 10 月 3 日 D1-Law28213442	301
#251001	東京地判平成 25 年 10 月 1 日ウェストロー 2013WLJPCA10016004	299
#250926A	福岡高判平成 25 年 9 月 26 日判時 2208 号 62 頁 (#250207 の控訴審)	234, 244
#250926B	東京地判平成 25 年 9 月 26 日ウェストロー 2013WLJPCA09268012	147
#250925A	東京地判平成 25 年 9 月 25 日ウェストロー 2013WLJPCA09258027	218, 326, 327, 348, 365, 373
#250925B	(参考) 知財高判平成 25 年 9 月 25 日裁判所ウェブサイト	
#250906	東京高判平成 25 年 9 月 6 日ウェストロー 2013WLJPCA09066002、D1-Law28213717、判例秘書 L06820677 (#250422 の控訴審)	352
#250830	東京地判平成 25 年 8 月 30 日判例秘書 L06830650	120
#250829	仙台地判平成 25 年 8 月 29 日判時 2211 号 90 頁 (#270217A の原審)	187
#250828	東京地判平成 25 年 8 月 28 日ウェストロー 2013WLJPCA08288008	109, 111, 223
#250826	東京地判平成 25 年 8 月 26 日ウェストロー 2013WLJPCA08268006	132

判例索引

#250809	東京地判平成 25 年 8 月 9 日ウェストロー 2013WLJPCA08098001	117
#250808	東京地判平成 25 年 8 月 8 日ウェストロー 2013WLJPCA08088017、判例秘書 L06830641	466
#250802	東京地判平成 25 年 8 月 2 日ウェストロー 2013WLJPCA08028001	397, 398
#250722	東京地判平成 25 年 7 月 22 日ウェストロー 2013WLJPCA07228002	173, 348
#250719	東京地判平成 25 年 7 月 19 日ウェストロー 2013WLJPCA07198030	126
#250717	東京地判平成 25 年 7 月 17 日ウェストロー 2013WLJPCA07178037	32, 175
#250716A	東京地判平成 25 年 7 月 16 日ウェストロー 2013WLJPCA07168006	158
#250716B	東京地判平成 25 年 7 月 16 日裁判所ウェブサイト（#251211C の原審）	81
#250705	東京地判平成 25 年 7 月 5 日ウェストロー 2013WLJPCA07058006	117
#250628A	神戸地判平成 25 年 6 月 28 日判例秘書 L06850391	319
#250628B	東京地判平成 25 年 6 月 28 日裁判所ウェブサイト	48
#250625	東京地判平成 25 年 6 月 25 日ウェストロー 2013WLJPCA06258011	125, 182, 515
#250624	東京地判平成 25 年 6 月 24 日ウェストロー 2013WLJPCA06248003	109, 119
#250621	東京地判平成 25 年 6 月 21 日判例秘書 L06830512	167, 168
#250620	大阪地判平成 25 年 6 月 20 日判時 2218 号 112 頁	357
#250527	東京地判平成 25 年 5 月 27 日ウェストロー 2013WLJPCA05278002	74, 120
#250520	東京地判平成 25 年 5 月 20 日ウェストロー 2013WLJPCA05208003、判例秘書 L06830412	365, 379
#250517	東京地判平成 25 年 5 月 20 日ウェストロー 2013WLJPCA05178005	311
#250514	那覇地判平成 25 年 5 月 14 日ウェストロー 2013WLJPCA05146003、判例秘書 L06850299	35, 365
#250509	大阪高判平成 25 年 5 月 9 日 D1-Law28223658（#251017 の原審）	265
#250430	広島地判平成 25 年 4 月 30 日 D1-Law28213877（#270326B、#260228B の原審）	308
#250426	大阪地判平成 25 年 4 月 26 日ウェストロー 2013WLJPCA04266001	175
#250424A	東京地判平成 25 年 4 月 24 日ウェストロー 2013WLJPCA04248028、判例秘書 L06830337	39
#250424B	東京地判平成 25 年 4 月 24 日ウェストロー 2013WLJPCA04248004	182
#250412	東京地判平成 25 年 4 月 12 日判例秘書 L06830325	181
#250411	仙台地判平成 25 年 4 月 11 日裁判所ウェブサイト	297
#250409	東京地判平成 25 年 4 月 9 日ウェストロー 2013WLJPCA04098001	51
#250327	東京高判平成 25 年 3 月 27 日ウェストロー 2013WLJPCA03276020	286
#250327A	東京地判平成 25 年 3 月 27 日ウェストロー 2013WLJPCA03278012	105
#250327B	水戸地土浦支判平成 25 年 3 月 27 日判例秘書 L06850715	336
#250327C	東京地判平成 25 年 3 月 27 日判例秘書 L06830309	126
#250228	さいたま地熊谷支判平成 25 年 2 月 28 日ウェストロー 2013WLJPCA02286001	147
#250220	東京地判平成 25 年 2 月 20 日ウェストロー 2013WLJPCA02208001	308
#250206	東京地決平成 25 年 2 月 6 日 D1-Law28213718	53
#250129	京都地判平成 25 年 1 月 29 日判時 2194 号 131 頁	329
#250123	東京地判平成 25 年 1 月 22 日ウェストロー 2013WLJPCA01238003、判例秘書 L06830176	249
#250118A	東京地判平成 25 年 1 月 18 日ウェストロー 2013WLJPCA01189004、判例秘書 L06830220	365, 379

判例索引

#250118B	東京地判平成 25 年 1 月 18 日ウェストロー 2013WLJPCA01188010、判例秘書 L06830179	331
#250117A	奈良地判平成 25 年 1 月 17 日 D1-Law28212702、判例秘書 L06850796	207
#250117B	東京地判平成 25 年 1 月 17 日ウェストロー 2013WLJPCA01178001	72
#250115	東京地判平成 25 年 5 月 15 日判時 2219 号 59 頁（#251227 の原審）	383
#241226	東京地判平成 24 年 12 月 26 日ウェストロー 2012WLJPCA12268023	146, 330
#241220A	東京地判平成 24 年 12 月 20 日ウェストロー 2012WLJPCA12208029	365
#241220B	東京地判平成 24 年 12 月 20 日ウェストロー 2012WLJPCA12208020	363, 365, 373, 450
#241220C	大阪高判平成 24 年 12 月 20 日判例秘書 L06720750	365, 369
#241219	東京地判平成 24 年 12 月 19 日ウェストロー 2012WLJPCA12198018	352
#241214	（参考）東京地判平成 24 年 12 月 14 日ウェストロー 2012WLJPCA12148009、TKC25499279	
#241212A	東京地判平成 24 年 12 月 12 日ウェストロー 2012WLJPCA12128017	130, 222, 293, 475
#241212B	東京地判平成 24 年 12 月 12 日ウェストロー 2012WLJPCA12128015	189
#241212C	東京地判平成 24 年 12 月 12 日ウェストロー 2012WLJPCA12128007	72
#241204	東京地判平成 24 年 12 月 4 日ウェストロー 2012WLJPCA12048011	325
#241203	東京地判平成 24 年 12 月 3 日ウェストロー 2012WLJPCA12038010、判例秘書 L06730751	365
#241130A	東京地判平成 24 年 11 月 30 日ウェストロー 2012WLJPCA11308027	127
#241130B	東京地判平成 24 年 11 月 30 日ウェストロー 2012WLJPCA11308015	89, 102, 284
#241127A	東京地判平成 24 年 11 月 27 日ウェストロー 2012WLJPCA11278024	137
#241127B	東京地判平成 24 年 11 月 27 日ウェストロー 2012WLJPCA11278007	196
#241122	東京地判平成 24 年 11 月 22 日ウェストロー 2012WLJPCA11228016	326, 352
#241120	名古屋地判平成 24 年 11 月 20 日判例秘書 L06750596	130, 351
#241108A	東京地判平成 24 年 11 月 8 日ウェストロー 2012WLJPCA11088005、判例秘書 L06730727	73, 216, 298, 340
#241108B	東京地判平成 24 年 11 月 8 日ウェストロー 2012WLJPCA11088003、判例秘書 L06730730	318, 319, 365, 377, 379, 382
#241030	東京地判平成 24 年 10 月 30 日判例秘書 L06730917	150
#241025A	東京地判平成 24 年 10 月 25 日ウェストロー 2012WLJPCA10258024	213
#241025B	東京地判平成 24 年 10 月 25 日ウェストロー 2012WLJPCA10258016	441
#241016	東京地判平成 24 年 10 月 16 日ウェストロー 2012WLJPCA10168004	368
#241015	東京地判平成 24 年 10 月 15 日ウェストロー 2012WLJPCA10158007	8, 249, 363
#240927A	東京地判平成 24 年 9 月 27 日ウェストロー 2012WLJPCA09278020	121
#240927B	東京地判平成 24 年 9 月 27 日ウェストロー 2012WLJPCA09266001	72, 73, 101, 354
#240920	大阪高判平成 24 年 9 月 20 日判タ 1406 号 95 頁	72
#240914	水戸地判平成 24 年 9 月 14 日判地自 380 号 39 頁	234
#240913	東京地判平成 24 年 9 月 13 日ウェストロー 2012WLJPCA09138014	28, 74, 75, 120, 121, 329, 340
#240911	東京地判平成 24 年 9 月 11 日ウェストロー 2012WLJPCA09118015	351
#240906	東京地判平成 25 年 9 月 6 日ウェストロー 2012WLJPCA09068013、判例秘書 L06730607	134, 180, 398, 402
#240904	（参考）東京地判平成 24 年 9 月 4 日ウェストロー 2012WLJPCA09048004	

判例索引

#240831A	東京地判平成 24 年 8 月 31 日ウェストロー 2012WLJPCA08318003	127
#240831B	東京地判平成 24 年 8 月 31 日ウェストロー 2012WLJPCA08318008	353, 357
#240829	東京高判平成 24 年 8 月 29 日判タ 1407 号 99 頁（#240323 の差戻し控訴審）	364, 365, 367
#240828	大阪地判平成 24 年 8 月 28 日ウェストロー 2012WLJPCA08286001	141, 402
#240827A	東京地判平成 24 年 8 月 27 日ウェストロー 2012WLJPCA08278008	258, 336, 368, 369
#240827B	東京地判平成 24 年 8 月 27 日ウェストロー 2012WLJPCA08278010	365
#240809A	東京地判平成 24 年 8 月 9 日判例秘書 L06730492	285, 311, 312, 365, 379
#240809B	東京地判平成 24 年 8 月 9 日ウェストロー 2012WLJPCA08098014	131, 291, 301
#240808	東京地判平成 24 年 8 月 8 日ウェストロー 2012WLJPCA08088026	102, 124, 247
#240807	東京地判平成 24 年 8 月 7 日ウェストロー 2012WLJPCA08078007	235
#240806	東京地判平成 24 年 8 月 6 日ウェストロー 2012WLJPCA08068006	182
#240801	東京地判平成 24 年 8 月 1 日ウェストロー 2012WLJPCA08018004	82
#240731	高知地判平成 24 年 7 月 31 日判タ 1385 号 181 頁	161, 275, 276
#240727	東京地判平成 27 年 4 月 27 日判例秘書 L06730414	45
#240718	東京地判平成 24 年 7 月 18 日ウェストロー 2012WLJPCA07188021	298
#240717	大阪地判平成 24 年 7 月 17 日裁判所ウェブサイト	109, 191, 224
#240711	東京高判平成 24 年 7 月 11 日判例秘書 L06720397	19
#240710	東京地判平成 24 年 7 月 10 日ウェストロー 2012WLJPCA07108017	365, 376
#240704	東京地判平成 24 年 7 月 4 日判タ 1388 号 207 頁	28, 114
#240628	東京地判平成 24 年 6 月 28 日ウェストロー 2012WLJPCA06288004	351
#240615	大阪地判平成 24 年 6 月 15 日判時 2166 号 80 頁	100, 118, 241, 242, 252, 256
#240612A	旭川地判平成 24 年 6 月 12 日判時 2157 号 79 頁	267
#240612B	東京地判平成 24 年 6 月 12 日判時 2165 号 99 頁	102, 230
#240529A	東京地判平成 24 年 5 月 29 日ウェストロー 2012WLJPCA05298002	210, 218, 242, 257
#240529B	東京地判平成 24 年 5 月 29 日ウェストロー 2012WLJPCA05298011	344, 363, 365
#240418	（参考）東京高判平成 24 年 4 月 18 日判例秘書 L06720189	
#240416	東京地判平成 24 年 4 月 16 日 D1-Law28180860	175, 309
#240413	東京地判平成 24 年 4 月 13 日ウェストロー 2012WLJPCA04138003	234
#240406	東京地判平成 24 年 4 月 6 日ウェストロー 2012WLJPCA04068002	128, 190, 322
#240330	東京地判平成 24 年 3 月 30 日ウェストロー 2012WLJPCA03308030	182
#240323	最判平成 24 年 3 月 23 日判タ 1369 号 121 頁（#211016、#220427B の上告審。差戻し控訴審は #240829）	v, 66, 96, 100, 107, 251, 283, 364, 506
#240322	東京地判平成 24 年 3 月 22 日ウェストロー 2012WLJPCA03228002	217
#240223	東京地判平成 24 年 2 月 23 日ウェストロー 2012WLJPCA02238006	391
#240209	東京地判平成 24 年 2 月 9 日ウェストロー 2012WLJPCA02098002	365
#240130	東京地判平成 24 年 1 月 30 日ウェストロー 2012WLJPCA01308002	83, 128, 204
#240112	東京地判平成 24 年 1 月 12 日ウェストロー 2012WLJPCA01128003	363, 365, 393
#231228	東京地判平成 23 年 12 月 28 日ウェストロー 2011WLJPCA12288004	124
#231226	東京地判平成 23 年 12 月 26 日ウェストロー 2011WLJPCA12268011	365
#231216A	東京地判平成 23 年 12 月 16 日ウェストロー 2011WLJPCA12168018	51, 105
#231216B	東京地判平成 23 年 12 月 16 日ウェストロー 2011WLJPCA12168005	84
#231213	東京地判平成 23 年 12 月 13 日ウェストロー 2011WLJPCA12138013	291

判例索引

#231209	東京地判平成 23 年 12 月 9 日判時 2141 号 41 頁	377, 383
#231208	最判平成 23 年 12 月 8 日民集 65 巻 9 号 3275 頁	50
#231125A	東京地判平成 23 年 11 月 25 日ウェストロー 2011WLJPCA11258022	311
#231125B	東京地判平成 23 年 11 月 25 日ウェストロー 2011WLJPCA11258010	182, 515
#231124	東京地判平成 23 年 11 月 24 日ウェストロー 2011WLJPCA11248014	127
#231012	東京地判平成 23 年 10 月 12 日ウェストロー 2011WLJPCA10128003	365
#231005	高松地判平成 23 年 10 月 5 日判例秘書 L06650547	267
#230929	東京高判平成 23 年 9 月 29 日ウェストロー 2011WLJPCA09296004（#230119 の控訴審）	289, 365
#230921A	（参考）札幌地判平成 23 年 9 月 21 日判例秘書 L06650518	
#230921B	東京地判平成 23 年 9 月 21 日ウェストロー 2011WLJPCA09218010	365, 369
#230829	東京地判平成 23 年 8 月 29 日ウェストロー 2011WLJPCA08298005	534
#230810	東京地判平成 23 年 8 月 10 日ウェストロー 2011WLJPCA08108001	167, 168
#230803	東京地判平成 23 年 8 月 3 日ウェストロー 2011WLJPCA08038006	102
#230728	東京高判平成 23 年 7 月 28 日判例秘書 L06620348	193
#230726	東京地判平成 23 年 7 月 26 日ウェストロー 2011WLJPCA07268002	233
#230719A	東京地判平成 23 年 7 月 19 日判タ 1370 号 192 頁	98, 119, 121
#230719B	東京地判平成 23 年 7 月 19 日判例秘書 L06630381	177
#230715	最判平成 23 年 7 月 15 日民集 65 巻 5 号 2362 頁（#201002、#210702 の上告審）	51
#230708A	最決平成 23 年 7 月 8 日判例秘書 L06610167（#230112 の上告審）	363
#230708B	東京地判平成 23 年 7 月 8 日ウェストロー 2011WLJPCA07088009	127
#230630	東京地判平成 23 年 6 月 30 日ウェストロー 2011WLJPCA06308009	180, 318
#230629	東京地判平成 23 年 6 月 29 日ウェストロー 2011WLJPCA06298026	365, 383, 391
#230615	東京地判平成 23 年 6 月 15 日判時 2123 号 47 頁	167, 168
#230531	東京地判平成 23 年 5 月 31 日判時 2127 号 19 頁	123
#230530	東京地判平成 23 年 5 月 30 日ウェストロー 2011WLJPCA05308002	189, 363, 365, 371
#230511	東京地判平成 23 年 5 月 11 日ウェストロー 2011WLJPCA05118006	99
#230428	最判平成 23 年 4 月 28 日民集 65 巻 3 号 1499 頁（#190918、#210728A の上告審）	254, 337, 496, 499
#230425A	東京地判平成 23 年 4 月 25 日ウェストロー 2011WLJPCA04258015	365, 366
#230425B	東京地判平成 23 年 4 月 25 日ウェストロー 2011WLJPCA04258014	325
#230425C	東京地判平成 23 年 4 月 25 日ウェストロー 2011WLJPCA04258004、判例秘書 L06630202	167
#230425D	東京地立川支判平成 23 年 4 月 25 日判タ 1357 号 147 頁	325
#230422	東京地判平成 23 年 4 月 22 日判時 2130 号 21 頁	141, 155
#230421	京都地判平成 23 年 4 月 21 日判例秘書 L06650222	403
#230329	東京地判平成 23 年 3 月 29 日ウェストロー 2011WLJPCA03298010	35
#230328A	東京地判平成 23 年 3 月 28 日ウェストロー 2011WLJPCA03288003、判例秘書 L06630165	102, 196
#230328B	東京地判平成 23 年 3 月 28 日ウェストロー 2011WLJPCA03288008	320
#230238B	（参考）東京地判平成 23 年 3 月 28 日 2011WLJPCA03288008	
#230324	釧路地帯広支判平成 23 年 3 月 24 日判時 2112 号 103 頁	196
#230311	名古屋地判平成 23 年 3 月 11 日ウェストロー 2011WLJPCA03119002	330

番号	判決	頁
#230309	東京地判平成23年3月9日労判1030号27頁	365
#230308	東京地判平成23年3月11日ウェストロー 2011WLJPCA03088014	39
#230228	東京地判平成23年2月28日ウェストロー 2011WLJPCA02288003、判例秘書 L06630133	160
#230217A	東京地判平成23年2月17日ウェストロー 2011WLJPCA02178021	320
#230217B	東京地判平成23年2月17日ウェストロー 2011WLJPCA02178005	399
#230216	東京地判平成23年2月16日判例秘書L06630062	330
#230203	福岡高判平成23年2月3日判タ1372号101頁(#220827Bの控訴審)	267
#230130	東京地判平成23年1月30日ウェストロー 2011WLJPCA01318010	181
#230128	東京地判平成23年1月28日ウェストロー 2011WLJPCA01288019	365
#230120A	東京地判平成23年1月20日ウェストロー 2011WLJPCA01208032	331
#230120B	東京地判平成23年1月20日ウェストロー 2011WLJPCA01208001	321
#230114	東京地判平成23年1月14日ウェストロー 2011WLJPCA01148004、判例秘書 L06630117	233
#230112	東京高判平成23年1月12日判時2114号58頁(#230708Aの原審)	363, 365, 371
#230111	東京地判平成23年1月11日ウェストロー 2011WLJPCA01118005	79, 89, 221, 347
#221224A	東京地判平成22年12月24日ウェストロー 2010WLJPCA12248018	331
#221224B	東京高判平成22年12月24日東高時報(刑事)61巻1〜12号344頁	21
#221224C	東京地判平成22年12月24日ウェストロー 2010WLJPCA12248010	196
#221221	東京地判平成22年12月21日ウェストロー 2010WLJPCA12218010	321
#221220A	東京地判平成22年12月20日ウェストロー 2010WLJPCA12208003、判例秘書 L06530729	167
#221220B	東京地判平成22年12月20日ウェストロー 2010WLJPCA12208010	48
#221214	東京地判平成22年12月14日判時2119号67頁	31
#221207	東京地判平成22年1月27日ウェストロー 2010WLJPCA01278027	379
#221124A	(参考)東京地判平成22年11月24日ウェストロー 2010WLJPCA11248006	
#221124B	東京高判平成22年11月24日判例秘書L06520783	289, 292, 474
#221124C	東京地判平成22年11月24日ウェストロー 2010WLJPCA11248001	281
#221124D	東京地判平成22年11月24日ウェストロー 2010WLJPCA11248004	136
#221116	東京高判平成22年11月16日判例秘書L06520613(#220127の控訴審)	229, 230, 336
#221111	東京地判平成22年11月11日ウェストロー 2010WLJPCA11118008	404
#221108	東京地判平成22年11月8日ウェストロー 2010WLJPCA11088001	328
#221105	東京地判平成22年11月5日ウェストロー 2010WLJPCA11058008	213
#221025	東京地判平成22年10月25日ウェストロー 2010WLJPCA10258005	74, 99
#221022	東京地判平成22年10月22日ウェストロー 2010WLJPCA10228002	475
#221021A	大阪地判平成22年10月21日裁判所ウェブサイト	363, 365
#221021B	最判平成22年10月21日判例秘書L06510114(#210305の上告審)	135, 377
#221019	大阪地判平成22年10月19日判タ1361号210頁	86, 181
#221012	東京地判平成22年10月12日ウェストロー 2010WLJPCA10128003	321, 365
#221007	東京地判平成22年10月7日ウェストロー 2010WLJPCA10078004	146, 256
#221006	東京地判平成22年10月6日ウェストロー 2010WLJPCA10068007	141
#220929	東京高判平成22年9月29日D1-Law28180369、判例秘書L06520505(#210713の控訴審)	86, 87, 194
#220906	東京地判平成22年9月6日ウェストロー 2010WLJPCA09068002	404

#220902	東京地判平成22年9月2日ウェストロー2010WLJPCA09028007	89, 127
#220830A	東京地判平成22年8月30日ウェストロー2010WLJPCA08308009	321
#220830B	東京地判平成22年8月30日ウェストロー2010WLJPCA08308004	344
#220827A	東京地判平成22年8月27日ウェストロー2010WLJPCA08278034、判例秘書L06530471	291
#220827B	佐賀地判平成22年8月27日判タ1372号103頁（#230203の原審）	267
#220728	東京地判平成22年7月28日判タ1362号168頁	180
#220723	東京地判平成22年7月23日ウェストロー2010WLJPCA07238014	404
#220720	東京地判平成22年7月20日ウェストロー2010WLJPCA07208008	114, 339
#220709	最判平成22年7月9日判タ1332号47頁	274, 275
#220630	東京地判平成22年6月30日ウェストロー2010WLJPCA06308009	347
#220629A	東京地判平成22年6月29日判タ1357号127頁	317, 382
#220629B	知財高判平成22年6月29日裁判所ウェブサイト	244
#220628	東京地判平成22年6月28日ウェストロー2010WLJPCA06288007	235
#220507	東京地判平成22年5月7日ウェストロー2010WLJPCA05078003	131
#220427A	最判平成22年4月27日判自333号22頁（#201016B、#190427の上告審）	268-270
#220427B	（参考）東京高判平成22年4月27日 D1-Law28180703	
#220426	東京地判平成22年4月26日ウェストロー2010WLJPCA04268011	343
#220420	東京地判平成22年4月20日ウェストロー2010WLJPCA04208011	146
#220414	松山地判平成22年4月14日判タ1334号83頁	267, 269, 271
#220413	最判平成22年4月13日民集64巻3号758頁（#201210、#200617の上告審）	v, 88, 398, 400, 409-411, 425, 452, 505, 509
#220408	最判平成22年4月8日民集64巻3号676頁（#200919、#210312の上告審）	v, 39, 102
#220329A	東京地判平成22年3月29日判時2099号49頁	102
#220329B	知財高判平成22年3月29日判タ1335号255頁（#201128の控訴審）	249, 332
#220325	東京地判平成22年3月25日ウェストロー2010WLJPCA03258005	320
#220319A	東京地判平成22年3月19日ウェストロー2010WLJPCA03198017	385, 391
#220319B	東京地判平成22年3月19日ウェストロー2010WLJPCA03198005	365, 379, 381, 382
#220317	東京高判平成22年3月17日判時2118号37頁（#221021Bの控訴審）	103, 135, 136
#220315	最決平成22年3月15日刑集64巻2号1頁（#210130E、#200229の上告審）	v, 9, 109, 203, 235, 236, 248, 250, 251, 253, 257, 258, 315, 323-325, 459, 466, 477, 485, 496, 508, 516, 532, 533
#220301	東京地判平成22年3月1日ウェストロー2010WLJPCA03018010	74, 120, 121, 144, 146, 319
#220226	東京地判平成22年2月26日ウェストロー2010WLJPCA02268003	114
#220223	東京地判平成22年2月23日判タ1348号171頁	69, 87, 158, 161, 218, 222, 252, 376
#220215	東京地判平成22年2月15日ウェストロー2010WLJPCA02158005	320
#220205	東京地判平成22年2月5日ウェストロー2010WLJPCA02058005	321
#220127	東京地判平成22年1月27日ウェストロー2010WLJPCA01278027	224, 365
#220122	東京地判平成22年1月22日ウェストロー2010WLJPCA01228023、判例秘書	

	L06530109 ……………………………………………………………219, 353	
#220121	東京高判平成 22 年 1 月 21 日労判 1001 号 5 頁 …………………………399	
#220119	東京地判平成 22 年 1 月 19 日ウェストロー 2010WLJPCA01198005 ………144, 317	
#211225A	東京地判平成 21 年 12 月 25 日ウェストロー 2009WLJPCA12258030 ………99, 351	
#211225B	東京地判平成 21 年 12 月 25 日ウェストロー 2009WLJPCA12258015 ………28, 224	
#211222A	東京地判平成 21 年 12 月 22 日ウェストロー 2009WLJPCA12228019 …………336	
#211222B	東京地判平成 21 年 12 月 22 日ウェストロー 2009WLJPCA12228016	
	……………………………………………………………128, 209, 257	
#211217	東京地判平成 21 年 12 月 17 日ウェストロー 2009WLJPCA12178006 …164, 167, 168	
#211216	東京高判平成 21 年 12 月 16 日ウェストロー 2009WLJPCA12166001、判例秘書	
	L06420751（#210326 の控訴審）………………………………………261, 323, 362	
#211209	知財高判平成 21 年 12 月 9 日裁判所ウェブサイト …………………………340	
#211208	東京地判平成 21 年 12 月 8 日ウェストロー 2009WLJPCA12088001 …………146	
#211127	東京地判平成 21 年 11 月 27 日ウェストロー 2009WLJPCA11278005	
	……………………………………………………………79, 166, 291, 348	
#211126	東京高判平成 21 年 11 月 26 日ウェストロー 2009WLJPCA11268018、D1-Law	
	28162418（#200908 の控訴審）………………………………………74, 120, 141	
#211125	東京地判平成 21 年 11 月 25 日ウェストロー 2009WLJPCA11258004 …………255	
#211116	東京地判平成 21 年 11 月 16 日ウェストロー 2009WLJPCA11168002	
	……………………………………………………………191, 262, 336, 368	
#211109	東京地判平成 21 年 11 月 9 日判タ 1321 号 149 頁 …………………………73	
#211106	東京地判平成 21 年 11 月 6 日ウェストロー 2009WLJPCA11068006 …………320	
#211105	東京地判平成 21 年 11 月 5 日ウェストロー 2009WLJPCA11058001 ………109, 242	
#211030	東京地判平成 21 年 10 月 30 日ウェストロー 2009WLJPCA10308010 ……115, 221	
#211029	東京地判平成 21 年 10 月 29 日ウェストロー 2009WLJPCA10298023 …………231	
#211027	東京地判平成 21 年 10 月 27 日ウェストロー 2009WLJPCA10278014	
	……………………………………………………………186, 317, 319, 366	
#211026A	東京地判平成 21 年 10 月 26 日ウェストロー 2009WLJPCA10268002 …………335	
#211026B	東京地判平成 21 年 10 月 26 日ウェストロー 2009WLJPCA10268006、判例秘書	
	L06430576 ……………………………………………………………116, 157, 243	
#211023	大阪高判平成 21 年 10 月 23 日労経速 2061 号 26 頁（#210115 の控訴審）…………148	
#211022A	大阪地判平成 21 年 10 月 22 日裁判所ウェブサイト …………………………182	
#211022B	（参考）東京地判平成 21 年 10 月 22 日ウェストロー 2009WLJPCA10228001	
#211021	東京地判平成 21 年 10 月 21 日ウェストロー 2009WLJPCA10218009 ………210, 365	
#211019	東京地判平成 21 年 10 月 19 日ウェストロー 2009WLJPCA10198003 …………213	
#211016A	東京地判平成 21 年 10 月 16 日ウェストロー 2009WLJPCA10168008 …………146	
#211016B	東京地判平成 21 年 10 月 16 日ウェストロー 2009WLJPCA10168016	
	……………………………………………………………221, 365	
#211009	東京地判平成 21 年 10 月 9 日ウェストロー 2009WLJPCA10098003、判例秘書	
	L06430578 ……………………………………………………65, 85, 130, 218, 249, 258, 306	
#210930	東京地判平成 21 年 9 月 30 日ウェストロー 2009WLJPCA09308031 ……214, 297, 335	
#210929A	東京地判平成 21 年 9 月 29 日ウェストロー 2009WLJPCA09298010	
	……………………………………………………………144, 146, 214, 331	
#210929B	東京地判平成 21 年 9 月 29 日ウェストロー 2009WLJPCA09298007 …73, 77, 211, 257	
#210925A	東京地判平成 21 年 9 月 25 日ウェストロー 2009WLJPCA09258010 ……122, 241, 257	

判例索引

#210925B	東京地判平成 21 年 9 月 25 日ウェストロー 2009WLJPCA09258011	104
#210917A	東京地判平成 21 年 9 月 17 日ウェストロー 2009WLJPCA09178015	300, 310, 311
#210917B	東京地判平成 21 年 9 月 17 日ウェストロー 2009WLJPCA09178019	114
#210916	知財高判平成 21 年 9 月 16 日裁判所ウェブサイト	48
#210915	東京地判平成 21 年 9 月 15 日ウェストロー 2009WLJPCA09158002	164
#210911A	千葉地松戸支判平成 21 年 9 月 11 日判時 2064 号 88 頁	297, 363, 365, 379
#210911B	東京地判平成 21 年 9 月 11 日ウェストロー 2009WLJPCA09118005	109, 162
#210909	東京地判平成 21 年 9 月 9 日ウェストロー 2009WLJPCA09098006	189
#210828A	東京地判平成 21 年 8 月 28 日判タ 1316 号 202 頁	130, 208, 213
#210828B	東京地判平成 21 年 8 月 28 日ウェストロー 2009WLJPCA08288016	253
#210827A	東京地判平成 21 年 8 月 27 日ウェストロー 2009WLJPCA08278005	283
#210827B	東京地判平成 21 年 8 月 27 日ウェストロー 2009WLJPCA08278025、判例秘書 L06430476	146
#210826A	東京地判平成 21 年 8 月 26 日ウェストロー 2009WLJPCA08268011	73
#210826B	東京地判平成 21 年 8 月 26 日判タ 1342 号 202 頁	180, 378
#210731	東京地判平成 21 年 7 月 31 日ウェストロー 2009WLJPCA07318007	76, 192, 209, 232, 255
#210730	東京地判平成 21 年 7 月 30 日ウェストロー 2009WLJPCA07308041	73
#210728A	東京高判平成 21 年 7 月 28 日民集 65 巻 3 号 1558 頁（#230428 の原審）	254
#210728B	東京地判平成 21 年 7 月 28 日ウェストロー 2009WLJPCA07288018	252, 257, 351
#210727	東京地判平成 21 年 7 月 27 日ウェストロー 2009WLJPCA07278010	164, 167, 168
#210715	東京高判平成 21 年 7 月 15 日判時 2057 号 21 頁	106, 107, 135, 136
#210714	東京地判平成 21 年 7 月 14 日ウェストロー 2009WLJPCA07148003	69, 210
#210713	東京地判平成 21 年 7 月 13 日ウェストロー 2009WLJPCA07139002（#220929 の原審）	86, 87, 103, 116, 193, 194, 208
#210709	最判平成 21 年 7 月 9 日判タ 1307 号 117 頁	193
#210703	青森地判平成 21 年 7 月 3 日判時 2060 号 132 頁	354
#210630	東京地判平成 21 年 6 月 30 日ウェストロー 2009WLJPCA06308022	164, 168
#210625	東京地判平成 21 年 6 月 25 日ウェストロー 2009WLJPCA06258001	86, 114, 116, 252
#210624	東京地判平成 21 年 6 月 24 日ウェストロー 2009WLJPCA06248012	196
#210623	東京地判平成 21 年 6 月 23 日ウェストロー 2009WLJPCA06238001	231
#210617	東京高判平成 21 年 6 月 17 日判時 2065 号 50 頁（#191212 の控訴審）	99, 109, 365, 368, 369
#210615A	東京地判平成 21 年 6 月 15 日ウェストロー 2009WLJPCA06158008	298
#210615B	東京地判平成 21 年 6 月 15 日ウェストロー 2009WLJPCA06158004	99
#210610	東京地判平成 21 年 6 月 10 日ウェストロー 2009WLJPCA06108003	76
#210603	東京地判平成 21 年 6 月 3 日ウェストロー 2009WLJPCA06038009	146
#210527	東京地判平成 21 年 5 月 27 日ウェストロー 2009WLJPCA05278007、判例秘書 L06430302	222, 306
#210526	東京地判平成 21 年 5 月 26 日ウェストロー 2009WLJPCA05268027、判例秘書 L06430299	351
#210514	東京地判平成 21 年 5 月 14 日ウェストロー 2009WLJPCA05148014	146
#210513A	東京高判平成 21 年 5 月 13 日ウェストロー 2009WLJPCA05136001（#201029B の控訴審）	124

595

判例索引

#210513B	東京地判平成 21 年 5 月 13 日ウェストロー 2009WLJPCA05138004	143, 149, 173, 354
#210513C	東京地判平成 21 年 5 月 13 日ウェストロー 2009WLJPCA05138002	92, 173, 365
#210511	東京地判平成 21 年 5 月 11 日判時 2055 号 85 頁	149, 173, 182, 365
#210417	神戸地判平成 21 年 4 月 17 日裁判所ウェブサイト	47
#210416	東京高判平成 21 年 4 月 16 日判例秘書 L06420211 (#200916 の控訴審)	265
#210415	東京地判平成 21 年 4 月 15 日判タ 1303 号 180 頁	83, 85
#210414	東京地判平成 21 年 4 月 14 日判タ 1305 号 183 頁	128
#210407	(参考)東京地判平成 21 年 4 月 7 日ウェストロー 2009WLJPCA04078007	
#210406	東京地判平成 21 年 4 月 6 日ウェストロー 2009WLJPCA04068003	124, 291, 457
#210330A	東京地判平成 21 年 3 月 30 日ウェストロー 2009WLJPCA03308020	48, 218, 336
#210330B	東京地判平成 21 年 3 月 30 日ウェストロー 2009WLJPCA03308004	256
#210327A	東京地判平成 21 年 3 月 27 日ウェストロー 2009WLJPCA03278003	300
#210327B	東京高判平成 21 年 3 月 27 日判タ 1308 号 283 頁 (#191221 の控訴審)	244
#210326	東京地判平成 21 年 3 月 26 日判タ 1310 号 87 頁	362
#210325	岡山地倉敷支判平成 21 年 3 月 25 日判例秘書 L06450198	234
#210324	東京地判平成 21 年 3 月 24 日判時 2041 号 64 頁	267
#210318	東京地判平成 21 年 3 月 18 日判タ 1298 号 182 頁	114, 144, 147, 153, 154, 189, 283, 308
#210313	東京地判平成 21 年 3 月 13 日ウェストロー 2009WLJPCA03138010、判例秘書 L06430145	194, 230, 232
#210312	東京高判平成 21 年 3 月 12 日民集 64 巻 3 号 718 頁 (#220408 の原審)	102, 210, 224, 299
#210311	東京地判平成 21 年 3 月 11 日ウェストロー 2009WLJPCA03118006	221, 299, 341
#210305	東京地判平成 21 年 3 月 5 日ウェストロー 2009WLJPCA03058006	125
#210304	宇都宮地判平成 21 年 3 月 4 日判例秘書 L06450116	265
#210303	東京地判平成 21 年 3 月 3 日ウェストロー 2009WLJPCA03038001	65
#210227A	東京地判平成 21 年 2 月 27 日ウェストロー 2009WLJPCA02278013	308
#210227B	東京地判平成 21 年 2 月 27 日判タ 1311 号 259 頁	232
#210226	神戸地判平成 21 年 2 月 26 日判タ 1303 号 190 頁	78, 129
#210223	東京地判平成 21 年 2 月 23 日ウェストロー 2009WLJPCA02238010	77, 221
#210219	東京地判平成 21 年 2 月 19 日ウェストロー 2009WLJPCA02198018	301
#210218A	東京地判平成 21 年 2 月 18 日ウェストロー 2009WLJPCA02188005、判例秘書 L06430098	276, 277
#210218B	東京高判平成 21 年 2 月 18 日判例秘書 L06420100 (#200908B の控訴審)	229, 233
#210205A	東京高判平成 21 年 2 月 5 日判時 2046 号 85 頁 (#200324 の控訴審)	309
#210205B	東京地判平成 21 年 2 月 5 日ウェストロー 2009WLJPCA02058007	67, 80, 298, 385, 391, 404
#210205C	東京地判平成 21 年 2 月 5 日ウェストロー 2009WLJPCA02058005	376
#210204A	東京地判平成 21 年 2 月 4 日ウェストロー 2009WLJPCA02048003	336
#210204B	東京地判平成 21 年 2 月 4 日判タ 1299 号 261 頁	194
#210203A	東京地判平成 21 年 2 月 3 日ウェストロー 2009WLJPCA02038004	217, 231, 255
#210203B	東京地判平成 21 年 2 月 3 日ウェストロー 2009WLJPCA02038002	134, 143, 149, 363, 365
#210130A	東京地判平成 21 年 1 月 30 日ウェストロー 2009WLJPCA01308050	342

#210130B	東京地判平成21年1月30日ウェストロー 2009WLJPCA01308042	225
#210130C	東京地判平成21年1月30日ウェストロー 2009WLJPCA01308030	69, 331
#210130D	東京高判平成21年1月30日刑集64巻2号93頁（#220315の原審、#200229の控訴審）	235, 248
#210129	東京地判平成21年1月29日ウェストロー 2009WLJPCA01298006、判例秘書L06430049	149, 160, 323
#210128	東京地判平成21年1月28日判タ1303号221頁	72, 208, 311, 354
#210126	東京地判平成21年1月26日ウェストロー 2009WLJPCA01268001、判例秘書L06430043	33, 76, 85, 156, 157, 161, 226, 244, 255, 283, 305, 306
#210123	東京地判平成21年1月23日ウェストロー 2009WLJPCA01238011	120
#210121	広島高判平成21年1月21日判例秘書L06420010	365
#210119	東京地判平成21年1月19日ウェストロー 2009WLJPCA01198002、判例秘書L06430047	116
#210116	東京地判平成21年1月16日ウェストロー 2009WLJPCA01168006	84, 107, 154
#210115	東京地判平成21年1月15日ウェストロー 2009WLJPCA01158002	174, 326
#210113	東京地判平成21年1月13日ウェストロー 2009WLJPCA01138002	35
#201226A	大阪地判平成20年12月26日判タ1293号185頁	68, 118, 211
#201226B	東京地判平成20年12月26日裁判所ウェブサイト	122, 195, 196, 247, 283, 477, 508
#201224A	東京地判平成20年12月24日ウェストロー 2008WLJPCA12248037	99
#201224B	東京地判平成20年12月24日ウェストロー 2008WLJPCA12248012	243
#201219	東京地判平成20年12月19日ウェストロー 2008WLJPCA12198015	124
#201218	東京地判平成27年12月18日ウェストロー 2008WLJPCA12188006	72, 84, 103, 107, 253
#201216A	東京地判平成20年12月16日ウェストロー 2008WLJPCA12168004	235, 467
#201216B	東京地判平成20年12月16日ウェストロー 2008WLJPCA12168006、判例秘書L06332560	141
#201212	東京地判平成20年12月12日判時2038号64頁	86, 376
#201210	東京地判平成20年12月10日ウェストロー 2008WLJPCA12108006	189
#201209A	東京地判平成20年12月9日ウェストロー 2008WLJPCA12098003	87, 122
#201209B	東京地判平成20年12月9日ウェストロー 2008WLJPCA12098001	28, 226
#201209C	東京高判平成20年12月9日判例秘書L06320680	102
#201208	東京地判平成20年12月8日ウェストロー 2008WLJPCA12088003	249
#201205	東京地判平成20年12月5日ウェストロー 2008WLJPCA12058013	120, 338
#201126	東京地判平成20年11月26日ウェストロー 2008WLJPCA11268015、判例秘書L06332528	84
#201125	東京地判平成20年11月25日ウェストロー 2008WLJPCA11258019	150
#201119	東京地判平成20年11月19日ウェストロー 2008WLJPCA11198002	211
#201115	東京地判平成20年11月5日ウェストロー 2008WLJPCA11058001	105
#201113	神戸地尼崎支判平成20年11月13日判時2035号122頁	105, 187, 378, 399
#201112	東京地判平成20年11月12日ウェストロー 2008WLJPCA11128003	32
#201106	広島高判平成20年11月6日判時2030号26頁（#200327の控訴審）	74, 84
#201105A	東京地判平成20年11月5日ウェストロー 2008WLJPCA11058008	114
#201105B	東京地判平成20年11月5日ウェストロー 2008WLJPCA11058005	50, 99, 289
#201105C	東京地判平成20年11月5日ウェストロー 2008WLJPCA11058001	366

判例索引

#201031A	大阪高判平成 20 年 10 月 31 日判時 2057 号 24 頁 ……………………178, 239, 312
#201031B	東京地判平成 20 年 10 月 31 日ウェストロー 2008WLJPCA10318031、判例秘書 L06332502 ………………………………………………………………………………217
#201030	東京地判平成 20 年 10 月 30 日判タ 1291 号 262 頁 ………………………………153
#201029A	東京高判平成 20 年 10 月 29 日 D1-Law28163536（#180512 の控訴審）……………102
#201029B	東京地判平成 20 年 10 月 29 日ウェストロー 2008WLJPCA10298002（#210513A の原審）…………………………………………………………………………………124
#201028A	福岡高那覇支判平成 20 年 10 月 28 日判時 2035 号 48 頁（#200304B の控訴審）……………………………………………………………………71, 122, 169, 252
#201028B	東京地判平成 20 年 10 月 28 日ウェストロー 2008WLJPCA10288024 ……………320
#201027	東京地判平成 20 年 10 月 27 日ウェストロー 2008WLJPCA10278001 ………………………………………………………………………………66, 89, 126, 242
#201017	東京地判平成 20 年 10 月 17 日ウェストロー 2008WLJPCA10178011 …………376
#201016A	東京地判平成 20 年 10 月 16 日ウェストロー 2008WLJPCA10168002 ………………………………………………………………………40, 90, 365, 371, 375
#201016B	広島高判平成 20 年 10 月 16 日判地自 333 号 29 頁（#220427A の原審）………268
#201015	東京地判平成 20 年 10 月 15 日ウェストロー 2008WLJPCA10158007 ………………………………………………………………………………82, 87, 117, 298
#201009	東京高判平成 20 年 10 月 9 日判タ 1286 号 170 頁（#190827 の控訴審）………115, 256
#201008	東京地判平成 20 年 10 月 8 日ウェストロー 2008WLJPCA10088004 ……………144
#201007	東京地判平成 20 年 10 月 7 日ウェストロー 2008WLJPCA10078005 ……………226
#201003	東京地判平成 20 年 10 月 3 日ウェストロー 2008WLJPCA10038001 ………………………………………………………………………262, 323, 345, 365, 367
#201001A	東京地判平成 20 年 10 月 1 日判時 2022 号 58 頁 ……………………84, 85, 187
#201001B	東京地判平成 20 年 10 月 1 日判タ 1288 号 134 頁 …………186, 242, 323, 365
#200926	東京地判平成 20 年 9 月 26 日ウェストロー 2008WLJPCA09266001 ………………………………………………………………68, 72, 74, 118, 120, 121, 189, 237
#200918	東京高判平成 20 年 9 月 18 日判例秘書 L06320503 ……………………………234
#200909A	東京地判平成 20 年 9 月 9 日ウェストロー 2008WLJPCA09098004、判例秘書 L06332444 ………………………………………………………………………………84
#200909B	東京地判平成 20 年 9 月 9 日判タ 1305 号 193 頁……………109-111, 163, 164, 236, 237
#200909C	那覇地判平成 20 年 9 月 9 日判時 2067 号 99 頁 ………………………………266
#200908A	東京地判平成 20 年 9 月 8 日ウェストロー 2008WLJPCA09088002 ……………335
#200908B	東京地判平成 20 年 9 月 8 日ウェストロー 2008WLJPCA09088001（#210218B の原審）……………………………………………………………………………229, 233
#200905	東京地判平成 20 年 9 月 5 日ウェストロー 2008WLJPCA09058004、判例秘書 L06332447 …………………………………………………281, 308, 309, 323, 363, 365
#200901	東京地判平成 20 年 9 月 1 日ウェストロー 2008WLJPCA09018002 …………242, 374
#200829	東京地判平成 20 年 8 月 29 日裁判所ウェブサイト ………………………………119
#200822A	大阪地判平成 20 年 8 月 22 日労経速 2027 号 3 頁 ………………………………119
#200822B	東京地判平成 20 年 8 月 22 日ウェストロー 2008WLJPCA08228002、判例秘書 L06332324 …………………………………………………………………109, 119, 210
#200728	東京地判平成 20 年 7 月 28 日ウェストロー 2008WLJPCA07288005、判例秘書 L06331769 ………………………………………………………………………………95
#200725	東京地判平成 20 年 7 月 25 日ウェストロー 2008WLJPCA07258007

判例索引

....114, 328, 330, 467

#200714	東京地判平成 20 年 7 月 14 日ウェストロー 2008WLJPCA07148001 89
#200711	名古屋地判平成 20 年 7 月 11 日判タ 1305 号 204 頁............................191
#200702A	東京地判平成 20 年 7 月 2 日ウェストロー 2008WLJPCA07028003、判例秘書 L06331739 54
#200702B	東京地判平成 20 年 7 月 2 日ウェストロー 2008WLJPCA07028001 214
#200630	東京地判平成 20 年 6 月 30 日ウェストロー 2008WLJPCA06308001............307
#200626	大阪地判平成 20 年 6 月 26 日判タ 1289 号 294 頁............................206, 317
#200624	東京地判平成 20 年 6 月 24 日ウェストロー 2008WLJPCA06248003、判例秘書 L06331515 227
#200623	東京地判平成 20 年 6 月 23 日ウェストロー 2008WLJPCA06238001............331
#200620	東京地判平成 20 年 6 月 20 日ウェストロー 2008WLJPCA06208002............164
#200618	東京地判平成 20 年 6 月 18 日ウェストロー 2008WLJPCA06188002............291
#200617	東京地判平成 20 年 6 月 17 日ウェストロー 2008WLJPCA06178006、判例秘書 L06331569 ....65, 75, 98, 101, 102, 209, 355, 521
#200611	東京地判平成 20 年 6 月 11 日ウェストロー 2008WLJPCA06118007、判例秘書 L06331556 267
#200610	最判平成 20 年 6 月 10 日判タ 1316 号 142 頁............................369
#200527	東京地判平成 20 年 5 月 27 日ウェストロー 2008WLJPCA05278005 69
#200523	大阪地判平成 20 年 5 月 23 日裁判所ウェブサイト............................365, 376
#200521	東京地判平成 20 年 5 月 21 日ウェストロー 2008WLJPCA05218004............213
#200428	東京地判平成 20 年 4 月 28 日ウェストロー 2008WLJPCA04288006............282, 353
#200424	福岡高判平成 20 年 4 月 24 日判タ 1297 号 130 頁（#190323 の控訴審）............................179, 180, 267
#200422	東京地判平成 20 年 4 月 22 日判タ 1286 号 178 頁............................120, 196, 276, 277
#200421	東京地判平成 20 年 4 月 21 日ウェストロー 2008WLJPCA04218007、判例秘書 L06331133 351
#200418	東京地判平成 20 年 4 月 18 日ウェストロー 2008WLJPCA04188008、判例秘書 L06331194 ....172, 173
#200416	東京地判平成 20 年 4 月 16 日ウェストロー 2008WLJPCA04168004、判例秘書 L06331254 ....336, 365, 444
#200415A	東京地判平成 20 年 4 月 15 日判例秘書 L06331228 ....353, 378, 507
#200415B	東京地判平成 20 年 4 月 15 日ウェストロー 2008WLJPCA04158003、判例秘書 L06331229 156
#200414	東京地判平成 20 年 4 月 14 日判例秘書 L06331275 208
#200411	最判平成 20 年 4 月 11 日刑集 62 巻 5 号 1217 頁............................v
#200327A	大阪高判平成 20 年 3 月 27 日判例秘書 L06320190............................211, 230, 297, 306
#200327B	東京地判平成 20 年 3 月 27 日ウェストロー 2008WLJPCA03278006............68, 69, 204
#200327C	東京地判平成 20 年 3 月 27 日ウェストロー 2008WLJPCA03278008............171, 225
#200326	東京地判平成 20 年 3 月 26 日ウェストロー 2008WLJPCA03268003............173
#200324	東京地判平成 20 年 3 月 24 日ウェストロー 2008WLJPCA03248009............161, 291
#200306	東京地判平成 20 年 3 月 6 日ウェストロー 2008WLJPCA03068001............192
#200304A	東京地判平成 20 年 3 月 4 日ウェストロー 2008WLJPCA03048001............282
#200304B	那覇地判平成 20 年 3 月 4 日判時 2035 号 51 頁（#201028A の原審）............71, 122, 252
#200229	東京地判平成 20 年 2 月 29 日刑集 64 巻 2 号 59 頁（#210130E、#220315 の原審）

599

判例索引

	···	9, 248
#200228	神戸地尼崎支判平成20年2月28日判時2027号74頁	374
#200227	東京地判平成20年2月27日ウェストロー2008WLJPCA02278011	344
#200222	東京地判平成20年2月20日判時2001号53頁	162
#200219	東京地判平成20年2月19日ウェストロー2008WLJPCA02198002、判例秘書L06330794	116, 124, 126, 204
#200218	東京地判平成20年2月18日ウェストロー2008WLJPCA02189004	105, 117
#200213	東京地判平成20年2月13日判タ1283号174頁	378
#200207	東京地判平成20年2月7日ウェストロー2008WLJPCA02078006	336
#200128	東京地判平成20年1月28日ウェストロー2008WLJPCA01288008	335
#200118A	東京地判平成20年1月18日ウェストロー2008WLJPCA01188004	253, 344, 345
#200118B	東京地判平成20年1月18日ウェストロー2008WLJPCA01188001	241, 242
#200115	東京地判平成20年1月15日ウェストロー2008WLJPCA01158003	71, 72, 351
#191214	東京地判平成19年12月24日判タ1318号188頁	153
#190919	東京地判平成19年9月19日ウェストロー2007WLJPCA09198002	177
#190724	(参考) 東京地判平成19年7月24日判タ1256号136頁	
#190614	最決平成19年6月14日税資259号(順序11356)(#180606、#181130の上告審) ···	266
#190411	東京地判平成19年4月11日判タ1238号151頁	180
#190326	知財高判平成19年3月26日裁判所ウェブサイト	244
#190216	東京地判平成19年2月16日ウェストロー2007WLJPCA02168012、判例秘書L06230702	275
#190117	東京地判平成19年1月17日判タ1247号276頁	192
#181107A	(参考) 東京地判平成18年11月7日判タ1249号156頁	
#181107B	(参考) 東京地判平成18年11月7日判タ1242号224頁	
#181130	東京高判平成18年11月30日税資256号(順序10589)(#180606の控訴審、#190614の原審)	266
#181006	東京地判平成18年10月6日ウェストロー2006WLJPCA10060010	177
#180928	(参考) 東京地判平成18年9月28日判タ1250号228頁	
#180922	東京地判平成18年9月22日判例秘書L06133790	275
#180606	東京地判平成18年6月6日判時1948号100頁(#181130、#190614の原審)	266
#180320	東京地判平成18年3月20日判時1934号65頁、判タ1244号240頁	484
#180124	最判平成18年1月24日判タ1205号153頁	369
#171110	最判平成17年11月10日民集59巻9号2428頁(#141121の上告審) ···	46, 193, 397, 398
#171025	大阪高判平成17年10月25日裁判所ウェブサイト	48, 354, 534
#170714	最判平成17年7月14日D1-Law28101470、民集59巻6号1569頁、判時1910号94頁、判タ1191号220頁、裁判所ウェブサイト	46
#170224	東京地判平成17年2月24日判タ1186号175頁	153
#170121	名古屋地判平成17年1月21日判時1893号75頁	166
#161125	最判平成16年11月25日民集58巻8号2326頁	374
#161124	東京地判平成16年11月24日判タ1205号265頁	177, 181
#161105	東京地判平成16年11月5日ウェストロー2004WLJPCA11050005	382
#160726	東京地判平成16年7月26日D1-Law28100344、判時1886号65頁、判タ1168号191頁	141

600

判例索引

#160715	最判平成16年7月15日民集58巻5号1615頁 …………282, 303, 306, 310
#160422	大阪高判平成16年4月22日判タ1169号316頁 ……………21, 43, 317, 393
#160219	大阪高判平成16年2月19日訟月53巻2号205頁（#140315の控訴審）………………………………………………………………266, 269, 270
#151016	最判平成15年10月16日民集57巻9号1075頁 …………64, 96, 153, 154
#150912	最判平成15年9月12日民集57巻8号793頁 ………………………………44
#150822	東京地判平成15年8月22日判時1838号83頁 …………………………147
#150717	東京地判平成15年7月17日判時1869号46頁 ……………………38, 404
#150625	（参考）東京地判平成15年6月25日判時1869号54頁
#150521	東京高判平成15年5月21日判時1835号77頁 …………………266, 269, 270
#150314	最判平成15年3月14日民集57巻3号229頁…………44, 141, 170–172, 174, 351
#150219	東京高判平成15年2月19日判時1825号75頁 ………………………161
#150217	最判平成15年2月17日ウェストロー 2003WLJPCA02176001 ………265, 272
#141121	大阪高判平成14年11月21日民集59巻9号2488頁（#171110の原審）……193
#141119	大分地判平成14年11月19日判時1139号166頁 ………………161, 383
#140924	最判平成14年9月24日判タ1106号72頁（#130215の上告審）……25, 180
#140626	東京地判平成14年6月26日判タ1110号92頁 ……………………………38
#140523	東京高判平成14年5月23日判時1798号81頁 ……………………………238
#140315	大阪地判平成14年3月15日判タ1104号86頁（#160219の原審）………266
#140314	東京地判平成14年3月14日判例秘書L05731924 …………………126
#140308	最判平成14年3月8日判タ1091号71頁 ……………………………337
#140129A	最判平成14年1月29日民集56巻1号218頁 ………………………393
#140129B	最判平成14年1月29日判タ1086号102頁 …………………239, 249
#140129C	最判平成14年1月29日民集56巻1号185頁 ………………………337
#131022	東京地判平成13年10月22日判時1793号103頁 …………………163
#131011	横浜地判平成13年10月11日判タ1109号186頁等 ………………362
#130905A	東京高判平成13年9月5日判タ1088号94頁 ……………………27, 38
#130905B	東京高判平成13年9月5日判タ1070号77頁 ………………………209
#130827	東京地判平成13年8月27日判タ1086号181頁 ……………………38, 66
#130705	東京高判平成13年7月5日判タ1070号29頁 ………………202, 362
#130629	東京地判平成13年6月29日判タ1139号184頁 ………………275, 277
#130411	東京高判平成13年4月11日判時1754号89頁 ……………………377
#130327	東京地判平成13年3月27日判タ1055号29頁（ただし控訴）……362
#130313	最判平成13年3月13日民集55巻2号328頁 ………………………187
#130215	東京高判平成13年2月15日判タ1061号289頁（#140924の原審）……180
#120718	最判平成12年7月18日判タ1041号141頁 …………………………238
#111026	最判平成11年10月26日民集53巻7号1313頁 ……………………251
#100925	東京地判平成10年9月25日判タ1004号204頁 ……………………378
#110924	東京地判平成11年9月24日判タ1054号228頁 ……………………38, 370
#110630	東京高判平成11年6月30日判タ1004号292頁 ……………………362
#110215	東京地判平成11年2月15日判タ1023号220頁 ……………………362
#100727	東京地判平成10年7月27日判タ991号200頁 …………………………95
#100717	最判平成10年7月17日集民189号267頁 …………………………345
#100710	東京地判平成10年7月10日判タ998号220頁 ……………………126
#100130	最判平成10年1月30日判タ967号120頁 ………25, 280, 474, 483, 493, 505, 521, 529

601

判例索引

#091008	大阪高判平成 9 年 10 月 8 日判時 1631 号 80 頁	179
#090909A	最判平成 9 年 9 月 9 日民集 51 巻 8 号 3804 頁	
	25, 253, 279, 280, 281, 282, 302, 307, 474, 483, 493, 505, 529, 521	
#090909B	最判平成 9 年 9 月 9 日民集 51 巻 8 号 3850 頁	272
#090711	最判平成 9 年 7 月 11 日民集 51 巻 6 号 2573 頁	277, 376
#090527A	最判平成 9 年 5 月 27 日民集 51 巻 5 号 2009 頁（#050223、#041026 の上告審）	106
#090527B	最判平成 9 年 5 月 27 日民集 51 巻 5 号 2024 頁	181, 334, 359
#090218	前橋地判平成 9 年 2 月 18 日判時 1630 号 106 頁	155
#081002	東京高判平成 8 年 10 月 2 日判タ 923 号 156 頁（#080228B の控訴審）	303
#080925	（参考）千葉地判平成 8 年 9 月 25 日判タ 944 号 216 頁	
#080718	神戸地判平成 8 年 7 月 18 日判時 1599 号 120 頁	252
#080228A	東京地判平成 8 年 2 月 28 日判タ 919 号 193 頁	250
#080228B	東京地判平成 8 年 2 月 28 日判タ 923 号 162 頁（#081002 の原審）	303, 307
#071117	東京地判平成 7 年 11 月 17 日判タ 953 号 222 頁	103
#070519	東京地判平成 7 年 5 月 19 日判タ 883 号 103 頁	179
#070314	東京地判平成 7 年 3 月 14 日判タ 872 号 298 頁	382
#060922	東京高判平成 6 年 9 月 22 日判タ 890 号 155 頁（#040728 の控訴審）	254, 261
#060412	東京地判平成 6 年 4 月 12 日判タ 842 号 271 頁	86, 181
#060222	最判平成 6 年 2 月 22 日民集 48 巻 2 号 441 頁	359
#060208	最判平成 6 年 2 月 8 日民集 48 巻 2 号 149 頁	44
#050906	岡山地判平成 5 年 9 月 6 日判地自 124 号 82 頁	161
#050831	東京高判平成 5 年 8 月 31 日判時 1474 号 76 頁（#040924 の控訴審）	106
#050223	東京高判平成 5 年 2 月 23 日民集 51 巻 5 号 2022 頁（#041026 の控訴審、#090527A の原審）	106
#050128	大阪高判平成 5 年 1 月 28 日判タ 827 号 201 頁（#030326 の控訴審）	238
#050122	東京地判平成 5 年 1 月 22 日判タ 851 号 260 頁	335
#041027	東京地判平成 4 年 10 月 27 日判時 1471 号 127 頁	211
#041026	東京地判平成 4 年 10 月 26 日民集 51 巻 5 号 2019 頁（#050223、#090527A の原審）	106
#040924	東京地判平成 4 年 9 月 24 日判時 1474 号 77 頁（#050831 の原審）	105
#040728	東京地判平成 4 年 7 月 28 日判時 1452 号 71 頁（#060922 の原審）	254
#040624	大阪高判平成 4 年 6 月 24 日判時 1451 号 116 頁（#021220B の控訴審）	238
#040330	高知地判平成 4 年 3 月 30 日判タ 788 号 213 頁	105
#040225	東京地判平成 4 年 2 月 25 日判タ 784 号 84 頁	374
#040123	東京地判平成 4 年 1 月 23 日判タ 865 号 247 頁	146
#030930	東京地判平成 3 年 9 月 30 日判タ 771 号 193 頁	209
#030326	京都地判平成 3 年 3 月 26 日判タ 758 号 239 頁（#050128 の原審）	238
#030114	東京地判平成 3 年 1 月 14 日判時 1378 号 89 頁	106
#021220A	東京地判平成 2 年 12 月 20 日判タ 750 号 208 頁	209
#021220B	京都地判平成 2 年 12 月 20 日判タ 752 号 188 頁（#040624 の原審）	238
#020830	福岡地判平成 2 年 8 月 30 日判タ 744 号 140 頁	317
#020326	東京地判平成 2 年 3 月 26 日判タ 723 号 250 頁	305
#020118	京都地判平成 2 年 1 月 18 日判タ 723 号 151 頁	142, 143, 382
#011221	最判平成 1 年 12 月 21 日民集 43 巻 12 号 2252 頁	204, 221, 228, 302
#630126	最判昭和 63 年 1 月 26 日民集 42 巻 1 号 1 頁	274, 275

判例索引

#620424	最判昭和 62 年 4 月 24 日民集 41 巻 3 号 490 頁	374
#610611	最大判昭和 61 年 6 月 11 日民集 40 巻 4 号 872 頁	18, 384, 389, 397
#610506	東京地判昭和 61 年 5 月 6 日判タ 630 号 165 頁	399
#601127	東京地判昭和 60 年 11 月 27 日判タ 578 号 45 頁	300
#600517	最判昭和 60 年 5 月 17 日民集 39 巻 4 号 919 頁	338
#581101	最決昭和 58 年 11 月 1 日刑集 37 巻 9 号 1341 頁	403
#581020	最判昭和 58 年 10 月 20 日判タ 538 号 95 頁	228
#561221	東京高判昭和 56 年 12 月 21 日判時 1035 号 56 頁	317
#560717	静岡地判昭和 56 年 7 月 17 日判タ 447 号 104 頁	164
#560630	東京地判昭和 56 年 6 月 30 日判タ 447 号 93 頁	209, 213, 271
#560416	最判昭和 56 年 4 月 16 日刑集 35 巻 3 号 84 頁	204–208, 220
#560414	最判昭和 56 年 4 月 14 日民集 35 巻 3 号 620 頁	44
#540529	東京地判昭和 54 年 5 月 29 日判タ 394 号 94 頁（#561221 の原審）	317
#540314	東京高判昭和 54 年 3 月 14 日判タ 387 号 63 頁	167
#531020	最判昭和 53 年 10 月 20 日民集 32 巻 7 号 1367 頁	265
#530710	最判昭和 53 年 7 月 10 日民集 32 巻 5 号 888 頁	277
#510323	最決昭和 51 年 3 月 23 日刑集 30 巻 2 号 229 頁	339
#501024	最判昭和 50 年 10 月 24 日民集 29 巻 9 号 1417 頁	238
#481116	最判昭和 48 年 11 月 16 日民集 27 巻 10 号 1374 頁	394
#471116	最判昭和 47 年 11 月 16 日民集 26 巻 9 号 1633 頁	252
#470529	東京地判昭和 47 年 5 月 29 日判タ 298 号 387 頁	318
#461022	最決昭和 46 年 10 月 22 日刑集 25 巻 7 号 838 頁	251
#451218	最判昭和 45 年 12 月 18 日民集 24 巻 13 号 2151 頁	22, 377, 379, 397, 402, 438
#440625	最大判昭和 44 年 6 月 25 日刑集 23 巻 7 号 975 頁	20, 21, 199, 200, 202, 247, 250, 265
#430730	大阪地判昭和 43 年 7 月 30 日判タ 226 号 174 頁	377
#430118	最判昭和 43 年 1 月 18 日刑集 22 巻 1 号 7 頁	72
#421101	最大判昭和 42 年 11 月 1 日民集 21 巻 9 号 2249 頁	166
#420524	最判昭和 42 年 5 月 24 日刑集 21 巻 4 号 505 頁	272
#410805	東京地判昭和 41 年 8 月 5 日 D1-Law27421523、訟月 12 巻 9 号 1307 頁、判時 462 号 37 頁	404
#410623	最判昭和 41 年 6 月 23 日民集 20 巻 5 号 1118 頁	23, 202, 216, 228, 247, 267, 451, 458, 465, 476, 485, 495, 507, 515, 523, 531
#400205	最判昭和 40 年 2 月 5 日裁判集民事 77 号 321 頁	359
#390928	東京地判昭和 39 年 9 月 28 日判タ 165 号 184 頁	44, 178
#390128	最判昭和 39 年 1 月 28 日民集 18 巻 1 号 136 頁	155
#380416	最判昭和 38 年 4 月 16 日民集 17 巻 3 号 476 頁	156, 157, 317, 318, 419, 487, 504
#380326	最判昭和 38 年 3 月 26 日裁判集民事 65 号 241 頁	359
#370904	最判昭和 37 年 9 月 4 日民集 16 巻 9 号 1834 頁	395
#361013	最判昭和 36 年 10 月 13 日刑集 15 巻 9 号 1586 頁	19
#360609	最判昭和 36 年 6 月 9 日民集 15 巻 6 号 1546 頁	190
#351019	最判昭和 35 年 10 月 19 日民集 14 巻 12 号 2633 頁	272, 273
#340219	最決昭和 34 年 2 月 19 日刑集 13 巻 2 号 186 頁	139
#320716	最判昭和 32 年 7 月 16 日民集 11 巻 7 号 1254 頁	190
#310720	最判昭和 31 年 7 月 20 日民集 10 巻 8 号 1059 頁	23, 64, 96, 449, 456, 464, 471, 482, 492, 503, 514, 520, 528

#310704　最大判昭和 31 年 7 月 4 日民集 10 巻 7 号 785 頁 ……………………………377
最判昭和 30 年 4 月 19 日民集 9 巻 5 号 534 頁 …………………………………………265
大判昭和 15 年 12 月 14 日民集 19 巻 2325 頁 ……………………………………………393
大判大正 5 年 12 月 13 日刑録 22 揖 1822 頁 ………………………………………………351
大判大正 5 年 10 月 12 日民録 22 輯 1879 頁 ………………………………………………140
大判大正 5 年 3 月 24 日刑集 5 巻 117 頁 ……………………………………………………152
大判明治 43 年 11 月 2 日民録 11 輯 745 頁 ………………………………………………279

事項索引

英　字

IPアドレス　41
IR情報　74, 329, 340
SLAPP　56, 274
SNS　1, 33
User Generated Contents（UGC）
　29
wiki　32

ア　行

アンカー　32, 343, 349
暗示　75
いいね！　34, 349
意見ないし論評としての域を逸脱
　306, 312, 478
慰謝料　359
一体性　235
一般人の投稿　289
一般読者基準　63, 96
一方的主張　75, 120, 297
嫌がらせ　217
イラスト　398
因果関係　195
インターネット上の情報　242
インターネット上の有名人　355
インフラ化　8, 35
ウェブサイト　27
噂　72
宴のあと事件　44

営業権侵害　48
炎上　79, 363
オークションの評価欄　330

カ　行

会員制サイト　29, 150
外形標準説　190
外国に対する名誉毀損　162
改ざん　33, 244
開示請求　371
外部的名誉　18, 21
過失　341
過失相殺　375
仮定　118
可能性　68
仮名（ハンドルネーム）　145, 169,
　380, 455
仮処分　42, 389
感想　287
基準時　181, 239, 249
救済手段相互の関係　359
恐喝　47
共同不法行為　186
脅迫　47
業務妨害　48
業務妨害罪　48
強要　47
虚偽告訴罪　47
虚名　19

605

事項索引

疑惑　68, 118
具体的損害　367
愚痴　287
口コミ　30, 93, 314, 471
口コミサイト　30, 93, 471
口コミサイトからの削除　30
国　161
国に対する名誉毀損　161
国又は地方公共団体による名誉毀損　262
グループ会社　160
敬愛追慕の情　167
刑事訴訟法　49
掲示板　32
芸能人　208
経由プロバイダ　39
検索エンジン　387
現実の悪意　262
権利行使　130, 218
言論思想の自由市場　280
故意　341
公益性（専ら公益を図る目的に出た場合）　216
公開範囲　34
高額化　361
公共性（公共の利害に関する事実）　204
広告　85, 106
公正な論評の法理　302
公然性　139, 402, 448
公的参加を妨げるための戦略的訴訟　274
荒唐無稽　134

高度の蓋然性　238
国際訴訟競合　54
国際名誉毀損　53
告訴　47
告訴期間　47
コンテンツプロバイダ　39

サ 行

サービス毎の特徴　27
債権的名誉毀損　51
裁判管轄　53
削除請求　384
削除請求の範囲　385
サジェスト汚染　93
字数制限　34
時効　392
自己に関する情報をコントロールする権利（自己情報コントロール権）　44
死者に対する名誉毀損　166
事前差止　388
実質的同一性　235
実名　174, 182, 270
社会生活上あり得る事柄　130
社会通念上許される限度　406
社会的評価の低下　98, 100, 104, 105, 107, 179, 230, 287
社会的評価の低下の程度　98
謝罪　335
謝罪広告　376
写真　182, 513
集団全般を対象とする表現　152
重要部分の真実性　228

準拠法　55
使用者責任　190
肖像権　45
承諾　355
消費者契約法　52
情報提供者　195
職業　126
人格的価値　104
真実性　227
真実性・相当性の法理　199
真実性の証明の程度　238
ステルスマーケティング（ステマ）
　78, 132
ストーカー規制法　47
スマート私刑　516
政治家　207
性的事項　125
正当行為　328
正当な言論　328
セクシャルハラスメント　102
捜査機関の公式発表　252
相当性　247
相当の理由　247
訴権の濫用　277
訴訟行為　338
訴訟提起が不法行為となる場合
　274
損害　352
損害賠償　359

タ　行

対応費用　369
対抗言論　316

対象者自身による情報公開　353
逮捕　71
タイムスタンプ　41
代理人　189
他の報道機関の報道　253
多数　145
他人への言及　164
知的財産権　48
地方公共団体　161
チャット　32
中立性　222
調査費用　369
懲罰的損害賠償　376
通則法　55
訂正記事　335
適時開示　329
摘示内容の特定　61
手続選択　442
テレコムサービス協会　38
伝播性の理論　142, 169
伝聞　73, 119, 255
同意　355
動画共有サイト　31
東スポの抗弁　105
時の裁量　270
特定　169, 184
特定電気通信　38
匿名　455
匿名掲示板　1
取引上のトラブル　114

ナ　行

内部的事柄　213

内部的名誉　18
内部手続　331
ネットスラング　78
ネットリンチ　324

ハ 行

配信サービスの抗弁　337
媒体の信頼性　105
パソコン通信　1
判決　241, 251
犯罪行為　212
反社会的勢力　100
反対意見　296
判断要素　110, 250, 307, 410, 411
反論を併記　121
被疑者　209
被告人　209
批判　296
表現方法　118, 220
ファイル交換ソフト　32
フィクション　178
風評　72
部下の免責　192
複数の文章の関係　82
侮辱　397
侮辱罪　403
不正競争防止法　46
伏せ字　80
不特定　147
不法行為地　54
プライバシー　44, 124, 205
ブラック企業　126
不良品　236

不倫　101
プレスリリース　329, 462
ブログ　1, 29
プロ責法　38
プロバイダ　38
プロバイダの責任　42
弁護士費用　369
法人　397, 402
法人に対する名誉毀損　155
法的見解　282
暴力団員　100
比例原則　269

マ 行

祭り　6
まとめサイト　1, 34, 356
見出し　83
民事名誉毀損と刑事名誉毀損の相違　25
名誉感情　18
名誉感情侵害　25, 397
名誉毀損罪　19
名誉毀損を避ける配慮　121
メーリングリスト　33, 150
メール　33, 150
メールマガジン　33, 150
メディア媒体　27
免責特権　257
モデル小説　178
物への言及　163
問題提起　298
役員の責任　193
宥恕　336

ラ 行

ランキングサイト　30
リーク　252, 273
リツイート　34, 349
立証責任の転換　261
リベンジポルノ　47
リベンジポルノ禁止法　47
理由づけ　112
リンク　343
ルーメン　198
レビュー　30

おわりに

　初版から約3年を経て、改訂版を出版することができた。本書の改訂については、多くの方に大変なご助力をいただいたこと、心より感謝したい。

　まず、第3編において、中立的立場からのコメント執筆及びコメント以外の第3編の本文についてご意見をいただく形で山田悠一郎先生がご参加くださったことにより、本書がより良いものとなったことにつき、心より感謝したい。ただし、松尾が執筆した第1編、第2編のみならず、第3編も含め、中立的立場からのコメント部分以外の最終文責は松尾にあるので、誤りがあればすべて松尾の責任である。

　次に、初版刊行後、勁草書房のサイトである「けいそうビブリオフィル」(https://keisobiblio.com/)で多くの方と対談をさせていただいた。大島義則先生、加藤伸樹先生、工藤郁子様、成原慧先生（五十音順）には心より感謝している。なお、横田明美先生には本書の一部についてコメントをいただいた他「けいそうビブリオフィル」連載における行政関係についてもアドバイスをいただいた（加えて、初版の書評を『山形新聞』に寄稿いただいた）。また、中澤佑一先生には、貴重な裁判例を複数ご提供いただき、連載及び本書で引用させていただいた。各先生方に感謝したい。

　そして、関連する勉強会へ参加させていただくことができたことも感謝している。とりわけ、2018年の情報ネットワーク法学会では、インターネット名誉毀損の慰謝料算定に関する山田悠一郎先生、神田知宏先生、清水陽平先生、田中一哉先生、櫻町直樹先生、最所義一先生、船越雄一先生、松尾雄司先生、田村有加吏先生、二部新吾先生及び中澤佑一先生（プログラム記載順）との共同報告に参加させていただいた。清水陽平先生には『自由と正義』に初版の書評も寄稿いただいた。各先生方に感謝したい。

　さらに、様々な立場で多くの案件を経験させていただいた桃尾・松尾・難波法律事務所の他の先生方や、クライアントの皆様にも感謝したい。

　そして、勁草書房の編集者の皆様に感謝したい。山田政弘様には、初版の増刷から間がない時期の改訂版の刊行に向けて骨を折っていただいた。また、インターネット上の名誉毀損関係の実務を含む弁護士業務、及び、非常勤先の授業や講演等の準備によって、執筆及び校正時間の確保が容易ではなくなった中

おわりに

で、鈴木クニエ様は、予定通りの日程での刊行に向けて並々ならぬ叱咤激励をしてくださり、その熱い思いのお陰で何とか出版にこぎつけることができたこと、心より感謝している。

　最後に、いつも支えてくれる、妻恵美、娘早智と美沙、父母の剛次、佳恵子、茂、陽子に感謝したい。

2019年1月

共著者を代表して
桃尾・松尾・難波法律事務所
パートナー弁護士　松尾剛行
（連絡先：mmn@mmn-law.gr.jp）

著者略歴

松尾剛行（まつお・たかゆき）
2006年東京大学法学部卒業、2007年司法研修所修了（60期）、同年桃尾・松尾・難波法律事務所入所、2013年ハーバードロースクール卒業（LL.M.）、2015年北京大学法学院卒業（中国法修士）。桃尾・松尾・難波法律事務所パートナー（第一東京弁護士会所属弁護士・ニューヨーク州弁護士）。主な著書・論文に、『最新判例にみるインターネット上のプライバシー・個人情報保護の理論と実務』（勁草書房、2017年）、『AI・HRテック対応 人事労務情報管理の法律実務』（弘文堂、2018年）ほか。

山田悠一郎（やまだ・ゆういちろう）
2012年東京大学法学部卒業、2013年司法研修所修了（66期）、2014年裁判官任官・さいたま地方裁判所判事補、2017年4月弁護士職務経験制度に基づき弁護士登録（東京弁護士会）し法律事務所アルシエン入所。2019年4月鹿児島家庭・地方裁判所鹿屋支部判事補、2024年4月現在、那覇地方・家庭裁判所判事。口頭発表として「人格権侵害事案における損害額算定の定式化の試み～インターネット上でなされる表現行為による不法行為事案について～」（情報ネットワーク法学会第18回研究大会）ほか。

最新判例にみるインターネット上の名誉毀損の理論と実務 第2版

2016年2月20日　第1版第1刷発行
2019年2月20日　第2版第1刷発行
2024年9月20日　第2版第5刷発行

著者　松尾剛行
　　　山田悠一郎

発行者　井村寿人

発行所　株式会社　勁草書房
112-0005　東京都文京区水道2-1-1　振替00150-2-175253
（編集）電話03-3815-5277／FAX 03-3814-6968
（営業）電話03-3814-6861／FAX 03-3814-6854
理想社・中永製本所

©MATSUO Takayuki, YAMADA Yuichiro 2019

ISBN978-4-326-40362-2　Printed in Japan

JCOPY〈出版者著作権管理機構　委託出版物〉
本書の無断複製は著作権法上での例外を除き禁じられています。複製される場合は、そのつど事前に、出版者著作権管理機構（電話03-5244-5088、FAX 03-5244-5089、e-mail: info@jcopy.or.jp）の許諾を得てください。

＊落丁本・乱丁本はお取替いたします。
　ご感想・お問い合わせは小社ホームページから
　お願いいたします。

https://www.keisoshobo.co.jp

ダニエル・J・ソロブ 著／大島・松尾・成原・赤坂 訳
プライバシーなんていらない!?
情報社会における自由と安全

四六判／3,080 円
ISBN978-4-326-45110-4

ウゴ・パガロ 著／新保史生 監訳、松尾・工藤・赤坂 訳
ロボット法

A5 判／4,950 円
ISBN978-4-326-40345-5

第二東京弁護士会情報公開・個人情報保護委員会
AI・ロボットの法律実務 Q&A

A5 判／3,850 円
ISBN978-4-326-40363-9

田中辰雄・山口真一 著
ネット炎上の研究
誰があおり、どう対処するのか

A5 判／2,420 円
ISBN978-4-326-50422-0

[勁草法律実務シリーズ]

松尾剛行 著
最新判例にみるインターネット上のプライバシー・個人情報保護の理論と実務

A5 判／4,070 円
ISBN978-4-326-40338-7

丸橋 透・松嶋隆弘 編
資金決済法の理論と実務

A5 判／5,280 円
ISBN978-4-326-40361-5

髙橋 淳・松田誠司 編著
職務発明の実務 Q&A

A5 判／4,950 円
ISBN978-4-326-40348-6

第一東京弁護士会環境保全対策委員会 編
再生可能エネルギー法務

A5 判／5,280 円
ISBN978-4-326-40324-0

大島義則・森 大樹・杉田育子・関口岳史・辻畑泰喬 編著
消費者行政法
安全・取引・表示・個人情報保護分野における執行の実務

A5 判／4,400 円
ISBN978-4-326-40321-9

勁草書房刊

表示価格は、2024 年 9 月現在。消費税は含まれております。